Abgrenzung der Kontrollkompetenzen zwischen EG-Kommission und Bundeskartellamt bei Zusammenschlüssen gemäß Art. 3 FKVO

Europäische Hochschulschriften
Publications Universitaires Européennes
European University Studies

Reihe II
Rechtswissenschaft

Série II Series II
Droit
Law

Bd./Vol. 4401

PETER LANG
Frankfurt am Main · Berlin · Bern · Bruxelles · New York · Oxford · Wien

Oliver Hüfner

Abgrenzung der Kontrollkompetenzen zwischen EG-Kommission und Bundeskartellamt bei Zusammenschlüssen gemäß Art. 3 FKVO

Unter konkretisierender Betrachtung des Merkmals „gemeinschaftsweite Bedeutung" und gegenüberstellendem Vergleich der Rechtslage vor und nach dem Inkrafttreten der FKVO 139/2004

PETER LANG
Europäischer Verlag der Wissenschaften

Bibliografische Information Der Deutschen Bibliothek
Die Deutsche Bibliothek verzeichnet diese Publikation in der Deutschen Nationalbibliografie; detaillierte bibliografische Daten sind im Internet über <http://dnb.ddb.de> abrufbar.

Zugl.: Berlin, Freie Univ., Diss., 2005

D 188
ISSN 0531-7312
ISBN 3-631-55098-7

www.peterlang.de

Im Gedenken an meinen geliebten Vater

Hans-Heinrich Hüfner
Richter am Amtsgericht i.R.

* 26.12.1942 + 16.10.2001

Vorwort:

Die vorliegende Arbeit wurde von der juristischen Fakultät der Freien Universität Berlin im Sommer 2005 als Dissertation angenommen.

Mein Dank gilt zunächst meinem Doktorvater, Prof. Dr. Dr. Dr Franz Jürgen Säcker, der bereits an meinem Entschluss, diese Arbeit zu fertigen, seinen Anteil trägt. Im Rahmen der guten Betreuung möchte ich insbesondere dankend hervorheben, dass mein Doktorvater mir weitreichend die Möglichkeit eingeräumt hat, auch eigene Ideen zu verfolgen und den inhaltlichen Fortgang zu bestimmen und die daraus erwachsene Arbeit mitzutragen.

Ferner gilt mein Dank Prof. Dr. Kurt Markert für die sehr zügige Erstellung des Zweitgutachtens zu meiner Arbeit.

Besonders erwähnen möchte ich dann darüber hinaus die folgenden Personen, die entweder durch ihren Beistand und den Glauben an mich oder auch „juristische Gedankenleihe" ihren Beitrag auf meinem Weg zum Dr. iur. geleistet haben; namentlich sind dies Tina Betzien, Dr. Katharina Vera Boesche, Ole Beyler, Jan Dembski, Florian Hengst, Benjamin Hofer, LL.M. und Dr. Philip Siebel.

Letztendlich danke ich meiner Familie, die mich mein ganzes Leben und meinen bisherigen Werdegang über sehr stark unterstützt hat und immer für mich da war. Dies gilt vor allem für meine Mutter, Hanna Hüfner, meine Schwester, Nina Hüfner, und meine Großmütter, Irmgard Heikenfeld und Hildegard Hüfner. Gewidmet ist diese Arbeit aber dem einzigen Menschen auf der Welt, der ebenso großen Dank verdient hat, diesen Erfolg aber leider nicht mehr mit mir gemeinsam erleben konnte und sich vielleicht am Ende noch mehr darüber gefreut hätte als ich selbst…

Inhaltsübersicht:

Einleitung

Gliederungsverzeichnis:

Einleitung

Verzeichnis der abgekürzten Quellen:

Verordnungen

EWG Rat: Verordnung Nr. 17, vom 6. Februar 1962: Erste Durchführungsverordnung zu den Artikeln 85 und 86 des Vertrages, veröffentlicht unter: Amtsblatt Nr. P 013 1962 S.204

Abk.: VONr.17 u.F.

-nicht mehr rechtskräftig-

Verordnung Nr.67/67/EWG der Kommission vom 22 März 1967 über die Anwendung von Artikel 85 Absatz 3 des Vertrages auf Gruppen von Alleinvertriebsvereinbarungen, veröffentlicht unter: ABl.EG 1967 Nr.57 S.849

Abk.: GFVO67

-nicht mehr rechtskräftig-

Verordnung (EWG) Nr.1983/83 der Kommission vom 22. Juni 1983 über die Anwendung von Artikel 85 Absatz 3 des Vertrages auf Gruppen von Alleinvertriebsvereinbarungen, veröffentlicht unter: ABl.EG 1983 L 173/01

Abk.: AlleinvertriebsGFVO83

-nicht mehr rechtskräftig-

Verordnung (EWG) Nr.1984/83 der Kommission vom 22. Juni 1983 über die Anwendung von Artikel 85 Absatz 3 des Vertrages auf Gruppen von Alleinbezugsvereinbarungen, veröffentlicht unter: ABl.EG 1983 L 173/05

Abk.: AlleinbezugsGFVO83

-nicht mehr rechtskräftig-

Verordnung (EWG) Nr. 4064/89 des Rates vom 21. Dezember 1989 über die Kontrolle von Unternehmenszusammenschlüssen, veröffentlicht unter: ABl.EG 1990 L 395/1, berichtigt unter Neuveröffentlichung des gesamten Wortlautes unter: ABl.EG 1990 L 257/13

Abk.: FKVO90

-nicht mehr rechtskräftig-

Verordnung (EG) Nr. 3384/94 der Kommission vom 21. Dezember 1994 über die Anmeldungen, über die Fristen sowie über die Anhörung nach der Verordnung (EWG) Nr. 4064/89 des Rates über die Kontrolle von Unternehmenszusammenschlüssen, veröffentlicht unter: ABl.EG 1994 L 377/01

Abk.: DVO a.F. oder Formblatt a.F. (dann Bezug nehmend auf L 377/09-21)

-nicht mehr rechtskräftig-

Verordnung (EG) Nr. 1310/97 des Rates vom 30. Juni 1997 zur Änderung der Verordnung (EWG) Nr. 4064/89 des Rates über die Kontrolle von Unternehmenszusammenschlüssen, veröffentlicht unter: ABl.EG 1997 L 180/01, berichtigt nach ABl.EG 1998 L 3/16 und 40/17

Abk.: ÄndFKVO

-nicht mehr rechtskräftig-

Verordnung (EWG) Nr.4064/89 des Rates vom 21 Dezember 1989 über die Kontrolle von Unternehmenszusammenschlüssen, veröffentlicht unter: ABl.EG 1990 L 395/1, berichtigt unter Neuveröffentlichung des gesamten Wortlautes unter: ABl.EG 1990 L 257/13, in der durch die ÄndFKVO geänderten Fassung

Abk.: FKVO a.F. oder VO4064/89 oder a.F.

-nicht mehr rechtskräftig-

Verordnung (EG) Nr. 1216/1999 des Rates vom 10. Juni 1999 zur Änderung der Verordnung Nr. 17: Erste Durchführungsverordnung zu den Artikeln 81 und 82 des Vertrages, veröffentlicht unter: ABl.EG 1999 L 148/05

Abk.: ÄndKartVO

-nicht mehr rechtskräftig-

EWG Rat: Verordnung Nr. 17, vom 6. Februar 1962: Erste Durchführungsverordnung zu den Artikeln 85 und 86 des Vertrages, veröffentlicht unter: Amtsblatt Nr. P 013 1962 S.204, in der durch die ÄndKartVO

Abk.: VONr.17 oder KartVO a.F.

-nicht mehr rechtskräftig-

Verordnung (EG) Nr.1606/2002 des Europäischen Parlaments und des Rates vom 19. Juli 2002 betreffend die Anwendung internationaler Rechnungslegungsstandards, veröffentlicht unter: ABl.EG L 2002 243/01

Abk.: IAS-AnwendsVO

Verordnung (EG) Nr. 1/2003 des Rates vom 16. Dezember 2002 zur Durchführung der in den Artikeln 81 und 82 des Vertrags niedergelegten Wettbewerbsregeln (Text von Bedeutung für den EWR), veröffentlicht unter ABl.EG 2003 L 01/01

Abk.: KartVO, KartVO n.F. oder VO1/2003

Verordnung (EG) Nr.1725/2003 des Europäischen Parlaments und des Rates vom 29. September 2003 betreffend die Übernahme internationaler Rechnungslegungsstandards in Übereinstimmung mit der Verordnung (EG) Nr.1606/2002 des Europäischen Parlaments und des Rates, veröffentlicht unter: ABl.EG L 2003 261/01

Abk.: IAS-ÜbernahmeVO

Verordnung (EG) Nr.139/2004 des Rates vom 20. Januar 2004 über die Kontrolle von Unternehmenszusammenschlüssen („EG-Fusionskontrollverordnung"), veröffentlicht unter: ABl.EG 2004 L 24/01

Abk.: FKVO, FKVO n.F. oder VO139/2004

Verordnung (EG) Nr. 802/2004 der Kommission vom 7. April 2004 zur Durchführung der Verordnung (EG) Nr. 139/2004 des Rates über die Kontrolle von Unternehmenszusammenschlüssen, veröffentlicht unter: ABl.EG 2004 L 133/01

Abk.: DVO oder Formblatt (dann Bezug nehmend auf L 133/09-39)

Verordnungsentwürfe/ -vorschläge

EG-Kommission, Vorschlag vom 20. Juli 1973 für eine Verordnung (EWG) des Rates über die Kontrolle von Unternehmenszusammenschlüssen, abgedruckt unter ABl.EG 1973 C 92/01

Abk.: FKVO-E73

Zitat: EG-Kommission, FKVO-Entwurf73, ABl.EG 1973 C 92/*Seite.*

EG-Kommission, Änderungen vom 16. Dezember 1981 des Vorschlags für eine Verordnung (EWG) des Rates über die Kontrolle von Unternehmenszusammenschlüssen, abgedruckt unter: ABl.EG 1982 C 36/03

Abk.: FKVO-E82

Zitat: EG-Kommission, FKVO-Entwurf82, ABL.EG 1982 C 36/*Seite.*

Europäisches Parlament, Änderung des Vorschlags für eine Verordnung des Rates über die Kontrolle von Unternehmenszusammenschlüssen, abgedruckt unter: ABl.EG 1983 C 322/27

Abk.: FKVO-E83

Zitat: Europäisches Parlament, FKVO-Entwurf83, ABL.EG 1988 C 322/*Seite*.

EG-Kommission, geänderter Vorschlag vom 7. Februar 1984 für eine Verordnung (EWG) des Rates über die Kontrolle von Unternehmenszusammenschlüssen, abgedruckt unter ABl. 1984 C 51/08

Abk.: FKVO-E84

Zitat: EG-Kommission, FKVO-Entwurf84, ABL.EG 1984 C 51/Seite

EG-Kommission, geänderter Vorschlag vom 2. Dezember 1986 für eine Verordnung (EWG) des Rates über die Kontrolle von Unternehmenszusammenschlüssen, abgedruckt unter ABl. 1986 C 324/05

Abk.: FKVO-E86

Zitat: EG-Kommission, FKVO-Entwurf86, ABL.EG 1986 C 324/*Seite*.

EG-Kommission, geänderter Vorschlag vom 19. Mai. 1988 für eine Verordnung (EWG) des Rates über die Kontrolle von Unternehmenszusammenschlüssen, abgedruckt unter ABl. 1988 C 130/04

Abk.: FKVO-E88/1

Zitat: EG-Kommission, FKVO-Entwurf88, ABL.EG 1988 C 130/*Seite*.

Europäisches Parlament, Kontrolle von Unternehmenszusammenschlüssen, vom Parlament geänderter Text, abgedruckt unter: ABl.EG 1988 C 309/49

Abk.: FKVO-E88/2

Zitat: Europäisches Parlament, FKVO-Entwurf88, ABL.EG 1988 C 309/*Seite*.

EG-Kommission, geänderter Vorschlag für eine Verordnung (EWG) des Rates über die Kontrolle von Unternehmenszusammenschlüssen, abgedruckt unter: ABl.EG 1989 C 22/14

Abk.: FKVO-E89

Zitat: EG-Kommission, FKVO-Entwurf89, ABl.EG 1989 C 22/*Seite*.

EG-Kommission, Vorschlag der Kommission vom 28. Januar 2003 für eine Verordnung des Rates über die Kontrolle von Unternehmenszusammenschlüssen („EG-Fusionskontrollverordnung"), abgedruckt unter: ABl.EG 2003 C 20/04

Abk.: FKVO-E03

Zitat: EG-Kommission, FKVO-Entwurf03, ABl.EG 2003 C 20/*Seite.*

Richtlinien

Vierte Richtlinie 78/660/EWG des Rates vom 25. Juli 1978 aufgrund von Artikel 54 Absatz 3 Buchstabe g) des Vertrages über den Jahresabschluss von Gesellschaften bestimmter Rechtsformen, veröffentlicht unter ABl.EG 1978 L 222/11

Abk.: JahresbeschlussRiL

Dritte Richtlinie 78/855/EWG des Rates vom 9. Oktober 1978 aufgrund von Artikel 54 Absatz 3 Buchstabe g) betreffend die Verschmelzung von Aktiengesellschafter, veröffentlicht unter ABl.EG 1978 L 295/36

Abk.: VerschmelzungsRiL

Sechste Richtlinie 82/891/EWG des Rates vom 17. Dezember 1982 gemäß Artikel 54 Absatz 3 Buchstabe g) des Vertrages betreffend die die Spaltung von Aktiengesellschaften, veröffentlicht unter: ABl.EG 1982 L 378/47

Abk.: SpaltungsRiL

Siebente Richtlinie 83/349/EWG des Rates vom 13. Juni 1983 aufgrund von Artikel 54 Absatz 3 Buchstabe g) des Vertrages über den konsolidierten Abschluss, veröffentlicht unter ABl.EG 1983 L 193/01

Abk.: KonsolidierungsRiL

Richtlinie 86/635/EWG des Rates vom 8. Dezember 1986 über den Jahresabschluß und den konsolidierten Abschluß von Banken und anderen Finanzinstituten, veröffentlicht unter: ABl.EG 1986 L 372/01

Abk.: BankbilanzRiL

Richtlinie 89/646/EWG des Rates vom 15. Dezember 1989 zur Koordinierung der Rechts- und Verwaltungsvorschriften über die Aufnahme und Ausübung der Tätigkeit der Kreditinstitute und zur Änderung der Richtlinie 77/780/EWG, veröffentlicht unter: ABl.EG 1989 L 386/01

Abk.: BankbilanzRiL/2

Richtlinie 2003/51/EG des Europäischen Parlaments und des Rates vom 18. Juni. 2003 zur Änderung der Richtlinien 77/660/EWG, 83/349/EWG, 86/635/EWG und 91/674/EWG über den Jahresabschluss und den konsolidierten Abschluss von Gesellschaften bestimmter Rechtsformen, von Banken und anderen Finanzinstituten sowie von Versicherungsunternehmen, veröffentlicht unter: ABl.EG 2003 L 178/16

Abk.: RechLÄndRiL

Mitteilungen/Bekanntmachungen der EG-Kommission

EG-Kommission, Bekanntmachung über den Begriff der beteiligten Unternehmen in der Verordnung (EWG) Nr.4064/89 des Rates vom 21. Dezember 1989 über die Kontrolle von Unternehmenszusammenschlüssen, abgedruckt unter: ABl.EG 1994 C 385/12

Zitat: EG-Kommission, Bekanntmachung zum Begriff der beteiligten Unternehmen, ABl.EG 1994 C 385/*Seite*, Rn.*Randnummer*.

EG-Kommission, Bekanntmachung über die Berechnung des Umsatzes im Sinne der Verordnung (EWG) Nr. 4064/89 des Rates über die Kontrolle von Unternehmenszusammenschlüssen, abgedruckt unter: ABl.EG 1994 C 385/21

Zitat: EG-Kommission, Bekanntmachung zur Umsatzberechnung, ABl.EG 1994 C 385/Seite, *Rn.Randnummer*.

Mitteilung der Kommission aus dem Jahre 1995 über die Harmonisierung auf dem Gebiet der Rechnungslegung: Eine neue Strategie im Hinblick auf die internationale Harmonisierung, COM 95 (508)

Zitat: EG-Kommission, Mitteilung zur Rechnungslegungsharmonisierung, COM 95 (508), S.*Seite*.

Mitteilung der Kommission vom 21. Januar 1998 zu Auslegungsfrage im Hinblick auf bestimmte Artikel der vierten und der siebenten Richtlinie des Rates auf dem Gebiet der Rechnungslegung, abgedruckt unter: ABl.EG 1998 C 16/05

Zitat: EG-Kommission, Mitteilung zur Rechnungslegung, ABl.EG 1998 C16/*Seite*, Rn.*Randnummer*.

Mitteilung der Kommission über den Begriff des Zusammenschlusses der Verordnung (EWG) Nr. 4064/89 des Rates über die Kontrolle von Unternehmenszusammenschlüssen, abgedruckt unter: ABl.EG 1998 C 66/05

Zitat: EG-Kommission, Mitteilung zum Zusammenschlussbegriff, ABl.EG 1998 C 66/*Seite* Rn.*Randnummer*.

Mitteilung der Kommission vom 2. März 1998 über den Begriff der beteiligten Unternehmen in der Verordnung (EWG) Nr. 4064/89 des Rates über die Kontrolle von Unternehmenszusammenschlüssen, abgedruckt unter: ABl.EG 1998 C 66/14

Zitat: EG-Kommission, Mitteilung zum Begriff der beteiligten Unternehmen, ABl.EG 1998 C 66/*Seite* Rn.*Randnummer*.

Commission Notice of 2. march 1998 on the concept of undertakings concerned under Council Regulation (EEC) No 4064/89 on the control of concentrations between undertakings, ABl.EG 1998 C 66/14

Zitat: EG-Kommission, Mitteilung zum Begriff der beteiligten Unternehmen (englische Abfassung), ABl.EG 1998 C 66/Seite, Rn.Randnummer.

Mitteilung der Kommission vom 2. März 1998 über die Berechnung des Umsatzes im Sinne der Verordnung (EWG) Nr. 4064/89 des Rates über die Kontrolle von Unternehmenszusammenschlüssen, abgedruckt unter: ABl.EG 1998 C 66/25

Zitat: EG-Kommission, Mitteilung zur Umsatzberechnung, ABl.EG 1998 C 66/*Seite*, Rn.*Randnummer*.

Commission Notice of 2. march 1998 on calculation of turnover under Council Regulation (EEC) No 4064/89 on the control of concentrations between undertakings, ABl.EG 1998 C 66/25

Zitat: EG-Kommission, Mitteilung zur Umsatzberechnung (englische Abfassung), ABl.EG 1998 C 66/*Seite*, Rn.*Randnummer*.

Mitteilung der Kommission vom 13. Juni 2000 an den Rat und das Europäische Parlament, Rechnungslegungsstrategie der EU: Künftiges Vorgehen, KOM (2000) 359

Zitat: EG-Kommission, Mitteilung zur Rechnungslegungsstrategie, KOM (2000) 359, S.*Seite*.

Anhörungen, Entschließungen, Stellungnahmen

Europäisches Parlament, Entschließung vom DATUM der Stellungnahmen zu dem Vorschlag der Kommission der Europäischen Gemeinschaften an den Rat für eine Verordnung über die Kontrolle von Unternehmenszusammenschlüssen, abgedruckt unter ABl.EG1974 C 23/19

Zitat: Europäisches Parlament, Entschließung 1974, ABl.EG 1974 C 23/*Seite* (ggf.) Art.*Artikel*.

Wirtschafts- und Sozialausschuss, Anhörung vom 28. Februar 1974 zu dem Vorschlag für eine Verordnung (EWG) des Rates über die Kontrolle von Unternehmenszusammenschlüssen, abgedruckt unter: ABl.EG C 1974 88/19

Zitat: Wirtschafts- und Sozialausschuss, Anhörung 1974, ABl.EG 1974 C 88/*Seite*.

*Wirtsc*hafts- und Sozialausschluss, Stellungnahme vom 27. September 1982 zu der Änderung des Vorschlages für eine Verordnung des Rates über die Kontrolle von Unternehmenszusammenschlüssen, abgedruckt unter: ABl.EG 1982 C 252/15

Zitat: Wirtschafts- und Sozialausschuss, Stellungnahme 1982, ABl.EG 1982 C 252/*Seite*.

Wirtschafts- und Sozialausschluss, Stellungnahme vom 2. Juni 1988 zu dem geänderten Vorschlag für eine Verordnung (EWG) des Rates über die Kontrolle von Unternehmenszusammenschlüssen, abgedruckt unter: ABl.EG 1988 C 208/11

Zitat: Wirtschafts- und Sozialausschuss, Stellungnahme 1988, ABl.EG 1988 C 208/*Seite*.

Europäisches Parlament, Entschließung vom 28. November 1983 zum Abschluss des Verfahrens der Konsultation des Europäischen Parlamentes zu der Änderung des Vorschlags der Kommission der Europäischen Gemeinschaften an den Rat für eine Verordnung über die Kontrolle von Unternehmenszusammenschlüssen, abgedruckt unter: ABl.EG 1983 C 322/30

Zitat: Europäisches Parlament, Entschließung 1983, ABl.EG 1983 C 322/*Seite* (ggf.) Art.*Artikel*.

Wirtschaft- und Sozialausschuss, Stellungnahme vom 25. Oktober 1995 zu der Revision der Verordnung über Unternehmenszusammenschlüsse, abgedruckt unter: ABl.EG 1996 C 19/21

Zitat: Wirtschafts- und Sozialausschuss, Stellungnahme 1995, ABl.EG 1996 C 19/*Seite*.

Sonstiges

Europäischer Rat und EG-Kommission, Erklärungen vom 19. Dezember 1989 für das Ratsprotokoll, abgedruckt unter Wirtschaft und Wettbewerb (WuW) 1990 S.240

Zitat: *Erklärender*, Erklärung für das Ratsprotokoll, WuW 1990, S.*Seite*.

EG-Kommission, Grünbuch vom 11. Dezember 2001 über die Verordnung (EWG) Nr.4064/98 des Rates, KOM (2001) 754/6

Zitat: EG-Kommission, Grünbuch 2001 zur FKVORevision, KOM (2001) 754/6 Rn.*Randnummer* (S.*Seite*).

EG-Kommission, Pressemitteilung vom 20. Januar 2004, abgedruckt unter: Europäische Zeitschrift für Wirtschaftsrecht (EuZW) 2004 S.66

Zitat: EG-Kommission, Pressemitteilung 2004, EuZW 2004 S.*Seite*.

Literaturverzeichnis

Albach, H./Klein, G., Harmonisierung der Rechnungslegung in Europa, Die Umsetzung der 4. EG-Richtlinie in das nationale Recht der Mitgliedstaaten der EG, Ein Überblick, 1993

Zitat: Albach/Klein (*Bearbeiter*), *Gliederungspunkt im jeweiligen Beitrag*, (S.*Seite*).

Arhold, C., Grünbuch der Kommission über die Revision der europäischen Fusionskontrolle oder: Das Bundeskartellamt schlägt zurück, Europäisches Wirtschafts- & Steuerrecht (EWS) 2002, S.449

Zitat: Arhold, EWS 2002, S.*Seite*, (S.449).

Baetge, J./Dörner, D./Kleekämper, H./Wollmert, P., Rechnungslegung nach International Accounting Standards (IAS), Kommentar auf der Grundlage des deutschen Bilanzrechtes, 1997

Zitat: Baetge/Dörner/Kleekämper/Wollmert (*Bearbeiter*), *Gliederungspunkt*, Rn.*Randnummer*, (S.*Seite*).

Baetge, W./Kirsch, H.-J./Thiele, S., Bilanzen, 2003, 7.Auflage

Zitat: Baetge/Kirsch/Thiele, *Gliederungspunkt*, (S.*Seite*).

Baetge, W./Kirsch, H.-J./Thiele, S., Konzernbilanzen, 2002, 6. Auflage

Zitat: Baetge/Kirsch/Thiele, KonzernB, *Gliederungspunkt*, (S.*Seite*).

Ballwieser, W./Coenenberg, A. G./v. Wysocki, K., Handwörterbuch der Rechnungslegung und Prüfung, Wörterbuch, 2003, 3. Auflage

Zitat: Ballwieser/Coenenberg/Wysocki (*Bearbeiter*), *Stichwort*, *Gliederungspunkt*, (S.*Seite*).

Basedow, J., Rechtssicherheit im europäischen Wettbewerbsrecht – Ein allgemeiner Rechtsgrundsatz im Lichte der wettbewerbsrechtlichen Rechtssprechung, Zeitschrift für Europäisches Privatrecht (ZEuP) 1996, S.570

Zitat: Basedow, ZEuP 1996, S.*Seite*, (S.570).

Barz, C. H./Brönner, H./Klug, U./Mellerowirtz, K./u. a., Aktiengesetz, Großkommentar, Erster Band, 1. Halbband, §§ 1-75, 1970, 3. Auflage

Zitat: Großkommentar AG (*Bearbeiter*), Erster Band, 1.Halbband, *Gliederungspunkt*, Anm.*Anmerkung*, (S.*Seite*).

Bechthold, R., GWB, Kartellgesetz, Gesetz gegen Wettbewerbsbeschränkungen, Kommentar, 2002, 3.Auflage

Zitat: Bechthold, *Gliederungspunkt*, Rn.*Randnummer*, (S.*Seite*).

Berg, W., Die neue EG-Fusionskontrollverordnung, Betriebs-Berater (BB) 2004, S.561

Zitat: Berg, BB 2004, S.*Seite*, (S.561).

Berg W./Nachtsheim, S./Kronberger, S., Zusammenschlüsse zwischen multinationalen Unternehmen und Fusionskontrolle, Recht der Internationalen Wirtschaft (RIW) 2003, S.15

Zitat: Berg/Nachtsheim/Kronberger, RIW 2003, S.*Seite*, (S.15).

Berger, A./Ellrott, H./Förschle, G./Hense, B., Beck´scher Bilanz-Kommentar, Handels- und Steuerrecht, §§ 238 bis 339 HGB, 2003, 5. Auflage

Zitat: Berger/Ellrott/Förschle/Hense (*Bearbeiter*), § *§*, *Gliederungspunkt*, Rn. *Randnummer*, (S.*Seite*).

Bernicke, C., Zum Unternehmensbegriff des Europäischen Wettbewerbsrechtes, Europäisches Wirtschafts- und Steuerrecht (EWS) 1997, S.373

Zitat: Bernicke, EWS 1997 S.*Seite*, (S.373).

Bleckmann, A., Europarecht, Das Recht der Europäischen Union und der europäischen Gemeinschaften, 1997, 6. Auflage

Zitat: Bleckmann, *Gliederungsposten*, Rn.*Randnummer*, (S.*Seite*).

Blomeyer, W./Peemöller, V. H., Internationale Rechnungslegung und Prüfung, Betriebswirtschaftliche und juristische Aspekte: HGB, IAS, US-GAAP und ISA, 2000

Zitat: Blomeyer/Peemöller (*Bearbeiter*), *Gliederungspunkt im jeweiligen Beitrag*, (S.*Seite*).

Böge, U., Reform der Europäischen Fusionskontrolle, Wirtschaft und Wettbewerb (WuW) 2004, S.138

Zitat: Böge, WuW 2004, S.*Seite*, (S.138).

Bunte, H.-J., Das Verhältnis von deutschem zu europäischem Kartellrecht, Wirtschaft und Wettbewerb (WuW) 1989, S.7

Zitat: Bunte, WuW 1989, S.*Seite*, (S.7).

Ders., Rechtsanwendungskonkurrenzen bei der Anwendung des EG-Kartellrechts durch die nationalen Behörden, Der Betrieb (DB) 1994 S.921

Zitat: Bunte, DB 1994, S.*Seite*, (S.921).

Buntscheck, M., Der Gleichordnungskonzern – ein illegales Kartell?, Wirtschaft und Wettbewerb (WuW) 2004, S.374

Zitat: Buntscheck, WuW 2004, S.*Seite*, (S.374).

Busse v. Colbe, W./Ordelheide, D./Gebhardt, G./Pellens, B., Konzernabschlüsse, Rechnungslegung nach betriebswirtschaftlichen Grundsätzen sowie nach Vorschriften des HGB und IAS/IFRS, 2003, 7.Auflage

Zitat: Busse von Colbe/Ordelheide/Gebhardt/Pellens, *Gliederungspunkt*, (S. *Seite*).

Busse v. Colbe, W., Lexikon des Rechnungswesens, Handbuch der Bilanzierung und Prüfung, der Erlös-, Finanz-, Investitions-, und Kostenrechnung, 1991

Zitat: Busse von Colbe - Lex, *Stichwort*, (S.*Seite*).

Callies, C./Ruffert, M., Kommentar des Vertrages über die Europäische Union und des Vertrages zur Gründung der Europäischen Gemeinschaft – EUV/EGV –, 2002, 2.Auflage

Zitat: Callies/Ruffert (*Bearbeiter*), *Gliederungspunkt*, Rn.*Randnummer*, (S.*Seite*).

Crones, L., Grundrechtlicher Schutz von juristischen Personen im europäischen Gemeinschaftsrecht, 2002

Zitat: Crones, *Gliederungspunkt*, (S.*Seite*).

Dauses, M., A., Handbuch des EU-Wirtschaftsrechtes, Band 2, Stand 2004

Zitat: Dauses (*Bearbeiter*), Band 2, *Gliederungspunkt*, Rn.*Randnummer*.

Dietze, P./Janssen, H., Grundzüge des Kartellrechts, 2002, 2. Auflage, (begründet von: Comichau, G./Schwartz, H.)

Zitat: Dietze/Janssen, *Gliederungspunkt*, Rn.*Randnummer*, (S.*Seite*).

Dittert, D., Die Reform des Verfahrens in der neuen EG-Fusionskontrollverordnung, Wirtschaft und Wettbewerb (WuW) 2004, S.148

Zitat: Dittert, WuW 2004, S.*Seite*, (S.148).

Dirksen D./Baber, H., Kontrollpflichtige Zusammenschlüsse durch Anteilserwerb, Praktische Erfahrungen in der Anwendung des Art.3 der Verordnung Nr.4064/89 EWG, Europäisches Wirtschafts- & Steuerrecht (EWS) 1992, S.98

Zitat: Dirksen/Baber, EWS 1992, S.*Seite*, (S.98).

Drauz, G./Schroeder, D., Praxis der europäischen Fusionskontrolle, 1995, 3. Auflage

Zitat: Drauz/Schroeder, *Gliederungspunkt*, (S *Seite*).

Dreher, M., Der Einfluss des europäischen Kartellrechts – der Unternehmensbegriff als Beispiel, Wirtschaft und Wettbewerb (WuW) 2004, S.471

Zitat: Dreher, WuW 2004, S.471.

Ders., Deutsche Ministererlaubnis in der Zusammenschlusskontrolle und europäisches Kartellrecht – Zugleich ein Beitrag zur Abgrenzung von Art.81, 82 EG und FKVO, Wirtschaft und Wettbewerb (WuW) 2002, S.828

Zitat: Dreher, WuW 2002, S.*Seite*, (S.828).

Ebel, H.-R./Funke, T., Kartellrecht GWB und EG-Vertrag, Loseblattsammlung, Stand Dezember 2003

Zitat: Ebel, *Gliederungsposten*, Rn.*Randnummer*.

Ebenroth, C./Lange, K. W., Die Auswirkungen der Europäischen Fusionskontrollverordnung aus das bundesdeutsche Recht der Unternehmenszusammenschlüsse!, Der Betriebsberater (BB) 1991, S.845

Zitat: Ebenroth/Lange, BB 1991, S.*Seite*, (S.845).

Ebenroth, C./Rösler, P., Die Anwendbarkeit des Zusammenschlussbegriffes nach Art. 3 Fusionskontrollverordnung auf Lean Production Strukturen, Recht der Internationalen Wirtschaft (RIW) 1994, S.533

Zitat: Ebenroth/Rösler, RIW 1994, S.*Seite*, (S.533).

Ebke, W. F./Andrees, H., Der Unternehmen im deutschen und europäischen Steuerrecht, Europäisches Wirtschafts- & Steuerrecht (EWS) 1993, S.346

Zitat: Ebke, EWS 1993, S.*Seite*, (S.346).

Ehlers, D., Europäische Grundrechte und Grundfreiheiten, 2003

Zitat: Ehlers (*Bearbeiter*), *Gliederungspunkt*, Rn.*Randnummer*, (S.*Seite*).

Elben, R., Der Zusammenschluss von Großunternehmen im deutschen und europäischen Kartellrecht, 1994

Zitat: Elben, *Gliederungspunkt*, (S.*Seite*).

Elland, W., The Mergers Control Regulation (ECC) No. 4064/89, European Competition Law Review (ECLR) 1990, S.111

Zitat: Elland, ECLR 1990, S.*Seite*, (S.111).

Emmerich, V./Habersack, M., Aktien- und GmbH-Konzernrecht, Kommentar, 2003, 3.Auflage

Zitat: Emmerich/Habersack (*Bearbeiter*), *Gliederungspunkt*, Rn.*Randnummer*, (S.*Seite*).

Fischer, D./Neubeck, G., Umsatzrealisierungszeitpunkt bei Werklieferungsverträgen nach der Schuldrechtsreform, Betriebs-Berater (BB) 2004, S.657

Zitat: Fischer/Neubeck, BB 2004, S.*Seite*, (S.657).

GEFUI - Gesellschaft für Finanzwirtschaft in der Unternehmensführung e.V., Möglichkeiten und Grenzen der Anpassung deutscher Konzernabschlüsse an die Rechnungslegungsgrundsätze des International Accounting Standards Committee (IASC), Teil I, Der Betrieb (DB) 1995, S.1137

Zitat: GEFIU, DB 1995, S.*Seite*, (S.1137).

Glassen, H./v. Hahn, H./Kersten, H.-C./Rieger, H., Frankfurter Kommentar zum Kartellrecht, Band II, Kurzdarstellungen, §§ 1-20 GWB 1999 [n.F.], Loseblattsammlung, Stand Juli 2004

Zitat: Frankfurter Kommentar (*Bearbeiter*), Band 2, *Gliederungspunkt*, Rn. *Randnummer.*

Dies., Frankfurter Kommentar zum Kartellrecht, Band IV, §§ 81-131 GWB 1999 [n.F.], Sachregister n.F., §§ 1-20 GWB a.F., Loseblattsammlung, Stand Juli 2004

Zitat: Frankfurter Kommentar (*Bearbeiter*), Band 4, *Gliederungspunkt*, Rn.*Randnummer.*

Dies., Frankfurter Kommentar zum Kartellrecht, Band VI, EG-Kartellrecht und Sachregister, Loseblattsammlung, Stand Juli 2004

Zitat: Frankfurter Kommentar (*Bearbeiter*), Band 6, *Gliederungspunkt*, Rn.*Randnummer.*

Grabitz, E./Hilf, M., Das Recht der Europäischen Union, Band II, EUV/EGV, Kommentar, Loseblattsammlung, Stand 2004

Zitat: Grabitz/Hilf (*Bearbeiter*), Band II, *Gliederungspunkt*, Rn.*Randnummer.*

Dies., Das Recht zur Europäischen Union, Altband II, Art.137-248 EGV (Maastrichter Fassung), EWGV (Römische Fassung), Kommentar, Loseblattsammlung, Stand 1999

Zitat: Grabitz/Hilf (*Bearbeiter*), Altband II, *Gliederungspunkt*, Rn.*Randnummer.*

v. d. Groeben, H./Schwarze, J., Kommentar zum Vertrag über die europäische Union und Gründung der Europäischen Gemeinschaft, Band 2, Art. 81-97 EGV, Kommentar, 2004, 6.Auflage

Zitat: Groeben/Schwarze (*Bearbeiter*), Band 2, *Gliederungspunkt*, Rn.*Randnummer*, (S.*Seite*).

v. d. Groeben, H./Thiesing, J./Ehlermann, C.-D., Kommentar zum EU-/EG-Vertrag, Band 2/I, Artikel 85-87 EGV, Kommentar, 1999, 5.Auflage

Zitat: Groeben/Thiesing/Ehlermann (*Bearbeiter*), Band 2/I, *Gliederungspunkt*, Rn.*Randnummer*, (S.2/*Seite*).

Dies., Kommentar zum EU-/EG-Vertrag, Band 2/II, Artikel 88-102 EGV, Kommentar, 1999, 5.Auflage

Zitat: Groeben/Thiesing/Ehlermann (*Bearbeiter*), Band 2/II, *Gliederungspunkt*, Rn.*Randnummer* (S.2/*Seite*).

Groger, T./Janicki, T., Weiterentwicklung des Europäischen Wettbewerbsrechts, Wirtschaft und Wettbewerb (WuW) 1992, S.991

Zitat: Groger/Janicki, WuW 1992, S.*Seite*, (S.991).

Hayn, S./Graf Waldersee, G., IAS / US-GAAP / HGB im Vergleich, Synoptische Darstellung für den Einzel- und Konzernabschluss, 2002, 3.Auflage

Zitat: Hayn/Waldersee, *Kapitel*, *Stichwort*, (S.*Seite*).

Heidenhain, M., Europäische Fusionskontrolle für Zusammenschlüsse ohne gemeinschaftsweite Bedeutung, Europäische Zeitschrift für Wirtschaftsrecht (EuZW) 1990 S.84

Zitat: Heidenhain, EuZW 1990, S.*Seite*, (S.84).

Heitzer, E., Konzerne im Europäischen Wettbewerbsrecht, 1999

Zitat: Heitzer, *Gliederungspunkt*, (S.*Seite*).

Hellmann, H.-J., Die neuen Anmeldevorschriften der Fusionskontrollverordnung und ihre Bedeutung für Unternehmenszusammenschlüsse, Zeitschrift für Wirtschaftsrecht (ZiP) 2004, S.1387

Zitat: Hellmann, ZiP 2004, S.*Seite*, (S.1387)

Ders., Das neue Verweisungsregime in Art. 4 FKVO aus der Sicht der Praxis, Europäisches Wirtschafts- & Steuerrecht (EWS) 2004, S.289

Zitat: Hellmann, EWS 2004 S.*Seite* (S.289).

Henneberg-Müller, H./Schwartz, G./Hootz, C., Gesetz gegen Wettbewerbsbeschränkungen und Europäisches Kartellrecht, Gemeinschaftskommentar, Zusammenschlusskontrolle, §§ 35-43 GWB, 2000, 5.Auflage

Zitat: Gemeinschaftskommentar (*Bearbeiter*), GWB-Zusammenschlusskontrolle, *Gliederungspunkt*, Rn.*Randnummer*.

Dies., Gesetz gegen Wettbewerbsbeschränkungen und Europäisches Kartellrecht, Gemeinschaftskommentar, EU-Fusionskontrolle, Einführung und Art.1-3 VO 4064/89, 2001, 5.Auflage

Zitat: Gemeinschaftskommentar (*Bearbeiter*), EU-Fusionskontrolle (1), *Gliederungspunkt*, Rn.*Randnummer*.

Dies., Gesetz gegen Wettbewerbsbeschränkungen und Europäisches Kartellrecht, Gemeinschaftskommentar, EU-Fusionskontrolle. Art.4-25 VO 4064/89, 2001, 5.Auflage

Zitat: Gemeinschaftskommentar (*Bearbeiter*), EU-Fusionskontrolle (2), *Gliederungspunkt*, Rn.*Randnummer*.

Heuser, P. J., Theile, C., IAS Handbuch, Einzel- und Konzernabschluss, 2003

Zitat: Heuser/Theile, Gliederungspunkt, Rn.Randnummer, (S.Seite).

Heyd, R., Lexikon für Rechnungswesen und Controling, Lexikon, 1992

Zitat: Heyd - Lex, *Stichwort*, (S.*Seite*).

Heyn, S., Graf Waldersee, G., IAS/US-GAAP/HGB im Vergleich, Synoptische Darstellung für den Einzel- und Konzernabschluss, 2003

Zitat: Heyn/Waldersee, Kapitel *Kapitel*, *Stichwort*, (S.*Seite*).

Hirsbrunner, S., Neue Entwicklungen der EG-Fusionskontrolle im Jahre 2001, Europäische Zeitschrift für Wirtschaftsrecht (EuZW) 2002, S.453

Zitat: Hirsbrunner, EuZW 2002, S.*Seite*, (S.453).

Hirsch, M., Burkert, T. O. J., Gleiss/Hirsch: Kommentar zum EG-Kartellrecht, Band 1: Art.85 und Gruppenfreistellungsverordnungen, 1993, 4. Auflage

Zitat: Hirsch/Burkert, Band 1, *Gliederungspunkt*, Rn.*Randnummer*, (S.*Seite*).

Hofmann, H., Normenhierarchien im europäischen Gemeinschaftsrecht, 1999

Zitat: Hofmann, *Gliederungspunkt*, (S.*Seite*).

Immenga, U./Fuchs, A., Art. 85 EWG-Vertrag als Grenze der Unternehmensbeteiligungen?, Neue Juristische Wochenschrift (NJW) 1988, S.3052

Zitat: Immenga/Fuchs, NJW 1988, S.*Seite*, (S.3052).

Immenga, U./Mestmäcker, E.-J., EG-Wettbewerbsrecht, Kommentar, Band I, 1997

Zitat: Immenga/Mestmäcker (*Bearbeiter*), EG-WbR, Band I, *Gliederungspunkt*, Rn.*Randnummer*, (S.*Seite*).

Dies., EG-Wettbewerbsrecht, Kommentar, Band II, 1997

Zitat: Immenga/Mestmäcker (*Bearbeiter*), EG-WbR, Band II, *Gliederungspunkt*, Rn.*Randnummer*, (S.*Seite*).

Dies., EG-Wettbewerbsrecht, Kommentar, Ergänzungsband, Stand 2001

Zitat: Immenga/Mestmäcker (*Bearbeiter*), EG-WbR, ErgänzB, *Gliederungspunkt*, Rn.*Randnummer*.

Dies., GWB, Gesetz gegen Wettbewerbsbeschränkungen, Kommentar, 2001, 3. Auflage

Zitat: Immenga/Mestmäcker (*Bearbeiter*), Gesetz gegen Wettbewerbsbeschränkungen, *Gliederungspunkt*, Rn.*Randnummer*, (S.*Seite*).

Janicki, T., EG-Fusionskontrolle auf dem Weg zur praktischen Umsetzung, Wirtschaft und Wettbewerb (WuW) 1990, S.195

Zitat: Janicki, WuW 1990, S.*Seite*, (S.195)

Jonas, H., Die EG-Bilanzrichtlinie, Grundlagen und Anwendung in der Praxis, 1980

Zitat: Jonas, *Gliederungspunkt*, Rn.*Randnummer*, (S.*Seite*).

Keck, K., Nationale und internationale Gleichordnungskonzerne im deutschen Konzern- und Kollisionsrecht, 1998

Zitat: Keck, *Gliederungspunkt*, (S.*Seite*).

Kerber, W., Die Europäische Fusionskontrollpraxis und die Wettbewerbskonzeption der EG, Zwei Analysen zur Entwicklung des europäischen Wettbewerbsrechtes, 1994

Zitat: Kerber, *Gliederungspunkt*, (S.*Seite*).

Klösters, A., Kompetenzen der EG-Kommission im innerstaatlichen Vollzug von Gemeinschaftsrecht, Dissertation, 1993

Zitat: Klösters, *Gliederungspunkt*, (S.*Seite*).

Klose, T., Das Verhältnis des deutschen zum europäischen Kartellrecht in der Verfügungspraxis des Bundeskartellamtes, 1998

Zitat: Klose, *Gliederungspunkt*, (S.*Seite*).

Koch, N., Die neuen Befugnisse der EG zur Kontrolle von Unternehmenszusammenschlüssen, Europäischen Wirtschafts- & Steuerrecht (EWS) 1990, S.65

Zitat: Koch, EWS 1990, S.*Seite*, (S.65).

Kögel, R., Die Angleichung der deutschen an die europäische Fusionskontrolle, 1996

Zitat: Kögel, *Gliederungspunkt*, (S.*Seite*).

Kort, M, Der „private" Großaktionär als Unternehmen), Zugleich neue Überlegungen zum Urteil des BGH `VEBA/Gelsenberg´, DB 1977 S.2367, Der Betrieb (DB) 1986, S.1909

Zitat: Kort, DB 1986, S.*Seite*, (S.1909).

Kraft, A./Kreutz, P., Gesellschaftsrecht, 2003, 11.Auflage

Zitat: Kraft/Kreutz, *Gliederungspunkt*, (S.*Seite*).

Krawitz, N., Quotenkonsolidierung für Gemeinschaftsunternehmen nach E-DRS 9, Betriebs-Berater (BB) 2001, S.668

Zitat: Krawitz, BB 2001, S.*Seite*, (S.668).

Krimphove, D., Europäische Fusionskontrolle, 1992

Zitat: Krimphove, *Gliederungspunkt* (S.*Seite*).

Kropf B./Semmler J., Münchener Kommentar zum Aktiengesetz, Band 1, §§ 1-53, 2000, 2. Auflage

Zitat: Münchener Kommentar AG (*Bearbeiter*), Band 1, *Gliederungspunkt*, Rn.*Randnummer*, (S.*Seite*).

Küting, K./Weber, C.-P., Internationale Bilanzierung, Rechnungslegung in den USA, Japan und Europa, 1994

Zitat: Küting/Weber, *Gliederungspunkt*, (S.*Seite*).

Küting, K., Quotenkonsolidierung nach der 7. EG-Richtlinie, Anwendungsprobleme und kritische Würdigung, Betriebs-Berater (BB) 1983, S.804

Zitat: Küting, BB 1983, S.*Seite*, (S.804).

Kurz, S., Das Verhältnis der EG-Fusionskontrollverordnung zu Artikel 85 und 86 des, EWG-Vertrages, 1993

Zitat: Kurz, *Gliederungspunkt*, (S.*Seite*).

Lampert, T., Die Anwendbarkeit der EG-Fusionskontrollverordnung im Verhältnis zum Fusionskontrollrecht der Mitgliedstaaten, 1995

Zitat: Lampert, *Gliederungspunkt*, (S.*Seite*).

Ders., Kompetenzabgrenzung zischen nationaler und europäischer Fusionskontrolle – Die Kriterien des Grünbuchs – Gibt es andere (bessere?) Lösungsansätze?, Wirtschaft und Wettbewerb (WuW) 2002, S.449

Zitat: Lampert, WuW 2002, S.*Seite*, (S.449).

Lange, K. W., Handbuch zum deutschen und europäischen Kartellrecht, 2001

Zitat: Lange (*Bearbeiter*), *Gliederungspunkt*, Rn.*Randnummer*, (S.*Seite*).

Langen, E./Bunte, H.-J., Kommentar zum deutschen und europäischen Kartellrecht, Band 1, Kommentar, 2001, 9. Auflage

Zitat: Langen/Bunte (*Bearbeiter*), Band 1, *Gliederungspunkt*, Rn.*Randnummer* (S.*Seite*).

Lenz, C. O./Borchert, K. D., EU- und EG-Vertrag, Kommentar zu dem Vertrag über die Europäische Gemeinschaft und zu dem Vertrag zur Gründung der Europäischen Gemeinschaft, jeweils in der durch den Vertrag von Nizza geänderten Fassung, 2003, 3.Auflage

Zitat: Lenz/Borchert (*Bearbeiter*), *Gliederungspunkt*, Rn.*Randnummer*, (S.*Seite*).

Löffler, H. F., Kommentar zur europäischen Fusionskontrollverordnung, 2001

Zitat: Löffler, *Gliederungspunkt*, Rn.*Randnummer*, (S.*Seite*).

Lüdenbach, N., Hoffmann, W.-D., Haufe, IAS/IFRS-Kommentar, 2003, 2.Auflage

Zitat: Lüdenbach/Hoffmann (*Bearbeiter*), *Gliederungspunkt*, Rn.*Randnummer*, (S.*Seite*).

Lutter, M., Holding Handbuch, Recht – Management – Steuern, 2004, 4. Auflage

Zitat: Lutter (*Bearbeiter*), *Gliederungspunkt*, Rn.*Randnummer*, (S.*Seite*).

Mandler, U., Der deutsche Mittelstand vor der IAS Umstellung 2005, Konzepte und empirische Befunde zur Umsetzung der IAS-Verordnung, 2004

Zitat: Mandler, *Gliederungspunkt*, (S.*Seite*).

Marchand, G., Abhängigkeit und Konzernzugehörigkeit von Gemeinschaftsunternehmen, 1985

Zitat: Marchand, *Gliederungspunkt*, (S.*Seite*).

Maurer, H., Allgemeines Verwaltungsrecht, 2004, 15.Auflage

Zitat: Maurer, *Gliederungspunkt*, Rn.*Randnummer*, (S.*Seite*).

Mestmäcker, E.-J./Schweitzer, H., Europäisches Wettbewerbsrecht, 2004, 2.Auflage

Zitat: Mestmäcker/Schweitzer, *Gliederungspunkt*, Rn.*Randnummer* (S.*Seite*).

Mestmäcker, E.-J., Fusionskontrolle im Gemeinsamen Markt zwischen Wettbewerbspolitik und Industriepolitik, Europarecht (EuR) 1988, S.349

Zitat: Mestmäcker, EuR 1988, S.*Seite*, (S.349).

Meyer, J., Kommentar zur Charta der Grundrechte der Europäischen Union, 2002

Zitat: Meyer (*Bearbeiter*), *Gliederungspunkt*, Rn.*Randnummer* (S.*Seite*).

Miersch, M., Kommentar zur EG-Verordnung Nr.4064/89 über die Kontrolle von Unternehmenszusammenschlüssen, 1991

Zitat: Miersch, *Gliederungspunkt*, (S.*Seite*).

Milde, T., Konzern, Konzernrecht und Konzernfinanzierung: Teil V, Der Gleichordnungskonzern im Gesellschaftsrecht, 1996

Zitat: Milde, *Gliederungspunkt*, (S.*Seite*).

*Montag, F./Kaess*ner, R., Neuere Entwicklungen in der Fallpraxis der europäischen Fusionskontrolle, Wirtschaft und Wettbewerb (WuW) 1997, S.781

Zitat: Montag/Kaessner, WuW 1997, S.*Seite*, (S.781).

Montag, F./Dohms, R., Minderheitsbeteiligungen im deutschen und EG-Kartellrecht, Wirtschaft und Wettbewerbs (WuW) 1993, S.93

Zitat: Montag/Dohms, WuW 1993, S.*Seite*, (S.93).

Montag, F./Heinemann, K., Die europäische Fusionskontrolle in der Fallpraxis, Zeitschrift für Wirtschaftsrecht (ZiP) 1992, S.1367

Zitat: Montag/Heinemann, ZiP 1992, S.*Seite*, (S.1367).

Nettesheim, M., Horizontale Kompetenzkonflikte in der EG, Europarecht (EuR) 1993, S.243

Zitat: Nettesheim, EuR 1993, S.*Seite*, (S.243).

Niederleithinger, E., Das Verhältnis nationaler und europäischer Kontrolle von Zusammenschlüssen, Wirtschaft und Wettbewerb (WuW) 1990, S.721

Zitat: Niederleithinger, WuW 1990, S.*Seite*, (S.721).

Ders., Grundfrage der neuen europäischen Zusammenschlusskontrolle, Europäisches Wirtschaft- und Steuerrecht (EWS) 1990, S.73

Zitat: Niederleithinger, EWS 1990, S.Seite, (S.73).

Niehus, R. J., Thyll, A., Konzernabschluss nach U.S. GAAP, Grundlagen und Gegenüberstellung mit den deutschen Vorschriften, 2000, 2. Auflage

Zitat: Niehus/Thyll, *Gliederungspunkt*, Rn.*Randnummer*, (S.*Seite*).

Niemeyer, H.-J., Die Europäische Fusionskontrollverordnung, 1991

Zitat: Niemeyer, *Gliederungspunkt*, (S.*Seite*).

Niewiarra, M., Die novellierte Europäische Fusionskontrollverordnung, Europäisches Wirtschafts- & Steuerrecht (EWS) 1998, S.113

Zitat: Niewiarra, EWS 1998, S.*Seite*, (S.113).

O´Keeffe, S., Merger Regulation Thresholds: An Analysis of the Community-dimension Thresholds in Reglulation 4064/89, European Competition Law Review (ECLR) 1994, S.21

Zitat: O´Keeffe, ECLR 1994, S.*Seite*, (S.21).

Oppermann, T., Europarecht – Ein Studienbuch, 1999, 2. Auflage

Zitat: Oppermann, *Gliederungspunkt*, Rn.*Randnummer*, (S.*Seite*).

Pohlmann, P., Der Unternehmensverbund im Europäischen Kartellrecht, 1999

Zitat: Pohlmann, *Gliederungspunkt*, (S.*Seite*).

Pohlmann, P., Die Vorschläge der Europäischen Kommission zu einer Änderung der Fusionskontrollverordnung, Europäisches Wirtschafts- und Steuerrecht (EWS) 1997, S.181

Zitat: Pohlmann, EWS 1997, S.*Seite*, (S.181)

Raiser, T./Veil, R., Recht der Kapitalgesellschaften, Ein Handbuch für die Praxis und Wissenschaft, 2001, 3.Auflage

Zitat: Raiser/Veil, *Gliederungspunkt*, Rn.*Randnummer*, (S.*Seite*).

Rengeling, H.-W., Rechtsgrundsätze beim Verwaltungsvollzug des Europäischen Gemeinschaftsrechts, 1977

Zitat: Rengeling, *Gliederungspunkt*, (S.*Seite*).

Riesenkampff, A., Auswirkungen des Urteils des EuGH vom 17.11.1987 („Philip Morris"), Wirtschaft und Wettbewerb (WuW) 1988, S.465

Zitat: Riesenkampff, WuW 1988, S.*Seite*, (S.465).

Röhling, F., Europäische Fusionskontrolle und Subsidiaritätsprinzip, 2001

Zitat: Röhling, *Gliederungspunkt*, (S.*Seite*).

Ders., Offene Fragen der europäischen Fusionskontrolle, Zeitschrift für Wirtschaftsrecht (ZiP) 1990, S.1179

Zitat: Röhling, ZiP 1990, S.*Seite*, (S.1179).

Rolfes, G., Gemeinschaftsunternehmen, Ziele ihrer Errichtung sowie ihre betriebswirtschaftlichen und rechtlichen Probleme, 1980

Zitat: Rolfes, *Gliederungspunkt*, (S.*Seite*).

Rosenthal, M., Neuordnung der Zuständigkeiten und des Verfahrens in der Europäischen Fusionskontrolle, Europäische Zeitschrift für Wirtschaftsrecht (EuZW) 2004. S.327

Zitat: Rosenthal, EuZW 2004, S.*Seite*, (S.327).

Rudo, J., Die Behandlung mehrerer Erwerbsvorgänge als einheitlicher Zusammenschluss im Rahmen der Umsatzberechnung nach Art. 5 Abs. 2 Fusionskontrollverordnung, Recht der internationalen Wirtschaft (RIW) 1997, S.641

Zitat: Rudo, RIW 1997, S.*Seite*, (S.641)

Rütsch, C. J., Strafrechtlicher Durchgriff bei verbundenen Unternehmen?, 1987

Zitat: Rütsch, *Gliederungspunkt*, (S.*Seite*).

Säcker, F. J., „Mehrmütterklausel" und Gemeinschaftsunternehmen, Zur Bedeutung der Brost & Funke-Entscheidung des BGH, Neue Juristische Wochenschrift (NJW) 1980, S.801

Zitat: Säcker, NJW 1980, S.*Seite*, (S.801).

Scharpf, P., Handbuch Bankbilanz, 2004, 2.Auflage

Zitat: Scharpf, *Gliederungspunkt*, (S.*Seite*).

Schildbach, T., US-GAAP, Amerikanische Rechnungslegung und ihre Grundlagen, 2001, 2.Auflage

Zitat: Schildbach, *Gliederungspunkt*, (S.*Seite*).

Schollmeier, A., Die Rechtsquellen der europäischen Gemeinschaft, Juristische Arbeitsblätter (JA) 1990 S.375

Zitat: Schollmeier, JA 1990, S.*Seite*, (S.375).

Schreiber, S., Verwaltungskompetenzen der Europäischen Gemeinschaft, 1997

Zitat: Schreiber, *Gliederungspunkt*, (S.*Seite*).

Schröter, H./Jakob, T./Mederer, W., Kommentar zum Europäischen Wettbewerbsrecht, 2003

Zitat: Schröter/Jakob/Mederer (*Bearbeiter*), *Gliederungspunkt*, Rn.*Randnummer* (S.*Seite*).

Schwarz, G. C., Europäisches Gesellschaftsrecht, Ein Handbuch für die Wissenschaft, 1999

Zitat: Schwarz, *Gliederungspunkt*, Rn.*Randnummer*, (S.*Seite*).

Schwarze, J., Europäisches Verwaltungsrecht, Entstehung und Entwicklung iom Rahmen der Europäischen Gemeinschaft, Band I, 1988

Zitat: Schwarze, Band 1, *Gliederungspunkt*, (S.*Seite*).

Ders., Die Auswirkungen des Vorrangs des Gemeinschaftsrechts auf das deutsche Kartell- und Wettbewerbsrecht, Juristenzeitung (JZ) 1996, S.57

Zitat: Schwarze, JZ 1996, S.Seite, (S.57)

Seitz, C., One-stop shop und Subsidiarität, Eine Untersuchung des Verweisungsverfahrens nach Art. 9 Fusionskontrollverordnungen, 2002

Zitat: Seitz, Gliederungspunkt, (S.Seite).

Siragusa, M./ Subiotto, R., Ein Jahr EG Fusionskontrolle – eine Zwischenbilanz aus der des Praktikers, Wirtschaft und Wettbewerb (WuW) 1991, S. 872

Zitat: Siragusa/Subiotto, WuW 1991, S.*Seite*, (S.872).

Soames, T., The ´Community Dimension´ in the ECC Merger Regulation: The Calculation of the Turnover Criteria", European Competition Law Review (ECLR) 1990, S.213

Zitat: Soames, ECLR 1990, S.*Seite*, (S.213).

Soltész, U./Steinle, C/Bielesz, H., Rekordgeldbußen versus Bestimmtheitsgebot, Europäische Zeitschrift für Wirtschaftsrecht (EuZW) 2003, S.202

Zitat: Soltész/Steinle/Bielesz, EuZW 2003, S.*Seite*, (S.202).

Staebe, E., Fusionskontrolle nach Art. 81 und 82 EG?, Europäisches Wirtschafts- & Steuerrecht (EWS) 2003, S.249

Zitat: Staebe, EWS 2003, S.*Seite*, (S.249).

Staudenmayer, D., Der Zusammenschlussbegriff in Artikel 3 der EG-FusionskontrollVO, Eine Analyse der Praxis der Europäischen Kommission, 2002

Zitat: Staudenmayer, *Gliederungspunkt*, (S.*Seite*).

Ders., Das Verhältnis der Art.85, 86 EWGV zur EG-Fusionskontrollverordnung, Wirtschaft und Wettbewerb (WuW) 1992, S.475

Zitat: Staudenmayer, WuW 1992, S.*Seite*, (S.475).

Stettner, R., Grundfragen einer Kompetenzlehre, 1983

Zitat: Stettner, *Gliederungspunkt*, (S.*Seite*).

Stockenhuber, P., Die Europäische Fusionskontrolle, Das materielle Recht, 1996

Zitat: Stockenhuber, *Gliederungspunkt* (S.*Seite*).

Veelken, W./Karl, M./ Richter, S., Die Europäische Fusionskontrolle, Grundzüge und Einzelfragen zu der Verordnung (EWG) Nr.4064/89, 1993

Zitat: Veelken/Karl/Richter (*Bearbeiter*), *Gliederungspunkt*, (S.*Seite*).

Vonnemann, W., Die neue europäische Fusionskontrolle, Der Betrieb (DB) 1990, S.569

Zitat: Vonnemann, DB 1990, S.*Seite*, (S.569).

Weiß, W., Die Europäische Menschenrechtskonvention, der Grundrechtsstandard in der EU und das EG-Kartellverfahren, Europäisches Wirtschafts- und Steuerrecht (EWS) 1997, S.253

Zitat: Weiß, EWS 1997, S.*Seite*, (S.253).

Weitbrecht, A., Drei Jahre Europäische Fusionskontrolle, eine Zwischenbilanz, Europäische Zeitschrift für Wirtschaftsrecht (EuZW) 1993, S.687

Zitat: Weitbrecht, EuZW 1993, S.*Seite*, (S.687).

Ders., Zusammenschlusskontrolle im Europäischen Binnenmarkt, Europäische Zeitschrift für Wirtschaftsrecht (EuZW) 1990, S.18

Zitat: Weitbrecht, EuZW 1990, S.*Seite*, (S.18).

Westermann, K., Die Einwirkung der europäischen auf die deutsche Fusionskontrolle, 1996

Zitat: Westermann, *Gliederungspunkt*, (S.*Seite*).

Wiedemann, G., Handbuch des Kartellrechts, 1999, 3.Auflage

Zitat: Wiedemann (*Bearbeiter*), *Gliederungspunkt*, Rn.*Randnummer*, (S.*Seite*).

Ders., Kommentar zu den Gruppenfreistellungsverordnungen des EWG-Kartellrechts, Band I, Allgemeiner Teil, Besonderer Teil: Spezialisierungsvereinbarungen (GVO Nr.417/85), Forschungs- und Entwicklungsvereinbarungen (GVO Nr. 418/85), 1990

Zitat: Wiedemann, Band I, *Gliederungspunkt*, Rn.*Randnummer*, (S.*Seite*).

Wils, W. P. J., Notification, Clearance and Exemption in E.C. Competition Law: An Economics Analysis, European Law Review (ELR) 1999, S.139

Zitat: Wils, ELR 1999, S.*Seite*, (S.139).

Winkler, S., Der Beitritt der Europäischen Gemeinschaften zur Europäischen Menschenrechtskonvention, 2000

Zitat: Winkler, *Gliederungspunkt*, (S.*Seite*).

Winnefeld, R., Bilanzhandbuch, Handels- und Steuerbilanz, Rechtsformspezifisches Bilanzrecht, Bilanzielle Sonderfragen, Sonderbilanzen, IAS/US-GAAP, 2002, 3.Auflage

Zitat: Winnefeld, *Gliederungspunkt*, Rn.*Randnummer*, (S.*Seite*).

Wöhe, G./ Döhring, U., Einführung in die Allgemeine Betriebswirtschaftslehre, Lehrbuch, 2000, 20.Auflage

Zitat: Wöhe/Döhring, *Gliederungspunkt*, (S.*Seite*).

Wortmann, B., Durchgriffshaftung im Joint Venture, Zugleich ein Beitrag zu den rechtlichen Grundlagen des Joint Ventures, 1995

Zitat: Wortmann, *Gliederungspunkt*, (S.*Seite*).

v. Wysocki, K./Schulze-Osterloh, J./Hennrichs, J., Handbuch des Jahresabschlusses in Einzeldarstellungen, 3.Band, Stand 2004

Zitat: Wysocki/Schulze-Osterloh/Hennrichs (*Bearbeiter*), *Band*.Band, *Gliederungspunkt*, Rn.*Randnummer*, (S.*Seite*).

Zekos, G. I., The Neu E.U. Approach to Mergers an Market Integration, European Law Review (ECLR) 2000, S.37

Zitat: Zekos, ECLR 2000, S.*Seite*, (S.37).

Zuleeg, M., Deutsches und europäisches Verwaltungsrecht, Wechselseitige Einwirkungen, Leitsätze, Europarecht (EuR) 1993, S.331

Zitat: Zuleeg, EuR 1993, S.*Seite*, (S.331).

Einleitung

A. Beweggrund

Mit dem Erlass der Verordnung (EG) Nr.139/2004 am 20. Januar 2004 erneuerte die Europäische Gemeinschaft einen der Eckpfeiler im EG-Wettbewerbsrecht. Anders als beim vorangegangenen Reformschritt im Jahre 1997 wurde die bis dato geltende Verordnungsfassung nicht bloß modifiziert, sondern tatsächlich ersetzt. Zu wesentlich waren nach Ansicht des Rates[1] die Veränderungen, als dass eine Überarbeitung noch ausreichende Klarheit gewährleisten konnte. Mit der Verordnung (EWG) 4064/89 (FKVO a.F.) ging eine Rechtsmaterie, deren Inkrafttreten als ein Meilenstein für die europäische Wettbewerbskontrolle bezeichnet werden kann, von der Rechtswirklichkeit in die Geschichte über.

B. Vorüberlegungen

Im Jahre 1989 einigte sich der Rat der EG nach einer extensiven[2] Entwurfsphase auf eine Verordnung zur Kontrolle von Unternehmenszusammenschlüssen (FKVO90). Mit diesem Rechtssetzungsakt und der Geltung der FKVO90 wurde das Gemeinschaftsrecht um ein eigenständiges Fusionsrecht erweitert. Davor waren zusammenschlussspezifische Regelungen ausschließlich in Art.66 EGKS enthalten.[3] Da diese Vorschriften nur auf Unternehmen der Montanunion anwendbar sind,[4] war hierdurch eine effektive Kontrolle der Konzentrationsprozesse im Gemeinsamen Markt allenfalls unzureichend möglich.[5] Zwar hatte der Europäische Gerichtshof in zwei prominenten Urteilen[6] die Anwendbarkeit der Art.81 und Art.82 EG auf Konzentrationssachverhalte für nicht ausgeschlossen erachtet, jedoch sah man diese Vorschriften als nicht ausreichend an, um *„alle Zusammenschlüsse zu erfassen, die sich als unvereinbar mit dem im EG-Vertrag*

---

1 Erwägungsgrund 1 FKVO.

2 Der erste Vorschlag einer Verordnung zu Kontrolle von Unternehmenszusammenschlüssen wurde von der EG-Kommission ca. 15 Jahre früher vorgelegt: EG-KOMMISSION, FKVO-Entwurf73, ABl.EG 1973 C 92/01.

3 SCHREIBER, 3.Teil, B., VI., 1., a., bb., (3), (S.89); SEITZ, B., I., 2., b), i), (S.18).

4 Wiedemann (SEELIGER), 8.Kapitel (Sonderregelungen für bestimmte Sektoren), 2.Abschnitt, § 39, C., I., Rn.4, (S.1249); MESTMÄCKER, EuR 1988, S.349, (S.349).

5 Vgl. Erwägungsgründe 6, 7 FKVO a.F. (dieselben n.F.).

6 Art.81 EG [und andeutungsweise Art.82 EG (ehemals Art.85, 86 EG)]: EUROPÄISCHER GERICHTSHOF, Urteil (vb.Rs. 142/84, 156/84 – BAT./.EG-Kommission) vom 17.11.1987, Slg.1987, S.4575, Rn.32 ff., (S.4487); zu Art.82 EG (ehemals Art.86 EG): Urteil (Rs. 6/72 – Continental./.EG-Kommission) vom 21.2.1972, Slg.1973, S.243, Rn.18, S.246, Rn.26, (S.215).

geforderten System eines unverfälschten Wettbewerbs erweisen könnten".[7] Insbesondere Konzentrationsvorgänge, die eine beherrschende Stellung erst begründen würden, konnten vor der Existenz zusammenschlussspezifischer Regelungen keiner Kontrolle zugeführt werden.[8]

Aufgabe einer europäischen Verordnung zur Kontrolle von Unternehmenszusammenschlüssen sollte es daher sein, alle „*bedeutsame(n) Strukturveränderungen ..., deren Auswirkungen auf den Markt die Grenzen eines Mitgliedstaates überschreiten*",[9] einer wirksamen Kontrolle zuzuführen.[10]

Um dieser Zielvorgabe gerecht zu werden, wurde die FKVO90 mit einem *präventiven Kontrollmechanismus* ausgestattet.[11] Danach waren alle Vorhaben im Anwendungsbereich der Verordnung vor dem Vollzug bei der EG-Kommission *anzumelden* [vgl. Art.4 (1) FKVO90]. Der Anmeldung schloss sich das Prüfverfahren an, welches in der Regel[12], je nach Vereinbarkeit des Zusammenschlusses mit dem Gemeinsamen Markt, durch eine Freigabe oder Untersagung beendet wurde. Gemäß Art.7 (1) FKVO90 war dabei der *Vollzug* des Zusammenschlusses grundsätzlich[13] bis zu dessen Freigabe *verboten*. Grund für diese „im Vorfeld" vorgenommene Bewertung der Auswirkungen eines Konzentrationsvorgangs auf die Marktstruktur waren die praktischen Schwierigkeiten im Zusammenhang mit der nachträglichen Entflechtung bereits vollzogener Vorhaben.[14]

---

7 Erwägungsgrund 6 FKVO a.F. (Erwägungsgrund 7 n.F.).

8 Callies/Ruffert (JUNG), Vertrag zur Gründung der Europäischen Gemeinschaft - Kommentierung, Dritter Teil, Titel VI, Kapitel 1, Abschnitt 1, Artikel 83, F., Rn.37, (S.1118); IMMENGA/FUCHS, NJW 1988, S.3052, (S.3052); MONTAG/HEINEMANN, ZiP 1992, S.1367, (S.1367); VONNEMANN, DB 1990, S.570, (S.569).

9 Erwägungsgrund 9 FKVO a.F. (Erwägungsgrund 8 n.F.).

10 Erwägungsgrund 7 FKVO a.F. (Erwägungsgrund 5 n.F.).

11 Erwägungsgrund 17 FKVO90; vgl. auch: Wiedemann (WAGEMANN), 5.Kapitel (Fusionskontrolle), 1.Abschnitt, § 17, A. I., 1., Rn.1-5, (S.567 f.).

12 Gemäß Art.6 (1) lit.a FKVO (derselbe a.F.) kann das europäische Verfahren auch mit einer Feststellung der Unanwendbarkeit der FKVO beendet werden. In solchen Fällen ist der Legalisierungsprozess für die Betreiber des Vorhabens nicht abgeschlossen, weil das rechtliche Schicksal der Transaktion noch nicht geklärt wurde: Wiedemann (WAGEMANN), 5.Kapitel (Fusionkontrolle), 1.Abschnitt, § 17, D., IV., 1., Rn.82, (S.590).

13 Gemäß Art.7 (3) FKVO (derselbe a.F.) kann die EG-Kommission auf einen entsprechenden Antrag hin Befreiungen von dem Vollzugsverbot aussprechen: Frankfurter Kommentar (HELLMANN), Band 6, Teil 3 (Artikel 4 und 7 FKVO 139/2004), Artikel 7, I. (Entstehungsgeschichte), Rn.2 – zur alten Rechtslage –, IV. (Ausnahmen vom Vollzugsverbot), Rn.11 f. – zur neuen Rechtslage –.

14 Frankfurter Kommentar (HELLMANN), Band 6, Teil 3 (Artikel 4 und 7 FKVO 139/2004), Artikel 7, III., 2. (Zweck des Vollzugsverbots), Rn.2; Wiedemann (WAGEMANN), 5.Kapitel (Fusionskontrolle), 1.Abschnitt, § 17, B., Rn.38 „Je länger der Vollzug bereits andauert, um so schwerer, wenn nicht unmöglich, ist es, die Integration … rückgängig zu machen.", (S.577).

Dieses präventive Kontrollprinzip hat sich in der Praxis der europäischen Wettbewerbspolitik bewährt. Es gewährleistet die Effektivität der Zusammenschlusskontrolle und schafft gleichsam Rechtssicherheit für die Betreiber der kontrollierten Vorhaben.[15] Aus diesen Gründen überdauerte die Systematik nicht nur die im Jahr 1997 erfolgte Überarbeitung der FKVO90, sondern stellt sich in der seit dem 1. Mai 2004 geltenden Verordnungsfassung erneut als ein integraler Bestandteil heraus [vgl. Art.4 (1), 7 (1) FKVO].[16] Demnach ist zwecks Legalisierung von Transaktionen im Anwendungsbereich des EG-Kontrollrechtes immer ein behördliches Verfahren zu betreiben.

Als sich die EG schließlich auf einen Verordnungsentwurf verständigte, hatten einige Mitgliedstaaten bereits ein eigenes Fusionsrecht herausgebildet. So verhielt es sich auch in der Bundesrepublik Deutschland.[17] Im Zuge der 1973 erfolgten 2. Reformierung des Wettbewerbsrechtes hatte diese Fusionskontrollvorschriften in das Gesetz gegen Wettbewerbsbeschränkungen mit aufgenommen. Während sich die Einführung der FKVO a.F. als Neuerung im Rechtssystem der Gemeinschaft erwies, konnte man zu diesem Zeitpunkt in Deutschland auf eine bereits seit mehr als 15 Jahren entwickelte und fortgeschrittene Kontrollpraxis blicken.

Das deutsche Fusionskontrollrecht, welches in den §§ 35 ff. GWB manifestiert ist, wurde im Rahmen der 6. Kartellrechtsreform in Teilen an das europäische Recht angeglichen.[18] Das präventive Anmeldesystem, flankiert von einem Vollzugsverbot für sämtliche Zusammenschlüsse im Anwendungsbereich des GWB, stellt sich auch hier als ein fester Bestandteil dar. Das deutsche Recht legt dieser Systematik allerdings einen eigenen, durch § 37 (1) GWB weitreichen-

---

15 Vgl. WILS, ELR 1999, S.152, S.146, (S.139).

16 Erwägungsgrund 34 FKVO „Um eine wirksame Überwachung zu gewährleisten, sind die Unternehmen zu verpflichten, Zusammenschlüsse ... vor ihrem Vollzug anzumelden. ... Der Vollzug eines Zusammenschlusses sollte bis zum Erlass der abschließenden Entscheidung der Kommission ausgesetzt werden.“

17 BECHTHOLD, Einführung, 2., b), Rn.10, (S.5); Immenga/Mestmäcker (MESTMÄCKER), Gesetz gegen Wettbewerbsbeschränkungen, Erster Teil (Wettbewerbsbeschränkungen), Siebenter Abschnitt, Vor § 35, 1.Teil, I., 2., c), Rn.9, (S.1225).

18 BUNDESREGIERUNG, Gesetzesentwurf vom 29. Januar 1998 eines sechsten Gesetzes zur Änderung des Gesetzes gegen Wettbewerbsbeschränkungen, BTDrs.13/9720, S.1 „Zielsetzung: ...das deutsche Recht (soll) mit dem europäischen Recht harmonisiert werden.“; Immenga/Mestmäcker (MESTMÄCKER), Gesetz gegen Wettbewerbsbeschränkungen, Erster Teil (Wettbewerbsbeschränkungen), Siebenter Abschnitt, Vor § 35, II., 1., Rn.14, (S.1225 f.).

der[19] definierten Zusammenschlussbegriff[20] zugrunde. Die 7.GWB Novelle im Jahr 2004 brachte im Verhältnis zum EG-Zusammenschlussrecht keine Neuerungen mit sich.[21]

C. Problembeschreibung

Das Resultat der beschriebenen Gesetzgebungsprozesse besteht in der parallelen Geltung von zwei autonomen Kontrollrechten, der FKVO und den §§ 35 ff. GWB, für das deutsche[22] Hoheitsgebiet.[23] Da beide Rechtsmaterien von einem präventiven Genehmigungsverfahren ausgehen [vgl. Art.4 (1), 7 (1) FKVO sowie §§ 39, 41 GWB], müssten, sofern ein Zusammenschluss innerhalb beider Anwendungsbereiche liegt, zwei behördliche Kontrollverfahren betrieben werden.

---

19 BUNDESREGIERUNG, Gesetzesentwurf vom 29. Januar 1998 eines sechsten Gesetzes zur Änderung des Gesetzes gegen Wettbewerbsbeschränkungen, BTDrs.13/9720, S.43 „Die Zusammenschlusskontrolle kann nicht auf Fälle des Kontrollerwerbs beschränkt werden.“; Immenga/Mestmäcker (REHBINDER), EG-WbR, Band I, I.Abschnitt (Einleitung), F., VII., 2., Rn.48, (S.114); BECHTHOLD, Erster Teil, Siebenter Abschnitt (Zusammenschlusskontrolle), § 37, 1., a), Rn.1 „Durch die Übernahme des Kontrollbegriffs (wurde) ... in Wahrheit keine Anpassung an das EG-Recht vorgenommen, sondern das sehr viel `tiefere Ansetzen´ der deutschen Fusionskontrolle im Vergleich zum EG-Recht aufrecht erhalten.“, (S.403).

20 Sofern in dieser Arbeit auf die Definition des Zusammenschlusses nach § 37 (1) GWB Bezug genommen wird, wird dies durch den Zusatz „im Sinne des § 37 (1) GWB“ verdeutlicht. Wird der Begriff des Zusammenschlusses ohne Zusatz verwendet, umfasst dieser die Definition nach Art.3 FKVO (derselbe a.F.).

21 BUNDESMINISTERIUM FÜR WIRTSCHAFT UND ARBEIT, Begründung zur 7.GWB Novelle vom 17.12.2003 (unveröffentlicht), S.29 „Die Regelungen über die Zusammenschlusskontrolle werden im Entwurf nicht generell überarbeitet. Sollte durch die derzeit laufende Revision der europäischen Fusionskontrollverordnung eine weitergehende Anpassung ... erforderlich werden, müsste dies ... nachgeholt werden.“

22 Das europäische Recht gilt gemäß Art.299 EG auch (!) im Staatsgebiet der Bundesrepublik Deutschland: Callies/Ruffert (SCHMALENBACH), Vertrag zur Gründung der Europäischen Gemeinschaft - Kommentierung, Sechster Teil, Artikel 299, I., Rn.2, (S.2475).

23 EUROPÄISCHER GERICHTSHOF, Urteil (Rs. 6/64 – Costa./.ENEL), Slg.1964, S.1256, Rn.3 „Der EWG-Vertrag (hat) eine eigene Rechtsordnung geschaffen, ... die in die Rechtsordnungen der Mitgliedstaaten aufgenommen worden ... ist. Durch die Gründung der Gemeinschaft ... haben die Mitgliedstaaten ... einen Rechtskörper geschaffen, der für sie selbst verbindlich ist.“, (S.1251); Gemeinschaftskommentar (SCHÜTZ), EU-Fusionskontrolle (1), Einführung, III. (Verhältnis der EU-Fusionskontrolle zu den Fusionskontrollrechten der Mitgliedstaaten), 2., Rn.33; KLÖSTERS, 2.Teil, II., 1., (S.57, 60); mit übertragbaren Erwägungen zum allgemeinen Kartellrecht: SCHWARZE, JZ 1996, S.58, (S.57); siehe ferner auch: DREHER, WuW 2002, S.829 „Zusammenschlussvorhaben können ... nicht nur in den Anwendungsbereich des deutschen Kartellrechts, sondern auch in denjenigen des europäischen Kartellrechts fallen.“, (S.828).

Für den Vollzug der FKVO ist gemäß Art.21 (2) FKVO [derselbe (1) a.F.] die EG-Kommission ausschließlich zuständig; die durch das GWB eröffneten Kompetenzen können dagegen ausschließlich von den deutschen Kartellbehörden im Sinne des § 48 (1) GWB wahrgenommen werden. Die Kontrolle von Unternehmenszusammenschlüssen unterliegt dabei gemäß § 48 (2) S.1, 39 (1) GWB der ausschließlichen Kompetenz des Bundeskartellamtes.

Die hieraus resultierende Konsequenz bestünde in dem darauf folgenden Erlass von zwei behördlichen Entscheidungen, erlassen nach der FKVO durch die EG-Kommission sowie nach dem GWB-Zusammenschlussrecht durch das Bundeskartellamt. Da den Rechtsmaterien unterschiedliche Schutzgüter zugrunde liegen, ist eine Widersprüchlichkeit der Behördentätigkeiten nicht abwegig,[24] was die Gefahr von Kompetenzkonflikten einschließt.[25]

Diese Problematik wurde von den Institutionen der EG bereits beim Rechtssetzungsprozess hinsichtlich der FKVO90 gesehen.[26] Konstellationen, in denen eine Zusammenschlussfreigabe durch die EG-Kommission von einer nationalen Untersagungsverfügung entkräftet werden könnte,[27] forcierten aus der europäischen Perspektive die Erkenntnis, dass eine gesetzlich ausformulierte Harmonisierung der Anwendungsbereiche notwendig wäre.[28] Zwar hätte man die Konfliktlösung ohne Integrierung einer gesetzlichen Regelung auch durch einen

---

24 Frankfurter Kommentar (ACHENBACH), Band 4, Vorbem. § 81 GWB 1999, A., IV. (Sanktionen im Europäischen Kartellrecht), Rn.12; BUNTE, WuW 1989, S.10 „Die unterschiedlichen Ergbnisse des nationalen und das EG-Kartellrechts können in einer unterschiedlichen wettbewerbspolitischen, auch industriepolitischen Haltung liegen, aber auch in der verschiedenen Zielrichtung der beteiligten Rechtsordnungen.“, (S.7); siehe auch: SEITZ, B., II., 3., d), ii), (2.), (S.96); SCHWARZE, JZ 1996, S.58, (S.57).

25 Vgl. NETTESHEIM, EuR 1993, S.245 „Zu Kompetenzstreit kommt es, wenn zwei Rechtssubjekte oder Organe die ausschließliche Wahrnehmungszuständigkeit für eine Regelung beanspruchen.“, (S.243); Siehe zum Problem bei der Anwendung des EG- und des nationalen Kartellrechtes: BUNTE, DB 1994, S.922 „Rechstanwendungskonkurrenz“, (S.921).

26 EUROPÄISCHES PARLAMENT, Entschließung 1983, ABl.EG 1983 C 322/31; WIRTSCHAFTS- UND SOZIALAUSSCHUSS, Anhörung 1974, ABl.EG 1974 C 88/21 „Der Ausschuss möchte verhindern, dass ... die Kontrolle von Unternehmenszusammenschlüssen aufgrund der nationalen Rechtsvorschriften in den Mitgliedstaaten ... die Ausübung der Befugnisse beeinträchtigt, die der Kommission durch die vorliegende Verordnung erteilt werden.“

27 Immenga/Mestmäcker (REHBINDER), EG-WbR, Band I, I Abschnitt (Einleitung), F., VII., 2., d), Rn.54, (S.115 f.); zur Rechtslage nach dem allgemeinen Kartellrecht: BUNTE, WuW 1989, S.21, (S.7).

28 Siehe dazu: WIRTSCHAFTS- UND SOZIALAUSSCHUSS, Stellungnahme 1988, ABl.EG 1988 C 208/12, Anhörung 1974, ABl.EG 1974 C 88/21.

Rückgriff auf die zum EG-Kartellrecht entwickelten allgemeinen Grundsätze der Höherrangigkeit[29] finden können,[30] jedoch stellt sich eine klar normierte Lösung zur Vermeidung von Konfliktsituationen im Interesse der Rechtssicherheit als vorzugswürdig dar.

Zu diesem Zweck entwickelte man das Merkmal der gemeinschaftsweiten Bedeutung [vgl. Art.1 (1) FKVO (ders a.F.)],[31] welches die Bedeutsamkeit eines Vorhabens für den Gemeinsamen Markt[32] beschreiben soll. Dadurch wird zunächst eine Differenzierung zwischen europäischen sowie nationalen Transaktionen ermöglicht, an die eine Rechts- und damit Kompetenzabgrenzung anknüpfen sollte.[33]

Basierend auf einer sich ausschließenden Anwendbarkeit der Zusammenschlussmaterien war es das Ziel der Verordnungsverfasser, das europäische Zusammenschlussrecht nur auf Sachverhalte mit europäischem Charakter zu erstrecken,[34] während alle anderen Vorhaben der nationalen Kontrollhoheit unterstehen sollten.[35] So beabsichtigte man ein sog. „one-stop-shop"-System im EG-Zusammenschlussrecht zu verankern, welches jedem Zusammenschluss ein einziges Kontrollrecht zuweisen würde. Dieses sollte gewährleisten, dass entwe-

---

29 EUROPÄISCHER GERICHTSHOF, (Rs. 14/68 – Wilhelm./.Bundeskartellamt) vom 13.2.1969, Slg.1969, S.14 Rn.6, 7, (S.1); SCHWARZE, JZ 1996, S.57 f., (S.57).

30 RÖHLING, Teil 1, B., 4., a., (S.27); für die Regelung des Anwendungsverhältnisses bestanden mehrere Optionen: NIEDERLEITHINGER, WuW 1990, S.722, (S.721); allgemein: ZULEEG, EuR 1993, S.337, (S.331).

31 Erwägungsgründe 9 und 8 FKVO (Erwägungsgründe 10 und 9 FKVO a.F.) „Der Anwendungsbereich ... sollte anhand des Tätigkeitsbereichs der beteiligten Unternehmen bestimmt werden, damit Zusammenschlüsse von gemeinschaftsweiter Bedeutung (von der FKVO) erfasst werden", während „Unternehmenszusammenschlüsse, die nicht im Anwendungsbereich dieser Verordnung liegen, ... grundsätzlich in die Zuständigkeit der Mitgliedstaaten (fallen)."

32 EG-KOMMISSION, FKVO-Entwurf73, ABl.EG 1973 C 92/02 „Von der Anwendung dieser Verordnung können ... Zusammenschlüsse ... mit Rücksicht auf die geringe Bedeutung des Umsatzes (ausgenommen werden)"; Zu dieser Zeit war das Merkmal der gemeinschaftsweiten Bedeutung noch nicht kreiert worden, jedoch existierte bereits die Verknüpfung zwischen Bedeutsamkeit für den Gemeinsamen Markt und Umsatz.

33 Die mangelnde Problemorientiertheit des Merkmals kritisierend: GROGER/JANICKI, WuW 1992, S.1001, (S.991).

34 EG-KOMMISSION, FKVO-Entwurf89, ABl.EG 1989 C 22/14, Erwägungsgründe 9, 27 „Es ist angezeigt ... den Anwendungsbereich durch Schwellenwerte einzugrenzen, damit nur Zusammenschlüsse von gemeinschaftsweiter Bedeutung" erfasst werden. „Die Mitgliedstaaten dürfen auf Zusammenschlüsse mit gemeinschaftsweiter Bedeutung ihr innerstaatliches Wettbewerbsrecht" nur in Ausnahmefällen, die eine Ermächtigung der Kommission voraussetzten, anwenden.; siehe ferner: GROGER/JANICKI, WuW 1992, S.1000, (S.991).

35 LAMPERT, WuW 2002, S.451, (S.449).

der die EG-Kommission oder die nationalen Behörden zur Anwendung des verbandszugehörigen Kontrollrechtes befugt sind.[36]

Umsetzung fanden diese Erwägungen im Jahre 1990 in den heutigen Art.1, 21 FKVO (dieselben a.F.). Gemäß Art.1 (1) FKVO (derselbe a.F.) wird festgelegt, dass die FKVO ausschließlich für Zusammenschlüsse mit gemeinschaftsweiter Bedeutung gilt, während die Anwendung des innerstaatlichen Wettbewerbsrechtes nach Art.21 (3) Uabs.1 FKVO [derselbe (2) Uabs.1 a.F.] auf diese Sachverhalte ausgeschlossen ist.

Das angestrebte Ausschließlichkeitsprinzip hätte jedoch von einer danach „unzuständigen" Behörde mittels Rückgriff auf die Befugnisse aus dem sonstigen EG-Wettbewerbsrecht in Frage gestellt werden können. So können nicht nur die EG-Kommission, sondern auch die nationalen Behörden zum Vollzug des Gemeinschaftsrechtes befugt sein. Deshalb musste aus dem Blickwinkel der EG die vertikale durch eine horizontale Rechtsabgrenzung komplettiert werden.[37] Ein Anwendungsausschluss für sonstiges EG-Wettbewerbsrecht, bezogen auf sämtliche Zusammenschlüsse ungeachtet ihrer Bedeutung, sollte das „one-stop-shopping" absichern.

Man integrierte aus diesem Grund in die FKVO90 den heutigen Art.21 (1) FKVO [Art.22 (1) a.F.], damals noch unterteilt in Abs.1 und 2. Dieser bestimmt gemäß seinem 1.Hs, dass die FKVO „alleine" für Zusammenschlüsse im Sinne des Art.3 FKVO gilt; es soll dem Wortlaut getreu kein sonstiges Gemeinschaftsrecht Anwendung beanspruchen können. Ferner wird die Anwendung der kartellrechtlichen Durchführungsverordnungen, so insbesondere der VO1/2003 (vor dem 1. Mai 2004: VONr.17), im Regelfall durch Art.21 (1) FKVO [Art.22 (1) 2.Hs a.F] ausgeschlossen, sodass jedenfalls auch die wesentlichen Vollzugsinstrumente wegfallen würden.[38]

Unter der Prämisse, dass die auf der gemeinschaftsweiten Bedeutung aufbauende
„one-stop-shop"-Systematik faktisch umgesetzt worden ist, würde die Rechts-

---

36 SEITZ, B., II., 3., c), ii), (S.91 f.).

37 EUROPÄISCHER RAT UND EG-KOMMISSION, Erklärung für das Ratsprotokoll, WuW 1990, S.244 „Diese neue Verordnung (gilt) aus zwingenden Gründen der Rechtssicherheit einzig und allein für Zusammenschlüsse."

38 Vgl. Langen/Bunte (SAUTER), Band I, EG-Kartellrecht, KartVO, Vorbemerkung, D., Rn.20, (S.2261); Wiedemann (WAGEMANN), 5.Kapitel (Fusionkontrolle), 1.Abschnitt, § 15, A., V., Rn.25, (S.476 f.); NIEMEYER, B. (Die EG-Fusionskontrollverordnung), VI., 1., a), cc., (S.30 f.).

anwendung und die damit verbundene Behördenzuständigkeit regelmäßig[39] von dem Tatbestand der Gemeinschaftsdimension bestimmt werden. Zweifel bei der Konkretisierung des Merkmals könnten diese scharfe „ja-oder-nein"-Trennlinie damit in einen durch Rechtsunsicherheit geprägten Graubereich verwandeln. Um die Rechtsanwendung jeder schwer berechenbaren Beurteilungsmöglichkeit zu entziehen, gestaltete man dieses Kriterium quantitativ aus.[40] Die im letzten Geschäftsjahr erzielten Umsatzerlöse der beteiligten Unternehmensverbände sollten, verglichen mit den in Art.1 FKVO (derselbe a.F.) definierten Schwellenwerten, die gemeinschaftsweite Bedeutung errechenbar machen. Unzweifelhaft könnte danach das anwendbare Recht ermittelt werden, sofern die benötigten Umsatzdaten bekannt sind. Vorausgehen muss diesem Kenntnistand die Datenerhebung. Zunächst ist dazu die Determinierung der beteiligten und der verbundenen Unternehmen erforderlich [vgl. Art.5 (4), (5) FKVO (derselbe a.F.)]. Im Anschluss müssen deren erzielte Umsatzerlöse des letzten Geschäftsjahres gemäß der Konstruktion des Art.1 FKVO (derselbe a.F.) bezogen auf den Weltmarkt, das Hoheitsgebiet der EG sowie der einzelnen Mitgliedstaaten errechnet werden [vgl. Art.1 (2), (3) i.V.m. Art.5 FKVO (dieselben a.F.)]. Eine durch Rechtsicherheit geprägte Rechtsanwendung würde folglich ferner voraussetzen, dass diese Eckpunkte der Umsatzberechnung zweifelsfrei konkretisiert werden können. Wenig Zuversicht vermittelt in diesem Kontext die Tatsache, dass sowohl zur Bestimmung der beteiligten und verbundenen Unternehmen[41] als auch zur Berechnung des Umsatzes,[42] also bezüglich der Erhebung der Eckdaten, nach kurzer Zeit ausführliche Mitteilungen der EG-Kommission ergehen mussten. Diese sollten ihr Verständnis darlegen und wurden aufgrund aufgetretener

---

39 Ausnahmen sind durch die Verweisungsmechanismen denkbar: Frankfurter Kommentar (RÖSLER), Band 6, Teil 3a (FKVO 4064/89 mit Ausnahme Artikel 4 und 7), Artikel 9, A. (Bedeutung), Rn.1 „Als ... wichtigste Ausnahme zum Ausschließlichkeitsgrundsatz ... hat Deutschland ... auf die Einfügung (der) ... Verweisungsklauseln bestanden."; BUNTE, DB 1994, S.926 „Die Kommission hat sich hinsichtlich der Verweisung sehr zurückhaltend gezeigt.", (S.921); EBENROTH/LANGE, BB 1991, S.849, (S.845); MONTAG/KAESSNER, WuW 1997, S.792, (S.781).

40 EG-KOMMISSION, FKVO-Entwurf82, ABl.EG 1982 C 36/05 „Der Umsatz zur Bestimmung des Anwendungsbereichs hat den Vorteil, dass er sich leicht ... feststellen und nachprüfen lässt."; Immenga/Mestmäcker (REHBINDER), EG-WbR, Band I, I.Abschnitt (Einleitung), F., VII., 2., c), Rn.51, (S.115); vgl. ferner kritisch zur Alternativemethode, dem Marktanteilskriterium, in manchen Mitgliedstaaten: HIRSBRUNNER, EuZW 2002, S.459, (S.453).

41 EG-KOMMISSION, Mitteilung zum Begriff der beteiligten Unternehmen, ABl.EG 1998 C 66/14, ferner: Bekanntmachung zum Begriff der beteiligten Unternehmen, ABl.EG 1994 C 385/12.

42 EG-KOMMISSION, Mitteilung zur Umsatzberechnung, ABl.EG 1998 C 66/25; davor: Bekanntmachung zur Umsatzberechnung, ABl.EG 1994 C 385/21.

„*Zweifel und Probleme*" notwendig.[43] Dabei weisen diese einleitend darauf hin, dass die Rechtsauffassung der EG-Kommission nicht die europäischen Gerichte bindet und auch im Einzelfall weiterentwickelt werden kann.[44] Wenn das rechtliche Verständnis zu diesem Abgrenzungsmerkmal tatsächlich klar und eindeutig und damit keiner anderweitigen Auslegung zugänglich konstruiert worden ist, erscheint es nicht nachvollziehbar, warum nach Ansicht der EG-Kommission auf die Möglichkeit anderer Rechtsauffassungen hinzuweisen und vor Weiterentwicklungen im Einzelfall zu „warnen" war.

Etwaige Konsequenzen, die sich aus Unklarheiten bei der Konkretisierung des Abgrenzungsmerkmals ergeben, lassen sich anhand des „medienwirksamen" Zusammenschlussvorhabens E.ON/RUHRGAS45 beispielhaft illustrieren. Im Streit stand hier[46] „lediglich" der maßgebliche Beurteilungszeitpunkt für die Ermittlung der beteiligten Unternehmen und die dadurch zu berücksichtigenden Gesamtumsätze.[47] Dieser Streitpunkt kostete einen in Deutschland ansässigen Stromversorger im Jahr 2002 eine zweistellige Millionensumme.[48] Die Ambition, ein in Deutschland ansässiges Gasversorgungsunternehmen zu übernehmen, wurde bei dem Bundeskartellamt mangels gemeinschaftsweiter Bedeutung des Vorhabens rechtmäßig zur Kontrolle angemeldet. Nach einem durch Untersagung beendeten Kontrollverfahren wurde eine Ministererlaubnis nach § 42

---

43 Vgl. EG-KOMMISSION, Mitteilung zur Umsatzberechnung, ABl.EG 1998 C 66/25, Rn.1.

44 EG-KOMMISSION, Mitteilung zum Begriff der beteiligten Unternehmen, ABl.EG 1998 C 66/15, Rn.1, 4, Mitteilung zur Umsatzberechnung, ABl.EG 1998 C 66/25, 26. Rn.2, 8.

45 Vgl. BUNDESKARTELLAMT, Beschluss (Akz. B8-109/01 – E.ON/Ruhrgas) vom 17.1.2002, WuW DE-V S.511, Beschluss (Akz. B8-149/01 – E.ON/Ruhrgas II) vom 26.2.2002, WuW DE-V S.533; BUNDESMINISTERIUM FÜR WIRTSCHAFT UND TECHNOLOGIE, Verfügung (Akz. I B 1 – 22 08 40/129 – E.ON/Ruhrgas) vom 5.7.2002, WuW DE-V S.573; OBERLANDESGERICHT DÜSSELDORF, Beschluss (Rs. Kart 25/02 V – E.ON/Ruhgas) vom 25.7.2002, WuW DE-R S.926; beispielhaft zur Medienwirksamkeit: Financial Times Deutschland 2.7. 2002 „Leitartikel Preis der Fusion", 5.7.2002 „Eon darf Ruhrgas übernehmen", 9.7.2002 „Energiehändler klagt gegen Eon-Ministererlaubnis", 5.8.2002 „Eon kämpft um Fusion mit Ruhrgas"; Handelsblatt 13.8.2002 „E.on/Ruhrgas-Entscheidung eventuell erst 2003"; Onvista (www.onvista.de) 26.1.2003 „E.ON könnte sich mit Fusionsgegnern einigen", 29.1.2003 „Kläger EU-Kommission zuständig für E.ON/Ruhrgas" sowie Pressemitteilungen des Bundesministeriums für Wirtschaft und Arbeit (www.bmwi.de) vom 5.7.2002, 2.8.2002, 19.9.2002.

46 Der aus dem Betrachtungswinkel dieser Arbeit relevante Streitpunkt.

47 Vgl. OBERLANDESGERICHT DÜSSELDORF, Beschluss (Rs. Kart 25/02 V – E.ON/Ruhrgas) vom 25.7.2002, WuW DE-R S.941 f.

48 Financial Times Deutschland 31.3.2003 „Ruhrgas-Kauf kommt Eon teurer als geplant", 31.3.2003 „Ruhrgas geht nach Verhandlungspoker an Eon - ... Die Einigung mit den Beschwerdeführern führt bei Eon den Angaben zufolge zu einer finanziellen Belastung von insgesamt rund 90 Mio. Euro."

GWB beantragt und erteilt.[49] Die Gegner des Vorhabens, primär Konkurrenzunternehmen, griffen daraufhin diese Erlaubnis gerichtlich an. Dabei wurde ein Einwand auf die Unzuständigkeit des Ministeriums zum Erlass der besagten Erlaubnis, bedingt durch eine nachträglich eingetretene Kontrollbefugnis der EG, gestützt. Auch *„der Senat hatte erhebliche Bedenken* [an der Rechtmäßigkeit der Ministererlaubnis]..., *da der Ag.* [der Staatssekretär des Bundesministeriums für Wirtschaft und Technologie] *überhaupt nicht geprüft hatte, ob er ... gem. § 35 Abs.3 GWB in Verbindung mit den Vorschriften der* [EWG-] *FKVO ... zuständig war ...* [und] *ob nicht doch ...* [zwischenzeitlich erfolgte] *Konzernumstrukturierungen ... die Zuständigkeit der nationalen Behörde in Frage stellen.*“[50] Da das Vorhaben in seinem zeitlichen Umsetzungshorizont begrenzt war, führte die Wiederherstellung der aufschiebenden Wirkung dazu, dass die Beschwerdegegner mit besagten Millionenzugeständnissen zum Zurückziehen ihrer Einwendungen bewegt wurden.

Neben den angedeuteten *„Zweifeln und Problemen*“[51] bei der Konkretisierung der „Gemeinschaftsdimension“ stellt sich trotz mehrjähriger Praktizierung zusätzlich die Frage, inwieweit das „one-stop-shop“-System in der beabsichtigten Ausgestaltung in die FKVO90 aufgenommen und insbesondere über die letzte Reform hinweg beibehalten worden ist.

Dem Wortlaut von Art.21 (1) 1.Hs FKVO [Art.22 (1) 1.Hs a.F.] entsprechend könnte man Bedenken haben, ob das europäische Zusammenschlussrecht in seinem Anwendungsspektrum überhaupt jemals auf Transaktionen mit gemeinschaftsweiter Bedeutung reduziert worden ist.[52] Danach gilt nämlich die *„Verordnung ... für Zusammenschlüsse im Sinne des Art.3*“ – die gemeinschaftsweite Bedeutung wird nicht verlangt.[53] Selbst wenn die Verordnungsverfasser dieser Vorschrift die Funktion zuweisen wollten, sämtliche Zusammenschlussvorgänge

---

[49] BUNDESMINISTERIUM FÜR WIRTSCHAFT UND TECHNOLOGIE, Verfügung (Akz. I B 1 – 22 08 40/129 – E.ON/Ruhrgas) vom 5.7.2002, WuW DE-V S.573 „In dem Verwaltungsverfahren ... hat der Bundesminister für Wirtschaft und Technologie ... entschieden Die ... beantragte Erlaubnis zu den vom Bundeskartellamt ... untersagten Zusammenschlussvorhaben wird... erteilt.“

[50] OBERLANDESGERICHT DÜSSELDORF, Beschluss (Rs. Kart 25/02 V – E.ON/Ruhrgas) vom 25.7.2002, WuW DE-R 941 f.

[51] Vgl. EG-KOMMISSION, Mitteilung zur Umsatzberechnung, ABl.EG 1998 C 66/25, Rn.1.

[52] Siehe hierzu auch die Formulierung: Immenga/Mestmäcker (REHBINDER), EG-WbR, Band I, I.Abschnitt (Einleitung), F., VII., 2., Rn.47 „Artikel 22 Abs.1 FKVO, der den Anwendungsbereich der FKVO festlegt“, (S.113).

[53] Vgl. STAUDENMAYER, WuW 1992, S.480, (S.475); VONNEMANN, DB 1990, S.571 „Dieser Grundsatz besitzt uneingeschränkte Geltung, unabhängig davon, ob ein Zusammenschluss gemeinschaftsweite Bedeutung besitzt.“, (S.569).

insbesondere der Geltung der Art.81 ff. EG zu entziehen,[54] um so die „horizontale" Rechtsabgrenzung zu ermöglichen, so geht zumindest die Aussage der Norm über diesen Inhalt hinaus. Mit der Anwendung der FKVO auf alle Zusammenschlüsse ungeachtet ihrer Dimension würde die „one-stop-shop"-Systematik ausfallen.

Darüber hinaus erscheint es zweifelhaft, ob und inwieweit Art.21 (1) FKVO [Art.22 (1) a.F.] die kartellrechtlichen Durchführungsverordnungen für alle Zusammenschlüsse ausschließen soll. Ferner kann die FKVO selbst bei einem vollständigen Ausschluss der Anwendbarkeit für das Durchführungsrecht nicht die angestrebte „horizontale" Rechtsabgrenzung zur Absicherung des „one-stop-shop" bewirken. Die damit verbundene Prämisse, auch ihre „Ahnen", normiert in den Art.81, 82 EG, und das primärrechtliche Vollzugsrecht in der Anwendung auszuschalten, ist aufgrund der Höherrangigkeit des Vertrages bereits in Bezug auf die alte Rechtslage als unzulässig bewertet worden.[55] Zwar praktizieren die Behörden bis dato die teils erklärte[56] Nichtanwendung des Primärrechtes, aber ob auf diese „Waffenruhe" in Zeiten, in denen mitgliedstaatliche Regierungen übernationale Absprachen „nationalverträglich" uminterpretieren[57], Verlass ist, kann nicht ohne Bedenken bleiben. So könnte bspw. das Bundesministerium für Wirtschaft und Arbeit doch einmal der Ansicht sein, eine von der Kommission gebilligte Fusion müsste gemäß Art.84 EG in Verbindung mit Art.81 oder Art.82 EG vom Bundeskartellamt „nationalfreundlich" untersagt werden.

Im Ergebnis bestehen bereits an einer verlässlichen und klaren Umsetzung des „one-stop-shop"-Systems sowie an der erfolgten Übernahme in die FKVO Bedenken. Dabei konnte das Zusammenschlussvorhaben E.ON/RUHRGAS58 verdeutlichen, dass insbesondere für die beteiligten Unternehmen und Personen gewichtige rechtliche und finanzielle Risiken mit einer unsauberen Rechts- und Kompetenzabgrenzung verbunden sind. Ferner ist den rechtsanwendenden Behörden ein solcher Mangel der Rechtsordnung nicht zumutbar. Dies, weil die Wahrnehmung der Kontrollbefugnisse bei Konzentrationsvorgängen nicht auf

---

54 NIEWIARRA, EWS 1998, S.117 „Artikel 22 Abs.1 bezweckt eine klare Abgrenzung zwischen dem Anwendungsbereich der Verordnung und anderen wettbewerbsrechtlichen Vorschriften des Gemeinschaftsrechtes.", (S.113); Vonnemann DB 1990 S.571 „Der europäische Gesetzgeber will also offenbar keine unmittelbare Anwendung des EWGV auf Unternehmenszusammenschlüsse.", (S.569); zum (ausschließlich) horizontalen Bezug der Vorschrift: MONTAG/DOHMS, WuW 1993, S.96, (S.93).

55 Immenga/Mestmäcker (REHBINDER), EG-WbR, Band I, I.Abschnitt (Einleitung), F., VII., 6., Rn.66, (S.120); STAEBE, EWS 2003, S.253, (S.249); VONNEMANN, DB 1990, S.570, (S.569); siehe auch die Nachweise in Fußnote 233.

56 EG-KOMMISSION, Erklärung für das Ratsprotokoll, WuW 1990, S.243.

57 Weiterführende Lektüre: PALM „Der Bruch des Stabilitätspaktes- und Wachstumspaktes" in Europäische Zeitschrift für Wirtschaftsrecht (EuZW) 2004, S.71.

58 Siehe bereits die Nachweise in den Fußnoten 45-50 und den dazugehörigen Text.

einer stets sicheren Gesetzesgrundlage erfolgt. Neben dem unnötigen und unökonomischen Mehraufwand, der bei einer parallelen Bearbeitung durch mehrere Behörden entstehen würde, bürgt alles Tätigwerden die Gefahr von Kompetenzschwierigkeiten und Rechtswidrigkeit in sich. Letztendlich bietet dieses Problem eine wirkungsvolle Angriffsfläche für juristische Interventionen durch Dritte.[59]

Eine klare Rechts- und Kompetenzabgrenzung war und ist im Fusionsrecht aufgrund der präventiv ausgestalteten und stets von den Behörden zu vollziehenden Kontrollmechanismen im Interesse der Rechtssicherheit unabdingbar.

D. Gang der Darstellungen

Anlässlich der Revision der FKVO, die insbesondere auch eine „*Optimierung der Zuständigkeitsverteilung zwischen der Kommission und den einzelstaatlichen Wettbewerbsbehörden*" mit sich bringen sollte,[60] verfolgt diese Arbeit das Ziel der Kompetenzabgrenzung zwischen EG-Kommission und Bundeskartellamt bei der Kontrolle von Zusammenschlüssen im Sinne des Art.3 FKVO.

Verbunden mit diesem Vorgang findet eine Rechtsabgrenzung statt, denn Kompetenzen[61] oder auch Zuständigkeiten[62] leiten sich aus Rechtsnormen ab; will man sie ermitteln oder gar abgrenzen, muss das für einen bestimmten Sacherhalt einschlägige Rechtgewählt werden.[63] Die Kompetenzabgrenzung verfolgt demgemäß das Ziel, die gesetzlich vorgegebenen Grenzen eines behördlichen Handlungsbereichs aufzuzeigen – keine Kompetenz existiert ohne Gesetz.[64]

In einem ersten Teil[65] soll deshalb die „Anwendungssystematik der wettbewerbsrechtlichen Normen" auf den Tatbestand des Zusammenschlusses im Sinne des Art.3 FKVO (derselbe a.F.) untersucht werden.

---

59 Vgl. RIESENKAMPFF, WuW 1988, S.473, (S.465); allgemein auch: KERBER, Teil I, 10., 10.3, (S.156 f.).

60 EG-KOMMISSION, FKVO-Entwurf03, ABl.EG 2003 C 20/06; BERG, BB 2004, S.561, (S.561).

61 RENGELING, § 3, II. „Eine einem Subjekt zustehende Macht zu rechtlich erheblichem Verhalten.", (S.14); STETTNER, § 2, I., 2., a) „Eine in Verfolgung staatlicher Aufgaben eingeräumte Handlungsmacht für staatliche Stellen und Organe.", (S.43).

62 Die Identität oder Unterschiedlichkeit zwischen den Begriffen Kompetenz und Zuständigkeit wird in der einschlägigen Literatur kontrovers diskutiert. Im Kontext dieser Arbeit sollen die Begriffe sysnonym verwandt werden. Auf die möglichen qualitativen Differenzierungen soll es nicht ankommen; ausführlich: STETTNER, § 2, I., 2., b), (S.35 ff.).

63 SCHREIBER, 3.Teil, A. (S.69); STETTNER, § 8, A., IV. „Alle Kompetenz lässt sich ... auf eine rechtsnormative Basis zurückführen.", (S.375).

64 Es ist zwar auch denkbar, dass sog. stillschweigende Kompetenzen, die nicht auf ein Gesetz zurückführbar sind, existieren, jedoch handelt es sich hierbei um nicht relevante Sacherhalte; vgl. beispielhaft: SCHREIBER, 3.Teil, C., (S.137-145).

65 Siehe hierzu sogleich: Erstes Kapitel: Die Anwendungssystematik der wettbewerbsrechtlichen Normen, (S.15- 109).

Zunächst müssen alle in Betracht kommenden Rechtsgrundlagen, welche die wettbewerbliche Kontrolle eines Konzentrationsvorgangs im Sinne von Art.3 FKVO (derselbe a.F.) ermöglichen, identifiziert werden. Bedingt dadurch, dass diese Darstellung sich auf die Befugnisse der EG-Kommission und des Bundeskartellamtes fokussiert, kann innerstaatliches Wettbewerbsrecht anderer Mitgliedstaaten nicht in Betracht kommen. Um das System der Normanwendung auf den Tatbestand des Zusammenschlusses herausarbeiten zu können, soll jede Rechtsvorschrift dahingehend untersucht werden, welche weiteren Voraussetzungen ihr Anwendungsbereich bedingt. Aus einer Synthese der gewonnenen Erkenntnisse ist das System zu erstellen. Dieses ermöglicht es zu überprüfen, (1.) ob das „one-stop-shop"-Prinzip in der FKVO getreu den ursprünglichen Erwägungen der Verordnungsverfasser verankert werden konnte, (2.) inwieweit das anwendbare Recht von der gemeinschaftsweiten Bedeutung eines Vorhabens abhängig ist und (3.) unter welchen Sachverhaltslagen Konfliktsituationen durch Überschneidungen der einschlägigen Kompetenznormen bestehen können.

Der zweite Teil[66] soll sich dann mit der Konkretisierung des Merkmals „gemeinschaftsweite Bedeutung" befassen. Ein solches Vorgehen ist, verglichen mit der Problemstellung dieser Arbeit, nur dann legitim, wenn die Gemeinschaftsdimension besondere „Abgrenzungsrelevanz" erfährt und die Auslegung des Merkmals tatsächlich zu einer Kompetenzabgrenzung beiträgt. Die Analyse der Anwendungssystematik im ersten Teil wird im Resultat eine solche Legitimität hervorbringen.[67]

Die Merkmalsbesprechung soll zwischen der originären Umsatzmethode und der mit der Reform neu eingefügten Verweisungsmethode differenziert werden, wobei die Ermittlung der Gemeinschaftsdimension anhand der Geschäftsjahresumsätze als erstes zu besprechen ist. Zunächst wird eine Beschreibung der Umsatzschwellen, welche gemäß Art.1 (1) FKVO (derselbe a.F.) die Gemeinschaftsdimension manifestieren, als ein sinnvoller Einstieg erachtet. Anschließen wird sich die „eigentliche" Konkretisierung des Merkmals. Hierzu muss der Begriff in seine einzelnen Datenbestandteile, die beteiligten und verbundenen Unternehmen sowie die geografisch sortierten Gesamtumsätze, zerlegt werden. Diese sind insbesondere unter Berücksichtigung und kritischer Würdigung der Mitteilungen der EG-Kommission zu untersuchen und auszulegen. Ferner muss neben der materiellen Auslegung auch die zeitliche Datenerhebung, die maßgebliche Beurteilungszeit, bestimmt werden. Erst wenn die Datengrundlage für die Kalkulierung der Gemeinschaftsdimension im Einzelnen zweifelsfrei ermittelbar

66 Behandelt in: Zweites Kapitel: Konkretisierung des Merkmals „gemeinschaftsweite Bedeutung", (S.111-397).

67 Im Interesse eines vollständigen Überblicks zum Fortgang der Arbeit muss deshalb an dieser Stelle das Ergebnis der Ermittlungen zum ersten Teil in Grundzügen vorweg angenommen werden.

ist, kann die gemeinschaftsweite Bedeutung den ihr zugedachten durch Einfachheit und Klarheit gekennzeichneten Charakter aufweisen und dem Anspruch nach Rechtssicherheit gerecht werden. Folgen wird die Begutachtung solcher Sachverhalte, in denen für Zusammenschlüsse neuerdings nach der „Verweisungsmethode" die gemeinschaftsweite Bedeutung, beruhend auf bestimmten Verweisungskonstellationen, „vermutet" wird.

Im dritten Teil[68] beschäftigt sich die Untersuchung mit der Harmonisierung von echten Komptenzkonflikten. Solche „Mangelerscheinungen der Rechtsordnung"[69] lassen sich über die Grundsätze der Höherrangigkeit auflösen.[70]

Eingangs müssen hierfür die denkbaren Konfliktfelder im Zusammenschlussrecht lokalisiert werden. Dies wird durch den Rückgriff auf das im ersten Teil dieser Arbeit entwickelte Anwendungssystem der einschlägigen Rechtsvorschriften ermöglicht. Beachtlich sind in diesem Zusammenhang ausschließlich solche Sachverhaltskonstellationen, in denen eine Überschneidung von Rechtsnormen parallele Befugnisse der EG-Kommission und des Bundeskartellamtes begründet, die zu widersprüchlichen Ergebnissen führen können. Diese potenziellen Konfliktlagen müssen dann dahingehend analysiert werden, ob die parallele und denkbar widersprüchliche Kompetenzausübung von der Rechtsordnung toleriert wird oder nicht. Dabei sollen die zum Verhältnis zwischen EG- sowie nationalem Kartellrecht entwickelten Grundsätze, die im „Zeitalter" der VONr.17 herausgearbeitet wurden, die Basis bilden. Können aus den Rechtsüberschneidungen Kompetenzkonflikte erwachsen, sind diese zu harmonisieren.

Um den vom Rat angekündigten wesentlichen Unterschieden zwischen der FKVO im Verhältnis zu ihrer vorherigen Fassung ausreichend Rechnung tragen zu können, soll sich die Untersuchung nicht ausschließlich auf die nunmehr geltende Fassung der FKVO beziehen, sondern auch die alte Rechtslage berücksichtigen.

Der EGKS und insbesondere auch dessen zusammenschlussrechtliche Vorschriften werden in dieser Arbeit nicht berücksichtigt. Ferner werden Zusammenschlüsse im Bereich der Landwirtschaft gemäß Art.32 ff. EG, auf dem Gebiet des Verkehrs im Sinne der VONr.141 sowie im branchenspezifischen Definitionsbereich der Verordnungen (EWG) 1017/68 [Eisenbahn-, Straßen- und Binnenschiffverkehr], (EWG) 4056/89 [Seeverkehr] sowie (EWG) 3975/87 [Luftfahrtunternehmen] nicht berücksichtigt.

---

68 Dazu abschließend: Drittes Kapitel: Harmonisierung von echten Kompetenzkonflikten, (S.399-406).

69 STETTNER, § 8, A., IV. „Kompetenzkonflikte sind entweder echte Normen(-) ... oder Normenkonkretisierungskonflikte.", (S.375).

70 SCHWARZE, Band I, 3.Kapitel, 2.Teil, 2.Abschnitt, B., 3., b), (S.237 f.); STETTNER, § 8, A., V. „Systemwidrige (Normen-) Kollisionen sind nach den Regeln über die Hierarchie aufzulösen.", (S.376).

Erstes Kapitel: Anwendungssystematik der wettbewerbsrechtlichen Normen

Behördenkompetenzen kommen nach dem europäischen (FKVO) und dem deutschen Zusammenschlussrecht (§§ 35 ff. GWB) in Betracht. Darüber hinaus wurde in der Einleitung bereits erwähnt, dass die Anwendbarkeit der Art.81, 82 EG nicht ausgeschlossen ist.[71] Neben den sich unmittelbar aus dem Primärwettbewerbsrecht erschließenden Kompetenznormen, den Art.84, 85 EG, muss das nach Art.83 EG erlassene Sekundärrecht berücksichtigt werden. Ferner ist im deutschen Recht die Anwendung des Kartellverbotstatbestandes gemäß § 1 GWB ebenso nicht völlig[72] ausgeschlossen, ein sog. Konzentrationsprivileg für Zusammenschlüsse im Sinne von § 37 (1) GWB wird abgelehnt.[73] Es müssen somit auch Kompetenzen zur nationalen Verhaltenskontrolle in die Erwägungen einbezogen werden.

A. Grundsätze der Normenhierarchien im Wettbewerbsrecht

Von Bedeutung für die Rechtsanwendung und Auflösung von Konfliktsituationen sind die *Vorrangverhältnisse*,[74] die kurz beschrieben werden sollen. Zu differenzieren ist zwischen den in dieser Arbeit als externe und interne Rangver-

---

71 Art.81 EG [und andeutungsweise Art.82 EG (vormals Art.85 und Art.86 EG)]: EUROPÄISCHER GERICHTSHOF, Urteil (vb.Rs. 142/84, 156/84 – BAT./.EG-Kommission) vom 17.11.1987), Slg.1987, S.4575, Rn.32 ff., (S.4487); zu Art.82 EG (vormals Art.86 EG): Urteil (Rs. 6/72 – Continental./.EG-Kommission) vom 21.2.1972, Slg.1973, S.243, Rn.18, S.246, Rn.26, (S.215); vgl. auch: STAUDENMAYER, WuW 1992, S.475 f., (S.475).

72 BUNDESGERICHTSHOF, Beschluss (Rs. KVR 6/84 – Mischwerke) vom 1.10.1985, GRUR 1986, S.566 „Mischwerke" „Bei dem Kartellverbot des § 1 GWB und bei der Fusionskontrolle nach (§§ 35 ff. GWB damals noch) §§ 23 ff. GWB andererseits, geht es um verschiedene Sachverhalte, die sich … in einigen Bereichen Überschneiden.", (S.556); eingehend: Frankfurter Kommentar (HUBER), Band 2, Kurzdarstellung § 1 n.F., III., 4., b) (Kartellverbot und Zusammenschlusskontrolle), Rn.39 „(Es) besteht … kein Verhältnis der Spezialität", c) (Gemeinschaftsunternehmen), Rn.40 ff., VI. (Verhältnis zu anderen Vorschriften), 4., Rn.90.

73 BUNDESKARTELLAMT, Beschluss (Akz. B8-221310-AV-46/83 – Aral) vom 24.1.1984, WuW (1984) S.2118 „Die Anwendung des § 1 GWB … scheidet nicht bereits aus dem Gesichtpunkt eines sog. 'Konzentrationsprivilegs' aus. Der Umstand, dass Gemeinschaftsunternehmen im Rahmen der Fusionskontrollvorschriften behandelt werden, bedeutet jedenfalls nach allgemeiner Auffassung nicht, dass diese generell von § 1 GWB freigestellt sind.", (S.2117); BECHTHOLD, Erster Teil, Erster Abschnitt (Kartellvereinbarungen, Kartellbeschlüsse und abgestimmtes Verhalten), § 1, 8., a)-d), Rn.47-54, (S.53-57); Wiedemann (SCHROEDER), 2.Kapitel (Wettbewerbsbeschränkende Vereinbarungen zwischen Konkurrenten), § 8, B., II., 1., Rn. 58 f., (S.199 .).

74 HOFMANN, Erster Teil, B., 1., (S.20); SCHWARZE, Band 1, 3.Kapitel, 2.Teil, 2.Abschnitt, B., 3. „(der Rang einer Rechtsquelle als die) Stufe seiner Geltungskraft", (S.233); STETTNER, § 8, A., V., (S.376).

hältnisse bezeichneten Situationen. Externe Rangverhältnisse sollen das Verhältnis der Rechtsordnungen verschiedener Verbände, die über autonome Rechtssetzungsbefugnis verfügen,[75] bezeichnen – es geht um die Frage, welches Recht sich durchsetzt, sofern Regelungen unterschiedlicher Verbände kollidieren.[76] Dagegen bestimmen die internen Rangverhältnisse das Verhältnis zwischen unterschiedlichen Rechtsnormen desselben Verbandes.[77]

I) Externe Rangverhältnisse

Externe Rangverhältnisse bestehen zwischen den Rechtsordnungen der Europäischen Gemeinschaft und der Bundesrepublik Deutschland,[78] wobei hier die Verbandsebene des Bundes [im Gegensatz zu den Ländern] berücksichtigt werden muss; dies, da der Bundesgesetzgeber von seiner gemäß Art.74 (1) Nr.16 GG verliehenen Rechtsetzungskompetenz Gebrauch gemacht hat. Die EG-Rechtsordnung, das Gemeinschaftsrecht, ist gegenüber den hier relevanten nicht mit Verfassungsrang ausgestatteten deutschen Parlamentsgesetzen, dem Gesetz gegen Wettbewerbsbeschränkungen, höherrangig.[79] Das EG-Recht berührt danach zwar nicht das deutsche Recht in seiner Gültigkeit, es setzt sich jedoch in Konfliktsituationen derart durch, dass das entgegenstehende nationale Recht keine Anwendung findet.[80]

II) Interne Rangverhältnisse

Interne Rangverhältnisse beziehen sich unter dem Betrachtungswinkel auf die Gemeinschaft einerseits und die Bundesrepublik Deutschland andererseits.

---

75 Zur Problematik: SCHWARZE, Band 1, 3.Kapitel, 2.Teil, 2.Abschnitt, B., 3., b), (S.237).

76 Zur Differenzierung zwischen EG- und mitgliedstaatlichen Rechtsordnungen im Vergleich mit dem Verhältnis zwischen Bundes- und Landesrecht: ZULEEG, EuR 1993, S.336, (S.335).

77 Vgl. ferner auch: SCHOLLMEIER, JA 1990, S.380, (S.375).

78 Vgl. EUROPÄISCHER GERICHTSHOF, Urteil (Rs. 6/64 – Costa./.ENEL), Slg.1964, S.1256, Rn.3, (S.1251); zum Verhältnis zwischen EG-Verordnung und nationalem Recht: SCHWARZE, Band 1, 3.Kapitel, 2.Teil, 2.Abschnitt, B., 3., b), (S.237 f.); SCHOLLMEIER, JA 1990, S.380 „(Die) Verordnung und nationales Recht (gehören) zwei verschiedenen Rechtsordnungen an.", (S.375); SCHWARZE, JZ 1996, S.57, (S.57).

79 Immenga/Mestmäcker (REHBINDER), EG-WbR, Band I, I.Abschnitt (Einleitung), F., I., Rn.2, (S.97); SCHWARZE, Band 1, 3.Kapitel, 2.Teil, 2.Abschnitt, B., 3., b), (S.237); NIEDERLEITHINGER, WuW 1990, S.721, (S.721).

80 EUROPÄISCHER GERICHTSHOF, (Rs. 14/68 – Wilhelm./.Bundeskartellamt) vom 13.2.1969, Slg.1969, S.14 f., Rn.9, (S.1); Immenga/Mestmäcker (REHBINDER), EG-WbR, Band I, I.Abschnitt (Einleitung), F., II., Rn.3, 4 (S.97 f.); SCHWARZE, Band 1, 3.Kapitel, 2.Teil, 2.Abschnitt, B., 3., b), (S.237 f.); siehe auch: OPPERMANN, Zweiter Teil, Erster Abschnitt, § 6, IV., 1., c), Rn.632, 633, (S.235 f.).

1) *Gemeinschaftsrecht*

Europäisches Kartellrecht ist zunächst im EG kodifiziert. Darüber hinaus wurden, gestützt auf Art.83 EG, sekundärrechtliche Durchführungsverordnungen erlassen – so insbesondere die KartVO (VONr.17).[81] Ferner ist auch das Zusammenschlussrecht neben der Notermächtigungsgrundlage gemäß Art.308 EG Ausfluss von Art.83 EG.[82]

Da die Ermächtigungsgrundlagen zum Erlass von Sekundärrecht vornehmlich in den Gründungsverträgen manifestiert sind, ist dieses im Verhältnis zum EG-Primärrecht niederrangig.[83] Neben der vertikalen Hierarchie, wie sie das Verhältnis zwischen Primär- und Sekundärrecht kennzeichnet, ist gleichwohl eine horizontale Hierarchie zu beachten, da auch hier Konfliktfälle gleichartiger Rechtssätze denkbar sind.[84] So stellt sich die FKVO in ihren Überschneidungsbereichen mit den sonstigen zu Art.81, 82 EG erlassenen kartellrechtlichen Durchführungsverordnungen für Zusammenschlüsse als Spezialnorm dar, weshalb sie Vorrang genießt.[85] Dies, weil sie wortlautgetreu für den Tatbestand des Zusammenschlusses inhaltliche Spezialität erfährt und das Ziel der wettbewerblichen Kontrolle solcher umsetzt.[86]

Die Höherrangigkeit der FKVO im Verhältnis zu den kartellrechtlichen Durchführungsverordnungen lässt sich ferner aus einem Vergleich der Ermächtigungsgrundlagen folgern. Art.83 EG erfordert zum Erlass von Durchführungs-

---

81 Eine Übersicht: Immenga/Mestmäcker (RITTER), EG-WbR, Band II, IX.Abschnitt (Artikel 87 EG), D., Rn.27, (S.1475).

82 Erwägungsgrund 7 FKVO (Erwägungsgrund 8 a.F.); siehe auch: (1) FKVO a.F. als Durchführungsverordnung im Sinne von Art.84 EG, (S.73).

83 Dauses (SEDEMUND/MONTAG), Band 2, H. (Wettbewerbsregeln), I., § 2, 5., a), aa), Rn.81; SCHWARZE, Band 1, 3.Kapitel, 2.Teil, 2.Abschnitt, B., 2., c), (S.233); HOFMANN, Erster Teil, B., I., 2. „Normen, die ihre Rechtsgrundlage aus einer anderen Norm ableiten, sind ... ihrer Rechtsgrundlage gegenüber ... nachrangig.“, (S.21), II., (S.23); SCHOLLMEIER, JA 1990, S.375, (S.375).

84 Vgl. HOFMANN, Erster Teil, B., I., 2., (S.21), II., 2., (S.26); zum Verhältnis zwischen Rats- und Kommissionsverordnung: SCHWARZE, Band 1, 3.Kapitel, 2.Teil, 2.Abschnitt, B., 3., a), (S.234).

85 Langen/Bunte (LÖFFLER), Band I, EG-Kartellrecht, FKVO, Artikel 22, C., I., Rn.5, (S.2645); KURZ, 4.Kapitel, II., 2. „Um ... sicherzugehen, dass die Anwendbarkeit der Artt. 85, 86 EWGV (nunmehr die Art.81, 82 EG) auf Zusammenschlüsse ausgeschlossen ist, hat der Rat auch die Anwendbarkeit der VONr.17 (nunmehr VO/1/2003) auf Zusammenschlüsse ausgeschlossen und an ihre Stelle die Fusionkontroll-VO gesetzt, welche insoweit auf Artikel 87 EWGV (nunmehr Art.83 EG) gestützt ist“, (S.183) RÖHLING, Teil 1, II., A., 2., (S.32).

86 Vgl. HOFMANN, Erster Teil, B., II., 2. „Die Ziel und Inhalt ausdrücklich regelnde Norm hat Vorrang vor einer allgemeinen Norm.“, (S.28).

verordnungen nunmehr[87] ausschließlich eine qualifizierte Mehrheitsentscheidung des Rates. Die vornehmlich auf Art.308 EG gestützte FKVO[88] ist dagegen auf eine Ermächtigungsgrundlage, die das „Einstimmigkeitserfordernis" kennzeichnet, zurückzuführen. Die Erlassvoraussetzungen für die FKVO sind danach qualifizierter als bei den ausschließlich auf Art.83 EG gestützten Durchführungsverordnungen; sie weist die höhere Änderungsresistenz auf.[89]

2) Deutsches Recht

Während man auf der Gemeinschaftsebene „gestufte" Rechtsgrundlagen vorfindet,[90] existiert auf der deutschen Ebene ausschließlich das GWB als Rechtsmaterie mit kartellrechtlichem Inhalt.[91] Dabei ist im Interesse eines effektiven Wettbewerbsschutzes anerkannt, dass keine Vorrangverhältnisse zwischen den einzelnen Rechtsnormen in Bezug auf die jeweils erfassten Sachverhalte bestehen; die materiellen Tatbestände des GWB können danach nebeneinander[92] oder neben der Zusammenschlusskontrolle angewandt werden.[93]

---

87 Gemäß Art.83 EG (Art.87 a.F.) galt für den Erlass von Durchführungsverordnungen für die ersten drei Jahre nach dem Inkrafttreten des EG das Einstimmigkeitserfordernis; siehe ferner: Immenga/Mestmäcker (RITTER), EG-WbR, Band II, IX.Abschnitt (Artikel 87 EG), B., II., Rn.7, (S.1471); Langen/Bunte (JUNGBLUTH), Band I, EG-Kartellrecht, Artikel 83 (Durchführungsvorschriften), A., I., Rn.3, (S.2204), III., Rn.15, (S.2207).

88 Erwägungsgrund 7 FKVO (Erwägungsgrund 8 a.F.).

89 Vgl. HOFMANN, Erster Teil, B., I., 1., (S.20).

90 Wiedemann (WIEDEMANN), 1.Kapitel (Einleitung), § 1, B., I., 1., Rn.7, (S.5), 3., Rn.9 f., (S.6 f.); SCHWARZE, Band 1, 3.Kapitel, 2.Teil, 2.Abschnitt, B., 3, a), (S.233); gestufte Rechtsgrundlage kennzeichnen grundsätzlich auch die deutsche Rechtsordnung, Übersicht: MAURER, 1.Teil, § 4, I., Rn.1, 7, (S.63, 65); vgl. weiter: HOFMANN, Erster Teil, B., I., 2., (S.21).

91 Wiedemann (WIEDEMANN), 1.Kapitel (Einleitung), § 1, C., I., Rn.39 f. (S.18 f.), C., II., Rn.43 „Anders als im EG-Kartellrecht sind im deutschen Kartellrecht Ausführungsverordnungen von völlig untergeordneter Bedeutung.", (S.19).

92 Denkbar wäre jedoch, dass sich die Normen tatbestandlich gegenseitig ausschließen. So aufgrund der Differenzierung zwischen horizontalen und vertikalen Vereinbarungen (beispielsweise im Verhältnis von § 1 zu § 16 GWB möglich): BECHTHOLD, Erster Teil, Zweiter Abschnitt (Vertikalvereinbarungen), § 16, 1., b), Rn.3, (S.145).

93 Frankfurter Kommentar (HUBER), Band 2, Kurzdarstellung § 1 n.F., III., 4., b) (Kartellverbot und Zusammenschlusskontrolle), Rn.39, VI. (Verhältnis zu anderen Vorschriften), 4., Rn.90; Wiedemann (SCHROEDER), 2.Kapitel (Wettbewerbsbeschränkende Vereinbarungen zwischen Konkurrentent), § 8, B., Rn.18, (S.188).

III) Fazit

Bei der Ermittlung der Anwendungsbereiche und Auflösung etwaiger Konfliktsituationen ist zu berücksichtigen, dass das deutsche Recht im Verhältnis zum Gemeinschaftsrecht niederrangig ist. Im echten Konfliktfall[94] führt dies zu einer Unanwendbarkeit der deutschen Normen.[95] Deshalb ist mit der Darstellung des EG-Rechtes zu beginnen, da das GWB sich an der den Vorgaben desselben zu orientieren hat.

Ferner muss aufgrund der gestuften Rechtgrundlagen der Gemeinschaftsrechtsordnung zwischen Primär- und Sekundärrecht unterschieden werden.

B. Bestimmung der Anwendungsbereiche

Zwecks Herausbildung der Anwendungssystematik der wettbewerbsrechtlichen Normen gilt es nunmehr, die einzelnen Anwendungsbereiche aller in Betracht kommenden Rechtnormen, welche behördliche Handlungsbefugnisse zur Zusammenschlusskontrolle eröffnen können, unter Berücksichtigung der Grundsätze der Normenhierarchien zu bestimmen.

I) Gemeinschaftsrecht

Die Art.81, 82 EG, als unmittelbar wirkende Verbotstatbestände konzipiert, beschreiben Sachverhalte, welche mit dem Streben nach einem durch wirksamen Wettbewerb gekennzeichneten Binnenmarkt, so wie Art.3 (1) lit.g EG es vorgibt, nicht vereinbar und deshalb regelmäßig verboten sind.[96] So besagt es auch Art.1 (1), (3) KartVO (vgl. auch Art.1 VONr.17). Solche Sachverhalte, die die Voraussetzungen des Art.81 (3) EG erfüllen, sind per Legalausnahme gemäß Art.1 (2) KartVO von den Verboten neuerdings freigestellt;[97] nach der VONr.17 mussten solche Tatbestände gemäß Art.6 VONr.17 freigestellt werden.

Da die Verbotstatbestände Inhalt und Reichweite der EG-rechtlichen Wettbewerbspolitik konkretisieren, haben sich daran anschließende Rechtsmaterien und

---

94 Echter Normenkonflikt: STETTNER, § 8, A., VI., (S.375).

95 Das GWB verliert nicht seine Geltung, sondern ist nur nicht anwendbar; zur Gesetzestechnik: ZULEEG, EuR 1993, S.336, (S.331); sowohl bezogen auf das Primärrecht als auch auf die sekundärrechtliche Verordnung: SCHOLLMEIER, JA 1990, S.378, S.380, (S.375).

96 Lange (LANGE), Kapitel 1 (Einführung), § 4, III., Rn.24, (S.53); Langen/Bunte (BUNTE), Band I, EG-Kartellrecht, Einführung, B., III., Rn.28, (S.1720).

97 Erwägungsgrund 4 KartVO.

Vollzugsmaßnahmen grundsätzlich zu orientieren.[98] Aus diesem Grund erscheint es nahe liegend, in die Anwendbarkeit des Europäischen Rechtes über die Art.81, 82 EG, die demnach den Maßstab bilden, einzusteigen.

Dieser Ansatz würde der Tatsache nicht gerecht werden, dass sekundärrechtliches Zusammenschlussrecht geschaffen worden ist, um die hier unzureichenden Vorgaben des Primärrechtes zur Kontrolle von Konzentrationsvorgängen und damit die Wettbewerbspolitik im Kontext mit solchen zu erweitern.[99] Da die FKVO die tatbestandliche Basis dieser Untersuchung, den Zusammenschluss, definiert und nicht zuletzt auch die Position beansprucht, das einzige Rechtsinstrument für die Kontrolle solcher zu sein,[100] ist es vorzugswürdig den Einstieg über die Verordnung zu wählen. Ihr alleiniger Geltungsanspruch sollte die Anwendung des sonstigen Gemeinschafts- sowie des deutschen Rechtes beeinflussen oder gar ausschließen können.

1) Zusammenschlusskontrollrecht

Bedingt durch die Reform der FKVO am 1. Mai 2004 sollen die Ermittlungen zwischen der FKVO a.F. und der nunmehr geltenden Fassung differenziert werden, um somit auch rechtsvergleichend etwaige Veränderungen darstellen zu können.

a. Rechtslage zur Zeit der VO4064/89 (FKVO a.F.)

Gemäß Art.1 (1) FKVO a.F. galt die Verordnung für *„alle Zusammenschlüsse von gemeinschaftsweiter Bedeutung“*. Diese für sich klare Aussage zum Anwendungsspektrum wurde durch Art.22 (1) 1.Hs FKVO a.F. in Frage gestellt. Hiernach sollte das Regelungswerk *„allein für Zusammenschlüsse“* Geltung erlangen; weitere Voraussetzungen wurden dabei nicht gefordert. So merkwürdig die Koexistenz dieser beiden Vorschriften, die gemessen an ihrem Wortlaut den Anwendungsbereich der Verordnung unterschiedlich beschrieben, auch sein mag, so wurde jedenfalls der Tatbestand des Zusammenschlusses als Fundament der Verordnungsgeltung vorausgesetzt.

---

[98] Callies/Ruffert (JUNG), Vertrag zur Gründung der Europäischen Gemeinschaft - Kommentierung, Dritter Teil, Titel VI, Kapitel 1, Abschnitt 1, Artikel 83, F., Rn.37 „Der Umfang der Verordnungsermächtigung in Artikel 83 ist durch Regelungsgehalt und Reichweite der Artikel 81, 82 beschränkt“, (S.1118); Immenga/Mestmäcker (RITTER), EG-WbR, Band II, IX.Abschnitt (Artikel 87 EG), B., I., Rn.5, (S.1470); Langen/Bunte (BUNTE), Band I, EG-Kartellrecht, Einführung, B., II., Rn.19, (S.1716).

[99] Erwägungsgrund 7 FKVO (Erwägungsgrund 8 a.F.); die FKVO ist neben den Artikel 81, 82 EGV der Dritte Eckpfeiler des EG-Kartellrechtes: Lange (HÜBSCHLE), Kapitel 4 (Verhaltenskontrolle bei marktbeherrschenden und marktstarken Unternehmen), § 1, Rn.1, (S.287); KURZ, 4.Kapitel, II., 2., (S.182 f.); SCHREIBER, 3.Teil, B., VI., 1., a., bb., (3), (S.89).

[100] Erwägungsgrund 6 FKVO (Erwägungsgrund 7 a.F.).

Zusammenschlüsse sind im Gros als wettbewerbsverträglich einzustufen.[101] Der Anwendungsbereich richtete sich danach an wettbewerbsrechtlich meist unbedenkliche Sachverhalte, welche, sofern sie eine *„beherrschende Stellung"* im Sinne von Art.2 FKVO begründeten oder verstärkten, untersagt werden konnten [vgl. Art.8 (3) FKVO a.F.] – aus der Perspektive der Wettbewerbsschädlichkeit verfolgte die FKVO a.F. ein „pauschalierendes" Anwendungsystem, als Zusammenschlusssachverhalte ungeachtet der Unvereinbarkeit mit dem Gemeinsamen Markt erfasst wurden. Anderes lässt sich auch nicht aus dem unmittelbar nach Art.7 (1) FKVO a.F. geltenden Vollzugsverbot herleiten, da dieses die Funktion übernahm, potenziell aber regelmäßig nicht tatsächlich gefährliche Sachverhalte zu blockieren.[102] Eine Aussage über die Unvereinbarkeit der im Vollzug gehemmten Maßnahme wurde von Art.7 (1) FKVO a.F nicht vorgenommen.

Um den Anwendungsbereich der FKVO in ihrer alten Abfassung bestimmen zu können, muss ermittelt werden, ob Art.1 (1) oder Art.22 (1) 1.Hs FKVO a.F. diesen statuieren sollten.

aa. Widerspruch zwischen Art.1 (1) und Art.22 (1) 1.Hs FKVO a.F.

Die *Koexistenz* von Art.1 (1) und Art.22 (1) 1.Hs FKVO a.F. begründete orientiert am Wortlaut der Vorschriften einen *Widerspruch.* Art.1 (1) FKVO a.F. setzte im Gegensatz zu Art.22 (1) 1.Hs FKVO a.F. zur Anwendbarkeit der FKVO neben dem Tatbestand des Zusammenschlusses die gemeinschaftsweite Bedeutung des Vorhabens voraus. Diese Missstimmigkeit war bereits mit der FKVO90 (damals Art.1 (1) und Art.22 (1) FKVO90) in das Zusammenschlussrecht aufgenommen worden. Da die Vorschriften der FKVO a.F. nicht einerseits

---

[101] Grabitz/Hilf (KOCH), Altband II, IV., Dritter Teil, Titel I., Kapitel 1 (Wettbewerbsregeln), Abschnitt 1., Anhang (Unternehmenszusammenschlüsse), nach Artikel 86, 6., b), Rn.34; Wiedemann (WAGEMANN), 5.Kapitel (Fusionkontrolle), 1.Abschnitt, § 17, D., IV., 2., Rn.83, (S.590) „Die große Mehrzahl der Zusammenschlüsse ... wird ... freigegeben"; siehe auch: Frankfurter Kommentar (RÖSLER), Band 6, Teil 3a (FKVO 4064/89 mit Ausnahme Artikel 4 und 7), Artikel 22, B. (Verhältnis zu Artikel 81, 82 EG-Vertrag), II., 1., Rn.11 „Zusammenschlüsse können ... Ausdruck eines wettbewerbsstärkenden, dynamischen Umstrukturierungsprozesses der Wirtschaft sein."; vgl. auch: WEITBRECHT, EuZW 1993, S.690 „Untersagungsentscheidungen werden in Brüssel auch in Zukunft Seltenheitswert haben.", (S.687); so wurden seit 1990 unter der Geltung der FKVO a.F. von 2699 bei der Kommission angemeldeten Verfahren alleine 2269 Vorhaben nach der Vorprüfphase mangels wettbewerblicher Bedenken der EG-Kommission ohne Einschränkung freigegeben; weiterführende Statistiken der EG-Kommission unter: www.europa.eu.int/comm/competition/mergers/cases/stats.html.

[102] SEITZ, B., I., 4., b), (S.57), siehe auch: Wiedemann (WAGEMANN), 5.Kapitel (Fusionkontrolle), 1.Abschnitt, § 17, B., Rn.38 „Je länger der Vollzug bereits andauert, um so schwerer, wenn nicht unmöglich ist es, die Integration ... rückgängig zu machen.", (S.577).

für alle Zusammenschlüsse und andererseits nur für solche von gemeinschaftsweiter Bedeutung Geltung beanspruchen konnten, lässt das Anwendungsspektrum der Verordnung zunächst nicht aus dem Wortlaut ermitteln.

Zwar sollte Art.22 (1) FKVO a.F. zumindest auch eine horizontale Rechtsabgrenzungsfunktion zukommen, damit europäische Doppelkontrollen bei Transaktionssachverhalten ausgeschlossen waren,[103] jedoch wurde bereits in der Einleitung angedeutet, dass die Aussage des Art.22 (1) 1.Hs FKVO a.F über diese Funktion hinausging.[104] Auch im Schrifttum wurde oft von der *Anwendung* oder *Anwendbarkeit* der FKVO a.F. im Zusammenhang mit Art.22 (1) FKVO a.F. gesprochen.[105]

Innerhalb einer Gegenüberstellung der beiden nicht harmonisierenden Art.muss dieser Widerspruch im Wege der Auslegung aufgelöst werden.

(I) Wortlaut im Vergleich mit der englischen Abfassung

Die widersprüchlichen jedoch für sich betrachtet unzweifelhaften Formulierungen bildeten den Ursprung des Problems. Eine Analyse des Wortlauts in seiner deutschen Abfassung kann deshalb nicht weiter zur Auflösung des Widerspruchs beitragen, da beide Normen in dieser Hinsicht eindeutig waren. Denkbar wäre jedoch, dass es sich bei einer der Vorschriften um einen „Übersetzungsfehler“ handelte, weshalb zur Überprüfung hierzu die englische Version betrachtet werden soll.

In der englischsprachigen Abfassung wurde der Titel von Art.1 (1) FKVO a.F. als „*Scope*“, also Bereich, Geltungsbereich oder Rahmen, formuliert. Der aus dieser Überschrift abzuleitende Norminhalt musste nicht zwangsläufig in der Regelung des *Anwendungs*bereichs bestehen. Deutlich wird dies insbesondere aus einem Vergleich mit Art.22 (1) FKVO a.F., welcher von „*Application of the regulation*“ sprach; hier sollte demgemäß die Anwendung der Verordnung inhaltlich ausgestaltet worden sein. Man könnte zunächst schlussfolgern, dass Art.22 (1) 1.Hs FKVO a.F. den Anwendungsbereich der Verordnungsvorschriften beschreiben sollte, während Art.1 (1) FKVO a.F. zwar auch einen Sacherhalts*bereich* vorgab, der jedoch nicht zwingend durch die Geltung der FKVO ausgefüllt werden musste.

---

[103] Frankfurter Kommentar (RÖSLER), Band 6, Teil 3a (FKVO 4064/89 mit Ausnahme Artikel 4 und 7), Artikel 22, B. (Verhältnis zu Artikel 81, 82 EG-Vertrag), Rn.2.

[104] So wohl auch: BUNDESREGIERUNG, Gesetzesentwurf vom 29. Januar 1998 eines sechsten Gesetzes zur Änderung des Gesetzes gegen Wettbewerbsbeschränkungen, BTDrs.13/9720, S.56 „soweit gemäß Artikel 22 Abs.1 FKVO für Zusammenschlüsse … allein die Verordnung anwendbar ist“.

[105] Vgl. EBEL, GWB, Erster Teil, 7.Abschnitt, § 35, IV. (Europäische Fusionskontrolle), Rn.13 „soweit gemäß Artikel 22 Abs.1 FKVO … allein diese Verordnung anwendbar ist“; Immenga/Mestmäcker (REHBINDER), EG-WbR, Band I, I.Abschnitt (Einleitung), F., VII., 2., Rn.47, (S.113); zur FKVO n.F.: BERG, BB 2004, S.568, (S.561).

Ferner führte aber auch Art.1 (1) FKVO a.F. gleich der deutschen Version im Verordnungstext aus: „*this regulation shall apply*". Demzufolge war hier der Rahmen oder Bereich der Anwendung, also der Geltungsbereich, beschrieben worden. Gleiches musste für Art.22 (1) 1. Hs FKVO a.F. gelten, indem dieser forderte: „*This regulation alone shall apply.*" Ein „Übersetzungsfehler" scheidet als Grund für die Widersprüchlichkeit der Normen aus.

Nach dem Wortlaut der Normen lässt sich der Widerspruch nicht auflösen.

(II) Historische Entwicklung

Auch wenn der historischen neben der teleologischen sowie der systematischen Auslegung selbst bei der Interpretation sekundärrechtlicher Vorschriften eine untergeordnete Bedeutung beizumessen ist, soll diese die Ermittlungen weiterführen.[106]

(1) Entwicklung der FKVO90

In dem Urvorschlag[107] der EG-Kommission war keine den hier diskutierten Normen entsprechende Regelungsaussage enthalten. Art.1 FKVO-E73 war ähnlich den Art.81 f. EG als ein Verbotstatbestand ausgestaltet worden. Art.20 (1) FKVO-E73 [entspricht Art.22 (1) FKVO a.F.] regelte dagegen nur, dass die VO17/62 und die VO1017/68 nicht auf Zusammenschlüsse im Sinne des Entwurfs anwendbar sein sollten; die Art.22 (1) 1.Hs FKVO a.F. gemäße Formulierung eines „positiven" Anwendungsbereichs der FKVO war nicht enthalten. Eine Aussage zum Anwendungsspektrum ließ sich lediglich aus den Erwägungsgründen schließen. Danach sollten Zusammenschlüsse von der „*Anwendbarkeit der Verordnung ... ausgenommen werden, die mit Rücksicht auf die geringere Bedeutung des Umsatzes*" nicht als geeignet angesehen wurden, wirksamen Wettbewerb im Gemeinsamen Markt zu verhindern.[108]

Innerhalb des 2. Vorschlags[109] stellte die EG-Kommission klar[110], dass die Verordnung (auch schon in der 1. Fassung) nur auf Zusammenschlüsse mit Gemeinschaftsrelevanz – das Merkmal der gemeinschaftsweiten Bedeutung wurde

---

106 Vgl. Immenga/Mestmäcker (VEELKEN), EG-WbR, Band I, V.Abschnitt (Gruppenfreistellungsverordnungen), A., V., 1., Rn.27, (S.408); OPPERMANN, Zweiter Teil, Erster Abschnitt, § 7, V., 5., Rn.687, (S.257); SCHWARZ, 2.Teil, A., IV., Rn.77. 81, (S.56 f.), 87, (S.60).

107 EG-KOMMISSION, FKVO-Entwurf73, ABl.EG 1973 C 92/01.

108 EG-KOMMISSION, FKVO-Entwurf73, ABl.EG 1973 C 92/01.

109 EG-KOMMISSION, FKVO-Entwurf82, ABL. EG 1982 C 36/03.

110 EG-KOMMISSION, FKVO-Entwurf82, ABL. EG 1982 C 36/03 f., zu Artikel 1 „Die künftige Verordnung (soll) – übrigens ganz im Sinne des ursprünglichen Kommissionsvorschlages (von 1973) – auf Zusammenschlüsse Anwendung finden ... die wegen ihrer Bedeutung über den nationalen Rahmen hinausgehen und deren Wirkungen die Gemeinschaft betreffen."

erst später eingeführt –, geregelt durch Art.1 (1) Uabs.2 FKVO-E82, Anwendung finden soll. Während sich somit aus Art.1 eine „Anwendungsbereichs"-Norm formte, blieb Art.20 FKVO-E82 (derselbe FKVO-E73) unverändert.

Diese Entwicklung setzte sich fort. In der 5. Fassung[111] ging Art.1 (1) FKVO-E88/1 von der Geltung der Verordnung für „*Zusammenschlüsse mit gemeinschaftsweiter Bedeutung*" selbst dann aus, wenn diese unter die Tatbestände der Art.81, 82 EG fielen. Art.21 FKVO-E88/1 befasste sich dagegen auch noch in dieser Version mit der Anwendbarkeit der kartellrechtlichen Durchführungsverordnungen, sodass in den Vorarbeiten der EG-Kommission der hier diskutierte Widerspruch nicht bestand.

Die Auswertung der Entwürfe der EG-Kommmission, die als Vorschläge für die FKVO90 dienten oder zumindest dienen sollten, spricht dafür, dass Art.1 (1) FKVO a.F. den Anwendungsbereich beschrieb. Einen Widerspruch gab es in diesen Vorarbeiten jedoch nicht, als eine Art.22 (1) 1.Hs FKVO a.F. entsprechende Vorschrift nicht vorgesehen war. Die gewonnenen Erkenntnisse besitzen wenig Aussagekraft, da sie die tatsächlich geschaffene Rechtslage nicht mit ins Kalkül gezogen hatten. Der Widerspruch im System der FKVO a.F. wurde erst mit dem Rechtssetzungsaktes des Rates der Gemeinschaft begründet.

(2) Reformprozess 1997

Da sich die Betrachtungen auf die FKVO a.F. in der vor der Reform im Jahres 2004 geltenden Fassung beziehen, kann auch der Revisionsschritt im Jahr 1997 als historische Entwicklung angesehen werden. Diese Reform brachte eine Modifizierung von Art.1 FKVO a.F. hervor, als mit dem Abs.3 eine ergänzende Schwellenwertdefinition eingefügt wurde. Hieraus könnte man folgern, dass der Anwendungsbereich der FKVO90, definiert von Art.1 (1) FKVO a.F., erweitert wurde. Solange jedoch der offensichtliche Widerspruch zwischen Art.1 und 22 FKVO a.F. nicht aufgelöst ist, kann die besagte Erweiterung des Tatbestandsbereichs nicht zwangsläufig mit einer Erweiterung des Anwendungsbereichs der FKVO a.F. gleichgesetzt werden.

Zudem unterlag auch Art.22 (1) FKVO a.F. einer Veränderung, die Gegenteiliges deutlich machen könnte. Die Abs.1 und 2 wurden in einen einheitlichen Kontext gebracht.[112] Eine dadurch bewirkte inhaltlich engere Verbindung der beiden Regelungen spricht für die Schlussfolgerung, dass Art.22 (1) 1.Hs FKVO a.F. die Anwendung der Verordnungsvorschriften vorgeben sollte. So regelte Abs.2 des Art.22 FKVO90, nunmehr 2.Hs, die Unanwendbarkeit anderer kartellrechtlicher Verordnungen für Zusammenschlüsse. Unter der Prämisse, dass der

---

[111] Im Vorfeld wurden noch zwei weiterer Änderungsvorschläge unterbreitet: EG-KOMMISSION, FKVO-Entwurf84, ABL. EG 1984 C 51/03, FKVO-Entwurf86, ABL. EG 1986 C 324/05, FKVO-Entwurf88, ABL. EG 1988 C 130/04.

[112] Aus Artikel 22 (1) und (2) FKVO90 wurde Artikel 22 (1) 1. und 2.Hs FKVO a.F.

1.Hs den Anwendungsbereich der FKVO manifestierte, hätte sich seit der Reform 1997 ausschließlich Abs.1 mit der Anwendung des Sekundärrechtes auf Zusammenschlüsse befasst. Zwar lässt sich einwenden, dass der gemeinsame Regelungsgehalt der Abs.1 und 2 des Art.22 FKVO90 in der Abgrenzung zum Gemeinschaftsrecht zu sehen war, jedoch wurde bereits einleitend erwähnt, dass Art.22 (1) 1.Hs FKVO a.F. dem Wortlaut gemäß über diesen rechtsabgrenzenden Inhalt hinaus ging.

Die innerhalb der Revision der FKVO90 eingeführten Änderungen ließen zur Beantwortung der Frage des Anwendungsbereichs keinen eindeutigen Rückschluss zu. Allenfalls könnte man dazu neigen, diese Änderungen für eine Bestimmung des Anwendungsbereichs durch Art.22 (1) 1.Hs FKVO a F. zu bewerten.

(3) Fazit

Vornehmlich aufgrund der eindeutigen Vorarbeiten der EG-Kommission führt die Auswertung der Entstehungsgeschichte der FKVO a.F. zu dem Ergebnis, dass Art.1 (1) FKVO a.F. und nicht Art.22 (1) 1.Hs FKVO a.F. den Anwendungsbereich der Verordnung beschreiben soll.

(III) Teleologische Erwägungen

Von größerer Bedeutung als die historische Interpretation ist die Frage nach dem Sinn und Zweck der Verordnung, welche vornehmlich aus den Erwägungsgründen entnommen werden können.[113]

(1) Allgemeine Erwägungen

Für die Bestimmung der Verordnungsanwendung durch Art.1 (1) FKVO a.F. spricht die bestehende Absicht der Verfasser, die Verordnung zur Kontrolle von Unternehmenszusammenschlüssen solle nur für *„bedeutsame(n) Strukturveränderungen gelten, deren Auswirkungen ... die Grenzen eines Mitgliedstaats überschreiten“*.[114] Dabei wurde das Ziel verfolgt, den Anwendungsbereich der Verordnung so zu bestimmen, dass nur *„Zusammenschlüsse von gemeinschaftsweiter Bedeutung“* aufgrund ihrer wirtschaftlichen Tätigkeiten über die Grenzen der Mitgliedstaaten hinweg *„erfasst werden“*.[115] Hiernach war es die Zielsetzung der FKVO, nur Vorhaben mit grenzüberschreitenden Effekten, gemessen anhand der in Art.1 (1) FKVO a.F. beschriebenen Umsatzdefinitionen, zu erfassen. Art.1 (1) FKVO a.F. hätte danach den Anwendungsbereich der Verordnung regeln müssen.

---

113 OPPERMANN, Zweiter Teil, Erster Abschnitt, § 7, V., 3., Rn.685, (S.255 f.); SCHWARZ, 2.Teil, A., IV., 2., c), Rn.88, (S.61).

114 Erwägungsgrund 9 FKVO a.F; siehe auch: LAMPERT, WuW 2002, S.450, (S.449).

115 Erwägungsgrund 10 FKVO a.F.

Dagegen steht die gleichwohl seit jeher zum EG-Zusammenschlussrecht verfolgte Erwägung, dass ein „*besonderes Rechtsinstrument*" erforderlich wäre, welches eine wirksame Kontrolle „*sämtlicher Zusammenschlüsse*" entsprechend ihrer Auswirkungen auf die Wettbewerbsstruktur in der Gemeinschaft gewährleisten würde.[116] Diese Maßgabe spricht für eine Bestimmung des Anwendungsbereichs durch Art.22 (1) 1.Hs a.F.; dies, weil wettbewerbliche Auswirkungen in der Gemeinschaft auch Transaktionsvorgänge haben konnten, die keine gemeinschaftsweite Bedeutung aufwiesen. So lässt sich für das bereits im Rahmen der Einleitung dargestellte Zusammenschlussvorhaben E.ON/RUHRGAS, sofern dieses tatsächlich über keine gemeinschaftsweite Bedeutung verfügte, jedenfalls schwerlich leugnen, dass der Konzentrationsvorgang keine (spürbaren) Auswirkungen auf die Marktstruktur in der Gemeinschaft, wenn auch vornehmlich im deutschen Bundesgebiet, gehabt hatte. Sofern *sämtliche Zusammenschlüsse* von der FKVO a.F., die Auswirkungen in der Gemeinschaft haben, erfasst werden sollten, musste Art.22 (1) 1.Hs FKVO a.F. den Anwendungsbereich der Verordnung bestimmen.

Das vorgenannte Argument verliert jedoch an Nachhaltigkeit, da die Erfassung von sämtlichen Zusammenschlüssen im Zusammenhang mit den unzureichenden Vorgaben nach Art.81, 82 EG zu verstehen war.[117] Diese Verbotsnormen reichten in ihrer Tatbestandsbreite nicht aus, um die bedeutsamen Strukturveränderungen zu erfassen, die sich mit dem Gemeinsamen Markt als unvereinbar erweisen konnten.[118] Die anvisierte Kontrolle sämtlicher Zusammenschlüsse bezog sich demnach auf alle von Gemeinschaftsbedeutung, die wiederum von Art.1 (1) FKVO a.F. definiert wurde.

Ferner wurde in den Erwägungen klargestellt, dass die „*ausschließliche Anwendung ... (der) Verordnung auf Zusammenschlüsse mit gemeinschaftsweiter Bedeutung*" nicht die Mitgliedstaaten an der Verfolgung sonstiger außerwettbewerblicher Interessen hindern sollte.[119] Auch danach mussten die Verordnungsverfasser davon ausgehen, dass die FKVO a.F. ausschließlich für Sachverhalte im Sinne von Art.1 (1) FKVO a.F. gelten würde.

(2) Spezielle Erwägungen zur Reform 1997

Die Reformerwägungen sprechen gleichsam für die Bestimmung des Anwendungsspektrums durch Art.1 (1) FKVO a.F.

---

[116] Erwägungsgrund 7 FKVO a.F.

[117] Erwägungsgründe 6, 7 FKVO a.F. „(6) Die Artikel 85 und 86 (Artikel 81und 82 EG) des Vertrages sind zwar ... anwendbar, reichen jedoch nicht aus, um alle Zusammenschlüsse zu erfassen. (7) Daher ist ein besonderes Rechtsinstrument notwendig, welches die wirksame Kontrolle sämtlicher Zusammenschlüsse ... ermöglicht."

[118] Vgl. hierzu: B. Vorüberlegungen, (S.1).

[119] Erwägungsgrund 28 FKVO a.F.

Ziel und Zweck der Reformierung sollte die Lösung des Problems der Mehrfachanmeldungen sein.[120] So konnten Zusammenschlüsse ohne Erreichen der bis zu diesem Zeitpunkt geltenden Schwellenwerte in den Zuständigkeitsbereich mehrerer nationaler Kontrollrechte fallen und einen erheblichen Legalisierungsaufwand erzeugen.[121] Man wollte mit der Einführung weiterer Kriterien zur Bestimmung der gemeinschaftsweiten Bedeutung [vgl. hierzu Art.1 (3) FKVO a.F.] erreichen, dass Vorhaben mit erheblichen Auswirkungen in mehreren Mitgliedstaaten in den Anwendungsbereich des gemeinschaftsrechtlichen Fusionsrechtes fallen[122] und damit der Obhut der EG-Kommission unterstehen.[123] Dies, weil insbesondere auch die EG-Kommission der Auffassung war, dass eine sachgerechte Erfassung der Vorhaben mit erheblichen grenzüberschreitenden Charakter nicht durch die Mitgliedstaaten gewährleistet werden konnte.[124] Nach den Vorstellungen der Reformer lagen nicht alle Zusammenschlüsse im Anwendungsbereich der FKVO a.F., sodass eine Ausdehnung des Definitionsradius' der Gemeinschaftsdimension nach Art.1 FKVO a.F. die problematischen Fälle in das Anwendungsspektrum hineinbringen sollte.

Nach der Zielsetzung der Reform 1997 wurde die Geltung der Verordnungsvorschriften durch Art.1 (1) FKVO a.F. definiert.

(3) Fazit

Die allgemeinen Erwägungen zum Zusammenschlussrecht sprechen dagegen, dass der Anwendungsbereich der Verordnung im Sinne von Art.22 (1) 1.Hs FKVO a.F. für sämtliche Zusammenschlüsse ungeachtet der gemeinschaftsweiten Bedeutung bestimmt werden sollte. So war es Sinn und Zweck den wirksamen Wettbewerb im Binnenmarkt vor den bedeutsamen Strukturveränderungen mittels Zusammenschlussrecht zu schützen; nicht alle Zusammenschlüsse im Gemeinsamen Markt wären dazu geeignet gewesen.

Die verdeutlichen ferner die Erwägungen zur ÄndVO1997, da mit der tatbestandlichen Erweiterung von Art.1 FKVO a.F. das Ziel verfolgt wurde eine breitere Spanne von Sachverhalten zu erfassen.

---

120 Erwägungsgrund 1 ÄndFKVO; vgl. auch: ROSENTHAL, EuZW 2004, S.327, (S.327).

121 Erwägungsgrund 1 ÄndFKVO; Lange (SCHRÖER), Kapitel 5 (Zusammenschlusskontrolle), § 1, II., 2., a), Rn.27, (S.417); Dauses (SEDEMUND/MONTAG), Band 2, H. (Wettbewerbsregeln), I., § 2, 1., Rn.3.

122 Erwägungsgrund 2 ÄndFKVO.

123 Vgl. Lange (SCHRÖER), Kapitel 5 (Zusammenschlusskontrolle), § 1, II., 2., a), Rn.27, (S.417).

124 LAMPERT, WuW 2002, S.450 „Die FKVO soll nur für die bedeutsamen Strukturveränderungen gelten, ... (die) die Grenzen eines Mitgliedstaates überschreiten ... Auf dieser Grundlage soll eine sachgerechte Arbeitsteilung ... erfolgen.", (S.449); SOAMES, ECLR 1990, S.222, (S.213).

(IV) Systematische Auslegung

Um den Anwendungsbereich der FKVO bestimmen und den Widerspruch zwischen den Art.1 und Art.22 FKVO a.F. auflösen zu können, darf letztendlich die Systematik des zu interpretierenden Rechtssatzes nicht außer Acht gelassen werden.[125]

(1) Präventives Kontrollverfahren, Art.4 bis 8 FKVO a.F.

Die Geltung der Verordnung für Zusammenschlüsse im Sinne von Art.1 (1) FKVO a.F. könnte man aus ihrem Kernzweck ableiten. Sie, als präventives Kontrollinstrument konstruiert,[126] entwickelte eine Vollzugssperre ausschließlich für Zusammenschlüsse „*im Sinne des Art.1*" [vgl. Art.7 (1) FKVO a.F.].[127] Es musste insbesondere aus bereits besagten Gründen gewährleistet werden, dass nach der FKVO a.F. zu kontrollierende Vorhaben nicht vor deren Freigabe umgesetzt würden. Entsprechend dieser Ausgestaltung der FKVO a.F. sollten nur Zusammenschlüsse im Sinne von Art.1 FKVO a.F. kontrolliert werden. Hieraus folgt weiter, dass auch nur solche Vorhaben im Anwendungsspektrum der Verordnung liegen mussten.[128] Dies spiegelte sich ferner in der Verpflichtung zur Anmeldung als Einstieg in das Kontrollverfahren gemäß Art.4 (1) FKVO a.F. wieder [vgl. Art.6 (1) FKVO: Vorprüfung eines „*angemeldeten*" Zusammenschlusses], welche ebenfalls allein für „*Zusammenschlüsse mit gemeinschaftsweiter*

---

125 Vgl. EUROPÄISCHER GERICHTSHOF, Urteil, (Rs. 283/81 – CILFIT./.Ministero) vom 6.10.1982, Slg.1982, S.3430, Rn.18, (S.3415), Urteil (RS. 9/70 – Grad./.Finanzamt Traunstein) vom 6.10.1970, Slg.1970, S.838 f., Rn.6 „es ist zu prüfen, ob nach Rechtsnatur, Systematik und Wortlaut", (S.825); Immenga/Mestmäcker (VEELKEN), EG-WbR, Band I, V.Abschnitt (Gruppenfreistellungverordnungen), A., V., 1., Rn.27, (S.408); SCHREIBER, 2.Teil, A., III., (S.51).

126 Erwägungsgrund 17 FKVO90; Immenga/Mestmäcker (IMMENGA), EG-WbR, Band I, VII.Abschnitt (Fusionskontrollverordnung), D., Artikel 4, I., Rn.1, (S.959); Wiedemann (WAGEMANN), 5.Kapitel (Fusionkontrolle), 1.Abschnitt, § 17, A., I., 1., Rn.1, (S.567 f.); RÖHLING, Teil 1, I., B., 3., (S.26 f.).

127 Grabitz/Hilf (KOCH), Altband II, IV., Dritter Teil, Titel I., Kapitel 1 (Wettbewerbsregeln), Abschnitt 1., Anhang (Unternehmenszusammenschlüsse), nach Artikel 86, 4., Rn.27; Wiedemann (WAGEMANN), 5.Kapitel (Fusionkontrolle), 1.Abschnitt, § 17, B., I., Rn.40, (S.577); SEITZ, B., I., 4., b), (S.57).

128 Grabitz/Hilf (KOCH), Altband II, IV., Dritter Teil, Titel I., Kapitel 1 (Wettbewerbsregeln), Abschnitt 1., Anhang (Unternehmenszusammenschlüsse), nach Artikel 86, 4., Rn.26 „Anmeldepflichtig sind sämtliche in den Geltungsbereich der VO fallende Zusammenschlüsse."

Bedeutung im Sinne der VO" bestand.[129] Da danach Inhalt der FKVO a.F. die Etablierung des Kontrollverfahrens für Transaktionen mit grenzüberschreitenden, durch Art.1 FKVO a.F. definierten Charakter sein sollte, war die Ausdehnung des Anwendungsbereichs entsprechend Art.22 (1) 1.Hs FKVO a.F. über Zusammenschlüsse mit gemeinschaftsweiter Bedeutung hinweg auch nicht erforderlich gewesen.

Aus der präventiven Kontrollsystematik der FKVO a.F. lässt sich zunächst der Schluss ziehen, dass Art.1 (1) FKVO a.F. den Anwendungsbereich der Verordnung definierte; Vorhaben ohne gemeinschaftsweite Bedeutung wurden hier nicht berücksichtigt.

(2) Verweisungsklausel, Art.22 (2)-(4) FKVO a.F.

Anderes könnte aus der Verweisungsklausel nach Art.22 (2)-(4) FKVO a.F. zu folgern sein. Zwar deutete die bloße Existenz dieser Mechanismen, geregelt in Art.22 (2)-(4) (sowie Art.9) FKVO a.F., auf die Umsetzung des „one-stop-shoppings" hin. Diesen sollte die Aufgabe zukommen, die danach grobgesteuerte Kompetenzverteilung feinzusteuern.[130] Jedoch wurde im Resultat ein „*Trojanisches Pferd eingeschleust*",[131] welches letztendlich eine Anwendbarkeit der Kontrollvorschriften auf Vorhaben ungeachtet ihrer Dimension hätte ermöglichen können. Diese Gesetzesfolge könnte Art.1 (1) FKVO a.F. im Verhältnis zu Art.22 (1) 1.Hs FKVO a.F. anzweifelbar machen. Die Anwendung der Vorschriften der FKVO a.F. ging in Verweisungsfällen nach Art.22 (2)-(4) FKVO a.F. über den in Art.1 (1) FKVO a.F. definierten Sachverhaltsbereich hinaus.

Bei Zusammenschlüssen ohne gemeinschaftsweite Bedeutung oblag nach Abs.2 den Mitgliedstaaten das Antragsrecht, um eine Verweisung an die EG-

---

[129] Immenga/Mestmäcker (IMMENGA), EG-WbR, Band I, VII.Abschnitt (Fusionskontrollverordnung), D., Artikel 4, I., Rn.2, (S.959); Lenz/Borchardt (GRILL), Vertrag zur Gründung der Europäischen Gemeinschaft, Artikel 83, IV., 4., a), Rn.90, (S.1007); Wiedemann (WAGEMANN), 5.Kapitel (Fusionkontrolle), 1.Abschnitt, § 17, A., I., 1., Rn.1, (S.567 f.).

[130] Groeben/Thiesing/Ehlermann (LANGEHEINE), Band 2/II, Dritter Teil, Titel V, Kapitel 1, Abschnitt 1, nach Artikel 89, I. (Fusionskontrollverordnung), Artikel 22, II., Rn.6, (S.2/1616); zu Artikel 9 FKVO (derselbe a.F.) RÖHLING, Teil 2, II., B., 1., b., bb. „Die FKVO (bietet) mit der Verweisungsvorschrift des Artikel 9 FKVO ein Element der Feinsteuerung", (S.106).

[131] So wörtlich: HEIDENHAIN, EuZW 1990, S.86, (S.84); vgl. auch: NIEMEYER, B. (Die EG-Fusionskontrollverordnung), I. „Die FK-VO gilt für alle Zusammenschlüsse von gemeinschaftsweiter Bedeutung ... sowie für solche ... ohne gemeinschaftsweite Bedeutung.", (S.12).

Kommission zu erreichen.[132] Kam es zu einer Verweisung, so konnten gemäß Abs.3 die *Kontrollvorschriften* der FKVO a.F. nahezu *vollständig* auf den Zusammenschluss *ohne gemeinschaftsweite Bedeutung angewandt werden.* Zwar bestand dann keine Anmeldepflicht (vgl. Art.4 FKVO a.F.) und das Vollzugsverbot (vg. Art.7 FKVO a.F.) galt nur unter bestimmten Voraussetzungen[133], jedoch fanden die Normen, die das „eigentliche" Kontrollverfahren regelten, (insbesondere die Art.6 und 8 FKVO a.F.) Anwendung.[134] Daraus könnte man den Schluss ziehen, dass Art.22 (1) 1.Hs FKVO für sämtliche Zusammenschlüsse das Anwendungsspektrum der FKVO umfassend definieren sollte. Die Kontrollmechanismen der FKVO a.F. konnten über Art.22 (2), (3) FKVO a.F. auch für Zusammenschlüsse ohne gemeinschaftsweite Bedeutung Geltung beanspruchen, weshalb die Anwendung der Verordnung damit nicht nur von der gemeinschaftsweiten Bedeutung abhängig gewesen wäre.[135] Art.1 (1) FKVO a.F. konnte man unter dieser Annahme die Bedeutung beimessen, nur einen Teilbereich des Anwendungsspektrums der FKVO a.F. zu umschreiben und damit eine dem Art.22 (1) 1.Hs FKVO untergeordnete Funktion einzunehmen.

Selbst diese aus Art.22 (2)-(4) FKVO a.F. gewonnene Interpretation harmonisiert jedoch nicht vollständig mit der Erwägung, dass Art.22 (1) 1.Hs FKVO a.F. den Anwendungsbereich für „*alle*" Zusammenschlüsse definieren sollte. Vor-

---

[132] Groeben/Schwarze (ADT), Band 2, Titel VI, Kapitel 1, Abschnitt 1, nach Artikel 85 (europäische Fusionkontrolle/Fusionskontrollverordnung), D., III., Rn.143, (S.839); Langen/Bunte (LÖFFLER), Band I, EG-Kartellrecht, FKVO, Artikel 22, C., II., Rn.6, (S.2645 f.).

[133] Nämlich, wenn der Zusammenschluss zum Zeitpunkt, in dem die Kommission den Parteien eine Mitteilung über die Stellung eines Verweisungsantrages machte, noch nicht vollzogen worden war: Immenga/Mestmäcker (IMMENGA), EG-WbR, ErgänzB, VII.Abschnitt (Fusionskontrollverordnung), D., Artikel 22, Rn.3.

[134] Groeben/Schwarze (ADT), Band 2, Titel VI, Kapitel 1, Abschnitt 1, nach Artikel 85 (europäische Fusionkontrolle/Fusionskontrollverordnung), D., III., Rn.143, (S.839); Immenga/Mestmäcker (IMMENGA), EG-WbR, Band I, VII.Abschnitt (Fusionskontrollverordnung), D., Artikel 22, II., Rn.4, 5 (S.1062); Langen/Bunte (LÖFFLER), Band I, EG-Kartellrecht, FKVO, Artikel 22, C., II., Rn.6 „Die Kommission prüft den Fall dann im üblichen Verfahren.", (S.2646).

[135] Siehe auch: Immenga/Mestmäcker (IMMENGA), EG-WbR, Band I, VII.Abschnitt (Fusionskontrollverordnung), D., Artikel 22, II., Rn.9, (S.1063); KRIMPHOVE, Teil III (Die Beurteilung von Unternehmenszusammenschlüssen nach der europäischen Fusionskontrollverordnung), C., I., 2., b) „Die Fusionskontrollmöglichkeit nach Artikel 22 Abs.3 könnte … (die Kontrollmöglichkeit nach den Artikel 1 ff.) ganz verdrängen und somit den Anwendungsbereich der Verordnung ganz überflüssig machen.", (S.232), aa) „Als Lösungsmöglichkeit bietet sich an, Unternehmenskonzentrationen … nach Artikel 22 Abs. 3 dennoch der europäischen Fusionskontrolle zu unterziehen.", (S.234); HEIDENHAIN, EuZW 1990, S.84, 86 „Die Fusionskontroll-Verordnung hat fast unbemerkt eine umfassende europäische Fusionskontrolle für Zusammenschlüsse jeder Größenordnung eingeführt.", (S.84).

aussetzung für die Einschlägigkeit von Art.22 (2) FKVO war zwar die mangelnde gemeinschaftsweite Bedeutung, jedoch konnte eine Verweisung tatsächlich nur erfolgen, soweit die EG-Kommission feststellte, dass die Transaktion eine beherrschende Stellung im Gebiet des betroffenen Mitgliedstaates zumindest begründen und dadurch der Wettbewerb erheblich behindern würde.[136] Ergänzend musste der Zusammenschluss den Handel zwischen Mitgliedstaaten beeinträchtigen. Eine mit Art.22 (1) 1.Hs FKVO a.F. im Einklang stehende Anwendung der Verordnung auf „*alle*" Zusammenschlüsse war somit auch hierdurch nicht gewährleistet.

Lagen die Verweisungsvoraussetzungen vor, so konnte ferner nach Art.22 (3) FKVO a.F. keine vollumfassende, sondern nur eine *eingeschränkte Anwendung* der Kontrollvorschriften der FKVO a.F. erfolgen. Der Kontrollhorizont nach Abs.4 war auf die Zielvorgabe der Wettbewerbssicherung im jeweiligen Mitgliedstaat unter Einsatz der unbedingt erforderlichen Mittel begrenzt.[137] Deshalb sollte die EG-Kommission angelehnt an Art.22 (2) FKVO a.F. auch keine uneingeschränkte Freigabe entscheiden dürfen, als Legalisierungen allenfalls nach Art.8 (2) Uabs.2 FKVO a.F., also unter Auflagen und Bedingungen, zulässig wurden.[138] Zwar wird teilweise vertreten, dass die EG-Kommission unbenannter Weise auch uneingeschränkte Freigaben verfügen konnte,[139] jedoch erscheint diese über den Wortlaut hinausgehende Interpretation nicht zulässig oder geboten. Das Argument, ein Zusammenschluss, der keine erhebliche Behinderung

---

136 HEIDENHAIN, EuZW 1990, S.84, (S.84).

137 Immenga/Mestmäcker (IMMENGA), EG-WbR, Band I, VII.Abschnitt (Fusionskontrollverordnung), D., Artikel 22, II., Rn.5, (S.1062); etwas weitgehend, da mit dem Kriterium der Zwischenstaatlichkeit auch ein Auswirkungsbezug zum Gemeinsamen Markt hergestellt wird: KRIMPHOVE, Teil III (Die Beurteilung von Unternehmenszusammenschlüssen nach der europäischen Fusionskontrollverordnung), C., I., 2., b), aa) „Der Schutzzweck des Artikel 22 Abs.3 (ist) erkennbar ein völlig anderer. Artikel 22 Abs.3 dient dem Schutz eines nationalen Marktes vor europäischen Zusammenschlüssen.", (S.234).

138 Frankfurter Kommentar (RÖSLER), Band 6, Teil 3a (FKVO 4064/89 mit Ausnahme Artikel 4 und 7), Artikel 22, C., I. (Verweisungsregelung), Rn.22; Grabitz/Hilf (KOCH), Altband II, IV., Dritter Teil, Titel I., Kapitel 1 (Wettbewerbsregeln), Abschnitt 1., Anhang (Unternehmenszusammenschlüsse), nach Artikel 86, 3., c), Rn.24; Immenga/Mestmäcker (IMMENGA), EG-WbR, Band I, VII.Abschnitt (Fusionskontrollverordnung), D., Artikel 22, II., Rn.5 „So kann sie den Zusammenschluss untersagen, Auflagen verfügen oder eine Entflechtung veranlassen.", (S.1062); NIEMEYER, B. (Die EG-Fusionskontrollverordnung), V., 5. „Die Kommission (konnte) ... untersagen oder mit Auflagen vereinbar erklären.", (S.29); SEITZ, C., I., 1., c), (S.107); wohl auch: KURZ, 5.Kapitel, II., 3., c), aa), „(die) Untersagungsbefugnis auf Antrag eines Mitgliedstaates", (S.256).

139 Groeben/Thiesing/Ehlermann (LANGEHEINE), Band 2/II, Dritter Teil, Titel V, Kapitel 1, Abschnitt 1, nach Artikel 89, I. (Fusionskontrollverordnung), Artikel 22, II., 3., Rn.14, (S.2/1619); Langen/Bunte (LÖFFLER), Band I, EG-Kartellrecht, FKVO, Artikel 22, C., II., Rn.6, (S. 2646).

des Wettbewerbs im Sinne von Art.22 (1) FKVO a.F. hervorrufen würde, könnte nur freigegeben werden,[140] verkannte, dass die EG-Kommission eine Entscheidung ausschließlich dann erlassen durfte, wenn eben eine solche Behinderung gegeben war; anderenfalls fehlte es der EG-Kommission an einer Kompetenzgrundlage. Diese Sichtweise harmonisiert mit dem Charakter der Vorschrift, die eine „nationale Notzusammenschlusskontrolle" durch die EG-Kommission nach der FKVO a.F. gewährleisten sollte.[141] Mitgliedstaaten, die über kein eigenes Kontrollrecht und damit weder über eine Untersagungs- noch über eine Freigabekompetenz verfügten, sollten einen Mindestschutz erreichen können. Sofern der von Art.22 FKVO a.F. „angesprochene" Mitgliedstaat keine Verweisung beantragte, hätte auch keine Freigabeentscheidung durch die nationalen Behörden ergehen können. Deshalb muss Art.22 (1) FKVO a.F. orientiert an dieser Ausgangslage interpretiert werden. Im Falle der Feststellung durch die EG-Kommission, dass eine verwiesene Transaktion keine erhebliche Behinderung des Wettbewerbs im Hoheitsgebiet des antragstellenden Mitgliedstaates verursachen würde, hätte auch hier eine (Freistellungs-) Entscheidung nicht ergehen sollen und auch nicht ergehen müssen; ferner galt dementsprechend auch nicht die Freigabefiktion nach Art.10 (6) FKVO a.F. Diese dem Wortlaut des Art.22 (1) FKVO a.F. entnommenen Schlussfolgerungen belegen, dass die Kontrolle eingeschränkt und nur auf Wettbewerbssicherung bedacht erfolgen durfte. Letztendlich fielen Zusammenschlüsse ohne gemeinschaftsweite Bedeutung auch nicht per *Automatismus*, so wie Art.1 (1) FKVO a.F. es für solche mit Gemeinschaftsdimension bewirkte, unter die Kontrollhoheit der FKVO a.F.; die Kontrollvorschriften fanden keine Anwendung, sondern galten über Art.22 (3) FKVO a.F. gewissermaßen entsprechend, was gleichsam auf eine Ausnahmesituation hindeutet. Deshalb ist auch unter Berücksichtigung der nach Art.22 (2)-(4) FKVO a.F. eröffneten Möglichkeit einer Kontrollverlagerung für Vorhaben ohne gemeinschaftsweite Bedeutung nicht davon abzuweichen, dass Art.1 (1) FKVO a.F. als die grundlegend definierende Norm für die Geltung der FKVO a.F. zu begreifen ist, welcher sich Art.22 FKVO a.F. als Ausnahmetatbestand unterordnen musste.

(3) Funktionsverlust von Art.22 FKVO a.F.

Auch könnte man ein anderweitiges Verständnis aus einem weitreichenden Funktionsverlust des Art.22 FKVO a.F. ableiten. Unter der Annahme, dass Art.1

---

[140] So Wiedemann (WAGEMANN), 5.Kapitel (Fusionkontrolle), 1.Abschnitt, § 17, F., II., 4., Rn.164 (S.615).

[141] Groeben/Thiesing/Ehlermann (LANGEHEINE), Band 2/II, Dritter Teil, Titel V, Kapitel 1, Abschnitt 1, nach Artikel 89, I. (Fusionskontrollverordnung), Artikel 22, II., 2., Rn.12, (S.2/1618); SEITZ, C., I., 1., c), (S.108); zum Hintergrund: ELLAND, ECLR 1990, S.111, 117, (S.111); siehe auch: JANICKI, WuW 1990, S.203, (S.195).

(1) FKVO a.F. die den Anwendungsbereich der FKVO a.F. definierende Norm sein sollte, wäre *Art.22 FKVO a.F.* im Falle einer bedingungslosen Unterordnung nämlich nur auf Zusammenschlüsse *mit gemeinschaftsweiter Bedeutung anwendbar* gewesen. Die Rechtsabgrenzung zum sonstigen Gemeinschaftsrecht hätte nach Abs.1 sich danach ausschließlich auf europäische Transaktionen beziehen können. Diese von der Literatur teilweise als richtig geforderte Konsequenz[142] hätte man dann allerdings auch auf den *Verweisungsmechanismus* des Art.22 (2)-(4) a.F. FKVO übertragen müssen; sofern Abs.1 sich in seinen Anwendungsvoraussetzungen vollständig dem Art.1 (1) FKVO a.F. unterordnen sollte, musste dies auch für die Art.22 (2)-(4) FKVO a.F. gelten. Da der Verweisungsmechanismus ausschließlich für Zusammenschlüsse ohne gemeinschaftsweite Bedeutung konzipiert wurde, kann diese Sichtweise nicht überzeugen. Ferner kann ein solches Verständnis auch nicht bei einer gesonderten Betrachtung von Abs.1 an Nachhaltigkeit gewinnen. Gemäß dem 2.Hs sollten von dem Ausschluss sonstigen Gemeinschaftsrechtes die kartellrechtlichen Durchführungsverordnungen für bestimmte *Gemeinschaftsunternehmen ohne gemeinschaftsweite Bedeutung* ausgenommen sein.[143] Dieser 2.Hs musste sich im Umkehrschluss grundsätzlich auch an solche Transaktionen richten.[144] Da Art.22 (1) 1.Hs FKVO a.F. zumindest auch die Funktion zukam, „generalklauselartig" das Gemeinschaftsrecht zu verdrängen, standen beiden Normen in einem inhaltlichen Zusammenhang. Es erscheint unwahrscheinlich, dass die Verordnung das Gemeinschaftsrecht ausschließlich für Zusammenschlüsse mit gemeinschaftsweiter Bedeutung ausschalten aber die Vollzugsinstrumente, die kartellrechtlichen Durchführungsverordnungen, über diesen Tatbestandbereich hinaus verdrängen wollte. Deshalb durfte Art.22 FKVO a.F. in seiner Anwendung nicht auf Zusammenschlüsse mit gemeinschaftsweiter Bedeutung reduziert sein.[145] Dagegen sollte sprechen, dass Art.1 (1) FKVO a.F. den Anwendungsbereich des Regelungswerks vorgeben konnte.

---

[142] Langen/Bunte (LÖFFLER), Band I, EG-Kartellrecht, FKVO, Artikel 22, C., I., Rn.5 „Unter Zusammenschlüssen i.S.v. Artikel 3 können nur solche gemeint sein, die auch die Schwellenkriterien des Artikel 1 erfüllen.", (S.2645).

[143] POHLMANN, EWS 1997, S.184, (S.181).

[144] Vgl. Dauses (SEDEMUND/MONTAG), Band 2, H. (Wettbewerbsregeln), I., § 2, 5., a), bb), Rn.82; KURZ, 4.Kapitel, I., 4., (S.179); RÖHLING, Teil 1, II., A., 2. „Artikel 22 (1) ... gilt ausdrücklich für alle Zusammenschlüsse ... unabhängig davon, ob diesen gemeinschaftsweite Bedeutung zukommt oder nicht", (S.31); POHLMANN, EWS 1997, S.185, (S.181); STAUDENMAYER, WuW 1992, S.475, (S.475).

[145] Frankfurter Kommentar (RÖSLER), Band 6, Teil 3a (FKVO 4064/89 mit Ausnahme Artikel 4 und 7), Artikel 22, B. (Verhältnis zu Artikel 81, 82 EG-Vertrag), II., 1., Rn.10; NIEMEYER, B. (Die EG-Fusionskontrollverordnung), VI., 1., a), cc. „Gem. Artikel 22 (1) gilt (die FKVO und damit auch Artikel 22 selbst) ... für alle Zusammenschlüsse i.S.d. Artikel 3, unabhängig, ob diese Zusammenschlüsse die quantitativen Kriterien erfüllen und damit gemeinschaftsweite Bedeutung haben.", (S.31).

Diesen Zweifel löste indes Art.1 (1) a.F. FKVO selbst, als er Art.22 FKVO a.F. von seiner *Regelungsaussage ausschloss*, er es diesem mithin überließ, autonom den eigenen Ausnahmebereich festzulegen.[146] Diese „Unbeschadet"-Regel stützt ferner die Annahme, dass Art.1 (1) FKVO a.F. den Regelfall der Normanwendung beschreiben sollte und Art.22 FKVO a.F. kein grundlegender Charakter zukam. Letzterer hätte sich Art.1 (1) FKVO a.F. demnach unterordnen sollen, wurde aber von Art.1 (1) a.F. FKVO in seinem abweichenden Anwendungsbereich toleriert. Hierin kommt ein „Regel-/Ausnahmeprinzip" der FKVO hinsichtlich der Normanwendung auf Zusammenschlüsse mit gemeinschaftsweiter Bedeutung zum Ausdruck.

(4) Fazit

Gemäß der systematischen Auslegung sollte der Anwendungsbereich der tatsächlichen Ausgestaltung der VO4064/89 nach durch Art.1 (1) FKVO a.F. bestimmt werden. Die Art.22 FKVO a.F. über den Tatbestand des Zusammenschlusses mit gemeinschaftsweiter Bedeutung hinaus zugewiesenen Aufgaben konnte dieser als tolerierte Ausnahmevorschrift von Art.1 (1) FKVO a.F. verfolgen.

(V) Zwischenergebnis

In einer Gesamtbetrachtung der Argumente muss davon ausgegangen werden, dass Art.1 (1) FKVO a.F. den Anwendungsbereich der Verordnungsvorschriften regelte. So hat die historische Auswertung ergeben, dass die EG-Kommission anstrebte, mittels Art.1 (1) FKVO a.F. den Anwendungsbereich zu definieren. Sinn und Zweck der FKVO a.F., „nur" alle bedeutsamen Strukturveränderungen mittels EG-Zusammenschlussrecht einer wirksamen Kontrolle zuzuführen, legen ebenso nahe, dass nicht Art.22 (1) 1.Hs FKVO a.F. den Anwendungsbereich auf alle Zusammenschlüsse, also auch unbedeutsame, erstrecken konnte. Hierfür lässt sich gleichsam die Zielsetzung der Reform im Jahre 1997 ins Feld führen, da durch die Erweiterung des Art.1 FKVO a.F. um den Abs.3 der Anwendungsbereich auf Fälle der Mehrfachanmeldungen ausgedehnt werde sollte. Mit dem größten Gewicht spricht die systematische Auslegung für eine Begrenzung des Anwendungsbereichs auf Zusammenschlüsse mit gemeinschaftsweiter Bedeutung. Insbesondere die Hauptaufgabe der FKVO a.F., ein präventives Kontrollinstrument für Konzentrationsvorgänge darzustellen, wurde entsprechend der

---

146 KURZ, 4.Kapitel, I., 2., b) „Gem. Artikel 1 Abs.1 gilt die Fusionskontroll-VO `für alle Zusammenschlüsse von gemeinschaftsweiter Bedeutung im Sinne des Absatzes 2. Artikel 22 bleibt unberührt´. Artikel 22 FKVO ist also die einzige Vorschrift, die auch dann greift, wenn die Verordnung insgesamt nicht gilt.", (S.171); ferner auch: Grabitz/Hilf (KOCH), Altband II, IV., Dritter Teil, Titel I., Kapitel 1 (Wettbewerbsregeln), Abschnitt 1., Anhang (Unternehmenszusammenschlüsse), nach Artikel 86, 3., Rn.9.

Ausgestaltung der FKVO a.F. ausschließlich auf Transaktionen mit Gemeinschaftsdimension bezogen. Auch begreift Art.1 (1) FKVO a.F. die Norm des Art.22 FKVO a.F. als Vorschrift mit Ausnahmecharakter.

Im Ergebnis muss der insoweit missverständliche Wortlaut von Art.22 (1) 1.Hs FKVO vernachlässigt werden. Die Funktion, den Anwendungsbereich der Verordnung 4064/89 zu bestimmen, kam insoweit jedenfalls nicht Art.22 (1) 1.Hs FKVO a.F., sondern Art.1 (1) FKVO a.F. zu.

bb. Anwendungsbereich der FKVO a.F.

Die FKVO a.F. war gemäß Art.1 (1) FKVO a.F. auf *alle Zusammenschlüsse von gemeinschaftsweiter Bedeutung* anwendbar. Gemeinschaftsweite Bedeutung kam einem Konzentrationsvorgang gemäß den in Art.1 (2), (3) FKVO beschriebenen Umsatzschwellen zu.

cc. Verweisungsbedingte Ausnahmen

Bereits die vorangegangenen Ermittlungen zum Anwendungsbereich der FKVO a.F. haben erkennen lassen, dass das durch Art.1 (1) FKVO a.F. festgelegte Anwendbarkeitsprinzip keine unumstößliche Vorgabe war.[147] So konnten die Vorschriften der Verordnung zwar regelmäßig nur auf Zusammenschlüsse mit gemeinschaftsweiter Bedeutung Anwendung beanspruchen, jedoch war im Einzelfall gemäß Art.22 (2)-(4) FKVO a.F. die Kontrolle eines Zusammenschlusses ohne gemeinschaftsweite Bedeutung durch die EG-Kommission denkbar.[148]

Spiegelbildlich zu Art.22 (2)-(4) FKVO a.F. wurde ein weiterer Mechanismus zwecks Feinsteuerung der Verordnungsanwendung eingebunden.[149] Gemäß Art.9 FKVO a.F. bestand eine Verweisungsmöglichkeit für Vorhaben mit Gemeinschaftsdimension an einen Mitgliedsstaat. Auch diese Regelung stellte sich als Durchbrechung des Regelprinzips dar.

Es gilt nunmehr, diese möglichen Ausnahmen insbesondere in Bezug auf deren Rechtsfolgen zu begutachten.

---

147 Vgl. auch: Frankfurter Kommentar (RÖSLER), Band 6, Teil 3a (FKVO 4064/89 mit Ausnahme Artikel 4 und 7), Artikel 21, A. (Vorrang des Europäischen Rechts), Rn.8; Groeben/Schwarze (ADT), Band 2, Titel VI, Kapitel 1, Abschnitt 1, nach Artikel 85 (europäische Fusionkontrolle/Fusionskontrollverordnung), D., II., Rn.136, (S.837)

148 Vgl. (2) Verweisungsklausel, Art.22 (2)-(4) FKVO a.F., (S.29).

149 Groeben/Thiesing/Ehlermann (HIRSBRUNNER), Band 2/II, Dritter Teil, Titel V, Kapitel 1, Abschnitt 1, nach Artikel 89, I. (Fusionskontrollverordnung), Artikel 9, I., 1., Rn.3 „Feinsteuerung der Kompetenzverteilung", (S.2/1533).

(I) Verweisung an mitgliedstaatliche Behörden, Art.9 FKVO a.F.

Gemäß Art.9 (2) FKVO a.F. konnten die Mitgliedstaaten bei Zusammenschlüssen mit gemeinschaftsweiter Bedeutung Anträge stellen, die zur Begründung nationaler Kompetenz führen sollten [vgl. Art.9 (3) Uabs.1 lit.b FKVO a.F.]. Es handelte sich danach um eine kompetenzverengende Verweisung

(1) Voraussetzungen

Die Antragsvoraussetzungen des Art.9 FKVO a.F. waren in Abs.2 lit.a und lit.b beschrieben. Danach musste der Zusammenschluss wettbewerbliche Auswirkungen auf einen durch Abs.7 definierten gesonderten Markt im Gebiet des antragstellenden Mitgliedsstaats haben.

Ein Verweisungsantrag konnte gemäß Art.9 (2) lit.a FKVO a.F. zunächst gestellt werden, wenn der Zusammenschluss drohte, eine marktbeherrschende Stellung auf dem Referenzmarkt zu begründen oder zu verstärken, durch die wirksamer Wettbewerb erheblich behindert werden würde. Darüber hinaus bestimmte Art.9 (2) lit.b FKVO a.F., dass auch die Beeinträchtigung des Wettbewerbs auf einem gesonderten Referenzmarkt ausreichend war, sofern dieser keinen wesentlichen Teil des Gemeinsamen Marktes ausmachte.

Zweifelhaft waren „Mischfälle", in denen ein Zusammenschluss die in lit.a beschriebenen Auswirkungen auf einen Referenzmarkt hatte, jedoch dieser im Sinne von lit.b einen unwesentlichen Teil des Gemeinsamen Marktes umfasste. Dabei soll die Feststellung ausreichen, dass diese Fälle von Abs.2 erfasst wurden, wobei dahinstehen soll, ob lit.a. oder lit.b diesen Fall regelten.

(2) Rechtsfolgen

Lagen die Verweisungsvoraussetzungen vor, so konnte sich die EG-Kommission entscheiden, ob sie entweder den Fall selbst behandeln [Abs.3 Uabs.1 lit.a] oder ihn ganz oder teilweise an die Mitgliedstaaten verweisen [Abs.3 Uabs.1 lit.b] wollte.

Im Falle der Selbstbehandlung blieb die FKVO a.F. uneingeschränkt auf den Konzentrationsvorgang anwendbar. Wurde dagegen der Zusammenschluss verwiesen, so fand auf den verwiesenen Gehalt das nationale Wettbewerbsrecht Anwendung.[150] Dies galt jedoch ausschließlich für den Mitgliedstaat, der um die Verweisung ersucht hatte, und wurde durch Art.9 (8) FKVO a.F. auf „Wiederherstellungsmaßnahmen" beschränkt.[151] Aufgrund der Formulierung des Art.9

150 Groeben/Thiesing/Ehlermann (HIRSBRUNNER), Band 2/II, Dritter Teil, Titel V, Kapitel 1, Abschnitt 1, nach Artikel 89, I. (Fusionskontrollverordnung), Artikel 9, II., 8., Rn.49, 50, (S.2/1549).

151 Immenga/Mestmäcker (REHBINDER), EG-WbR, Band I, I.Abschnitt (Einleitung), F., VII., 3., d), Rn.63, (S.119), (IMMENGA), EG-WbR, Band I, VII.Abschnitt (Fusionskontrollverordnung), D., Artikel 9, VI., Rn.22, (S.1028 f.).

(3) Uabs.1 FKVO a.F., wonach die EG-Kommission den Fall *„entweder“* selbst behandeln *„oder“* verweisen konnte, wurde eine Doppelkontrolle für Verweisungsfälle ausgeschlossen. Die EG-Kommission war danach nicht mehr befugt, den verwiesenen Gehalt eines Zusammenschlusses weiter nach der FKVO a.F. zu kontrollieren. In Teilverweisungsfällen kam es damit zu einer parallelen, aber nicht doppelten Zuständigkeit, als die nationalen Behörden die wettbewerblichen Auswirkungen des verwiesenen und die EG-Kommission den verbliebenen Teil kontrollierten.

Auch wenn die Befugnis der EG-Kommission im Verweisungsfall entfiel, führt dies *nicht* zu einer *Unanwendbarkeit* aller Verordnungsvorschriften. Lediglich die Kontrollvorschriften konnten nicht mehr durch die EG-Kommission angewandt werden. Dies ergibt sich aus der Tatsache, dass die Dimension des Vorhabens durch die Verweisung unangetastet blieb. Bestimmte Regelungen, die die FKVO a.F. nur für Zusammenschlüsse mit gemeinschaftsweiter Bedeutung eröffnete, mussten weiterhin Anwendung beanspruchen.[152] Auch konnte sich eine solche Rechtsfolge im Umkehrschluss aus Art.22 (2)-(4) FKVO a.F. ableiten lassen. Die Verweisung an die EG-Kommission nach Art.22 FKVO a.F. führte nicht automatisch, sondern erst per ausdrücklicher Bestimmung gemäß Art.22 (3) FKVO a.F. zur Anwendung der FKVO a.F. Aus diesem Charakter des Verweisungsrechtes folgt, dass auch eine Verweisung an die Mitgliedstaaten nicht automatisch zur Unanwendbarkeit der FKVO a.F. auf das verwiesene Vorhaben führen konnte. Abweichungen zum „normalen“ Procedere wurden im Verweisungsfall durch die Verweisungsklausel ausdrücklich vorgesehen.

(3) Fazit

Im Verweisungsfall gemäß Art.9 (3) Uabs.1 lit.b FKVO a.F. durfte die EG-Kommission auf den Zusammenschluss mit gemeinschaftsweiter Bedeutung die FKVO a.F. nicht mehr anwenden, sofern dieser verwiesen worden war; die FKVO a.F. schied als Kompetenzgrundlage aus, sie beanspruchte allerdings weiterhin Geltung für das Vorhaben.

(II) Verweisung an die EG-Kommission, Art.22 (2)-(4) FKVO a.F.

Der Anwendungsbereich der FKVO a.F. konnte ausnahmsweise auch auf Zusammenschlüsse ohne gemeinschaftsweite Bedeutung nach Art.22 (2)-(4) FKVO a.F. erweitert werden, damit die EG-Kommission eine „Notzusammenschlusskontrolle“ für die Mitgliedstaaten nach der FKVO a.F. vornehmen konn-

[152] Beispielsweise musste Art.9 (8) FKVO a.F. weiterhin die „Kontrollbeschränkung“ für den durch eine Verweisung begünstigen Mitgliedstaat statuieren; darüber hinaus war es auch notwendig, dass Art.21 (2) FKVO a.F. ebenfalls fortführend das innerstaatliche Recht anderer Mitgliedstaaten sperrte, da die Verweisung nur die Kontrollbefugnis des antragstellenden Staates eröffnen sollte.

te. Es handelte sich hierbei um eine eingeschränkte kompetenzerweiternde Verweisung.

(1) Voraussetzungen

Voraussetzung für einen Verweisungsantrag war die Tatsache, dass eine Transaktion eine beherrschende Stellung im Gebiet der dann antragsberechtigten Mitgliedstaaten begründet oder verstärkt, durch die wirksamer Wettbewerb erheblich behindert werden würde. Ferner musste der Zusammenschluss gemäß Art.22 (2) FKVO a.F. zusätzlich den Handel zwischen Mitgliedstaaten beeinträchtigen.

(2) Rechtsfolgen

Stellten ein oder mehrere Mitgliedstaaten einen Verweisungsantrag, so sah Art.22 (2)-(4) FKVO die Möglichkeit der EG-Kommission vor, eine eingeschränkte Kontrolle für die Antragsteller vorzunehmen, sofern sie die geltend gemachten Bedenken *„feststellte"*. Die Vorschriften der Verordnung konnten dann über Art.22 (3) FKVO a.F. entsprechend angewandt werden. Dabei wurde der Kontrollhorizont gemäß Abs.4 auf die Wettbewerbssicherung im Gebiet der Antragsteller beschränkt.[153] Ausfluss dieser Beschränkung ist die Tatsache, dass Art.22 (2) FKVO a.F. ausschließlich zu Untersagungen und damit verbundenen Entflechtungen oder zur Freigabe unter Auflagen und Bedingungen ermächtigte; eine uneingeschränkte Freigabe war nicht zulässig.[154]

Zu beachten ist, dass sich die Kontrollbefugnis nach Art.22 (2)-(4) FKVO a.F. ausschließlich auf die strukturellen Auswirkungen eines Vorhabens auf den oder die Mitgliedstaaten beziehen durfte. So blieb insbesondere auch im Verweisungsfall die VONr.17 auf Gemeinschaftsunternehmen ohne gemeinschaftsweite Bedeutung anwendbar, wenn diese koordinierende Effekte aufwiesen. Auch galt Art.2 (4) FKVO nicht als Beurteilungsmaßstab für Zusammenschlüsse, die verwiesen wurden.

(3) Fazit

Im Verweisungsfall fanden über Art.22 (3) FKVO a.F. die Vorschriften der Verordnung auf Zusammenschlüsse ohne gemeinschaftsweite Bedeutung entsprechend und eingeschränkt Anwendung. Es erfolgte danach eine Strukturkontrolle durch die EG-Kommission bezogen auf das oder die Gebiete der antragstellenden Mitgliedstaaten.

---

[153] Siehe beispielhaft: JANICKI, WuW 1990, S.203, (S.195); siehe weitere Nachweise bereits in Fußnote 141.

[154] Vgl. (2) Verweisungsklausel, Art.22 (2)-(4) FKVO a.F., (S.29).

dd. Zwischenergebnis

Die FKVO a.F. verfolgte ein Regel-/Ausnahmeprinzip. Gemäß Art.1 (1) FKVO a.F. war die Verordnung *regelmäßig* auf Zusammenschlüsse mit gemeinschaftsweiter Bedeutung anwendbar. Für diese Transaktionen war das Kontrollspektrum des Rechtsinstrumentes eröffnet.

Ausnahmen regelten die Verweisungsklauseln der Art.9, 22 (2)-(4) FKVO a.F. Gemäß Art.22 (2)-(4) FKVO a.F. kam eine eingeschränkte Kompetenzerweiterung zugunsten der EG-Kommission für Zusammenschlüsse ohne gemeinschaftsweite Bedeutung in Betracht. Art.9 FKVO a.F. eröffnete dagegen die Möglichkeit, Kontrollhoheit auf die Mitgliedstaaten zu übertragen. So fand dann eine vollständige oder teilweise Kontrolle eines Zusammenschlusses mit gemeinschaftsweiter Bedeutung durch den Mitgliedstaat statt, an den das Vorhaben verwiesen wurde.

b. Rechtslage seit der VO139/2004 (FKVO)

Die grundsätzlichen Aussagen zum Anwendungsbereich sind nach der Reform der FKVO beibehalten worden. So geht Art.1 (1) FKVO weiterhin von der Geltung der Verordnung für Zusammenschlüsse mit gemeinschaftsweiter Bedeutung aus. Dies spricht zunächst für die Übernahme der alten Rechtslage.

Dabei darf allerdings nicht übersehen werden, dass Art.22 (1) 1.Hs FKVO a.F. im Zuge der Reform unter Beibehaltung des missverständlichen Wortlautes als Art.21 (1) 1.Hs FKVO integriert worden ist. Deshalb muss überprüft werden, ob durch die Neupositionierung Zweifel an der zur alten Fassung der FKVO ermittelten Ansicht bestehen.

Angemerkt sei, dass sich ungeachtet der Frage, ob Art.1 (1) FKVO den Anwendungsbereich auch weiterhin definiert, die FKVO jedenfalls den Zusammenschluss als Geltungsvoraussetzung bestimmt und sich damit regelmäßig an wettbewerblich unbedenkliche Sachverhalte richtet.[155]

aa. Neue Bestimmung des Anwendungsbereichs durch Art.21 (1) 1.Hs FKVO

Der auch nach der Neufassung der FKVO weiterhin widersprüchliche Wortlaut von Art.1 (1) FKVO im Verhältnis zu Art.21 (1) 1.Hs FKVO kann sicherlich nicht zu Bedenken hinsichtlich der Übernahme der alten Rechtslage führen. Allerdings sollte die Reform insbesondere zu einer Überarbeitung der Zuständigkeiten führen. Da sich diese zunächst an der Anwendbarkeit der Verordnung orientieren, müsste die Reform Änderungen des Anwendungsspektrums oder zumindest der Verweisungsmechanismen mit sich bringen. Zudem konnte die grundlegende Bedeutung des Art.1 (1) FKVO a.F. im Verhältnis zu Art.22 (1)

---

155 Vgl. a. Rechtslage zur Zeit der VO4064/89 (FKVO a.F.), (S.20-39).

1.Hs FKVO a.F. daraus geschlossen werden, dass Art.1 (1) FKVO a.F. Letzteren durch die „Unbeschadet"-Regel zur Ausnahmevorschrift klassifizierte. Für Art.21 FKVO sieht Art.1 (1) FKVO jedoch keine Ausnahme mehr vor, sodass man Bedenken haben kann, ob Art.1 (1) FKVO grundsätzlich im Rang über Art.21 FKVO stehen soll.

Aus diesen Gründen bestehen an einer Übernahme des alten Systems Zweifel, weshalb auch hier der Widerspruch zwischen Art.1 (1) FKVO und Art.21 (1) 1.Hs FKVO analysiert werden muss.

(I) Wortlautüberprüfung

Der Wortlaut von Art.1 (1) FKVO und Art.21 (1) 1.Hs FKVO ist in den hier relevanten Formulierungen identisch beibehalten worden. Gleiches gilt für die englische Fassung der VO139/2003, sodass auf die zur FKVO 4064/89 gemachten Ausführungen zurückverwiesen werden kann.[156]

(II) Historische Fortentwicklung

Als historische Erwägung kann zunächst ebenfalls auf die zur alten Rechtlage vorgenommenen Ausführungen verwiesen werden.[157] Vorrangig lässt sich hier die Rechtslage zur Verordnung 4064/89 anführen, als diese für die Auslegung der FKVO in der neuen Fassung nunmehr auch historische Bedeutung genießt. Danach war Art.1 (1) FKVO a.F. die den Anwendungsbereich bestimmende Norm. Die *Kontinuität der Rechtsstrukturen* spricht insoweit für die Bestimmung des Anwendungsbereichs durch Art.1 (1) FKVO.

(III) Teleologische Erwägungen

Weiter muss überprüft werden, ob Sinn und Zweck der FKVO mit der alten Rechtslage identisch geblieben sind oder ob neue Erwägungen angestellt wurden, die eine andere Sichtweise erforderlich machen könnten. Hierbei sind insbesondere die mit der Reform verfolgten Zielsetzungen zu beachten.

(1) Allgemeine Erwägungen

Die grundlegenden Erwägungen zur FKVO a.F. sind im Zuge der Reform größtenteils beibehalten und in die „neue" FKVO übertragen worden. Die Verordnung soll weiterhin für die bedeutsamen Strukturveränderungen mit grenzüberschreitenden Auswirkungen gelten.[158] Ferner soll auch nach der Reform der Anwendungsbereich der Verordnung durch Schwellenwerte begrenzt sein, damit nur „*Zusammenschlüsse von gemeinschaftsweiter Bedeutung*" erfasst werden

---

[156] Dazu: (I) Wortlaut im Vergleich mit der englischen Abfassung, (S.22).
[157] Siehe bereits: (II) Historische Entwicklung, (S.23-25).
[158] Erwägungsgrund 8 FKVO.

können.[159] Somit sprechen diese Absichten für einen durch Art.1 (1) FKVO definierten Anwendungsbereich.

Gegen diese Sichtweise wurde die Funktionsbestimmung der FKVO a.F. angeführt, die auch in der neu geschaffenen Rechtslage beibehalten wird; so soll auch die Verordnung 139/2004 den Status eines besonderen Rechtsinstruments einnehmen, welches eine wirksame Kontrolle *sämtlicher* Zusammenschlüsse im Hinblick auf ihre Auswirkungen auf die Wettbewerbsstruktur in der Gemeinschaft ermöglichen kann.[160] Entkräftet wurde diese Erwägung innerhalb der alten Rechtslage durch ihren Bezug auf die unzureichenden Vorgaben des Primärrechtes.[161] Nach der FKVO n.F. könnte man jedoch in Frage stellen, ob dieses Verständnis so fortbestanden hat. Das Streben nach einer Kontrolle sämtlicher Zusammenschlüsse bezieht sich seit der Neufassung der Verordnung nicht mehr auf die Annahme, dass die Art.81, 82 EG unzureichende Vorgaben leisten würden.[162] Vielmehr sollen sämtliche Zusammenschlüsse im Hinblick auf die Geeignetheit zur erheblichen Wettbewerbsbeeinträchtigung im Gemeinsamen Markt oder einem wesentlichen Teil desselben erfasst werden. Dies kann nicht nur in Bezug auf Zusammenschlüsse mit gemeinschaftsweiter Bedeutung gelten, da die Umsatzdimension als quantitatives Kriterium keine Auskunft über den Grad der Wettbewerbsbeeinträchtigung gibt.[163] Insoweit muss man diese Erwägung dahingehend interpretieren, dass die VO139/2004 nicht nur auf Zusammenschlüsse mit gemeinschaftsweiter Bedeutung begrenzt sein kann. Dies würde für die Sichtweise sprechen, dass Art.21 (1) 1.Hs FKVO den Anwendungsbereich definieren soll, denn nach dem an Art.1 (1) FKVO anknüpfenden Anwendungsmechanismus der alten Fassung wäre eine effektive Kontrolle ausschließlich bei Transaktionen mit gemeinschaftsweiter Bedeutung möglich.

Die allgemeinen Erwägungen zur FKVO sind anders als vor der Reform nicht eindeutig. Zwar wird immer noch angestrebt, dass die Vorschriften der Verordnung ausschließlich Vorhaben von gemeinschaftsweiter Bedeutung erfassen, jedoch wird als Primärziel die Etablierung eines besonderen Rechtsinstruments verfolgt, welche eine wirksamer sämtlicher Zusammenschlüsse, die den Wettbewerb im Gemeinsamen Markt oder einem Teil desselben erheblich beeinträchtigen können, was nicht zwingend eine Gemeinschaftsdimension der Vorhaben voraussetzen würde.

---

159 Erwägungsgrund 9 FKVO.

160 Erwägungsgrund 6 FKVO.

161 Erwägungsgrund 6, 7 FKVO a.F.; vgl. (1) Allgemeine Erwägungen, (S.40).

162 Im Vergleich zur Fußnote 117: Erwägungsgründe 5-7 FKVO „(5) Das Gemeinschaftsrecht muss Vorschriften für solche Zusammenschlüsse enthalten, die geeignet sind, den Wettbewerb erheblich zu beeinträchtigen. (6) Daher ist ein besonderes Rechtsinstrument erforderlich... (7) Die Artikel 81 und 82 sind zwar anwendbar...".

163 Vgl. WIRTSCHAFTS- UND SOZIALAUSSCHUSS, Anhörung 1974, ABl.EG 1974 C 88/22.

(2) Ziele der Reform 2004

Ein wesentliches Reformziel sollte in der „*Optimierung der Zuständigkeitsverteilung*“ bestehen.[164] Das Prinzip der gemeinschaftsweiten Bedeutung entsprechend der FKVO a.F. wurde zwar befürwortet, jedoch erachtete man es nicht als ausreichend, um die Zuständigkeit der EG-Kommission wirkungsvoll auf solche Sachverhalte zu erstrecken, die in mindestens drei Mitgliedstaaten einer Kontrolle unterliegen würden. Es sollte also erneut an der Lösung des Problems der Mehrfachanmeldungen gearbeitet werden (so schon Reform 1997, vgl. Seite 24).

Die EG-Kommission wollte ihren Anspruch weiter verfolgen, sich vornehmlich mit Fällen zu befassen, die erhebliche grenzüberschreitende Wirkungen haben würden und das selbst unter Einbezug solcher Sachverhalte, die nicht der Definition des Art.1 FKVO a.F. genügen; ferner sollten sich Transaktionen, die trotz umsatzgemäß gemeinschaftsweiter Bedeutung den wirtschaftlichen Auswirkungsschwerpunkt in nur einem Mitgliedstaat haben, besser aus dem Zuständigkeitsbereich der EG-Kommission ausschließen lassen können.[165]

Zur Umsetzung ihrer Zielvorstellungen entwickelte die EG-Kommission zunächst zwei Konzepte, das „*verbindliche 3+ System*“ und das darauf aufbauende „*fakultative 3+ System*“.[166] Beide sollten die Voraussetzung, unter der ein Zusammenschluss gemeinschaftsweite Bedeutung erlangt, erweitern. Eine Abweichung von dem Anwendungsprinzip der FKVO a.F. war hierdurch nicht beabsichtigt, als lediglich die erfasste Spannweite der Gemeinschaftsdimension erweitert werden würde. Die „3+ Systeme“ sind verworfen worden, da sie an die Anmeldepflicht in mindestens drei Mitgliedstaaten anknüpften. Hier lag der Mangel, denn durch die Abhängigkeit von stark variierenden nationalen Rechtsordnungen konnte das Anliegen, nur Transaktionen mit grenzüberschreitendem Charakter zu erfassen, nur bedingt verwirklicht werden.[167]

Die EG-Kommission entschied sich deshalb zu einer Aufarbeitung und Verbesserung der Verweisungsmechanismen, damit die „neue“ Verordnung eine optimale Zuweisung der Fälle und eine Reduzierung von Mehrfachanmeldungen

---

[164] EG-KOMMISSION, FKVO-Entwurf03, ABl.EG 2003 C 20/04; dazu auch: BERG, BB 2004, S.561, (S.561).

[165] EG-KOMMISSION, FKVO-Entwurf03, ABl.EG 2003 C 20/05; vgl. hierzu: BÖGE, WuW 2004, S.141, (S.138).

[166] Vgl. auch: Groeben/Schwarze (ADT), Band 2, Titel VI, Kapitel 1, Abschnitt 1, nach Artikel 85 (europäische Fusionkontrolle/Fusionskontrollverordnung), H., II., 1., Rn.398, (S.904 f.); BERG, BB 2004, S.561, (S.561).

[167] EG-KOMMISSION, FKVO-Entwurf03, ABl.EG 2003 C 20/06; vgl. BÖGE, WuW 2004, S.141, 143, (S.138).

gewährleisten könnte.[168] Da das Problem der Mehrfachanmeldungen hauptsächlich eine Belastung der Betreiber von Vorhaben darstellt, sollte auch ein Initiativrecht der betroffenen Unternehmen und Personen eine Verweisung ermöglichen. Ferner war es nach Ansicht der EG-Kommission erforderlich, auch die bereits bestehenden Verweisungsmechanismen zu überarbeiten und in ihren Voraussetzungen zu vereinfachen.

Diese von der EG-Kommission angestrebten Ziele sprechen dafür, dass Art.1 (1) FKVO seine „alte" Funktion beibehalten hat. Allerdings ist zu beachten, dass die Verweisungsklausel nach Art.22 FKVO a.F. Ansatzpunkt für ein gegen Art.1 (1) FKVO (derselbe a.F.) sprechendes Verständnis hätte sein können.

(3) Fazit

Die Beibehaltung der alten Rechtslage erscheint nach einer teleologischen Analyse nicht unzweifelhaft. Die Reformziele sprechen zwar gegen eine Abänderung der alten Rechtslage und auch weiterhin finden sich in den allgemeinen Erwägungen Argumente für die Begrenzung des Anwendungsspektrums der FKVO auf Zusammenschlüsse von gemeinschaftsweiter Bedeutung, jedoch kommt in den Erwägungen auch die Absicht zum Ausdruck, dass die FKVO nunmehr alle Zusammenschlüsse mit Auswirkungen auf den Gemeinsamen Markt erfassen soll; dies soll jedoch den Erwägungsgründen nach nicht oder nicht mehr eindeutig durch die Gemeinschaftsdimension eines Zusammenschlusses ausgedrückt werden. Aus letzterem Grund bestehen an einer Übernahme Bedenken.

(IV) Systematische Auslegung

Die zur alten Fassung der FKVO angestellten systematischen Erwägungen sprachen für eine Bestimmung des Anwendungsbereichs durch Art.1 (1) FKVO.[169] Fraglich ist, ob diese Argumentationsbasis nach der Neugestaltung der Verordnung übertragbar ist. Zweifel bestehen daran, weil gerade die Zuständigkeitsverteilung im Reformfokus 2004 stand. Etwaige Veränderungen im Regelungssystem der VO139/2004 könnten eine andere Sichtweise erforderlich machen, weshalb die relevanten Neuerungen dargestellt und auf ihre Vereinbarkeit mit den aus der alten Verordnungsfassung gezogenen Schlussfolgerungen überprüft werden müssen.

---

168 Vgl. hierzu: BÖGE, WuW 2004, S.140 „Der Schlüssel für eine sachgerechtere und damit zufriedenstellendere Fallbearbeitung lag in den Verweisungsregelungen.", (S.130); DITTERT, WuW 2004, S.148, (S.148).

169 Siehe bereits: (IV) Systematische Auslegung, (S.28-34).

(1) Relevante Neuerungen

An dieser Stelle soll keine umfassende Darstellung aller Veränderungen der VO139/2004 in Bezug auf ihre alte Fassung, VO4064/89, erfolgen. Die Betrachtung beschränkt sich ausschließlich auf die in diesem Problemzusammenhang relevanten Modifizierungen. Es sind deshalb nur solche Abänderungen aufzuzeigen, die eine Bestimmung des Anwendungsbereichs für alle Zusammenschlüsse im Sinne der Aussage des Art.21 (1) 1.Hs FKVO erforderlich machen könnten.

(a) Verengung von Art.1 (1) FKVO

Die Regelung von Art.1 (1) FKVO wurde verengt, bzw. die Ausnahmen wurden erweitert. Die Verordnung soll fortan „*unbeschadet des Art.4 (5)*“ und des Art.22 FKVO gelten. Art.4 (5) FKVO ist dabei eine neue Vorschrift, die in der FKVO a.F. nicht enthalten war.

(b) Initiativrecht, Art.4 (5) FKVO

Art.4 (5) FKVO richtet sich gemäß Uabs.1 ausschließlich an Zusammenschlüsse ohne gemeinschaftsweite Bedeutung, sofern solche in mindestens drei Mitgliedstaaten nach dem innerstaatlichen Wettbewerbsrecht geprüft werden können.[170] Diese Regelung, die von dem Verordnungsvorschlag deutlich abweicht, als nunmehr doch vom Rat der EG im Kern das angezweifelte „fakultative 3+ System“ umgesetzt worden ist,[171] soll gewährleisten, dass die betreffenden Unternehmen oder Personen eine Verweisung an die Kommission erwirken können. Hierzu muss ein entsprechender [vgl. Uabs.1, 2] Antrag gestellt werden. Sofern keiner der betroffenen Mitgliedstaaten dem Antrag widerspricht [vgl. Art.4 (5) Uabs.4 FKVO], ein Vetorecht wurde damit integriert,[172] wird die gemeinschaftsweite Bedeutung für den Zusammenschluss gemäß Art.4 (5) Uabs.5 FKVO „*vermutet*“. Ungeachtet der Frage, ob es sich um einen widerlegbaren Tatbestand handeln oder welche sonstige Qualität dieser Aussage zukommen sollte, müssen diese Vorhaben entsprechend der FKVO a.F. nach Art.4 (1) FKVO angemeldet werden, sodass es zu einem regulären Prüfverfahren kommt. Das innerstaatliche Wettbewerbsrecht findet gemäß Art.4 (5) Uabs.5 FKVO keine Anwendung mehr.

---

170 Zur Verweisungsvoraussetzung: B. Verweisungsmethodik, Art.4 (5) FKVO (keine a.F.), (S.393)

171 Vgl. EG-KOMMISSION, FKVO-Entwurf03, ABl.EG 2003 C 20/06; Groeben/Schwarze (ADT), Band 2, Titel VI, Kapitel 1, Abschnitt 1, nach Artikel 85 (europäische Fusionkontrolle/Fusionskontrollverordnung), H., II., 1., Rn.398, (S.905); andere Ansicht: BÖGE, WuW 2004, S.140 „Weder … noch die 3+-Regel finden sich in den neuen Vorschriften in der ursprünglichen Form (!) wieder.“, (S.138).

172 EG-KOMMISSION, FKVO-Entwurf03, ABl.EG 2003 C 20/06.

(c) Erweiterung des Vollzugsverbotes, Art.7 (1) FKVO

Das Vollzugsverbot gilt neuerdings „noch ausdrücklicher" für Zusammenschlüsse „*von gemeinschaftsweiter Bedeutung*" im Sinne des Art.1 FKVO. Die materielle Aussage ist dadurch aber nicht verändert worden.[173] Ferner wurde der Anwendungsbereich des Vollzugsverbots gemäß Art.7 (1) FKVO auf einen „*Zusammenschluss, der von der Kommission gemäß Art.4 (5) FKVO geprüft werden soll*", erweitert.

(d) Umplatzierung des Art.22 (1) FKVO a.F.

Eine weitere und hier vermutlich von besonderer Bedeutung gekennzeichnete Neuerung besteht in der Umplatzierung von Art.22 (1) FKVO a.F., dessen mit der alten Verordnungsfassung identische Regelungsaussage fortan in Art.21 (1) FKVO positioniert ist.

(e) Modifizierung der Verweisungsklausel, Art.22 FKVO

Die Verweisungsvoraussetzungen entsprechen der vorherigen Fassung der FKVO. Art.22 FKVO geht jedoch von einem „neuen" Kontrollhorizont aus, als die entsprechende Anwendbarkeit der Verordnungsvorschriften gemäß Art.22 (4) FKVO [Art.22 (3) a.F.] nicht mehr ausdrücklich auf die bloße Wettbewerbssicherung im jeweils antragstellenden Mitgliedsstaat [vgl. Art.22 (4) FKVO a.F.] begrenzt ist. Ferner wird der EG-Kommission gemäß Abs.5 das Recht verliehen, die Mitgliedstaaten zur Antragstellung aufzufordern, sofern ein Zusammenschluss ihrer Auffassung nach die Verweisungsvoraussetzungen erfüllt.[174]

(2) Analyse der Veränderungen

Die beschriebenen Veränderungen müssen auf ihre systematische Vereinbarkeit mit einer durch Art.1 (1) FKVO vorgenommenen Definition des Anwendungsbereichs untersucht werden, um zu ermitteln, ob Art.1 (1) FKVO sich auch weithin in diesem Punkt gegenüber Art.21 (1) 1.Hs FKVO durchsetzen kann.

(a) „Unbeschadet"-Systematik, Art.1 (1) FKVO

Art.1 (1) FKVO sieht für Art.4 (5) FKVO nach der Reformierung der FKVO eine weitere Ausnahme von seiner Ratio vor. Dies stärkt die Annahme, dass Art.1 (1) FKVO den Anwendungsbereich der FKVO auch nach der neuen Rechtlage definieren soll. Sofern Verordnungsvorschriften anderweitige Geltungsvoraussetzungen bedingen, so die Art.4 (5) und 22 FKVO, um die Verwei-

---

173 Gleiche Auslegung zur alten Fassung: Grabitz/Hilf (KOCH), Altband II, IV., Dritter Teil, Titel I., Kapitel 1 (Wettbewerbsregeln), Abschnitt 1., Anhang (Unternehmenszusammenschlüsse), nach Artikel 86, 4., Rn.27.

174 BERG, BB 2004, S.565, (S.561).

sungsmöglichkeiten für Transaktionen ohne gemeinschaftsweite Bedeutung zu eröffnen, muss nach dem Verständnis der FKVO eine Ausnahme ausdrücklich bestimmt werden.

Diese Notwendigkeit lässt im Umkehrschluss die Folgerung zu, dass die Anwendung der Verordnung auch weiterhin durch Art.1 (1) FKVO für alle Zusammenschlüsse von gemeinschaftsweiter Bedeutung vorgesehen ist.

(b) Präventives Kontrollverfahren, Art.4 bis 8 FKVO

Das Erfordernis zur Durchführung eines *präventiven Legalisierungsverfahrens* wurde in der Reform beibehalten.[175] So gilt das Verbot des Vollzuges gemäß Art.7 (1) FKVO und die Verpflichtung zur Anmeldung gemäß Art.4 (1) FKVO, an die sich das Prüfverfahren anschließt [vgl. Art.6 FKVO], auch weiterhin für *alle Zusammenschlüsse im Sinne des Art.1 (1) FKVO*.[176]

Missverständlich ist jedoch, warum das Vollzugsverbot darüber hinaus auf alle Zusammenschlüsse, die *nach Art.4 (5) FKVO* an die EG-Kommission *verwiesen worden sind*, Anwendung finden soll. Daraus muss man folgern, dass ein nach Art.4 (5) FKVO verwiesener Zusammenschluss nicht mit einem Zusammenschluss von gemeinschaftsweiter Bedeutung gleichzusetzen ist. Anderenfalls wäre eine Erweiterung des Art.7 (1) FKVO nicht erforderlich gewesen. Zudem wird gemäß Art.4 (5) Uabs.5 FKVO die Anmeldepflicht und die Unanwendbarkeit der mitgliedstaatlichen Wettbewerbsrechte ausdrücklich bestimmt; diese Rechtsfolgen gelten jedoch für Transaktionen mit gemeinschaftsweiter Bedeutung per Gesetz [vgl. Art.4 (1), 21 (3) FKVO].

Würde allerdings Art.1 (1) FKVO den Rahmen der Verordnungsanwendung mit Rücksicht auf die ausdrücklich zugelassenen Ausnahmen definieren, so könnte Art.7 (1) FKVO das Vollzugsverbot für Zusammenschlüsse, die gemäß Art.4 (5) FKVO an die EG-Kommission verwiesen worden sind, entgegen den unmissverständlichen Wortlaut nicht gewährleisten. Für Art.7 (1) FKVO lässt Art.1 (1) FKVO keine Ausnahme zu. In der Konsequenz bestünde für Zusammenschlüsse, welche gemäß Art.4 (5) FKVO verwiesen wurden, trotz des unmissverständlichen Wortlautes des Art.7 (1) FKVO kein Vollzugsverbot.

Dies spricht für die grundsätzliche Bestimmung des Anwendungsbereichs nach Art.21 (1) 1.Hs FKVO, da dann die Anwendung der Verordnungsvorschriften im Regelfall nicht auf Zusammenschlüsse mit gemeinschaftsweiter Bedeutung im Sinne des Art.1 (1) FKVO begrenzt wäre und das Vollzugsverbot nur so vollständig, das heißt auch für verwiesene Zusammenschlüsse ohne gemeinschaftsweite Bedeutung, Wirkungen entfalten könnte.

---

175 So auch: Erwägungsgrund 34 FKVO; DITTERT, WuW 2004, S.151, (S.148).

176 Vgl. Grabitz/Hilf (KOCH), Altband II, IV., Dritter Teil, Titel I., Kapitel 1 (Wettbewerbsregeln), Abschnitt 1., Anhang (Unternehmenszusammenschlüsse), nach Artikel 86, 4., Rn.25 f.

(c) Verweisungen an die EG-Kommission, Art.4 (5) und 22 FKVO

Die Verweisungsklauseln der Art.4 (5) und des Art.22 FKVO führen entsprechend der nach Art.22 (2)-(4) FKVO a.F. geltenden Rechtslage zu der Anwendung der Kontrollmechanismen der FKVO auf Zusammenschlüsse ohne gemeinschaftsweite Bedeutung. Die „neuen" Verweisungsmöglichkeiten setzen dabei die Möglichkeit der Kompetenzverlagerung auf die EG-Kommission mittels *unterschiedlicher Gesetzestechnik* um.

(aa) Kontrollverfahren nach Art.22 FKVO

Identisch mit der alten Rechtslage gelten nach Art.22 (4) Uabs.1 FKVO die Kontrollnormen der FKVO für verwiesene Zusammenschlüsse nicht direkt, sondern entsprechend. Gemäß der neuen Fassung der FKVO ist dabei der Kontrollhorizont nicht mehr im Sinne des Art.22 (4) a.F. reduziert. Ferner verfügt die EG-Kommission über ein Aufforderungsrecht, welches dem Wortlaut zufolge ein doppeltes Ermessen, der EG-Kommission zur Aufforderung und den Mitgliedstaaten zur Befolgung, bereitstellt [vgl. Art.22 (5) FKVO].

Die Frage, ob Art.22 (1) 1.Hs FKVO a.F. (nunmehr Art.21 (1) 1.Hs FKVO n.F.) den Anwendungsbereich der Verordnung bestimmen sollte, wurde mit Rücksicht auf die dort vorgenommenen systematischen Erwägungen letztendlich abgelehnt. Wesentlich für eine solche Entscheidung war unter anderem die Ausgestaltung des Verweisungsmechanismus', der gemäß Art.22 (2)-(4) FKVO a.F. keine vollumfassende und automatische Kontrolle entsprechend solchen Vorhaben im Sinne des Art.1 (1) FKVO a.F. zu gewährleisten vermochte

Man könnte schon bezweifeln, ob der mangelnde Automatismus zur Geltung der Verordnungsvorschriften durch das Aufforderungsrecht der EG-Kommission überwunden werden kann, sodass man von einer Regelanwendung in diesem Bereich ausgehen könnte. Dafür müsste zumindest die Verpflichtung der Mitgliedstaaten zur Befolgung einer Aufforderung bestehen. Ob das Aufforderungsrecht in dieser Frage zwingend (genug) ausgestaltet worden ist, erscheint aufgrund des offenen Wortlautes nicht unzweifelhaft. Fraglich ist jedoch schon, ob durch die Streichung des Art.22 (4) FKVO a.F. tatsächlich eine uneingeschränkte Erweiterung des Kontrollhorizonts der EG-Kommission Eingang in die FKVO gefunden hat.

Zu differenzieren ist zwischen dem Bezug des Kontrollverfahrens auf das *Hoheitsgebiet* des *antragstellenden Mitgliedstaates* sowie der Beschränkung des Kontrollhorizonts auf *Maßnahmen zur Wettbewerbssicherung*. Die Streichung des Art.22 (4) FKVO a.F. spricht im Umkehrschluss zunächst dafür, dass nunmehr in Verweisungsfällen ein vollumfassendes Prüfverfahren gleich einem solchen für Zusammenschlüsse mit gemeinschaftsweiter Bedeutung stattfinden kann.

Dass insbesondere die Befugnisse der EG-Kommission nicht mehr auf die unbedingt erforderlichen Maßnahmen zur Wettbewerbssicherung beschränkt sein sollen, ergibt sich zudem aus der Tatsache, dass nach Art.22 (4) Uabs.1 FKVO die Art.6 und 8 FKVO entsprechend gelten. Diese schon nach der alten Fassung existierende Regelung wurde vormals begrenzt.[177] Die EG-Kommission durfte gemäß Art.22 (1) FKVO a.F. in entsprechender Anwendung der FKVO-Kontrollmechanismen keine *uneingeschränkte Freigabeentscheidung* im Sinne des Art.8 (2) Uabs.1 FKVO a.F. erlassen.[178] Eine solche Verfügung, der regelmäßig[179] kein wettbewerbssichernder Charakter zukommen kann, ist nach der neuen Fassung *zulässig*. Daraus folgt, dass zumindest die Mittel der Kontrolle keiner Beschränkung mehr unterliegen.

Zweifelhaft ist jedoch, ob sich „Brüssel" im Verweisungsfalle auf die Hoheitsgebiete der antragstellenden Mitgliedstaaten zu beschränken hat; dies, weil Art.22 (3) Uabs.3 FKVO vorsieht, dass innerstaatliches Wettbewerbsrecht nur derjenigen Mitgliedstaaten keine Anwendung beansprucht, die einen Antrag gestellt haben.[180] Man könnte angelehnt an die alte Rechtslage schlussfolgern, dass die EG-Kommission ausschließlich befugt sein soll, Maßnahmen in Bezug auf die „antragstellenden" Hoheitsgebiete zu treffen.[181] Dies würde weiterhin eine Einschränkung der Kontrolle bedeuten. Gegen eine solche Auflage spricht jedoch, dass Art.21 FKVO nach Art.22 (4) Uabs.1 FKVO entsprechend gilt. Ein

---

177 Siehe bereits (2) Verweisungsklausel, Art.22 (2)-(4) FKVO a.F., (S.29); Groeben/Thiesing/Ehlermann (LANGEHEINE), Band 2/II, Dritter Teil, Titel V, Kapitel 1, Abschnitt 1, nach Artikel 89, I. (Fusionskontrollverordnung), Artikel 22, II., 3., Rn.14, 15, (S.2/1619).

178 NIEMEYER, B. (Die EG-Fusionskontrollverordnung), V., 5. „die Kommission (konnte) ... untersagen oder mit Auflagen vereinbar erklären", (S.29); SEITZ, C., I., 1., c), (S.107); wohl auch: Immenga/Mestmäcker (IMMENGA), EG-WbR, Band I, VII.Abschnitt (Fusionskontrollverordnung), D., Artikel 22, II., Rn.5, (S.1062); andere Ansicht: Langen/Bunte (LÖFFLER), Band I, EG-Kartellrecht, FKVO, Artikel 22, C., I., Rn.6, (S. 2646).

179 Eine Ausnahme wäre vielleicht konstruierbar, wenn auf einem Markt, auf dem ein marktbeherrschendes Unternehmen tätig ist, das Überleben oder die Stärkung von zwei „Minderwettbewerbern" durch eine Fusion gesichert würde, die dann dem Marktbeherrscher größere Wettbewerbsressourcen entgegen halten und damit den Wettbewerbsdruck erhöhen könnten. Allerdings sollte sich der Aspekt der Wettbewerbssicherung ausschließlich auf die von dem Vorhaben ausgehenden wettbewerbsbeschränkenden Effekte beziehen. Dass ein Konzentrationsvorgang durch die Freigabe mittelbar wettbewerbsfördernd wirkt, sollte keine wettbewerbssichernde Erwägung für Art.22 (4) FKVO a.F. sein.

180 Vgl. EUROPÄISCHER RAT UND EG-KOMMISSION, Erklärung für das Ratsprotokoll, WuW 1990, S.244 „Mitgliedstaaten, die nicht das Tätigwerden der Kommission veranlasst haben, (werden) in keiner Weise in der Anwendung der innerstaatlichen Rechtsvorschriften im jeweiligen Hoheitsgebiet beeinträchtigt."; HEIDENHAIN, EuZW 1990, S.85, (S.84).

181 Vgl. (2) Verweisungsklausel, Art.22 (2)-(4) FKVO a.F., (S.29)

solcher Verweis muss sich auch auf Art.21 (3) FKVO beziehen,[182] weshalb danach im Widerspruch zu Art.22 (3) Uabs.3 FKVO die Anwendung innerstaatlichen Wettbewerbsrechtes im Verweisungsfalle ausgeschlossen sein müsste. Auflösen ließe sich dieser Widerspruch dann, soweit man Art.22 (3) Uabs.3 FKVO als modifizierende Bestimmung zu Art.21 (3) FKVO begreift. Daraus könnte sich eine grundsätzliche Identität des Kontrollhorizonts für Zusammenschlüsse im Sinne des Art.1 (1) FKVO und für verwiesene Transaktionen ergeben, die sich auch auf den geografischen Umfang der Kontrolle bezieht. Bestehende Unterschiede werden durch Art.22 FKVO, so im Falle des Abs.3 Uabs.3, ausdrücklich gekennzeichnet. Art 22 (3) Uabs.3 FKVO könnte man danach so interpretieren, dass neben der Anwendung der FKVO auch die Mitgliedstaaten, die keinen Verweisungsantrag gestellt haben, parallel ihr Wettbewerbsrecht anwenden dürfen; die Kontrolle durch die EG-Kommission wäre damit nicht auf bestimmte Hoheitsgebiete beschränkt. Eine solche Auslegung verstößt jedoch gegen grundlegende Prinzipien der FKVO. Eine Doppelkontrolle von Zusammenschlüssen, die durch die parallele Anwendung der FKVO und der innerstaatlichen Wettbewerbsrechte stattfinden würde, sollte vermieden werden.[183] Auch war es das Ziel, mit Art.22 FKVO eine Kontrolle durch die EG-Kommission „*für*“ die Mitgliedstaaten zu ermöglichen.[184] Da die antragstellenden Mitgliedstaaten selbst nur befugt wären, Maßnahmen bezogen auf ihr Hoheitsgebiet zu erlassen, würde eine durch Verweisung bedingte, weiter reichende Kontrolle nicht mehr von dieser Zielsetzung gerechtfertigt.[185] Im Ergebnis muss man annehmen, dass EG-Prüfungen nach Art.22 FKVO immer noch in der Reichweite hinter dem regulären Kontrollverfahren für Zusammenschlüsse mit gemeinschaftsweiter Bedeutung zurückbleiben, als erstere jedenfalls nur *beschränkt* auf das „antragstellende“ *Hoheitsgebiet* erfolgen dürfen.[186]

Für Zusammenschlüsse ohne gemeinschaftsweite Bedeutung, die den Handel zwischen Mitgliedsstaaten beeinträchtigen und Wettbewerb im Gebiet des oder der antragstellenden Mitgliedstaaten erheblich behindern, findet gemäß Art.22 FKVO im Verweisungsfall eine begrenzte Wettbewerbskontrolle statt; auf die „Stärke“ des Aufforderungsrechtes kommt es nicht mehr an.

---

182 Sofern nur einzelne Absätze über Art.22 (4) Uabs.1 FKVO gelten sollen, nimmt dieser ausdrücklich nur auf solche Bezug. So führt Art.22 (4) Uabs.1 FKVO aus „(Es) … finden Artikel 2, Artikel 4 Absätze 2 und 3 … Anwendung.“

183 Erwägungsgrund 8 FKVO; vgl. auch: KERBER, Teil I, 3., 3.4, (S.14).

184 Erwägungsgrund 15 FKVO.

185 Groeben/Thiesing/Ehlermann (LANGEHEINE), Band 2/II, Dritter Teil, Titel V, Kapitel 1, Abschnitt 1, nach Artikel 89, I. (Fusionskontrollverordnung), Artikel 22, II., 3., Rn.15, (S.2/1619).

186 BERG, BB 2004, S.565, (S.561).

(bb) Kontrollverfahren nach Art.4 (5) FKVO

Der Verweisungsmechanismus des Art.4 (5) FKVO setzt ein anderes als das System der entsprechenden Geltung um. Nach der erfolgten Verweisung ist grundsätzlich das Vorhaben *gleich* einem solchen mit gemeinschaftsweiter Bedeutung zu kontrollieren. Art.4 (5) FKVO geht insbesondere nicht davon aus, dass die Vorschriften der FKVO „nur" entsprechend gelten. Vielmehr bestimmt dieser die unmittelbare Verpflichtung, das Vorhaben nach Art.4 (1), (2) FKVO anzumelden. Gleich dem Vollzugsverbot hätte man gesetzestechnisch auch in diesem Fall Art.4 (1) FKVO um den „*Zusammenschluss, der von der EG-Kommission gemäß Art.4 (5) FKVO geprüft werden soll*", erweitern können, sofern man von den systematischen Komplikationen mit der Regelungsaussage des Art.1 (1) FKVO zunächst absieht.

Eine Beschränkung des Kontrollhorizonts findet nicht statt. Insbesondere ist hier die Kontrolle *nicht auf das Hoheitsgebiet* der entsprechenden Mitgliedstaaten *beschränkt*. Erkennbar wird diese Annahme aus dem Umstand, dass nach Art.4 (5) Uabs.5 FKVO das innerstaatliche Wettbewerbsrecht aller Mitgliedstaaten in seiner Anwendung ausgeschlossen ist. Es kann nach Art.4 (5) FKVO zudem nicht zu Fällen der „gesplitterten" Zuständigkeit[187] kommen. Sofern ein Mitgliedstaat sich gegen den Verweisungsantrag wendet, verbleibt die Kontrollhoheit in ihrer Gesamtheit bei den Mitgliedstaaten. Eine danach uneingeschränkte Kontrollbefugnis der EG-Kommission stellt sich demzufolge auch als harmonisch mit der Zielsetzung einer einzigen Anlaufstelle dar.[188]

Für Zusammenschlüsse ohne gemeinschaftsweite Bedeutung findet gemäß Art.4 (5) FKVO im Verweisungsfall eine umfassende Wettbewerbskontrolle statt. Eine Differenz zwischen Vorhaben mit gemeinschaftsweiter Bedeutung und solchen, für die diese nach Art.4 (5) Uabs.5 FKVO vermutet wird, ist aus der Kontrollperspektive nicht erkennbar.

(cc) Verhältnis der Verweisungsmechanismen zueinander

Aus der differenzierenden Behandlung durch die FKVO ist abzuleiten, dass ein Zusammenschluss, der nach Art.4 (5) FKVO verwiesen wurde *qualitativ*, nicht mit einem solchen gleichgesetzt wird, der nach Art.22 FKVO von der EG-Kommission zu prüfen ist. Die Rechtsfertigung für eine solche *Differenzierung* lässt sich aus den definierten Voraussetzungen von Art.4 (5) FKVO ableiten. Verweisungen müssen hiernach von allen zuständigen Mitgliedstaaten legitimiert werden, während die Verweisung nach Art.22 FKVO allein auf die Einstellung eines jeden einzelnen Mitgliedstaats abstellt.

---

[187] Vgl. Immenga/Mestmäcker (IMMENGA), EG-WbR, Band I, VII.Abschnitt (Fusionskontrollverordnung), D., Artikel 22, II., Rn.9, (S.1063); HEIDENHAIN, EuZW 1990, S.85, (S.84).

[188] So Erwägungsgrund 8 FKVO.

(dd) Fazit

Die Veränderungen der Mechanismen für Verweisungen an die EG-Kommission lässt die Beantwortung der Frage, ob Art.1 (1) FKVO den Anwendungsbereich der Verordnungsvorschriften bestimmt, in einem „zwiespältigen Licht" erscheinen.

Ein nach Art.22 FKVO für Zusammenschlüsse ohne gemeinschaftsweite Bedeutung durchgeführtes Kontrollverfahren *gleicht nicht* demjenigen, welches für Transaktionen mit gemeinschaftsweiter Bedeutung betrieben wird. Die Beschränkung des Kontrollhorizonts, die Erwähnung des Art.22 FKVO als Ausnahme im Rahmen des Art.1 (1) FKVO, und die Tatsache, dass die EG-Kommission trotz Aufforderungsrechts immer noch von dem Willen der Mitgliedstaaten abhängig ist, spricht dafür, dass Art.1 (1) FKVO den Anwendungsbereich der Verordnung festlegt. Unterstrichen wird diese Annahme dadurch, dass die Kontrollnormen entsprechend gelten sollen. Auf Zusammenschlüsse ohne gemeinschaftsweite Bedeutung finden diese danach nicht uneingeschränkt und unmittelbar Anwendung.

Eine differenzierte Betrachtung erzwingt der Verweisungsmechanismus nach Art.4 (5) FKVO. In solchen Fällen wäre die Kontrolle zunächst von Zusammenschlüssen ohne gemeinschaftsweite Bedeutung *noch stärker* von dem Verhalten der Mitgliedstaaten abhängig; sofern einer dieser widerspricht, kommt es zu keiner Verweisung. Dies könnte den Schluss nahe legen, dass Kontrollverfahren nach Art.4 (5) FKVO als eine noch „extremere" Ausnahme zur Regelanwendung anzusehen sind.[189] Andererseits folgt auf den Verweisungsfall nach Art.4 (5) FKVO eine *direkte Anwendung* der FKVO-Kontrollmechanismen, die im Kontrollhorizont *nicht beschränkt* werden. Da ein nach Art.4 (5) FKVO verwiesener Zusammenschluss nicht mit einem solchen von gemeinschaftsweiter Bedeutung identisch zu sein scheint, könnte dies für eine Erweiterung des Anwendungsbereichs über Art.1 (1) FKVO hinweg sprechen, sodass dann Art.21 (1) FKVO den Anwendungsbereich grundlegend regeln müsste, weil auch Zusammenschlüsse ohne gemeinschaftsweite Bedeutung im Sinne von Art.4 (5) FKVO im Anwendungsbereich der Verordnung liegen müssen.

(d) Verstärkung der Spannungen durch die Umplatzierung von Art.21 (1) FKVO

Durch die erfolgte Umpositionierung von Art.22 (1) FKVO a.F. wurde das Spannungsverhältnis zwischen den sich widersprechenden Normen verstärkt. Art.1 (1) FKVO a.F. regelte, dass Art.22 FKVO a.F. eine *Ausnahme* darstellen sollte. So konnte man nach der alten Konstruktion vertreten, dass Art.22 (1) FKVO a.F. sich der Aussage des Art.1 (1) FKVO a.F. im Rang grundsätzlich unterordnen musste, seine Funktionen für Zusammenschlüsse ohne gemein-

[189] Siehe dazu: (c) Verweisungsbedingung als Regeldefinition. (S.57).

schaftsweite Bedeutung jedoch von Art.1 (1) FKVO a.F. *toleriert* erfüllen konnte.[190] Da die systematischen Erwägungen ergeben hatten, dass Art.1 (1) FKVO a.F. als höherrangig zu bewerten war und die FKVO a.F. alle mit Art.22 FKVO a.F. verbundenen Funktionen erfüllen konnte, war es zulässig, den insoweit missverständlichen Wortlaut des Art.21 (1) 1. Hs FKVO [Art.22 (1) 1.Hs a.F.] zu vernachlässigen, da dieser insbesondere nicht von systematischen Erwägungen gestützt wurde.

Diese Annahme kann zunächst *nicht* in die nunmehr geltende FKVO-Fassung *übertragen werden.* Art.1 (1) FKVO sieht für Art.21 (1) FKVO keine Ausnahme vor. Nach der neuen Rechtslage kann damit nicht mehr aus der Formulierung des Art.1 (1) FKVO heraus vertreten werden, dass sich Art.21 (1) 1.Hs FKVO dem Art.1 (1) FKVO im Rang unterordnen müsste. Vielmehr existieren zwei Normen, die sich widersprechen und deren Beziehung zueinander nicht mehr von der FKVO erklärt wird.

Folgert man aus der alten Rechtslage, dass Art.21 (1) FKVO sich auch weiterhin und ohne dass sein Anwendungsbereich toleriert wird, Art.1 (1) FKVO unterordnet so wäre Ersterer *nicht* mehr auf Zusammenschlüsse ohne gemeinschaftsweite Bedeutung anwendbar.[191] Sollte nicht beabsichtigt gewesen sein, die auch in Art.21 (1) FKVO zum Ausdruck kommende Abgrenzungsfunktion *zu reduzieren*, würde hieraus ein systematischer Konflikt erwachsen. Damit sich anderenfalls Art.21 (1) 1.Hs FKVO gegenüber Art.1 (1) FKVO durchsetzen kann, um die vormals wahrgenommene Aufgabe in Gänze weiter führen zu können, müsste dieser fortan den Anwendungsbereich der FKVO für alle Zusammenschlüsse im Sinne des Art.3 FKVO regeln.

Andererseits könnte man schlussfolgern, dass Art.21 (1) FKVO neuerdings ein an Art.1 (1) FKVO orientierter Anwendungsbereich zukommen soll. Eine solche Annahme würde jedoch eine *ungleiche Rechtsanwendung* für Zusammenschlüsse, die von der EG-Kommission nach Art.4 (5) FKVO geprüft werden, im Verhältnis zu allen sonstigen Vorhaben, die nach der FKVO kontrolliert werden, mit sich bringen. Dies, weil Art.21 (1) FKVO zunächst nur auf Zusammenschlüsse mit gemeinschaftsweiter Bedeutung anwendbar wäre. Gleiches gilt für Transaktionen, die nach Art.22 FKVO verwiesen worden sind, als auch hier Abs.4 Uabs.1 die entsprechende Geltung von Art.21 FKVO anordnet. Ein Konzentrationsvorgang, der gemäß Art.4 (5) FKVO an die Kommission verwiesen worden ist, würde jedoch weder einer direkten, noch einer entsprechenden Anwendung des Art.21 FKVO unterliegen können. Ein Solcher hat nach den vo-

[190] Vgl. (3) Funktionsverlust von Art.22 FKVO a.F., (S.32).

[191] Eine Ausnahme für nach Art.22 FKVO verwiesene Vorhaben gelten, da hier die entsprechende Anwendung für Zusammenschlüsse ohne gemeinschaftsweite Bedeutung bestimmt wird [vgl. dazu Art.22 (4) Uabs.1 FKVO].

rangegangenen Erwägungen keine gemeinschaftsweite Bedeutung;[192] eine entsprechende Anwendung wird darüber hinaus von Art.4 (5) FKVO nicht bestimmt. Im Ergebnis würde für solche und nur für solche Vorhaben das Gemeinschaftsrecht voll anwendbar bleiben, sodass, anders als bezweckt, eine europäische Doppelkontrolle erfolgen könnte.[193]

Eine solche Ungleichbehandlung scheint nicht beabsichtigt und darüber hinaus auch *nicht zulässig* zu sein. Erwägung zu Art.4 (5) FKVO war es, nunmehr das Problem der Mehrfachanmeldungen zu lösen. Vor dem Hintergrund, dass Transaktionen, die in mehreren Mitgliedstaaten einer Anmeldepflicht unterliegen, nach Ansicht der Reformer regelmäßig grenzüberschreitende Auswirkungen haben,[194] sollten diese in den Anwendungsbereich des EG-Zusammenschlussrechtes fallen. Erinnert man sich an die Zielsetzung des europäischen Zusammenschlussrechtes, so sollten eben solche Strukturveränderungen aufgrund ihrer Bedeutsamkeit, gemessen an deren grenzüberschreitenden Auswirkungen, allein von der Verordnung erfasst werden. Dies zwingt zu der Schlussfolgerung, dass eine Ungleichbehandlung keine FKVO-konforme Interpretation darstellt. Zumindest bei Zusammenschlüssen, die im Sinne des Art.4 (5) FKVO verwiesen worden sind, muss Art.21 (1) FKVO Anwendung beanspruchen können. Erreichbar ist dies zunächst nur, wenn Art.21 (1) FKVO sich nicht an Art.1 (1) FKVO hinsichtlich der Anwendbarkeitsvoraussetzungen zu orientieren hat, was dem Wortlaut der Regelungen folgend nur gewährleistet sein kann, wenn der Anwendungsbereich nicht von Art.1 (1) FKVO, sondern von Art.21 (1) FKVO definiert wird.

(3) Hypothese für Zusammenschlüsse nach Art.4 (5) FKVO

Die vorangegangenen Ermittlungen haben ergeben, dass Bedenken daran bestehen, ob entsprechend der alten Rechtslage das Anwendungsspektrum der Verordnung auch weiterhin ausschließlich auf Zusammenschlüsse mit gemeinschaftsweiter Bedeutung begrenzt ist. Insbesondere die Einfügung des Verweisungsmechanismus gemäß Art.4 (5) FKVO und die danach zu prüfenden Zusammenschlüsse mit zu vermutender gemeinschaftsweiter Bedeutung sind Ursprung systematischer Spannungen. Nach der neuen Abfassung der FKVO erscheint es deshalb doch sehr zweifelhaft, ob Art.1 (1) FKVO den Anwendungsbereich der FKVO beschreiben kann.

Das *Hauptproblem* gründet auf dem Umstand, dass Art.4 (5) FKVO das Anliegen verfolgt, die verwiesenen Zusammenschlüsse im Kontrollverfahren sol-

---

192 Vgl. (b) Präventives Kontrollverfahren, Art.4 bis 8 FKVO, (S.46).

193 Siehe dazu: Frankfurter Kommentar (RÖSLER), Band 6, Teil 3a (FKVO 4064/89 mit Ausnahme Artikel 4 und 7), Artikel 22, B. (Verhältnis zu Artikel 81, 82 EG-Vertrag), I.. 1., Rn.3 f.

194 EG-KOMMISSION, FKVO-Entwurf03, ABl.EG 2003 C 20/05, Erwägungsgrund 13.

chen mit gemeinschaftsweiter Bedeutung gleichzustellen. Sie erlangen jedoch – dem Wortlaut der Norm gemäß – im Verweisungsfall keine gemeinschaftsweite Bedeutung, weshalb zumindest Art.21 (1) FKVO, sofern die Norm sich neuerdings an Art.1 (1) FKVO orientieren muss, keine Anwendung finden dürfte. Gleiches gilt für das Vollzugsverbot, dessen Anwendung strikt der Systematik der FKVO folgend ausgeschlossen wäre.

Demnach hat mit der Einführung des „3+ Systems" gleichsam ein „3-Klassen System" Eingang in die FKVO gefunden. Nach der alten Abfassung der FKVO wurden Zusammenschlüsse in solche mit und ohne gemeinschaftsweite Bedeutung eingeteilt; es galt danach ein „2-Klassen System". Während Transaktionen mit gemeinschaftsweiter Bedeutung regelmäßig im Anwendungsspektrum der FKVO lagen und einer EG-Kontrolle zugeführt wurden, fielen Zusammenschlüsse ohne gemeinschaftsweite Bedeutung grundsätzlich nicht in die EG-Kontrollbefugnis. Im Verweisungsfall konnte für Transaktionen, die die Schwellenwerte des Art.1 (1) FKVO nicht erreichen, ausnahmsweise eine begrenzte und entsprechende Kontrolle nach der FKVO a.F. stattfinden. Hierbei handelt es sich um eine „nationale Notzusammenschlusskontrolle" durch die EG-Kommission nach europäischem Zusammenschlussrecht und anstelle der Mitgliedstaaten.[195] Diese „Zweischneidigkeit" der FKVO a.F. ist zwar in die FKVO übernommen, jedoch durch die „3.Klasse", den Zusammenschluss im Sinne des Art.4 (5) FKVO, für den *gemeinschaftsweite Bedeutung* nur zu *vermuten* wäre, ergänzt worden. Es stellt sich die Frage, ob hieraus der Schluss gezogen werden muss, dass neuerdings Zusammenschlüsse ohne gemeinschaftsweite Bedeutung im Anwendungsbereich der FKVO liegen und damit die Anwendbarkeitsdefinition des Art.1 (1) FKVO zu eng geworden ist.

(a) Abkehr von Art.1 (1) FKVO durch mangelhafte Übernahme des Art.4 (5) FKVO

Bereits vorab wurde dargelegt, dass die Vorgabe des Art.1 (1) FKVO bezogen auf Zusammenschlüsse nach Art.4 (5) FKVO nicht mehr tragbar ist.

Betrachtet man die Vorarbeiten der EG-Kommission[196], so sollte gemäß Art.4 (5) Uabs.4 ein Zusammenschluss gemeinschaftsweite Bedeutung erfahren, wenn „*alle betreffenden Mitgliedstaaten oder zumindest drei dieser Mitgliedstaaten*" die Kommission auf Initiative der Unternehmen hin um Prüfung ersucht haben.[197] Die davon betroffenen Vorhaben erhielten umsatz-unabhängig und damit ungeachtet der Definitionen des Art.1 (2), (3) FKVO gemeinschaftsweite Bedeutung. Ferner wurde aber auch von der Abfassung der EG-Kommission ver-

---

195 Vgl. (2) Verweisungsklausel, Art.22 (2)-(4) FKVO a.F., (S.29).

196 EG-KOMMISSION, FKVO-Entwurf03, ABl.EG 2003 C 20/04.

197 EG-KOMMISSION, FKVO-Entwurf03, ABl.EG 2003 C 20/32, Artikel 4 (5) Uabs.4.

langt,[198] dass eine Anmeldung stattzufinden habe. Diese Bestimmung hätte nach dem Vorschlag eine reine Klarstellungsfunktion eingenommen, weil das Vorhaben ohnehin mit der Verweisung gemeinschaftsweite Bedeutung erfahren und damit die Anmeldepflicht schon dem Wortlaut des Art.4 (1) FKVO gemäß Geltung beansprucht hätte.

Dies lässt vermuten, dass die „neue" Zusammenschlussklasse des Art.4 (5) FKVO, die es nach altem Recht und nach der Vorgabe der EG-Kommission nicht gab, einer mangelhaften Umsetzung der FKVO durch den Rat der EG entsprungen ist. Sicherlich aus kompetenzpolitischen Erwägungen wollte man keine „Flagge zeigen" und einem solchen Vorhaben gemeinschaftsweite Bedeutung zuerkennen und ihn damit noch deutlicher aus dem Kompetenzbereich der nationalen Behörden entziehen. Mitverantwortlich hierfür waren dabei wahrscheinlich die Bedenken, die mit der „3+ Systematik" verbunden wurden.[199] Die Norm trägt die Handschrift eines politischen Kompromisses in sich. So wird deutlich, dass nach der Umsetzung nicht die Verweisung von mindesten drei Mitgliedstaaten ausreichend ist, sondern alle sich für diese aussprechen müssen. Ferner lässt sich danach nur vermuten, dass Länder mit einem starken Fusionsrecht eine Überstimmbarkeit nach der FKVO nicht zulassen wollten und dass über die Diskussion zu der Norm die Schlüssigkeit im Gefüge der FKVO vernachlässigt wurde.

Ungeachtet dieser Überlegungen stellt sich jedoch die Frage, ob orientiert an dem Entwurf der EG-Kommission eine systematisch-harmonische Lösung dadurch ermöglicht werden könnte, wenn man die gemeinschaftsweite Bedeutung des Zusammenschlusses nicht nur als Vermutung, sondern als rechtliche Qualifizierung getreu dem Kommissionsvorschlag annimmt und damit eine rechtliche „Umdimensionierung" zulässt.

(b) Umdeutungsversuch zu Art.4 (5) FKVO gemäß dem Vorschlag der EG-Kommission

Geht man davon aus, dass im Verweisungsfall nach Art.4 (5) FKVO der Zusammenschluss ohne gemeinschaftsweite Bedeutung in die „Gemeinschaftsklasse" aufsteigt, so würde die direkte Anwendung der FKVO im Einklang mit Art.1 (1) FKVO stehen; das Regel-/Ausnahmeprinzip bliebe unter Beibehaltung des „2-Klassen System" erhalten.

Ferner könnte das präventive Kontrollverfahren stattfinden, da Art.4 (1) FKVO die Verpflichtung zur Anmeldung direkt den betroffenen Unternehmen

---

198 Vgl. EG-KOMMISSION, FKVO-Entwurf03, ABl.EG 2003 C 20/32, Artikel 4 (5) Uabs.4 „Erhält der Zusammenschluss gemeinschaftsweite Bedeutung und ist bei der Kommission gemäß den Absätzen 1 und 2 anzumelden."

199 (2) Ziele der Reform 2004, (S.42).

oder Personen auferlegen würde;[200] Art.4 (5) FKVO würde dann entsprechend dem Entwurf der EG-Kommission nur aus Klarstellungsgründen auf Abs.1 verweisen. Darüber hinaus ließe sich Art.7 (1) FKVO in das Kontrollsystem harmonisch integrieren. Das Vollzugsverbot gilt vornehmlich für Zusammenschlüsse mit gemeinschaftsweiter Bedeutung. Zwar wurde der Anwendungsbereich des Art.7 (1) FKVO um die nach Art.4 (5) FKVO verwiesenen Transaktionsvorgänge erweitert, jedoch könnte man diesen Hinweis ebenfalls als reine Klarstellung bewerten. Nach Art.4 (5) FKVO *verwiesene* Zusammenschlüsse würden dann dem *Vollzugsverbot* unterliegen.

Auch ließe sich das Problem der europäischen Doppelkontrolle für Vorhaben im Sinne des Art.4 (5) FKVO lassen. Diese hätten dann gemeinschaftsweite Bedeutung, sodass ungeachtet der Frage, ob Art.21 (1) FKVO sich nunmehr Art.1 (1) FKVO im Anwendungsumfang unterordnen muss, eine *Doppelkontrolle* solcher Vorhaben nach der Konstruktion der FKVO *nicht mehr möglich* sein würde.[201]

Ferner wäre dadurch die Tatsache zu rechtfertigen, dass nach Art.4 (5) FKVO verwiesene Vorhaben rechtlich anders kontrolliert werden als solche, die nach Art.22 FKVO der EG-Kontrolle unterfallen. Die Notwendigkeit zu einer solchen Legitimität ergibt sich, weil nach der Einordnung der FKVO es sich im Kern gleichsam um Zusammenschlüsse ohne gemeinschaftsweite Bedeutung handelt; warum sollte die Intensität der EG-Kontrolle allein von der Verweisungsart abhängig sein. Sollten Vorhaben im Verweisungsfalle nach Art.4 (5) FKVO jedoch gemeinschaftsweite Bedeutung erfahren, so könnte Art.4 (5) FKVO, anders als Art.22 FKVO vornehmlich als *Definitionsnorm* der gemeinschaftsweiten Bedeutung eingeordnet werden, die in ihrer Ausgestaltung keine Umsatzschwellen, sondern ein *Verweisungsszenario* voraussetzt. Diese kategorische Unterscheidung würde es rechtfertigen können, warum ein Zusammenschluss ohne gemeinschaftsweite Bedeutung, der über Art.4 (5) FKVO die europäische Kontrollfläche erreicht, beispielsweise auch eine höhere Kontrollfestigkeit in Bezug auf das nationale Recht genießt, als einer, der durch Art.22 FKVO an die Kommission verwiesen wurde.

Eine Interpretation als Definitionsnorm würde weiterhin auch die Nennung des Art.4 (5) FKVO im Wortlaut des Art.1 (1) FKVO rechtfertigen können. Diese bezieht sich dann insoweit auf Art.4 (5) FKVO, als dieser auf Zusammenschlüsse ohne gemeinschaftsweite Bedeutung anwendbar sein muss, um diese weitere Definition außerhalb von Art.1 (1) FKVO bewirken zu können. Diese Erwägung leitete offensichtlich auch die EG-Kommission, die gleichsam für

---

[200] Siehe dazu: (1) Präventives Kontrollverfahren, Art.4 bis 8 FKVO a.F., (S.28).

[201] Anders wäre dies bei einer strikt am Wortlaut orientierten systematischen Betrachtung; vgl. (d) Verstärkung der Spannungen durch die Umplatzierung von Art.21 (1) FKVO, (S.51).

Art.4 (5) FKVO eine *Ausnahme von Art.1 (1) FKVO* machen wollte. Eine solche wäre nur dann nicht erforderlich gewesen, wenn man die ergänzende Definition der gemeinschaftsweiten Bedeutung direkt in Art.1 (1) FKVO aufgenommen hätte.

Diese Hypothese wird darüber hinaus durch die Bestimmung des Art.4 (5) Uabs.5 FKVO gestützt, als für solche Vorhaben ohnehin die *Vermutung* der gemeinschaftsweiten Bedeutung gelten sollte. Durch eine tatsächliche „Umdimensionierung" im Falle der Verweisung nach Art.4 (5) FKVO würde man die Vermutung mit einem *unwiderleglichen* und damit tatsächlichen *Charakter* ausfüllen.

(c) Verweisungsbedingung als Regeldefinition

Unter dieser Hypothese erlangt ein Zusammenschluss gemäß Art.4 (5) FKVO tatsächlich gemeinschaftsweite Bedeutung und wird damit mit einem Vorhaben mit umsatzgemäßer Gemeinschaftsdimension im Sinne des Art.1 (1) FKVO identisch. Die systematischen Spannungen der FKVO könnten harmonisiert werden. Es stellt sich jedoch die Frage, ob die Definitionsvoraussetzung, die Verweisungssituation, dem *Regelcharakter* des Merkmals der gemeinschaftsweiten Bedeutung gerecht werden kann – der Vorschlag der Kommission spricht dafür.[202]

Zweifel bestehen insoweit, als *Verweisungssituationen* grundsätzlich als *Ausnahmen* zum Grundprinzip der FKVO angesehen wurden und sich auch in der Praxis so präsentiert haben.[203] Allerdings wird man davon ausgehen können, dass die nach Art.4 (5) FKVO verweisungsfähigen Sachverhalte immer durch eine entsprechende Initiative der Betroffenen gekennzeichnet sein sollten. Dies, weil die Anmeldung in mindestens drei Mitgliedstaaten einen deutlichen Mehraufwand an Arbeit, Kosten und „exekutivem Entscheidungsrisiko" für die Antragsteller bedeuten würde.[204] Ferner sollten die Mitgliedstaaten einem Antrag nach Art.4 (5) FKVO auch regelmäßig entsprechen. Die Tatsache, dass anderenfalls das Vorhaben in seiner Gesamtheit der mitgliedstaatlichen Zuständigkeit verbleibt, bedeutet eine große Legalisierungsbelastung für die Betreiber der

---

202 EG-KOMMISSION, FKVO-Entwurf03, ABl.EG 2003 C 20/32, Artikel 4 (5) Uabs.4 „Haben alle betreffenden Mitgliedstaaten ... um Prüfung des Zusammenschlusses ersucht, erhält der Zusammenschluss gemeinschaftsweite Bedeutung."

203 Basierend auf der der FKVO a.F. zu 8 Verweisungen nach Art.22 FKVO a.F. im Verhältnis zu 2699 bei der EG-Kommission angemeldeten Verfahren, was den Ausnahmecharakter der Verweisungsklauseln beschreiben sollte: www.europa.eu.int/comm/competition/mergers/cases/stats.html.

204 Vgl. BERG, BB 2004, S.566 „[Nach Art.4 (5) FKVO kommen die Unternehmen in] den Genuss des so genannten one-stop-shop", (S.561); allgemein zu den Nachteilen eines präventiv ausgestalteten Kontrollverfahrens: WILS, ELR 1999, S.150-152, (S.139); und auch: ELLAND, ECLR 1990, S.112, (S.111).

Vorhaben. Eine ablehnende Entscheidung zum Verweisungsantrag dürfte sich nur aus zwingend nationalen Interessen, die im Falle des EG-Kontrollverfahrens nur unzureichend berücksichtigt würden, rechtfertigen lassen. Rein machtpolitische Erwägungen werden sich dagegen kaum durchsetzen lassen, ohne den Erwägungen über die Verweisung einen missbräuchlichen Charakter zu verleihen und gegen den Grundsatz der Gemeinschaftstreue nach Art.5 EG und die daraus abzuleitenden Mitwirkungs- und Unterlassungspflichten zu verstoßen.[205] Zudem bestünde theoretisch auch die Möglichkeit für die Mitgliedstaaten, einer Verweisung an die EG-Kommission zunächst zuzustimmen, um dann im Anschluss im Wege der Rückverweisung nach Art.9 FKVO die Kontrollkompetenz bezogen auf den national problematischen Teil der Transaktion zurückzuerhalten.[206] Dies gilt umso mehr, als die EG-Kommission nach Art.9 (3) Uabs.3 FKVO fortan unter bestimmen Voraussetzungen zur Rückverweisung verpflichtet ist. In Art.4 (5) FKVO kommt die deutliche Erwägung zum Ausdruck, dass solche Vorhaben grundsätzlich als gemeinschaftsrelevant bewertet werden müssen. Danach muss man schlussfolgern, dass Art.4 (5) FKVO für die erfassten Vorhaben einen Regelcharakter annehmen wird. Unter dieser Voraussetzung bestehen keine Bedenken, dass Art.4 (5) FKVO die Definition der gemeinschaftsweiten Bedeutung auf ein bestimmtes Verweisungsszenario stützt.

(d) Fazit

Die Hypothese hat ergeben, dass es zulässig und vorzugswürdig ist, Art.4 (5) FKVO nicht als eine Verweisungs-, sondern als eine weitere Definitionsvorschrift für das Merkmal der gemeinschaftsweiten Bedeutung zu interpretieren.[207] Unter der vorausgesetzten Verweisung erhält das Vorhaben gemeinschaftsweite Bedeutung. Bei einer solchen Hypothese könnte man das von der FKVO a.F. verfolgte „2-Klassen System" beibehalten und die mit dem Zusammenschluss nach Art.4 (5) FKVO erwachsenen systematischen Konflikte ausräumen.

---

205 Zum Grundsatz der Gemeinschaftstreue: KÖGEL, 2.Teil, E., I., 2., a), (S.319) mit weiteren Nachweisen.

206 Offen soll hier gelassen werden, ob ein solches „Hin- und Herverweisen" im Interesse der Rechtssicherheit und unter Berücksichtigung des in der FKVO verankerten Beschleunigungsgrundsatzes zulässig erscheint; auf die Gefahr der Verfahrensverzögerung im Falle der erneuten Rückverweisung hinweisend: HELLMANN ,ZiP 2004, S.1391, (S.1387).

207 EG-KOMMISSION, Pressemitteilung, EuZW 2004, S.66 „Die neue Verordnung ... verstärkt den Grundsatz der Einmalanmeldung von Fusionen mit gemeinschaftsweiter Bedeutung."; diese Aussage bezieht sich auf die neue Verweisungsklausel nach Art.4 (5) FKVO, da nur diese die „Einmalanmeldepflicht" für Vorhaben, die vor der Reform nicht durch die FKVO erfasst wurden, begründen würde; im Ergebnis wohl auch: BERG, BB 2004, S.566, (S.561).

(4) Schlussfolgerungen zur Reform

Art.4 (5) FKVO ist in Anlehnung an die Vorüberlegungen der EG-Kommission nicht als Verweisungs-, sondern als Definitionstatbestand zu interpretieren. Damit kann ein Zusammenschluss unter den in dieser Norm bestimmten Verweisungsvoraussetzungen den Kontrollmechanismen der FKVO ohne systematische Zweifel unterstellt werden.

Die Systematik der Verordnung spricht damit grundsätzlich für die Übernahme des Anwendungsbereichs aus der alten Verordnungsfassung. Art.1 (1) FKVO würde somit weiterhin diesen grundlegend definieren können.

Bedenken eröffnen sich ausschließlich aufgrund der Regelung des Art.21 (1) FKVO. Der Wortlaut spricht entsprechend der alten Fassung [Art.22 (1) 1.Hs FKVO a.F.] für einen auf alle Zusammenschlüsse bezogenen Anwendungsbereich der Norm. Hierzu erscheinen die Vorgaben des Art.1 (1) FKVO zu eng, da eine Ausnahme für Art.21 (1) FKVO anders als nach der alten Rechtslage nicht mehr vorgesehen ist.

(5) Fazit

Die systematischen Erwägungen zur FKVO ergeben trotz reformbedingter Veränderungen, dass auch weiterhin Art.1 (1) FKVO den Anwendungsbereich der Verordnungsvorschriften auf Zusammenschlüsse mit gemeinschaftsweiter Bedeutung im Sinne von Art.1 (2), (3) oder Art.4 (5) FKVO beschränken soll. Die durch Art.21 (1) FKVO verursachten Bedenken sind dabei zu vernachlässigen, da der Kontrollmechanismus der FKVO ausschließlich für Zusammenschlüsse mit gemeinschaftsweiter Bedeutung konzipiert wurde und sich der Anwendungsbereich der Kontrollverordnung daran zu orientieren hat.

(V) Zwischenergebnis

Die Analyse der Historie unter Einbezug des zur FKVO a.F. gefundenen Ergebnisses spricht gestützt auf die Zweifelsregelung der Kontinuität der Rechtsstrukturen für eine Bestimmung des Anwendungsbereichs nach Art.1 (1). Die teleologischen Erwägungen sind dagegen nicht mehr so eindeutig.

Die systematische Begutachtung der reformbedingten Veränderungen der Zusammenschlussverordnung konnte zunächst keine entsprechend der alten Rechtslage bedenkenlose Eindeutigkeit der Argumente hervorbringen. Insbesondere verbunden mit der Einführung des Art.4 (5) FKVO, der eine Verweisung an die EG-Kommission auf Initiative der betroffenen Unternehmen und Personen ermöglichen sollte, wurden Zweifel an der Übernahmefähigkeit der zur alten Rechtslage angestellten Erwägungen festgestellt. Diese ließen sich in Anlehnung an den Verordnungsvorschlag der EG-Kommission dadurch ausräumen, indem man Art.4 (5) FKVO nicht als bloße Verweisungs-, sondern vielmehr als eine weitere Definitionsvorschrift der gemeinschaftsweiten Bedeutung charakterisiert. Da eine solche Uminterpretierung mit dem Regelcharakter, den das Merkmal der Gemeinschaftsdimension aufweist, vereinbar ist, lassen sich die entstandenen Widersprüche auflösen, sofern man im Verweisungsfall gemäß Art.4 (5) FKVO eine „Umdimensionierung" der Transaktion zulässt. Die Verordnungsvorschriften, die für Zusammenschlüsse im Sinne des Art.1 (1) FKVO und des Art.4 (5) FKVO gleichsam per Automatismus gelten, bleiben nach einer solchen Auslegung „nur" auf Zusammenschlüsse von gemeinschaftsweiter Bedeutung direkt anwendbar. Art.1 (1) FKVO definiert damit im Ergebnis auch weiterhin den Anwendungsbereich der FKVO.

Der missverständliche Wortlaut von Art.21 (1) 1. Hs FKVO kann deshalb aufgrund der gegen diesen sprechenden Argumente auch nach der Reform vernachlässigt werden. Art.21 (1) 1.Hs FKVO bestimmt auch weiterhin jedenfalls nicht den Anwendungsbereich der Verordnung für alle Transaktionssachverhalte im Gemeinsamen Markt.

Die konsequente Folge wäre, dass Art.21 (1) FKVO (anders als nach der FKVO a.F.) fortan ausschließlich auf Konzentrationsvorgänge mit gemeinschaftsweiter Bedeutung im Sinne von Art.1 oder 4 (5) FKVO und solche, die gemäß Art.22 FKVO verwiesen worden sind [vgl. hierzu Art.22 (4) Uabs.4 FKVO], Anwendung beanspruchen kann. Ob dies mit der Neufassung der FKVO so von den Verordnungsverfassern bezweckt worden ist, wird noch zu ermitteln sein, soll aber das gefundene Anwendbarkeitsprinzip der FKVO nicht weiter in Frage stellen können.

bb. Anwendungsbereich der FKVO

Die FKVO ist gemäß Art.1 (1) FKVO auf alle Zusammenschlüsse von gemeinschaftsweiter Bedeutung anwendbar. Gemeinschaftsweite Bedeutung erlangt ein Konzentrationsvorgang gemäß den in Art.1 (2), (3) FKVO beschriebenen Umsatzschwellen oder durch das in Art.4 (5) FKVO bestimmte Verweisungsszenario.

cc. Verweisungsbedingte Ausnahmen

Die Verweisungsregeln wurden im Reformprozess beibehalten, aber modifiziert und erweitert. So wurde gemäß Art.4 (4) FKVO neben Art.9 und 22 FKVO ein weiterer Verweisungstatbestand in die FKVO aufgenommen, der nunmehr auf die Initiative der betroffenen Personen oder Unternehmen zu einer Verweisung führen kann. Art.4 (5) FKVO beinhaltet dagegen anders, als der Wortlaut der FKVO dies zunächst nahe legt, keine reine Verweisungsklausel, sondern vielmehr eine auf Verweisungsmethodik aufbauende Definition des Merkmals der gemeinschaftsweiten Bedeutung.[208]

(I) „Alten" Ausnahmen

Die in der FKVO a.F. enthaltenen Ausnahmen [Art.9, 22 a.F. FKVO] wurden unter Modifizierungen beibehalten.

(1) „Nationalverweisung", Art.9 FKVO

Der innerhalb Art.9 FKVO verankerte Verweisungsmechanismus ist im Grundstatut nicht verändert worden. Weiterhin soll hierdurch eine „Abgabe" der Transaktion an die Kontrollhoheit der Mitgliedstaaten nach nationalem Recht ermöglicht werden.

(a) Voraussetzungen

Die Antragsvoraussetzungen des Art.9 (2) lit.a FKVO wurden vereinfacht. Neuerdings ist ausschließlich erforderlich, dass der Zusammenschluss den Wettbewerb auf dem gesonderten Referenzmarkt erheblich zu beeinträchtigen droht. Durch die Abkehr vom Marktbeherrschungsnachweis kann die Feststellung der Antragsvoraussetzungen wesentlich schneller erfolgen.[209] Art.9 (2) lit.b FKVO ist dagegen unverändert geblieben. Zwar muss nach dieser Vorschrift ein Mitgliedstaat nicht darlegen, dass der Zusammenschluss beeinträchtigt, sondern nur, dass dies der Fall sein „*würde*", jedoch ergeben sich hieraus keine materiellen Veränderungen. Diese Neuformulierung trägt allenfalls dem Umstand Rechnung, dass ein Vorhaben im Antragszeitpunkt regelmäßig[210] noch keine wettbewerblichen Auswirkungen entfaltet hat. Art.9 (2) lit.b FKVO bezieht sich weiterhin nur auf gesonderte Märkte, die aus der Perspektive des Gemeinsamen Marktes nicht wesentlich sind.

Gleich der alten Fassung wird von Art.9 (2) FKVO der Sachverhalt erfasst, in dem ein Konzentrationsvorgang droht, den Wettbewerb auf einem Referenzmarkt, der keinen wesentlichen Teil des Gemeinsamen Marktes darstellt, erheblich zu beeinträchtigen („Mischfall"). Dies soll auch hier nicht weiter diskutiert werden.

---

[208] Vgl. (b) Umdeutungsversuch zu Art.4 (5) FKVO gemäß dem Vorschlag der EG-Kommission, (S.55).

[209] EG-KOMMISSION, FKVO-Entwurf03, ABl.EG 2003 C 20/07, Rn.20 „Die einzelstaatlichen Wettbewerbsbehörden (sind) ... nicht mehr gezwungen, im Vorfeld eine eingehende wettbewerbsrechtliche Würdigung vorläufiger Natur vorzunehmen."; BERG, BB 2004, S.564, (S.561).

[210] Da sich das Vorhaben noch inmitten des Kontrollverfahrens befindet und damit grundsätzlich das Vollzugsverbot nach Art.7 (1) FKVO gilt, können tatsächliche Auswirkungen, die mit dem Vollzug verbunden sind, noch nicht festgestellt werden.

(b) Rechtsfolgen

Die Rechtsfolgen sind mit Art.9 (3) FKVO a.F identisch geblieben. Allerdings wurde die Streitfrage, ob Verweisungsfälle nach Art.9 (2) lit.b FKVO im Ermessen der EG-Kommission stehen, zugunsten der Verweisungsverpflichtung entschieden.[211] Diese gilt jedoch nur, sofern die EG-Kommission der Auffassung ist, dass die Voraussetzungen des Abs.2 lit.b vorliegen, was ihr immer noch einen großen Entscheidungsspielraum einräumt.

(c) Fazit

Im Verweisungsfall gemäß Art.9 (3) Uabs.1 lit.b FKVO darf die EG-Kommission auf den Zusammenschluss mit gemeinschaftsweiter Bedeutung oder einen verwiesenen Teil desselben die FKVO nicht mehr anwenden; die Verordnung scheidet als Kompetenzgrundlage aus, sie bleibt jedoch grundsätzlich mit den zur alten Rechtslage angestellten Erwägungen[212] anwendbar.

(2) „EG-Verweisung", Art.22 FKVO

Auch in der neuen Fassung verfolgt Art.22 FKVO das Ziel, eine „nationale Notzusammenschlusskontrolle" für Vorhaben ohne gemeinschaftsweite Bedeutung zu gewährleisten. Art.22 FKVO übernimmt dieselbe Funktion wie Art.22 (2)-(4) FKVO a.F.

(a) Voraussetzungen

Entsprechend Art.9 FKVO ist auch bei Art.22 (1) FKVO das Marktbeherrschungskriterium entfallen. Neben der Zwischenstaatlichkeit des Zusammenschlusses muss dieser nunmehr drohen, den Wettbewerb im Gebiet des dann Antragsbefugten erheblich zu beeinträchtigen. Sinn und Zweck dieser Neuerung ist es auch hier, die Verweisungsmöglichkeiten durch einfachere Voraussetzungen zu beschleunigen.

(b) Rechtsfolgen

Der Kontrollhorizont wurde erweitert und blieb dennoch im Vergleich hinter demjenigen für Zusammenschlüsse mit gemeinschaftsweiter Bedeutung zurück. So geht die FKVO zwar nicht mehr davon aus, dass die EG-Kontrolle ausschließlich auf Wettbewerbssicherung bedacht sein muss, sie ist jedoch weiter-

---

211 Erwägungsgrund 15 FKVO „Beeinträchtigt der Zusammenschluss den Wettbewerb auf einen gesonderten Markt und stellt dieser keinen wesentlichen Teil dar, sollte die Kommission verpflichtet sein, den Fall ganz oder teilweise … zu verweisen."

212 Vgl. (2) Rechtsfolgen, (S.36).

hin auf die „antragstellenden“ Hoheitsgebiete beschränkt. Uneingeschränkte Freigabeentscheidungen sind nach der neuen Fassung zulässig.[213]

Zweifeln könnte man, ob es im Verweisungsfall nach Art.22 FKVO der EG-Kommission seit der Neuformulierung der Verordnung gestattet ist, eine *Verhaltenskontrolle* vorzunehmen. So gilt im Verweisungsfall Art.2 FKVO über Art.22 (4) Uabs.1 FKVO entsprechend, sodass eine solche nach Maßgabe der Art.2 (4), (5) FKVO stattfinden könnte.

Allerdings soll, wie Art.22 (4) Uabs.1 FKVO durch Verweis auf Art.21 FKVO ebenfalls klarstellt, weiterhin gelten, dass die kartellrechtlichen Durchführungsverordnungen neben der FKVO im Verweisungsfall nach Art.22 FKVO anwendbar bleiben, sofern ein Gemeinschaftsunternehmen koordinierende Effekte verursacht oder verursachen soll. Eine Verhaltenskontrolle mittels FKVO wäre in diesem Fall überflüssig, da ohnehin eine Verhaltenskontrolle *auf der Grundlage der KartVO* stattfinden könnte. Ferner ergibt sich dies aus dem Charakter der Verweisungsvorschrift. Mitgliedstaaten ohne eigenständiges Fusionskontrollrecht soll danach eine „Notkontrollmöglichkeit“ offeriert werden. Diese tritt im Verweisungsfall an die Stelle, an der eine nationale Strukturkontrolle erfolgen sollte. Die EG-Kommission ist nur befugt, solche Maßnahmen zu treffen, die ein Mitgliedstaat, der über ein eigenes Fusionskontrollrecht verfügt, selbst ergreifen würde.[214] Es handelt sich dabei um Handlungen zur Sicherung des Wettbewerbs vor konzentrationsbedingten Veränderungen der Marktstruktur. Letztendlich müsste die EG-Kommission ohnehin ein Verfahren nach der KartVO einleiten, damit eine parallele Kontrolle der EG-Kommission nach der FKVO sowie der Mitgliedstaaten auf Grundlage der KartVO in den Fällen koordinierender Gemeinschaftsunternehmen nicht erfolgen kann.

Im Ergebnis muss damit weithin in Verweisungsfällen nach Art.22 FKVO die Kontrollbefugnis der EG-Kommission auf Maßnahmen zur *Strukturkontrolle* bezogen auf das Gebiet des oder der antragstellenden Mitgliedstaaten reduziert belieben.

(c) Fazit

Im Verweisungsfall finden über Art.22 (4) Uabs.1 FKVO die Vorschriften der Verordnung auf Zusammenschlüsse ohne gemeinschaftsweite Bedeutung entsprechend und weiterhin eingeschränkt Anwendung.

---

213 Siehe hierzu: (aa) Kontrollverfahren nach Art.22 FKVO, (S.47).

214 Erwägungsgrund 15 FKVO „Die Kommission sollte befugt sein, einen Zusammenschluss für einen antragestellenden Mitgliedstaat zu prüfen oder zu behandeln.“; Groeben/Thiesing/Ehlermann (LANGEHEINE), Band 2/II, Dritter Teil, Titel V. Kapitel 1, Abschnitt 1, nach Artikel 89, I. (Fusionskontrollverordnung), Artikel 22, II., 3., Rn.15 „Die Kommission (besitzt) im Rahmen von Artikel 22 keine originäre Zuständigkeit, sondern bekommt diese von dem betreffenden Mitgliedstaat übertragen“, (S.2/1619); SEITZ, C., I., 1., c), (S.107.)

(3) Das Aufforderungsrecht der EG-Kommission

Eine weitere Neuheit besteht in einem förmlich geregelten Aufforderungsrecht der EG-Kommission. So können die europäischen Wettbewerbshüter zu einer Antragstellung nach Art.9 oder Art.22 FKVO auffordern.

Dies ist insoweit von Bedeutung, als die EG-Kommission je nach „Stärke" des Aufforderungsrechtes über ein Instrument verfügen würde, mit dem sie die Kontrollhoheiten, die von der FKVO vorgeben werden, verändern könnte. Mit „Stärke" ist gemeint, inwieweit die Mitgliedstaaten einer entsprechenden Aufforderung Folge leisten müssten. Im Falle der Verpflichtung hierzu könnte Brüssel gewichtigen Einfluss auf die „Feinsteuerung" der groben Kompetenzverteilung nach dem Prinzip der Gemeinschaftsdimension nehmen. Allerdings wird man annehmen müssen, dass es einerseits im Ermessen der EG-Kommission steht, überhaupt aufzufordern, und dass die Mitgliedstaaten einer entsprechenden Aufforderung nicht zwangsläufig Folge zu leisten haben.[215] Für das Aufforderungsrecht nach Art.9 (2) FKVO lässt sich dies aus Art.4 (4) FKVO folgern. Diese Norm, die ebenfalls eine Verweisung an einen Mitgliedstaat ermöglichen soll, gestattet es diesem, einer Verweisung zu widersprechen. Wenn jedoch ein Mitgliedstaat das Recht hat, einer Verweisung zu widersprechen, so erscheint es auch nicht zwingend für diese zu sein, auf Aufforderung der EG-Kommission einen Antrag zu stellen; Zwangsverweisungen an die Mitgliedstaaten sind nicht möglich. Für Art.22 FKVO lässt sich dies dagegen aus dem Charakter der Vorschrift ableiten. Die Norm soll eine Absicherung für die Mitgliedstaaten durch die Etablierung einer „nationalen Notzusammenschlusskontrolle" ermöglichen; die EG-Kommission prüft danach ausnahmsweise ein Vorhaben für einen Mitgliedstaat. Diese sollen nach dem Verständnis der FKVO damit regelmäßig nicht in den Anwendungsbereich der Verordnung fallen, sondern nur, wenn die Mitgliedstaaten dies für notwendig halten. Das Aufforderungsrecht hat sich daran zu orientieren, sodass dieses nicht die Pflicht zur Verweisung aufstellen kann, wenn die Verordnung diese Fälle eigentlich nicht erfassen soll.

(II) Neuerungen im Verweisungssystem

Neuerungen im Verweisungssystem sollten die in Art.4 (4), (5) FKVO beschriebenen Mechanismen sein. Da die Ermittlungen ergeben haben, dass Art.4 (5) FKVO vielmehr als eine Definitionsnorm zu verstehen ist, ist faktisch nur mit Art.4 (4) FKVO eine „neue" Ausnahme eingefügt worden.

(1) Initiativrecht zu nationaler Kompetenz, Art.4 (4) FKVO

Art.4 (4) FKVO, der dem Vorbild des Art.9 FKVO nachkonstruiert ist, wurde parallel zu Art.4 (5) FKVO eingebunden und soll auf eine Initiative der in Art.4

---

[215] Andere Ansicht: BERG, BB 2004, S.565, (S.561).

(2) FKVO genannten anmeldepflichtigen Personen oder Unternehmen eine Verweisung an nationale Behörden ermöglichen. Der wesentliche Unterschied zu Art.4 (5) FKVO besteht darin, dass eine „Umdimensionierung" des Zusammenschlusses nicht vorgenommen wird und es sich damit um einen Verweisungsmechanismus im ursprünglichen Sinne handelt, der im Vorfeld der Anmeldung Wirkungen entfalten soll.[216]

(a) Voraussetzungen

Damit eine Initiative der anmeldepflichtigen Personen oder Unternehmen zulässig wird, muss ein Zusammenschluss zunächst gemeinschaftsweite Bedeutung aufweisen. Ferner muss die Transaktion den Wettbewerb auf einem gesonderten Markt im Sinne von Art.4 (4) Uabs.5, Art.9 (7) FKVO im Gebiet eines Mitgliedstaates erheblich beeinträchtigen können.

Zweifeln könnte man, ob sich dies nur auf Fälle beziehen kann, in denen Konzentrationsvorgänge umsatzgemäß nach Art.1 FKVO Gemeinschaftsdimension einnehmen oder ob auch eine Rückverweisung für Fälle zulässig wird, die gemeinschaftsweite Bedeutung im Wege der „Umdimensionierung" nach Art.4 (5) FKVO erhalten. Entsprechend dem Wortlaut müsste sich Art.4 (4) FKVO nach der Uminterpretierung von Abs.5 auch auf Transaktionen, die gemäß Art.4 (5) FKVO verwiesen worden sind, beziehen. Auch diese sind nach Art.4 (1) FKVO anmeldepflichtig [vgl. Art.4 (4) Uabs.1 FKVO]. Allerdings könnte es zum Rechtsmissbrauch Anlass geben. So wäre denkbar, dass die anmeldepflichtigen Personen oder Unternehmen eine „Umdimensionierung" des Vorhabens nach Art.4 (5) FKVO bewirken, um im Anschluss das Verfahren im Wege der Verweisung nach Art.4 (4) FKVO an einen für sie „günstigen" Mitgliedstaat zurückzuübertragen. So könnten für die Legalisierung unvorteilhafte Rechtsordnungen anderer Mitgliedstaaten aussortiert werden.[217] Es besteht jedoch einerseits ein zweifaches Blockaderecht, aller Mitgliedstaaten nach Art.4 (5) FKVO sowie des speziell betroffenen Mitgliedstaates nach Art.4 (4) Uabs.3 FKVO. Ferner verfügt die EG-Kommission über ein Rückverweisungsermessen, sodass die anmeldepflichtigen Personen oder Unternehmen eine solche Taktik zur Erreichung des „besten" Kontrollrechtes nicht planen können.

(b) Rechtsfolge

Die Rechtsfolgen des Art.4 (4) FKVO sind identisch mit Art.9 (3) FKVO. Die EG-Kommission kann grundsätzlich die FKVO auf die Gesamtheit des Falles anwenden. Entscheidet sie sich für eine Teilverweisung nach Art.4 (4) Uabs.3 FKVO, ist sie nicht mehr befugt, den verwiesenen Teil nach Maßgabe der FKVO zu behandeln. Kommt es dagegen zur Vollverweisung, so behandelt aus-

---

216 BERG, BB 2004, S.565, (S.561).
217 Zum Problem: BÖGE, WuW 2004, S.141, (S.138).

schließlich der antragstellende Mitgliedstaat den Fall. Dies lässt sich in diesem Kontext auch aus der Tatsache folgern, dass gemäß Art.4 (4) Uabs.5 FKVO die Anmeldepflicht nach Art.4 (1) FKVO entfällt.

(c) Fazit

Im Verweisungsfall gemäß Art.4 (4) FKVO darf die EG-Kommission auf den verwiesenen Gehalt eines Zusammenschlusses mit gemeinschaftsweiter Bedeutung die FKVO nicht mehr anwenden; die Verordnung scheidet als Kompetenzgrundlage aus, sie bleibt jedoch grundsätzlich anwendbar. Dies lässt sich speziell in diesem Fall auch daraus schließen, dass Art.4 (4) Uabs.5 FKVO ausdrücklich bestimmt, eine Anmeldung hätte nicht mehr zu erfolgen; Art.4 (1) FKVO müsste also trotz Verweisung noch anwendbar sein und die Verpflichtung zur Anmeldung statuieren, damit dieser Hinweis notwendig ist.

(2) Initiativrecht zu europäischer Kompetenz, Art.4 (5) FKVO

Das Initiativrecht eröffnet keine Ausnahme zum Anwendungsbereich der FKVO auf Zusammenschlüsse mit gemeinschaftsweiter Bedeutung im Sinne von Art.1 (1) FKVO.

dd. Zwischenergebnis

Von der regelmäßigen Anwendung der FKVO eröffnen die Verweisungsklauseln Ausnahmen, die eine Kontrollverschiebung ermöglichen können.

Gemäß Art.9 FVKO und Art.4 (4) FKVO darf die EG-Kommission den verwiesenen Gehalt einer Transaktion nicht mehr nach Maßgabe der FKVO behandeln. Kommt es zur Teilverweisung [vgl. Art.4 (4) Uabs.3 FKVO und Art.9 (3) Uabs.1 lit.b FKVO], so gilt dies ausschließlich in Bezug auf den verwiesenen Teil. Im Falle der Vollverweisung kann die EG-Kommission keine Kompetenzgrundlagen mehr auf den verwiesenen Konzentrationsvorgang mit gemeinschaftsweiter Bedeutung anwenden. Zu beachten ist, dass das Zusammenschlussrecht grundsätzlich jedoch fortgilt.

Art.22 FKVO ermöglicht eine eingeschränkte Kontrollmöglichkeit der EG-Kommission auf Vorhaben ohne gemeinschaftsweite Bedeutung. Die Kontrolle ist dabei auf das jeweilige Hoheitsgebiet des oder der antragstellenden Mitgliedstaaten begrenzt. Art.22 FKVO (derselbe a.F.) eröffnet die Möglichkeit einer „Notzusammenschlusskontrolle" der EG-Kommission für die Mitgliedstaaten, die sich insbesondere an Staaten ohne Zusammenschlusskontrollrecht richtet.

c. Zusammenfassung zum Zusammenschlussrecht

Die FKVO ist sowohl nach der neuen als auch nach der alten Rechtslage ausschließlich auf Zusammenschlüsse *mit gemeinschaftsweiter Bedeutung* anwendbar. Art.1 (1) FKVO (derselbe a.F.) bestimmt danach den Geltungsbereich der

Verordnung, wobei die Aussage des Art.21 (1) 1. Hs FKVO [Art.22 (1) 1.Hs a.F.] in dieser Hinsicht vernachlässigt werden muss.

Während der Begriff des Zusammenschlusses von Art.3 FKVO (derselbe a.F) definiert wird, bestimmt Art.1 FKVO (derselbe a.F.) die gemeinschaftsweite Bedeutung des Zusammenschlusses auf der Grundlage der erzielten Gesamtumsätze. Seit der Reform 2004 ist die Verordnung um eine weitere Definition der Gemeinschaftsdimension angereichert worden. Als „Ausnahme" zu Art.1 FKVO erlangt ein Konzentrationsvorgang, der die Umsatzschwellen der Abs.2 oder 3 verfehlt, gemeinschaftsweite Bedeutung in bestimmten Verweisungskonstellationen. Voraussetzung ist, dass der Zusammenschluss in mindestens drei Mitgliedstaaten nach dem innerstaatlichen Wettbewerbsrecht geprüft werden könnte, dass die anmeldepflichtigen Personen oder Unternehmen vor der Anmeldung bei einer nationalen Behörde ein Prüfungsersuchen an die EG-Kommission richten und dass keiner der prüfberechtigen Mitgliedstaaten dem Ersuchen widerspricht. Die Umsetzung der FKVO durch den Rat der EG geht somit anders als der Verordnungsvorschlag von dem „fakultativen 3+System" mit Vetorecht aus. Anders als dem Wortlaut nach kann Art.4 (5) FKVO nicht als bloße Verweisungsvorschrift, sondern muss als Definitionserweitung uminterpretiert werden, da ansonsten das System der Verordnungsvorschriften eine Vielzahl essentieller Konflikte beinhalten würde.

Das „starre" Anwendungssystem der FKVO auf Zusammenschlüsse mit gemeinschaftsweiter Bedeutung hat seit jeher durch die Verweisungsmechanismen der Art.4 (4) FKVO sowie Art.9, 22 FKVO (dieselben a.F.) eine „Feinsteuerung" erfahren. Während die Verweisungsmechanismen an die Mitgliedstaaten Transaktionen mit gemeinschaftsweiter Bedeutung der Kontrollhoheit der EG-Kommission vollständig entziehen können, lässt sich über Art.22 FKVO (derselbe a.F.) ausschließlich eine begrenzte Wettbewerbskontrolle, die jedenfalls auf die Hoheitsgebiete der antragstellenden Mitgliedstaaten begrenzt ist, durchführen.

Während Art.22 (1) FKVO a.F. auf alle Zusammenschlüsse Geltung beanspruchen konnte und als Ausnahme zur Grundsatznorm für die Vorgabe des Anwendungsbereichs der Verordnungsvorschriften, dem Art.1 (1) FKVO a.F., anzusehen war, muss diese Regelung, neuerdings Art.21 (1) FKVO, sich nach dem Stand der Ermittlungen wohl an den Vorgaben von Art.1 (1) FKVO orientieren. Art.21 (1) FKVO wird jedenfalls nicht vom Wortlaut des Art.1 (1) FKVO als Ausnahmevorschrift mit anderen Anwendungsvoraussetzungen begriffen.

2) Kartellrechtliche Verbotstatbestände, Art.81, 82 EG

Die Anwendbarkeit der Art.81, 82 EG auf Zusammenschlüsse ist bereits viel diskutiert worden.[218] Jedoch soll und kann die Fragestellung, welche Konzentrationsvorgänge bzw. Fallgruppen im Einzelfall tatsächlich von den Verbotsnormen des EG erfasst werden können, nicht weitere Erörterung finden.[219] Der Tatbestand des Zusammenschlusses wird im Rahmen dieser Untersuchung vorausgesetzt und nicht weiter erläutert. Sofern aber schon eine Konkretisierung der Zusammenschlussdefinition, die aufgrund ihrer Komplexität den inhaltlichen Schwerpunkt verschieben würde, nicht erfolgt, kann erst recht nicht die tatbestandliche Erfassung des Konzentrationsvorgangs durch die Art.81, 82 EG Inhalt dieser Besprechung sein.

Gestützt auf die Rechtsprechung des Europäischen Gerichtshofes zur „primärrechtlichen Zusammenschlusskontrolle" soll deshalb für diese Arbeit als Grundannahme gelten, dass die Anwendung der primärrechtlichen Verbotstatbestände, der Art.81, 82 EG, nicht durch die – niederrangige – FKVO beeinflusst werden kann.[220] Damit die Anwendbarkeit dieser Vorschriften gewährleistet ist, muss dann ferner auch Durchführungsrecht anwendbar sein, welches behördliche Vollzugskompetenzen eröffnet.

---

[218] Immenga/Mestmäcker (IMMENGA), EG-WbR, Band I, VII.Abschnitt (Fusionskontrollverordnung), F., I., Rn.1, (S.1083); NIEMEYER, B. (Die EG-Fusionskontrollverordnung), VI., 1., (S.30 ff.); Veelken/Karl/Richter (VEELKEN), II., (S.4); eingehend: STAEBE, EWS 2003, S.249, (S.249); STAUDENMAYER, WuW 1992, S.475, (S.475); ZEKOS, ECLR 2000, S.41, (S.37).

[219] Als ausführlicher Einstieg: Groeben/Thiesing/Ehlermann (SCHRÖTER, RATING), Band 2/I, Dritter Teil, Titel V, Kapitel 1, Abschnitt 1, nach Artikel 85, III. (Änderung der Unternehmensstruktur), 1., Rn.1, (S.2/406), 2., c), Rn.10 f., (S.2/413) mit weiteren Nachweisen.

[220] Zu Art.81 EG [und andeutungsweise Art.82 EG (Art.85, 86 EG a.F.)]: EUROPÄISCHER GERICHTSHOF, Urteil (vb.Rs. 142/84, 156/84 – BAT./.EG-Kommission) vom 17.11.1987, Slg.1987, S.4575, Rn.32 ff., (S.4487); zu Art.82 EG (Art.86 EG a.F.): Urteil (Rs. 6/72 – Continental./.EG-Kommission) vom 21.2.1972, Slg.1973, S.243, Rn.18, S.246, Rn.26, (S.215); Frankfurter Kommentar (RÖSLER), Band 6, Teil 3a (FKVO 4064/89 mit Ausnahme Artikel 4 und 7), Artikel 22, B. (Verhältnis zu Artikel 81, 82 EG-Vertrag), I., 1., Rn.4; KÖGEL, 1.Teil, B., IV., 3., b), aa), (S.92); MESTMÄCKER, EuR 1988, S.366, (S.349); STAUDENMAYER, WuW 1992, S.475 „Die FusKVO als sekundäres Gemeinschaftsrecht kann primäres Gemeinschaftsrecht nicht ändern, also auch nicht die Tragweite der Artikel 85, 86 EWGV (Artikel 81, 82 EG) modifizieren", (S.475).

3) *Kartellrechtliches Vollzugs- und Verfahrensrecht*

Das primäre Gemeinschaftsrecht geht gemäß Art.84 EG vom mittelbaren Vollzug durch die nationalen Behörden aus.[221] Diese sind zuständig, die Art.81, 82 EG anzuwenden und insbesondere auch Freistellungen nach Art.81 (3) EG zu erteilen. Parallel dazu ist die EG-Kommission nach Art.85 EG zur Feststellung von Zuwiderhandlungen befugt; eine Eingriffsermächtigung besteht jedoch nicht.[222] Bei diesen Vorgaben handelt es sich um Übergangsvorschriften.[223] Ermöglicht durch die Ermächtigungsgrundlage des Art.83 EG ist es der Gemeinschaft vorbehalten worden, die im Primärrecht geregelte Rechtsanwendungsbasis durch Verordnungen oder Richtlinien auszugestalten.[224]

Mit der VONr.17 wurde im Jahre 1962 die erste Durchführungsverordnung zur Anwendung der Art.81, 82 EG (damals Art.85, 86) erlassen. Diese ist allgemeingültig abgefasst worden und bezog sich grundsätzlich auf alle Wirtschaftsbereiche; vereinzelt galten spezielle[225] oder keine Durchführungsverordnungen, wobei die davon betroffenen Branchen in dieser Arbeit allerdings nicht berücksichtigt werden. Am 1. Mai 2004 trat parallel mit der VO139/2004 (FKVO) auch die KartVO in Kraft; Letztere hat die VONr.17 vollständig ersetzt (vgl. Art.43 KartVO) und kann damit als die zweite Durchführungsverordnung im EG-Kartellrecht bezeichnet werden.

Aus dieser Situation könnte sich der Schluss ableiten lassen, dass die Art.84, 85 EG seit dem Erlass der VONr.17 auf Zusammenschlüsse keine Anwendung mehr beanspruchen können und ausschließlich das auf Art.83 EG gestützte

---

221 Callies/Ruffert (JUNG), Vertrag zur Gründung der Europäischen Gemeinschaft - Kommentierung, Dritter Teil, Titel VI, Kapitel 1, Abschnitt 1, Artikel 84, A., Rn.2 „Nach der Konzeption des primären EG-Vertragsrechtes liegt … das Schwergewicht der kartellrechtlichen Vollzugsbefugnisse grundsätzlich bei den Mitgliedstaaten", (S.1119); Frankfurter Kommentar (RÖSLER), Band 6, Teil 3a (FKVO 4064/89 mit Ausnahme Artikel 4 und 7), Artikel 22, B. (Verhältnis zu Artikel 81, 82 EG-Vertrag), I., 1., Rn.5 f.; Langen/Bunte (JUNGBLUTH), Band I, EG-Kartellrecht, Artikel 84 (Befugnisse der Behörden der Mitgliedstaaten), A., Rn.1, (S.2212).

222 Callies/Ruffert (JUNG), Vertrag zur Gründung der Europäischen Gemeinschaft - Kommentierung, Dritter Teil, Titel VI, Kapitel 1, Abschnitt 1, Artikel 85, B., II., Rn.7, (S.1122); DREHER, WuW 2002, S.834, (S.828); MONTAG/DOHMS, WuW 1993, S.96, (S.93).

223 Langen/Bunte (JUNGBLUTH), Band I, EG-Kartellrecht, Artikel 84 (Befugnisse der Behörden der Mitgliedstaaten), A., Rn.1, (S.2212); NIEMEYER, B. (Die EG-Fusionskontrollverordnung), VI., 1., a), cc., (S.30 f.).

224 NIEMEYER, B. (Die EG-Fusionskontrollverordnung), VI., 1., a), cc., (S.30)

225 So galten beispielsweise für die Verkehrs- und Luftfahrtsektoren die Verordnungen (EWG) 1017/68, (EWG) 4056/86 und (EWG) 3975/87, wobei diese im Zuge der Reform weitgehend an die KartVO mit angeglichen wurden.

Durchführungsrecht einschlägig sein dürfte.[226] Damit müsste man davon ausgehen, dass parallel zur FKVO auch das sekundäre, kartellrechtliche Vollzugs- und Verfahrensrecht als behördliche Kompetenzgrundlage anwendbar ist, sobald ein Zusammenschluss auch den Tatbestand des Art.81, 82 EG erfüllt.

Dagegen steht die Tatsache, dass die FKVO das einzige, auf Zusammenschlüsse anwendbare Rechtsinstrument sein sollte,[227] was in Art.21 (1) FKVO [Art.22 (1) FKVO a.F.] seinen Niederschlag fand. Um somit prüfen zu können, inwieweit das kartellrechtliche Durchführungsrecht als Kompetenzgrundlage neben der FKVO in Betracht kommen kann und etwaige Kompetenzkonflikte daraus erwachsen können, muss der Einfluss der FKVO auf dieses geprüft werden.

Es empfiehlt sich auch hier, zwischen der Rechtslage vor und nach der Reform der FKVO zu differenzieren, weil parallel zur reformierten Fassung der FKVO auch die neue KartVO in Kraft getreten ist. Da die Anwendbarkeit des kartellrechtlichen Durchführungsrechtes nur dann in Betracht kommt, wenn ein Zusammenschluss tatbestandlich von den Art.81, 82 EG erfasst würde, beziehen sich die folgenden Ausführungen nur auf diese Fälle.

a. Rechtlage zur Zeit der VO4064/89 (FKVO a.F.)

Neben der VO4064/89 kamen als behördliche Kompetenzgrundlagen die VONr.17 sowie die Art.84, 85 EG in Betracht. Da sich die Ermächtigungsgrundlagen des Primärrechtes aufgrund ihres Übergangscharakters hier ausnahmsweise an den Vorgaben des Durchführungsrechtes nach Art.83 EG orientieren,[228] soll der Einstieg über das kartellrechtliche Sekundärrecht erfolgen.

aa. Sekundäres Durchführungsrecht (KartVO a.F.)

Die VONr.17 fungierte als die Kompetenzgrundlage der EG-Kommission für die Anwendung der Art.81, 82 EG. Dieses Regelungswerk fand, abgesehen von vereinzelten bereichsspezifischen Ausnahmen, auf sämtliche Kartell- und Missbrauchstatbestände im Sinne der Art.81, 82 EG Anwendung.[229]

---

226 Siehe hierzu die Ausführungen: Langen/Bunte (JUNGBLUTH), Band I, EG-Kartellrecht, Artikel 84 (Befugnisse der Behörden der Mitgliedstaaten), A., Rn.2, (S.2212 f.).

227 Erwägungsgrund 6 FKVO (7 a.F.).

228 Vgl. Langen/Bunte (JUNGBLUTH), Band I, EG-Kartellrecht, Artikel 84, A., Rn.1, (S.2212).

229 Siehe auch: Dauses (SAUTER), Band 2, H. (Wettbewerbsregeln), I., § 3, 1., Rn.2; Immenga/Mestmäcker (RITTER), EG-WbR, Band II, XIII.Abschnitt (Verordnung Nr.17), A., I., Rn.3, (S.1626).

(I) Einwirkung der FKVO a.F.

Gemäß Art.22 (1) 2.Hs FKVO a.F. sah die FKVO a.F. indes vor, dass die VONr.17 nicht gelten soll. Die Reichweite dieser für sich unbestimmten Aussage konnte aus dem Kontext mit Art.22 (1) 1.Hs FKVO a.F. gefolgert werden. Dessen Regelungsbereich bezog sich auf alle Zusammenschlüsse.[230] Art.22 (1) FKVO a.F. sollte demnach inhaltlich festlegen, dass das Zusammenschlussrecht für alle Transaktionen alleinige Geltung beansprucht und andere Durchführungsverordnungen zu den Art.81, 82 EG, so insbesondere die VONr.17, nicht gelten.[231] Aufgrund der für Zusammenschlüsse höheren Geltungskraft der FKVO a.F. im Verhältnis zu den kartellrechtlichen Durchführungsverordnungen konnte sich diese Regelung durchsetzen.

Eine Ausnahme ließ Art.22 (1) 2.Hs FKVO a.F. bei Gemeinschaftsunternehmen ohne gemeinschaftsweite Bedeutung zu. Sofern ein solches die Koordinierung des Wettbewerbsverhaltens zwischen unabhängig bleibenden Unternehmen bezweckte oder bewirkte, blieben die Durchführungsverordnungen auch im Zusammenschlussfalle anwendbar.

(II) Zwischenergebnis

Die VONr.17 war ausschließlich auf Gemeinschaftsunternehmen ohne gemeinschaftsweite Bedeutung anwendbar, sofern durch diese eine Verhaltenskoordinierung zwischen Wettbewerbern bezweckt oder bewirkt und damit im Anwendungsbereich des Art.81 EG lag.

bb. Mitgliedstaatliche Vollzugsermächtigung, Art.84 EG

Zuständigkeiten des Bundeskartellamtes zur Kontrolle von Unternehmenszusammenschlüssen kamen nach der primärrechtlichen Kompetenzgrundlage des Art.84 EG in Betracht.[232] Durch den Vollzug der Art.81, 82 EG hätten nationale

---

230 Vgl. NIEMEYER, B. (Die EG-Fusionskontrollverordnung), VI., 1., a), cc., (S.30 f.); STAUDENMAYER, WuW 1992, S.475 „Artikel 22 Abs.1 bestimmt, dass für die in Artikel 3 definierten Zusammenschlüsse, unabhängig davon, ob sie die in Artikel 1 festgelegte gemeinschaftsweite Bedeutung haben oder nicht, allein die FusKVO Anwendung findet.", (S.475).

231 Immenga/Mestmäcker (IMMENGA), EG-WbR, Band I, VII.Abschnitt (Fusionskontrollverordnung), D., Artikel 22, I., Rn.2, (S.1061); Langen/Bunte (SAUTER), Band I, EG-Kartellrecht, KartVO, Vorbemerkung, D., Rn.20, (S.2261).

232 Callies/Ruffert (JUNG), Vertrag zur Gründung der Europäischen Gemeinschaft - Kommentierung, Dritter Teil, Titel VI, Kapitel 1, Abschnitt 1, Artikel 84, A., Rn.1, (S.1119), B., I., Rn.4, (S.1121); Frankfurter Kommentar (RÖSLER), Band 6, Teil 3a (FKVO 4064/89 mit Ausnahme Artikel 4 und 7), Artikel 22, B. (Verhältnis zu Artikel 81, 82 EG-Vertrag), II., 2., Rn.16; SCHREIBER, 3.Teil, B., VI., 1., a., bb., (1), (S.87); EBENROTH/LANGE, BB 1991, S.850, (S.845).

Behörden die Entscheidungen der EG-Kommission basierend auf der FKVO in Frage stellen können.

Die Anwendbarkeit der primärrechtlichen Kompetenzgrundlage konnte nicht – wie hinsichtlich der KartVO – durch Art.22 (1) FKVO (derselbe a.F.) aufgrund der Niederrangigkeit dieser Norm verhindert werden.[233] Die primärrechtliche Garantie zur Existenz von Durchführungsrecht zu den Art.81, 82 EG musste sich durchsetzen. Zwar wurde teilweise darauf verwiesen, dass Art.84 EG nur bis zum *Inkrafttreten* von sekundärem Durchführungsrecht gelten sollte und dieser Tatbestand durch den originären Erlass der KartVO im Jahre 1962 – also lange vor dem Erlass der FKVO – erfüllt war, jedoch kann diese Argumentation nicht überzeugen.

Die Sichtweise, der formale Rechtssetzungsakt, verkörpert im Erlass der VONr.17, könne für den endgültigen Wirkungsverlust von Art.84 EG ausreichend sein, spricht gegen den Sinn und Zweck der Vorschrift. Art.84 EG soll einen Mindestgehalt behördlicher Befugnisse hinsichtlich der Anwendung der Art.81, 82 EG garantieren.[234] Es erscheint zweifelhaft, diese Aufgabe der Norm nur darauf zu reduzieren, ursprünglich den EG-Institutionen im Rechtssetzungsprozess Zeit zu verschaffen. Vielmehr kommt hierdurch das Bedürfnis zur Gewährleistung des behördlichen Vollzuges im Rahmen der Verbotstatbestände zum Ausdruck, welches auch beim Wegfall des Durchführungsrechtes fortbesteht.[235] Deshalb lebt Art.84 EG auf, sofern das in Kraft getretene Durchführungsrecht ersatzlos aufgehoben wird, damit die Verfolgung der im EG-

---

233 Immenga/Mestmäcker (REHBINDER), EG-WbR, Band I, I.Abschnitt (Einleitung), F., VII., 6., Rn.67, (S.120); STAUDENMAYER, WuW 1992, S.475, 482, (S.475); andere Ansicht: NIEMEYER, B. (Die EG-Fusionskontrollverordnung), VI., 1., a), cc., (S.30 f.).

234 EUROPÄISCHER GERICHTSHOF, Urteil (Rs. 13/61 – Geus./.Bosch) vom 6.4.1962, Slg.1962, S.112, (S.97); Callies/Ruffert (JUNG), Vertrag zur Gründung der Europäischen Gemeinschaft - Kommentierung, Dritter Teil, Titel VI, Kapitel 1, Abschnitt 1, Artikel 84, A., Rn.1, (S.1119); Groeben/Schwarze (SCHRÖTER), Band 2, Titel VI, Kapitel 1, Abschnitt 1, Artikel 84, I., Rn.1, (S.789); Langen/Bunte (JUNGBLUTH), Band I, EG-Kartellrecht, Artikel 84 (Befugnisse der Behörden der Mitgliedstaaten), A., Rn.1, (S.2212); KLOSE, B., I., 1., c), (S.38).

235 Callies/Ruffert (JUNG), Vertrag zur Gründung der Europäischen Gemeinschaft - Kommentierung, Dritter Teil, Titel VI, Kapitel 1, Abschnitt 1, Artikel 84, A., Rn.1 „Artikel 84 (schafft) eine latente Auffangkompetenz der Mitgliedstaaten, wann immer Durchführungsverordnungen eine Lücke lassen", (S.1119), B., I., Rn.4, (S.1121); im Ergebnis zustimmend: KÖGEL, 1.Teil, B., IV., 3., b), aa), (S.93).

Kartellrecht verfolgten Ziele von der Exekutive weiterhin gewährleistet werden kann.[236]

Damit war Art.84 EG auf Zusammenschlüsse anwendbar und hätte zu Kompetenzkonflikten führen können. Allein in den Fällen, in denen trotz des Inkrafttretens der FKVO noch die KartVO anwendbar war, wurde die Anwendbarkeit von Art.84 EG ausgeschlossen.[237]

Erneut muss nunmehr geprüft werden, welchen Einfluss die FKVO auf die Anwendung des Art.84 EG nehmen konnte. Sofern sie nämlich selbst als Durchführungsrecht fungieren konnte, hätte sie die Voraussetzungen des Anwendungsausschlusses der nationalen Kompetenznorm erfüllen können.

(I) Einwirkung der FKVO a.F.

Erst ansatzweise wurde erwähnt, welchen Einfluss die FKVO auf die Anwendbarkeit von Art.84 EG haben konnte. Festgestellt wurde lediglich, dass Art.22 (1) FKVO a.F. sich aufgrund der Niederrangigkeit zu Art.84 EG bedingt durch seine bloße Existenz nicht durchsetzte. Allerdings kam hierdurch der Wille der FKVO zum Ausdruck, dass anderes EG-Recht und somit auch Art.84 EG im Zusammenschlussfalle keine Geltung beanspruchen sollte. Soweit die FKVO a.F. demnach selbst als eine Verordnung im Sinne von Art.83 EG zu qualifizieren war, hätte Art.84 EG mit dem Inkrafttreten dieser seinen Geltungsanspruch aufgeben;[238] Art.22 (1) FKVO a.F. durfte sich dann gewissermaßen toleriert von Art.84 EG durchsetzen.

(1) FKVO a.F. als Durchführungsverordnung im Sinne von Art 84 EG

Ob es sich bei der FKVO a.F. um einen Rechtssatz im Sinne von Art.84 EG und gestützt auf Art.83 EG handeln konnte, war nicht eindeutig und umstrit-

---

236 Frankfurter Kommentar (RÖSLER), Band 6, Teil 3a (FKVO 4064/89 mit Ausnahme Artikel 4 und 7), Artikel 22, B. (Verhältnis zu Artikel 81, 82 EG-Vertrag), II., 1., Rn 11 „Der ... größere Teil der Literatur und die Kommission bejahen, (dass) ein Zustand wie 1962 vor Inkrafttreten der VONr.17 besteht.“; Groeben/Thiesing/Ehlermann (LANGEHEINE), Band 2/II, Dritter Teil, Titel V, Kapitel 1, Abschnitt 1, nach Artikel 89, I. (Fusionskontrollverordnung), Artikel 22, I., Rn.5, (S.2/1615); Groeben/Schwarze (SCHRÖTER), Band 2, Titel VI, Kapitel 1, Abschnitt 1, Artikel 84, I., Rn.2 „Schießt der Gemeinschaftsgesetzgeber die Anwendbarkeit einer bereits erlassenen Durchführungsverordnung wieder aus, ... so leben die Befugnisse ... nach Artikel 84 in vollem Umfang wieder auf“, Rn 3, (S.790).

237 So bei koordinierenden Gemeinschaftsunternehmen ohne gemeinschaftsweite Bedeutung, die jedoch geeignet waren den Handel zwischen Mitgliedstaaten zu beeinträchtigen [Art.22 (1) 2. Hs FKVO a.F.].

238 Lenz/Borchardt (GRILL), Vertrag zur Gründung der Europäischen Gemeinschaft, Artikel 84, Rn.1, (S.1011).

ten.[239] Dennoch ging wohl die herrschende Ansicht davon aus, dass dieses Rechtsinstrument zur Kontrolle von Unternehmenszusammenschlüssen zumindest dann als eine Verordnung im Sinne des Art.83 EG zu qualifizieren sei, sofern sich ein Zusammenschluss mit den Art.81, 82 EG tatbestandlich überschnitt.[240] Dafür sprach gleichwohl die Rechtsauffassung der Verordnungsgeber, die als Ermächtigungsgrundlage neben Art.308 EG auf Art.83 EG für die Fälle verwiesen, in denen ein Zusammenschlusssachverhalt von den Art.81, 82 EG erfasst wurde.[241]

Einschränkend wurde teilweise angemerkt, dass die FKVO a.F. eine den Zielen des Primärrechtes entsprechende und effektive Wettbewerbskontrolle für Zusammenschlüsse, welche tatbestandlich von den Art.81, 82 EG erfasst werden, ermöglichen würde.[242] Jedoch durfte sie nur in Bezug auf die Transaktion als Verordnung im Sinne von Art.83 EG angesehen werden, für die sie tatsächlich kontrollierende Anwendung beanspruchte.[243]

(2) Thesen zum Durchführungscharakter der FKVO a.F.

Der Diskussion um den Durchführungscharakter der FKVO a.F. soll hier mit der Aufstellung von Thesen begegnet werden. Eine Fortführung des Streitstandes erscheint schon insoweit nicht tunlich, als nicht festgestellt wurde, inwieweit sich FKVO a.F. bzw. der Begriff des Zusammenschlusses und die Art.81, 82 EG überschneiden konnten. Anknüpfend an das Argument, die FKVO a.F. wäre als eine Durchführungsverordnung zu charakterisieren, soweit sie eine den Zielen

239 Vgl. Gemeinschaftskommentar (SCHÜTZ), EU-Fusionskontrolle (1), Einführung, II. (Verhältnis der EU-Fusionskontrolle zu anderen Bestimmungen), 2., Rn.27; Immenga/Mestmäcker (IMMENGA), EG-WbR, Band I, VII.Abschnitt (Fusionskontrollverordnung), F., 2., Rn.13, 14, (S.1086); STAUDENMAYER, WuW 1992, S.479, (S.475).

240 Callies/Ruffert (JUNG), Vertrag zur Gründung der Europäischen Gemeinschaft - Kommentierung, Dritter Teil, Titel VI, Kapitel 1, Abschnitt 1, Artikel 83, C., II., 1., Rn.8, (S.1107), E., Rn.36, (S.1117 f.); zweifelnd für Zusammenschlüssen ohne gemeinschaftsweite Groeben/Thiesing/Ehlermann (SCHRÖTER), Band 2/I, Dritter Teil, Titel V, Kapitel 1, Abschnitt 1, Artikel 87, II., 1., Rn.12, (S.2/907); Immenga/Mestmäcker (RITTER), EG-WbR, Band II, IX.Abschnitt (Artikel 87 EG), A., Rn.4, (S.1470); Langen/Bunte (LÖFFLER), Band I, EG-Kartellrecht, FKVO, Artikel 22, C., I., Rn.5, (S.2645); Lenz/Borchardt (GRILL), Vertrag zur Gründung der Europäischen Gemeinschaft, Artikel 83, IV., 1., Rn.73, (S.1000); EBENROTH/LANGE, BB 1991, S.850, (S.845).

241 Vgl. Erwägungsgrund 7 FKVO; Erwägungsgrund 6 und 8 FKVO a.F.

242 KURZ, 4.Kapitel, III., 4., (S.226); STAUDENMAYER, WuW 1992, S.479, (S.475).

243 Frankfurter Kommentar (RÖSLER), Band 6, Teil 3a (FKVO 4064/89 mit Ausnahme Artikel 4 und 7), Artikel 22, B. (Verhältnis zu Artikel 81, 82 EG-Vertrag), I., 2., Rn.9; STAUDENMAYER, WuW 1992, S.479, (S.475).

der Art.81, 82 EG entsprechende Kontrolle ermöglichen konnte,[244] kam es auf den Kontrollhorizont der FKVO, der demjenigen des Primärrechtes entsprechen musste an, was anhand eines abstrakten Beispiels illustriert werden soll.

Beispiel 1:1 (Thesen zum Durchführungscharakter der FKVO a.F.)
Das Unternehmen A erwirbt die Kontrolle an dem Unternehmen B, welches zu 30% an dem Unternehmen C beteiligt ist. C ist ein Konkurrenzunternehmen von A. Durch die mittelbare Beteiligung von A an C ist eine Verhaltenskoordinierung zu erwarten, obwohl A an C keine Kontrolle erwirbt.
Anmerkung: Durch den Zusammenschluss zwischen A und B, der strukturelle nicht bedenklich ist, wird parallel ein Kartelltatbestand im Sinne von Art.81 EG durch eine Verhaltenskoordinierung zwischen A und C verwirklicht.

Nach dem Prüfungshorizont der FKVO darf ein Zusammenschluss nur untersagt werden, wenn er zur Begründung oder Verstärkung einer marktbeherrschenden Stellung führte; hier hätte also nach diesem Kriterium eine Freigabe erfolgen müssen. Da die FKVO nicht allgemein auch die Prüfung wettbewerbsbeschränkender Effekte ermöglicht, hätte die Verhaltenskoordinierung zwischen A/C nicht kontrolliert werden können, weshalb man von einer Durchführungsvorschrift im Hinblick auf Art.81 EG nicht sprechen konnte; ferner bestand auch nicht die Möglichkeit zur Freigabe nach Art.81 (3) EG mittels FKVO.[245] Eine Ausnahme galt – nach dem letzten Stand der FKVO a.F. – für Gemeinschaftsunternehmen mit koordinierenden Effekten. Hier war Art.81 EG über Art.2 (4) FKVO anwendbar.

Sofern ein Transaktionsvorgang sich in Anlehnung an die Rechtsprechung des Europäischen Gerichtshofes gemäß Art.82 EG aufgrund der Verstärkung einer beherrschenden Stellung als Missbrauch herausstellte, war eine den Zielen des Art.82 EG entsprechende Kontrolle durch die FKVO a.F. dagegen stets möglich.

---

244 Frankfurter Kommentar (RÖSLER), Band 6, Teil 3a (FKVO 4064/89 mit Ausnahme Artikel 4 und 7), Artikel 22, B. (Verhältnis zu Artikel 81, 82 EG-Vertrag), I., 1., Rn.4 „Artikel 83 EG ermächtigt ... nur zum Erlass von Verordnungen, die den in Artikel 81, 82 EG niedergelegten Grundsätzen entsprechen."; KRIMPHOVE, Teil III (Die Beurteilung von Unternehmenszusammenschlüssen nach der europäischen Fusionskontrollverordnung), F. „Jene Unternehmenszusammenschlüsse, die nicht in den Anwendungsbereich der europäischen Fusionskontroll-VO fallen, könnten ..., obschon sie wettbewerbsbeschränkende Wirkungen im Sinne der Artikel 85, 86 EWG-V (nunmehr Art.81, 82 EG) haben können, (nicht mehr durch die FKVO geprüft werden).", (S.351 vgl. auch S.355); STAUDENMAYER, WuW 1992, S.479, (S.475).

245 Vgl. allgemein zu den Anforderungen an taugliches Durchführungsrecht im Sinne von Artikel 87 EG: Groeben/Thiesing/Ehlermann (SCHRÖTER), Band 2/I, Dritter Teil, Titel V, Kapitel 1, Abschnitt 1, Artikel 87, II., 1., Rn.12, (S.2/907).

So musste die EG-Kommission gemäß Art.2 (3) FKVO a.F. solche Vorhaben grundsätzlich verbieten.[246]

Damit konnte die FKVO ihrem Kontrollhorizont gemäß nur als Durchführungsverordnung im Sinne von Art.82 EG angesehen werden. Für Art.81 EG galt dies dagegen nur für Gemeinschaftsunternehmen mit koordnierenden Effekten.

(3) Fazit

Die FKVO a.F. war als eine Durchführungsverordnung im Sinne von Art.83 EG für missbräuchliche Zusammenschlüsse im Sinne von Art.82 EG und für die Gründung koordinierender Gemeinschaftsunternehmen im Sinne von Art.81 EG anzusehen.

Sofern ein Zusammenschluss ansonsten tatbestandlich von Art.81 EG erfasst wurde, musste Art.84 EG anwendbar bleiben. Die folgenden Ausführungen können sich damit nur auf die im vorangegangenen Absatz benannten Fälle beziehen.

(II) Umfang des Anwendungsausschlusses

Unter den vorgenannten Thesen war die FKVO a.F. aufgrund ihrer materiellen Kontrollmechanismen geeignet, als Durchführungsverordnung im Sinne von Art.83 (und Art.84) EG zu fungieren und damit die Anwendung von Art.84 EG auszuschalten. Die Anwendung des Art.84 EG im Hinblick auf missbräuchliche Zusammenschlüsse und koordinierende Gemeinschaftsunternehmen konnte indes nur in solchen Fällen ausgeschlossen sein, in denen die Kontrollmechanismen der FKVO a.F. tatsächlich anwendbar waren.[247] Dies richtete sich nach dem Kontrollspektrum der Verordnung.

(1) Kontrollspektrum der FKVO a.F.

„Naturbelassen" galt die FKVO a.F. gemäß Art.1 (1) FKVO a.F. nur für Zusammenschlüsse mit gemeinschaftsweiter Bedeutung. Innerhalb dieses Bereichs

---

246 Frankfurter Kommentar (RÖSLER), Band 6, Teil 3a (FKVO 4064/89 mit Ausnahme Artikel 4 und 7), Artikel 22, B. (Verhältnis zu Artikel 81, 82 EG-Vertrag), I., 1., Rn.5 „Unterschiedliche Ergebnisse einer Doppelkontrolle bei einer Prüfung sowohl nach Artikel 82 EG-Vertrag als auch nach der FKVO dürften im Regelfall ... nicht auftreten.".

247 Frankfurter Kommentar (RÖSLER), Band 6, Teil 3a (FKVO 4064/89 mit Ausnahme Artikel 4 und 7), Artikel 21, A. (Vorrang des europäischen Rechtes), Rn.11 „Die FKVO (trägt) ... ihre Grenzen und damit den Exklusivitätsgrundsatz in sich, soweit ihr Anwendungsbereich reicht.", Artikel 22, B. (Verhältnis zu Artikel 81, 82 EG-Vertrag), II., 1., Rn.12 „Gerade für die Zusammenschlüsse, welche nicht unter die FKVO fallen, sollen die Vorschriften des EG-Vertrages weiterhin angewendet werden.."; STAUDENMAYER, WuW 1992, S.480, (S.475).

konnten die Kontrollvorschriften der FKVO a.F. regelmäßig zur Prüfung der wettbewerblichen Auswirkungen eines Vorhabens herangezogen werden.

Es war denkbar, dass ein Zusammenschluss im materiellen Anwendungsbereich der Art.81, 82 EG lag und darüber hinaus geeignet war, den Handel zwischen Mitgliedstaaten zu beeinträchtigen, obwohl ihm nicht die erforderliche gemeinschaftsweite Bedeutung zukam.[248]

Diese Annahme wird durch Art.22 (1) 2.Hs FKVO a.F. gestützt. Die Norm ermöglichte die Anwendung der VONr.17 auf Gemeinschaftsunternehmen ohne gemeinschaftsweite Bedeutung. Da sich diese Durchführungsverordnung an den Vorgaben der Art.81, 82 EG orientieren musste, war die Geeignetheit einer Maßnahme zur Handelsbeeinträchtigung eine Geltungsvoraussetzung der VONr.17. Nach dem Verständnis der FKVO a.F. konnte somit der Fall eintreten, dass ein Zusammenschluss durch die Gründung eines Gemeinschaftsunternehmens ohne Gemeinschaftsdimension geeignet war, den Handel zwischen den Staaten zu beeinträchtigen, da anderenfalls die VONr.17, ungeachtet des Art.22 (1) FKVO a.F., keine Geltung beanspruchen konnte.

Ferner ergab sich dies aus der Tatsache, dass nach der Rechtsprechung des Europäischen Gerichtshofes auch Wettbewerbsbeschränkungen, die sich ausschließlich auf das Hoheitsgebiet eines Mitgliedstaates beziehen, geeignet sein konnten, den Handel zwischen Mitgliedstaaten zu beeinträchtigen.[249] Transaktionen, die sich umsatzmäßig ausschließlich auf das Hoheitsgebiet eines Mitgliedstaates bezogen hätten, dürften aufgrund der 2/3-Klausel im Regelfall keine gemeinschaftsweite Bedeutung gehabt haben.[250]

Daraus folgt, dass die Anwendung von Art.84 EG in der Regel auch dann denkbar war, sofern ein Zusammenschluss keine gemeinschaftsweite Bedeutung

---

248 Frankfurter Kommentar (RÖSLER), Band 6, Teil 3a (FKVO 4064/89 mit Ausnahme Artikel 4 und 7), Artikel 22, B. (Verhältnis zu Artikel 81, 82 EG-Vertrag), II. 1., Rn.11; Langen/Bunte (LÖFFLER), Band I, EG-Kartellrecht, FKVO, Artikel 22, C., I., Rn.5 „Unterhalb der Umsatzschwellenwerte ist zwar die VO nicht anwendbar, wohl aber das Primärrecht gemäß Artikel 81, 82 EG", (S.2645).

249 EUROPÄISCHER GERICHTSHOF, Urteil (Rs. C-70/93 – BMW./.ALD), Slg.1995, S.3469, Rn.20 „Die streitige Vereinbarung (ist) ... geeignet, den Handel zwischen Mitgliedstaaten zu beeinträchtigen. ... diese Vereinbarung (bindet) sämtliche BMW-Händler in einem wesentlichen Teil (Deutschland) des Gemeinsamen Marktes.", (S.3493); Urteil (Rs. 42/84 – Remia./.EG-Kommission) vom 11.7.1985, Slg.1985, S.2572, Rn.22. (S.2545) mit weiteren Nachweisen.

250 Siehe: 2/3-Regelung, Abs.2 Uabs.2, Abs.3 Uabs.2 FKVO, (S. 114).

einnahm, aber geeignet war den Handel zwischen Mitgliedstaaten zu beeinträchtigen.[251]

(2) Modifizierungen durch Verweisungsszenarien

Ausnahmen „in beide Richtungen" waren in Verweisungsfällen denkbar. So kamen trotz gemeinschaftsweiter Bedeutung in Szenarien nach Art.9 (3) Uabs.1 lit.b FKVO a.F. die materiellen Kontrollmechanismen der Verordnung nur auf Teile des Zusammenschlusses beschränkt oder gar nicht zur Geltung.[252] Ferner konnten eingeschränkte Kontrollerweiterungen nach Art.22 (2)-(4) FKVO a.F. für Zusammenschlüsse ohne gemeinschaftsweite Bedeutung in Betracht kommen.

(a) Verweisung an mitgliedstaatliche Behörden, Art.9 FKVO a.F.

Wurde ein Zusammenschluss gemäß Art.9 (3) Uabs.1 lit.b FKVO a.F. an die nationalen Kartellbehörden verwiesen, konnten die Kontrollmechanismen der FKVO a.F. auf die Gesamtheit oder den verwiesenen Teil des Zusammenschlusses nicht mehr durch die EG-Kommission angewandt werden. Eine effektive Kontrolle war hiernach ausgeschlossen.

Wurde das Vorhaben in der Gesamtheit an einen Mitgliedstaat verwiesen, so musste Art.84 EG trotz der gemeinschaftsweiten Bedeutung des Vorhabens aufleben. Kam es dagegen nur zu einer Teilverweisung, so war die Anwendung des Art.84 EG davon abhängig, ob der verwiesene Teil des Vorhabens im Anwendungsbereich der Art.81, 82 EG lag oder nicht.

Beispiel 1:2 (Verweisung an mitgliedstaatliche Behörden, Art.9 FKVO a.F.)
A und B sind Anbieter von Sportwetten im Internet; sie betreiben je ein Portal für den französischen und für den deutschen Raum. Während das „deutsche" Portal Wetten auf die deutsche Bundesliga offeriert, werden auf der „französischen" Oberfläche ausschließlich Wetten auf die französische Liga angenommen. A plant die Übernahme der B durch den Erwerb von 51% des stimmberechtigten Kapitals über die Börse. Da A in Frankreich 90% Marktanteil besitzt und B als einziger bedeutsamer Wettbewerber mit 5% Marktanteil tätig ist, würde hier die beherrschende Stellung von B verstärkt werden, während auf dem deutschen Markt, auf dem A ca. 22% und B ca.13% Marktanteil besitzen, aufgrund der Struktur des Marktes eine beherrschende Stellung begründet werden würde. Es soll ferner als Voraussetzung gelten, dass das Vorhaben gemeinschaftsweite Bedeutung hat und sich auf zwei gesonderte Märkte in Deutschland und Frankreich bezieht. Nach der Anmeldung des Vorhabens im Jahre 1999 bei der EG-Kommission kommt es zu…

---

[251] Dazu auch: Callies/Ruffert (JUNG), Vertrag zur Gründung der Europäischen Gemeinschaft - Kommentierung, Dritter Teil, Titel VI, Kapitel 1, Abschnitt 1, Artikel 84, B., I., Rn.4 „Unternehmenszusammenschlüsse ohne gemeinschaftsweite Bedeutung unterliegen daher … der Beurteilung … von Artikel 84", (S.1123).

[252] Vgl. bereits: cc. Verweisungsbedingte Ausnahmen, (S.35-39).

Variante A)
...einem Verweisungsantrag gemäß Art.9 FKVO a.F. durch die Bundesrepublik Deutschland.
Variante B)
...einem Verweisungsantrag gemäß Art.9 FKVO a.F., gestellt von Frankreich.

Angenommen, man qualifizierte in dem vorgenannten Sachverhalt den Kontrollerwerb von A an B gemäß der Rechtsprechung des Europäischen Gerichtshofes als Missbrauch einer marktbeherrschenden Stellung durch A auf dem französischen Markt, so würde der Zusammenschluss den Tatbestand des Art.82 EG erfüllen; das französische Hoheitsgebiet stellt einen wesentlichen Teil des Gemeinsamen Marktes dar.[253] Hätte die EG-Kommission die Verweisung des Falles gemäß Art.9 (3) Uabs.1 lit.a FKVO a.F. abgelehnt, so musste Art.84 EG nicht aufleben.

Anders wäre die Rechtsanwendung zu beurteilen, wenn die EG-Kommission dem Verweisungsantrag stattgegeben hätte, wobei dies hier anhand einer Teilverweisung illustriert werden soll. Hätte die EG-Kommission das Vorhaben, sofern es den deutschen Markt betrifft, gemäß *(1.)* an die deutschen Behörden nach Art.9 (3) Uabs.1 lit.b FKVO a.F. verwiesen, so wäre eine Kontrolle durch die EG-Kommission auf der Grundlage der FKVO a.F. ausschließlich bezogen auf den französischen Markt möglich gewesen. In der Folge musste Art.84 EG weiterhin keine Anwendung finden, da die Zielsetzung des Art.82 EG auch mittels (eingeschränkter) Kontrolle im Rahmen der Verordnungsvorschriften hätte gewährleistet werden können. Wäre dagegen entsprechend *(2.)* dem Verweisungsantrag der französischen Republik entsprochen worden, so hätten die wettbewerblichen Auswirkungen, die das Vorhaben auf den französischen Markt gehabt hätte, nicht mehr von der EG-Kommission mittels Fusionskontrolle berücksichtigt werden können. Damit konnte das EG-Kontrollverfahren nicht mehr dem Missbrauchstatbestand Rechnung tragen. Art.84 EG musste wieder aufleben, damit auch weiterhin die primärrechtlichen Zielvorgaben behördlich verfolgt werden konnten.

Auf Zusammenschlüsse mit gemeinschaftsweiter Bedeutung war Art.84 EG im Verweisungsfall gemäß Art.9 FKVO a.F. dann anwendbar, wenn eine effektive Kontrolle mittels FKVO a.F. nicht mehr gewährleistet wurde. In Teilverweisungsfällen musste dabei differenziert werden, ob der verwiesene Teil im Anwendungsbereich der Art.81, 82 EG lag oder nicht.

---

[253] Demgemäß und mit weiteren Nachweisen: Langen/Bunte (DIRKSEN), Band I, EG-Kartellrecht, Artikel 82 (Missbrauch einer marktbeherrschenden Stellung), C., IV., Rn.70, (S.2156).

(b) Verweisung an die EG-Kommission, Art.22 (2)-(4) FKVO a.F.

Kam es zu einer Verweisung nach Art.22 (2)-(4) FKVO a.F., so fanden die Kontrollvorschriften Anwendung auf Zusammenschlüsse ohne gemeinschaftsweite Bedeutung. Daraus könnte man schlussfolgern, dass Art.84 EG im Verweisungsfall zurücktrat. Eine derartig pauschale Annahme würde jedoch dem Ausnahmecharakter solcher Verweisungsfälle nicht gerecht werden.

Beachtet werden muss, dass wettbewerbsbeschränkende Effekte eines Zusammenschlusses ohnehin nicht nach Art.22 FKVO a.F. geprüft werden durften. So war im Verweisungsfall eine reine Strukturkontrolle für den antragstellenden Mitgliedstaat vorzunehmen; insbesondere fand Art.2 (4) FKVO a.F. und damit der kartellrechtliche Prüfungsmaßstab der FKVO a.F. im Verweisungsfall keine Anwendung. Koordinierende Effekte, welche durch Gemeinschaftsunternehmen verursacht wurden, konnten dennoch geprüft werden, da Art.2 (4) FKVO a.F. durch die ausnahmsweise hier zulässige Anwendung der VONr.17 gewissermaßen ersetzt wurde.

Erfüllte ein Vorhaben dagegen den Tatbestand des Art.82 EG, weil durch den Konzentrationsprozess eine beherrschende Stellung weiter verstärkt wurde, so konnte im Verweisungsfall nach Art.22 FKVO a.F. grundsätzlich den in Art.82 EG niedergelegten Zielsetzungen Rechnung getragen werden. Dies galt jedoch nur dann, wenn sich der Missbrauch (auch) auf das Hoheitsgebiet des antragstellenden Mitgliedstaates bezog.

Beispiel 1:3 (Verweisung an die EG-Kommission, Art.22 (2)-(4) FKVO a.F.)
A ist ein börsennotiertes Unternehmen, welches sich auf den Vertrieb einer Steuerberatungssoftware spezialisiert hat. Aufgrund des Entwicklungsvorsprungs genießt B eine beherrschende Stellung auf dem niederländischen Markt. Auf dem belgischen Markt ist zu erwarten, dass A in naher Zukunft eine beherrschende Stellung erreichen wird. Seine Marktführerschaft behauptet A, indem es Konkurrenzunternehmen in einem frühen Stadium (unterhalb der wettbewerbsrechtlichen Spürbarkeit) aufkauft. Mit B hat sich jedoch ein ernst zu nehmender Konkurrent auf beiden Märkten entwickelt. Da der Unternehmensgründer X sich lange einer Übernahme seines Unternehmens verwehrt hat, konnte dieses über die Jahre einen Marktanteil von ca.4% auf dem niederländischen sowie von 8% auf dem belgischen Markt erarbeiten. Aufgrund einer konjunkturellen Schwächephase ist X nunmehr gezwungen, einen Investor zu finden. Nach vielen aussichtslosen Gesprächen ist X bereit, eine 70% Beteiligung an A zu verkaufen.
B erzielt einen gemeinschaftsweiten Umsatz von ca.90 Mio. €. Das Vorhaben wäre damit gemäß Art.1 FKVO a.F. „national" zu kontrollieren. Dabei soll ferner vorausgesetzt werden, dass der Konzentrationsprozess auf dem niederländischen Markt geeignet wäre, den Handel zwischen Mitgliedstaaten zu beeinflussen. Nach Kenntniserlangung durch die nationalen Behörden...
Variante A)
...stellen die Niederlande einen Verweisungsantrag gemäß Art.22 (2) FKVO a.F.
Variante B)
... stellt Belgien einen Verweisungsantrag Art.22 (2) FKVO a.F.

Im (1.) Verweisungsfall wäre die EG-Kommission befugt gewesen, das Vorhaben, bezogen auf den niederländischen Markt, zu kontrollieren. Da sich hier der Konzentrationsvorgang entsprechend der Rechtsprechung des Europäischen Gerichtshofes als Missbrauch einer marktbeherrschenden Stellung gemäß Art.82 EG dargestellt hätte, musste Art.84 EG ohne Verweisungsantrag zunächst Geltung beanspruchen. Da allerdings mittels Kontrollhoheit für den niederländischen Markt die EG-Kommission eine den Zielen des Art.82 EG gerecht werdende Kontrolle ausüben konnte, hätte Art.84 EG in seiner Anwendung ausfallen müssen.

Anders stellte sich insoweit der (2.) Verweisungsfall dar. Hier wurde die EG-Kommission mittels Verweisung nur zu Kontrollmaßnahmen in Bezug auf den belgischen Markt befugt. Der missbräuchliche Charakter des Vorhabens, der sich auf das Verhalten im niederländischen Markt bezog, hätte nicht von der EG-Kommission im Rahmen der Fusionskontrolle behandelt werden können. Aus diesem Grunde musste Art.84 EG im (2.) Verweisungsfall weiterhin Geltung beanspruchen.

Auf Zusammenschlüsse ohne gemeinschaftsweite Bedeutung blieb Art.84 EG im Verweisungsfall gemäß Art.22 (2)-(4) FKVO a.F. in der Regel anwendbar. Sofern der Zusammenschluss eine beherrschende Stellung weiter verstärkte und darin ein missbräuchliches Verhalten im Sinne von Art.82 EG zu sehen war, fand Art.84 EG dann keine Anwendung mehr, wenn zumindest auch der Mitgliedstaat einen Verweisungsantrag gestellt hatte, in dessen Hoheitsgebiet der Missbrauch stattfand.

(3) Fazit

Grundsätzlich konnte die FKVO a.F. nur für Zusammenschlüsse mit gemeinschaftsweiter Bedeutung als Durchführungsverordnung fungieren, da in der Regel nur für solche ihre Kontrollmechanismen eröffnet waren. In Verweisungssituationen, die eine Feinsteuerung des Kontrollprinzips der FKVO a.F. bewirkten, musste dabei entsprechend der Verweisungsrichtung geprüft werden, inwieweit die FKVO a.F. noch als effektives Kontrollinstrument fungieren konnte oder würde.

(III) Zwischenergebnis

Art.84 EG war grundsätzlich auf Zusammenschlüsse anwendbar. Dies galt ungeachtet der Tatsache, ob parallel die VONr.17 anwendbar war oder gemäß Art.22 (1) 2.Hs FKVO a.F. nicht galt. Sofern jedoch die Kontrollmechanismen der FKVO a.F. für einen Transaktionssachverhalt Geltung beanspruchen konnten und eine den Art.81, 82 EG entsprechende Durchführungsbasis boten, forderte Art.84 EG getreu seinem Wortlaut keine solche mehr, da insoweit dann die FKVO a.F. als Verordnung im Sinne von Art.83 EG angesehen werden konnte.

Im Ergebnis war unter dieser Prämisse Art.84 EG auf alle Zusammenschlüsse, die den Tatbestand des Art.81 EG erfüllen konnten, anwendbar. Eine Ausnahme galt alleine für Gemeinschaftsunternehmen im Sinne von Art.3 FKVO a.F. mit koordinierenden Effekten. Für diese eröffnete die FKVO a.F. Art.2 (4) FKVO a.F. eine Durchführungsmöglichkeit getreu den Grundsätzen des Art.81 EG.

Darüber hinaus war Art.84 EG in der Regel auf alle Zusammenschlüsse anwendbar, die keine gemeinschaftsweite Bedeutung hatten, da hier die FKVO a.F. mangels Anwendbarkeit keine Anwendung der Art.81, 82 EG ermöglichen konnte.

Diese Grundsätze der Anwendung von Art.84 EG auf Zusammenschlüsse konnten in Verweisungssituationen eine Modifizierung erfahren. Hier musste geprüft werden, inwieweit die FKVO a.F. bedingt durch die Verweisung eine den Grundsätzen der Art.81, 82 EG gemäße Kontrolle noch oder fortan ermöglichen konnte.

cc. Prüfungs- und Feststellungsbefugnis, Art.85 EG

Neben Art.84 EG kam Art.85 EG als Entscheidungsgrundlage der EG-Kommission in Betracht.[254] Auch wenn die Kommission zu Protokoll erklärt hatte, dass sie regelmäßig Art.85 EG nicht anwenden wolle, so soll unter Verweis auf die Einleitung dennoch der rechtliche Umfang einer möglichen Anwendbarkeit untersucht werden.

Umstritten[255] war, ob die Vorschrift gleich Art.84 EG bloßen Übergangscharakter einnahm. Dies soll mit Verweis auf die Rechsprechung des Europäischen

---

254 Langen/Bunte (JUNGBLUTH), Band I, EG-Kartellrecht, Artikel 85 (Befugnisse der Kommission), A., Rn.1, (S.2215); SCHREIBER, 3.Teil, B., VI., 1., a., bb., (2) „Die Kommission erhielt ... untergeordnete Aufgaben. (Der) Kommission (stehen) weder Eingriffsbefugnisse ... noch Zwangsmittel ... zur Verfügung.“, (S.87); Lenz/Borchardt (GRILL), Vertrag zur Gründung der Europäischen Gemeinschaft, Artikel 83, IV., 6., Rn.97, (S.1001); andere Ansicht: NIEMEYER, B. (Die EG-Fusionskontrollverordnung), VI., 1. a), cc. „Damit löst (die FKVO) ... Artikel 89 EWG-Vertrag (Art.85 EG n.F.) für sämtliche Zusammenschlüsse i.S.d. Artikel 3 ab.“, (S.31).

255 So Immenga/Mestmäcker (REHBINDER), EG-WbR, Band I, I.Abschnitt (Einleitung), F., VII., 6., Rn.67 „Überdies ist zweifelkahft, ob Artikel 89 EGV (nunmehr Artikel 85 EG) wieder auflebt“, (S.120); Lenz/Borchardt (GRILL), Vertrag zur Gründung der Europäischen Gemeinschaft, Artikel 85, Rn.1, (S.1014); NIEMEYER, B. (Die EG-Fusionskontrollverordnung), VI., 1., a), cc., (S.30); differenzierend: SCHREIBER, 3.Teil, B., VI., 1., a., bb., (2), (S.87 f.); für eine Fortgeltung neben dem Durchführungsrecht: Callies/Ruffert (JUNG), Vertrag zur Gründung der Europäischen Gemeinschaft - Kommentierung, Dritter Teil, Titel VI, Kapitel 1, Abschnitt 1, Artikel 85, A., Rn.1, (S.1126); Groeben/Schwarze (SCHRÖTER), Band 2, Titel VI, Kapitel 1, Abschnitt 1, Artikel 85, I., Rn.9, (S.795); Langen/Bunte (JUNGBLUTH), Band I, EG-Kartellrecht, Artikel 85 (Befugnisse der Kommission), A., Rn.5, (S.2216).

Gerichtshofes[256] vertreten werden. Deshalb gilt auch hier, dass Art.85 EG von dem Inkrafttreten der in Art.83 EG vorgesehenen Bestimmungen abhängig war.[257]

Da insoweit Art.84 EG und Art.85 EG in ihrer Geltung parallel[258] und unter denselben Voraussetzungen anwendbar waren, kann auf die bereits zu Art.84 EG erarbeiteten Ergebnisse verwiesen werden. Eine Ausnahme bestand hinsichtlich der Anwendbarkeit auf koordinierende Gemeinschaftsunternehmen ohne gemeinschaftsweite Bedeutung, da hier die VONr.17 entsprechend Art.22 (1) 2.Hs FKVO a.F. anwendbar gewesen wäre. Art.84 EG konnte nach Art.9 (3) VONR.17 nur solange Anwendung finden, solange die EG-Kommission kein Verfahren ihrerselbst einleitetete, während Art.85 EG grundsätzlich neben der VONr.17 als Kompetenzgrundlage Anwendung finden konnte.[259]

b. Rechtslage seit der VO139/2004 (FKVO)

Auch nach dem Reformstichtag am 1. Mai 2004 ist grundsätzlich denkbar, dass neben der VO139/2004 (FKVO n.F.) die primärrechtlichen Kompetenzgrundlagen der Art.84, 85 EG Anwendung beanspruchen. Ferner kommt auch hier die Anwendung des kartellrechtlichen Durchführungsrechtes, KartVO (vormals VONr.17), in Betracht. Mit gleichen Erwägungen wie zur alten Rechtslage soll auch hier die Ermittlung im Sekundärrecht beginnen.

aa. Sekundäres Durchführungsrecht (KartVO)

Entsprechend der VONr.17 wäre die KartVO abstellend auf die Tatbestandlichkeit eines Zusammenschlüsse im Hinblick auf die Art.81, 82 EG grundsätzlich anwendbar. Dabei wurde in branchenspezifischer Hinsicht der Anwendungsbereich erweitert, als die Ausnahmebereiche zur VONr.17 im Zuge der

---

[256] EUROPÄISCHER GERICHTSHOF, Urteil (vb.Rs. 209 bis 213/84 – Minstère Public./.Asjes) vom 30.4.1986, Slg.1986, S.1467, Rn.52, (S.1425).

[257] EUROPÄISCHER GERICHTSHOF, Urteil (vb.Rs. 209 bis 213/84 – Minstère Public./.Asjes) vom 30.4.1986, Slg.1986, S.1467, Rn.52, (S.1425); Lenz/Borchardt (GRILL), Vertrag zur Gründung der Europäischen Gemeinschaft, Artikel 85, Rn.1, (S.1014).

[258] Langen/Bunte (JUNGBLUTH), Band I, EG-Kartellrecht, Artikel 85 (Befugnisse der Kommission), A., Rn.4, (S.2216); Lenz/Borchardt (GRILL), Vertrag zur Gründung der Europäischen Gemeinschaft, Artikel 85, Rn.1, (S.1014); so selbst bei Ablehrung des Übergangscharakters unter Verweis auf das „weiterreichende" Sekundärrecht: Callies/Ruffert (JUNG), Vertrag zur Gründung der Europäischen Gemeinschaft - Kommentierung, Dritter Teil, Titel VI, Kapitel 1, Abschnitt 1, Artikel 85, A., Rn.2 (S.1126).

[259] Callies/Ruffert (JUNG), Vertrag zur Gründung der Europäischen Gemeinschaft - Kommentierung, Dritter Teil, Titel VI, Kapitel 1, Abschnitt 1. Artikel 85, A., Rn.2, (S.1126 f.).

Reform minimiert und die speziellen Durchführungsverordnungen im Verfahren an die KartVO angeglichen wurden.[260]

Obschon die FKVO die bereits von Art.22 (1) FKVO a.F. statuierte horizontale Rechtsabgrenzungsklausel übernommen hat [vgl. Art.21 (1) FKVO],[261] muss angeprüft werden, ob diese auch weiterhin die der alten Rechtslage entsprechenden Wirkungen für die Rechtsanwendung entwickeln kann.

(I) Anwendungsausschluss gemäß Art.21 (1) 2.Hs FKVO

Der Wortlaut von Art.22 (1) FKVO a.F. ist trotz der Reform 2004 unverändert geblieben. Allerdings wurde dieser im Gefüge der FKVO neu platziert, sodass dessen Regelungsaussage fortan von Art.21 (1) FKVO vorgenommen wird. Bereits im Zuge der Auflösung des Widerspruchs zwischen Art.1 (1) FKVO und Art.21 (1) 1.Hs FKVO hinsichtlich der Bestimmung des Anwendungsbereichs der FKVO wurde die Fragestellung aufgeworfen, ob Art.21 (1) FKVO weiterhin und entsprechend Art.22 (1) FKVO a.F. für alle Zusammenschlüsse Anwendung beanspruchen kann,[262] ist aber letztendlich aufgrund der ansonsten eindeutigen Argumentationsbasis offen gelassen worden. Dies gilt es an dieser Stelle zu ermitteln, damit eine Aussage darüber getroffen werden kann, ob und inwieweit nach der Reform die KartVO auf Konzentrationsvorgänge Anwendung findet.

(1) Wortlaut der Norm

Der Wortlaut von Art.21 (1) FKVO spricht zunächst für die Beibehaltung des „alten" Anwendungsbereichs, bezogen auf alle Zusammenschlüsse ungeachtet der Tatsache, ob diese gemeinschaftsweite Bedeutung haben oder nicht. Die Verordnung soll weiterhin *allein* für Zusammenschlüsse gelten. Der daraus abzuleitende Rückschluss für den Anwendungsbereich von Art.21 (1) 2.Hs FKVO würde damit identisch bleiben.

(2) Historische Entwicklung

Für eine Anwendbarkeit von Art.21 (1) FKVO auf sämtliche Zusammenschlüsse lässt sich ferner die alte Rechtslage ins Feld führen. Aufgrund der Unverändertheit des Wortlautes könnte die Kontinuität der Rechtsstrukturen für eine Beibehaltung der alten Regelungsbreite sprechen; den Erwägungen der Reformer kann auch nicht entnommen werden, dass diese im Rahmen der Novellierung von der vormals bestehenden Rechtslage abweichen wollten. Allerdings verliert dieses Argument an Wichtigkeit, da die horizontale Rechtsabgrenzungsklausel zwar nicht im Wortlaut, wohl aber im System der FKVO verändert wur-

260 Vgl. Erwägungsgrund 36 KartVO.

261 Vgl. (d) Umplatzierung des Art.22 (1) FKVO a.F., (S.45).

262 Siehe (d) Verstärkung der Spannungen durch die Umplatzierung von Art.21 (1) FKVO, (S.51).

de und deshalb eine Kontinuität des vormals geltenden Verordnungsinhaltes nicht zwangsläufig bestehen muss; dazu gleich bei den systematischen Betrachtungen.

(3) Teleologische Erwägungen

Die Funktion der Verordnung, effektive Kontrollen für sämtliche Zusammenschlüsse zu gewährleisten, wird durch die Anwendung der FKVO auf bedeutsame Vorhaben mit gemeinschaftsweiter Bedeutung begrenzt.[263] Da sie gleichsam das einzig anwendbare Rechtsinstrument für die Kontrolle von Transaktionsvorgängen sein soll,[264] könnte man zunächst annehmen, dass sich die „horizontale Rechtsabgrenzungsklausel" [Art.21 (1) FKVO] ebenso nur auf Zusammenschlüsse im Kontrollbereich der Verordnung bezieht.[265] Dies spricht für eine einschränkende Interpretation, orientiert am tatsächlichen Kontrollbereich.

Einer solchen Schlussfolgerung steht jedoch entgegen, dass der Ausschluss sonstigen EG-Rechtes eine Absicherung des „one-stop-shop"-Prinzips gewährleisten sollte. Das Prinzip der einzigen Anlaufstelle, aufgeteilt auf die Ebene der Gemeinschaft oder der Mitgliedstaaten, setzt sich demnach auch fort, soweit die FKVO nicht anwendbar ist. Die nationale Zusammenschlusskontrolle sollte ebenfalls nicht durch die Vollzugsmöglichkeit des EG-Primärrechtes gestört werden können. Mit dieser Erwägung könnte man vertreten, dass die horizontale Rechtsabgrenzung über den Rahmen des Art.1 (1) FKVO hinausgehen muss und somit eine Diskrepanz zwischen Art.1 (1) FKVO und Art.21 (1) FKVO besteht, damit auch die Kontrolle von Transaktionen nach nationalem Recht unbehindert vom EG-Kartellrecht erfolgen kann.

Letztere Annahme verliert jedoch insoweit an Gewicht, als die Anwendung des EG-Primärrechtes jedenfalls nicht durch Art.21 (1) FKVO in Gänze ausgeschlossen werden kann. Eine Absicherung des „one-stop-shop" über Art.1 (1) FKVO hinweg wäre damit ohnehin nicht erreichbar. Die FKVO kann sich insbesondere nicht in Bereichen, in denen sie keine ausreichende Kontrollgrundlage offeriert, auf die bloße Behinderung des Primärrechtes zurückziehen.[266] Diese auch von den Institutionen der EG akzeptierte Rechtslage verleiht den Erwägungen einen nicht eindeutigen Charakter, als man jedenfalls im Rahmen der

---

263 Erwägungsgründe 8, 9 FKVO.

264 Erwägungsgrund 6 FKVO.

265 Diese Argumentation wäre dabei auch zur alten Rechtlage vertretbar gewesen, vgl. hierzu Erwägungsgrund 7, 9 FKVO a.F.

266 Groeben/Thiesing/Ehlermann (SCHRÖTER), Band 2/I, Dritter Teil, Titel V, Kapitel 1, Abschnitt 1, Artikel 87, II., 1., Rn.12 „Nicht zweckdienlich im Sinne des Artikel 87 [Art.83 EG (Amsterdamer Fassung)] sind Vorschriften, die ... die Anwendung der Artikel 85 und 86 (Art.81 und 82 n.F.) auf bestimmte Sachverhalte hindern, anstatt sie zu erleichtern.", (S.2/907).

FKVO-Reform im Jahre 2004 auch nicht mehr von der vollständigen Abschirmung der nationalen Zusammenschlusskontrolle ausgehen konnte.

Sinn und Zweck der FKVO lassen damit keinen klaren Schluss zu, ob Art.21 (1) FKVO fortan nur einen eingeschränkten, an der Anwendbarkeit der FKVO gemäß Art.1 (1) FKVO orientierten Regelungsbereich einnimmt.

(4) Systematische Betrachtung

Betrachtet man zunächst Art.21 (1) 2.Hs FKVO, so soll dessen Aussage entsprechend der alten Fassung der FKVO keine Anwendung beanspruchen, sobald ein Gemeinschaftsunternehmen Koordinierungen zwischen Wettbewerbern bezweckt oder bewirkt. Diese Ausnahme galt nach der alten Fassung als Argument dafür, dass der 2.Hs einen „dimensionslosen" Bezug haben musste.[267] Nur unter dieser Prämisse hätte eine solche Ausnahme nach der alten Abfassung Wirkungen entfalten können. Die Argumentation, die auf eine dem Art.22 (1) FKVO a.F. getreue Regelungsbreite des Art.21 (1) FKVO hinweisen könnte, verliert nach der Neufassung der FKVO an Gewicht. Art.22 (4) Uabs.1 FKVO bestimmt, dass Art.21 FKVO auf verwiesene Transaktionen Anwendung beansprucht;[268] dieser Verweis bezieht sich dabei nicht auf einzelne Absätze des Art.21 FKVO, sondern auf die Norm als „Ganzes".[269] Art.21 (1) FKVO gilt hiernach in entsprechender Anwendung auch für alle Zusammenschlüsse ohne gemeinschaftsweite Bedeutung, sofern sie gemäß Art.22 FKVO an die EG-Kommission verwiesen werden. Somit könnte die besagte Ausnahmeregelung für Gemeinschaftsunternehmen in diesem Zusammenhang zumindest formale Relevanz erfahren. Sie entwickelt damit nicht nur dann Wirkungen, wenn sich Art.21 (1) FKVO auf alle Zusammenschlüsse bezieht.

Dieser Sichtweise kann man auch nicht mit der Erwägung entgegentreten, dass eine Anwendung der Durchführungsverordnungen gerade im Verweisungsfall nach Art.22 FKVO überflüssig sei. Dies, da bereits ermittelt wurde, dass eine Verhaltenskontrolle entsprechend Art.2 (4), (5) FKVO im Verweisungsfall unzulässig ist.[270] Die EG-Kommission ist durch die Verweisung ausschließlich befugt, die strukturellen Auswirkungen einer Transaktion auf den oder die antragstellenden Mitgliedstaaten zu überprüfen.

---

267 POHLMANN, EWS 1997, S.184, (S.181).

268 Nach der alten Rechtslage hätte Art.22 (1) FKVO a.F. nicht auf Verweisungsfälle angewandt werden dürfen, sofern sich die Vorschrift an dem durch Art.1 (1) FKVO a.F. vorgegebenen Anwendungsbereich hätte orientieren müssen, da eine entsprechende Geltung von Art.22 (1) FKVO a.F. in Art.22 (3) FKVO a.F. nicht vorgesehen war.

269 Siehe hierzu die Neuerung innerhalb des Art.22 (4) Uabs.1 „Wenn die Kommission einen Zusammenschluss gemäß Abs.3 prüft, finden ... Artikel 4 Absätze 2 und 3 ... Anwendung."

270 Vgl. (b) Rechtsfolgen, (S.62).

Ein weiteres Argument für eine fortan begrenzte Regelungsspanne des Art.21 (1) FKVO lässt sich aus der Tatsache gewinnen, dass Art.22 (4) Uabs.1 im Verweisungsfall auf diese Vorschrift verweist. Dieser Verweis lässt, sofern er nicht als überflüssig oder Beleg für eine unsaubere Arbeit der Verordnungsgeber angesehen werden soll, den Schluss zu, dass Art.21 (1) FKVO anderenfalls keine Anwendung finden könnte. Dies spricht weiter dafür, dass Art.21 (1) FKVO nach der Novellierung der FKVO keine automatische Geltung mehr für Transaktionen ohne gemeinschaftsweite Bedeutung beanspruchen kann. Dies ist jedoch nur dann der Fall, wenn Art.21 (1) FKVO anders als nach der FKVO a.F. nicht mehr auf sämtliche Vorhaben anwendbar ist.

Gegen eine eingeschränkte Reichweite von Art.21 (1) 1.Hs FKVO wiegt der Wortlaut der Norm im Vergleich mit anderen Art.n der FKVO. Letztere beziehen sich ausdrücklich auf die von ihnen angesprochenen Sachverhalte.[271] Da Art.21 (1) FKVO weiterhin „nur" an Zusammenschlüsse adressiert ist, könnte man vertreten, dass es auf eine weitere Qualifikation nicht ankommen soll. Allerdings nehmen qualifizierende Zusätze innerhalb der FKVO, sofern sie sich auf die Voraussetzung der gemeinschaftsweiten Bedeutung einer Transaktion beziehen, ohnehin ausschließlich eine klarstellende Funktion war. Letztendlich bestimmt Art.1 (1) FKVO grundlegend den vorgegebenen Anwendungsbereich der Verordnungsvorschriften, sodass diese Zusätze über wenig Regelungscharakter verfügen und darauf aufbauende Argumentationen nur „schwache" Aussagekraft besitzen können.

Nicht zuletzt aber mit dem größten systematischen Gewicht spricht die Aussage und Funktion des Art.1 (1) FKVO, der nach den bereits gemachten Feststellungen den Anwendungsbereich der Verordnungsvorschriften definiert, gegen eine sich auf alle Zusammenschlüsse beziehende „Abgrenzungsklausel".[272] Art.1 (1) FKVO sieht nach der Reform für diese keine Ausnahme mehr vor. Dabei lässt sich auch an dieser Stelle nicht vertreten, dass es sich um ein redaktionelles Versehen handeln könnte. Dies, weil Art.4 (5) FKVO bei der Novellierung von Art.1 (1) FKVO als Vorschrift mit einem über den dort beschriebenen hinausgehenden Anwendungsbereich berücksichtigt wurde. Auch hier kann damit nicht der Einwand gelten, dass die Notwendigkeit einer ausdrücklich zu machenden Ausnahme nicht erkannt worden ist.

Im Ergebnis sprechen die systematischen Argumente gegen eine Beibehaltung der Regelungsweite des Art.21 (1) FKVO entsprechend Art.22 (1) FKVO a.F.

---

271 Art.4 (1) FKVO „Zusammenschlüsse von gemeinschaftsweiter Bedeutung sind ... anzumelden"; Art.7 (1) FKVO „ein Zusammenschluss von gemeinschaftsweiter Bedeutung ... worden ist".

272 Vgl. (d) Verstärkung der Spannungen durch die Umplatzierung von Art.21 (1) FKVO, (S.51).

(5) Fazit

Im Resultat müssen die aus der systematischen Analyse der Verordnung gewonnenen Argumente für die Zugrundelegung eines neuen Regelungsumfangs von Art.21 (1) FKVO den Ausschlag geben. Während die teleologischen Erwägungen keine Schlussfolgerungen zulassen, können allenfalls der ohnehin sehr zweifelhafte Wortlaut der Norm und die historische Entwicklung für ein anderweitiges Verständnis sprechen, welches die Beibehaltung der vor der Reform bestehenden Regelungsbreite rechtfertigen würde.

Ergänzend könnte man jedoch, gestützt auf die identische Beibehaltung des Wortlautes, gleichsam die Vermutung anstellen, die Umpositionierung von Art.22 (1) FKVO a.F. müsse gerade im systematischen Kontext Änderungen bewirken, denn anderenfalls würde sich die Neupositionierung der Norm als überflüssige Handlung darstellen. Auch war schon Art.22 (1) FKVO a.F. in seiner Reichweite nicht unumstritten, sodass eine Neuausrichtung der Norm diese Kontroverse beilegen könnte.

Ferner scheint die Annahme, Art.21 (1) FKVO gelte seit dem 1. Mai 2004 nur noch für Zusammenschlüsse im Anwendungsbereich der FKVO, durch die am gleichen Datum in Kraft getretene KartVO begünstigt zu werden. Gemäß Art.3 KartVO wurde das Anwendungsverhältnis zwischen EG-Kartellrecht und nationalen Wettbewerbsrechten ausdrücklich formuliert. Nach Abs.3 wird dabei festgelegt, dass die innerstaatlichen Rechte zur Zusammenschlusskontrolle aufgrund der unterschiedlichen Zielrichtungen unabhängige Anwendung finden sollen. Diese Vorschrift dürfte Klarheit in die sich dann überschneidenden Rechtsmaterien bringen, was man nach der vormals geltenden Rechtslage nicht behaupten konnte, da die Anwendung des Art.22 (1) FKVO a.F. auf alle Zusammenschlüsse im Primärrecht die Grenzen fand. Dass nach der alten Fassung der FKVO keine Konfliktsituationen auftraten, ist neben dem Stillhalten der mitgliedstaatlichen Behörden hauptsächlich auf die restriktive Einstellung der EG-Kommission zurückzuführen.

Im Ergebnis muss Art.21 (1) FKVO in seinem Regelungsbereich orientiert an den Vorgaben von Art.1 (1) FKVO restriktiv ausgelegt werden.[273] Die Norm findet nunmehr Anwendung auf Zusammenschlüsse mit gemeinschaftsweiter Bedeutung oder solche, die gemäß Art.22 FKVO an die EG-Kommission verwiesen wurden. Damit ist die KartVO ausschließlich in diesen Fällen nicht mehr anwendbar, wobei im Verweisungsfall gemäß Art.22 (4) Uabs.1, 21 (1) 2.Hs FKVO weiterhin dazu die Ausnahme für koordinierende Gemeinschaftsunternehmen gilt.

---

273 Vgl. Langen/Bunte (JUNGBLUTH), Band I, EG-Kartellrecht, FKVO, Artikel 22, C., I., Rn.5 „Artikel 22 … ist in der Weise zu lesen, dass die Exklusivität der VO nur für deren eigens definierten Anwendungsbereich gilt.“, (S.2645).

(II) Zwischenergebnis

Die KartVO ist auf alle Zusammenschlüsse ohne gemeinschaftsweite Bedeutung anwendbar. Art.21 (1) FKVO gilt nur für Zusammenschlüsse mit gemeinschaftsweiter Bedeutung. Eine Ausnahme besteht dann, wenn gemäß Art.22 (4) Uabs.1 FKVO aufgrund einer Verweisung Art.21 (1) FKVO Anwendung finden kann. In einem solchen Fall wird dann die Anwendung der kartellrechtlichen Durchführungsverordnungen grundsätzlich für Zusammenschlüsse ohne gemeinschaftsweite Bedeutung ausgeschlossen; dies gilt wiederum nicht für koordinierende Gemeinschaftsunternehmen [vgl. Art.21 (1) 2.Hs FKVO], auf die die KartVO trotz Verweisung weiterhin Anwendung finden würde.

bb. Mitgliedstaatliche Vollzugsermächtigung, Art.84 EG

Die Anwendung des Art.84 EG ist von den „neuen" Vorgaben des Sekundärrechtes abhängig. Hier haben sich Veränderungen ergeben, da die KartVO anders als die VONr.17 fortan regelmäßig Anwendung auf Transaktionssacherhalte ohne gemeinschaftsweite Bedeutung beanspruchen kann. Diese Modifizierung der Rechtslage wäre jedoch aufgrund der Konstruktion der VONr.17 vor der Reform insofern unbeachtlich gewesen, da auch im Rahmen der Anwendung dieser Verordnung sich die nationalen Behörden auf Art.84 EG als Kompetenznorm stützen konnten [vgl. Art.9 VONr.17]. Es ist damit zu ermitteln, welche Auswirkungen die Reform des kartellrechtlichen Durchführungsrechtes bzw. das Inkrafttreten der KartVO hier gehabt haben kann.

(I) Geltungsverlust durch Inkrafttreten der KartVO

Die KartVO bestimmt anders als die VONr.17 nicht mehr, dass Art.84 EG bis zu einer Verfahrenseinleitung durch die EG-Kommission weiterhin Anwendung beansprucht. Vielmehr sollen die nationalen Wettbewerbsbehörden ihre Kompetenzen neuerdings direkt aus der KartVO und nicht mehr aus Art.84 EG ableiten.[274] So wird entsprechend Art.84 EG nunmehr unmittelbar durch die Verordnung gemäß Art.5 (1) KartVO festgelegt, dass die mitgliedstaatlichen Wettbewerbsbehörden *„für die Anwendung der Art.81 und 82 des Vertrages ... zuständig"* sind. So können sie beispielsweise gemäß Abs.1 die Abstellung von Zuwiderhandlungen anordnen (1.Variante) oder Verpflichtungszusagen annehmen (3.Variante). Dies ergibt sich ferner auch nach Art.22 KartVO, da mitgliedstaatliche Wettbewerbsbehörden hiernach sogar ermächtigt werden, in ihrem Hoheitsgebiet im Auftrag der Kartellbehörden anderer Mitgliedstaaten Ermittlun-

---

274 Siehe Art.9 (3) VONr.17 „Solange die Kommission keine Verfahren ... eingeleitet hat, bleiben die Behörden der Mitgliedstaaten zuständig Artikel 85 und Artikel 86 (Art.81 und 82 EG n.F.) nach Artikel 88 (Art.84 EG n.F.) anzuwenden." und Art.1 (6) KartVO „Leitet die Kommission ein Verfahren ein ..., so entfällt die Zuständigkeit der Wettbewerbsbehörden der Mitgliedstaaten."

gen vorzunehmen, um festzustellen, ob eine Zuwiderhandlung gegen die Art.81, 82 EG gegeben ist.

Seit der Novellierung des kartellrechtlichen Durchführungsrechtes kann Art.84 EG damit keine Anwendung mehr beanspruchen, sofern ein Sachverhalt von der KartVO erfasst wird. Die Inanspruchnahme dieser Norm durch die mitgliedstaatlichen Kartellbehörden ist damit ausgeschlossen worden. Diese stützen sich nunmehr auch direkt auf die KartVO.

Da die KartVO für Zusammenschlüsse ohne gemeinschaftsweite Bedeutung regelmäßig gilt, ist Art.84 EG auf solche Transaktionen dann nicht anwendbar, was eine Veränderung zur alten Rechtslage darstellt.

(II) Folgen der Unanwendbarkeit der KartVO gemäß Art.21 (1) FKVO

Gleich der alten Rechtslage bleibt Art.84 EG dann anwendbar, wenn die Geltung der KartVO für bestimmte Zusammenschlusstatbestände durch die FKVO ausgeschlossen ist. Dies gilt nach der „neuen" Rechtsanwendungssituation gemäß Art.21 (1) 2.Hs FKVO für alle Zusammenschlüsse mit gemeinschaftsweiter Bedeutung und ferner für alle Zusammenschlüsse, die gemäß Art.22 FKVO an die EG-Kommission verwiesen worden sind; eine Ausnahme besteht im letzteren Falle auch weiterhin für bestimmte Gemeinschaftsunternehmen [vgl. Art.21 (1) 2.Hs FKVO].

(III) Geltungsverlust durch Inkrafttreten der FKVO

Zur VO4064/89 wurde die These aufgestellt, dass diese als Durchführungsbestimmung im Sinne von Art.83 (und Art.84) EG angesehen werden konnte, sofern sie eine der im Rahmen der Art.81, 82 EG aufgestellten Grundsätze entsprechende Wettbewerbskontrolle ermöglichte.[275]

Der materielle Beurteilungsmaßstab für die Vereinbarkeit von Zusammenschlüssen nach Art.2 FKVO wurde im Rahmen der Reform verändert. So kann ein Vorhaben auch als unvereinbar mit dem Gemeinsamen Markt angesehen und damit untersagt werden, wenn es den Wettbewerb im Gemeinsamen Markt oder einem wesentlichen Teil desselben *„erheblich behindert"*, wobei dies insbesondere, also nicht mehr ausschließlich, durch die Begründung oder Verstärkung einer beherrschenden Stellung erfolgen kann. Dennoch bleibt die FKVO grundsätzlich ein „Strukturkontrollinstrument", weshalb auch hier die These gelten muss, dass eine Verhaltenskontrolle nach Maßgabe des Art.81 EG im Zusammenhang mit Konzentrationsmaßnahmen nur bei Gemeinschaftsunternehmen möglich ist [vgl. Art.2 (4), (5) FKVO]. Für alle sonstigen Zusammenschlusssacherhalte, die gleichzeitig einen wettbewerbsbeschränkenden Tatbestand nach

---

[275] Vgl. (I) Einwirkung der FKVO, (S.73).

Art.81 EG erfüllen würden, kann die FKVO auch weiterhin nicht als Verordnung im Sinne von Art.83 gelten.

Ferner hat sich auch nicht das durch Art.1 (1) eröffnete Kontrollspektrum verändert, sodass die materielle Zusammenschlusskontrolle in der Regel nur bei Vorhaben mit gemeinschaftsweiter Bedeutung ermöglicht wird.

(IV) Umfang des Geltungsverlustes

Art.84 EG ist gemäß der alten Rechtslage nicht anwendbar, sofern ein Zusammenschluss im Kontrollspektrum der FKVO liegt. Insoweit kann primärrechtliche Vorschrift keine Geltung beanspruchen, sofern ein Zusammenschluss gemeinschaftsweite Bedeutung hat; die einzige Ausnahme hierzu besteht im praktisch wenig relevanten Fall, dass ein Zusammenschluss den Tatbestand des Art.81 EG erfüllt und es sich dabei nicht um die Gründung eines Gemeinschaftsunternehmens im Sinne von Art.2 (4), (5) FKVO handelt.

Nicht anwendbar ist die FKVO auch weiterhin auf Zusammenschlüsse ohne gemeinschaftsweite Bedeutung. Hier ist jedoch zu beachten, dass die KartVO in der Regel anwendbar ist, sodass Art.84 EG neuerdings auch in solchen Fällen keine Anwendung beanspruchen kann.

Ungeachtet der Verweisungsszenarien kann Art.84 EG nur auf Zusammenschlüsse mit gemeinschaftsweiter Bedeutung Anwendung beanspruchen, die im Anwendungsbereich des Art.81 EG liegen und nicht den in Art.2 (4), (5) FKVO beschriebenen Sonderfall darstellen, weshalb diese primärrechtliche Kompetenznorm im Regelfall auf Transaktionssacherhalte unanwendbar geworden ist.

(V) Anwendung von Art.84 EG in Verweisungsszenarien

Entsprechend der alten Rechtslage kann Art.84 EG jedoch in Verweisungsszenarien Anwendung beanspruchen. Zu differenzieren ist erneut zwischen Verweisungen an die und von den Mitgliedstaaten.

(1) Verweisung an mitgliedstaatliche Behörden, Art.4 (4), 9 FKVO

Die Reform der FKVO brachte in dem hier untersuchten Kontext keine beachtenswerten Veränderungen der Verweisungsvorschriften mit sich. So wurden zwar die Antragsvoraussetzungen der Verweisung vereinfacht und mit Art.4 (4) FKVO ein weiterer Verweisungsmechanismus in die FKVO eingefügt, jedoch sind die Rechtsfolgen der Verweisung identisch geblieben.[276] Auch weiterhin darf die EG-Kommission den verwiesenen Teil oder die Gesamtheit des Zusammenschlusses nicht weiter behandeln, weshalb eine effektive Kontrolle auf der Grundlage der FKVO ausscheidet. Ferner findet entsprechend der alten Rechtslage die KartVO keine Anwendung auf den verwiesenen Fall; dies, weil

[276] Vgl. (2) Rechtsfolgen, (S.36) sowie (b) Rechtsfolgen, (S.62).

die Anwendung der Verordnungsvorschriften und insbesondere Art.21 FKVO verweisungsunabhängig sein muss.[277]

Des Weiteren kann an die bereits zur alten Rechtslage vorgenommenen Ausführungen hier entsprechend angeknüpft werden. Art.84 EG lebt mit den dort vorgenommenen Erwägungen im Verweisungsfall auf, sofern aufgrund der Abgabe des Vorhabens die den Art.81, 82 EG entsprechende Wettbewerbskontrolle nicht mehr mittels FKVO vorgenommen werden kann.[278]

(2) Verweisung an die EG-Kommission, Art.22 FKVO

Die Verweisungsmethodik des Art.22 FKVO ist gleichsam nicht im Zuge der Novellierung hinsichtlich der hier relevanten Punkte verändert worden. So ist zwar der Kontrollhorizont nicht mehr auf die bloße Wettbewerbssicherung begrenzt, jedoch kann auch weiterhin, bedingt durch eine Verweisung nach Art.22 FKVO, nur eine auf die „antragstellenden" Hoheitsgebiete begrenzte Strukturkontrolle erfolgen.[279] Die Verhaltenskontrolle kommt nicht in Betracht; so ist für die Behandlung der koordinierenden Gemeinschaftsunternehmen nicht der materielle Beurteilungsmaßstab im Sinne von Art.2 (4), (5) FKVO eröffnet, sondern hat Rückgriff auf die hier ausnahmsweise anwendbaren KartVO [vgl. Art.21 (1) 2.Hs FKVO] zu erfolgen. Ferner ist auch die grundsätzliche Unanwendbarkeit der KartVO [vormals VONr.17] im Verweisungsfall identisch geblieben, da hier Art.21 (1) FKVO anders als bei nicht verwiesenen Transaktionen ohne gemeinschaftsweite Bedeutung über den Verweis von Art.22 (4) Uabs.1 FKVO Anwendung beanspruchen kann.

Im Ergebnis lässt sich auch hier auf die zur alten Rechtslage gewonnenen Erkenntnisse verweisen, sodass die Anwendung von Art.84 EG im Verweisungsfall der alten Rechtslage weitgehend entspricht. Verändert hat sich insoweit bloß die Anwendung von Art.84 EG auf koordinierende Gemeinschaftsunternehmen im Verweisungsfall. Dies, weil nach der Neufassung der KartVO nicht mehr Art.84 EG im Anwendungsbereich der Verordnung parallel Geltung beanspruchen kann.

(VI) Zwischenergebnis

Art.84 EG ist grundsätzlich nicht mehr auf Zusammenschlüsse anwendbar. Für Zusammenschlüsse ohne gemeinschaftsweite Bedeutung wird diese Norm durch die seit Mai 2004 anwendbare KartVO verdrängt. Hat ein Zusammenschluss dagegen gemeinschaftsweite Bedeutung, so verliert Art.84 EG seine Geltung aufgrund der Anwendbarkeit der Kontrollmechanismen der FKVO. Diese bilden auch weiterhin für die praktisch bedeutsamen Fälle der Gründung

---

277 Dazu (2) Rechtsfolgen, (S.36).

278 Siehe bereits (a) Verweisung an mitgliedstaatliche Behörden, Art.9 FKVO a.F., (S.78).

279 (2) „EG-Verweisung", Art.22 FKVO, (S.62).

eines Gemeinschaftsunternehmens im Sinne von Art.3, 2 (4), (5) FKVO und der missbräuchlichen Verstärkung der Marktposition durch externes Wachstum eine den Art.81, 82 EG entsprechende Durchführungsbasis.

Art.84 EG kann damit nur auf Zusammenschlüsse mit gemeinschaftsweiter Bedeutung angewandt werden, sofern mittels dieser eine Wettbewerbsbeschränkung zwischen unabhängig bleibenden Unternehmen bezweckt oder bewirkt wurde und es sich nicht um Konstellationen im Sinne von Art.2 (4), (5) FKVO handelt.

In Verweisungssituation erfolgt die Anwendung von Art.84 EG grundsätzlich entsprechend den gewonnenen Erkenntnissen zur Rechtslage nach der VO4064/89. Auch weiterhin muss im Einzelfall überprüft werden, inwieweit noch eine effektive Kontrolle im Sinne der Art.81, 82 EG durch die FKVO gewährleistet wird. Trotz Verweisung an die Mitgliedstaaten ist nämlich die KartVO unanwendbar, weil das Vorhaben gemeinschaftsweite Bedeutung behält. Kommt es dagegen zur Verweisung an die EG-Kommission nach Art.22 FKVO, so findet Art.21 (1) FKVO über Art.22 (4) Uabs.1 FKVO Anwendung. Die KartVO kann damit meist im Verweisungsfall nicht (fort)gelten, sodass die Situation deshalb mit der alten Rechtslage vergleichbar ist.

cc. Prüfungs- und Feststellungsbefugnis, Art.85 EGV

Art.85 EG hat sich entsprechend Art.84 EG auch nach der neuen Rechtslage an den Vorgaben des Sekundärrechtes zu orientieren. Neben der KartVO findet die Vorschrift entsprechend Art.84 EG keine Anwendung mehr. Dies ergibt sich insbesondere aus dem Vergleich von Art.11 VONr.17 mit Art.18 KartVO. Gemäß Art.11 VONr.17 konnte die EG Kommission *„zur Erfüllung der ihr in Art.89 (Art.85 EG n.F.) und in Vorschriften nach Art.87 (Art.83 EG n.F.) des Vertrages übertragenen Aufgaben … die erforderlichen Auskünfte“* einholen; die VONr.17 ging somit weiterhin von der Übertragung von Aufgaben durch Art.85 EG aus. Nach Art.18 KartVO besteht dagegen das Auskunftsverlangen für alle der EG-Kommission *„durch diese Verordnung übertragenen Aufgaben“*. Somit kann Art.85 EG ebenfalls keine Anwendung mehr beanspruchen, sofern die KartVO auf einen Fall anwendbar ist. Im Ergebnis lässt sich mit identischen Erwägungen auf die zu Art.84 EG gefundenen Anwendungsbereiche verweisen.

Art.85 EG ist auf Zusammenschlüsse nicht anwendbar. Ausnahmen können sich entsprechend Art.84 EG in Verweisungssituationen ergeben.

c. Zusammenfassung zum Vollzugs- und Verfahrensrecht

Sofern ein Zusammenschluss tatbestandlich im Anwendungsbereich der Art.81, 82 EG liegt, kann es zur Anwendung des kartellrechtlichen Durchführungsrechtes kommen.

Sowohl nach der alten als auch nach der neuen Rechtslage kann die FKVO als Durchführungsverordnung im Sinne von Art.83 (und 84) EG angesehen werden, sofern ihre wettbewerblichen Beurteilungsgrundsätze den in Art.81 und 82 EG niedergelegten Zielsetzungen entsprechen. Dies ist grundsätzlich nur bei missbräuchlichen Konzentrationsvorgängen im Sinne von Art.82 EG und der Gründung von Gemeinschaftsunternehmen im Sinne von Art.3 FKVO (derselbe a.F.), sofern diese Koordinierungseffekte mit sich bringen, der Fall. Für Konzentrationsvorgänge, die aus anderen Gründen im Anwendungsbereich von Art.81 EG liegen, kann die FKVO nicht als Durchführungsrecht gelten.

Die VONr.17 war nach der alten Rechtslage entsprechend Art.22 (1) 2.Hs FKVO ausschließlich auf koordinierende Gemeinschaftsunternehmen im Sinne von Art.3 FKVO (derselbe a.F.) anwendbar, sofern diese keine gemeinschaftsweite Bedeutung hatten. Die KartVO ist dagegen auf alle Zusammenschlüsse ohne gemeinschaftsweite Bedeutung anwendbar. Eine Ausnahme besteht im Verweisungsfall nach Art.22 FKVO, da sich hier die Geltung entsprechend der alten Rechtlage nur auf besagte Gemeinschaftsunternehmen beschränkt.

Die Art.84 und 85 EG waren im Rahmen der FKVO a.F. einerseits auf Zusammenschlüsse mit gemeinschaftsweiter Bedeutung anwendbar, sofern die dann parallel anwendbarer FKVO a.F. nicht als Durchführungsverordnung fungieren konnte.[280] Ferner konnten die Vorschriften auf Zusammenschlüsse ohne gemeinschaftsweite Bedeutung Geltung erfahren. Nach der neuen Fassung der FKVO sind, bedingt durch die Anwendbarkeit der KartVO, die Art.84, 85 EG zunächst nicht mehr auf Zusammenschlüsse ohne gemeinschaftsweite Bedeutung anwendbar. Bei Zusammenschlüssen mit gemeinschaftsweiter Bedeutung ist die Rechtslage identisch geblieben.

Im Verweisungsfall nach Art.9 FKVO (derselbe a.F.) können die Art.84, 85 sowohl nach der alten als auch nach der neuen Rechtslage wieder aufleben, soweit die mittels der zusammenschlussrechtlichen Kontrollvorschriften eröffnete und den Art.81, 82 EG entsprechende Kontrollmöglichkeit aufgrund der Verweisung ausfällt. Im Verweisungsfall nach Art.22 FKVO [Art.22 (2)-(4) FKVO a.F.] finden die Art.84, 85 EG in der Regel Anwendung. Ausnahmen bestehen nach der neuen Rechtslage, sofern die KartVO anwendbar bleibt oder die eröffnete „Kontrollnische“ nach der FKVO eine dem Primärrecht Rechnung tragende Kontrollmöglichkeit eröffnet, was ausschließlich für Überschneidungen eines Zusammenschlusses mit Art.82 EG der Fall sein kann.

---

280 Da diese Konstellationen theoretisch konstruierbar praktisch kaum relevant sind, ist die Anwendung der Art.84, 85 EG auf Zusammenschlüsse mit Gemeinschaftsdimension nahezu ausgeschlossen; zu denkbaren Beispielen: Groeben/Thiesing/Ehlermann (SCHRÖTER, RATING), Band 2/I, Dritter Teil, Titel V, Kapitel 1, Abschnitt 1, nach Artikel 85, III. (Änderung der Unternehmensstruktur), 2., b), Rn.8, (S.2/411 f.).

II) Deutsches Recht

Im deutschen Recht sind anders als im Gemeinschaftsrecht wettbewerbsrechtliche Verhaltens- und Strukturkontrolle nicht auf verschiedene Gesetzesgrundlagen aufgeteilt. Vielmehr schützt das Gesetz gegen Wettbewerbsbeschränkungen die Funktionsfähigkeit des Wettbewerbs im deutschen Hoheitsgebiet vor sämtlichen Sachverhalten, die diesen beeinträchtigen oder ausschalten können.[281] Da ein Zusammenschluss auch im deutschen Rechtsgefüge kein Konzentrationsprivileg genießt,[282] könnte der Vollzug aller materiellen Tatbestände durch die Kartellbehörden in Betracht kommen.

Das deutsche Recht arbeitet im Rahmen der Verhaltenskontrolle ähnlich den Art.81, 82 EG mit der „Verbotsmethodik".[283] So sind die wettbewerbsbeschränkenden Verhaltensweisen in der Regel[284] verboten. Nach dem Gesetz „unzulässige" Verhaltensweisen können gemäß § 32 GWB von den Wettbewerbshütern, grundsätzlich dem Bundeskartellamt, untersagt werden. Das Vollzugs- und Verfahrensrecht ist im GWB integriert,[285] sodass geklärt werden muss, wann das GWB auf Zusammenschlüsse anwendbar ist.

Die strukturell ausgerichtete Zusammenschlusskontrolle, die im 7. Abschnitt des GWB unter den §§ 35-43 GWB geregelt ist, erfährt einen gewissen Sonderstatus. Bedingt durch das auch im deutschen Recht verfolgte präventive Kontrollprinzip,[286] dürfen nicht alle Konzentrationsprozesse, auf die das deutsche Kartellgesetz Anwendung finden könnte, im Anwendungsbereich auch dieser speziellen Kontrollmechanismen liegen. Somit stellt das Gesetz in § 35 GWB für die Fusionskontrollvorschriften besondere Geltungsvoraussetzungen auf, die neben der grundsätzlichen Anwendbarkeit des GWB erfüllt sein müssen. Unerheblich ist in diesem Zusammenhang, dass das GWB mit § 37 GWB einen anders definierten Zusammenschlussbegriff zugrunde legt, da dieser insbesondere auch Minderheitsbeteiligungen erfasst und damit breiter ist als die Definition von Art.3 FKVO (derselbe a.F.), sodass die Ermittlungen auch direkt auf den hier untersuchten europäischen Zusammenschlusstatbestand gestützt werden können.

---

281 Eine Übersicht zum Inhalt: BECHTHOLD, Einführung, 5., Rn.40 f., (S.17), 6., b), Rn.46, (S.19); Langen/Bunte (BUNTE), Band I, Einführung zum GWB, C., II., 1., Rn.53, (S.24).

282 Siehe bereits die Nachweise in den Fußnoten 72, 73.

283 BECHTHOLD, Einführung, 8., a), Rn.58, (S.23); Langen/Bunte (BUNTE), Band I, (GWB) Erster Teil (Wettbewerbsbeschränkungen), Erster Abschnitt, § 1, A., III., Rn.9, (S.54).

284 Vgl. aber § 16 GWB, wonach die dort beschriebenen Sachverhalte nicht per Gesetz verboten sind, sondern von den Kartellbehörden untersagt werden können; es bedarf also zunächst einer exekutiven Feststellung.

285 BECHTHOLD, Einführung, 3., l), Rn.28, (S.12).

286 BECHTHOLD, Einführung, 5., Rn.40, (S.17); Immenga/Mestmäcker (MESTMÄCKER, VELLKEN), Gesetz gegen Wettbewerbsbeschränkungen, Erster Teil (Wettbewerbsbeschränkungen), Siebenter Abschnitt, § 35, I., 1., Rn.1, (S.1276).

Die nachfolgenden Ermittlungen müssen zwischen dem grundlegenden Anwendungsbereich des GWB, der in § 130 (2) GWB geregelt wird, und dem Speziellen der Zusammenschlusskontrollvorschriften differenzieren. Dabei ist auch zu berücksichtigen, inwieweit das europäische Recht zur Umsetzung eines „one-stop-shop“-Prinzips Regelungen für die Anwendung des nationalen Rechtes trifft.

1) Gesetz gegen Wettbewerbsbeschränkungen, § 130 (2) GWB

Der sachliche Anwendungsbereich des GWB wird durch § 130 (2) GWB festgelegt. Danach findet das Gesetz Anwendung, sofern sich eine Wettbewerbsbeschränkung im Inland, also im deutschen Hoheitsgebiet, auswirkt.[287]

Im fusionsrechtlichen Kontext bedarf diese Grundvoraussetzung einer weiteren Präzisierung, da die wettbewerbsbeschränkende Strukturveränderung eines Zusammenschlusses erst mit dessen Vollzug eintreten kann. Da jedoch die Kontrolle eines Zusammenschlusses präventiv erfolgen soll, muss das GWB bereits zu einem Zeitpunkt anwendbar sein, in dem die Beschränkung des Wettbewerbs noch gar nicht stattgefunden hat.[288] Ausreichend ist es deshalb für § 130 (2) GWB im zusammenschlussrechtlichen Kontext, wenn das Vorhaben eine Strukturveränderung im deutschen Hoheitsgebiet bewirken wird bzw. die Möglichkeit dazu besteht.[289]

Weiteres ungeschriebenes Erfordernis ist die grundsätzlich relevante Spürbarkeit der Auswirkungen.[290] Es sollen durch das GWB keine unbedeutenden Marktaktivitäten im deutschen Hoheitsgebiet erfasst werden. So soll das GWB eine gewisse Toleranz gegenüber Auslandssacherhalten erfahren. Sofern jedoch ein Zusammenschluss, der im Ausland bewirkt wird, spürbare Auswirkungen auf die Marktverhältnisse in der Bundesrepublik Deutschland hat, ist das GWB auch auf diesen anwendbar.[291]

---

[287] Langen/Bunte (JUNGBLUTH), Band I, (GWB) Fünfter Teil (Anwendungsbereich des Gesetzes), § 130, B., II., Rn.98, (S.1672).

[288] Langen/Bunte (JUNGBLUTH), Band I, (GWB) Fünfter Teil (Anwendungsbereich des Gesetzes), § 130, B., V., Rn.109, (S.1675).

[289] BECHTHOLD, Fünfter Teil (Anwendungsbereich des Gesetzes), § 130, 5., a), Rn.14, (S.792); Frankfurter Kommentar (LINDEMANN), Band 4, § 130 Abs.2 GWB 1999, V. (Inlandsauswirkung), 2., d), Rn.24; Langen/Bunte (JUNGBLUTH), Band I, (GWB) Fünfter Teil (Anwendungsbereich des Gesetzes), § 130, B., V., Rn.109, (S.1675).

[290] Frankfurter Kommentar (LINDEMANN), Band 4, § 130 Abs.2 GWB 1999, V. (Inlandsauswirkung), 2., c), Rn.23.

[291] Die Einzelheiten sind umstritten; siehe: BECHTHOLD, Fünfter Teil (Anwendungsbereich des Gesetzes), § 130,6., c), Rn.18, (S.794), Wiedemann (WIEDEMANN), 1.Kapitel (Einleitung), § 5, D., III., 3., b), Rn.44 (S.81).

2) *Anwendungsausschluss durch das Gemeinschaftsrecht*

Zwecks Umsetzung des „one-stop-shop"-Prinzip[292] wurde Art.21 (3) FKVO [derselbe (2) a.F.] in das EG-Zusammenschlussrecht aufgenommen, damit die Anwendung der innerstaatlichen Wettbewerbsrechte nicht die Maßnahmen der EG-Kommission anzweifelbar machen kann.[293] Dieser Grundsatz hat sich im Zuge der Reformen nicht verändert, weshalb hier keine gesonderte Betrachtung der Rechtslage vor und nach der Reform erfolgen muss.

Zu beachten ist, dass die Verweisungsszenarien der FKVO eine Veränderung der Kontrollhoheit bewirken sollen. Damit muss sich das anwendbare Recht gleichsam verändern, denn die nationalen Behörden können keine Kontrollbefugnisse aus dem EG-Zusammenschlussrecht ableiten.

a. *Grundsatz, Art.21 (3) FKVO (derselbe (2) a.F.)*

Die Anwendung des innerstaatlichen Wettbewerbsrechtes ist bei Zusammenschlüssen mit gemeinschaftsweiter Bedeutung, das heißt im Regelkontrollbereich der FKVO, nicht möglich.[294] Ausgenommen sind hiervon gemäß Uabs.2 zunächst die Befugnisse der nationalen Behörden, die zur Wahrnehmung des in den Art.4 (4) und 9 FKVO (Neuaufnahme und derselbe a.F.) geregelten Antragsrechtes erforderlich sind.

Daraus folgt, dass die Anwendung des GWB durch die nationalen Behörden dann nicht zulässig ist, soweit ein Zusammenschluss gemeinschaftsweite Bedeutung hat. Aus Art.21 (4) FKVO [derselbe (3) FKVO a.F.] lässt sich ferner folgern, dass die Vorschrift nicht nur die Vorschriften des nationalen Zusammenschlussrechtes, sondern das innerstaatliche Wettbewerbsrecht vollständig, also beispielsweise auch das Kartellverbot, ausschließt.[295] Die Mitgliedstaaten sind nur befugt, Maßnahmen zu ergreifen, die *„zum Schutz anderer berechtigter Inte-*

---

[292] Vgl. Gemeinschaftskommentar (SCHÜTZ), GWB-Zusammenschlusskontrolle, Einführung, III. (Verhältnis zur EU-Fusionskontrolle), 1., a), Rn.44.

[293] Vgl. Lenz/Borchardt (GRILL), Vertrag zur Gründung der Europäischen Gemeinschaft, Vorbem. Artikel 81-86,VI., 2., Rn.44, (S.852).

[294] Gemeinschaftskommentar (SCHÜTZ), GWB-Zusammenschlusskontrolle, Einführung, III. (Verhältnis zur EU-Fusionskontrolle), 1., a), Rn.44; Wiedemann (RICHTER), 5.Kapitel (Fusionkontrolle), 2.Abschnitt, § 19, A., I., Rn.2, (S.637); KÖGEL, 2.Teil, E., I., 2., b), (S.320); WESTERMANN, 1.Kapitel, A., I., 3., (S.18).

[295] Frankfurter Kommentar (RÖSLER), Band 6, Teil 3a (FKVO 4064/89 mit Ausnahme Artikel 4 und 7), Artikel 21, A. (Vorrang des Europäischen Rechts), Rn.11; Immenga/Mestmäcker (MESTMÄCKER, VEELKEN), Gesetz gegen Wettbewerbsbeschränkungen, Erster Teil (Wettbewerbsbeschränkungen), Siebenter Abschnitt, § 35, IV., Rn.39, (S.1290); WESTERMANN, 1.Kapitel, A., I., 3., (S.18); andere Ansicht: LAMPERT, Teil 2, II., 3., c) „Der Begriff des Wettbewerbsrechtes in Artikel 21 Abs. 2 Unterabs. 1 ist … im Sinne von Fusionskontrollrecht auszulegen. … Das übrige nationale Wettbewerbsrecht (muss) anwendbar bleiben.", (S.109).

ressen als derjenigen ..., welche in der dieser Verordnung berücksichtigt" sind, dienen [vgl. Art.21 (4) Uabs.1 FKVO [derselbe (3) Uabs.1 a.F.]. Dies ist allgemein, das heißt bezogen auf den wettbewerbsschützenden Charakter, zu verstehen, sodass Maßnahmen, die Interessen des Wettbewerbsschutzes verfolgen, nicht vorgenommen werden dürfen.[296] Das Gesetz gegen Wettbewerbsbeschränkungen findet grundsätzlich keine Anwendung, wenn ein Zusammenschluss gemeinschaftsweite Bedeutung hat,[297] wobei sich diese Regelung im Verhältnis zu den nationalen Rechtsordnungen aufgrund der höheren Geltungskraft des EG-Rechtes auch durchsetzen.[298]

b. Verweisungsszenarien

Es sind im Zusammenschlussrecht zwei verschiedene Verweisungsszenarien entsprechend der Verweisungsrichtung zu unterscheiden.[299]

Kommt es gemäß Art.4 (4) oder 9 FKVO (Neuaufnahme und derselbe a.F.) antragsbedingt zu einer Verweisung des Zusammenschlusses an einen Mitgliedstaat, so ist dieser damit befugt auf einen Zusammenschluss mit gemeinschaftsweiter Bedeutung, ungeachtet des Art.21 (3) Uabs.1 FKVO [derselbe (2) Uabs.1 a.F.], das innerstaatliche Wettbewerbsrecht anzuwenden.[300] Dies ergibt sich aus Art.9 (3) Uabs.1 lit.b FKVO (derselbe a.F.) und neuerdings auch Art.4 (4) Uabs.5 FKVO, wonach der Zusammenschluss nach dem „*Wettbewerbsrecht des Mitgliedstaats*" zu prüfen wäre. Ferner sieht Art.21 (3) Uabs.2 FKVO [derselbe (2) Uabs.2 a.F.] für solche Sacherhalte eine Ausnahme vor. Im Verweisungsfall nach Art.4 (4) oder 9 FKVO kann auf den verwiesenen Gehalt des Vorhabens ausschließlich dann das deutsche Recht angewandt werden, wenn das Vorhaben an die Bundesrepublik Deutschland verwiesen worden ist.

In Verweisungsfällen an die EG-Kommission nach Art.22 FKVO [derselbe (2)-(4) a.F.] erweitert sich der Anwendungsbereich der Verordnungsvorschriften. Daneben wird die Anwendung des innerstaatlichen Wettbewerbsrechtes ausgeschlossen. Dabei könnte man aufgrund des Verweises von Art.22 (4) U-

---

[296] Langen/Bunte (LÖFFLER), Band 1, EG-Kartellrecht, FKVO, Artikel 21, D., II., Rn.13, (S.2641).

[297] Groeben/Schwarze (ADT), Band 2, Titel VI, Kapitel 1, Abschnitt 1, nach Artikel 85 (europäische Fusionkontrolle/Fusionskontrollverordnung), D., Rn.132, (S.835); Langen/Bunte (LÖFFLER), Band 1, EG-Kartellrecht, FKVO, Artikel 1, C., Rn.15, (S.2404); SEITZ, B., II., 3., c), ii), (S.91); vgl. auch: 4) Systematische Interpretation, (S.395).

[298] Wiedemann (RICHTER), 5.Kapitel (Fusionkontrolle), 2.Abschnitt, § 19, A., Rn.1, (S.637).

[299] Vgl. cc. Verweisungsbedingte Ausnahmen, (S.60-66).

[300] Vgl. Groeben/Thiesing/Ehlermann (HIRSBRUNNER), Band 2/II, Dritter Teil, Titel V, Kapitel 1, Abschnitt 1, nach Artikel 89, I. (Fusionskontrollverordnung), Artikel 9, II., 8., Rn.50, (S.2/1549 Immenga/Mestmäcker (REHBINDER), EG-WbR, Band I, I.Abschnitt (Einleitung), F., VII., 3., Rn.57, (S.116); KÖGEL, 1.Teil, C., I., 2., (S.218); WESTERMANN, 1.Kapitel, A., II., 1., (S.19).

abs.1 FKVO auf Art.21 FKVO annehmen, dass dies für alle Mitgliedstaaten gelten soll. Allerdings modifiziert Art.22 (3) Uabs.3 FKVO die entsprechende Geltung von Art.21 (3) FKVO dahingehend, dass im Verweisungsfall nur das innerstaatliche Wettbewerbsrecht derjenigen Staaten ausgeschlossen wird, die um die Verweisung des Falles ersucht haben. Diese Rechtsfolge konnte nach der FKVO a.F. grundsätzlich nur aus den Protokollerklärungen entnommen werden.[301] Wird ein Zusammenschluss an die EG-Kommission gemäß Art.22 FKVO [derselbe (2)-(4) a.F.] verwiesen, so wird das GWB nur unanwendbar, wenn der Verweisungsantrag (auch) von dem Bundesministerium für Wirtschaft bzw. aufgrund einer Delegation der Antragsbefugnis durch das Bundeskartellamt gestellt worden ist.[302]

c. *Fazit*

Das GWB ist regelmäßig nicht anwendbar, wenn ein Zusammenschluss gemeinschaftsweite Bedeutung hat. Eine Ausnahme hierzu gilt, wenn das Vorhaben ganz oder teilweise an die Bundesrepublik Deutschland verwiesen worden ist; auf den verwiesenen Gehalt findet das GWB Anwendung. Kommt es auf „deutschen" Antrag zu der Verweisung eines Vorhabens ohne gemeinschaftsweite Bedeutung an die EG-Kommission erlischt die Geltung des GWB.

3) Anwendungsausschluss gemäß § 35 (3) GWB

Mit § 35 (3) GWB trifft das GWB eine weitere Aussage über die Anwendung des GWB. Zu beachten ist hierbei zunächst, dass diese Norm aufgrund ihrer Position ausschließlich Geltung erlangen kann, wenn die besonderen Anwendungsvoraussetzungen für die Vorschriften der Fusionskontrolle erfüllt sind.

Gemäß § 35 (3) GWB sollen die Vorschriften des Gesetzes keine Anwendung finden können, wenn die EG-Kommission nach dem europäischen Zusammenschlussrecht in seiner jeweils aktuellen Verordnungsfassung *„ausschließlich zuständig"* ist. Sofern diese Regelung nur die Aussage der FKVO wiederholt, um eine Harmonie zwischen GWB und EG-Fusionsrecht herzustellen, wäre sie gewissermaßen überflüssig, da sich das EG-Recht aufgrund der Höherrangigkeit ohnehin durchsetzen würde; § 35 (3) GWB würde eine klarstellende Funktion erfahren. Es ist jedoch auch denkbar, dass § 35 (3) GWB „Eigenwirkungen" ent-

---

301 EUROPÄISCHER RAT und EG-KOMMISSION, Erklärung für das Ratsprotokoll, WuW 1990, S.244 „Durch die Bestimmungen von Artikel 22 Abs.3 bis 5 (wird) im Falle der Mitgliedstaaten, die nicht das Tätigwerden der Kommission verlangt haben, in keiner Weise die Befugnis zur Anwendung der innerstaatlichen Rechtsvorschriften im jeweiligen Hoheitsgebiet beeinträchtigt."

302 Vgl. Groeben/Thiesing/Ehlermann (LANGEHEINE), Band 2/II, Dritter Teil, Titel V, Kapitel 1, Abschnitt 1, nach Artikel 89, I. (Fusionskontrollverordnung), Artikel 22, II., 3., Rn.15, (S.2/1619); BERG, BB 2004, S.564, (S.561).

faltet. So, wie der deutsche Gesetzgeber das GWB ersatzlos aufheben könnte, ist es ihm auch überlassen, die Anwendung mittels § 35 (3) GWB über die Aussagen der FKVO hinweg einzuschränken.

Beispiel 1:4 (Anwendungsausschluss gemäß § 35 (3) GWB)
Im Rahmen der 8.Novelle des GWB ergänzt der Bundestag das GWB um § 35 (4) GWB, nachdem die Anwendung des Gesetzes im Verweisungsfall nach Art.22 FKVO immer und dies ungeachtet, ob die Bundesrepublik selbst um Verweisung ersucht hat, keine Anwendung mehr beanspruchen soll. Hintergrund dieser Neuerung soll es sein, dass Unternehmen im Verweisungsfall nicht auch weiterhin ein Verfahren vor den deutschen Behörden durchführen müssen.[303]

Da im Verweisungsfall nach Art.22 FKVO [derselbe (2)-(4) a.F.] grundsätzlich nur das innerstaatliche Recht derjenigen Staaten keine Anwendung finden soll, die um eine Verweisung an die EG-Kommission ersucht haben, würde die „deutsche Regel" über die Vorgabe der FKVO hinausgehen. Ob § 35 (3) GWB bloß die Vorgaben der FKVO in der jeweils geltenden Fassung umsetzen oder einen eigenen Regelungsbereich erfahren soll, gilt es zu überprüfen.

a. Wortlaut

Der Wortlaut der Vorschrift gibt keine Auskunft über den Umfang der Vorschrift. § 35 (3) GWB nimmt hinsichtlich seiner Reichweite auf die FKVO Bezug, deshalb kann der Inhalt der Vorschrift nicht aus der bloßen Betrachtung des Wortlautes gewonnenen werden.

b. Teleologische Erwägungen

Der mit § 35 (3) GWB vom Gesetzgeber verfolgte Sinn und Zweck ist eindeutig. Es sollte sich bei § 35 (3) GWB um den „klarstellenden Hinweis" handeln, dass das GWB nicht gilt, wenn für Zusammenschlüsse alleine die FKVO anwendbar ist.[304] Danach würde § 35 (3) GWB keinen eigenständigen Regelungsbereich eröffnen; diese Vorgabe beinhaltet bereits Art.21 (3) FKVO [derselbe (2) a.F.]. § 35 (3) GWB sollte dementsprechend an das vom EG-Recht angestrebte „one-stop-shop"-Prinzip anknüpfen.

c. Systematische Auslegung

Die systematische Betrachtung zu § 35 (3) GWB muss die Vorgaben der FKVO berücksichtigen, da sich die nationale Norm in ihrem Inhalt auf die dortigen Regelungen bezieht. Entsprechend gilt es zu prüfen, wann die EG-Kommission „*ausschließlich zuständig*" ist. Damit beruft sich § 35 (3) GWB

---

[303] Die Sinn- und Zweckmäßigkeit einer solchen Regelung mag dahinstehen.

[304] BUNDESREGIERUNG, Gesetzesentwurf vom 29. Januar 1998 eines sechsten Gesetzes zur Änderung des Gesetzes gegen Wettbewerbsbeschränkungen, BTDrs.13/9720, S.56.

strikt dem Wortlaut folgend auf Art.21 (2) FKVO [derselbe (1) a.F.], der diese Prämisse für alle in der „*Verordnung vorgesehenen Entscheidungen*" bzw. für den Erlass solcher vorsieht.[305] Die Aussage kann jedoch sachverhalts- oder rechtsanwendungsbezogen interpretiert werden. Auffällig ist zumindest, dass nicht auf Art.21 (3) FKVO [derselbe (2) a.F.] Bezug genommen wird.

Beispiel 1:5 (Systematische Auslegung)
A ist ein in Deutschland ansässiges und in der Gemeinschaft tätiges Stromversorgungsunternehmen. Von Bedeutung sind insbesondere die Marktanteile im deutschen Markt von 23% und im französischen Markt von 18%. A plant im Sommer 2004 die Übernahme eines Konkurrenten, der B-AG. Aufgrund der Marktanteile von B würde A eine marktbeherrschende Stellung sowohl auf dem französischen Markt, als auch auf dem deutschen Markt erlangen. Da das Vorhaben geeignet ist, den Handel zwischen Mitgliedstaaten zu beeinträchtigen, stellt Frankreich einen Verweisungsantrag an die EG-Kommission gemäß Art.22 FKVO. Die Bundesrepublik schließt sich dem jedoch nicht an, weil sie der Annahme ist, das Vorhaben wäre nicht geeignet, den Handel zwischen Mitgliedstaaten zu beeinträchtigen. Die EG-Kommission gibt das Vorhaben unter Auflagen frei. Die Bundesrepublik untersagt dagegen das Vorhaben gemäß § § 36 (1) GWB. Hiergegen richten sich A und B mit der Begründung, dass das Bundeskartellamt gemäß § 35 (3) GWB nicht befugt sei, Untersagungsverfügungen nach dem GWB zu erlassen, da die EG-Kommission in diesem Fall (ausschließlich) zuständig sei, eine Entscheidung nach der FKVO zu erlassen.

Analysiert man die Anwendung des GWB aus der Perspektive der FKVO, so wäre das deutsche Recht gemäß Art.22 (3) Uabs.3 FKVO anwendbar, da die Bundesrepublik keinen Verweisungsantrag gestellt hat. Sofern sich § 35 (3) GWB „nur" an diesen Vorgaben orientieren soll, wäre der Einwand von A und B nicht begründet.

Allerdings könnte man aus dem Wortlaut von § 35 (3) GWB in Verbindung mit der Systematik zur FKVO bei einer anwendungsbezogenen Interpretation ableiten, dass das GWB trotz anderweitiger Vorgaben der FKVO nicht anwendbar ist. Nach § 35 (3) GWB kommt es auf die alleinige Zuständigkeit der EG-Kommission nach der FKVO an. Dieser Tatbestand liegt vor, denn die FKVO ist auf den Fall anwendbar und eine Entscheidungsbefugnis der EG-Kommission ist gemäß Art.21 (4) Uabs.1 FKVO in Verbindung mit Art.6 oder 8 FKVO eröffnet. Da die EG-Kommission für Entscheidungen nach der FKVO ausschließlich zuständig ist bzw. das Bundeskartellamt keine Entscheidungszuständigkeiten aus der FKVO ableiten kann [Art.21 (2) FKVO],[306] könnte die Voraussetzung von § 35 (3) GWB erfüllt und der geltend gemachte Einwand von A und B begründet sein.

---

305 Zur alten Rechtslage: NIEMEYER, B. (Die EG-Fusionskontrollverordnung), V., 1., (S.27); KÖGEL, 1.Teil, C., I., 2. „Für die Durchsetzung des Kartellverfahrensrechtes der FKVO … ist die Kommission nach Artikel 21 (1) FKVO ausschließlich zuständig.", (S.218).

306 Vgl. LAMPERT, Teil 2, II., (S.83 f.).

Hierbei handelt es sich um eine vornehmlich auf die Rechtsanwendung fokussierende Sichtweise. Da zur Anwendung der FKVO immer nur die EG-Kommission ausschließlich zuständig ist, könnte § 35 (3) GWB immer dann das deutsche Recht ausschließen, wenn die Verordnung auf einen Fall oder den Teil eines solchen anwendbar ist.

Denkbar wäre jedoch auch, dass § 35 (3) GWB sachverhaltsbezogen zu verstehen ist. Man könnte somit im vorgenannten Fallbeispiel vertreten, dass die EG-Kommission nicht nach der FKVO ausschließlich zuständig sei, weil gemäß Art.22 (3) Uabs.3 FKVO auch die Bundesrepublik Deutschland noch ihr Recht anwenden darf; es liegt ein Fall der „gesplitterten Zuständigkeit" vor. § 35 (3) GWB würde dann nur für Vorhaben mit gemeinschaftsweiter Bedeutung Anwendung finden, da für solche grundsätzlich nur die ausschließliche Zuständigkeit besteht. Die Rüge von A und B wäre insoweit unbegründet.

Für die Erwägung, § 35 (3) GWB fülle keinen „überschüssigen" Regelungsbereich in Bezug auf die Vorgaben der FKVO, sondern übernehme ausschließlich klarstellende Funktionen, spricht ferner die Positionierung im GWB. Sofern die Vorschrift, die sich auf das gesamte Gesetz bezieht, (auch) einen regelnden Charakter beinhalten soll, fragt es sich, warum diese nicht in § 130 im Teil „Anwendungsbereich" integriert ist. Die Positionierung im Rahmen der Zusammenschlusskontrollvorschriften deutet auf den Signalcharakter. Die Vorschrift, die keine eigenständige, sondern bloß eine Warn- bzw. Hinweisfunktion umsetzt, sollte dort positioniert sein, wo sie sachverhaltlich „warnen" soll; vorliegend im Zusammenschlussrecht.

Die systematischen Erwägungen geben zu dieser Frage keine eindeutige Antwort, sprechen jedoch aufgrund der Positionierung der Regelung im Rahmen des GWB für einen bloß klarstellenden Hinweis.

d. Fazit

Aufgrund der eindeutigen Zielsetzung der Gesetzesverfasser muss davon ausgegangen werden, dass § 35 (3) GWB ausschließlich Klarstellungscharakter erfährt.[307] Dafür spricht auch, dass die systematische Interpretation zweideutig ist. So könnte man nach einer Analyse des Wortlautes von § 35 (3) GWB im Zusammenhang der FKVO bei einer rechtsanwendungsbezogenen Auslegung davon ausgehen, dass § 35 (3) GWB über die Vorgaben der FKVO hinaus geht,

---

[307] EBEL, GWB, Erster Teil, 7.Abschnitt, § 35, IV. (Europäische Fusionskontrolle), Rn.13; Gemeinschaftskommentar (SCHÜTZ), GWB-Zusammenschlusskontrolle, Einführung, III. (Verhältnis zur EU-Fusionskontrolle), 1., a), Rn.44 „§ 35 Abs.3 verdeutlich dies [sich auf den Regelungsgehält des Artikel 21 (3) FKVO (derselbe Abs.2 a.F.) beziehend] nur"; Immenga/Mestmäcker (MESTMÄCKER, VEELKEN), Gesetz gegen Wettbewerbsbeschränkungen, Erster Teil (Wettbewerbsbeschränkungen), Siebenter Abschnitt, § 35, IV., Rn.39 (S.1290).

während eine auch denkbare sachverhaltsbezogene Interpretation den Motiven der Gesetzesverfasser entsprechen würde. Ferner spricht die Positionierung der Norm im Regelungsgefüge des deutschen Rechtes für einen bloß „hinweisenden" Charakter.

§ 35 (3) stellt die Unanwendbarkeit des GWB auf Zusammenschlüsse mit gemeinschaftsweiter Bedeutung klar. Die Norm findet in Verweisungssituationen keine Anwendung, weil hier nicht die EG-Kommission alleine zuständig ist,[308] die Gesamtheit des Falles zu behandeln. Dies ist jedoch unerheblich, weil sich in solchen Fällen die von der FKVO bestimmten Modifizierungen der nationalen Rechtsanwendung auch ohne eine Verankerung im GWB durchsetzen können.[309]

4) Zusammenschlusskontrollvorschriften, § 35 (1), (2) GWB

Das Recht zur Zusammenschlusskontrolle erfordert kumulativ zu § 130 (2) GWB das Vorliegen weiterer Anwendungsvoraussetzungen, welche in § 35 (1), (2) GWB statuiert werden.[310] Dies ist durch den präventiven Kontrollmechanismus bedingt, welcher, gemessen am Kontrollziel – Verhinderung „gefährlichen" Marktstrukturen –, sich nicht auf sämtliche Vorhaben mit spürbaren Auswirkungen im deutschen Markt beziehen darf.[311] Neben der Unverhältnismäßigkeit einer Prüfung von „Kleinstvorhaben" muss auch aus Gründen der Arbeitsbelastung eine Auswahl von wirtschaftlich bedeutsamen Vorhaben erfolgen.[312] Deshalb bestimmt die deutsche Zusammenschlusskontrolle gleich Art.1 FKVO (derselbe a.F.) Schwellenwerte, welche die Relevanz, die hier als *deutschlandweite* Bedeutung bezeichnet werden soll, beschreiben sollen.

Gemäß § 35 (1) GWB wird gemessen an den Umsätzen der an einem Zusammenschluss beteiligten Unternehmen geregelt, ab welchem Volumen ein Vorhaben zusammenschlussrechtliche Kontrollbedeutung erlangt. Voraussetzung

---

308 Die einzig denkbare Ausnahme wäre, wenn alle zuständigen Mitgliedstaaten um die Verweisung des Vorhabens ersuchen, da dann auch alleine die EG-Kommission zuständig wäre.

309 BECHTHOLD, Erster Teil, Siebenter Abschnitt (Zusammenschlusskontrolle), § 35,2., a), Rn.2, (S.361); Langen/Bunte (RUPPELT), Band I, (GWB) Erster Teil (Wettbewerbsbeschränkungen), Siebenter Abschnitt, § 35, B., II., 3., Rn.28, (S.999 f.).

310 Gemeinschaftskommentar (SCHÜTZ), GWB-Zusammenschlusskontrolle, § 35, II. (Sachlicher Anwendungsbereich), 2., a), Rn.7, 11; Langen/Bunte (RUPPELT), Band I, (GWB) Erster Teil (Wettbewerbsbeschränkungen), Siebenter Abschnitt, § 35, B., Rn.4 f., (S.989).

311 Vgl. Langen/Bunte (RUPPELT), Band I, (GWB) Erster Teil (Wettbewerbsbeschränkungen), Siebenter Abschnitt, § 35, B., II., 1., Rn.18, (S.995).

312 Immenga/Mestmäcker (MESTMÄCKER, VELLKEN), Gesetz gegen Wettbewerbsbeschränkungen, Erster Teil (Wettbewerbsbeschränkungen), Siebenter Abschnitt, § 35, II., 1., Rn.5, (S.1277 f.).

zung ist ferner dabei, dass es sich überhaupt um einen Zusammenschluss im Sinne von § 37 GWB[313] handelt.

Abs.2 bestimmt Ausnahmesachverhalte, in denen eine Transaktion im Sinne von § 37 GWB trotz der tatbestandlichen Erfüllung von § 35 (1) GWB keine deutschlandweite Bedeutung erlangen soll.[314]

Gemäß § 35 (1), (2) GWB ist das deutsche Fusionsrecht, vorausgesetzt, das GWB findet überhaupt Anwendung, nur auf Zusammenschlüsse mit deutschlandweiter Bedeutung anwendbar.

5) Zusammenfassung zum deutschen Recht

Das deutsche Recht geht gemäß § 37 GWB von einem breiteren Zusammenschlussbegriff als Art.3 FKVO (derselbe a.F.) aus.[315] Die Erkenntnisse, die für Zusammenschlüsse im Sinne des deutschen Rechtes gewonnen wurden, sind auf den hier untersuchten Sacherhalt, den Zusammenschluss nach Art.3 FKVO, somit übertragbar.

Das GWB ist auf alle Zusammenschlüsse anwendbar, die sich spürbar im deutschen Hoheitsgebiet, gemessen anhand einer im Inland erfolgten Strukturveränderung, auswirken [§ 130 (2) GWB]. Dies gilt unter der Voraussetzung, dass nicht das Gemeinschaftsrecht die Anwendung ausschließt; so in der Regel gemäß Art.21 (3) FKVO [derselbe (2) a.F.] für Zusammenschlüsse mit gemeinschaftsweiter Bedeutung. In Verweisungsszenarien muss beachtet werden, dass eine Verweisung nach Art.4 (4) oder 9 FKVO (Neuerung und derselbe a.F.) an die Bundesrepublik Deutschland die Anwendung des GWB auf Zusammenschlüsse mit gemeinschaftsweiter Bedeutung eröffnet, wobei der Kontrollhorizont auf die unbedingt erforderlichen Maßnahmen zur Wettbewerbssicherung beschränkt ist. Verweisungsfälle nach Art.22 FKVO [derselbe (2)-(4) a.F.] führen dagegen zur Unanwendbarkeit der deutsche Kartellvorschriften, wenn die Bundesrepublik den Verweisungsantrag gestellt oder sich einem solchen angeschlossen hat.

Ist das GWB anwendbar, so können die deutschen Kartellbehörden und im Regelfall das Bundeskartellamt die Verbotstatbestände insbesondere im Wege der Untersagung nach § 32 GWB vollziehen, sofern ein Zusammenschluss auch gegen solche Vorschriften verstößt.

---

313 Zusammenschlüsse gemäß Artikel 3 FKVO fallen stets in den Anwendungsbereich.

314 Immenga/Mestmäcker (MESTMÄCKER, VELLKEN), Gesetz gegen Wettbewerbsbeschränkungen, Erster Teil (Wettbewerbsbeschränkungen), Siebenter Abschnitt, § 35, III., 1., a), Rn.13, (S.1281); sog. Toleranzklauseln: Wiedemann (RICHTER), 5.Kapitel (Fusionkontrolle), 2.Abschnitt, § 19, D., II., Rn.39, (S.650).

315 Siehe hierzu die Nachweise in Fußnote 19.

Die Vorschriften der Zusammenschlusskontrolle kommen dagegen gemäß § 35 (1), (2) GWB nur unter bestimmten Voraussetzungen zur Anwendung. Abhängig ist dies im Regelfall von der deutschlandweiten Bedeutung, die gleich dem EG-Recht durch eine Umsatzschwellensystematik ermittelt wird.

C. Synthese der Anwendungsbereiche

Nachdem die Anwendungsbereiche für die Rechtsmaterien gesondert ermittelt wurden, gilt es jetzt, durch eine Synthese der gewonnenen Erkenntnisse das System der Rechtsanwendung darzustellen. Angelehnt an die Ausgangsfrage, ob oder inwieweit das „one-stop-shop"-Prinzip erreicht wurde, soll grundlegend zwischen Zusammenschlüssen mit und ohne gemeinschaftsweite Bedeutung differenziert werden; gesondert sollen dabei die Verweisungsszenarien berücksichtigt werden. Da die Ermittlungen ferner ergeben haben, dass sich die Anwendbarkeit der einzelnen Rechtsgrundlagen im Reformprozess der FKVO und der KartVO verändert haben, soll auch eine Differenzierung zwischen der alten und der neuen Rechtslage erfolgen.

I) Rechtslage zur Zeit der VO4064/89 (FKVO a.F)

Thematisch einschlägige Rechtsnormen waren die zusammenschlussrechtlichen Vorschriften der VO4064/89 (FKVO a.F.) und die §§ 35-43 GWB. Ferner kam die Anwendung des EG- sowie des deutschen Kartellrechtes in Betracht, wenn ein Zusammenschlusstatbestand parallel ein kartellrechtlich missbilligtes Verhalten darstellte.

1) Zusammenschluss mit gemeinschaftsweiter Bedeutung

Auf Zusammenschlüsse mit gemeinschaftsweiter Bedeutung war als zusammenschlussspezifische Rechtsmaterien alleine die FKVO a.F. anwendbar; dies ergab sich aus Art.1 (1) FKVO a.F. Nationales Wettbewerbsrecht war gemäß Art.21 (2) FKVO a.F. unanwendbar.

Wurde der Konzentrationsvorgang zudem tatbestandlich von Art.81 EG erfasst, so konnten parallel Art.84, 85 EG Anwendung finden, sofern es sich bei dem Zusammenschluss nicht um ein koordinierendes Gemeinschaftsunternehmen im Sinne von Art.3, 2 (4) FKVO a.F. handelte.

2) Zusammenschluss ohne gemeinschaftsweite Bedeutung

Auf Zusammenschlüsse ohne gemeinschaftsweite Bedeutung war das GWB, vorausgesetzt, das Vorhaben wirkte sich spürbar im deutschen Hoheitsgebiet aus, anwendbar [vgl. § 130 (2) GWB]. Dies galt jedoch nur für die Tatbestände der Verhaltenskontrolle, die im Ausnahmefall auf einen Zusammenschluss angewandt werden konnten. Zwecks Kontrolle nach den Zusammenschlusskontrollvorschriften musste das Vorhaben zudem deutschlandweite Bedeutung gemäß § 35 GWB haben.

Lag das Vorhaben im tatbestandlichen Bereich der Art.81, 82 EG, so konnte parallel die VONr.17 Anwendung beanspruchen, wenn es sich bei dem Zusammenschluss um ein Gemeinschaftsunternehmen mit koordinierendem Charakter handelte. In allen anderen Fällen fanden die Art.84, 85 EG Anwendung.

3) Verweisungsszenarien

Im Verweisungsfall wurde dieses Ausschließlichkeitsprinzip grundsätzlich beibehalten. Das GWB konnte jedoch im Rahmen von Art.9 (8) FKVO a.F. auf Zusammenschlüsse mit gemeinschaftsweiter Bedeutung angewandt werden, sofern eine Verweisung gemäß Art.9 FKVO a.F. an die Bundesrepublik Deutschland erfolgte; die EG-Kommission verlor zugleich die Kontrollhoheit in Bezug auf die verwiesenen Teile des Zusammenschlusses. Wurde das Vorhaben dagegen an die EG-Kommission im Sinne von Art.22 (2)-(4) FKVO a.F. verwiesen, so wäre nur die EG-Kommission zur Kontrolle für die Bundesrepublik Deutschland kontrollbefugt gewesen, wenn letztere um die Verweisung ersucht hätte. Auch hier kam es zu keiner Überschneidung, da mit dem Verweisungsantrag die nationale Rechtsanwendung der antragstellenden Mitgliedstaaten ausgeschlossen sein sollte.

„Unübersichtlich" wäre die Rechtsanwendung dann geworden, wenn der Zusammenschluss tatbestandlich im Anwendungsbereich der Art.81, 82 EG gelegen hätte. In solchen Fällen konnte es zu einem Aufleben oder einem Fortfall der Art.84, 85 EG kommen. Gemessen an dem nach der Verweisung bestehenden Kontrollhorizont der EG-Kommission auf der Grundlage der FKVO musste überprüft werden, inwieweit die eingeschränkte Anwendbarkeit der Verordnungsvorschriften noch eine effektive Exekutivkontrolle im Sinne der Art.81, 82 EG gewährleisten konnte.

4) Bewertung

Das „one-stop-shop"-Prinzip konnte nicht vollständig, aber in der Regel verlässlich umgesetzt werden. Die vertikale Rechtsabgrenzung zwischen FKVO a.F. und GWB wurde, orientiert an dem Merkmal der gemeinschaftsweiten Bedeutung, auf einem Ausschließlichkeitsprinzip aufbauend umgesetzt. Zu Überschneidungen der Kompetenzen zwischen EG-Kommission und nationalen Kartellbehörden konnte es dann kommen, wenn kein „reiner" Zusammenschlusssacherhalt gegeben war, weil letzterer tatbestandlich auch von den Art.81, 82 EG erfasst wurde. Die horizontale Rechtsabgrenzung zwischen FKVO a.F. und EG-Kartellrecht versagte für Zusammenschlüsse ohne gemeinschaftsweite Bedeutung und in Überschneidungsfällen mit Art.81 EG auch bei Vorhaben mit gemeinschaftsweiter Bedeutung, sofern der Konzentrationsvorgang nicht in einer „GU-Gründung“ bestand.

Angemerkt sei, dass das Spektrum solcher Sacherhalte, in denen das „one-stop-shop“-System fehlschlägt in der Praxis kein Regelfall darstelle und die dort einzuordnenden Fälle eine Ausnahmeerscheinung darstellen werden.

II) Rechtslage nach der VO139/2004 (FKVO)

Im Zuge der Reform der VO4064/89 (danach VO139/2004) und der VONr.17 (danach: VO1/2003) hat sich die Rechtsanwendungssystematik leicht verändert.

1) Zusammenschluss mit gemeinschaftsweiter Bedeutung

Grundsätzlich beansprucht die FKVO für Zusammenschlüsse mit gemeinschaftsweiter Bedeutung auch weiterhin alleinige Anwendung [vgl. Art.1 (1), 21 (1), (3) FKVO]. Die Gemeinschaftsdimension wird dabei neuerdings nicht nur umsatzabhängig nach Art.1 FKVO, sondern auch für bestimmte Verweisungsszenarien [vgl. Art.4 (5) FKVO] definiert.

Sofern sich der Zusammenschluss jedoch außerhalb der Fälle von Art.3, 2 (4), (5) FKVO mit Art.81 EG tatbestandlich überschneidet, sind die Art.84, 85 EG parallel anwendbar.

2) Zusammenschluss ohne gemeinschaftsweite Bedeutung

Auf Zusammenschlüsse ohne gemeinschaftsweite Bedeutung findet das GWB entsprechend der alten Rechtslage Anwendung. Die §§ 35-43 GWB gelten dabei unter den besonderen Voraussetzungen, die das GWB neben § 130 (2) GWB regelt.

Sofern eine Transaktion im Anwendungsbereich der Art.81, 82 EG liegt, findet ausschließlich die KartVO Anwendung. Die Art.84, 85 EG werden durch diese für Zusammenschlüsse ohne gemeinschaftsweite Bedeutung verdrängt.

3) Verweisungsszenarien

Auch weiterhin führen die Verweisungsmechanismen in der Regel zu einer Überschneidung der Kompetenzen, da entweder die EG-Kommission oder die nationale Kartellbehörde zur Behandlung eines bestimmten Falles oder den Teil eines solchen zuständig ist [vgl. Art.9 und Art.22 (3) Uabs.3 FKVO]. Art.4 (4) FKVO bringt keine Veränderungen in diesem Kontext, da es sich um einen ins Vorfeld des Kontrollverfahrens verlagerten „Art.9 FKVO“ auf Initiative der beteiligten Personen oder Unternehmen handelt.

Gleich der alten Rechtslage ist die Rechtsanwendungssystematik kompliziert, sofern sich der Zusammenschluss mit den Art.81, 82 EG überschneidet. Kommt es zu einer Verweisung nach Art.9 FKVO, so können unter den bereits zur alten Rechtslage dargestellten Voraussetzungen die Art.84, 85 EG aufleben. Dies, weil trotz Verweisung die FKVO anwendbares Recht bleibt. Art.21 FKVO ist eine „verweisungsresistente“ Vorschrift, weshalb die KartVO unanwendbar bleibt und deshalb hier weiterhin der Spielraum für eine Anwendung der Art.84, 85 EG als „letzte Lösung“ gegeben ist. Kommt es dagegen zu einer Verweisung nach Art.22 FKVO, so ist die KartVO auch nach der neuen Rechtslage bis auf GU-Fälle gemäß Art.21 (1) 2.Hs FKVO unanwendbar, denn diese Vorschrift gilt für Zusammenschlüsse ohne gemeinschaftsweite Bedeutung ausnahmsweise im Verweisungsfall gemäß Art.22 (4) Uabs.1 FKVO entsprechend. Somit müssen, sofern weder die FKVO noch die KartVO eine den Grundsätzen der Art.81, 82 EG gerecht werdende Exekutivkontrolle ermöglichen, die Art.84, 85 EG zur Anwendung kommen.

4) Bewertung

Das „one-stop-shop“-Prinzip ist auch nach der neuen Rechtslage nicht unumstößlich. Es funktioniert entsprechend dem historischen Willen der Verordnungsverfasser seit dem Jahre 1973 angelehnt an das Merkmal der Gemeinschaftsdimension, sofern ein Zusammenschluss nicht (auch) im Anwendungsbereich der Art.81, 82 EG liegt („reiner Zusammenschluss“).

Überschneidet sich der Zusammenschluss mit den Art.81, 82 EG, so ist das System der Rechtsanwendung (offenbar unbewusst) aufgrund der Novellierung der FKVO und der KartVO übersichtlicher geworden. Auf einen Zusammenschluss mit gemeinschaftsweiter Bedeutung findet auch weiterhin alleine die FKVO Anwendung.[316] Ist die Gemeinschaftsdimension dagegen nicht gegeben, so findet neben dem GWB die KartVO Anwendung. Diese regelt jedoch neuerdings das Verhältnis zum nationalen Recht; gemäß Art.3 (3) KartVO ist das Anwendungsverhältnis zwischen KartVO und der nationalen bzw. deutschen Zusammenschlusskontrolle aufgrund der unterschiedlichen Schutzrichtungen unabhängig. Ein Kompetenzkonflikt wird damit ausgeschlossen, weil sich per gesetzlicher Anordnung der strengere Akt durchsetzen soll. Ferner wird auch das Verhältnis zwischen der KartVO und der nationalen Verhaltenskontrolle, sofern dieses im Zusammenschlussfall ausnahmsweise relevant sein könnte, geregelt.

III) Schlussfolgerungen aus der Synthese der Anwendungsbereiche

Das „one-stop-shop“-Prinzip wurde sowohl nach der alten Rechtslage als auch nach der Reformierung im Jahre 2004 in vertikaler Hinsicht vollständig umgesetzt. Zwischen den Kompetenzen der EG-Kommission nach der FKVO und denjenigen des Bundeskartellamtes nach dem GWB kann es keine Konfliktsituation bedingt durch die Überschneidung der beiden Rechtsmaterien geben.

---

[316] Sofern man von dem praktisch nicht relevanten Fall, dass ein Zusammenschluss außerhalb von Art.2 (4), (5) FKVO sich mit Art. 81 EG überschneidet absieht.

Das hier an dem Merkmal der gemeinschaftsweiten Bedeutung ansetzende Prinzip der Ausschließlichkeit funktioniert, sodass Konfliktsituationen ausschließlich aus Zweifeln hinsichtlich der Konkretisierung des Abgrenzungskriteriums resultieren können. Mit Rechtsüberschneidungen verbundene Kompetenzüberlappungen, die im Einzelfall noch dargestellt und abgegrenzt werden sollen, kommen dann in Betracht, wenn ein Zusammenschluss im Anwendungsbereich der Art.81, 82 EG liegt. Auch hier besteht eine Abhängigkeit von der gemeinschaftsweiten Bedeutung; dies, weil die Anwendbarkeit des Durchführungsrechtes zu den Art.81, 82 EG maßgeblich von der Anwendbarkeit der FKVO bestimmt wird.

Das Merkmal der *gemeinschaftsweiten Bedeutung* kann damit als der fundamentale Faktor der Rechtsabgrenzung zwischen der EG-Kommission und dem Bundeskartellamt angesehen werden, da hierdurch die Anwendung von entweder FKVO oder GWB gesteuert wird.

Rechtsunsicherheit besteht seit jeher in solchen Situationen, in denen die Art.81, 82 EG auf einen Zusammenschluss anwendbar sind. Hintergrund für die störenden Kompetenzen aus dem EG-Kartellrecht ist der Umstand, dass die FKVO, die das „one-stop-shop" umsetzen muss, zwar die eigene und die „niederrangige" GWB-Anwendung regeln kann, jedoch in Bezug auf die Rechtsanwendung der Art.81, 82 EG und der erforderlichen Durchführungsmechanismen von den Vorgaben des Primärrechtes abhängig ist. Solange die Gemeinschaft nicht die FKVO um ein „eigenes" und von der Dimension des Vorhabens unabhängiges Durchführungsrecht für die in den Art.81, 82 EG niedergelegten Grundsätze ergänzt, wird es abgesehen von einer unmittelbaren Änderung des EG nicht zu erreichen sein, dass stets ausschließlich entweder die FKVO oder das nationale Recht auf einen Zusammenschluss Anwendung findet, da Regelungen der FKVO nicht gegen die Vorgaben der Art.81, 82 EG, sondern ausschließlich primärrechtskonform umgesetzt werden können.

Zweites Kapitel: Konkretisierung des Merkmals „gemeinschaftsweite Bedeutung“

Die Rechtsanwendung und die damit eröffneten Kompetenzen der EG-Kommission oder der nationalen Behörden zur Zusammenschlusskontrolle richten sich nach der Dimension des Vorhabens; hat dieses gemeinschaftsweite Bedeutung, so wird im Regelfall[317] die alleinige Kontrollkompetenz der EG-Kommission begründet, während anderenfalls dies für nationale Behörden gilt. Die Abgrenzung der Kompetenzen zwischen EG-Kommission und Bundeskartellamt wird demgemäß von der gemeinschaftsweiten Bedeutung bewirkt.

Um Kompetenzschwierigkeiten zu vermeiden, muss die Bedeutsamkeit des Vorhabens klar und eindeutig determinierbar sein. Zweifel oder Unsicherheiten bei der Bestimmung der gemeinschaftsweiten Bedeutung führen zu Unsicherheit, bedingt durch einen sog. unechten Normenkonflikt. Ein solcher ist gegeben, wenn zwar die Anwendungsbereiche verschiedener Rechtsmaterien sich ausschließen, jedoch ein oder mehrere Tatbestandsmerkmale, die die Rechtsabgrenzung gewährleisten sollen, zweifelhaft sind und damit keine scharfe Trennung ermöglichen.

Während seit der Schaffung des europäischen Zusammenschlussrechtes die gemeinschaftsweite Bedeutung grundsätzlich gemäß Art.1 FKVO (derselbe a.F.) basierend auf den Unternehmensumsätzen zu ermitteln ist, wurde mit der Novellierung der FKVO im Jahre 2004, entsprechend den vorangegangenen Ermittlungen, mit Art.4 (5) FKVO ergänzend eine weitere Definitionsnorm geschaffen,[318] nach der ein Transaktionsvorgang die Gemeinschaftsrelevanz erhalten kann. Die Konkretisierung des Merkmals der gemeinschaftsweiten Bedeutung muss deshalb zwischen der Umsatz- sowie der Verweisungsmethode differenziert werden. Die Ausführungen zu ersterer werden dabei auch der alten Rechtslage Rechnung tragen. Reformbedingte Veränderungen könnten dabei erneut eine gesonderte Darstellung zwischen alter und neuer Rechtslage notwendig machen.

A. Umsatzmethodik, Art.1 (2), (3) in Verbindung mit Art.5 FKVO (dieselben a.F.)

Primär wird die gemeinschaftsweite Bedeutung nach der Umsatzmethode, welche in Art.1 und Art.5 FKVO (dieselben a.F.) ihre Ausgestaltung fand, er-

---

317 Zu den Ausnahmenfällen einer parallelen Zuständigkeit, sofern sich ein Transaktionssacherhalt mit dem Tatbestand von Art.81 EG oder Art.82 EG überschneidet, 3) Kartellrechtliches Vollzugs- und Verfahrensrecht, (S.69-95) sowie III) Schlussfolgerungen aus der Synthese der Anwendungsbereiche, (S.108).

318 Als Vorlage zu dieser Erkenntnis: EG-KOMMISSION, FKVO-Entwurf03, ABl.EG 2003 C 20/32, Artikel 4 (5) Uabs.4.

mittelt. Danach kommt es auf die Gesamtumsätze der an einem Zusammenschluss beteiligten Unternehmen an. Im Interesse der Rechtssicherheit wurde die Beschreibung des Anwendungsbereichs des europäischen Zusammenschlussrechtes von der wettbewerblichen Stellung der Beteiligten und den Einflüssen des Vorhabens auf die Marktstrukturen losgelöst. Umsatzdaten lassen keinen unmittelbaren Rückschluss auf die wettbewerblichen Auswirkungen einer Transaktion zu.[319]

Dass selbst durch diese „*quantitative*"[320] Ausgestaltung etwaige Auslegungsunsicherheiten bei der Bestimmung der Gemeinschaftsdimension nicht vermieden werden konnten, ist bereits einleitend erwähnt worden,[321] weshalb in diesem Abschnitt nicht nur dargestellt, sondern vielmehr konkretisiert und ausgelegt werden muss.

I) Vorgehensweise bei der Ermittlung der Gemeinschaftsbedeutung

Die Umsatzmethode beruht auf einem Vergleich der gesetzlich in Art.1 (2) sowie (3) FKVO (derselbe a.F.) normierten Umsatzschwellen mit den tatsächlich von den Unternehmen erzielten Gesamtumsätzen. Bevor ein solcher Vergleich stattfinden kann, müssen zunächst die Unternehmenszahlen in vergleichbare Datensätze aufbereitet werden. Hierfür stellt Art.5 FKVO (derselbe a.F.) Berechnungsregelungen auf. Daraus folgt ein zweistufiges Vorgehen. In einem ersten Schritt, der als *Berechnungs*phase bezeichnet werden soll, werden die Umsatzdaten erhoben und umgewandelt, während in dem sich anschließenden zweiten Schritt, der in dieser Arbeit als *Vergleichs*phase benannt wird, die Vergleichswerte mit den vordefinierten Schwellenwerten verglichen werden.[322]

Nach dieser Vorgehensweise können Rechtsunsicherheiten ausschließlich im Zusammenhang mit der Berechnungsphase stehen. Der Vergleich der Ergebnisse mit den Schwellenwerten ist einer juristischen Interpretation nicht mehr zu-

---

319 Insbesondere: WIRTSCHAFTS- UND SOZIALAUSSCHUSS, Anhörung 1974, ABl.EG 1974 C 88/22 „Der Ausschuss ist sich darüber im klaren, dass ... der Gesamtumsatz (namentlich bei Unternehmen, die in mehreren Produktionsrichtungen tätig sind) nur geringen, wenn nicht gar keinen Aufschluss über die Marktstellung geben kann."; ferner auch: MIERSCH, 2.Kapitel, Artikel 1, I. „Bei einem Rückgriff auf ... den Umsatz spricht ein Verdacht (!) für die Möglichkeit einer Wettbewerbsbeschränkung, ohne dass damit ... die Notwendigkeit eines Eingreifens postuliert würde", (S.23); eingehend zur Problematik: Veelken/Karl/Richter (VEELKEN), IV., 1., a., (S.13 f); siehe auch: BERG/NACHTSHEIM/KRONBERGER, RIW 2003, S.18, (S.15); NIEDERLEITHINGER, EWS 1990, S.76, (S.73).

320 Vgl. WIRTSCHAFTS- UND SOZIALAUSSCHUSS, Anhörung 1974, ABl.EG 1974 C 88/22; LÖFFLER, FKVO 4064/89, Artikel 1, A. (Entstehungsgeschichte der Vorschrift), Rn.3, (S.50).

321 Vgl. C. Problembeschreibung, (S.4).

322 STOCKENHUBER, Teil II, Kapitel 6 (Gemeinschaftsweite Bedeutung), III., 2. „die Umsätze (der) ... Unternehmen ... (sind) an den Umsatzschwellen ... zu messen", (S.168).

gänglich, als die Umsatzschwellen eindeutig festgelegt worden sind; diese sind deshalb kurz vorab darzustellen.[323] Im Anschluss gilt es dann die von Art.5 FKVO (derselbe a.F.) aufgestellten Rechenbedingungen zu untersuchen.

Weder Art.1 noch Art.5 FKVO (dieselben a.F.) haben im Zuge der Reformierung des europäischen Zusammenschlussrechtes signifikante Änderungen erfahren. Sie sind vielmehr im Wortlaut nahezu identisch beibehalten worden. Eine gesonderte Darstellung zwischen alter und neuer Rechtslage kann unterlassen werden. Unterschiede sind nicht zu erwarten, werden aber ggf. kontextbezogen deutlich gemacht.

II) Darstellung der Schwellenwerte, Art.1 (2), (3) FKVO (derselbe a.F.)

Die Umsatzschwellen, die das Merkmal der gemeinschaftsweiten Bedeutung ausfüllen, sind in Art.1 (2) und (3) FKVO (derselbe a.F.) bestimmt. Dabei sind zwei Varianten, die jeweils in einem der Abs. 2 und 3 (dieselben a.F.) geregelt sind, zu unterscheiden. Damit ein Zusammenschluss gemeinschaftsweite Bedeutung erfährt, müssen die Umsatzschwellen nicht nur erreicht, sondern überschritten werden.

1) Erste Variante, Abs.2 Uabs.1 FKVO (derselbe a.F.)

Die Schwellenwertdefinition des Abs.2 (derselbe a.F.) war bereits in der 1989 erlassenen Verordnungsfassung enthalten; ursprünglich fungierte sie als die alleinige Umschreibung der Gemeinschaftsdimension bei Zusammenschlussvorhaben. Die wirtschaftliche Macht wird dabei gemäß Art.1 (2) Uabs.1 lit.a FKVO (dieselben a.F.) mit dem weltweiten Gesamtumsatz aller involvierten Unternehmen zusammen, der mehr als 5 Mrd. € (nach der a.F. noch ECU) betragen muss, beschrieben.[324] Der Gemeinschaftsbezug wird nach lit.b (dieselben a.F.) durch das Erfordernis, dass mindestens zwei der beteiligten Unternehmen jeweils einen gemeinschaftsweiten Gesamtumsatz von 250 Mio. € erzielen müssen, hergestellt.[325] Liegen diese Voraussetzungen vor, so ist grundsätzlich die gemeinschaftsweite Bedeutung anzunehmen.[326]

---

323 Siehe unten: II) Darstellung der Schwellenwerte, Art.1 (2), (3) FKVO, (S.113-115).

324 EG-KOMMISSION, Mitteilung zur Umsatzberechnung, ABLEG 1998 C 66/26, Rn.3.

325 EG-KOMMISSION, Mitteilung zur Umsatzberechnung, ABLEG 1998 C 66/26, Rn.3; LÖFFLER, FKVO 4064/89, Artikel 1, A. (Entstehungsgeschichte der Vorschrift), Rn.4, (S.50).

326 STOCKENHUBER, Teil II, Kapitel 6 (Gemeinschaftsweite Bedeutung), II.. (S.161); WESTERMANN, 1.Kapitel, A., I., 2., (S.17); ARHOLD, EWS 2002, S.450, (S.449); O'KEEFE, ECLR 1994, S.21 „On the other hand, the concentration will not qualify, if each ... achieves ... more than two-thirds", (S.21); siehe auch: Dauses (SEDEMUND/MONTAG), Band 2, H. (Wettbewerbsregeln), I., § 2, 2., b), aa), Rn.32 – dort ist von positiven (weltweiter und gemeinschaftsweiter Umsatz) und negativen Voraussetzungen (2/3-Regelung) die Rede.

2) Zweite Variante, Abs.3 Uabs.1 FKVO (derselbe a.F.)

Die zweite Variante, die die gemeinschaftsweite Bedeutung anhand von Umsatzschwellen beschreibt und in Art.1 (3) FKVO Uabs.1 (derselbe a.F.) geregelt ist, wurde mit der Reform der FKVO im Jahre 1997 integriert.[327] Danach müssen die Gesamtumsätze aller beteiligten Unternehmen zusammen mehr als 2.5 Mrd. € weltweit [lit.a (dieselben a.F.)] und in mindestens drei Mitgliedstaaten jeweils 100 Mio. € betragen [lit.b (dieselben a.F.)]. Ferner ist Voraussetzung, dass mindestens zwei beteiligte Unternehmen in den besagten drei Mitgliedstaaten jeweils mehr als 25 Mio. € [lit.c (dieselben a.F.)] umsetzen. Als letzte Bedingung, die in Art.1 (2) Uabs.1 lit.d FKVO (dieselben a.F.) bestimmt wird, müssen mindestens zwei der beteiligten Unternehmen jeweils einen gemeinschaftsweiten Gesamtumsatz von 100 Mio. € verbuchen. Liegen diese Voraussetzungen, die erst geprüft werden sollten,[328] wenn die in Abs.2 bezifferten Umsatzdimensionen nicht oder nicht zweifelsfrei erreicht werden, vor, so ist grundsätzlich die Gemeinschaftsbedeutung, gemessen an der wirtschaftlichen Dimension des Vorhabens, zu bejahen.

3) 2/3-Regelung, Abs.2 Uabs.2, Abs.3 Uabs.2 FKVO (dieselben a.F.)

Sollte das Gemeinschaftsvolumen im Sinne der Uabs.1 von Art.1 (2) oder (3) FKVO (dieselben a.F) erreicht werden, so ist die 2/3-Ausnahmeregelung zu beachten. Diese wurde ebenfalls auf Drängen der Deutschen eingefügt, um Vorhaben, die trotz Erreichung der Schwellenwerte ihren wirtschaftlichen Schwerpunkt in einem Mitgliedstaat haben, von der FKVO auszunehmen, damit sie von der jeweils zuständigen Kartellbehörde des betroffenen Staates, die erfahrungsgemäß über die größere Sachnähe verfügt,[329] überprüft werden.[330] Deshalb wird bestimmt, dass die gemeinschaftsweite Bedeutung trotz Erreichens der Schwellenwerte nicht gegeben ist, wenn die beteiligten Unternehmen jeweils mehr als 2/3 des gemeinschaftsweiten Gesamtumsatzes *„in ein und demselben Mitgliedstaat“* erzielen.[331] Dabei darf nicht übersehen werden, dass *alle* beteiligten Un-

---

[327] Zum Reformziel, der Minimierung der Mehrfachanmeldungen, eingehend: (2) Ziele der Reform 2004, (S.42).

[328] Vgl. beispielhaft: EG-KOMMISSION, Entscheidung (Akz. Comp./M.3476 – Cargill/Seará) vom 28.10.2004, Rn.8.

[329] KLÖSTERS, 1.Teil, II., (S.13); ARHOLD, EWS 2002, S.451 „Auch in diesen Fällen sei die nationale die geeignetere, da marktnähere Behörde.“, (S.449); HELLMANN, EWS 2004, S.289, (S.289).

[330] Frankfurter Kommentar (VÖLCKER), Band 6, Teil 3a (FKVO 4064/89 mit Ausnahme Artikel 4 und 7), Artikel 1, B., I. (Schwellenwerte), 2., c), Rn.18; Lange (RÖSLER), Kapitel 5 (Zusammenschlusskontrolle), § 3, III., Rn.14, (S.507 f.); WEITBRECHT, EuZW 1990, S.20, (S.18).

[331] Vgl. Dauses (SEDEMUND/MONTAG), Band 2, H. (Wettbewerbsregeln), I., § 2, 2., b), aa), Rn.32; SOAMES, ECLR 1990, S.215, (S.213).

ternehmen diese Voraussetzung erfüllen müssen. Nur, wenn 2/3 der wirtschaftlichen Ressourcen eines jeden beteiligten Unternehmens mit einem einzigen Mitgliedstaat verbunden sind, stellt die FKVO die Vermutung auf, dass die grenzüberschreitenden Effekte von geringerer Bedeutung sind, sodass es nicht auf eine aus europäischer Sicht vorgenommene Kontrolle seitens der EG-Kommission ankommen muss.

III) Berechnung der Vergleichswerte, Art.5 FKVO (derselbe a.F.)

Die gemeinschaftsweite Bedeutung definiert sich nach Art.1 (2) und (3) FKVO (dieselben a.F.) durch die *Gesamtumsätze* der *beteiligten Unternehmen* unter Berücksichtigung ihres *geografischen* Ursprungs. Zwecks Konkretisierung des Merkmals müssen deshalb zu vorderst diese Bestandteile erörtert werden. Zu beachten ist, dass der Gesamtumsatz der beteiligten Unternehmen sich gemäß Art.5 (4) FKVO nicht nur aus den eigens erzielten Umsätzen zusammensetzt.

Art.5 (4) FKVO (ders. a.F.): „Der Umsatz eines beteiligten Unternehmens … setzt sich zusammen aus den Umsätzen a) des beteiligten Unternehmens; b-e) der (verbundenen) Unternehmen …“

Da somit auch der Umsatz von solchen Unternehmen berücksichtig wird, die im Sinne von Art.5 (4) lit.b FKVO (dieselben a.F.) mit den beteiligten verbunden sind, gilt es auch das Merkmal der *verbundenen Unternehmen* zu besprechen. Da zudem mit der Umsatzmethode die Wirtschaftskraft der beteiligten Unternehmen evaluiert werden soll und diese dem Wandel der Zeit unterliegt, muss ergänzend geklärt werden, welchen *zeitlichen Beurteilungshorizont* die FKVO der Umsatzmethode zugrunde legt.

1) Gesamtumsatz, 5 (1) FKVO (derselbe a.F.)

Die Terminologie von Art.5 (1) FKVO (derselbe a.F.) deutet auf eine *enge Verwandtschaft* des europäischen Fusionsrechtes zum betrieblichen Rechnungswesen hin.[332] Gesamtumsatz als Resultat der normalen Geschäftstätigkeit eines Unternehmens unter Abzug von Erlösschmälerungen und Steuern entspricht im Wesentlichen den Voraussetzungen, die erfüllt sein müssen, um einen Ausweis unter dem ersten Gliederungspunkt der Gewinn- und Verlustrechnung

[332] Stellvertretend: Immenga/Mestmäcker (IMMENGA), EG-WbR, Band I, VII.Abschnitt (Fusionskontrollverordnung), D., Artikel 5, I., 1., Rn.1, (S.966), 5., Rn.8, (S.968) „Ansonsten wird auf die allgemeinen Bilanzierungsregeln zurückgegriffen“.

zu rechtfertigen.[333] Ferner lässt sich auch die in Art.5 (4), (5) FKVO (dieselben a.F.) geregelte Kumulation des Umsatzes mehrerer Einheiten eines Unternehmensverbundes mit der Konzernrechnungslegung assoziieren, was ebenfalls auf die inhaltliche Parallele schließen lässt.[334] Eine entsprechende Ansicht vertritt auch die EG-Kommission innerhalb ihrer Mitteilung zur Umsatzberechnung.[335] Der dort enthaltene Verweis auf die Posten „*Umsatzerlöse*“ oder zu englisch „*sales*“ in den Jahresabschlüssen der Gesellschaften, aus denen die relevanten Geschäftsergebnisse ablesbar seien,[336] ist angesichts weltweit *nicht* harmonisierter Rechnungslegungsstandards[337] zwar mit Vorsicht zu beachten, wird jedoch selbst von der EG-Kommission mit dem Zusatz „*im allgemeinen*“ relativiert.[338]

a. Entwicklung des Auslegungsmaßstabes

Auch wenn die Verwandtschaft zum europäischen Fusionsrecht offensichtlich erscheint, ist aufgrund der inhaltlichen Komplexität des betrieblichen Rechnungswesens die Analyse des Auslegungsmaßstabs für die Umsatzmethode der FKVO unerlässlich. So wäre denkbar, dass sich diese aus einer abstrakt be-

---

[333] Vgl. nur Art.23-26 in Verbindung mit Art.28 JahresabschlussRiL; eine Übersicht im Vergleich US-GAAP, IAS und HGB: HEYN/WALDERSEE, Kapitel 4, Gewinn- und Verlustrechung, (S.232 f.); zu IAS: Baetge/Dörner/Kleekämper/Wollmert (ORDELHEIDE/BÖCKEM), Teil B, IAS 18, A., II., Rn.2, (S.593); zu US-GAAP: SCHILDBACH, 1.Teil, IV., C., (S.49); zum HGB: WINNEFELD, Kapitel G, IX., 1. (Umsatzerlöse), Rn.601-603, (S.1183).

[334] Dies gilt selbst unter der Annahme, dass Artikel 5 (4) FKVO aus den GFVO übernommen worden ist; vgl. WIEDEMANN, Band I, Allgemeiner Teil, VI., 6., Rn.25 „Wegen der Identität des Lebenssachverhaltes kann die Rechtspraxis zu den auf der Grundlage der Siebenten Richtlinie (KonsolidierungsRiL) vereinheitlichten nationalen Gesetzen ... für die Auslegung der kartellrechtlichen Verbundklauseln (sich auf die GFVO beziehend) herangezogen werden.“, (S.39 f.); zur Ableitung der FKVO aus den GFVO: HEITZER, D., III., 1., b), (S.157).

[335] EG-KOMMISSION, Mitteilung zur Umsatzberechnung, ABl.EG 1998 C 66/26 „I. Bestimmung des Umsatzes im Sinne des Rechnungswesens“.

[336] EG-KOMMISSION, Mitteilung zur Umsatzberechnung, ABl.EG 1998 C 66/26, Rn.9; vgl. auch: EG-KOMMISSION, Mitteilung zur Umsatzberechnung (englische Abfassung), ABl.EG 1998 C 66/26, Rn. 9.

[337] Vgl. a. Entwicklung des Auslegungsmaßstabes, (S.116); Baetge/Dörner/Kleekämper/Wollmert (KLEEKÄMPER/KUHLEWIND), Teil A, Kapitel I, A., II., Rn.4-8, (S.6 f.).

[338] In Bezug auf Differenzen zwischen den Rechnungslegungsvorschriften der Gemeinschaft und denjenigen eines Drittlandes: EG-KOMMISSION, Mitteilung zur Umsatzberechnung, ABl.EG 1998 C 66/28, Rn.26; siehe auch: Groeben/Thiesing/Ehlermann (BRUHN), Band 2/II, Dritter Teil, Titel V, Kapitel 1, Abschnitt 1, nach Artikel 89, I. (Fusionskontrollverordnung), Artikel 5, II., 1., b), Rn.9, (S.2/1441).

triebswirtschaftlichen Sichtweise,[339] aus einer bestimmten Bilanzierungstradition oder gar aus einzeln kodifizierten Rechnungslegungsvorschriften ableitet.

Aus abstrakt betriebswirtschaftlicher Sichtweise umfasst das Rechnungswesen grundsätzlich die *Gesamtheit* der geltenden Rechnungslegungsstandards. Dabei weichen diese, vornehmlich bedingt durch differenzierende Rechnungslegungstraditionen, im internationalen Vergleich inhaltlich voneinander ab.[340] Ein fundamentaler Unterschied besteht dabei in der Ausprägung des sog. Vorsichtsprinzips.[341] Würde man den Gesamtumsatz im Sinne von Art.5 (1) FKVO (derselbe a.F.) allein aus der betriebswirtschaftlichen Perspektive berechnen, so bestünde die Möglichkeit, dass die Umsatzhöhe und damit die Anwendbarkeit des europäischen oder des nationalen Fusionsrechtes von dem im Einzelfall verwendeten Rechnungslegungsmaßstab und insbesondere von dem dort zugrunde gelegten Vorsichtsmaßstab abhängig sind.[342]

Beispiel 2:1 (Entwicklung des Auslegungsmaßstabes)
Das Unternehmen A ist Konzernspitze eines Elektrotechnologiekonzerns. Von einem britischen Energieversorgungsunternehmen E, bekommt das Konsortium BT, bestehend aus der dem Baunternehmen B und dem Unternehmen T, einer 100%igen Tochtergesellschaft der A, die Atomreaktoren entwickelt und vertreibt, einen Auftrag zum Bau ei-

---

339 So mit Verweis auf die allgemeinen Bilanzierungsregeln: Immenga/Mestmäcker (IMMENGA), EG-WbR, Band I, VII.Abschnitt (Fusionskontrollverordnung), D., Artikel 5, I., 5., Rn.8, (S.968).

340 Baetge/Dörner/Kleekämper/Wolmert (KLEEKÄMPER/KUHLEWIND), Teil A, Kapitel I, A., II., Rn.5, (S.6); Albach/Klein (SCHMITZ), C., I., (S.3); ferner: BUNDEREGIERUNG, Gesetzesentwurf vom 21.4.2004 zur Einführung internationaler Rechnungslegungsstandards und zur Sicherung der Qualität der Abschlussprüfung (unveröffentlicht) S.41, 42 „Begründung: Die IAS beruhen überweigend auf der anglo-amerikanischen Bilanzierungstradition, die sich von der kontinental-europäischen, insbesondere deutschen Bilanzierungsgrundsätzen erheblich unterscheidet.".

341 Während in Europa die Wirtschaft vornehmlich von den Banken finanziert wurde, bezogen amerikanische Unternehmen ihre finanziellen Ressourcen über Eigenkapitalgeber. Daraus entwickelten sich zwei Grundphilosophien der Rechnungslegung. Das kontinentaleuropäische Modell, welches primär auf dem Gläubigerschutzgedanken beruht und wesentlich von der Notwenigkeit zu einer vorsichtigen Bewertung geprägt ist, sowie das angloamerikanische Modell, das den Vorsichtgedanken im Interesse einer periodengerechten Gewinnermittlung („accrual accounting") zurücktreten lässt. Baetge/Dörner/Kleekämper/Wollmert (WOLLMERT/ACHLEITNER), Teil A, Kapitel II, A., Rn.1-6 (S.28 f.); HAYN/WALDERSEE, Kapitel 2, Zielgruppe sowie allgemeine Zielsetzung der Rechnungslegung, (S.16 f.); KÜTING/WEBER, Kapitel II, Abschnitt A, I. (Rahmenbedingungen), .2.1., (S.66); JONAS, II, 2., Rn.2, (S.26); MANDLER, 1.Teil, III.. 1., (S.17).

342 Vgl. einleitend: GEFIU, DB 1995, S.1141, 1143, (S.1137); Blomeyer/Peemöller (WEIßER), 2., 2.2-2.3, (S.331-333), (GOLLER), 3., 3.2.1.1, (S.434 f.); MANDLER, 1.Teil, II., 1. „Im Hinblick auf die Gewinnermittlungsvorschriften ist der demnach vorrangige Zweck ... einen möglichst vorsichtig, das heißt tendenziell niedrig bemessenen Gewinn auszuweisen", (S.11).

nes Atomkraftwerkes. Das Auftragsvolumen für T beträgt zuzüglich Steuern 400 Mio. €, wobei die Abrechnung erst erfolgen soll, wenn das Atomkraftwerk an das Netz „angehängt“ wird. Der Bau des Kraftwerkes beginnt am 1. April 2001. Am 14. August 2003 beginnt E mit der Stromeinspeisung. T hatte mit der Installation des Reaktors Mitte August 2002 begonnen und die Arbeiten im ersten Quartal 2003 beendet; eine in sich geschlossene Teilfertigstellung mit einem Auftragsvolumen von 150 Mio. € wurde nach 2002 abgeschlossen.

Während nach IAS 11 Erträge aus einem solchen Anlagengeschäft nach der „Percentage-of-Completion“-Methode realisiert werden müssen, das heißt es besteht grundsätzlich eine Teilabrechnungspflicht (vgl. auch IAS 11.22), gilt im HGB die sog. „Completed-Contract“-Methode, nach der in der Regel die Erträge erst mit Fertigstellung verbucht werden können.[343] Diese Unterscheidung bedingt sich durch die jeweilige Ausprägung des Vorsichtprinzips, das im HGB das sog. Realisationsprinzip, welches die Ausweisfähigkeit von Erträgen und Aufwendungen betrifft, stärker beeinflusst und damit den Realisierungszeitpunkt für einzelne Sachverhalte im Vergleich mit den IAS nach hinten verschieben kann.[344] Sollte A nach den Vorschriften des HGB den Konzernabschluss aufstellen, so dürfte der Umsatz von T in Höhe von 400 Mio. € erst im Geschäftsjahr der Fertigstellung, im Jahre 2003, ausgewiesen werden, während nach IAS eine Teilausweisung [Beispiel: 150 Mio. € (2002); 250 Mio. € (2003)] zu erfolgen hätte; diese orientiert sich dabei am Leistungsfortschritt.[345] Angenommen A bzw. der A-Konzern wäre an einem Zusammenschluss beteiligt, für den es auf das Geschäftsjahr 2003 ankäme, so würde der gemeinschaftsweite Gesamtumsatz des A-Konzerns je nach dem Rechnungslegungssystem um 150 Mio. € variieren können. Im Grenzbereich der Umsatzschwellen im Sinne von Art.1 (2), (3) FKVO (dieselben a.F.) würde der verwendete Rechnungslegungsstandard über das anwendbare Zusammenschlussrecht entscheiden können.

---

343 FISCHER/NEUBECK, BB 2004, S.660, (S.657); GEFIU, DB 1995, S.1142, 1143, (S.1137); zum Verhältnis von US-GAAP und HGB: Blomeyer/Peemöller (GOLLER), 3., 3.2.1.1 „Im Vergleich zum HGB besitzt die US-amerikanische Rechnungslegung eine weniger strenge Auslegung des Realisationsprinzips ... Nach HGB ist i.d.R. davon auszugehen, dass bei einer langfristigen Fertigung, die sich über mehr als ein Geschäftsjahr erstreckt, die erfolgswirksame Gewinnrealisierung vor vollständiger Fertigstellung ... ausgeschlossen ist, das das Realisationsprinzip eine solche Teilgewinnrealisierung grundsätzlich verbietet“, (S.434); vgl. auch: Berger/Ellrott/Förschle/Hense (ELLROTT/SCHMIDT-WENDT), § 255, I., VII., Rn.600-603, (S.679-682), (FÖRSCHLE/KRONER), § 275, G., II., 1., Rn.334, (S.1129).

344 Ein Vergleich zwischen US-GAAP, IAS und HGB: HAYN/WALDERSEE, Kapitel 3, Percentage-of-completion method, (S.150-153).

345 Zur Ertragsrealisierung nach IAS im Einzelfall, vgl. IAS 11; zum Vergleich zwischen HGB und IAS: GEFIU, DB 1995, S.1142, 1143, (S.1137).

aa. Ableitung aus Rechnungslegungsvorschriften der Gemeinschaft

Am „kunstlosesten" würde sich die Konkretisierung des Umsatzbegriffs darstellen, wenn die FKVO aus einem einzigen, in *konkreten Vorschriften* kodifizierten Standard zur Rechnungslegung entwickelt worden wäre. Somit hätte man die inhaltliche Komplexität des Rechnungswesens in fusionsrechtlicher Hinsicht auf eine bestimmte Normung, die als *Auslegungsmaßstab* für die FKVO dienen könnte, beschränkt.

Vorrangig sollten die *Rechtssätze der Gemeinschaft* untersucht werden. In Betracht kommen hier insbesondere die JahresabschlussRiL für den Jahresabschluss von Gesellschaften und ferner für die Berechnung der Gesamtumsätze eines Unternehmensverbundes im Sinne von Art.5 (4) sowie (5) FKVO (dieselben a.F.) die KonsolidierungsRiL für den konsolidierten Abschluss; diese sollten eine Angleichung bzw. Harmonisierung der mitgliedstaatlichen Rechtsordnungen zu einem einheitlichen Rechnungslegungsstandard fördern Zwar wurde nach dem Erlass dieser Rechtssätze der europäische Harmonisierungsprozess zur betrieblichen Rechnungslegung durch weitere Vorschriften, so beispielsweise IAS-AnwendungsVO, IAS-ÜbernahmeVO sowie RechLÄndRiL, vorangetrieben, jedoch wurden diese Reformschritte zeitlich nach dem Erlass der FKVO90 gegangen, sodass sie nicht deren Entwicklungsvorlage darstellen konnten.

Die Untersuchung differenziert zwischen einer terminologischen und einer inhaltlichen Ableitung. Unter einer terminologischen Übernahme soll verstanden werden, dass das Merkmal des Gesamtumsatzes direkt aus einer bestimmten Vorschrift zur betrieblichen Rechnungslegung in Art.5 (1) Uabs.1 FKVO (derselbe a.F.) *infiltriert* wurde und inhaltlich mit dem dortigen Verständnis übereinstimmen soll. Die inhaltliche Ableitung soll dagegen dann angenommen werden können, wenn erkennbar die Ausgestaltung des Fusionsrechtes einem bestimmten Rechnungslegungsstandard *nachgebildet* worden ist.

(I) Terminologisch

Eine terminologische Ableitung ist nicht erfolgt, da nicht ausdrücklich auf bestimmte Rechnungslegungsvorschriften durch Art.5 (1) Uabs.1 FKVO (derselbe a.F.) *verwiesen* oder Bezug genommen wird.[346] Darüber hinaus beschreibt Art.5 (1) FKVO (derselbe a.F.) selbst den Inhalt des Gesamtumsatzbegriffs. Eine *eigenständige* Definition wäre bei einer terminologischen Übernahme nicht erforderlich gewesen, weil das Kriterium sich direkt aus anderen Rechtsnormen oder sonstigen Regelungen ergeben müsste.

346 Siehe: Art.5 (3) FKVO Bezug nehmend auf die BankbilanzRiL.

(II) Inhaltlich

Neben einem terminologischen könnte ein inhaltlicher Transfer in Betracht kommen. Der Vorteil dieser Methodik bestünde darin, dass bei der Auslegung grundsätzlich auf die als Vorlage dienenden Vorschriften zurückgegriffen werden kann, jedoch eine größere Flexibilität für ein funktionsspezifisches Abweichen besteht; somit wäre die erforderliche Begründungsintensität geringer, um fusionsrechtlichen Erfordernissen bei der zusammenschlussspezifischen Umsatzkalkulation Rechnung zu tragen. Da bereits in der Fußnote (NR) darauf hingewiesen worden ist, dass die Verbundklausel des Art.5 (4), (5) FKVO aus den GFVOen abgeleitet sein soll, empfiehlt es sich zwischen der Ausgestaltung des materiellen Gesamtumsatzes eines Unternehmens und der Verbundsystematik zu unterscheiden.[347]

(1) Materieller Gesamtumsatzbegriff gemäß der JahresabschlussRiL

Für eine Ableitung der Berechnungsmodalitäten zur Umsatzmethodik des europäischen Fusionsrechtes aus der besagten Richtlinie spricht zunächst der ausdrückliche Verweis des Art.5 (3) lit.a FKVO (dieselben a.F.) auf die BankbilanzRiL. Diese Norm soll branchenspezifische Bilanzierungsbesonderheiten von Finanzinstituten für die Umsatzkalkulation im Sinne der FKVO berücksichtigen. Dabei wurde die BankbilanzRiL ihrerseits erlassen, um die Vorgaben der JahresabschlussRiL für den Jahresabschluss von Banken und anderen Finanzinstituten zu spezifizieren. Art.5 (3) lit.a FKVO (dieselben a.F.) leitet damit den für die Gemeinschaftsdimension von Finanz- oder Kreditinstituten relevanten Umsatz terminologisch aus einer branchenspezifischen Harmonisierungsrichtlinie ab, was dafür spricht, dass auch die branchenunabhängigen Rechnungslegungsrichtlinien als Vorlage für die Konstruktion des Gesamtumsatzbegriffs im Sinne von Art.5 (1) Uabs.1 FKVO (derselbe a.F.) gedient haben.

Dem vorangegangenen Argument steht entgegen, dass die im Jahre 1990 in Kraft getretene Urabfassung von Art.5 (3) lit.a FKVO (dieselben a.F.) nicht auf die europäischen Rechnungslegungsrichtlinien Bezug nahm, sondern damals noch auf 1/10 der Bilanzsumme eines Finanzinstitutes abstellte.[348] Wenn demgemäß die Bezugnahme auf die Bankenrichtlinie erst später erfolgte, kann diese jedenfalls nicht unmittelbar als Entwurfsvorlage für das bankenspezifische Gesamtumsatzsynonym gedient haben. Dies könnte dafür sprechen, dass auch der Begriff des Gesamtumsatzes und dessen inhaltliche Ausgestaltung nicht aus den Harmonisierungsrichtlinien abgeleitet worden ist.

---

347 So wäre denkbar, dass der Gesamtumsatzbegriff alleine aus Rechnungslegungsvorschriften entwickelt worden ist, während die Verbundsystematik anderen kartellrechtlichen oder sonstigen Rechtssätzen folgt.

348 Siehe noch: Immenga/Mestmäcker (IMMENGA), EG-WbR, Band I, VII.Abschnitt (Fusionskontrollverordnung), D., Artikel 5., IV., 1., Rn.48, (S.979).

Diese Sichtweise lässt sich allerdings in zweifacher Weise relativieren. Einerseits sahen die am Rechtssetzungsprozess hauptsächlich beteiligten Organe schon beim Erlass der FKVO eine Angleichung von Art.5 (3) FKVO an die BankbilanzRiL als notwendig an,[349] weshalb die Harmonisierungsrichtlinien schon seinerzeit beachtet worden sein müssen. Und zweitens lässt sich aus dem Umstand, dass Art.5 (3) lit.a FKVO (dieselben a.F.) nicht schon im Entstehungsprozess den Inhalt der Bankenrichtlinie übernahm, nicht ableiten, dass die FKVO einen von den europäischen Rechnungslegungsrichtlinien in Gänze unabhängigen Ursprung haben muss.

Die Ableitung der FKVO aus die Rechnungslegungsrichtlinien lässt sich ferner aus einem direkten Vergleich von Art.5 (1) Uabs.1 FKVO (derselbe a.F.) mit den Formulierungen der besagten Richtlinien belegen. Nach der deutschen Fassung der Umsatzdefinition gemäß Art.28 JahresabschlussRiL soll der Nettoumsatzerlös entsprechend demjenigen der FKVO aus den Erlösen der *„normalen Geschäftstätigkeit"* resultieren. Ferner wird das Erfordernis zur Erlösbereinigung im Sinne von Art.28 JahresabschlussRiL um Steuern und sonstige Schmälerungen im Wortlaut übereinstimmend von Art.5 (1) Uabs.1 FKVO (derselbe a.F.) übernommen. Noch deutlicher lässt sich die Parallelität des europäischen Fusionsrechtes in diesem Zusammenhang mit den identischen Formulierungen von Art.5 (1) Uabs.1 FKVO (derselbe a.F.) und Art.28 JahresabschlussRiL innerhalb der englischsprachigen Abfassungen belegen. Die inhaltliche Beschreibung des Gesamtumsatzes wurde damit der JahresabschlussRiL entnommen.[350]

Bedenken könnte man zwar insoweit hegen, als die FKVO bereits in der ersten Entwurfsversion[351] aus dem Jahre 1973 mit dem Begriff des Umsatzes ausgestaltet war und die JahresabschlussRiL erst im Jahre 1978 erlassen wurde. Allerdings wird aus einem Vergleich mit dem auf den Richtlinienerlass folgenden Entwurf für eine ZusammenschlussVO deutlich, dass für diese Version die Rechnungslegungsrichtlinie im Hinblick auf den Umsatzbegriff aus den zum vorangegangenen Absatz angestellten Überlegungen als Muster diente. Für eine solche Annahme spricht ferner, dass das Umsatzmerkmal eine typische Größe

349 EUROPÄISCHER RAT und EG-KOMMISSION, Erklärung für das Ratsprotokoll, WuW 1990, S.241 „Rat und Kommission sind der Auffassung, dass das nach Maßgabe der Bilanz festgelegte Kriterium [von Art.5 (3) lit.a FKVO] durch den Begriff des Bankbetriebsergebnisses im Sinne der Richtlinie 86/635 (BankbilanzRiL) … ersetzt werden sollte."

350 Vgl. auch: Immenga/Mestmäcker (IMMENGA), EG-WbR, Band I, VII.Abschnitt (Fusionskontrollverordnung), D., Artikel 5, I., 5., Rn.8 „Die Definition in Artikel 5 Abs.1 (ist) eng an Artikel 28 der 4.Gesellschaftsrechtlichen Richltinie über den Jahresabschluss (JahreabschlussRiL) angelehnt", (S.968); STOCKENHUBER, Teil II, Kapitel 6 (Gemeinschaftsweite Bedeutung), III., 1., a) „(Es) wird an die Definition des Nettoumsatzerlöse gem Art 28 der 4. Gesellschaftsrechtlichen Richtlinie über den Jahresabschluß (JahresabschlssRiL) angeknüpft", (S.163).

351 EG-KOMMISSION, FKVO-Entwurf73, ABl.EG 1973 C 92/01.

im System der Bilanzierung bzw. Rechnungslegung ist, sodass hier eine Ableitung aus der sachlich einschlägigen Materie nicht fern liegt.

(2) Verbundsystematik gemäß der KonsolidierungsRiL

Gegen die Ableitung der Verbundsystematik und der damit verbundenen materiellen Umsatzberechnung bei Wirtschafteinheiten, die aus mehreren Unternehmen zusammengesetzt werden, steht zunächst die Behauptung, die in Art.5 (4), (5) FKVO (dieselben a.F.) getroffene Regelung sei aus den GFVOen abgeleitet worden. Hierauf soll später noch im Zusammenhang mit der Besprechung der „verbundenen Unternehmen“ eingegangen werden, wobei schon der Hinweis erfolgen darf, dass diese Behauptung so nicht haltbar ist (Einzelheiten: vgl. „(2) Ableitung aus der KonsolidierungsRiL“, S.174).

Selbst unter der Annahme, die Verbundsystematik des Art.5 (4), (5) FKVO (dieselben a.F.) sei aus den GFVOen übernommen worden, spricht dies nicht gegen eine enge, inhaltliche Verwandtschaft zur KonsolidierungsRiL, die letzterer als Interpretationsmaßstab für die FKVO Relevanz zuweisen würde. So ist bei der Auslegung des Art.5 FKVO unter anderem zwischen dem verbund- sowie dem bilanztechnischen Gehalt zu trennen.[352] Ersterer betrifft die allgemeine Fragestellung, wann Unternehmen bzw. rechtlich selbständige Einheiten zu einem Verbund zusammengefasst werden müssen – beispielsweise Beherrschung oder Mehrheitsbesitz der Stimmrechte. Die bilanztechnische Facette bezieht sich dagegen auf die Methodik, nach der die Gesamtumsätze einer über die Verbundsystematik ermittelten Einheit zu konsolidieren oder zu berücksichtigen sind.

Da für die Ermittlung des Gesamtumsatzbegriffs als Kennzeichen des Rechnungswesens allein die bilanztechnische Seite von Bedeutung ist, muss hier nur untersucht werden, ob sich diese aus der KonsolidierungsRiL ableiten kann. Dafür spricht zunächst die umsatzmäßige Behandlung von verbundenen Unternehmen, unabhängig davon, wie diese im Einzelfall definiert werden. So sind verbundintern erzielte Umsatzerlöse nach Art.5 (1) Uabs.2 FKVO (derselbe a.F.) nicht zu berücksichtigen, was der Vorgehensweise bei der Vollkonsolidierung von Tochtergesellschaften im Sinne von Art.26 (1) lit.b in Verbindung mit Art.1 7.KonsolidierzungsRiL, was jedoch allgemeinen Rechnungslegungsgrundsätzen

---

[352] Ähnlich: Groeben/Thiesing/Ehlermann (BRUHN), Band 2/II, Dritter Teil, Titel V, Kapitel 1, Abschnitt 1, nach Artikel 89, I. (Fusionskontrollverordnung), Artikel 5, I., 2., Rn.3 „Artikel 5 enthält ... Bestimmungen (!) ...(, bei denen geht es) zum einen ... darum, wie der Umsatz eines Unternehmens berechnet wird (bilanztechnischer Gehalt;) ... zum anderen geht es darum, welche Unternehmen bei der Berechnung zu berücksichtigen sind (verbundsystematischer Gehalt)“, (S.2/1439 f.).

entspricht. Gleichsam ähnelt auch die teils kritisierte[353] Quotenkonsolidierung von Gemeinschaftsunternehmen (vgl. Art.32 7.Konsolidierungs-RiL) den Vorgaben von Art.5 (5) FKVO (derselbe a.F.), wobei diese Norm in Bezug auf die Eliminierung der Innenumsätze ein Prinzip der „doppelten Vollkonsolidierung" verfolgt, als für die Umsatzberechnung die mit jedem beteiligten Unternehmen erzielten Gesamtumsätze entfernt werden. Ungeachtet dieser inhaltlichen Parallelen spricht der bereits im vorangegangenen Abschnitt erwähnte Verweis des Art.5 (3) FKVO (derselbe a.F.) auf die BankbilanzRiL, da diese nicht nur die JahresabschlussRiL, sondern auch die Vorgaben der KonsolidierungsRiL spezifizieren sollte. Ferner wiegt für eine Verwandtschaft der bereits festgestellte, enge Bezug zwischen FKVO und der JahresabschlussRiL, welche wiederum mit der KonsolidierungsRiL eine gemeinsame Zielsetzung verfolgt. Da es ferner auch unlogisch erschiene, die „Konzernrechnungslegung" der FKVO nicht aus einer thematisch entsprechenden Richtlinie abzuleiten, muss soll auch hier die KonsolidierungsRiL den Auslegungsmaßstab bilden, wobei zu beachten ist, dass in diesem Kontext fusionsrechtliche Besonderheiten zu berücksichtigen sein werden.

(III) Fazit

Der Gesamtumsatzbegriff der FKVO sowie die bilanztechnische Ausgestaltung der Kalkulation wurde aus den Harmonisierungsrichtlinien, insbesondere aber Art.28 JahresabschlussRiL, entwickelt; auf das dortige Verständnis kann damit als Auslegungsmaßstab zurückgegriffen werden, sofern fusionsspezifische Besonderheiten nicht zu einer anderweitigen Auslegung zwingen. Dies ergibt sich aus den dargelegten Verflechtungen der beiden Rechtssätze. Ferner spricht hierfür, dass beide Vorschriften von der Gemeinschaft und damit auch von demselben Rechtsetzungsverband erlassen worden sind, weshalb die Vermutung aufgestellt werden kann, dass identische oder ähnliche Formulierungen grundsätzlich auch inhaltlich gleich zu interpretieren sind.

bb. Notwendigkeit eines „fusionsrechtlichen" Rechnungslegungsstandards

Die Ableitung des Gesamtumsatzmerkmals der FKVO aus den Harmonisierungsrichtlinien bedeutet trotz des direkten Rückgriffs auf bestimmte Rechnungslegungsvorschriften, dass dessen Auslegung nicht von einem konkreten Bilanzierungsstandard beeinflusst wird; dies, da es sich bei den Richtlinien um *Kompromisslösungen* zwischen der Gesamtheit der mitgliedstaatlichen Rechnungslegungssysteme sowie den diesen zugrunde liegenden Philosophien han-

353 Siehe nur: KÜTING, BB 1983, S.813 f., (S.840).

delt.[354] Ein einzelner Rechnungslegungsstandard für alle Mitgliedstaaten wurde nicht erreicht, da ausreichend Transformations- und Interpretationsspielraum bestand und damit die „alten“ Traditionen fortgeführt werden konnten. Sofern die FKVO den Inhalt der Richtlinien in Gänze übernommen hätte, müsste ein solcher Interpretationsspielraum auch bei der Konkretisierung des Gesamtumsatzes bestehen, sodass dieser von dem unternehmensseitig verwendeten Rechnungslegungsstandard eines Mitgliedstaates abhängig wäre.

Das Ergebnis erscheint jedoch unzureichend, da die gemeinschaftsweite Bedeutung eines Zusammenschlusses in die Verfügungsmacht der beteiligten Unternehmen gestellt wäre. Diese könnten durch eine geschickte Auswahl des Bilanzierungssystems das anwendbare Recht zur Zusammenschlusskontrolle beeinflussen. Zwar ist auch die Auswahl des Rechnungslegungsstandards nicht *willkürlich* frei, jedoch besteht die Möglichkeit einer indirekten Steuerung mit den Mitteln des Gesellschaftsrechtes. Zudem soll es gemäß § 325 (2) HGB-Referentenentwurf[355] mit der Reform des deutschen Bilanzrechtes in Anpassung an die IAS-AnwendungsVO künftig beispielsweise möglich werden, zusätzlich zum HGB- einen IAS-Einzelabschluss aufzustellen und zwecks Befreiung letzteren zu veröffentlichen; in einem solchen Fall müsste den Unternehmen ein freies Wahlrecht für die Berechnung des Gesamtumsatzes zugestanden werden, da sie auf der Grundlage von zwei Standards ihren Jahresabschluss erstellt haben.[356] Ferner richtet sich nach dem Kriterium des Gesamtumsatzes der maximale Bußgeldrahmen bei widerrechtlichen Handlungen im Sinne von Art.14 FKVO (derselbe a.F.). Diese Obergrenze kann ebenfalls nicht von dem im Einzelfall durch die Unternehmen gewählten Rechnungslegungsstandard abhängig sein.

Aus den vorgenannten Gründen kann damit nicht bloß auf die inhaltlichen Vorgaben der Richtlinien verwiesen werden, sondern muss, orientiert an diesen und den Notwendigkeiten der FKVO, ein fusionsrechtsspezifischer Rechnungslegungsstandard zwecks Berechnung der Gesamtumsätze entwickelt werden.

---

354 EG-KOMMISSION, Mitteilung zur Rechnungslegungsstrategie, KOM (2000) 359, S.4 „Derzeit gibt es innerhalb der Europäischen Union viele verschiedene Regelungen zur Rechnungslegung (Rechnungslegungsstandards) sowie unterschiedlich Auslegungen, die auf unterschiedlichen Traditionen basieren.“, Mitteilung zur Rechnungslegungsharmonisierung, COM 95 (508), S.4 „Der Vierten ... Richtlinie (JaresabschlussRiL) zufolge war es möglich, die verschiedenen in den Mitgliedstaaten ... bestehenden Rechnungslegungstraditionen fortzuführen.“, S.5 „Die Tatsache, dass einige in den Richtlinien enthaltene Grundsätze von den Mitgliedstaaten unterschiedlich ausgelegt werden, haben sich auf die Vergleichbarkeit der Abschlüsse negativ ausgewirkt.“; vgl. ferner: MANDLER, 1.Teil, III., 1., (S.18).

355 BUNDEREGIERUNG, Gesetzesentwurf vom 21.4.2004 zur Einführung internationaler Rechnungslegungsstandards und zur Sicherung der Qualität der Abschlussprüfung (Bilanzrechtsreformgesetz – BilReG), S.97, unveröffentlicht.

356 HÜTTEMANN, BB 2004, S.204, (S.203).

cc. Kontinentaleuropäische oder angloamerikanische Prägung der FKVO

Vor der Konkretisierung des „fusionsrechtlichen" Rechnungslegungsstandard sollte die dafür maßgebliche *Bilanzierungstradition* als der grundsätzliche Betrachtungswinkel ermittelt werden; zu differenzieren ist zwischen der kontinentaleuropäischen und der angloamerikanischen bzw. angelsächsischen Philosophie.[357] Dabei wird das Ergebnis nicht bereits durch die Terminologie vorbestimmt, denn neben den USA sowie Australien wird beispielsweise auch in England oder Dänemark nicht der kontinentaleuropäische, sondern der angloamerikanische Ansatz vertreten.[358] Man kann ersteren nicht als die ausschließliche in der Gemeinschaft geltende Philosophie ansehen. Ferner hat die EG-Kommission die IAS (künftig IFRS) als das anzustrebende Rechnungslegungssystem bestimmt,[359] welche, bedingt durch die amerikanischen und britischen Einflüsse, nunmehr ausschließlich auf der angelsächsischen Tradition beruhen.[360]

Für die Zugrundelegung der auf Gläubigerschutz beruhenden und durch einen ausgeprägten „Vorsichtsgedanken" gekennzeichneten kontinentaleuropäischen Rechnungslegungstradition spricht, dass die Entwicklung der Rechnungslegungsrichtlinien unter starkem Einfluss der deutschen Tradition stand.[361] Allerdings wurde sowohl in Art.2 (3) JahresabschlussRiL als auch Art.16 (3) KonsolidierungsRiL der auf angelsächsischer Tradition beruhende „true and fair view"-Grundsatz als stets zu beachtende Maxime eingefügt, wonach es oberstes Ziel der Rechnungslegung ist, ein möglichst den aktuellen Verhältnissen

---

[357] Siehe: Baetge/Dörner/Kleekämper/Wollmert (KLEEKÄMPER/KUHLEWIND), Teil A, Kapitel I, A., II., Rn.4-8, insbesondere Rn.6, 7, (S.6 f.).

[358] Baetge/Dörner/Kleekämper/Wollmert (KLEEKÄMPER/KUHLEWIND), Teil A, Kapitel I, A., II., Rn.7, (S.6 f.); MANDLER, 1.Teil, III., 2., (S.22 f.); HEUSER/THEILE, A., I., Rn.1 „Das IAS-Rechnungslegungssystem ist geprägt durch die angelsäschische Rechnungslegungsphilosophie … (und) stand … unter starkem britisch-amerikanischen Einfluss", (S.1).

[359] HÜTTEMANN, BB 2004, S.203, (S.203); SCHÖN, BB 2004, S.764, (S.763).

[360] Bis zum Jahre 1988 waren die IAS ebenfalls bedingt durch zahlreiche Wahlrechte als ein Kompromiss zwischen der angloamerikanischen und der kontinentaleuropäischen Philosophie zu verstehen. Erst seit dem Jahre 1989 wurden die Wahlrechte stark reduziert und anhand der angelsächsischen Tradition ausgerichtet; ausführlich: MANDLER, 1.Teil, III., 2., (S.22 f.); HEUSER/THEILE, A., I., Rn.1, (S.1).

[361] Vgl. HEUSER/THEILE, A., I., Rn.1, (S.1) mit weiteren Nachweisen; JONAS, II., 2., Rn.2, (S.25).

entsprechendes Bild der wirtschaftlichen Unternehmenslage zu vermitteln.[362] Das Problem besteht jedoch ohnehin nicht in der Frage des „Ob“, sondern der Intensität der Ausprägung innerhalb der Richtlinien.

Ungeachtet der Frage, inwieweit die Rechnungslegungsrichtlinien von der kontinentaleuropäischen oder der angloamerikanischen Philosophie geprägt sind, sollte bei der Bestimmung des Gesamtumsatzes in fusionsrechtlicher Hinsicht die angelsächsische Tradition zugrunde gelegt werden. Dafür spricht zunächst, dass der Harmonisierungsprozess der Rechnungslegung und Europa in die Richtung der IAS (künftig IFRS) vorangetrieben wird. Bei der Verwendung der kontinentaleuropäischen Betrachtungsweise im Fusionsrecht würde mit der fortschreitenden Harmonisierung des europäischen Bilanzrechtes eine inhaltliche Merkmalsdiskrepanz im Verhältnis dieser beiden Rechtsgebiete erwachsen. Dies widerspricht nicht nur dem mit der Gesetzgebung zur Rechnungslegung verfolgten Ansinnen der EG, sondern führt auch zu praktischen Umständlichkeiten, da die Unternehmen nicht regelmäßig einfach auf den im Jahresabschluss ausgewiesenen Umsatzerlös zurückgreifen können. Ein begrüßenswerter Nebeneffekt wäre, dass Unternehmen, die eine Notierung an der NYSE anstreben oder bereits angestrebt haben und deshalb derzeit noch nach US-GAAP ihre Abschlüsse aufstellen müssen, ebenfalls regelmäßig auf ihre Jahresabschlüsse bei Konzentrationsvorhaben zurückgreifen können; dies, da der fusionsrechtlichen Gesamtumsatzermittlung zumindest dieselbe Tradition wie im US-GAAP zugrunde liegen würde.

Ausschlaggebend dürfte im Ergebnis die in der gemeinschaftsweiten Bedeutung verankerte Zielsetzung der FKVO sein, ein *möglichst* realitätsgetreues Bild der Wirtschaftkraft der beteiligten Unternehmen, gemessen durch den Indikator des Gesamtumsatzes, abzubilden.[363] So steht im Vordergrund der kontinentaleuropäischen Philosophie die vorsichtige Bewertung zugunsten der Gläubiger eines Unternehmens.[364] Die angelsächsische Prägung strebt dagegen ein möglichst

---

362 Albach/Günter (SCHMITZ), D., II., 3., (S.9 f.); HEUSER/THEILE, B., II., 2., Rn.113 „Im angelsächsischen Rechtskreis hat dieses Prinzip des true and fair view lange Tradition.“, (S.35); JONAS, II., 2., Rn.2 „In der endgültigen Fassung der 4. EG-Richtlinie (JahresabschlussRiL) hat sich im wesentlichen die angloamerikanische Bilanzauffassung durchgesetzt.“, (S.27); HÜTTEMANN, BB 2004, S.203 „Fair-Value-Richtlinie“, (S.203).

363 EG-KOMMISSION, Mitteilung zur Umsatzberechnung, ABl.EG 1998 C 66/26, Rn.7; Groeben/Thiesing/Ehlermann (BRUHN), Band 2/II, Dritter Teil, Titel V, Kapitel 1, Abschnitt 1, nach Artikel 89, I. (Fusionskontrollverordnung), Artikel 5, I., 1., Rn.1 (S.2/1439); Wiedemann (WIEDEMANN), 5.Kapitel (Fusionkontrolle), 1.Abschnitt, § 15, C., Rn.85 (S.503).

364 Baetge/Dörner/Kleekämper/Wollmert (WOLLMERT/ACHLEITNER), Teil A, Kapitel II, A., Rn.3, (S.28); HEUSER/THEILE, A., I., Rn.3, (S.2 f.).

realitätsgemäßes Bild der Unternehmenslage an.[365] Letztere Zielsetzung trägt besser den Bedürfnissen des Fusionsrechtes Rechnung, sodass der Gesamtumsatz der FKVO aus einer angelsächsisch geprägten Sichtweise heraus berechnet werden muss, die demnach auch den Auslegungsmaßstab für das Fusionsrecht bildet.

dd. Fazit

Das Merkmal des Gesamtumsatzes wurde aus den Harmonsierungsrichtlinien der Gemeinschaft im betrieblichen Rechnungswesen entwickelt. Aufgrund des vermittelnden Charakters zwischen den Rechnungslegungssystemen der Mitgliedstaaten und der Unvollständigkeit der Vorlagen müssen der Gesamtumsatz und seine inhaltlichen Merkmale im Fusionsrecht weiter konkretisiert werden.[366] Dabei ist die angloamerikanische Bilanzauffassung der Auslegung und Berechnung zugrundezulegen.

Sofern sich aus den Richtlinien keine eindeutigen inhaltlichen Vorgaben gewinnen lassen und auch Besonderheiten nicht zu einer speziell fusionsrechtlichen Betrachtung zwingen, kann bei der Auslegung der FKVO auf das Verständnis nach IAS (künftig IFRS) zurückgegriffen werden, da diesen dieselbe Bilanzierungstradition zugrunde liegt und sie zudem eine Art Zielvorgabe des europäischen Bilanzrechtes darstellen. Ferner belegt die RiL 2003/51/EWG, die Unstimmigkeiten zwischen den Harmonisierungsrichtlinien und den IAS zum Stand am 1. Mai 2003 beseitigen sollte, dass insbesondere in Bezug auf das Merkmal der Nettoumsatzerlöse keine Diskrepanzen bestehen, da hinsichtlich dieser und deren Bestimmung keine Richtlinienabänderungen vorgenommen wurden.[367]

b. Merkmalskonkretisierung

Der Gesamtumsatz setzt sich gemäß Art.5 (1) FKVO (derselbe a.F.) aus den Umsätzen zusammen, welche die beteiligten Unternehmen erzielen; diese Ter-

---

365 Vgl. BUNDEREGIERUNG, Gesetzesentwurf vom 21.4.2004 zur Einführung internationaler Rechnungslegungsstandards und zur Sicherung der Qualität der Abschlussprüfung (Bilanzrechtsreformgesetz – BilReG), unveröffentlicht, S.44, 45 „außer zu Informationszwecken, die ein (auf der anglo-amerikanischen Tradition beruhender) IAS-Abschluss anerkanntermaßen besonders gut erfüllt“; HEUSER/THEILE, B., II., 2., Rn.113, (S.35); WÖHE/DÖRING, Sechster Abschnitt, B., VII., 1. „Der HGB-Abschluss gibt ein pessimistisch verzerrtes Bild der wirtschaftlichenb Lage des Unternehmens. Dagegen bemüht sich die anglo-amerikanische Rechnungslegung um eine 'objektive' Darstellung der ... Ertragslage.“, (S.1005).

366 DIETZE/JANSSEN, 3.Teil, E. (Fusionskontrolle), II., 2., Rn.790 „Der Begriff des Umsatzes hat eine autonome Bedeutung und ist daher nicht mit § 277 Abs.1 HGB gleichzusetzen.“, (S.220).

367 Vgl. RechLÄndRiL.

minologie ist unglücklich gewählt worden. Verständlicher erscheint es entsprechend Art.28 JahresabschlussRiL den Begriff der Umsätze, die im Sinne von Art.5 (1) Uabs.1 FKVO (ders a.F.) kumuliert den Gesamtumsatz bilden, als *Synonym* für Erlöse zu verstehen; so soll auch der Gesamtumsatz nicht um Umsatz-, sondern um *Erlös*schmälerungen bereinigt werden. Es stellt sich die Frage, welcher Sacherverhalt einen Erlös im Sinne des Fusionsrechtes reflektiert.

Nicht aus jedem Erlös lässt sich Wirtschaftskraft eines beteiligten Unternehmens ableiten. Art.5 FKVO (derselbe a.F.) stellt hierzu Voraussetzungen auf, die den Anforderungen entsprechen, welche von der JahresabschlussRiL hinsichtlich des ersten Gliederungspostens der Gewinn- und Verlustrechnung, den sog. Nettoumsätzen, aufgestellt werden. Die Konkretisierung des Gesamtumsatzmerkmals setzt folglich auch die Besprechung solcher Kennzeichen unter Rückgriff auf den zuvor ermittelten Auslegungsmaßstab voraus.

aa. Erlöse

Der Begriff der Erlöse wird weder von Art.28 JahresabschlussRiL noch nach Art.5 (1) Uabs.1 FKVO (derselbe a.F.) inhaltlich definiert. Im betrieblichen Rechnungswesen wird der Erlös allgemein mit dem Gegenwert aus Verkäufen bzw. der Absatzleistungen einer Bezugsperiode übersetzt.[368] Diese Interpretation bedarf einer Verfeinerung, da der Gegenwert nur ein Erlösvolumen beschreiben und nicht selbst Erlös sein kann. Der Erlös wird dagegen durch die zu beanspruchende Gegenleistung, welche das beteiligte Unternehmen durch Austauschgeschäfte verlangen kann, verkörpert. Erlös im Sinne von Art.5 (1) Uabs.1 FKVO ist deshalb eine Gegenleistung, deren Volumen sich nach dem Wert derselben bemisst.

(I) Formen der Gegenleistung

Abgeleitet aus den möglichen Vertragstypen können Gegenleistungen durch Zahlungsmittel, Zahlungsmitteläquivalente oder andere Waren und Leistungen verkörpert werden. Dabei kommt es auf deren Zeitwert an, welcher sich grundsätzlich am Markt-/ Börsenwert bemisst. Beachtet werden sollte, dass für den Umsatzbegriff der FKVO entsprechend dem Rechnungswesen die Erlangung eines wirtschaftlichen Nutzens erforderlich ist.[369] Eine Gegenleistung kann nur dann von der Hingabe von Waren oder sonstigen Leistungen verkörpert werden, wenn diese nicht mit der erbrachten Leistung des beteiligten Unternehmens gleichwertig und gleichartig sind. So können beispielsweise Landwirte nicht auf die Höhe des Umsatzvolumens im Sinne von Art.5 (1) FKVO (derselbe a.F.)

---

368 BUSSE VON COLBE - Lex, Erlös, (S.156); HEYD - Lex, Erlöse, (S.142).

369 Zu IAS: HEUSER/THEILE, B., III., 3., Rn.173, (S.57 f.).

Einfluss nehmen, wenn sie Getreide tauschen, da kein wirtschaftlicher Nutzen durch den Absatz der Eigenleistung entstanden ist (vgl. hierzu IAS 18.12).[370]

(II) Entstehungszeitpunkt eines Gegenwertes

Abhängig ist der Entstehungszeitpunkt von dem *Realisationsprinzip* bzw. dem Realisationszeitpunkt. Ob die Gegenleistung bereits erbracht wurde, wäre dagegen ohne Belang. Da die FKVO von dem angelsächsischen Verständnis geprägt ist, kann hiermit auf die entsprechenden Vorschriften der IAS/IFRS Bezug genommen werden (vgl. allgemein IAS 18 sowie speziell für Leasinggeschäfte IAS 17). Geschäftsvorgänge, bei denen sich die zu erbringende Leistung des beteiligten Unternehmens entsprechend dem *Beispiel 2:1 (Entwicklung des Auslegungsmaßstabes)*[371] über mehrere Geschäftsjahre erstreckt, sind periodengerecht nach der „Percentage-of-Completion"-Methode zu berücksichtigen (vgl. hierzu IAS 11).[372]

(III) Gegenwert in Euro

Gemäß Art.1 (2), (3) FKVO (derselbe a.F.) ist die gemeinschaftsweite Bedeutung in Euro (ehemals ECU) zu berechnen. Sofern somit ein Unternehmen nach anderweitigen Währungen bilanziert, muss eine Umrechnung erfolgen. Dies geschieht nach den amtlichen Wechselkursen und dürfte materiell keine Schwierigkeiten bereiten. Schwierigkeiten könnten sich jedoch in zeitlicher Hinsicht ergeben, was später noch gesondert Gegenstand der Ermittlungen sein muss.[373]

bb. Letztes Geschäftsjahr

Da sich fusionsrechtlich relevante Erlöse aus den Leistungen, die ein beteiligtes Unternehmen für seine Tätigkeit beansprucht hat oder beanspruchen kann, zusammensetzen, steigen diese in ihrer Summe mit fortgeführter Geschäftstätigkeit kontinuierlich an; es handelt sich entsprechend allen Positionen der Gewinn- und Verlustrechnung um eine Erfolgs- oder *Stromgröße*.[374] Um eine relative Vergleichbarkeit zu schaffen, muss diese auf eine Periode oder einen Zeitraum bezogen werden.[375] Entsprechend dem Bilanzrecht stellt die FKVO auf das von den Unternehmen selbst zu bestimmende Geschäfts- oder auch Wirtschaft-

---

370 Zu IAS: Baetge/Dörner/Kleekämper/Dörner (ORDELHEIDE/BÖCKEM), Teil B, IAS 18, C., II., 1., Rn.41, (S.607); HEUSER/THEILE, B., III., 3., Rn.173 f., (S.57 f.).

371 S.117.

372 Eingehend dazu bereits: a. Entwicklung des Auslegungsmaßstabes (S.116).

373 Hierzu ausführlich: 4) Maßgebliche Beurteilungszeit (S.317).

374 Wysocki/Schulze-Osterloh/Hennrichs (RÜRUP), 3.Band, Abteilung IV/1, A., I., Rn 2, (S.27); ferner zum Begriff der Stromgröße: WÖHE/DÖRING, Sechster Abschnitt, A., II., 1., (S.862).

375 WÖHE/DÖRING, Sechster Abschnitt, B., IV., 1., (S.982); Wysocki/Schulze-Osterloh/Hennrichs (RÜRUP), 3.Band, Abteilung IV/1, A., I., Rn.2, (S.27).

jahr ab. Dieses entspricht im Regelfall dem Kalenderjahr, kann aber auch von diesem abweichen.[376]

In fusionsrechtlicher Hinsicht sind bezüglich des Geschäftsjahres drei Besonderheiten zu untersuchen. Erstens muss geklärt werden, wie das relevante Geschäftsjahr im zeitlichen Blickwinkel ermittelt wird. Zweitens ist zu prüfen, ob das Geschäftsjahr im Sinne der FKVO ähnlich dem deutschen Bilanzrecht einen bestimmten Zeitraum umfasst [vgl. § 240 (2) S.2 HGB: 12 Monate] oder sich an den je nach Bilanzstandard zulässigen Vorgaben der Unternehmen orientiert. Drittens stellt sich die Frage, welcher Realisationszeitraum der Umsatzermittlung zugrunde zu legen ist, wenn das beteiligte Unternehmen in einem Konzernverbund im Sinne von Art.5 (4) oder (5) FKVO (dieselben a.F.) integriert ist.

(I) Maßgebliches Geschäftsjahr

Für die Bestimmung der gemeinschaftsweiten Bedeutung ist allein das *letzte* Geschäftsjahr von Bedeutung. Die Bestimmung desselben muss transaktionsbezogen erfolgen. Da die FKVO jedoch keine Angaben zu dem zeitlichen Beurteilungshorizont macht, muss dieser konkretisiert werden; dies wird noch Gegenstand späterer Betrachtungen sein.[377]

(II) Zeitspanne des Geschäftsjahres

Die Zeitspanne ist insoweit wesentlich, da nach US-GAAP das Geschäftsjahr nicht exakt 12 Monate umfassen muss, als auch ein Wochentag eines bestimmten Monats oder einer bestimmten Kalenderwoche (beispielsweise: Montag in der 23. Kalenderwoche) als Bilanzstichtag festgelegt werden kann.[378]

Dem Bedürfnis der absoluten Vergleichbarkeit ist nur dann vollständig Rechnung getragen, wenn der maßgebliche Umsatzzeitraum exakt 12 Monate umfasst. Unternehmen, die demnach ein darüber hinausreichendes Geschäftsjahr zugrunde legen, müssten eine im Hinblick auf die Bilanzierungsperiode modifizierte Umsatzkalkulation vornehmen, wobei unklar wäre, ob sich diese an den letzten 12 Monaten vor dem letzten oder den folgenden 12 Monaten nach dem vorletzten Bilanzstichtag zu orientieren hätte. Ungeachtet dieser Problematik würde jedenfalls das Merkmal der gemeinschaftsweiten Bedeutung bzw. dessen Prüfung kompliziert werden. Mit der Erwägung, dass die Abweichung regelmäßig ein paar Tage ausmachen dürften und damit die Auswirkungen im Vergleich

---

376 Selbst große, börsennotierte Gesellschaften, so THYSSENKRUPP (DAX 30, Geschäftsjahresende 30.9) sowie HEWLETT-PACKARD (Dow Jones Industrial, Geschäftsjahresende 31.10), legen ihrer Geschäftstätigkeit ein vom Kalenderjahr abweichendes Geschäftsjahr zugrunde.

377 Siehe dazu: 4) Maßgebliche Beurteilungszeit, (S.317-348).

378 Mit beispielhafter Nennung des amerikanischen Unternehmens CISCO SYSTEMS: NIEHUS/THYLL, 3.4.1, Rn.268, (S.71), 3.4.3, Rn.273-275, (S.72 f.).

zum Gesamtumsatz marginal sind,[379] sollte man im Interesse der Einfachheit und Klarheit des Merkmals auf das unternehmensseitig geregelte Geschäftsjahr, ungeachtet der exakten 12monatigen Dauer, zurückgreifen.

Die FKVO verlangt demnach nicht, dass der umsatzrelevante Zeitraum genau 12 Monate ausmacht, sondern stellt auf das unternehmensseitig bestimmbare Geschäftsjahr ab.

(III) Unterschiedliche Geschäftsjahre im Unternehmensverbund

Die Ermittlung der maßgeblichen Realisierungsperiode für die relevanten Erlöse könnte in Unternehmensverbänden Probleme aufwerfen. Gemäß Art.5 (4) FKVO (derselbe a.F.)[380] kumulieren sich die Umsätze des beteiligten Unternehmens aus den eigens und den durch verbundene Einheiten erzielten Erlösen. Nach Art.5 (1) Uabs.1 FKVO (derselbe a.F.) kommt es dabei auf das Erlösprodukt im letzten Geschäftsjahr *des* beteiligten Unternehmens an; zeitlich relevant für die Berücksichtigungsfähigkeit der Erlöse von verbundenen Unternehmen wäre danach auch der Berichtszeitraum des beteiligten Unternehmens. Dies würde den Maßstäben der Konzernbilanzierung, so insbesondere auch Art.27 (1) KonsolidierungsRiL, entsprechen, nach denen der konsolidierte Abschluss in der Regel dem Geschäftsjahr der Muttergesellschaft folgt.

Da das Geschäftsjahr ferner nicht dem Kalenderjahr entsprechen muss, ist theoretisch denkbar, dass die zu einem Konzernverbund gehörenden Unternehmen unterschiedliche Geschäftsjahre geregelt haben und ihren Einzelabschlüssen zugrunde legen. Je nach dem beteiligten Unternehmen würde dann eine andere Erlösperiode maßgeblich sein können.

Beispiel 2:2 (Unterschiedliche Geschäftsjahre im Unternehmensverbund)
Die M-AG ist eine Holdinggesellschaft, deren Geschäftszweck alleine in der Verwaltung von Beteiligungen besteht. Sie erzielt keine Umsätze im Sinne der FKVO; das Geschäftsjahr entspricht dem Kalenderjahr. Die M ist zu je 100% an der T1-AG und der T2-GmbH beteiligt. T1 erwirtschaftete im letzten Kalenderjahr 2003 Umsätze im Sinne der FKVO in Höhe von 1,0 Mrd. €. T2 erzielte dagegen in der gleichen Zeit 1,5 Mrd. €. Allerdings ist das Geschäftsjahr der T2 abweichend vom Kalenderjahr in der Zeit vom 1.11. bis zum 31.10. geregelt. In diesem Zeitraum hätten die fusionsrechtlich relevanten Umsätze nur 1,0 Mrd. € betragen; T1 hat parallel in dieser Zeit berücksichtigungsfähige Erlöse in Höhe von 0,8 Mrd. €.

Käme es entsprechend den bereits gemachten Erwägungen auf den Zeitraum des Wirtschaftjahres des beteiligten Unternehmens an, würde der zu berücksichtigende Gesamtumsatz von dem im Einzelfall zu bestimmenden beteiligten Un-

---

379 Vgl. NIEHUS/THYLL, 3.4.3, Rn.275 „Ein Unterschied von zwei Tagen in der Dauer der Geschäftsjahre braucht die Vergleichbarkeit nicht zu stören.", (S.73).

380 Art.5 (5) FKVO (derselbe a.F.) soll zunächst unberücksichtigt bleiben; vgl. (a) Vollständige Zusammengehörigkeit, Abs.4, (S.179-183).

ternehmen abhängen. Wäre dies M, so würde der Gesamtumsatz 2,5 Mrd. € betragen, während T2 als beteiligtes Unternehmen einen Gesamtumsatz von 1,8 Mrd. € in Ansatz führen würde. Sofern die Bestimmung des beteiligten Unternehmens durch die Ausgestaltung des Transaktionsvorganges willkürlich steuerbar ist, könnte die gemeinschaftsweite Bedeutung durch die Parteien des Zusammenschlusses willkürlich manipuliert werden. Ungeachtet der Tatsache, ob die „Erzeugung“ des beteiligten Unternehmens von dem Willen der Vorhabenbetreiber anhängig ist, muss überprüft werden, ob es überhaupt fusionsrechtlich ausschließlich auf das Geschäftsjahr des beteiligten Unternehmens ankommt.

(1) Verhinderung durch die Verpflichtung zur Konzernrechnungslegung

Die Konzernrechnungslegung wird unabhängig von Rechnungslegungsstandard oder -tradition durch den Grundsatz der Einheitlichkeit mitbestimmt. Danach müssen Einzelabschlüsse eine bestimmte Beschaffenheit aufweisen, damit sie zu einem Konzernabschluss zusammengefasst werden können.[381] Regelmäßig sollen demgemäß Konzerngesellschaften einen einheitlichen Abschlussstichtag und damit einheitliche Berichtsperioden („Geschäftsjahre“) aufweisen. Wäre dies eine bilanzstandardübergreifende Verpflichtung, gäbe es keine Fälle abweichender Geschäftsjahre im Unternehmensverbund. Allerdings ist die Einheitlichkeit der Geschäftsjahre nicht zwingend, denn in Ausnahmefällen dürfen unterschiedliche Geschäftsjahre beibehalten werden.[382] So lassen sowohl IAS 27 als auch Art.27 (3) KonsolidierungsRiL oder sogar § 299 HGB Abweichungen zu, wobei der Verpflichtung zur Einheitlichkeit durch eine mehr oder weniger zwingende Aufstellung von Zwischenabschlüssen auf den Konzernabschlussstichtag entsprochen wird.[383]

Die Pflicht zur Aufstellung eines Konzernabschlusses und der damit verbundene Grundsatz der Einheitlichkeit kann den im *Beispiel 2:2 (Unterschiedliche Ge-*

---

381 Vgl. BAETGE/KIRSCH/THIELE, KonzernB, Kapitel V (Der Grundsatz der Einheitlichkeit), Abschnitt 1, 1, (S.143).

382 BAETGE/KIRSCH/THIELE, KonzernB, Kapitel V (Der Grundsatz der Einheitlichkeit), Abschnitt 2, 222., „sofern ein einheitlicher, mit dem Konzernabschlussstichtag übereinstimmender Abschlussstichtag nicht für alle Konzernunternehmen möglich ist“, (S.147), 23. „Die Einzelabschlüsse der ... Tochterunternehmen sollten (!) gemäß IAS 27.20 auf den gleichen Stichtag aufgestellt werden und dürfen nur in Ausnahmefällen ... abweichen.“, (S.152).

383 Ballwieser/Coenenberg/Wysocki (BUSSE VON COLBE), Konzernabschluss, VII., 3., (S.1351); BUSSE VON COLBE/ORDELHEIDE/GEBHARDT/PELLENS, Erstes Kapital, V. (Konsolidierungsgrundsätze), 3., 3.2, (S.40-42); im Vergleich US-GAAP, IAS, HGB: HAYN/WALDERSEE, Kapitel 4, Unterschiedliche Stichtage im Konzern, (S.216 f.); auch ausführlich zum Vergleich von HGB und US-GAAP: NIEHUS/THYLL, 3.5.3, Rn.282-295, (S.75 f.).

schäftsjahre im Unternehmensverbund)[384] beschriebenen Sachverhalt nicht verhindern, da kein Zwang zur Regelung einheitlicher Berichtsperioden besteht.

(2) Berücksichtigung unterschiedlicher Perioden im Unternehmensverbund

Ein von der Wahl des beteiligten Unternehmens unabhängiges und damit nicht unternehmensseitig manipulierbares Ergebnis könnte man erzielen, soweit man für jede rechtlich selbständige Unternehmenseinheit eines Verbundes einen individuellen aus dem eigenen Wirtschaftsjahr abgeleiteten Realisierungszeitraum zugrunde legt.[385] Im *Beispiel 2:2 (Unterschiedliche Geschäftsjahre im Unternehmensverbund)*[386] würde sich damit, ungeachtet der Frage, ob M oder T2 als beteiligtes Unternehmen einzuordnen sind, ein Umsatz von 2.5 Mrd. € errechnen.

Eine solche Auslegung entspricht, wie bereits festgestellt wurde, nicht dem Wortlaut von Art.5 (1) Uabs.1 FKVO (derselbe a.F.), der als Realisierungszeitraum allen Unternehmen die Berichtsperiode *des* beteiligten Unternehmens zugrunde legt. Vergleicht man die Problemstellung darüber hinaus mit den Regelungen der Konzernrechnungslegung und insbesondere der KonsolidierungsRiL, so müssen unter bestimmen Voraussetzungen abweichende Berichtsperioden durch die Aufstellung von Zwischenabschlüssen ausgeglichen werden. Hieraus könnte man den Schluss ziehen wollen, dass auch in der FKVO ein umsatzverbundeinheitlicher Bilanzzeitpunkt existieren soll. Die Notwendigkeit ergibt sich im Konzernrechnungswesen allerdings vornehmlich aus bilanzierungstechnischen Gründen, die bei der Ermittlung externer Umsatzerlöse keine Rolle spielen.[387] Ferner belegt die Regelung des Art.5 (5) FKVO (derselbe a.F.), nach der die Umsätze von Gemeinschaftsunternehmen bei den beteiligten Unternehmen, unabhängig von weiteren Umständen, zu gleichen Teilen zu berücksichtigen sind, eine stärkere, inhaltliche Individualität des Fusionsrechtes. Im Kontext mit der Umsatzkonsolidierung von Konzernverbänden und im konkreten Bezug zur KonsolidierungsRiL weicht die FKVO deutlicher als im Verhältnis zur Jah-

---

384 S.131.

385 So besagt Art.27 (3) KonsolidierungsRiL, dass bei konsolidierten Unternehmen ein abweichendes Geschäftsjahr dann durch einen Zwischenabschluss „aufzufangen" ist, wenn dieses mehr als 3 Monate abweicht, sodass danach bei einer Abweichung von weniger als 3 Monaten die abweichenden Geschäftsjahre ohne Angleichung berücksichtigt werden können.

386 S.131.

387 So ist die Konsolidierung bei der Aufstellung des Konzernabschlusses beispielsweise problematisch, wenn aufgrund interner Liefer- und Leistungsbeziehungen zu verrechnende Posten in unterschiedliche Berichtsperioden fallen: BAETGE/KIRSCH/THIELE, KonzernB, Kapitel V (Die Einheitlichkeit der Stichtage), Abschnitt 2, 223., (S.150 f.).

resabschlussRiL ab,[388] weshalb die unternehmensverbundspezifischen Fragen des Konzentrationskontrollrechtes nur bedingt aus der KonsolidierungsRiL oder den Grundsätzen des Konzernrechnungswesens abgeleitet werden können.

Die Regelung von Art.5 (5) FKVO (derselbe a.F.) könnte man darüber hinaus sogar für die Auffassung ins Feld führen, dass bei jedem beteiligten oder verbundenen Unternehmen der individuelle Geschäftsjahreszeitraum den Rahmen der Erlösberücksichtigung aufzeigt.

Beispiel 2:3 (Berücksichtigung unterschiedlicher Perioden im Unternehmensverbund) Die M1-AG und die M2-AG sind Wettbewerber der Chemiebranche. M1 stellt ihren Jahresabschluss zum 31.12. und M2 zum 31.1. auf. M1 und M2 haben vor einigen Jahren ihre Geschäftsbereiche „Landwirtschaft“ in ein Gemeinschaftsunternehmen, der T1-GmbH, ausgegliedert und sich selbst aus den jeweiligen Märkten zurückgezogen. T1 erwirtschaftete im Geschäftsjahr 2003, welches mit dem Kalenderjahr identisch ist, einen Umsatz von 1.3 Mrd. €. Wegen EU-Subventionskürzungen im landwirtschaftlichen Bereich zum 1.1.2004 ist der Umsatz im Januar von 300 Mio. € im Vorjahr auf 100 Mio. € zurückgegangen.

Im geschilderten Sachverhalt hat T1 einen Umsatz von 1.3 Mrd. € im letzten Geschäftsjahr erzielt. Würde im Jahr 2004 von M1 und M2 ein Zusammenschlussvorhaben betrieben werden, so müssten die Umsätze von T1 anteilig auf M1 und M2 aufgeteilt werden. Aufgrund der variierenden Geschäftsjahre von M1 und M2 würde bei M1 anteilig ein Umsatz von 650 Mio. € und bei M2, bedingt durch den Umsatzrückgang, ein Umsatz von 550 Mio. € berücksichtigt werden müssen. Dieses Resultat scheint mit dem Wortlaut von Art.5 (5) FKVO (derselbe a.F.), der eine Berücksichtigung *„zu gleichen Teilen“* vorschreibt, unvereinbar. Bei Gemeinschaftsunternehmen im Sinne von Art.5 (5) FKVO (derselbe a.F.) muss deshalb das Geschäftsjahr desselben zugrunde gelegt werden.

Auch wenn jedoch die Manipulierbarkeit der Ergebnisse und die Regelung des Art.5 (5) FKVO als Argumente gegen ein am Wortlaut von Art.5 (1) Uabs.1 (derselbe a.F.) orientiertes Vorgehen verwandt werden könnten, sollte an der Vorschrift bzw. der aus dieser abgeleiteten Ratio festgehalten werden. Das wohl gewichtigere Argument der Manipulierbarkeit ist in diesem Kontext nicht überzeugend. Die willkürliche Ergebnisgestaltung durch eine geschickte Auswahl

---

388 Im Rahmen der Konzernrechnungslegung erfolgt die Aufteilung der Geschäftsergebnisse an Gemeinschaftsunternehmen nach der Quotenkonsolidierung oder der Equity-Methode, welche nicht mit der Regelungsaussage von Artikel 5 (5) FKVO identisch sind; speziell zur KonsolidierungsRiL: KÜTING, BB 1983, S.804, (S.804); zu IAS: BAETGE/KIRSCH/THIELE, KonzernB, Kapitel VII (Die Quotenkonsolidierung), Abschnitt 6, 6, (S.418-420); siehe auch: BUSSE VON COLBE/ORDELHEIDE/GEBHARDT/PELLENS, Zehntes Kapitel, II., 1. (Konsolidierungswahlrecht für Gemeinschaftsunternehmen), (S.501); KRAWITZ, BB 2001, S.673, (S.668); ferner ist im Fusionsrecht ein Gemeinschaftsunternehmen zwischen dem beteiligten Unternehmen und einem Dritten nicht zu berücksichtigen, was vom Bilanzrecht abweicht.

des beteiligten Unternehmens wird erst dann ermöglicht, wenn nach den Vorgaben der FKVO die Bestimmung des beteiligten Unternehmens von der Transaktionsgestaltung abhängig ist; es handelt sich damit vornehmlich um ein bei der Bestimmung der beteiligten Unternehmen zu berücksichtigendes Problem. Darüber hinaus stellt das Fusionsrecht auf das unternehmensseitig frei festlegbare Geschäftsjahr im Gegensatz zum Kalenderjahr ab. Die Manipulierbarkeit der relevanten Realisierungszeit und damit der berücksichtigungsfähigen Erlöse kann deshalb selbst bei einer anderweitigen Interpretation von Art.5 FKVO nicht in Gänze verhindert werden. Das Geschäftsjahr ist individuell von den Unternehmen wählbar und darum auch von deren Willen abhängig. Die Zugrundelegung des letzten Kalenderjahres, die auch für uniforme Ergebnisse unabhängig von der Bestimmung des beteiligten Unternehmens innerhalb von Umsatzverbänden sorgen würde, ist dagegen aufgrund der ausdrücklichen Regelung der FKVO nicht mehr vertretbar.

Der Umstand, dass bei Art.5 (5) FKVO das Geschäftsjahr des Gemeinschaftsunternehmens selbst zu berücksichtigen ist, muss als Ausnahme zum Regelfall angesehen werden. Die Berücksichtigung solcher Gemeinschaftsunternehmen stellt auch den einzigen Fall dar, in dem Einheiten berücksichtigt werden, die nicht voll dem Umsatzverbund zugehörig sind. Die Ausnahmekonstellation ist auch nicht in Abs.4, sondern eigenständig in Abs.5 geregelt, welcher weitere Besonderheiten für die Berücksichtigung von internen Umsätzen aufstellt.

(3) Fazit

In Unternehmensverbänden muss selbst bei variierenden Geschäftsjahren der einzelnen Einheiten des Umsatzkonzerns als maßgeblicher Realisierungszeitraum für die zum Gesamtumsatz zu kumulierenden Erlöse der Berichtszeitraum des beteiligten Unternehmens gelten. Erlöse von verbundenen Unternehmen haben sich an dieser zeitlichen Vorgabe zu orientieren. Angemerkt sei, dass die Umsatzkalkulation danach durch die Wahl des beteiligten Unternehmens beeinflusst werden könnte.

cc. Normale Geschäftstätigkeit

Entsprechend dem ersten Gliederungsposten der Gewinn- und Verlustrechnung (vgl. Art.23-26 i.V.m. 28 JahresabschlussRiL) begrenzt Art.5 (1) FKVO (derselbe a.F.) die Berücksichtigungsfähigkeit von Unternehmenserlösen durch das Erfordernis der normalen Geschäftstätigkeit; im Rechnungswesen wird dabei auch von der gewöhnlichen Geschäftstätigkeit („ordinary activity“) gesprochen.[389] Sinn und Zweck dieser Eigenschaft ist es, die Wirtschafts- bzw. Ertragskraft zu messen, die ein Unternehmen aus seiner operativen Tätigkeit im Rahmen des typischen Leistungsangebotes generiert.[390] Die gewöhnliche Tätigkeit ergibt sich dabei nicht ausschließlich aus den Vertriebsangeboten, sondern auch aus den tatsächlichen Verhältnissen.

Beispiel 2:4 (Normale Geschäftstätigkeit, 1)
Die B AG, ein Chemieunternehmen, hat in den Jahren 1960 und 1962 für seine Hauptstandorte in Deutschland große Baugrundstücke erworben. Die darauf errichteten Wohneinheiten, die in unmittelbarer Nähe zum Werksgelände liegen, werden an die Arbeitnehmer vermietet. Aufgrund des Wachstums und der damit ansteigenden Beschäftigungszahl in den letzten 40 Jahren wurden die Wohnkomplexe immer weiter „aufgestockt“, sodass seit 1998 12.000 Wohneinheiten errichtet worden sind. Seitdem wird ein konstanter Jahresumsatz von ca. 4.5 Mio. € erwirtschaftet. Da sich insbesondere in den letzten Jahren der Standort der B in der Stadt L zu einem großen Gewerbegebiet entwickelt hat und die eigenen Beschäftigungszahlen durch den vermehrten Einsatz von Maschinen rückläufig sind, hat B damit begonnen, die Wohnungen auch an Dritte zu vermieten. Mittlerweile werden nur noch 50% der Wohnungen von Mitarbeitern bewohnt. Ferner hat B die B Verwaltungs- und Vermietungs GmbH (BV) gegründet, die sich allein mit der Vermietung und Vermittlung der Wohnungen befasst und hierzu beispielsweise auch Annoncen in Zeitungen aufgibt, etc.

Die Vermietung der Werkswohnungen steht in keinem unmittelbaren Zusammenhang zum typischen Leistungsangebot von B. Die Mieteinnahmen könnten damit im Zusammenschlussfall nicht als Erlöse aus der typischen Geschäftstätigkeit der B berücksichtigt werden. Allerdings hat sich dies im Laufe der Zeit dadurch verändert, dass die B mittlerweile über die BV das Vermietungsgeschäft „professionell“ betreibt. Somit müsste man nach der aktuellen Situation die Vermietung und Verpachtung der ordentlichen Geschäftstätigkeit der BV und damit dem B-Konzern zurechnen.

Gemäß Art.5 (1) Uabs.1 FKVO (derselbe a.F.) könnte man jedoch in Erwägung ziehen, dass es entsprechend dem letzten Geschäftsjahr auch für die verbundenen Unternehmen auf die geschäftstypische Tätigkeit *des* beteiligten Unternehmens ankommt.[391]

389 BAETGE/KIRSCH/THIELE, Kapitel XI (Die Posten der Gewinn- und Verlustrechnung), Abschnitt 4, 421., (S.578); Berger/Ellrott/Förschle/Hense (FÖRSCHLE), § 275, C., I., 1., b), Rn.48, (S.1072); zu IAS: HEUSER/THEILE, B., IV., 2., Rn.214, (S.73); zum HGB: Wysocki/Schulze-Osterloh/Hennrichs (RÜRUP), 3.Band, Abteilung IV/1, C., I., 1., b), Rn.172, (S.91).

390 Ballwieser/Coenenberg/Wysocki (BRECHT/KELLER), Umsatzerlöse, I., (S.2340 f.); zur FKVO: EG-KOMMISSION, Mitteilung zur Umsatzberechnung, ABl.EG 1998 C 66/27, Rn.17; Immenga/Mestmäcker (IMMENGA), EG-WbR, Band I, VII.Abschnitt (Fusionskontrollverordnung), D., Artikel 5, I., 5., Rn.7, 8, (S.967 f.).

391 Vgl. (a) Vollständige Zusammengehörigkeit, Abs.4, (S.179-183).

Beispiel 2:5 (Normale Geschäftstätigkeit, 2)
Die M AG ist ein weltweit tätiger Hersteller von Unternehmenssoftware. Die gewöhnliche Geschäftstätigkeit besteht in der Vermarktung und dem Verkauf ihrer Produkte. Die T-GmbH ist eine 100%ige Tochtergesellschaft der M. Ihr Geschäftzweck besteht in der Beratung von Unternehmen bei der Wahl der richtigen Unternehmenssoftware und der Problembetreuung bei der Nutzung von Software. M erzielt Erlöse in Höhe von € 5 Mrd., während T € 1 Mrd. erwirtschaftet. Im konsolidierten Abschluss des M-Konzerns wurde im letzten Geschäftsjahr ein Gesamtumsatzvolumen von 6 Mrd. € ausgewiesen.

Käme es nach Art.5 (1) FKVO (derselbe a.F.) ausschließlich auf die Geschäftstätigkeit des beteiligten Unternehmens an, so könnten im vorangegangenen Sachverhalt je nach Wahl des beteiligten Unternehmens die Umsätze von M oder T nicht einbezogen werden, da sie verwandte, aber nicht identische Geschäftstätigkeiten ausüben. Um ein sachgerechtes Ergebnis zu erzielen, muss die maßgebliche Geschäftstätigkeit abhängig von jedem bei der Umsatzkalkulation einzubeziehenden beteiligten und verbundenen Unternehmen individuell berücksichtigt werden. Unternehmensverbände sind meist durch die Aufteilung der Geschäftsbereiche auf die Einheiten eines Konzerns gekennzeichnet. Es kommt danach auf die normale oder gewöhnliche Konzerntätigkeit, die sich aus den einzelnen Geschäftstätigkeiten summiert, an. Diese individuell-unternehmensbezogene Interpretation ist, anders als im Falle des maßgeblichen Geschäftsjahres, auch mit der Formulierung des Art.5 (1) Uabs.1 FKVO (derselbe a.F.) harmonisierbar. So kommt es auf die dem normalen geschäftlichen Tätigkeitsbereich „*der Unternehmen*" zuzuordnenden Erlöse an, weshalb dieses Kriterium, anders als das letzte Geschäftsjahr, nicht ausschließlich auf die beteiligten Unternehmen bezogen sein muss. Aus diesem Grunde lässt sich ein anderweitiges Verständnis rechtfertigen.

dd. Erzielung mit Waren oder Dienstleistungen

Nach dem Wortlaut von Art.5 (1) Uabs.1 FKVO (derselbe a.F.) kommt es neben der normalen Geschäftstätigkeit darauf an, dass die fusionsrechtlich relevanten Erlöse mit *Waren oder Dienstleistungen* erzielt werden. Dies könnte bedeuten, dass die von dem beteiligten Unternehmen bezogenen oder beziehbaren Gegenleistungen nicht schon allein dann umsatzrelevant sind, sobald sie das typische Leistungsangebot reflektieren, sondern vielmehr ein Waren- oder Dienstleistungsgeschäft voraussetzen; beispielsweise Erlöse aus der Überlassung von Lizenzrechten (vgl. IAS F.74 „royalties") wären damit in der Regel nicht berücksichtigungsfähig.[392] Dabei müsste man diese von Art.5 (1) FKVO (derselbe a.F.) aufgestellte Anforderung noch enger begreifen, wenn man die Auslegung von der englischen Abfassung her ableitet. Hiernach kommt es auf die Erlöse aus dem *Verkauf* von Produkten („sale of products") und der Erbringung von

392 So aber nach IAS: Lüdenbach/Hoffmann (LÜDENBACH), E, § 25, 1.1, Rn.2, (S.935).

Dienstleistungen („provision of services“) an; damit würde auch das Vermietungs- und Verpachtungsgeschäft sowie auch das Leasinggeschäft herausfallen.

Für ein solches am englischen Wortlaut orientiertes Verständnis könnte sich die EG-Kommission innerhalb ihrer Mitteilung zur Umsatzberechnung ausgesprochen haben. So soll danach die Umsatzbestimmung bei Waren keinerlei Probleme bereiten, als die Handelsgeschäfte zu ermitteln seien, die *„eine Eigentumsübertragung (!) implizieren.“*[393] Ferner sollen bei Warengeschäften die *„Verkaufserlöse“* die entscheidende Größe darstellen.[394] Ähnlich deutlich in diesem Punkt ist auch die englische Abfassung der Kommissionsmitteilung. Im Umkehrschluss lässt sich daraus folgern, dass Warengeschäfte gegründet auf Gebrauchsüberlassung, nicht erfasst sein sollen.[395] Da sich zudem die Mitteilung ausschließlich mit der Bestimmung des Umsatzes („turnover“) bei Waren- oder Dienstleistungsgeschäften befasst, muss weiter davon ausgegangen werden, dass im Rahmen der FKVO beispielsweise auch Erlöse aus Lizenzrechten keine Berücksichtigung finden könnten. Diese Sichtweise der EG-Kommission wird zudem durch ihre vom Zusammenschlussrecht grundsätzlich unabhängige Mitteilung zur zu den JahresabschlussRiL und 83/349/EWG unterstrichen. In dieser wird zu Art.28 JahresabschlussRiL, der im englischen Wortlaut mit Art.5 (1) Uabs.1 FKVO (derselbe a.F.) identische formuliert ist, die Ansicht vertreten, dass es sich um Erlöse aus dem Verkauf im Rahmen der normalen Geschäftstätigkeit handelt.[396] Daraus könnte man den Schluss ziehen, dass sowohl der Nettoumsatz im Sinne von Art.28 JahresabschlussRiL als auch der Gesamtumsatz nach Art.5 FKVO (derselbe a.F.) von der EG-Kommission nicht jede typische Geschäftstätigkeit umfassenden Erlöse einschließen soll.

Für ein solches einschränkendes Verständnis spricht ferner die Erwägung, dass zunächst allen Bestandteilen des Gesetzestextes eine Bedeutung zugesprochen werden muss; deshalb ist davon auszugehen, dass dieser Aussage von Art.5 (1) FKVO (derselbe a.F.) ein rechtserheblicher Inhalt zukommt. Hätten die Verordnungsverfasser die Umsatzmethodik nicht auf Waren- oder Dienstleistungsumsätze beschränken wollen, so wäre die Erwähnung überflüssig.

Gegen diese enge Interpretation des Gesamtumsatzbegriffs lässt sich die Terminologie von § 277 (1) HGB ins Feld führen. Auch danach wären Umsatzerlö-

---

[393] Vgl. EG-KOMMISSION, Mitteilung zur Umsatzberechnung, ABl.EG 1998 C 66/27, Rn.10.

[394] Dazu: EG-KOMMISSION, Mitteilung zur Umsatzberechnung, ABl.EG 1998 C 66/26 f., Rn.9, 12.

[395] Allerdings entspricht diese aus den Mitteilungen gefolgerte Ansicht nicht der tatsächlichen Praxis der EG-Kommission, da sie Umsätze aus Operating-Leasinggeschäften unter Art.5 (1) FKVO (derselbe a.F.) begreift: EG-KOMMISSION, Entscheidung (Akz. IV/M.234 –GECC/Avis Lease) vom 15.7.1992, WuW/E (EV) 1999, Rn.9 „Article 5 (3) does not apply since operating lease turnover ist the correct basis for determining the turnover … fort he application … of the Regulation.“

[396] EG-Kommission, Mitteilung zur Rechnungslegung, ABl.EG 1998 C16/07, Rn.22.

se auf bestimmte Geschäftsvorfälle innerhalb der typischen Geschäftstätigkeit beschränkt; diesem Umstand wird jedoch in der praktischen Anwendung keine Beachtung geschenkt[397] Dabei muss berücksichtigt werden, dass § 277 (1) HGB auch nicht als richtlinienkonform angesehen wird, was ein Indiz dafür ist, dass auch bei Art.28 JahresabschlussRiL der Zusatz „wirkungslos“ ist Ein weiterer Hinweis lässt sich aus dem Umstand gewinnen, dass die KonsolidierungsRiL keine Änderungen an Art.28 JahresabschlussRiL vornehmen musste, um diese Norm mit den IAS und hier insbesondere IAS F.74, der jedenfalls auch dem Wortlaut nach allein auf die ordentliche Geschäftstätigkeit („ordinary activity“) abstellt, zu harmonisieren. Wenn demgemäß Art.28 JahresabschlussRiL das diskutierte Erfordernis als inhaltslose Floskel versteht, so sollte dies auch für den identisch formulierten Art.5 (1) Uabs.1 FKVO (derselbe a.F.) gelten.

Hierfür spricht ferner auch der branchenunabhängige Ansatz der FKVO. So sollte die Verordnung als Rechtsinstrument für die Kontrolle sämtlicher Zusammenschlüsse und damit branchenunabhängig fungieren.[398] Dieses Ziel kann dabei ausschließlich dann erreicht werden, wenn alle Erlöse ungeachtet des ihnen zugrunde liegenden Geschäftsvorfalls, soweit sie im Rahmen der normalen Geschäftstätigkeit eines Unternehmens erwirtschaftet worden sind, in den Gesamtumsatz einfließen.

Beispiel 2:6 (Erzielung mit Waren oder Dienstleistungen, 1)
Der Volkswagen-Konzern plant die mehrheitliche Beteiligung an der LeasePlan-Gruppe zu erlangen. Die LeasePlan-Gruppe ist ein Verbund mehrerer unter der LeasePlan Corporation (L) mit Sitz in Amsterdam zusammengeschlossener Gesellschaften, deren geschäftlicher Schwerpunkt im Kfz.-Leasing besteht. Im Geschäftsjahr 2003 hat L ca. 1,2 Mrd. € an Umsatz erzielt. Davon stammen ca.600 Mio. € aus dem Leasinggeschäft.
Beispiel 2:7 (Erzielung mit Waren oder Dienstleistungen, 2)
Die Sixt AG, Muttergesellschaft des Sixt-Konzerns, ist eine in Deutschland ansässige, börsennotierte Gesellschaft. Der Geschäftszweck des Sixt-Konzerns besteht u. a. in der Vermietung von Kfz. Im Geschäftsjahr 2003 wurden gemäß dem Konzernabschluss Umsatzerlöse in Höhe von 2,2 Mrd. € erzielt; davon entfielen ca. 600 Mio. € auf das Mietwagengeschäft.

Sofern Art.5 (1) Uabs.1 FKVO (derselbe a.F.) ausschließlich Erlöse aus dem Verkauf von Waren oder der Erbringung von Dienstleistungen als umsatzrelevant begreifen würde, könnte im *Beispiel 2:6 (Erzielung mit Waren oder Dienstleistungen, 1)* unabhängig vom eigentlichen Geschäftszweck der LeasePlan-Gruppe nur

---

[397] Ballwieser/Coenenberg/Wysocki (BRECHT/KELLER), Umsatzerlöse, I., (S.2371); (zu § 277 HGB) Wysocki/Schulze-Osterloh/Hennrichs (RÜRUP), 3.Band, Abteilung IV/1, C., I., 1., c), Rn.180 „Nicht zu den Umsatzerlösen zählen ... Patent- und Lizenzerträge, wenn sie nicht (!) zu den typischen Leistungen des Unternehmens gehören“, (S.92); andere Ansicht: Lüdenbach/Hoffmann (LÜDENBACH), E, § 25, 1.1, Rn.1, (S.935).

[398] Erwägungsgrund 7 FKVO a.F. (so auch Erwägungsgrund 5 n.F.).

ein Umsatzanteil in Höhe von ca. 600 Mio. € berücksichtigt werden. Die Zinserlöse wären nicht berücksichtigungsfähig; sofern man nicht die Unternehmen der LeasePlan-Gruppe als sonstige Finanzinstitute im Sinne von Art.5 (3) FKVO (derselbe a.F.) qualifizieren müsste.[399] Angenommen, die Volkswagen-Gruppe würde im letzten Geschäftsjahr einen Umsatz von nur 4 Mrd. € erzielt haben, so wäre die Anwendbarkeit der FKVO nach den Schwellendefinitionen von Art.1 (2) FKVO (derselbe a.F.) vom Einbezug der Zinserlöse der L abhängig, da anderenfalls der Gesamtumsatz nur 4,6 Mrd. € betragen würde.

Im *Beispiel 2:7 (Erzielung mit Waren oder Dienstleistungen, 2)* würde man je nach Auslegung von Art.5 (1) Uabs.1 FKVO (derselbe a.F.) bezweifeln müssen, ob im Zusammenschlussfalle die Erlöse aus der Vermietung in den Gesamtumsatz einkalkuliert werden dürfen. Es stellt sich somit fusionsrechtlich die Frage, ob 2,2 Mrd. € oder 1,6 Mrd. € Gesamtumsatz im letzten Geschäftsjahr erzielt wurden.

Die umsatzmäßige Berücksichtigung im Sinne von Art.5 (1) Uabs.1 FKVO (derselbe a.F.) von Unternehmenserlösen ist nicht davon abhängig, dass diese mit Waren oder Dienstleistungen oder bei Waren gar ausschließlich mit deren Verkauf erzielt worden sind. Sind Erlöse mit der ordentlichen Geschäftstätigkeit erzielt worden, ist dies als Ursprung für die Zuordnung zum Gesamtumsatz ausreichend.[400]

ee. Berücksichtigungsfähigkeit sonstiger betrieblicher Erträge

Die Art.23 bis 26 JahresabschlussRiL trennen zwischen dem mit Art.5 (1) Uabs.1 FKVO (derselbe a.F.) inhaltlich identischen Gliederungspunkt der „*Nettoumsatzerlöse*“ und dem Posten „*sonstige betriebliche Erträge*“; diese Unterteilung ist dabei eine rechnungslegungsstandardübergreifende Praxis.[401] Die sonstigen betrieblichen Erträge erwachsen entsprechend den Nettoumsatzerlösen aus

---

399 Zur Abgrenzung zwischen Operating- sowie Finanzierungs-Leasing und der dementsprechenden Einordnung als Finanzinstitut im Sinne von Art.5 (3) lit.a FKVO (derselbe a.F.): EG-KOMMISSION, Mitteilung zur Umstzberechnung, ABl.EG C 66/34, Rn.55; Entscheidung (Akz. IV/M.234 –GECC/Avis Lease) vom 15.7.1992, WuW/E (EV) 1999, Rn.6 ff.; siehe hierzu auch: Langen/Bunte (LÖFFLER), Band 1, EG-Kartellrecht, FKVO, Artikel 5, E., I., Rn.16, (S.2540).

400 So auch sich auf den Einbezug der Erlöse aus dem „Autovermietungsgeschäft“ in – EG-KOMMISSION, Entscheidung (Akz. IV/M.126 – Accor/Wagons-Lits) vom 28.4.1992, WuW (EV) 1961 – beziehend: Groeben/Thiesing/Ehlermann (BRUHN), Band 2/II, Dritter Teil, Titel V, Kapitel 1, Abschnitt 1, nach Artikel 89, I. (Fusionskontrollverordnung), Artikel 5, II., 2., a), bb), Rn.19, (S.1/1443).

401 Zu IAS und HGB: Berger/Ellrott/Förschle/Hense (FÖRSCHLE/KRONER), § 275, G., II., 3., Rn.336, (S.1129).

der ordentlichen bzw. normalen Geschäftstätigkeit;[402] für die JahresabschlussRiL ergibt sich dies im Umkehrschluss aus Art.29 JahresabschlussRiL, wonach Erträge, die nicht mit der normalen Geschäftstätigkeit zusammenhängen, unter dem Posten *„außerordentliche Erträge"* auszuweisen sind (vgl. beispielsweise Art.23 Nr.16 JahresabschlussRiL). Aufrgund der engen Verwandtschaft von Art.5 (1) Uabs.1 FKVO (derselbe a.F.) und Art.28 JahresabschlussRiL mag es zunächst abwegig erscheinen, dass die FKVO auch sonstige betriebliche Erträge in den Gesamtumsatzbegriff einbeziehen will. Anderes ließe sich jedoch aus Art.5 (3) lit.a Ulit.v FKVO (dieselben a.F.) ableiten. Als Placebo für den Umsatz sind neben den bankgeschäftstypischen Ertragsarten (beispielsweise Erträge aus Wertpapieren oder aus Aktien, vgl. Art.27, 28 BankbilanzRiL) die sonstigen betrieblichen Erträge eines Finanzinstitutes mit einzubeziehen. Dabei wird sowohl allgemein als auch bankspezifisch, das heißt branchenunabhängig, dieser Ertragsposten als ein Auffang- oder Sammelposten begriffen, der alle Erträge einschließen soll, die keinem anderen Gliederungsmerkmal der Gewinn- und Verlustrechnung zugeordnet werden können;[403] inhaltlich erfasst dieser Posten mithin dieselben Sachverhalte. Da eine Ungleichbehandlung zwischen Finanzinstituten im Sinne von Art.5 (3) lit.a FKVO und den unter Abs.1 fallenden Unternehmen nicht zulässig und auch nicht beabsichtigt erscheint, wäre der Schluss zu ziehen, dass Art.5 (1) Uabs.1 FKVO (derselbe aF.) entgegen dem Verständnis von Art.28 JahresabschlussRiL die sonstigen betrieblichen Erträge in das Gesamtumsatzmerkmal einbezieht.

Eine solche Sichtweise widerstrebt jedoch nicht nur dem Richtlinienverständnis, sondern auch der inhaltlichen Beschreibung des Gesamtumsatzes von Art.5 (1) FKVO (derselbe a.F.). So kommt es zunächst auf die Erlöse, die mit Waren oder Dienstleistungen erzielt wurden, an. Auch wenn dazu festgestellt wurde, dass das entscheidende Kriterium allein die typische Geschäftstätigkeit sein muss und diese weitere Einschränkung nicht dem Wortlaut entsprechend überzeugen kann, harmonisiert es dennoch nicht mit dem durch diese beispielhafte Aufzählung zum Ausdruck gebrachten Charakter des Gesamtumsatzes. Sonstige betriebliche Erträge, die beispielsweise durch den Verkauf von Anlagevermögen erzielt werden können,[404] scheinen nicht verlässlicher Faktor für die tatsächliche Wirtschaftskraft eines Unternehmens zu sein, da sie, auch wenn sie innerhalb der normalen Geschäftstätigkeit eines Unternehmens erwirtschaftet werden,

---

402 Zur JahresabschlussRiL: Albach/Klein (KLEIN), A., II., 1., 1.2., (S.195); zu IAS: Lüdenbach/Hoffmann (LÜDENBACH), E, § 25, 1.1, Rn.3, (S.935 f.); zum HGB: Berger/Ellrott/Förschle/Hense (FÖRSCHLE), § 275, C., I., 4., Rn.90, (S.1028).

403 Bankenspezifisch: SCHARPF, 6.2.8., (S.778 f.); zur JahresabschlussRiL: Albach/Klein (KLEIN), A., II., 1., 1.2., (S.195); JONAS, V., 3., Rn.18, (S.147).

404 Siehe nur: Berger/Ellrott/Förschle/Hense (FÖRSCHLE), § 275, C., I., 4., Rn.91 „Erträge aus dem Abgang von VG des Anlagevermögens", (S.1082); JONAS, V., 3., Rn.18, (S.147).

nicht dem typischen Leistungsangebot, mit dem ein Unternehmen auf dem Markt auftritt, zuzurechnen sind. Im Ergebnis müssen die sonstigen betrieblichen Erträge aus dem Umsatzmerkmal ausgeschlossen werden,[405] wobei dies nicht bedeutet, dass unter dem Posten der sonstigen betrieblichen Erträge innerhalb des Jahresabschlusseses ausgewiesene Erlöse nicht in bestimmten Fällen als fusionsrechtlicher Gesaumtumsatz charakterisiert werden können.[406]

ff. Abzug von Erlösschmälerungen

Nicht der gesamte Gegenwert bzw. die gesamte Gegenleistung, die ein Unternehmen innerhalb der maßgeblichen Realisierungsperiode und mittels der normalen Geschäftstätigkeit erwirtschaftet, ist in den Gesamtumsatz einzubeziehen. So müssen Erlösschmälerungen (Skonti, Boni und Rabatte) oder auf den Umsatz bezogene Steuern gemäß Art.5 (1) Uabs.1 (derselbe a.F.) FKVO abgezogen werden. Hierzu kann auf die Mitteilung der EG-Kommission und das Verständnis zu der im Bilanzrecht ebenfalls gängigen Praxis verwiesen werden.[407]

gg. Externe und interne Umsätze

Gemäß Art.5 (1) Uabs.2 FKVO (derselbe a.F.) kommt es auf die Umsätze, die mit Unternehmen oder Verbrauchern erzielt werden an. Dabei ist zu beachten, dass ein Unternehmen auch ein Verbraucher sein kann; so kann beispielsweise eine Aktiengesellschaft Lebensmittel für eine Jubiläumsfeier nachfragen und damit zum Verbraucher werden. Ferner ist auch der Staat als Verbraucher oder gar Unternehmer erfasst. Die Berücksichtigung der Erlöse muss nach dieser Voraussetzung mit einem Anderen erwirtschaftet werden. Danach käme es allerdings nur darauf an, dass es sich um einen rechtlich selbständigen Dritten handelt.

Eine Besonderheit ist dann zu beachten, wenn dieser Dritte wirtschaftlich mit dem betrachteten Unternehmen verbunden ist. So muss gemäß Art.5 (1) Uabs.2 FKVO (derselbe a.F.) der Umsatz unberücksichtigt bleiben, der mit verbunde-

---

405 Angemerkt sei, dass aus denselben Erwägungen, ungeachtet der ausdrücklichen Aufzählung innerhalb von Art.5 (3) lit.a Ulit.v FKVO (derselbe a.F.), diese Ertragsgröße auch bei der Schwellenberechnung von Kreditinstituten ausgelassen werden sollte.

406 EG-KOMMISSION, Entscheidung (Akz. IV/M.126 – Accor/Wagons-Lits) vom 28.4.1992, WuW (EV) 1961, Rn.7 „Bei den Betriebsergebnissen von Wagons-Lits ist ferner der Posten 'Sonstige Betriebsergebnisse' zu berücksichtigen. ... Bestandteile dieses Postens (entsprechen) dem Verkauf von Waren und der Erbringung von Dienstleistungen im Rahmen der üblichen Geschäftstätigkeit."

407 Vgl. EG-KOMMISSION, Mitteilung zur Umsatzberechnung, ABl.EG 1998 C 66/27 f., Rn.19-21; Immenga/Mestmäcker (IMMENGA), EG-WbR, Band I, VII.Abschnitt (Fusionskontrollverordnung), D., Artikel 5, I., 6., Rn.9-11, (S.968 f); zum HGB: Wysocki/Schulze-Osterloh/Hennrichs (RÜRUP), 4.Band, Abteilung IV/1, C., I., 1., b), Rn.169-171, (S.89-91); zur JahresabschlussRiL: JONAS, V., 3., Rn.4, (S.137 f.).

nen Unternehmen im Sinne von Abs.4 erzielt worden ist; eine ähnliche Regelung wird gemäß Art.5 (5) FKVO (derselbe a.F.) bei Gemeinschaftsunternehmen aufgestellt.

Diese Eliminierung der Innenumsatzerlöse wurde dem Konsolidierungsgebot im Konzernrechnungswesen entnommen [vgl. Art.26 (1) lit.b KonsolidierungsRiL; IAS 27.18]. So sollen aus der Wirtschaftskraft ertragswirksame Geschäftsvorgänge innerhalb einer Wirtschafteinheit ausgeklammert werden, damit ein Konzern im Rahmen seines Jahresabschlusses im Ergebnis wie ein einziges Unternehmen dargestellt wird.[408]

Zu beachten ist, dass bei der Gesamtumsatzermittlung trotz der Ähnlichkeit zwischen FKVO und Rechnungswesen regelmäßig nicht unmittelbar die Daten des Konzernabschlusses verwand werden können;[409] Bedenken bereitet insoweit die dem entgegenläufige Auffassung der EG-Kommission.[410] So wird der Konsolidierungskreis im Konzernrechnungswesen nach den meisten Systemen weiter gezogen als – zumindest dem Wortlaut zufolge – im Fusionsrecht, da regelmäßig der beherrschende Einfluss unabhängig von quantitativen Voraussetzungen ausreichend ist [vgl. Art.1 (2) KonsolidierungsRiL, IAS 27.12]. Darüber hinaus können nach IAS 27.14 beherrschte Unternehmen aufgrund einer deutlich vom übrigen Konzern abweichenden Geschäftstätigkeit aus der Konsolidierung ausgeschlossen werden. Ferner sind die Konsolidierungsquoten innerhalb des Fusionsrechtes pauschaler geregelt als im Bilanzrecht. So wurde bereits auf die konzernrechnungslegungsgemäße Quotenkonsolidierung bei Gemeinschaftsunternehmen hingewiesen, die nicht in die FKVO übernommen worden ist, hingewiesen[411]

hh. Fazit

Gesamtumsatz („aggregate turnover") im Sinne von Art.5 (1) FKVO (derselbe a.F.) entspricht grundsätzlich denjenigen Anforderungen, die das Rech-

---

[408] Zum Rechnungswesen: WÖHE/DÖRING, Sechster Abschnitt, B., VIII., 1., (S.1025); vgl. auch: EG-KOMMISSION, Mitteilung zur Umsatzberechnung, ABl.EG 1998 C 66/28, Rn.22 f.

[409] Hinsichtlich sich auf den Umsatz bezihende Steuern als erlösschmälernder Posten: STOCKENHUBER, Teil II, Kapitel 6 (Gemeinschaftsweite Bedeutung), III., 1., a) (S.163).

[410] Für den Fall, dass die Einheiten eines Unterehmensverbundes in unterschiedlichen Währungen bilanzieren, soll die Währungsumrechnung auf der Basis des im konsolidierten Abschluss ausgewiesenen Ergebnisses erfolgen; es wird ferner darauf hingewiesen, dass nicht die Einzelabschlüsse von Relevanz sind: EG-KOMMISSION, Mitteilung zur Umsatzberechnung, ABl.EG 1998 C 66/32, Rn.50.

[411] Siehe zur Quotenkonsolidierung nach dem Bilanzrecht: KRAWITZ, BB 2001, S.669 „Das Wesen der besonderen Konsolidierungsmethode für Gemeinschaftsunternehmen ... besteht in der anteilmäßigen oder quotalen Einbeziehung ... der Erträge des Gemeinschaftsunternehmens in die Konzern-Gewinn- und Verlustrechnung.", (S.668).

nungswesen an die unter dem ersten Gliederungsposten einer Gewinn- und Verlustrechnung auszuweisenden Erträge stellt. So setzt sich der Gesamtumsatz aus den Erlösen der ordentlichen Geschäftstätigkeit unter Abzug von Steuern und Erlösschmälerungen zusammen. Zu beachten ist, dass sonstige betrieblicher Erträge entgegen Art.5 (3) lit.a Ulit.V FKVO (dieselbena.F.) nicht in die Schwellenprüfung einfließen. Entsprechend dem Konzernrechnungswesen sind die internen Umsatzerlöse zu eliminieren.

Zu beachten ist dennoch, dass oftmals die Übernahme der im letzten Jahresabschluss ausgewiesenen Werte nicht möglich sein wird. So muss die Erlösrealisierung aufgrund der angelsächsischen Perspektive der FKVO entsprechend den IAS („percentage-of-completion-Methode“) vorgenommen werden; Bilanzen, die auf der Grundlage eines ausgeprägten Vorsichtsprinzips aufgestellt worden sind, sind genau auf ihre Kompatibilität zu prüfen. Das Geschäftsjahr muss dagegen nicht exakt 12 Monate umfassen, sondern kann entsprechend den Vorgaben der Unternehmen übernommen werden.

Größere Eigenheiten der FKVO im Verhältnis zum betrieblichen Rechnungswesen existieren bei der umsatzmäßigen Behandlung von Unternehmensverbänden. Zunächst ist der Umsatzberechnung das Geschäftsjahr des beteiligten Unternehmens zugrundezulegen. Während im Konzernbilanzrecht der Abschluss in der Regel auf die Konzernspitze bzw. die Muttergesellschaft bezogen wird, könnte im Fusionsrecht die Wahl von der jeweiligen Sacherhaltslage abhängig sein.[412] Dies würde dann die Möglichkeit zu einer Manipulation der Umsatzdaten durch die Zusammenschlussparteien eröffnen und im Vergleich zum Bilanzrecht zu einem anderweitigen Bilanzstichtag führen können. Ferner weicht die FKVO im Interesse der Rechtssicherheit inhaltlich sowohl hinsichtlich der Voraussetzungen als auch der Rechtsfolgen einer Konzernkonsolidierung im Bilanzrechnungswesen ab. Damit legt das Fusionsrecht meist einen anderweitigen Konsolidierungskreis zugrunde und stellt auch pauschale Voraussetzungen für die Konsolidierung der Erträge auf.

Das Ablesen aus dem Gewinn- und Verlustrechnungsposten der Umsatzerlöse, revenues oder turnover, ist bei Einzelabschlüssen mit Vorsicht möglich, während es im Konzernabschluss regelmäßig nur indizweise erfolgen darf.

c. Branchenspezifische Besonderheiten

Bei der Gesamtumsatzberechnung sind entsprechend der Umsatzermittlung innerhalb der betrieblichen Rechnungslegung branchenspezifische Besonderheiten zu berücksichtigen. Dabei muss im fusionsrechtlichen Kontext zwischen Finanzintermediären, das heißt Banken sowie sonstigen Kreditinstituten oder auch

412 Siehe hierzu die Ergebnisse zur Auswahl der beteiligten Unternehmen: (IV) Entwicklung der Leitlinien zur Bestimmung der beteiligten Unternehmen, (S.316).

Versicherungsunternehmen, und Unternehmen sonstiger Wirtschaftszweige unterschieden werden.

Die Differenzierung bedingt sich, da die FKVO gemäß Art.5 (3) FKVO (derselbe a.F.) für Finanzintermediäre eine ausdrückliche Sonderregelung für die Gesamtumsatzberechnung bereithält, wobei Einigkeit darüber besteht, dass damit nicht besondere Umsatzschwellen gelten sollen.[413] Danach treten bei der Schwellenberechnung von Banken und sonstigen Finanzinstituten im Sinne von Abs.3 lit.a an die Stelle des Gesamtumsatzes bestimmte in der RiL 86/635/EWG definierte Ertragposten.[414] Dabei handelt es sich gleich dem Umsatz um die Erlöse, welche innerhalb der typischen Bankgeschäfte erwirtschaftet werden.[415] Wie im Rahmen der Besprechung des Gesamtumsatzmerkmals im Sinne von Art.5 (1) FKVO (derselbe a.F.) bereits erläutert worden ist, müssen sonstige betriebliche Erträge, entgegen der ausdrücklichen Nennung, unberücksichtigt bleiben, da in diesen nicht die leistungs- bzw. geschäftstypische Tätigkeit eines Unternehmens zum Ausdruck kommt und nur so eine völlige Gleichbehandlung von Finanzinstituten und den Unternehmen sonstiger Branchen gewährleistet ist; Art.5 (3) lit.a Ulit.V FKVO (dieselben a.F.) muss danach unberücksichtigt bleiben. Bei Versicherungsunternehmen repräsentieren nach Abs.5 lit.b die im letzten Geschäftsjahr mit dem Versicherungsgeschäft vereinnahmten Bruttoprämien das Placebo des fusionsrechtlichen Gesamtumsatzes. Zu berücksichtigen ist, dass Art.5 (3) FKVO (derselbea.F.) nicht Unternehmens, sondern aktivitätsbezogen verstanden werden muss. Die Geschäftsergebnisse von Mischunternehmen müssen sowohl nach Art.5 (1) FKVO (derselbe a.F.) als auch finanzbranchenspezifisch nach Art.5 (3) FKVO (derselbe a.F.) ermittelt werden. Eine Einordnung als Finanzintermediär oder sonstiges Unternehmen könnte damit im Ergebnis unterbleiben; die Umsatzberechnung orientiert sich am typischen Geschäft.

Besonderheiten sonstiger Branchen werden von der FKVO dagegen nicht explizit geregelt. Dies begründet sich damit, dass hierunter nicht Abweichungen zu Art.5 (1) FKVO (derselbe a.F.) zu verstehen sind. Es handelt sich um solche Sachverhalte, in denen die Umsatzberechnung besonderer „Vorsicht“ bedarf,

---

413 Diese Annahme war vornehmlich noch zeitens der 1/10-Regelung diskussionswürdig: Immenga/Mestmäcker (IMMENGA), EG-WbR, Band I, VII.Abschnitt (Fusionskontrollverordnung), D., Artikel 5, IV., 1., Rn.48, (S.979).

414 Die FKVO regelt nicht ausdrücklich, welche Unternehmen als Kredit- oder Finanzinstitut einzuordnen sind. Es lassen sich jedoch die innerhalb der BankbilanzRiL/2 vorhandenen Definitionen übertragen. Danach ist das Kreditinstitut in Art.1 Nr.1 und das Finanzinstitut in Art.1 Nr.6 BankbilanzRiL/2; so auch: Immenga/Mestmäcker (IMMENGA), EG-WbR, Band I, VII.Abschnitt (Fusionskontrollverordnung), D., Artikel 5, IV., 1., Rn.49, (S.979 f.).

415 Immenga/Mestmäcker (IMMENGA), EG-WbR, Band I, VII.Abschnitt (Fusionskontrollverordnung), D., Artikel 5, IV., 1., Rn.48, (S.979).

weil der Gesamtumsatz nicht in der Gesamtheit der erwirtschafteten Gegenleistungen gesehen werden kann. Diese bilden insbesondere im Dienstleistungsbereich oftmals nicht das Gegenstück zum tatsächlich mit der eigenen Leistung erzielten wirtschaftlichen Nutzenzuwachs. Dieses Problem ist nicht fusionsspezifisch zu begreifen, sondern ist vielmehr in der Rechnungslegung verankert, da auch dort zu bestimmen ist, welcher Anteil einer Gegenleistung tatsächlich den durch die typische Leistungserbringung erwirtschafteten Ertrag eines Unternehmens ausmacht.[416]

d. Zusammenfassung

Mit dem Gesamtumsatzmerkmal hat die FKVO zwecks Messung der sich in einem Zusammenschluss konzentrierenden Kapazitäten einen Posten aus dem Rechnungswesen übernommen; als Entwicklungsvorlage dienten vornehmlich die Harmonsierungsrichtlinien, insbesondere die JahresabschlussRiL der EG. Aufgrund der mangelnden „Schutzfunktion“ für Dritte bei der fusionsrechtlichen Bestimmung der Vergleichswerte, das heißt des Gesamtumsatzes, sollte die Merkmalsauslegung einer angelsächsisch geprägten Bilanzierungsperspektive folgen, damit der Infomationsgehalt auf ein hohes Niveau gestellt werden kann.

Als Vergleichswert für die in Art.1 (2), (3) FKVO (dieselben a.F.) definierten Schwellen wird der Erlös aus der normalen Geschäftstätigkeit eines Unternehmens herangezogen, den dieses innerhalb des betriebstypischen Leistungsprogramms erwirtschaftet. Dieser wird innerhalb der Gewinn- und Verlustrechnung eines Unternehmens regelmäßig unter dem Posten der Umsatzerlöse, turnover, revenue usw. ausgewiesen. Zu beachten ist dennoch, dass abhängig von dem verwendeten Rechnungslegungsstandard und insbesondere bei der Heranziehung von konsolidierten Abschlüssen, deutliche Abweichungen zwischen dem vom Bilanzwesen grundsätzlich unabhängigen fusionsrechtlichen Gesamtumsatz und dem assoziierbaren Posten der Gewinn- und Verlustrechnung bestehen können.

2) Geografische Zuordnung, Art.5 (1) Uabs.2 FKVO (derselbe a.F.)

Die Darstellung der Schwellenwerte im Sinne von Art.1 (2), (3) FKVO (dieselben a.F.) hat bereits gezeigt, dass es nicht bloß auf die absoluten Geschäftsergebnisse eines Unternehmens, sondern auch auf die in bestimmten geografischen Tätigkeitsfeldern - Gemeinschaft und einzelne Mitgliedstaaten - erwirtschafteten Anteile ankommt.[417] Dabei lässt die Verordnung offen, nach welchen

---

416 Berger/Ellrott/Förschle/Hense (FÖRSCHLE), § 275, C., I., 1., b), Rn.49, (S.1072); Wysocki/Schulze-Osterloh/Hennrichs (RÜRUP), 3.Band, Abteilung IV/1, C., I., 1., c), Rn.173-196, (S.91-94).

417 DRAUZ/SCHROEDER, Band I, A., 5. (Die Umsatzberechnung), c), (S.16); Immenga/Mestmäcker (IMMENGA), EG-WbR, Band I, VII.Abschnitt (Fusionskontrollverordnung), D., Artikel 5, I., 9., Rn.14, (S.970).

Kriterien die Zurordnung des Gesamtumsatzes zum Realisierungsort zu erfolgen hat.

Die geografische Verteilung der unternehmerischen Tätigkeit ist auch innerhalb der betrieblichen Rechnungslegung nicht unbekannt; so verpflichtet IAS 14 bestimmte Unternehmen zu einer Segmentberichterstattung nach sektorealen und geografischen Gesichtpunkten (vgl. IAS 14.3).[418] Anders als im Vergleich mit der FKVO wird die Abgrenzung der einzelnen nicht durch Staatsgrenzen, sondern durch betriebswirtschaftliche Faktoren bestimmt.[419]

Sowohl die bilanzierungs- als auch die fusionsrechtliche Perspektive versucht eine möglichst präzise Zuordnung zu demjenigen Ort, an dem die Geschäftstätigkeit der Unternehmen sich auf den Wettbewerb auswirkt.[420]
Beispiel 2:8 [Geografische Zuordnung, Art.5 (1) Uabs.2 FKVO (derselbe a.F.)]
Variante A)
F ist spanischer Staatsbürger mit einem Wohnsitz in Madrid und einem Feriendomizil auf Mallorca. Mit der Sanierung seines Hauses beauftragt er das spanische Unternehmen B (Umsatzvolumen: 100.000 €).
Variante A)
F ist französischer Staatsbürger und beauftragt das deutsche Unternehmen B, seine Ferienfinca auf Mallorca zu sanieren, wobei der Vertrag in Warschau auf einer Messe abgeschlossen worden ist.

In Betracht werden der Sitz des Abnehmers oder des Anbieters, der Ort der Leistungserbringung oder -verwendung sowie der Ort des Vertragsschlusses ge-

---

418 Baetge/Dörner/Kleekämper/Wollmert (HALLER), Teil B, IAS 14, C., II., 2., Rn.31-40, (S.480-482); HEUSER/THEILE, E., III., 1., b), aa), Rn.1048, (S.393).

419 Dies hängt von dem unterschiedlichen Informationsbedürfnis zusammen. Während die fusionsrechtlich Abgrenzung die geographische Tätigkeit der Unternehmen vergangenheitsbezogen darstellen soll, damit überprüft werden kann, ob aufgrund der geografischen Tätigkeiten das europäische Zusammenschlussrecht angewandt werden soll, soll die Segmentsberichterstattung nach IAS dem Investor auf der Grundlage von betriebswirtschaftlichen Parametern ein besseres Verständnis vom Unternehmen und dessen Ertragskraft zu vermitteln und ihm helfen, Ertrag und Risiken für die Zukunft besser abzuschätzen (vgl. Zielsetzung von IAS 14).

420 Vgl. Immenga/Mestmäcker (IMMENGA), EG-WbR, Band I, VII.Abschnitt (Fusionskontrollverordnung), D., Artikel 5, I., 9., Rn.15 „Zweck der Umsatzberechnung ist es, die Wirtschaftkraft der beteiligten Unternehmen so genau wie möglich widerzuspiegeln. Dazu wäre es sinnvoll auf den Ort abzustellen. An dem die wirtschaftliche Transaktion Auswirkungen auf den Wettberwerb hat (und ist deshalb) … am relevanten (Absatz-) Markt, an dem das Unternehmen um Konsumenten wirbt, auszurichten.“, (S.970); zu I-AS: Baetge/Dörner/Kleekämper/Wollmert (HALLER), Teil B, IAS 14, C., II., 2., Rn.35 „Bestimmung des Absatzmarktes“, (S.481); HEUSER/THEILE, E., III., 1., b), aa), Rn.1050 „Absatzort“, (S.394).

zogen.[421] An der Variante A kann man zunächst erkennen, dass es bei reinen Inlandsgeschäften keiner Entscheidung der Problemstellung bedarf, da das Ergebnis in jeder Hinsicht identisch wäre.[422] Schwierigkeiten entstehen dann, wenn es sich um grenzüberschreitende Transaktionen wie in der Variante B handelt. Mit der Erwägung, die geografische Zuordnung müsse den unmittelbaren wettbewerblichen Auswirkungen eines Unternehmens auf die Märkte folgen, sollte es zunächst auf den Standort des Abnehmers ankommen,[423] denn dieser nimmt den Anbieter wahr und ordnet ihm seinem individuellen Konsumprofil zu.

Mit dieser Feststellung wird noch nicht die Frage beantwortet, nach welcher Maßgabe der Standort des Anbieters zu ermitteln ist. Hierzu sollte zunächst zwischen dem Standort in dem Zeitpunkt der Bedürfnisdefinition und dem Zeitpunkt der Bedürfnisbefriedigung unterschieden werden. In der Variante B könnte F im Sommerurlaub den Entschluss gefasst haben, sein Haus sanieren zu lassen, während er dieses Bedürfnis erst im Winter durch den Abschluss des Vertrages in Polen befriedigt haben könnte. Will man den Ort ermitteln, an dem sich das Verhalten von B auf die Konsumenten ausgewirkt hat, so darf man nicht auf den Ort der ohnehin oftmals schleichenden Bedürfnisentstehung, sondern muss auf den Ort der Bedürfnisbefriedigung abstellen. Der Standort des Abnehmers muss danach mit dem Ort identisch sein, an dem er sich für einen Anbieter für seine Bedürfnisbefriedigung entscheidet.

Da diese innere Motivation selten dokumentiert sein dürfte, muss zudem überlegt werden, welche objektiv nachprüfbaren Kriterien sich am besten eignen, um diesen Zeitpunkt nachzuweisen. Grundsätzlich wird die Festlegung des Abnehmers am besten durch seinen Standort im Zeitpunkt des Vertragsschlusses dokumentiert, denn in diesem Moment bindet er sich rechtlich an eine Variante zur Bedürfnisbefriedigung.[424] Sofern dieser Standort des Abnehmers nicht be-

---

421 Immenga/Mestmäcker (IMMENGA), EG-WbR, Band I, VII.Abschnitt (Fusionskontrollverordnung), D., Artikel 5, I., 9., Rn.15, (S.970); zu IAS: Baetge/Dörner/Kleekämper/Wollmert (HALLER), Teil B, IAS 14, C., II., 2., Rn.35, (S.481); HEUSER/THEILE, E., III., 1., b), aa), Rn.1050, (S.394).

422 STOCKENHUBER, Teil II, Kapitel 6 (Gemeinschaftsweite Bedeutung), III., 1., b) „Die Zuordnung zu einem Gebiet (wird) idR dann keine Probleme aufwerfen ..., wenn die zugrunde liegende Transaktion keine grenzüberschreitende ... Dimension aufweist.“, (S.165).

423 DRAUZ/SCHROEDER, Band I, A., 5. (Die Umsatzberechnung), c) „Liefert ... ein deutsches Unternehmen an einen französischen Kunden, gehört dieser Umsatz zum Mitgliedstaat Frankreich.“, (S.16); Immenga/Mestmäcker (IMMENGA), EG-WbR, Band I, VII.Abschnitt (Fusionskontrollverordnung), D., Artikel 5, I., 9., Rn.16, (S.970); STOCKENHUBER, Teil II, Kapitel 6 (Gemeinschaftsweite Bedeutung), III., 1., b), (S.164-167); zu IAS: Baetge/Dörner/Kleekämper/Wollmert (HALLER), Teil B, IAS 14, C., II., 2., Rn.35 (S.481).

424 Vgl. DRAUZ/SCHROEDER, Band I, A., 5. (Die Umsatzberechnung), c) „Richtigerweise sollte man darauf abstellen, wo der Flugschein verkauft und bezahlt wird, denn dort findet der Wettbewerb statt.“, (S.17).

kannt sein sollte, wäre ein Hilfskriterium heranzuziehen. Dabei bietet sich sowohl der Sitz des Abnehmers, als auch der Ort der Leistungserbringung an. Für den Sitz spricht, dass der Abnehmer dort meist örtlich zu lokalisieren ist, weshalb er dort mit dem Angebot des Unternehmens zusammengetroffen sein und im Zweifel seine Konsumentscheidung gefasst haben wird. Andererseits ist der Ort der Leistungserbringung unternehmensseitig am einfachsten nachvollziehbar. Dennoch erscheint der Wohnsitz das aus wettbewerblicher Sicht sachgerechtere Kriterium zu sein, da die Leistungserbringung regelmäßig der Festlegung des Abnehmers auf einen bestimmen Anbieter folgt und damit keinen Rückschluss auf den Ort der Entscheidung möglich ist.[425]

Der Umsatz wird damit am Standort des Abnehmers zu dem Zeitpunkt, in dem die Bedürfnisbefriedigung geschieht, erzielt.[426] Mangels Nachweisbarkeit der Motivation des Abnehmers muss dieser anhand objektiver Kriterien nachvollzogen werden. Dabei ist zu vorderst auf den Ort des Vertragsschlusses abzustellen;[427] sollte dieser nicht nachweisbar sein, so muss hilfsweise auf den Wohnsitz oder nachrangig auf den Ort der Leistungserbringung abgestellt werden.[428]

3) Beteiligte Unternehmen, Art.5 (1) Uabs.1, (4) lit.a FKVO (derselbe a.F.)

Die Gemeinschaftsrelevanz eines Vorhabens ergibt sich aus den Gesamtumsätzen der beteiligten Unternehmen. Dabei kommt es gemäß Art.5 (4), (5) FKVO (derselbe a.F) nicht nur auf selbst, sondern auch durch verbundene Unternehmen erzielte Erlöse an.

Trotz der Bedeutsamkeit ist eine Legaldefinition des Merkmals nicht in den Verordnungstext integriert worden;[429] zudem lässt sich unmittelbar weder aus

---

425 So auch: DRAUZ/SCHROEDER, Band I, A., 5. (Die Umsatzberechnung), c), (S.17).

426 Groeben/Thiesing/Ehlermann (BRUHN), Band 2/II, Dritter Teil, Titel V, Kapitel 1, Abschnitt 1, nach Artikel 89, I. (Fusionskontrollverordnung), Artikel 5, II., 3., a), Rn.26, (S.2/1446).

427 Groeben/Thiesing/Ehlermann (BRUHN), Band 2/II, Dritter Teil, Titel V, Kapitel 1, Abschnitt 1, nach Artikel 89, I. (Fusionskontrollverordnung), Artikel 5, II., 3 , a), Rn.26, „In jedem Fall sei der Umsatz dem Standort des Kunden zuzurechnen, das meist dort der Vertrag (!) zustande komme, der entsprechende Umsatz erzielt werde und Wettbewerb mit anderen Anbietern stattfinde.“, (S.2/1446), sich beziehend auf: EG-KOMMISSION, Mitteilung zum Begriff der beteiligten Unternehmen, ABl.EG 1998 C 66/32, Rn.46; STOCKENHUBER, Teil II, Kapitel 6 (Gemeinschaftsweite Bedeutung), III., 1., b), (S.165).

428 Abstellend auf den Ort der Leistungserbringung: STOCKENHUBER, Teil II, Kapitel 6 (Gemeinschaftsweite Bedeutung), III., 1., b), (S.164 f.).

429 Wiedemann (WIEDEMANN), 5.Kapitel (Fusionkontrolle), [illegible].Abschnitt, § [illegible]5, B., III., 1., Rn.70, (S.496); O´KEEFFE, ECLR 1994, S.22, (S.21); RÖHLING, ZiP 1990, S.1179, (S.1179); SIRAGUSA/SUBIOTTO, WuW 1991, S.877 „Die Verordnung definiert den Begriff nicht.“, (S.872).

Art.5 FKVO (derselbe a.F.) noch aus sonstigen Regelungen der FKVO entnehmen, in welcher Beziehung das beteiligte Unternehmen zu einer Transaktion stehen muss, um als solches fungieren zu können.[430] Nun könnte man in Betracht ziehen, auf die Konzernmütter oder die vertragsschließenden Parteien abzustellen, um somit einen Regelungstransfer aus der KonsolidierungsRiL oder den GFVOen zugrunde zu legen. Es erscheint jedoch aufgrund der Komplexität des Zusammenschlussvorgangs nicht ratsam, die Schnittstelle zwischen Wirtschaftskraft und Konzentration aus anderweitigen Rechtssätzen herzuleiten, da diese etwaigen fusionsrechtlichen Besonderheiten keine Rechnung tragen; die genannten Rechtssätze sollten allenfalls als Auslegungshilfe dienen.

Das europäische Zusammenschlussrecht setzt damit voraus, dass die Eigenschaften, die das beteiligte Unternehmen kennzeichnen, und die Art und Weise der Bestimmung bekannt sind, weshalb die EG-Kommission gezwungen war, einen eigenen Ansatz zu entwickeln, den es zuvorderst zu untersuchen gilt.

a. Ansicht der EG-Kommission

Die EG-Kommission befasst sich innerhalb ihrer Mitteilung zum Begriff der beteiligten Unternehmen mit der Merkmalsauslegung bzw. der Identifizierung dieser. Hierzu nimmt sie auf besonders typische Zusammenschlusskonstellationen, denen sie bereits begegnet ist, Bezug.[431] Die Grundannahme besteht dabei darin, dass die *direkten Teilnehmer* einer Transaktion, also die unmittelbar an der Schnittstelle liegenden Einheiten, als beteiligte Unternehmen einzuordnen seien.[432]

Zusammenschlussspezifisch werden demzufolge bei Fusionen im Sinne von Art.3 (1) lit.a FKVO (derselbe a.F.) die fusionierenden Parteien als Zuordnungsobjekt der Gesamtumsätze eingestuft.[433] Kontrollerwerbstatbestände im Sinne von Art.3 (1) lit.b FKVO (derselbe a.F.) zeichnen sich dagegen dadurch aus, dass mindestens ein Erwerber, ein erworbenes Zielobjekt und ein Kontrollver-

---

430 Insoweit deutlicher die GFVOen, die mit dem vertragsschließende Unternehmen den Zuordnungspunkt der Verbundsystematik verbinden.

431 EG-KOMMISSION, Mitteilung zum Begriff der beteiligten Unternehmen, ABl.EG 1998 C 66/15, Rn.1.

432 EG-KOMMISSION, Mitteilung zum Begriff der beteiligten Unternehmen, ABl.EG 1998 C 66/15, Rn.1, vgl. auch: Bekanntmachung zum Begriff der beteiligten Unternehmen, ABl.EG 1994 C 385/12; Aus dieser Annahme ergibt sich sogleich, dass ein direkter Rückgriff auf die GFVOen oder auch die KonsolidierungsRiL jedenfalls nicht der Interpretation der EG-Kommission entsprechen würde.

433 EG-KOMMISSION, Mitteilung zum Begriff der beteiligten Unternehmen, ABl.EG 1998 C 66/15 f., Rn.6, 12.

schaffer, der Veräußerer,[434] involviert sind.[435] Hierzu wird die Ansicht vertreten, dass der Erwerber und das erworbene Zielobjekt, bezeichnet als Erworbener, die am Zusammenschluss beteiligten Unternehmen repräsentieren müssten.[436] Im Umkehrschluss bliebe der Kontrollverschaffer unberücksichtigt.[437] Letzterer Umstand wird dadurch gerechtfertigt, dass dieser, obwohl das Vorhaben von seinem Willen abhängig ist, nach der Transaktion regelmäßig[438] nicht mehr in Beziehung zu dieser stehe und dem Umsatzprodukt samt der bei ihm verbleibenden Wirtschaftsressourcen damit nicht zurechenbar sein könne.[439]

Angesichts dieser Grundannahmen werden Unternehmensteile, so laut EG-Kommission Tochtergesellschaften, Geschäftsbereiche oder gar Vermögenswerte, sofern nur diese erworben werden oder Gegenstand einer Fusion sind,[440] selbst als beteiligte Unternehmen qualifiziert.[441] Daraus folgt, dass Rechtssubjektivität jedenfalls keine Voraussetzung sein könne.

Neben diesen fundamentalen Erwägungen hat sich die EG-Kommission auch mit besonders gelagerten Sachverhalten auseinander gesetzt. So wird die Bestimmung des beteiligten Unternehmens diskutiert, wenn die gemeinsame Kontrolle von mehreren Unternehmen desselben Konzerns im Sinne von Art.5 (4),

---

434 Der Kontrollverschaffer muss dabei nicht selbst vorher Kontrollinhaber gewesen sein; so insbesondere nicht, wenn ein Zusammenschluss auf der Grundlage eines öffentlichen Übernahmeangebotes zustande kommt; siehe zu dieser Zusammenschlussform beispielhaft: EG-KOMMISSION, Entscheidung (Akz. Comp/M.2706 – Carnival Corporation/P&O Princess) vom 24.7.2002, Rn.1 „public bid“, Entscheidung (Akz. Comp/M.2154 – C3D/Go Ahead) vom 20.10.2000, Rn.1 „takeover bid“; Entscheidung (Akz. Comp/M.1779 – Anglo American/Tarmac) 13.1.2000, Rn.5.

435 EG-KOMMISSION, Mitteilung zum Begriff der beteiligten Unternehmen, ABl.EG 1998 C 66/15 f, Rn.8, 13.

436 EG-KOMMISSION, Mitteilung zum Begriff der beteiligten Unternehmen, ABl.EG 1998 C 66/16, Rn.13; vgl. jedoch Entscheidung (Akz. IV/M.214 – Du Pont/ICI) vom 30.9.1992, Rn.6 – nur abstellend auf den mit der Zielsparte branchengleichen Geschäftsbereich des Erwerbers.

437 EG-KOMMISSION, Mitteilung zum Begriff der beteiligten Unternehmen, ABl.EG 1998 C 66/15 f., Rn.8.

438 Ein Ausnahmefall ist dann gegeben, wenn der Kontrollverschaffer derart am Veräußerungsobjekt beteiligt bleibt, dass er gemeinsam mit dem Kontrollerwerber die gemeinsame Kontrolle ausüben kann und damit Kontrollinhaber, wenn auch anderer Intensität, bleibt.

439 EG-KOMMISSION, Mitteilung zum Begriff der beteiligten Unternehmen, ABl.EG 1998 C 66/15 f., Rn.8.

440 Seit der Reform der FKVO im Mai 2004 ist eine Fusion zwischen Unternehmensteilen möglich; vgl. Art.3 (1) lit.a FKVO.

441 EG-KOMMISSION, Mitteilung zum Begriff der beteiligten Unternehmen, ABl EG 1998 C 66/16, Rn.14.

(5) FKVO erworben wird.[442] In diesem Fall stellt sie konsequenter Weise auf die fusionsrechtliche Umsatzeinheit ab und vermeidet, dass innerhalb einer solchen mehrere beteiligte Unternehmen existieren können.[443] Bezüglich des Tatbestandes der Neugründung eines Gemeinschaftsunternehmens äußerte man sich dahingehend, dass nur die Gründer als Beteiligte zu begreifen wären.[444] Das künftige Gemeinschaftsunternehmen existiere vor dem Vollzug des Zusammenschlusses noch nicht und hätte auch folglich noch keine umsatzerzeugende Geschäftstätigkeit entwickelt.[445] Das Außergewöhnliche an dieser Sachverhaltslage im Vergleich zum sonstigen Fall des Kontrollerwerbs ist, dass es aus Umsatzberechnungsrelevanz nur Erwerber geben würde. Wird dagegen an einem schon am Markt aktiven Unternehmen eine gemeinsame Kontrollmöglichkeit begründet, gelten nach Ansicht der EG-Kommission sowohl die Kontrollerwerber als auch das fortan gemeinsam kontrollierte Gemeinschaftsunternehmen als beteiligte Unternehmen.

Eine Ausnahme hierzu sieht sie aber dann, wenn alleinige Kontrolle in gemeinsame Kontrolle durch einen Wechsel in der Einflussnahmestruktur umgewandelt wird, sofern der vormals alleinige Kontrollinhaber in das Kontrollkonsortium integriert bleibt. In einem solchen Fall sollen der künftige und der schon bestehende Kontrollinhaber als beteiligtes Unternehmen zu qualifizieren sein, wobei das künftige Gemeinschaftsunternehmen umsatzberechnungstechnisch voll dem letzteren zugerechnet werden solle.[446]

Findet dagegen der Wandel von gemeinsamer zu alleiniger Kontrolle statt, so gelten das Zielobjekt und der Kontrollerwerber ungeachtet des besonderen Umstandes, dass dieser bereits die Kontrolle ausgeübt hat, als beteiligtes Unternehmen, während derjenige, der die Kontrolle aufgibt, als Veräußerer nicht zu berücksichtigen sei.[447]

---

442 EG-KOMMISSION, Mitteilung zum Begriff der beteiligten Unternehmen, ABl.EG 1998 C 66/17, Rn.19.

443 EG-KOMMISSION, Mitteilung zum Begriff der beteiligten Unternehmen, ABl.EG 1998 C 66/17, Rn.19.

444 EG-KOMMISSION, Mitteilung zum Begriff der beteiligten Unternehmen, ABl.EG 1998 C 66/17, Rn.21.

445 EG-KOMMISSION, Mitteilung zum Begriff der beteiligten Unternehmen, ABl.EG 1998 C 66/17, Rn.21.

446 EG-KOMMISSION, Mitteilung zum Begriff der beteiligten Unternehmen, ABl.EG 1998 C 66/17, Rn.23.

447 EG-KOMMISSION, Mitteilung zum Begriff der beteiligten Unternehmen, ABl.EG 1998 C 66/19, Rn.31.

b. Ansicht der Literatur

Die Literatur hat mehr oder weniger kritisch die Ansicht der EG-Kommission *übernommen.*[448] Dies verwundert schon insoweit, als die immer noch andauernde Diskussion um die Konkretisierung des Unternehmensbegriffs in Bezug auf das Erfordernis der Rechtsfähigkeit[449] stillschweigend nicht in das Merkmal der beteiligten Unternehmen der FKVO übertragen worden ist. Sofern diese nämlich ein Kennzeichen des beteiligten Unternehmens darstellen sollte,[450] wäre es unzulässig, nicht rechtsfähige Objekte, wie Vermögenswerte oder Geschäftsbereiche, sofern diese nicht in eine Tochtergesellschaft eingegliedert sind, oder auch nicht rechtsfähige Gesellschaftsformen als beteiligtes Unternehmen anzusehen.[451] Der Haupterwägung der EG-Kommission, die tatsächlich gebündelten Ressourcen heranzuziehen und den nach dem Vorhaben nicht mehr involvierten Veräußerer nicht beachtet zu lassen, wird anscheinend ein ausreichendes Gewicht beigemessen.[452] Darüber hinaus wäre unter dem Verweis auf einen früheren Wortlaut der FKVO, nach dem gemeinschaftsweite Bedeutung anhand der Unternehmen zu

---

448 Stellvertretend: Frankfurter Kommentar (VÖLCKER), Band 6, Teil 3a (FKVO 4064/89 mit Ausnahme Artikel 4 und 7), Artikel 1, B., II. (Beteiligte Unternehmen), 1., Rn.26; Immenga/Mestmäcker (IMMENGA), EG-WbR, Band I, VII.Abschnitt (Fusionskontrollverordnung), D., Artikel 1, IV., Rn.15, (S.815); Wiedemann (WIEDEMANN), 5 Kapitel (Fusionskontrolle), 1.Abschnitt, § 15, B., III., 3., Rn.72, (S.815); POHLMANN, 4.Teil, A., IV., 1., a), (S.316); RÖHLING, ZiP 1990, S.1179 „Aus Artikel 1 Abs. 2 Buchstabe folgt, dass Erwerber und Erworbenes beteiligt sind.“, (S.1179); MONTAG/HEINEMANN, ZiP 1992, S.1372, (S.1367).

449 Zuletzt: DREHER, WuW 2004, S.471; allgemein: MESTMÄCKER/SCHWEITZER, 3.Kapitel (Wettbewerbsbeschränkende Vereinbarungen und Verhaltensweisen), § 8, II., Rn.11-15, (S.224 f.); vgl. auch die Nachweise in der folgenden Fußnote 450.

450 So Dauses (SEDEMUND/MONTAG), Band 2, H. (Wettbewerbsregeln), I., § 2, 2., a), aa), Rn.6 „Ob die Unternehmenseigenschaft die zivilrechtliche Rechtsfähigkeit voraussetzt, ist im Rahmen von Artikel 85 EGV umstritten. Für die Fusionskontrolle ist dieses Erfordernis zu bejahen.“; Immenga/Mestmäcker (IMMENGA), EG-WbR, Band I, VII.Abschnitt (Fusionskontrollverordnung), D., Artikel 3, III., 2., c), Rn.24, „Zielunternehmen bzw. Kontrollgegenstand können ein oder mehrere Unternehmen sein, die eine eigene Rechtspersönlichkeit besitzen.“, (S.924), e), Rn.26, (S.925); Langen/Bunte (BUNTE), Band 1, EG-Kartellrecht, Artikel 81 (Verbot wettbewerbsbeschränkender Vereinbarungen und Beschlüsse), B., I., 1., a), Rn.6, (S.1796).

451 Aber: Immenga/Mestmäcker (IMMENGA), EG-WbR, Band I, VII.Abschnitt (Fusionskontrollverordnung), D., Artikel 3, III., 2., e), Rn.26 „Wird die alleinige Kontrolle über einen Teil des veräußernden Unternehmens erworben, ist letzteres (!) nur bezüglich des veräußerten Teils Beteiligter.“, (S.925).

452 Deshalb: Immenga/Mestmäcker (IMMENGA), EG-WbR, Band I, VII.Abschnitt (Fusionskontrollverordnung), D., Artikel 1, IV., Rn.15, (S.815); Lange (SCHRÖER), Kapitel 5 (Zusammenschlusskontrolle), § 1, II., 2. b), Rn.28, (S.417 f.); DIETZE/JANSSEN, 3.Teil, E. (Fusionskontrolle), II., 2., a), aa), (2), Rn.795, (S.221); POHLMANN, 4.Teil, A., IV., 1., a), (S.316).

bemessen sein sollte, „*die den Zusammenschluss durchführen*", die Sache auch in kritischen Abhandlungen abgearbeitet worden.[453]

c. *Stichhaltigkeit des Kommissionsansatzes*

Die Einstimmigkeit, mit welcher der Kommissionsansatz befolgt wird, darf grundsätzlich nicht dazu führen, dass innerhalb dieser Arbeit eine kritische Betrachtung unterlassen wird.

Vorab soll untersucht werden, ob die „richtige" Bestimmung des beteiligten Unternehmens neben dem Streben nach dogmatischer Korrektheit auch praktische Essenz genießt, weil sie die Berechnung der Vergleichswerte beeinflussen kann. Die Frage nach den praktischen Auswirkungen scheint insoweit geboten, als man einwenden könnte, dass es in einer Unternehmensgruppe unbeachtlich sei, welche Unternehmenseinheit als beteiligtes Unternehmen eingeordnet wird, da die Geschäftsergebnisse ohnehin nach Art.5 (4) und (5) FKVO (derselbe a.F.) kumuliert würden.

aa. *Praktische Relevanz der Wahl des beteiligten Unternehmens*

Unter Verweis auf das *Beispiel 2:2 (Unterschiedliche Geschäftsjahre im Unternehmensverbund)*[454] und die in diesem Kontext gezogenen Schlüsse kann bereits festgestellt werden, dass die Bestimmung des beteiligten Unternehmens nicht nur eine Wahl des richtigen Umsatzverbandes, sondern auch des richtigen Gliedes ist.

Darüber hinaus kann auch die Entscheidung zwischen Zielobjekt oder Veräußerer als beteiligtes Unternehmen praktische Auswirkungen auf die gemeinschaftsweite Bedeutung einer Transaktion haben. Dies lässt sich anhand der Zusammenschlusskonstellation, in der sich die Anzahl der Kontrollinhaber über ein Gemeinschaftsunternehmen verringert, belegen.

Beispiel 2:9 (Praktische Relevanz der Wahl des beteiligten Unternehmens)
A und B, zwei Halbleiterunternehmen, haben ein Gemeinschaftsunternehmen C für die Produktion und den Vertrieb bestimmter Speicherchips unter eigener Marke gegründet; sie üben über eine jeweils 50%ige Beteiligung die gemeinsame Kontrolle aus. A und B sind nur in benachbarten Märkten von C tätig. Nach einigen Jahren kommt es zum Streit zwischen den Gesellschaftern von C, woraufhin A eine bei der Gründung von C eingeräumte Erwerbsoption ausübt, die ihr die alleinige Kontrolle verschafft. A und C haben im letzten Geschäftsjahr je einen gemeinschaftsweiten Gesamtumsatz von € 101 Mio. erzielt; bei B lag dieser nur bei € 40 Mio.

---

[453] POHLMANN, 4.Teil, A., IV., 1., a), (S.316).
[454] S.131.

Bedingt durch die Tatsache, dass auch in jeder Veränderung der Kontrollinhaberstruktur ein Zusammenschluss gesehen werden muss,[455] sind hier A als Erwerber, B als Veräußerer und C als Zielobjekt zu qualifizieren. Würde man dem Ansatz der EG-Kommission folgen, müssten A und C als beteiligte Unternehmen qualifiziert werden.[456] Sowohl A als auch C würden einen Gesamtumsatz von € 101,0 einbringen; B bliebe dem Wortlaut von Art.5 (4) lit.c FKVO (Ders a.F.) nach unberücksichtigt, da es nicht mehr als eine 50%ige Beteiligung an C besitzt.[457] Dies würde den Anforderungen von Art.1 (3) lit.c FKVO (derselbe a.F.) entsprechen. Angenommen, die Schwellen von Abs.3 lit.a, b und c FKVO (derselbe a.F.) würden ferner erfüllt sein, hätte das Zusammenschlussvorhaben gemeinschaftsweite Bedeutung.

Würde man im geschilderten *Beispiel 2:9 (Praktische Relevanz der Wahl des beteiligten Unternehmens)* dagegen auf den Veräußerer B als beteiligtes Unternehmen abstellen, so müsste bei A ein weltweiter Gesamtumsatz € 151,5 Mio. berücksichtigt werden, während dieser bei B nur € 90,5 Mio. betragen könnte; die Berechnung ergibt sich aus der Tatsache, dass die Geschäftserlöse von C gemäß Art.5 (5) FKVO (ders a.F.) jedem beteiligten Unternehmen zur Hälfte zugerechnet werden müssen. Unbeachtlich ist, ob dabei Art.5 (2) Uabs.1 FKVO (ders a.F.) auf diesen Sachverhalt Anwendung finden kann,[458] da veräußererseits ohnehin maximal € 90,5 Mio. Gesamtumsatz berücksichtigt werden könnten. Es würde somit dem Erfordernis von Art.1 (3) lit.d FKVO (derselbe a.F.) ermangeln, nach dem mindestens zwei beteiligte Unternehmen über einen gemeinschaftsweiten Gesamtumsatz von mehr als € 100 Mio. verfügen müssen. Die gemeinschaftsweite Bedeutung läge nicht vor.

Aus einer ergebnisorientierten Sichtweise darf getreu den vorangegangenen Erwägungen nicht offen gelassen werden, ob dem Kommissionsansatz zu folgen

---

455 EG-KOMMISSION, Entscheidung (Akz. IV/M.794 - Coca-Cola/Amalgamated Beverages GB) vom 22.1.1997, ABl.EG 1997 L 218/17, Rn.16, Entscheidung (Akz. IV/M.627 – UAP/Sun Life) vom 21.8.1995, Rn.1, 5, Entscheidung (Akz. IV/M.350 – West LB/Thomas Cook) vom 30.6.1993, Rn.1; Wiedemann (WIEDEMANN), 5 Kapitel (Fusionskontrolle), 1.Abschnitt, § 15, B., II., 2., a), Rn.37, (S.481 f.); ausführlich: STAUDENMAYER, D., V., 1., (S.142-151, insbesondere aber S.142); DIRKSEN/BABER, EWS 1992, S.102, (S.98).

456 EG-KOMMISSION, Mitteilung zum Begriff der beteiligten Unternehmen, ABl.EG 1998 C 66/19, Rn.30.

457 Die Frage, ob „umsatzleitende" Unternehmensverbindungen im Sinne von Art.5 (4) lit.b FKVO (derselbe a.F.) entgegen dem ausdrücklichen Wortlaut auch dann vorliegen können, wenn ein Unternehmen „bloß" beherrschenden Einfluss auf ein anderes Unternehmen ausüben kann, ohne dass die Intensität von lit.b erreicht wird oder wenn es so wie im Verhältnis B/C von einem anderen Unternehmen beherrscht wird, muss noch Gegenstand späterer Betrachtungen sein. Vgl. hierzu (1) Raum für ein materielles Beherrschungskonzept ,(S.184-195).

458 vgl. hierzu aa. Teilveräußerungen in der Umsatzberechnung, Uabs.1 , (S.348-355).

ist und nach welchen Kriterien das beteiligte Unternehmen ermittelt werden muss.

bb. Plausibilität der Argumentation

Um die Stichhaltigkeit der Kommissionsansicht zu überprüfen, muss die hierzu angeführte Argumentation auf ihre Plausibilität untersucht werden, denn nur unumstößliche Erwägungen können weitere Überlegungen insbesondere zu einem alternativen Ansatz hinfällig werden lassen.

Zunächst ließe sich zur Rechtfertigung des Kommissionsansatzes anführen, dass die Verbundsystematik in einem Vorentwurf der FKVO,[459] von dem „direkt“ am Zusammenschluss beteiligten Unternehmen ausging. Diese Sichtweise relativiert sich jedoch, weil dieser Zusatz in der daraufhin erlassenen, ersten Version der FKVO aus dem Jahre 1989 gestrichen wurde.[460] Die Argumentation ist hier in beide Richtungen möglich. Man könnte vertreten, dass dieser nicht als erforderlich angesehen wurde, um das tatsächlich Gewollte explizit auszudrücken. Andererseits wäre aber auch vertretbar, dass die Streichung dahingehen zu interpretieren sei, es solle eben nicht stets auf die „direkt“ beteiligten Unternehmen ankommen. Was zudem mit der direkten Beteiligung gemeint sein könnte ist ebenfalls nicht klar. Direkt beteiligt ist gewissermaßen auch der verfügende Kontrollverschaffer.

Die Unterstützung des Kommissionsansatzes durch einen Verweis auf den früheren Verordnungswortlaut, nach dem es auf die Gesamtumsätze derjenigen Unternehmen ankommen sollte, die den Zusammenschluss durchführen,[461] kann nicht den notwendigen, unumstößlichen Charakter einnehmen. Bereits in vorangegangenen Ausführungen wurde darauf hingewiesen, dass der Historie bei der Auslegung von Sekundärrecht *weniger* Gewicht als systematischen und teleologischen Erwägungen beizumessen ist.[462] Dies relativiert sich zudem, da es sich bei dem zitierten Verordnungswortlaut um einen Vorentwurf handelt, der nicht regelungswirksam wurde.[463]

Greift man dennoch diese Entwurfsversion auf, so bemerkt man, dass zwischen den beteiligten und den durchführenden Unternehmen differenziert wird (vgl. Art.1 im Verhältnis zu Art.6 FKVO-E88/1). Unter der Annahme, mit den durchführenden Unternehmen werden die sich unmittelbar zusammenschließen-

---

[459] Art.5 (4) lit.a. FKVO-E89.

[460] Art.5 (4) lit.a FKVO90.

[461] Vgl. POHLMANN, 4.Teil, A., IV., 1., a), (S.316) – unter Bezugnahme auf: EG-KOMMISSION, FKVO-Entwurf88, ABL. EG 1988 C 130/04.

[462] Dazu: (II) Historische Entwicklung, (S.23); SCHWARZ, 2.Teil, A., IV., 1., d), Rn.81 „Die systematische Auslegungsmethode ist ... mit der teleologischen Auslegung die wichtigste ...Methode.“, (S.57), 2., c), Rn.88, (S.61); demgemäß, sich aber vornehmlich auf den EG beziehend: BLECKMANN, Teil II, § 8, II., Rn.537, 538, (S.201 f.).

[463] Artikel 1 (2) FKVO-E88/1.

den Parteien und damit gewissermaßen die *Schnittstelle* der Transaktion bezeichnet, würde man innerhalb der Gesamtumsatzkalkulation nicht zwangsläufig davon ausgehen müssen, dass auch das Merkmal der beteiligten Unternehmen diese ansprechen soll. Ferner könnte man unter der Annahme, dass die durchführenden und die beteiligten Unternehmen identisch sein sollten, entgegnen, dass es nicht erwiesen ist, ob „Durchführen“ als ein Äquivalent für das „sich Zusammenschließen“ zu verstehen sei. Gerade beim Kontrollerwerb an einem Vermögenswert davon zu sprechen, dass der Erwerber und der Vermögenswert in diesem Sinne den Zusammenschluss durchführen, erscheint zweifelhaft. Ein Vermögenswert ist nicht handlungsfähig; „Durchführen“, welches hier für den eine Kontrollstruktur begründenden Rechtserwerb stehen dürfte, können nur Rechtsverschaffer und -erwerber, also gerade nicht das Zielobjekt, welches an dem Rechtsverschaffungsakt unbeteiligt ist.[464] „Durchführen“ würde sich in diesem Kontext vielmehr auf den Veräußerer beziehen können, wobei ohnehin offen ist, ob die unmittelbar beteiligten oder ggf. vielleicht doch die steuernden Konzernmütter den Zusammenschluss durchführen. Das historische Argument bringt im Ergebnis keinerlei Gewicht für den Kommissionsansatz; vielmehr könnte man die Argumentation dafür verwenden, dass das beteiligte Unternehmen in Erwerber und Veräußerer gesehen werden muss; welche „Stufe" eines Unternehmensverbundes heranzuziehen ist, bleibt dabei offen.

Neben der historisch begründeten Argumentation wird das Hauptargument hervorgebracht, dass eine Umsatzberechnung, um eine realitätsgetreue Abbildung der Strukturveränderung zu erreichen, nur auf die tatsächlich sich *konzentrierenden Ressourcen* abstellen dürfe und in diesen die beteiligten Unternehmen zu verorten habe.[465] Vorweg lässt sich dazu feststellen, dass diese Argumentation keine zwingenden Rückschlüsse auf den korrekten Anknüpfungspunkt innerhalb eines Umsatzkonzerns auf der Erwerberseite zulassen kann, denn dieser geht in seiner Gesamtheit in der neuen Wirtschaftseinheit auf. Um dagegen die Stichhaltigkeit dieser Überlegung für die „Zielobjektsannahme“ zu besprechen, muss angemerkt werden, dass es für die Umsatzberechnung auf die Unternehmensstrukturen im Vorfeld der Transaktion ankommt;[466] anderenfalls müssten

---

464 Abgesehen von dem besonderen Fall der Übernahme einer Gesellschaft, die direkt ihre Anteile, gegründet auf eine Kapitalerhöhung nach § 71 AktG., veräußert (dazu): IMMENGA/FUCHS, NJW 1988, S.3054, (S.3052).

465 EG-KOMMISSION, Mitteilung zum Begriff der beteiligten Unternehmen, ABl.EG 1998 C 66/15 f., Rn.8; Schröter/Jakob/Mederer (BRUHN), III.8.2 (Fusionskontrollverordnung (Verordnung (EWG) Nr.4064/89)), Artikel 1, II., 1., b), Rn.14 (S.1310); Wiedemann (WAGEMANN), 5.Kapitel (Fusionskontrolle), 1.Abschnitt, § 15, C., II., Rn.93, (S.506).

466 EG-KOMMISSION, Mitteilung zur Umsatzberechnung, ABl.EG 1998 C 66/31, Rn.41; Groeben/Schwarze (ADT), Band 2, Titel VI, Kapitel 1, Abschnitt 1, nach Artikel 85 (europäische Fusionkontrolle/Fusionskontrollverordnung), B., II., 3., b), Rn.113, (S.830).

über Art.5 (4), (5) FKVO (derselbe a.F.) regelmäßig[467] die sich zusammenschließenden Ressourcen bereits als Umsatzeinheit berücksichtigt werden. Aufgrund der „*präkonzentrativen*" Umsatzberechnung kommt es dagegen auch veräußererseitig aus dieser Erwägung heraus nicht darauf an, ob man auf den Veräußerer oder das Zielobjekt als beteiligtes Unternehmen bei der Umsatzberechnung abstellt, solange diese umsatzleitend miteinander verflochten sind, was anhand des nachfolgenden Beispiels kurz illustriert werden soll.

Beispiel 2:10 (Plausibilität der Argumentation)
Das Unternehmen A (€ 100 Mio.) will die Kontrolle an dem Unternehmen B (€ 100 Mio.) erwerben. Hierzu plant es die 100%ige Beteiligung des Unternehmen C (€ 100 Mio.) an der B zu erwerben.

Folgt man zunächst dem Kommissionsansatz, so wären A und B als beteiligte Unternehmen zu qualifizieren. A wäre mit einem Gesamtumsatz von 100 Mio. € zu berücksichtigen. Bei B würde man dagegen 100 Mio. € Eigenumsatz und 100 Mio. € Umsatz von C als verbundenes Unternehmen gemäß Art.5 (4) lit.c FKVO (derselbe a.F.), also 200 Mio. € Gesamtumsatz, berücksichtigen müssen. Das Abstellen auf das Zielobjekt kann damit nicht das gewünschte Ergebnis, ausschließlich sich konzentrierende Ressourcen einzubeziehen, hervorbringen. Gleiches gilt bei einem Abstellen auf den Veräußerer, da hier der C die Umsätze von B als verbundenes Unternehmen gemäß Art.5 (4) lit.b FKVO (derselbe a.F.) zugerechnet werden müssten.

In beiden Fällen käme man erst mittels Rückgriff auf Art.5 (2) UAbs.1 FKVO (derselbe a.F.) zu einem sachgerechten Ergebnis, wobei jedoch die Anwendbarkeit der Norm noch in Frage steht, sie sich aber in ihrer Anwendung zumindest nicht an der Bestimmung des beteiligten Unternehmens ausrichtet. Jedenfalls lässt sich in diesen Fällen keine sachgemäßere Umsatzberechnung erreichen, wenn auf das Zielobjekt als beteiligtes Unternehmen abgestellt würde.

Der Kommissionsansatz, nach dem es meist auf die Einheiten an der direkten Schnittstelle einer Transaktion ankommen solle, findet keine zwingende Unterstützung in den angeführten Argumenten; diese Sichtweise ist deshalb keinesfalls alternativlos.

---

467 Eine Ausnahme ist dem Wortlaut nach denkbar, wenn der Kontrollerwerb im Sinne von Artikel 3 FKVO (derselbe a.F.) nicht mit dem Aufbau umsatzleitender Verflechtungen, welche von Artikel 5 (4) lit.b FKVO (derselbe a.F.) definiert werden, einhergeht; dies ist beispielsweise denkbar, wenn mit dem Erwerb von 44% der Stimmrechte aufgrund der schwachen Hauptversammlungspräsenz eine Möglichkeit zur bestimmenden Einflussnahme eröffnet wird; vgl. hierzu: EG-KOMMISSION, Entscheidung (Akz. IV/M.025 – I-CI/Toxide) vom 28.11.1990, WuW (EV) 1554, Rn.7; siehe auch mit weiteren Beispielen: HEITZER, D., I., 1., (S.88).

cc. *Erwägungen gegen den Kommissionsansatz*

Die Prüfung der Plausibilität der Argumente hat keinen Rückhalt für den Kommissionsansatz hervorgebracht; allerdings widerspricht dies noch nicht der Richtigkeit des Vorgehens, sodass man weiterhin in Betracht ziehen könnte, diese Methode insbesondere bezüglich eines Abstellens auf das Zielobjekt zu befolgen. Um das zu eruieren oder gegebenenfalls den notwendigen Spielraum für die Entwicklung eines *neuen* Ansatzes zu schaffen, ist zu untersuchen, ob Erwägungen gegen den Kommissionsansatz sprechen, wobei der Zielobjektsgedanke im Fokus stehen sollte. Letztere Erwägung ergibt sich aus der Tatsache, dass Vermögenswerte oder Geschäftsbereiche nur als Zielobjekte, nicht aber als Veräußerer oder Erwerber von kontrollbegründenden Rechtspositionen auftreten können. Stellt man mithin auf das Zielobjekt im Gegensatz zum Veräußerer ab, so müsste der Unternehmensbegriff auch solche Objekte umfassen.

Bereits die Formulierung von Art.5 (2) Uabs.1 FKVO (derselbe a.F.) ist geeignet, den Kommissionsansatz in Bezug auf das Anknüpfen beim Zielobjekt in Zweifel zu ziehen. So befasst sich dieser mit der Umsatzberechnung auf Seiten des Veräußerers und nicht des Zielobjektes. Allein diese Tatsache legt nahe, dass die Kalkulation der Vergleichswerte zumindest in Teilerwerbsfällen veräußerer- und nicht zielobjektsbezogen zu erfolgen hat; der Veräußerer als Ansatzpunkt der Berechnung müsste beteiligtes Unternehmen sein.

Ferner setzt Art.5 (2) Uabs.1 FKVO (derselbe a.F.) entsprechend Art.3 (1) FKVO (derselbe a.F.)[468] voraus, dass zwischen Unternehmen und Unternehmensteilen *differenziert* werden soll. Legt man dieser Tatsache die Annahme zu Grunde, dass zumindest innerhalb der FKVO ein einheitliches Verständnis zum Unternehmensbegriff besteht und sich dieses auch in dem Begriff der beteiligten Unternehmen fortsetzt, so müsste jedes beteiligte Unternehmen auch innerhalb anderer fusionsrechtlicher Zusammenhänge als ein solches eingeordnet werden. Würde nun mit der Ansicht der EG-Kommission selbst der Vermögenswert als Zielobjekt einer Transaktion als beteiligtes Unternehmen gelten, so wäre kein Sachverhaltsspektrum mehr ersichtlich, welches einen bloßen Unternehmensteil beschreiben könnte. Die Formulierungen, die sich an Teile eines Unternehmens adressieren, wären damit überflüssig. Während man in Normen, die sich sowohl an die Gesamtheit als auch an Teile von Unternehmen richten, noch vertreten könnte, dass diese bloß inhaltlich obsolet den Einbezug von Teilen eines Unternehmens im sonstigen wettbewerbsrechtlichen Sinn klarstellen wollen, würde jedenfalls Art.5 (2) Uabs.1 FKVO (derselbe a.F.) keinen Anwendungsbereich mehr einnehmen können, als dieser sich dem Wortlaut gemäß nur an den Erwerb von Unternehmensteilen richtet. Gegen das vorangegangene Argument ließe

[468] Mit der Reform 2004 neu eingefügt wurde die Tatsache, dass auch die Fusion von Unternehmensteilen einen Zusammenschluss bedeuten kann.

sich zwar anführen, dass im Rahmen von Art.5 (2) Uabs.1 FKVO (derselbe a.F.) noch nicht geklärt ist, wie stringent die Abgrenzung zwischen der Gesamtheit und Teilen durchgehalten werden kann.[469] Dennoch bliebe der Zweifel bestehen, dass bei der Zugrundelegung der Ansicht der EG-Kommission neben dieser Fragestellung zu Art.5 (2) Uabs.1 FKVO (derselbe a.F.) jedenfalls der ausdrücklich geregelte Anwendungsbereich vollständig obsolet wäre, da es keine Unternehmensteile geben könnte.

Obschon der bereits geäußerten Bedenken widerspricht der Ansatz der EG-Kommission, sofern diese auf das Zielobjekt als beteiligtes Unternehmen abstellt, auch den Anforderungen, die an den Unternehmensbegriff im europäischen Wettbewerbsrecht gestellt werden. Ungeachtet des umstrittenen Kennzeichens der Rechtsfähigkeit oder gar Rechtssubjektivität eines Unternehmens,[470] welche Vermögenswerte oder Geschäftsbereiche aus sich heraus nicht erfüllen können, ist jedenfalls die Ausübung einer *wirtschaftlichen Tätigkeit* ein unbestrittener *Mindest*gehalt, den das Unternehmen im wettbewerbsrechtlichen Kontext erfüllen muss.[471] Ausdruck der wirtschaftlichen Tätigkeit ist das Anbieten von Gütern oder Dienstleistungen auf einem bestimmten Markt.[472] Zumindest der bloße Vermögenswert kann diese Mindestbedingung nicht erfüllen, als er zwar ein Mittel für die Ausübung einer wirtschaftlichen Tätigkeit sein, aber nicht selbst eine solche ausüben kann; ferner dürfte auch zweifelhaft erscheinen, ob ein Geschäftsbereich dieses Kriterium zu erfüllen vermag oder ob der Träger des Geschäftsbereichs vielmehr das Angebot von Gütern und Dienstleistungen ausführt.

---

469 Bereits in den Ausführungen zu den Beispiel:en (Verringerung der Kontrollinhaber) als auch (Vorfeldanalyse) wurde angedeutet, dass eine Ausdehnung über den Wortlaut der Norm auf den Erwerb von ein oder mehreren Unternehmen aus einem Unternehmensverbund nicht ausgeschlossen ist.

470 Weiterführend: Dauses (EMMERICH), Band 2, H. (Wettbewerbsregeln), I., § 1, 8., a), Rn.58; DREHER, WuW 2004, S.471; siehe auch bereits Fußnote 450.

471 Zur Definition des Unternehmensbegriffs als eine wirtschaftlich tätige Einheit oder Einrichtung ungeachtet der Rechtform und der Art der Finanzierung: EUROPÄISCHER GERICHTSHOF, Urteil (Rs. C-82/01 P – Aéropots des Paris./.EG-Kommission) vom 24.10.2002, WuW/E (EU-R) 597, Leitsatz 1, 598, Rn.75; EUROPÄISCHES GERICHT ERSTER INSTANZ, Urteil (Rs. T-319/99 – FENIN./.EG-Kommission) vom 4.3.2003, WuW/E (EU-R) 688, Leitsatz 1, 689, Rn.36; Langen/Bunte (BUNTE), Band 1, EG-Kartellrecht, Artikel 81 (Verbot wettbewerbsbeschränkender Vereinbarungen und Beschlüsse), B., I., 1., d), Rn.9, (S.1798); BERNICKE, EWS 1997, S.376, 379, (S.373); vgl. hierzu auch: (1) Wirtschaftliche Tätigkeit, (S.167); ähnlich aber auch in anderen Rechtsgebieten (siehw z.B. im Steuerrecht): EBKE, EWS 1993, S.349, (S.346).

472 EUROPÄISCHER GERICHTSHOF, Urteil (Rs. C-82/01 P – Aéropots des Paris./.EG-Kommission) vom 24.10.2002, WuW/E (EU-R) 599, Rn.79 „Nach st. Rspr. ist eine wirtschaftliche Tätigkeit jede Tätigkeit, die darin besteht, Güter oder Dienstleistungen auf einem bestimmten Markt anzubieten.“; EUROPÄISCHES GERICHT ERSTER INSTANZ, Urteil (Rs. T-319/99 – FENIN./.EG-Kommission) vom 4.3.2003, WuW/E (EU-R) 689, Rn.36.

dd. Fazit

Der Ansatz der EG-Kommission vermag nicht zu überzeugen. Die Argumente, die für das in Brüssel praktizierte Verständnis angeführt werden, können diese gängige Sichtweise weder stützen noch begründen. Vor diesem Hintergrund stellt sich dann aber die Frage, warum nur in Bezug auf das beteiligte Unternehmen ein Ansatz verfolgt werden sollte, der dem gängigen wettbewerbsrechtlichen Verständnis zum Unternehmensbegriff in bestimmten Fallkonstellationen widerspricht, als er auch Gegenstände ohne wirtschaftliche Betätigung als Unternehmen einzustufen versucht. Da die richtige Bestimmung des beteiligten Unternehmens Einfluss auf die gemeinschaftsweite Bedeutung eines Vorhabens haben kann, darf diese Frage nicht aus Praxisferne vernachlässigt werden.

d. Neuer Ansatz zur Bestimmung der beteiligten Unternehmen

Trotz der fehlenden Definition des Merkmals der beteiligten Unternehmen bleibt es nicht dem Rechtsanwender überlassen, dieses nach seinem eigenen Ermessen zu konkretisieren. Es besteht keine freie Willkür, als die Auswahl des beteiligten Unternehmens den Bedürfnissen des Regelungskontextes, hier insbesondere der Schwellensystematik, Rechnung zu tragen hat, damit es die ihm zugedachten Funktionen erfüllen kann.[473]

Die Entwicklung eines neuen Ansatzes zur Bestimmung der beteiligten Unternehmen ist deshalb in drei Schritten vorzunehmen. Begonnen werden sollte mit der Aufstellung von *Mindestbedingungen*, welche ungeachtet des im Einzelfall zu kontrollierenden Zusammenschlusssacherhaltes befolgt werden müssen. Anschließend soll dann, bedingt durch die Komplexität des Zusammenschlusstatbestandes, eine *fallgruppenspezifische Bestimmung* der beteiligten Unternehmen unter Berücksichtigung der eingangs festgestellten Mindestanforderungen stattfinden. Eine Analyse der innerhalb der Fallgruppenbetrachtung gefundenen Erkenntnisse wird zuletzt diesen Abschnitt mit der Erarbeitung von abstrakten *Leitlinien* abschließen, die dann eine neue Methodik ausdrücken.

aa. Mindestbedingungen

Bei der Aufstellung derjenigen Bedingungen, die es bei der Entwicklung eines neuen Ansatzes zwingend zu beachten gilt, muss differenziert werden. So ist die sachgemäße Lokalisierung des beteiligten Unternehmens primär davon abhängig, dass sie zu einem von der FKVO beabsichtigten Resultat führen kann. Ferner muss ein neuer Ansatz berücksichtigen, dass die danach ermittelte Einheit dem Unternehmensprofil entspricht; der Kommissionsansatz konnte bereits

---

473 STOCKENHUBER, Teil II, Kapitel 6 (Gemeinschaftsweite Bedeutung), III., 2. „(Der Begriff der beteiligten Unternehmen) ist … aus der Systematik und dem Zweck der Regelung heraus zu interpretieren.“, (S.168).

nicht überzeugen, weil er dazu führte, dass es dem danach ermittelten beteiligten Unternehmen in bestimmten Fallkonstellationen an wesentlichen Kennzeichen des Unternehmensmerkmals fehlte.

Nach diesen Überlegungen soll die Aufstellung der Mindestbedingungen inhaltlich zwischen der *System-* sowie der *Profil*kompatibilität unterscheiden.

(I) Systemkompatibilität

Von primärer Bedeutung ist, dass die Bestimmung des beteiligten Unternehmens mit der Regelungssystematik der FKVO *harmoniert*. Es gilt demnach eine Methodik zu entwickeln, die ungeachtet der konkreten Zusammenschlusskonstellation zu einem abstrakt verordnungskonformen Resultat führen würde.

(1) Funktion des beteiligten Unternehmens

Zunächst muss die bereits einleitend angedeutete Funktion des beteiligten Unternehmens betrachtet werden. Diese besteht in der Herstellung einer *Verbindung* zwischen dem Zusammenschlusstatbestand und der an diesem beteiligten Wirtschaftseinheiten, um die Bedeutung des Vorhabens messbar zu machen.[474] So kommt es entsprechend Art.1 (2), (3) FKVO (derselbe a.F.) darauf an, welche Wirtschaftskraft den beteiligten Unternehmen zugerechnet werden muss. Die Modalitäten zur Ermittlung der Wirtschaftskraft werden von Art.5 FKVO (derselbe a.F.) aufgestellt. Aus Art.5 (4), (5) FKVO (derselbe a.F.) wird deutlich, dass das beteiligte Unternehmen dabei sowohl *Repräsentant* einer am Zusammenschluss beteiligten Unternehmensgruppe sein soll, als auch die Umsätze von verbundenen Unternehmen in ihm vereint werden.[475]

Die Lokalisierung des beteiligten Unternehmens führt damit über die Frage, wie sich ein Umsatzverbund abstrakt nach der FKVO *abgrenzt* und wann ein solcher am Zusammenschluss *beteiligt* ist.

Geht man zunächst auf die Frage der Beteiligung einer Unternehmensgruppe ein, so muss diese aus der Zusammenschlussdefinition das Art.3 (1) FKVO (derselbe a.F.) und den in diesem zum Ausdruck kommenden Maximen gewonnen werden; nach den Erwägungsgründen ist ein Zusammenschluss in einer Strukturveränderung zu erblicken,[476] die vorliegt, sobald voneinander unabhängige unternehmerische Ressourcen durch eine Transaktion ganz oder teilweise in ei-

---

474 Vgl. Groeben/Schwarze (ADT), Band 2, Titel VI, Kapitel 1, Abschnitt 1, nach Artikel 85 (europäische Fusionkontrolle/Fusionskontrollverordnung), B., II., 3., b), Rn.113, (S.830); MESTMÄCKER/SCHWEITZER, 6.Kapitel (Fusionskontrolle), § 23, IV., 2., Rn.41, (S.539); STOCKENHUBER, Teil II, Kapitel 6 (Gemeinschaftsweite Bedeutung), III., 2., (S.168).

475 RÖHLING, ZiP 1990, S.1179 „Die mit den beteiligten Unternehmen verbundenen Unternehmen … sind hingegen nicht Beteiligte, wie sich aus dem Umkehrschluss aus Artikel 5 ergibt.“, (S.1179).

476 Erwägungsgrund 8 FKVO (Erwägungsgründe 9, 10 a.F.).

ner Einheit zusammengefasst werden; die notwendige Verbindung wird dabei mittels dem Kontrollkonzept des Art.3 FKVO (derselbe a.F.) hergestellt.

Für die Fusion gemäß Art.3 (1) lit.a FKVO (derselbe a.F.) bedeutet dies, dass beteiligte Unternehmensgruppen diejenigen sind, aus denen Unternehmen miteinander fusionieren. Beim Kontrollerwerb Art.3 (1) lit.b FKVO (derselbe a.F.) müssen die beteiligten Umsatzverbände orientiert am Erwerbstatbestand bestimmt werden; hierbei handelt es sich einerseits um die Gruppe oder Gruppen, aus denen Unternehmen die Kontrolle an vorher von der Gruppe unabhängigen Ressourcen erlangen. Andererseits sind die Umsatzverbände an einem solchen Tatbestand beteiligt, aus denen wirtschaftliche Ressourcen ganz oder teilweise heraus erworben werden. Hierbei kommt es für das Repräsentationsvolumen des beteiligten Unternehmens zunächst nicht allein auf diejenigen Ressourcen an, die den Zielobjekten zugeordnet werden können, sondern vielmehr auf die Wirtschaftskraft der gesamten Umsatzgruppe, in der das Zielobjekt vor dem Zusammenschluss integriert ist an. Dies ergibt sich aus der Existenz des Art.5 (2) Uabs.1 FKVO (derselbe a.F.); nach dieser Vorschrift sollen im Falle der Teilveräußerung[477] auf der Veräußererseite von den Umsätzen des beteiligten Unternehmens nur diejenigen berücksichtigt werden, die den veräußerten Ressourcen zurechenbar sind. Eine solche Regelung wäre allein dann erforderlich, wenn auch „zurückbleibende“ Kapazitäten von dem beteiligten Unternehmen repräsentiert würden, die dann in der Gesamtheit berücksichtigt werden müssten – beteiligt ist damit die gesamte Unternehmensgruppe, aus der Ressourcen erworben werden. Für diese Sichtweise spricht ferner die Rückabsicherung in Art.5 (4) FKVO (derselbe a.F.), wonach die Umsatzberechnung des beteiligten Unternehmens *unbeschadet* von Abs.2 zu erfolgen hat.

Zu bemerken ist, dass nach den vorgenommenen Ermittlungen der Bezug einer Unternehmensgruppe zum Konzentrationsvorgang immer durch eine bestimmte Beziehung mindestens eines Unternehmens zum Zusammenschluss manifestiert wird. Deshalb geht Art.5 (4), (5) FKVO (derselbe a.F.) auch von der umgekehrten Vorgehensweise aus, wonach immer das beteiligte Unternehmen ermittelt und von diesem ausgehend die Gruppe bestimmt werden soll.[478] Daraus folgt, dass beteiligte Unternehmen nur solche Einheiten einer Unternehmensgruppe sein können, die selbst eine Beziehung zum Zusammenschluss herstellen.

---

[477] Dabei wird noch zu zeigen sein, dass die Vorschrift ungeachtet des oder der Zielobjekte anwendbar ist, wenn Teile, sei es auch in der Form von einem oder gar mehreren Unternehmen, eines Umsatzverbundes erworben werden: (III) Fazit, (S.354).

[478] MONTAG/HEINEMANN, ZiP 1992, S.1372 „Nicht nur der Umsatz der `unmittelbar´ beteiligten Unternehmen ist zu berücksichtigen. Gemäß Artikel 5 Abs.4 fließt auch der Umsatz (mit diesem) verbundener Unternehmen in die Berechnung ein.“, (S.1367).

Es stellt sich ferner die Frage, wie eine Unternehmensgruppe abzugrenzen und der Kreis *potenzieller* beteiligter Unternehmen zu ermitteln ist. Hierfür hält, wie bereits einleitend erwähnt, Art.5 (4), (5) FKVO (derselbe a.F.) Regelungen parat. Die EG-Kommission ist allerdings nicht müde geworden von dem – man sollte meinen – eindeutigen Wortlaut *abzuweichen* und *Einzelfallwertungen* an die Stelle des Verordnungstextes zu setzen, um ihrer Ansicht nach zu sachgemäßen Ergebnissen zu kommen. Da für die Ermittlung einer Methodik zur Bestimmung der beteiligten Unternehmen, ausgehend von der Unternehmensgruppe, die zweifelsfreie Abgrenzung der Unternehmensgruppe Voraussetzung ist, müssen die hierzu von der FKVO geregelten Modalitäten vor der Einzelfallbetrachtung erläutert und, soweit dies notwendig ist, konkretisiert werden.[479]

Beteiligte Unternehmen können nur solche Unternehmen sein, die in eine am Zusammenschluss beteiligte Unternehmensgruppe involviert sind. Ferner ist Voraussetzung, dass das innerhalb eines Umsatzverbundes gefundene beteiligte Unternehmen selbst einen Bezug zum jeweiligen Zusammenschlusstatbestand herstellt, woraus sich im Ergebnis die Beteiligung der Umsatzgruppe ableiten ließe.

(2) Ein Repräsentant pro Umsatzverband

Aus der Beteiligung einer Unternehmensgruppe kann noch nicht auf das beteiligte Unternehmen geschlossen werden, weil innerhalb einer solchen mehrere Einheiten die erforderliche Verbindung zum Zusammenschlusstatbestand herstellen können.[480] Es gilt aber, dass *pro* Umsatzeinheit nur *ein* beteiligtes Unternehmen existieren darf;[481] damit die Anzahl der beteiligten Unternehmen nicht die Anzahl der tatsächlich involvierten Umsatzverbände verfälscht und es zu Doppelzählungen der Wirtschaftkraft kommt.[482]

---

[479] Dies erfolgt sogleich bb. Verbundsystematik, Art.5 (4), (5) FKVO (S.171-206).

[480] Die Unternehmen A, B und C bilden eine Unternehmensgruppe im Sinne von Artikel 5 (4), (5) FKVO (derselbe a.F.), wobei A Mutterunternehmen und B sowie C 100%ige Tochtergesellschaften sind. B und C erlangen je eine 50%ige Beteiligung an Z, welche zu einem gemeinsamen Kontrollerwerb von B/C an Z führt. A erlangt dadurch eine mittelbare Kontrollmöglichkeit, weil sie B und C kontrollieren kann. In diesem Fall ist die beteiligte Unternehmensgruppe, bestehend aus A, B und C, ohne Problem zu ermitteln. Als beteiligtes Unternehmen könnten dagegen A, B und C fungieren, denn sie alle stellen durch ihren Kontrollerwerb einen Bezug zum Zusammenschluss her.

[481] EG-KOMMISSION, Mitteilung zum Begriff der beteiligten Unternehmen, ABl.EG 1998 C 66/17, Rn.19, 20 „Alle Gesellschaften innerhalb einer Gruppe stellen eine einzige Wirtschafteinheit dar.“; NIEDERLEITHINGER, EWS 1990, S.76, (S.73).

[482] EG-KOMMISSION, Mitteilung zum Begriff der beteiligten Unternehmen, ABl.EG 1998 C 66/17, Rn.19 „Tochtergesellschaft und ... Muttergesellschaft können ... nicht als getrennte beteiligte Unternehmen angesehen werden.“

(3) Gebot der Einfachheit und Klarheit

Fundamental für alle Facetten der Schwellensystematik ist die Einfachheit und Klarheit. Während nämlich die Beantwortung der Frage, ob ein Konzentrationsvorgang vorliegt, im Einzelfall von großen Bewertungsschwierigkeiten für die beteiligten Verkehrskreise geprägt sein kann,[483] sollte die gemeinschaftsweite Bedeutung *zweifelsfrei* errechenbar sein.[484] Es stellt die Praxis vor unabschätzbare Rechtsunsicherheiten, wenn die Bestimmung der Gemeinschaftsdimension weitere Beurteilungsspielräume eröffnet. Um das zu vermeiden, muss die Ermittlung des beteiligten Unternehmens der Einfachheit und Klarheit Rechnung tragen.

Es wäre paradox, die Umsatzberechnung auf dem einfach Nachvollziehbaren aufbauen zu wollen und dann die Verkehrskreise schon bei der Bestimmung des maßgeblichen Ansatzpunktes der Umsatzkalkulation mit schwierigen Bewertungsfragen zu überfrachten. Dies gilt umso mehr, als gezeigt wurde, dass die FKVO schon bei der Erfassung der tatsächlich relevanten Erlöse nicht durchweg frei von Auslegungs- bzw. Bewertungsschwierigkeiten konstruiert ist.

(4) Manipulationsresistenz

Letztendlich sollte bei der Entwicklung eines neuen Ansatzes zur Bestimmung des beteiligten Unternehmens darauf geachtet werden, dass die Methodik den *Gestaltungsmöglichkeiten* des *Gesellschaftsrechtes* entzogen wird.[485] Bereits im Kontext mit der Ermittlung des maßgeblichen Geschäftsjahres ist festgestellt worden, dass je nach Auswahl des beteiligten Unternehmens eine anderweitige Erlösperiode der Umsatzberechung einer Wirtschaftseinheit zugrunde gelegt werden könnte, weshalb die Auswahl des beteiligten Unternehmens Auswirkungen auf die Umsatzhöhe haben könnte.

---

483 Siehe hierzu: MONTAG/HEINEMANN, ZiP 1992, S.1368 „Besondere Schwierigkeiten ergeben sich bei der Beurteilung der Frage, inwieweit eine Minderheitsbeteiligung zu einem Kontrollerwerb führt.“, (S.1367).

484 EG-KOMMISSION, FKVO-Entwurf82, ABL.EG 1982 C 36/05 „Der Umsatz als Kriterium zur Bestimmung des Anwendungsbereichs hat den Vorteil, das er sich leichter feststellen und nachprüfen lässt.“; vgl. auch: WIRTSCHAFTS- UND SOZIALAUSSCHUSS, Stellungnahme 1995, ABl.EG 1996 C 19/21 „Der Ausschuss ist sich bewusst, dass die geltende (umsatzsystematische) Regelung … zu einer überschlägigen und groben (!) Methode für die Kompetenzverteilung … führt. … Dennoch ist der Ausschluss der Meinung, dass sich das Kriterium `Umsatz´ für die Aufteilung der Zuständigkeiten … bewährt hat. Für seine Beibehaltung sprechen vor allem Rechtssicherheitserwägungen.“

485 Im ähnlichen Kontext: Groeben/Thiesing/Ehlermann (BRUHN), Band 2/II, Dritter Teil, Titel V, Kapitel 1, Abschnitt 1, nach Artikel 89, I. (Fusionskontrollverordnung), Artikel 5, II., 1., a), Rn.8 „(Es) kann … nicht im Belieben der anmeldenden Unternehmen stehen, in wessen Zuständigkeit der Zusammenschluss fällt.“, (S.2/1441).

Um somit einen objektiven Ansatz zu gewinnen, darf die Lokalisierung des beteiligten Unternehmens nicht von der Gestaltung eines Zusammenschlussvorgangs im Einzelfall abhängig sein bzw. muss die zu entwickelnde Vorgehensweise bei strukturell identischen Transaktionen auch zur Ermittlung derselben beteiligten Unternehmens führen.

(II) Profilkompatibilität

Neben der Systemkompatibilität muss ein neuer Ansatz dem Profil, welches die FKVO den beteiligten Unternehmen zuordnet, gerecht werden (vgl. hierzu bereits Gliederungsposten). Zu berücksichtigen ist, dass die FKVO auch den Begriff des Unternehmens undefiniert gelassen hat und somit keinen zusammenschlussspezifisch interpretationsfesten Inhalt vorgibt.[486] Da die Fusionskontrolle ein Teilaspekt des Wettbewerbsrechtes ist, sollte die dortige Auslegung des Unternehmensbegriffs als Fundament in das Zusammenschlussrecht übernommen werden.[487] Danach wäre ein Unternehmen jede, einer wirtschaftlichen Tätigkeit nachgehende Einheit.[488] Während die Wirtschaftsbetätigung den funktionalen Wesenszug als Ausdruck einer sich auf die Marktverhältnisse auswirkenden Verhaltensweise darstellt, soll die Einheit, das Zurechnungsobjekt, das heißt das Unternehmen selbst zusammenfassen.[489] Diese Einheit gilt es weiter, orientiert

---

486 KRIMPHOVE, Teil III (Die Beurteilung von Unternehmenszusammenschlüssen nach der europäischen Fusionskontrollverordnung), C., II., (S.238); SEITZ, B., I., 3., c), (S.35).

487 Dazu: EUROPÄISCHER GERICHTSHOF, Urteil (Rs. C-82/01 P – Aéroports de Paris./.EG-Kommission) vom 24.10.2002, WuW/E (EU-R) 597, Leitsatz 1, 598, Rn.75; EUROPÄISCHES GERICHT ERSTER INSTANZ, Urteil (Rs. T-319/99 – FENIN./.EG-Kommission) vom 4.3.2003, WuW/E (EU-R) 688, Leitsatz 1, 689, Rn.36; Langen/Bunte (BUNTE), Band 1, EG-Kartellrecht, Artikel 81 (Verbot wettbewerbsbeschränkender Vereinbarungen und Beschlüsse), B., I., 1., a), Rn.5, (S.1795); MESTMÄCKER/SCHWEITZER, 3. Kapitel (Wettbewerbsbeschränkende Vereinbarungen und Verhaltensweisen), § 8, I., Rn.5 „Der Begriff des `Unternehmens´ ist als einheitlicher Grundbegriff des europäischen Wettbewerbsrechtes in diesen Bestimmungen gleich auszulegen“, (S.222); BERNICKE, EWS 1997, S.376, 379 (S.373).

488 EUROPÄISCHER GERICHTSHOF, Urteil (Rs. C-364/92 – SAT./.Eurocontrol) vom 19.1.1994, Slg.1994, S.61, Rn.18, (S.43) mit weiteren Nachweisen zur Rechtsprechung; Urteil (Rs. T-61/89 – DPF./.EG-Kommission) vom 2.7.1992, Slg.1992, S.1932 f., Leitsatz 3, (S.1931); eingehend auch: Wiedemann (STOCKMANN), 2.Kapitel (Wettbewerbsbeschränkende Vereinbarungen zwischen Konkurrenten), § 7, A., I., 1., Rn.1-5, (S.106-109).

489 Den unmittelbaren Marktbezug verneinend: MESTMÄCKER/SCHWEITZER, 3.Kapitel (Wettbewerbsbeschränkende Vereinbarungen und Verhaltensweisen), § 8, I., Rn.5 f., (S.222).

an den Regelungen und der Verwendung innerhalb der Verordnung, fusionsrechtlich zu spezifizieren.[490]

(1) Wirtschaftliche Tätigkeit

Die Übernahme des Kriteriums der wirtschaftlichen Tätigkeit fügt sich in die Zielsetzung des Fusionsrechtes ein. Gemäß der in dieser Arbeit zu übernehmenden Rechtsprechung des Europäischen Gerichtshofes kommt es für das Bestehen einer wirtschaftlichen Tätigkeit auf den Absatz von Waren oder Dienstleistungen am Markt an.[491] Mit der Aufgabe der FKVO, die behördliche Kontrolle im Hinblick auf Konzentrationsvorgänge wirtschaftender Ressourcen im Sinne von Art.3 FKVO (derselbe a.F.) zu gewährleisten, muss das Unternehmen als Reflektor solcher fungieren. Ferner lässt sich selbiges aus der speziellen Verwendung des Unternehmensbegriffs innerhalb der Schwellensystematik ableiten. Hier wird das Unternehmen als Zurechnungspunkt für Umsatzerlöse, die aus dem *Absatz* der eigenen Leistungen stammen, verwandt.

(2) Einheit

Die Auffindung des Unternehmenskorpus bzw. der Kontur, die dem Unternehmen eine körperliche *Umrahmung* verleiht, ist meist nur durch eine zielorientierte Betrachtung des Einzelfalls zu ermitteln.[492]

---

490 Siehe hierzu: POHLMANN, 1.Teil, B. „Einen feststehenden Rechtsbegriff des Unternehmens gibt es nicht. …Maßgeblich (für die Auslegung des Merkmals) sind insbesondere Sinn und Zweck der jeweiligen Regelung.", (S.35).

491 EUROPÄISCHER GERICHTSHOF, Urteil (Rs. C-184/98 – Pavlov) vom 12.9.2000, Slg.2000, 6520, Rn.75, (S.6451); Urteil vom (Rs. C-159/91, C-160/91 – Poucet & Pistre) vom 17.2.1993, Slg.1993, S.670 Rn.18, 19, (S.637); so auch: EUROPÄISCHES GERICHT ERSTER INSTANZ, Urteil (Rs. T-319/99 – FENIN./.EG-Kommission) vom 4.3.2003, WuW/E (EU-R) 689, Rn.36; Groeben/Schwarze (SCHRÖTER), Band 2, Titel VI, Kapitel 1, Abschnitt 1, Vorbemerkungen zu den Artikel n 81 bis 85 EG, II., 1., Rn.22, (S.61 f.); andere Ansicht: MESTMÄCKER/SCHWEITZER, 3.Kapitel (Wettbewerbsbeschränkende Vereinbarungen und Verhaltensweisen), § 8, I., Rn.5, (S.222); im fusionsrechtlichen Kontext in Bezug auf das beteiligte Unternehmen kann es wohl offen bleiben, ob auch eine nachfragende Tätigkeit den Unternehmenscharakter verleihen kann. Um schwellensystematische Berücksichtigungsrelevanz zu erfahren muss eine Einheit Umsätze, d.h. Erlöse auf einer Absatztätigkeit erzielen.

492 Siehe hierzu: EUROPÄISCHER GERICHTSHOF, Urteil (Rs. 170/83 – Hydrotherm./.Compact) vom 12.7.1984, Slg.1984, S.3016, Rn.11 „Im Rahmen des Wettbewerbsrechtes ist unter dem Begriff des Unternehmens eine im Hinblick (!) auf den jeweiligen Vertragsgegenstand bestehende wirtschaftliche Einheit, selbst wenn diese wirtschaftliche Einheit rechtlich aus mehreren, natürlichen oder juristischen, Personen gebildet wird.", (S.2999).

Beispiel 2:11 (Einheit)
Variante A)
Die A-AG, an der wiederum die börsennotierte M-AG zu 100% beteiligt ist, ist ein Automobilhersteller, welcher unter eigener Marke PKW entwickelt, produziert, vermarktet und absetzt.
Variante B)
Entsprechend lit.a mit der Maßgabe, dass es sich bei A um eine GbR handelt, deren Gesellschafter zu gleichen Teilen die B-GmbH und die C-GmbH sind, die ihrerseits über die Verwaltung der Gesellschafterrechte hinaus keine weiteren wirtschaftlichen Tätigkeiten ausüben. Alleinige Gesellschafterin von B und C ist die M-AG.
Variante C)
Die A-AG ist eine reine Holdinggesellschaft, welche aufgrund einer 100%igen Beteiligung von der M-AG kontrolliert wird. A ist ihrerseits an der B-GmbH, der C-GmbH und der D-GmbH zu je 100% beteiligt. Die B gestaltet und entwickelt PKW. Ihre daraus stammenden Lizenzrechte überlässt sie gegen ein Entgelt der C, welche die PKW produziert und dann ausschließlich an die D weiterverkauft. Die D vermarktet und vertreibt die von C produzierten Fahrzeuge über eigene Verkaufssalons und ein umfassendes Händlernetz.

Betrachtet man die einzelnen Varianten A bis C, so lässt sich zunächst feststellen, dass in jedem Fall dasselbe Geschäft betrieben bzw. derselbe Geschäftszweck verfolgt wird. Mittelbare Unternehmensträgerin ist in jedem Fall letztendlich die M; ausschließlich die gesellschaftsrechtlichen Strukturen variieren.

Aus einer rein wirtschaftlichen Perspektive, die sich alleine an dem Gehalt der Unternehmung orientiert, müsste man in den Varianten A, B jeweils A und in der Variante C den Verbund A, B, C, D als Unternehmen einordnen;[493] M wäre mangels eigener wirtschaftlicher Tätigkeit als juristische *Person*, die ein Unternehmen kontrolliert, zu begreifen.[494] Legt man dagegen einen rechtlich geprägten Betrachtungswinkel zugrunde, der das Unternehmen anhand des direkt hinter

---

[493] Zu lit.b und der Unternehmensfähigkeit einer Genossenschaft: EUROPÄISCHES GERICHT ERSTER INSTANZ, Urteil (Rs. T-61/89 – DPF./.EG-Kommission) vom 2.7.1992, Slg.1992, S.1932, Leitsatz 3; zu lit.c und ferner auch lit.b: Europäischer EUROPÄISCHER GERICHTSHOF, Urteil (Rs .170/83 – Hydrotherm./.Compact) vom 12.7.1984, Slg.1984, S.2999, Leitsatz 1, S.3016, Rn.11 „Unter dem Begriff des Unternehmens (ist) ... eine wirtschaftliche Einheit zu verstehen, selbst wenn diese ... rechtlich aus mehreren, natürlichen und juristischen Personen gebildet wird.“, (S.2999), und allgemein auch: Urteil (Rs. 15/74 – Centrafarm./.Sterling Drug) vom 31.10.1974, Slg.1974, S.1168, Rn.41 (S.1147); vgl. auch: Groeben/Schwarze (SCHRÖTER), Band 2, Titel VI, Kapitel 1, Abschnitt 1, Vorbemerkungen zu den Artikel n 81 bis 85 EG, II., 1., Rn.32, (S.66 f.).

[494] Im Rahmen der FKVO muss man gemäß Art.3 (1) lit.b FKVO (derselbe a.F.) zunächst davon ausgehen, dass zwischen der Person, die Unternehmen kontrolliert, und dem Unternehmen selbst zu unterscheiden ist. Anderes gilt innerhalb des primärrechtlichen Gebrauchs, da hier auch der Mehrheitsaktionär als Unternehmen eingeordnet wird: EG-KOMMISSION, Entscheidung (Akz. IV/28.996 – Reuter./.BASF) vom 26.7.1976, ABl.EG 1976 L 254/45 „Dr. R. ... ist Unternehmer ..., denn er nimmt über die ihm verbliebenen Gesellschaften ... wirtschaftliche Tätigkeiten war.“

einer wirtschaftlichen Tätigkeit stehenden Rechtsträgers begrenzt, müsste man in der Variante B, sofern man der GbR die Rechtsfähigkeit aberkennt, auf B und C als Unternehmen abstellen.[495] Noch differenzierter könnte sich eine solche Betrachtung in der Variante C auswirken. Hier könnte man zunächst geneigt sein, A als diejenige, die unmittelbar die Gruppentätigkeiten kontrolliert oder zumindest kontrollieren kann, als Unternehmen zu qualifizieren. Abstellend auf die wirtschaftliche Tätigkeit könnte man dagegen auch B, C und D den Unternehmenscharakter zuordnen;[496] berücksichtigt man zudem die wirtschaftliche Einheit von (M+)A+B+C+D, könnte man ferner der Ansicht sein, dass nur D als Unternehmen eingeordnet werden kann, denn Güterabsatz am Markt (!) betreibt nur diese, während B und C nur konzernintern ihre Güter vertreiben. M bliebe in allen Fällen unberücksichtigt, da sie allenfalls mittelbare Trägerin der Unternehmungen ist.

Die vorstehenden Ausführungen belegen, dass die Abgrenzung des beteiligten Unternehmens grundsätzlich einzelfallbezogen erfolgen müsste.[497]

(3) Fusionsrechtsspezifische Modifikation

Nach dem allgemein wettbewerbsrechtlichen Anforderungsprofil zum Unternehmensmerkmal gilt es nunmehr zu untersuchen, inwieweit fusionsrechtlich spezifische Modifikationen Eingang in die Ermittlungen finden müssen. Von Bedeutung ist dabei insbesondere die Verbundsystematik, denn hier findet das Merkmal der beteiligten Unternehmen seinen inhaltlichen Verwendungsschwerpunkt.

Eine zumindest terminologische Einschränkung des primärrechtlichen Unternehmensbegriffs lässt sich aus Art.3 (1) lit.b FKVO (derselbe a.F.) ableiten. So wird im Primärrecht diskutiert, den „privaten" Großgesellschafter, sofern er ein

---

495 Zur mangelnden Rechtsfähigkeit der GbR: KRAFT/KREUTZ, C., I., 1., d), cc), (S.106) mit weiteren Nachweisen.

496 Zur Einordnung von Mutter- und Tochtergesellschaft innerhalb eines Konzerns als zwei Unternehmen: EUROPÄISCHER GERICHTSHOF, Urteil (Rs. 15/74 – Centrafarm./.Sterling Drug) vom 31.10.1974, Slg.1974, S.1148, Leitsatz 5, S.1168, Rn.41, (S.1147); Urteil (Rs. 30/87 – Bodson./.Sa Pompes) vom 4.5.1988, Slg.1988, S.2480, Leitsatz 5, S.2513, Rn.19, (S.2479).

497 Zur entsprechenden Praxis der EG-Kommission und des Europäischer Gerichtshof im Zusammenhang mit Unternehmensverbänden: HIRSCH/BURKERT, Band 1, Artikel 85, 1.Teil, 1.Kapitel, A., V., Rn.54 „Bei verbundenen Unternehmen stellt sich die Frage, ob die einzelnen Konzerngesellschaften, der ganze Konzern oder Teiles des Konzerns eine wirtschaftliche Einheit bilden, die als 'Unternehmen' anzusehen ist. Die Praxis der EG-Kommission zeigt alle drei Varianten. Die Rechtsprechung des Europäischer Gerichtshof ist unklar.", (S.57).

Unternehmen kontrollieren kann, selbst als Unternehmen zu qualifizieren.[498] Aus der Kontrollerwerbsdefinition, welche ausdrücklich zwischen Unternehmen sowie Personen, die ein Unternehmen kontrollieren, trennt, folgt, dass diese Praxis – ungeachtet ihrer Zulässigkeit im Primärrecht –[499] nicht in die FKVO übernommen werden könnte.[500] Der Unterschied zwischen Unternehmen und Personen besteht dabei in der unternehmerischen Eigenbetätigung; Personen, die unmittelbar einer solchen nachgehen, sind Unternehmen.[501] Sollte es dagegen an einer solchen ermangeln, lässt sich die fusionsrechtliche Relevanz des Erwerbers über die Beherrschung eines Unternehmens als Ausdruck mittelbarer Verfügungsmacht über Unternehmensressourcen kompensieren. Setzt man diese Erwägungen in Bezug zur Verbundsystematik, wäre die Person, die ein Unternehmen kontrolliert, nicht erkennbar und könnte auch nicht als beteiligtes Unternehmen fungieren. Ob diese strikte Trennung in Art.1 und 5 FKVO (dieselben a.F.) fortgeführt werden kann, bleibt abzuwarten.

Aus Art.5 (4), (5) FKVO (derselbe a.F.) lässt sich ferner folgern, dass der Unternehmensbegriff zumindest im Kontext der Umsatzkalkulation nicht als Synonym für einen Konzern verwandt werden kann. Eine solche Annahme wäre systemwidrig, da ein Verbund von Unternehmen als eine Vielzahl wirtschaftlich zusammengehöriger und nicht als ein einziges Unternehmen bewertet werden müssen. Die FKVO individualisiert die Unternehmen damit nicht völlig unabhängig vom jeweiligen Träger, der unmittelbar hinter wirtschaftlichen Ressourcen steht.

Im Vergleich mit dem EG-Wettbewerbsrecht zeigt sich, dass innerhalb der FKVO weder eine Person, die ein Unternehmen kontrollieren kann, selbst aber keine wirtschaftlichen Tätigkeiten ausübt, noch ein Konzern bzw. Unternehmensverbund als Unternehmen bezeichnet werden sollten.

---

498 Vgl. Frankfurter Kommentar (ROTH/ACKERMANN), Band 6, Teil 1 (Artikel 81 EG-Vertrag), B., I., 2. (Unternehmensbegriff), b), cc), (4), Rn.21; Langen/Bunte (BUNTE), Band 1, EG-Kartellrecht, Artikel 81 (Verbot wettbewerbsbeschränkender Vereinbarungen und Beschlüsse), B., I., 1., b), Rn.7, (S.1797); eingehend: POHLMANN, 1.Teil, B., I., 4., b), (S.52-56); EBENROTH/RÖSLER, RIW 1994, S.537, (S.532).

499 Siehe: Langen/Bunte (BUNTE), Band 1, EG-Kartellrecht, Artikel 81 (Verbot wettbewerbsbeschränkender Vereinbarungen und Beschlüsse), B., I., 1., b), Rn.7, (S.1797); POHLMANN, 1.Teil, B., I., 4., b), (S.52-56); befürwortend: EBENROTH/RÖSLER, RIW 1994, S.538, (S.532).

500 POHLMANN, 1.Teil, B., I., 4., b), (S.54); vgl. auch: KOCH, EWS 1990, S.67, (S.65).

501 Stellvertretend hierzu: Immenga/Mestmäcker (IMMENGA), EG-WbR, Band I, VII.Abschnitt (Fusionskontrollverordnung), D., Artikel 3, III., 2., a), Rn.22, (923 f.); Langen/Bunte (BUNTE), Band 1, EG-Kartellrecht, Artikel 81 (Verbot wettbewerbsbeschränkender Vereinbarungen und Beschlüsse), B., I., 1., a), Rn.6, (S.1796).

(III) Fazit

Bei der Bestimmung des beteiligten Unternehmens muss gemäß seiner Funktion innerhalb der FKVO beachtet werden, dass dieses die in einem Zusammenschluss kumulierten Ressourcen sachgemäß repräsentieren muss. Parallel ist zu berücksichtigen, dass pro Umsatzverbund ausschließlich ein beteiligtes Unternehmen existieren darf.

Die Methodik zur Lokalisierung des beteiligten Unternehmens muss ferner dem Grundsatz der Einfachheit und Klarheit gerecht werden – also schwierigen Bewertungsfragen entzogen sein – und zudem berücksichtigen, dass sie von der konkreten Vorhabengestaltung weitgehend abgekoppelt ist, sodass bei strukturell vergleichbaren Konzentrationsvorgängen das beteiligte Unternehmen möglichst identisch ist.

Das Profil des Unternehmens entspricht weitestgehend dem Verständnis zum primärrechtlichen Wettbewerbsrecht. Besonderheiten bestehen insoweit, als in der Verbundsystematik zum Ausdruck gebracht wird, dass *ein* Unternehmensverbund als eine *Vielzahl* von Unternehmen und nicht als *ein* Unternehmen betrachtet wird. Ferner differenziert die FKVO auch zwischen Personen, die mindestens *ein* Unternehmen kontrollieren, und den Unternehmen selbst. Danach muss man vorerst[502] davon ausgehen, dass Personen, die selbst nicht unternehmerisch tätig sind, auch keine Unternehmensposition und damit auch nicht die Rolle des beteiligten Unternehmens ausfüllen können.

bb. Verbundsystematik, Art.5 (4), (5) FKVO (derselbe a.F.)

Die Aufstellung der Mindestbedingungen ergab, dass das beteiligte Unternehmen als Repräsentant seiner Gruppe fungieren soll.[503] Um den Kreis der potenziell in Frage kommenden beteiligten Unternehmen herausarbeiten zu können, muss folglich bekannt sein, unter welchen Kriterien die FKVO eine *Gruppenbildung* annimmt.

Bereits festgestellt wurde, dass Art.5 (4), (5) FKVO (derselbe a.F.) hierfür Regelungen bereithält. Es wurde aber auch darauf hingewiesen, dass die strikte Anwendung der FKVO-Vorgaben in der Kommissionspraxis nicht stets zweifelsfrei erfolgte und in bestimmten Konstellationen – entgegen dem Wortlaut – die Zulässigkeit eines Abweichens diskutiert wird.[504] Deshalb gilt es nicht nur,

---

502 Achtung! Diese – vorläufige – Annahme wird für bestimmte Kontrollerwerbskonstellationen noch widerlegt werden. Siehe hierzu: (.1) Formell-materielle Abhängigkeit, (S.234, insbesondere S.236).

503 Wiedemann (WIEDEMANN), 5.Kapitel (Fusionskontrolle), 1. Abschnitt, § 15, B., III., 1., Rn.70 „Gemeint (mit den beteiligten Unternehmen) sind die Unternehmen, die die wirtschaftliche Struktur der neuen Wirtschafteinheit verkörpern“, (S.496).

504 Wiedemann (WAGEMANN), 5. Kapitel (Fusionskontrolle), 1. Abschnitt, § 15, C., III., Rn. 96, (S.507); HEITZER, D., III., 1., b), (S.158 f.).

die bestehenden Regelungen darzustellen, sondern auch im Hinblick auf die aufgetretenen Anwendungsfragen zu konkretisieren, wobei insbesondere diskutiert werden muss, ob eine gegen den Wortlaut vorgenommene Auslegung zulässig sein kann.

(I) Übernahme aus anderen Rechtssätzen

Im Vorfeld soll erwogen werden, ob die Verbundsystematik der FKVO aus anderen Rechtssätzen *übernommen* wurde. Dabei wird regelmäßig angeführt, diese sei aus den GFVOen abgeleitet worden, weshalb auf die dortigen Grundsätze verwiesen werden könne.[505] Denkbar wäre aber auch, dass die Gruppensystematik aus der KonsolidierungsRiL ihre Herleitung fand,[506] als bereits festgestellt wurde, dass für die bilanztechnischen Aspekte die Rechnungslegungsrichtlinien bedeutsame Synergien zur FKVO aufweisen und zumindest in Teilen als Entwicklungsvorlage dienten.[507]

Angemerkt sei, dass diese Fragestellung für die praktische Auslegung *kaum Relevanz* genießt, weshalb sie nur knapp behandelt werden soll. So ist die Verbundsystematik der GFVOen in den fundamentalen Wesenszügen entsprechend dem Art.5 (4), (5) FKVO (derselbe a.F.) konzipiert worden, sodass die dortige Auslegung grundsätzlich im Zusammenhang mit der FKVO herangezogen werden könnte; gleiches gilt für die KonsolidierungsRiL.[508] Besonderheiten, die das fusionsrechtliche Regelungssystem aufweist, müssten ohnehin berücksichtigt werden; dies selbst dann, wenn die Verbundsystematik vollständig aus einem anderen Rechtssatz übernommen wäre, weil dieser den zusammenschlussrechtlichen Besonderheiten keine Rechnung tragen könnte.

---

505 Langen/Bunte (LÖFFLER), Band 1, EG-Kartellrecht, FKVO, Artikel 5, D., II., Rn.9, (S.2536); Wiedemann (WAGEMANN), 5.Kapitel (Fusionskontrolle), 1.Abschnitt, § 15, C., III., Rn.95, (S.507); HEITZER, D., III., 1., b), (S.157).

506 Zur Herleitung der Umsatzmethodik aus den allgemeinen Bilanzierungsregeln aus der JahresabschlussRiL, sich aber nicht direkt auch auf die KonsolidierungsRiL beziehend: Immenga/Mestmäcker (IMMENGA), EG-WbR, Band I, VII.Abschnitt (Fusionskontrollverordnung), D., Artikel 5, I., 5., Rn.8, (S.968).

507 Vgl. hierzu (II) Inhaltlich, (S.120-123); zudem: Immenga/Mestmäcker (IMMENGA), EG-WbR, Band I, VII.Abschnitt (Fusionskontrollverordnung), D., Artikel 5, I., 5., Rn.8, (S.968).

508 Zum Verhältnis der Verbundsysteme der GFVOen zur KonsolidierungsRiL: WIEDEMANN, Band I, Allgemeiner Teil, VI., 6. (Teleologische Leitlinie für die Auslegung der-Verbundklauseln), Rn.125, (S.39).

(1) Ableitung aus den GFVOen

Die Ableitung der Verbundsystematik der FKVO aus den GFVOen wird mit Vehemenz, jedoch stets nicht weiter begründet vertreten,[509] weshalb nicht nachvollzogen werden kann, wie sich diese Sichtweise rechtfertigt.

Sicherlich wird man auf das jüngere Erlassdatum der GFVOen im Verhältnis zur FKVO verweisen können. Mit dem Inkrafttreten der GFVO1983/83 für Alleinvertriebsvereinbarungen sowie der GFVO1984/83 für Alleinbezugsvereinbarungen aus dem Jahre *1983* traten Regelungen in Kraft, die gemäß ihrem Art.4 eine mit der FKVO-Verbundsystematik, die ihrerseits erst im Jahre 1990 in Kraft trat, vergleichbare Regelung vorsahen. Allerdings würde man bei einer solchen Vorgehensweise den Entwicklungsprozess der jeweiligen Rechtsakte ausblenden.

Bei einer Betrachtung der Rechtssetzungsprozesse fällt auf, dass die erste GFVO67/67 für Alleinvertriebsvereinbarungen noch keine Verbundsystematik im Regelungssystem beinhaltete. Erstmalig lässt sich diese im Freistellungsrecht mit den Entwürfen zu den bereits erwähnten GFVO1983/83 sowie 1984/83 aus dem Jahre 1982 verbinden. Vergleicht man dies mit den Vorarbeiten zur FKVO, so wies bereits der erste Entwurf aus dem Jahre 1973 ein inhaltlich mit der heutigen Systematik vergleichbares Verbundsystem auf.[510] Daraus muss man folgern, dass, sofern man nicht sogar davon ausgehen möchte, das Verbundsystem der GFVOen sei aus dem Entwicklungsprozess der FKVO entnommen worden, jedenfalls nicht eine Ableitung der FKVO-Regelung aus den GFVOen erfolgt ist. Ferner fehlt es nämlich auch an einer vollständigen, terminologischen Übereinstimmung (Vgl. dagegen zum Umsatzbegriff Seite 101-102, ins 102), dass man davon ausgehen könnte, die „nachträglich" entwickelte Regelung der GFVOen sei direkt in die letztendlich in Kraft getretene FKVO implantiert worden.

Letztendlich stellt sich die Verbundsystematik nicht als eine typisch mit der Gruppenfreistellung zusammenhängende Konstruktion dar.[511] Die Verbundsystematik von FKVO und den GFVOen entspringen allenfalls einem europäisch *einheitlichen Entwicklungsprozess.*

---

509 Siehe hierzu Nachweise in Fußnote 505 und auch: STOCKENHUBER, Teil II, Kapitel 6 (Gemeinschaftsweite Bedeutung), III., 3., (172);

510 Vgl. EG-KOMMISSION, FKVO-Entwurf73, ABl.EG 1973 C 92/01.

511 So wird die Erfassung wirtschaftlicher Einheiten als nicht einmal kartellrechtstypisch betrachtet: WIEDEMANN, Band I, Allgemeiner Teil, VI., 6. (Teleologische Leitlinie für die Auslegung der Verbundklauseln), Rn.125, (S.39); dagegen zum Umsatzmerkmal vgl (1) Materieller Gesamtumsatzbegriff gemäß der JahresabschlussRiL, (S.120).

(2) Ableitung aus der KonsolidierungsRiL

Für die Ableitung der Verbundsystematik aus der KonsolidierungsRiL könnte angeführt werden, dass nach den bisherigen Feststellungen dies schon für bilanztechnische Aspekte der Umsatzsystematik galt. Man muss jedoch entsprechend den bereits im Zusammenhang mit dem Umsatzmerkmal gemachten Ausführungen zwischen dem rechnungslegungstypischen und dem davon unabhängigen Gehalt der FKVO differenzieren.[512]

Wie bereits der vorangegangene Absatz gezeigt hat, ist das Verbundsystem, anders als der Umsatzbegriff, kein bilanzierungstypisches Phänomen, sondern vielmehr eine Methodik, mit der auf mehrere Träger verteilte Unternehmensressourcen aufgrund der Verflechtungen zwischen den Trägern als Einheit verstanden werden können – sei es als Konsolidierungskreis oder als Umsatzverbund im Sinne der Schwellensystematik. Im Gegensatz zur Ableitung der bilanztypischen Facetten der Umsatzmethodik fehlt es hier an einem speziell zur Konzernkonsolidierung herstellungsbedürftigen Bezug.

Da ferner auch die KonsolidierungsRiL nach dem Beginn des FKVO-Entwicklungsprozesses in Kraft getreten ist und auch in diesem Fall keine besagte, vollständige terminologische Übereinstimmung besteht, muss man auch hier davon ausgehen, dass die FKVO jedenfalls nicht aus der KonsolidierungsRiL entwickelt wurde.

(3) Fazit

Es erscheint allein sinnvoll und zulässig zu vertreten, dass die Verbundsysteme der FKVO, der GFVOen sowie der KonsolidierungsRiL aus demselben Rechtssetzungsprozess der EG entwickelt worden sind.[513] Dafür spricht im Ergebnis, dass zwar eine teilweise inhaltliche, jedoch wenig terminologische Übereinstimmung erkennbar ist. Damit kann, sofern Besonderheiten des jeweils anzuwendenden Rechtssatzes – hier der FKVO – keine funktionsspezifische Auslegung erforderlich machen, eine einheitliche Interpretation vorgenommen werden.

Im Ergebnis führt dies zu einer autonomen Auslegung der Verbundsystematik der FKVO unter Berücksichtigung der Erkenntnisse zu den GFVOen sowie der KonsolidierungRiL.[514]

---

[512] Dazu (2) Verbundsystematik gemäß der KonsolidierungsRiL, (S.122).

[513] So im Ergebnis wohl auch: NIEMEYER, B. (Die EG-Fusionskontrollverordnung), I., 2., b) „Die Verbundklausel … ist kein Novum des EG-Rechtes. Sie befindet sich … in allen … Gruppenfreistellungsverordnungen sowie der Bagatellbekanntmachung… Auch die 7. Gesellschaftsrechts-Richtlinie (KonsolidierungsRiL) enthält dieselben Kriterien.“, (S.13).

[514] Mit einer ähnlichen Erwägung zum Umsatzmerkmal: DIETZE/JANSSEN, 3.Teil, E. (Fusionskontrolle), II., 2., Rn.790, (S.220).

(II) Funktionszusammenhänge

Entsprechend der Schlussfolgerung des vorangegangenen Absatzes ergibt sich, dass für die Auslegung der Verbundklauseln primär der funktionale Zusammenhang im jeweiligen Regelungskomplex von Bedeutung sein muss.[515] Dabei kommt es nicht auf ihre unmittelbare Aufgabe – eine Unternehmensgruppe abzugrenzen –, sondern vielmehr auf den *mittelbaren* Funktionszusammenhang, für den die Gruppenabgrenzung von Bedeutung ist, an.

Die Grundfunktion innerhalb des fusionsrechtlichen Regelungsgefüges besteht darin, die Bedeutung anhand der Wirtschaftskraft der in einem Zusammenschluss konzentrierten Unternehmensressourcen zu messen.[516] Mittelbar hiermit verbunden ist die Bestimmung des Anwendungsbereichs, die Abgrenzung der Verbandskompetenzen zwischen der EG sowie den Mitgliedstaaten bei der Kontrolle von Zusammenschlüssen im Sinne von Art.3 FKVO (derselbe a.F.) sowie die Konkretisierung des Bußgeldrahmens bei schweren Verstößen gegen die Obliegenheiten der FKVO.

(1) Bedeutung des Vorhabens

Die Hauptaufgabe der Verbundsystematik besteht darin, die in einer Konzentration zusammengefassten unternehmerischen Kapazitäten messbar zu machen, um somit das gesamtwirtschaftliche Gewicht eines extern bewirkten unternehmerischen Wachstumsaktes evaluieren zu können. Es wird damit vorausgesetzt, dass die Ressourcen aller im Sinne von Art.5 (4), (5) FKVO (derselbe a.F.) miteinander verbundenen Einheiten einem wettbewerblichen Gesamtplan unterliegen und deshalb gewissermaßen als „Gesamtunternehmen" zu qualifizieren sind.

(2) Rechtsanwendung

Von der gemeinschaftsweiten Bedeutung und damit von der Wirtschaftskraft der an einem Zusammenschluss beteiligten Unternehmensgruppen ist die Rechtsanwendung abhängig. Bereits ermittelt wurde, dass sich die Anwendbarkeit des EG-Zusammenschlussrechtes gemäß Art.1 (1) FKVO (derselbe a.F.) auf die Gemeinschaftsdimension eines Transaktionsvorgangs stützt;[517] nicht allein

---

[515] Zur Bestimmung des Begriffs der beteiligten Unternehmen: STOCKENHUBER, Teil II, Kapitel 6 (Gemeinschaftsweite Bedeutung), III., 2. „(Er) ist … aus der Systematik und dem Zweck der Regelung heraus zu interpretieren.", (S.168).

[516] Siehe stellvertretend: MESTMÄCKER/SCHWEITZER, 6. Kapitel (Fusionskontrolle), § 23, IV., 2., Rn.41, „(Es) sollen die Umsätze erfasst werden, die durch den Zusammenschluss zusammengeführt werden.", (S.539); Schröter/Jakob/Mederer (BRUHN), III.S.2 (Fusionskontrollverordnung (Verordnung (EWG) Nr.4064/89)), Artikel 1, II., 1. b), Rn.14 (S.1310).

[517] Im Ergebnis: C. Synthese der Anwendungsbereiche,(S.105-108); siehe auch: WESTERMANN, 1.Kapitel, A., I., 1., (S.16).

die Nicht-/ Anwendung der FKVO, sondern zudem auch die Nichtanwendbarkeit des nationalen Wettbewerbsrechtes richtet sich nach dem Kriterium,[518] weshalb ihm *rechtsabgrenzender* Charakter zukommt.

(3) Verbandsabgrenzung

Entsprechend den im vorangegangenen Absatz gemachten Ausführungen ist die Verbundsystematik mittelbar in eine Abgrenzung der hoheitlichen Machtpositionen eingebettet.[519] So ist mit der Anwendbarkeitsfrage der EG- sowie der mitgliedstaatlichen Rechtsmaterien die exekutive Kontrollbefugnis für Konzentrationsprozesse verbunden, da die FKVO ausschließlich von der EG-Kommission angewandt bzw. vollzogen werden darf;[520] vgl. Art.21 (2) FKVO [derselbe (1) a.F.]. Die Auslegung der Verbundsystematik berührt somit auch den verbandsabgrenzenden Bereich zwischen der Gemeinschaft und den Mitgliedstaaten bei der Marktstrukturkontrolle.[521]

(4) Bußgeldbemessungsrahmen

Eine weitere Konnexität weist die Verbunddefinition zum Bußgeldtatbestand des Art.14 (2) FKVO (derselbe a.F.) auf. So bemisst sich bei materiellen Verstößen der Unternehmen gegen Obliegenheiten der FKVO der Bußgeldrahmen – maximal 10% – anhand der Gesamtumsätze, das heißt der wirtschaftlichen Leistungsfähigkeit der beteiligten Unternehmen.[522]

(III) Beherrschungskonzeption

Die Verbundsystematik baut auf einem eigenen, in Art.5 (4) lit.b (derselbe a.F.) inhaltlich kodifizierten und von Art.3 FKVO (derselbe a.F.) unabhängigen

---

518 WESTERMANN, 1.Kapitel, A., I., 2., (S.17) „Voraussetzung für die Nichtanwendbarkeit des nationalen Rechts … ist … die gemeinschaftsweite Bedeutung des Zusammenschlusses.“; RÖHLING, Teil 1, I., B., 4., a., (S.27); NIEDERLEITHINGER, WuW 1990, S.722, (S.721).

519 Ausführend: RÖHLING, Teil 1, I., B., 1., (S.25), 4., a), (S.27); LAMPERT, WuW 2002, S.449, (S.449).

520 LAMPERT, WuW 2002, S.540, (S.44); NIEDERLEITHINGER, EWS 1990, S.76, (S.73).

521 Ähnlich in Bezug auf die Bestimmung der beteiligten Unternehmen: STAUDENMAYER, E. „Damit (sich beziehend auf die Praxis der EG-Kommission die Mütter bei der Gründung eines Gemeinschaftsunternehmens als beteiligte Unternehmen zu begreifen) wird indirekt über die Frage der durch die Anwendbarkeit des FKVO bedingten Zuständigkeit der Kommission oder der Anwendbarkeit des nationalen Rechts und damit die Zuständigkeit der nationalen Behörden entschieden.“, (S.177).

522 Wiedemann (WAGEMANN), 5. Kapital (Fusionskontrolle), 1. Abschnitt, § 17, H., I., Rn.181, (S.620).

Beherrschungskonzept auf; die im Zusammenschlusstatbestand inhaltlich zentrale Definition einer Konzernierung basierend auf dem faktischen Beherrschungsmoment wurde damit nicht übernommen, sondern eigenständig geregelt.[523]

(1) Allgemeine Erwägungen zur Konzeption

Die Deklaration eines Unternehmensverbundes als Wirtschaftseinheit wird von der FKVO in Bezug auf den *legalisierungspflichtigen* Sachverhalt, abgeleitet aus dem EG-Kartellrecht, im *materiellen Kontrollkonzept* gesucht.[524] So können mehrere Unternehmen als künftige wirtschaftliche Einheit begriffen werden, wenn aufgrund einer Gesamtschau der bestehenden und aufzubauenden Verflechtungen und Verhältnisse nach der Transaktion ein Repräsentant von unternehmerischen Kapazitäten auf weitere, vorher unabhängige Ressourcen bestimmenden Einfluss ausüben kann.[525] Die rechtliche Selbständigkeit der Unternehmensträger wird unbeachtlich, weil ihr Verhalten vom Einfluss des anderen bestimmt wird. Nach dem Ansatz der FKVO ist es dabei ausreichend, dass eine Möglichkeit zur bestimmenden Einflussnahme besteht [vgl. Art.3 FKVO (derselbe a.F.)].[526] An die Stelle der Einflussnahme tritt folglich die *Vermutung*.[527]

Von dieser Konzeption weicht die Verbundsystematik, bedingt durch ihr formales Kontrollkonzept, ab.[528] So definiert Art.5 (4) lit.b FKVO (derselbe a.F.) quantitative Verflechtungsmöglichkeiten, denen allerdings im Regelfall die fak-

---

523 RÖHLING, ZiP 1990, S.1179 „Artikel 5 ... enthält eine spezielle Regelung, die ein Zurechnung (der Umsätze bzw. Wirtschaftkraft) nur unter bestimmten Voraussetzungen ... vorsieht.", (S.1179).

524 EUROPÄISCHER GERICHTSHOF, Urteil (Rs. 30/87 – Bodson./.SA Pompes) vom 4.5.1988, Slg.1988, S.2513, Rn.19, (S.2479), Groeben/Schwarze (SCHRÖTER), Band 2, Titel VI, Kapitel 1, Abschnitt 1, Vorbemerkungen zu den Artikel n 81 bis 85 EG, II., 1., Rn.32 „Mehrere, demselben Konzern angehörende Unternehmen ... bilden eine wirtschaftliche Einheit, wenn (sie) ... ihr Marktverhalten nicht autonom bestimmen können, sondern ... Weisungen der Konzernspitze folgen müssen.", (S.67); siehe auch die weiteren Entscheidung des Europäischen Gerichtshofes in Fußnote 493.

525 Zum EG-Kartellrecht: EUROPÄISCHER GERICHTSHOF, Urteil (Rs .170/83 – Hydrotherm./.Compact) vom 12.7.1984, Slg.1984, S.3016, Rn.11, (S.2999); WIEDEMANN, Band I, Allgemeiner Teil, VI., 6. (Teleologische Leitlinie für die Auslegung der Verbundklauseln), Rn.124, (S.38).

526 Stellvertretend siehe nur: STAUDENMAYER, D., I., 4., a), (S.75).

527 STOCKENHUBER, Teil II, Kapitel 6 (Gemeinschaftsweite Bedeutung), III., 3. „(Es) wird unterstellt (!), dass sich ein Unternehmen gegebenenfalls auf die wirtschaftliche Ressourcenstärke der mit ihm verbundenen Unternehmen verlassen kann.", (S.173).

528 Wiedemann (WAGEMANN), 5. Kapitel (Fusionskontrolle), 1. Abschnitt, § 15, C., III., Rn.95, (S.507); RÖHLING, ZiP 1990, S.1179, (S.1179); vgl. auch das Zitat in der Fußnote 527 von: STOCKENHUBER, Teil II, Kapitel 6 (Gemeinschaftsweite Bedeutung), III., 3., (S.173).

tische Beherrschungsmöglichkeit immanent ist.[529] Hintergrund für die Schaffung einer autonomen, mehr formalisierten Konzernregel war das Bedürfnis nach *Einfachheit* und *Klarheit* im Zusammenhang mit dem Schwellensystem und das hierdurch verfolgte Anliegen an der Schaffung von Rechtssicherheit.[530]

Die Feststellung eines Kontrollerwerbs als für die Verordnung maßgebliches Ereignis ist insbesondere in solchen Situationen von großen Bewertungs*unsicherheiten* geprägt, in denen die herzustellende Verbindung zum Zielobjekt geringfügig unter den in Art.5 (4) lit.b FKVO (derselbe a.F.) beschriebenen Intensitäten liegt.[531]

Stellt es sich mit dem Streben nach Rechtssicherheit als noch vereinbar dar, bei der Feststellung des Zusammenschlusses gemäß Art.3 FKVO (derselbe a.F.) der möglichst realitätsgemäßen Bewertung des Sachverhaltes das Übergewicht zu verleihen, so erscheint dies für die Verbundsystematik nicht mehr zulässig; im Hinblick auf die Herstellung einer *Konkordanz* zwischen dem *Rechtssicherheit*saspekt sowie der *realitätsgemäßen* Erfassung der bestehenden Unternehmensgruppen muss hier das Übergewicht dem ersteren Anliegen zukommen. Betrifft nämlich bei der Feststellung des Zusammenschlusstatbestandes der Ermittlungsschwerpunkt allein die zwischen zwei Wirtschaftseinheiten aufzubauende Verbindung, wirkt sich dagegen die Verfolgung des Kontrollkonzeptes innerhalb der Verbundsystematik auf sämtliche Verknüpfungen zwischen den möglicherweise in einer Unternehmensgruppe stehenden Einheiten aus. Letztere können dabei bis auf ihre gesellschaftsrechtliche Verflechtung mit einer am Zusammenschluss involvierten Einheit am Vorhaben völlig unbeteiligt sein.

Je nach Einfluss des Rechtsicherheitsgedankens stellt die FKVO hinsichtlich des Konzentrationsvorgangs auf ein materielles, stärker realitätsbezogenes und hinsichtlich der Abgrenzung bestehender Unternehmensgruppen auf ein

---

529 Zu den GFVO: WIEDEMANN, Band I, Allgemeiner Teil, VI., 6. (Teleologische Leitlinie für die Auslegung der Verbundklauseln), Rn. 124 „Die in den Verbundklauseln … aufgeführten `Rechte und Einflussmöglichkeiten´ betreffen … diesen Tatbestand (der Kontrolle).“, (S.39); dafür auch: STOCKENHUBER, Teil II, Kapitel 6 (Gemeinschaftsweite Bedeutung), III., 3., (S.173).

530 STOCKENHUBER, Teil II, Kapitel 6 (Gemeinschaftsweite Bedeutung), III., 3. „Der Grund für die Abweichung dieser Verbund-Kriterien von jenen des Kontrollerwerbs … muss wohl darin gesehen werden, dass damit eine rasche und eindeutige Abgrenzung der … miteinzubeziehenden ermöglicht werden sollte.“, (S.173).

531 MONTAG/HEINEMANN, ZiP 1992, S.1368 „Besondere Schwierigkeiten ergeben sich bei der Beurteilung der Frage, inwieweit eine Minderheitsbeteiligung zu einem Kontrollerwerb führt.“, (S.1367).

formelles, vornehmlich die Berechenbarkeit des Resultats förderndes Beherrschungskonzept ab.

(2) Erläuterungen der Verbunddefinitionen

Nach diesen allgemeinen Vorüberlegungen sollen nunmehr die Verbunddefinitionen – zunächst strikt orientiert am Wortlaut – dargestellt werden. Zu differenzieren ist dabei zwischen Art.5 (4) sowie (5) FKVO (derselbe a.F.). Während Abs.4 solche Unternehmensverflechtungen kodifiziert, die eine vollständige Zusammenfassung der wirtschaftlichen Kapazitäten erlauben, behandelt Abs. 5 den Sonderfall des Gemeinschaftsunternehmens, welches mehreren Unternehmensgruppen partiell zugerechnet wird.

(a) Vollständige Zusammengehörigkeit, Abs.4 (derselbe a.F.)

Art.5 (4) FKVO (derselbe a.F.) beschreibt Unternehmensverflechtungen, die eine vollständige Zusammenrechnung der so verbundenen Unternehmen ermöglichen. Dies wird inhaltlich dadurch zum Ausdruck gebracht, dass alle Gesamtumsätze einer Unternehmensgruppe, die vom beteiligten Unternehmen ausgehend zu ermitteln ist, in der Schwellensystematik im beteiligten Unternehmen zusammengefasst werden.

(aa) Beteiligte Unternehmen, lit.a (dieselbe a.F.)

Gemäß Art.5 (4) lit.a FKVO (derselbe a.F.) errechnen sich die Umsätze des beteiligten Unternehmens zuvorderst aus den selbst erwirtschafteten Erlösen, was man als reine Klarstellung interpretieren kann.

(bb) Unmittelbare und mittelbare Tochterunternehmen, lit.b (dieselbe a.F.)

Ferner werden gemäß Art.5 (4) lit.b FKVO die mit dem beteiligten Unternehmen *niederrangig* verbundenen Unternehmen erfasst; hiermit bezieht sich die Norm auf Tochter- und Enkel- sowie Unternehmen niedriger Hierarchien.[532] Lit. b katalogisiert dabei die zur Beherrschungsvermutung erforderlichen quantitativen Verflechtungen in dem Besitz *mehr als der Hälfte* des Kapitals oder des Betriebsvermögens (Vermögensverflechtung), der Verfügungsgewalt über *mehr als die Hälfte* der Stimmrechte (Stimmverflechtung), der Bestellungsmöglichkeit für *mehr als die Hälfte* der Mitglieder vom Aufsichtsrat oder der zur gesetzli-

532 In Bezug auf die GFVOen: WIEDEMANN, Band I, Allgemeiner Teil, VI., 7. (Die vier Verbund-Tatbestände), a), aa), Rn.129, (S.41).

chen Vertretung berufenen Organe (Berufungsverflechtung) oder dem Recht, die *Geschäfte zu führen* (Geschäftsführungsverflechtung).[533]

Diese bilateralen Beziehungen können dabei unmittelbar als auch mittelbar vorliegen. Insbesondere aus den ersten drei Varianten wird dabei deutlich, dass es sich um Vermutungstatbestände handelt. So fordert die „Berufungsverflechtung“ ausdrücklich das Können und *nicht* das Müssen zur Besetzung der Organposten. Ferner muss auch aus dem Besitz oder der Verfügungsgewalt über Vermögen oder Stimmrechte keine tatsächliche Einflussnahme resultieren.

Stellt man auf die Vermutung einer Beherrschungsmöglichkeit ab, so ergibt sich daraus das *formale* Beherrschungskonzept. Es geht dem Wortlaut von Art.5 (4) lit.b FKVO (derselbe a.F.) bei der Ermittlung der Unternehmensverbände folglich nicht um die tatsächliche Möglichkeit zur bestimmenden Einflussnahme, sondern vielmehr um die einfach nachprüfbare Definitionen einer formal beschriebenen, in der Regel bestimmenden Einfluss vermittelnden Unternehmensbeziehung. Hieraus erwachsen zwei noch zu diskutierende Problemstellungen, nämlich, ob das formale Beherrschungskonzept auch eingreift, wenn die bestehende „formale“ Verbindung nicht die Möglichkeit zur bestimmenden Einflussnahme eröffnet, und wie zu verfahren wäre, wenn eine Beherrschungsmöglichkeit die Vorgaben von Art.5 (4) lit.b FKVO (derselbe a.F.) verfehlt.

(cc) Unmittelbare und mittelbare Mutterunternehmen, lit.c (dieselbe a.F.)

Gemäß Art.5 (4) lit.c FKVO (derselbe a.F.) werden ferner auch über dem beteiligten Unternehmen existente Hierarchien in den Umsatzverbund einbezogen. So müssen Unternehmen, die in dem beteiligten Unternehmen die in lit.b FKVO bezeichneten Einflussnahmemöglichkeiten und Rechte haben, umsatzmäßig mit dem beteiligten Unternehmen als verbunden gelten.

Angelehnt an einen formalisierten Konzernbegriff darf es hier stets nur *ein* Mutterunternehmen geben, sofern die Verbundsystematik eine über-/ unterordnungskonzerntypische Pyramidensichtweise verfolgt. Hier liegt ebenfalls einer der noch zu diskutierenden Streitpunkte, da vertreten wird, dass mehrere

533 Für die inhaltliche Konkretisierung dieser soll der Verweis auf das einschlägige Schrifttum ausreichen: Immenga/Mestmäcker (VEELKEN), EG-WbR, Band I, V.Abschnitt (Gruppenfreistellungsverordnungen), A., V., 2., b), Rn.32-37, (S.412 f.); WIEDEMANN, Band I, Allgemeiner Teil, VI., 7. (Die vier Verbund-Tatbestände), Rn.127-150, (S.40-49).

Mutterunternehmen mit dem beteiligten Unternehmen auch dann einen Verbund bilden, wenn sie zusammen die bezeichneten Rechte und Einflussmöglichkeiten haben.[534]

Zu diesem Stand soll davon ausgegangen werden, dass die Verbundsystematik eine konzernrechtlich typische Perspektive verfolgt und damit theoretisch nur eine Mutter existieren kann.

(dd) Unmittelbare und mittelbare Schwesterunternehmen, lit.d (dieselbe a.F.)

Ferner werden gemäß Art.5 (4) lit.d FKVO (derselbe a.F.) Schwestergesellschaften, das heißt unmittelbare oder mittelbare Tochtergesellschaften des Mutterunternehmens, als mit dem beteiligten Unternehmen umsatzgemäß verbunden angesehen. Dabei ist es auch hier erforderlich, dass die Verbindung den Anforderungen der lit.b entspricht.

(ee) Gruppeninterne Gemeinschaftsunternehmen, lit.e (dieselbe a.F.)

Letztendlich werden *gruppeninterne* Gemeinschaftsunternehmen als verbundene Unternehmen angesehen. So kann es für die vermutete Einflussposition keine Unterschiede machen, ob ein oder *mehrere* Unternehmen einer Gruppe die erforderlichen Verbindungen zu einem anderen Unternehmen unterhalten, da bei einer gesamtplanerischen Leitung durch die Konzernspitze auch die im Verbund aufgeteilten Einflusspositionen gebündelt ausgerichtet werden können. Gruppeninterne Gemeinschaftsunternehmen können damit vom Umsatzverbund als vollwertige Tochter angesehen werden.[535]

Dabei ist zu beachten, dass mit Art.5 (4) lit.e FKVO (derselbe a.F.) nur diejenigen Gemeinschaftsunternehmen berücksichtigt werden können, die zwischen den bisher dargestellten Unternehmen einer Gruppe, das heißt zwischen den in

---

534 Siehe vorab nur: EG-KOMMISSION, Mitteilung zur Umsatzberechnung, ABl.EG 1998 C 66/30, Rn.38, Bekanntmachung zum Begriff der beteiligten Unternehmen, ABl.EG 1994 C 385/15, Rn.26; Bekanntmachung über die Umsatzberechnung, ABl.EG 1994 C 385/25, Rn.36; HEITZER, D., III., 1., a), (S.158 f.); eingehend: POHLMANN, 4.Teil, A., V., 2., b), bb), (S.338-339); MONTAG/HEINEMANN, ZiP 1992, S.1372, (S.1367).

535 Wiedemann (WAGEMANN), 5.Kapitel (Fusionskontrolle), 1.Abschnitt, § 15, C., III., Rn.98, (S.508); ähnliche Erwägungen zur Vollkonsolidierung von solchen „gruppeninternen“ Gemeinschaftsunternehmen: KRAWITZ, BB 2001, S.668, (S.668).

lit.a-d bezeichneten, bestehen.[536] Man könnte die Frage aufwerfen, wie mit Unternehmen zu verfahren ist, an denen mehrere gruppeninterne Gemeinschaftsunternehmen die erforderlichen Einflussnahmepositionen und Rechte haben.

Beispiel 2:12 [Gruppeninterne Gemeinschaftsunternehmen, lit.e (dieselbe a.F.)]
Unternehmen A (€ 500 Mio.) ist zu 100% an dem Unternehmen B (€ 200 Mio.) beteiligt. A und B sind jeweils zu 50% an den Gemeinschaftsunternehmen C1 (€ 200 Mio.) sowie C2 (€ 300 Mio.) beteiligt. Diese sind wiederum zu je 50% an dem Unternehmen D (€ 800 Mio.) beteiligt.

Abbildung 2-1 [Gruppeninterne Gemeinschaftsunternehmen, lit.e (dieselbe a.F.)]

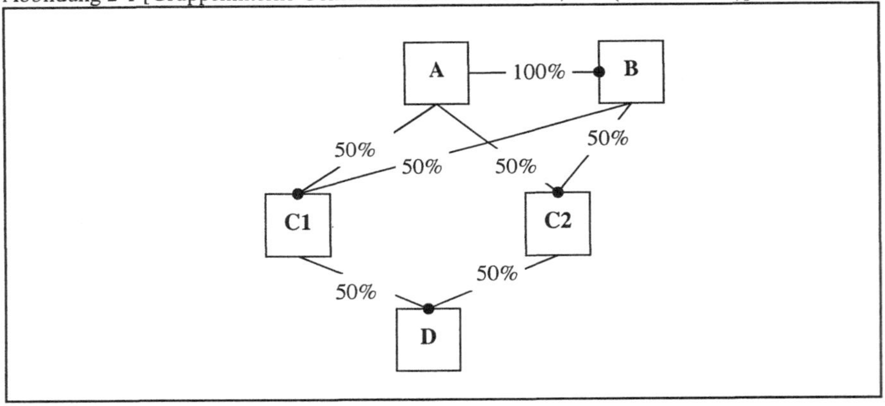

Art.5 (4) lit.e FKVO (derselbe a.F.) geht *allein* von solchen Unternehmen als gemeinsame Einfluss- bzw. Rechtsinhaber aus, die in den lit.a-d bezeichnet werden. Daraus könnte man folgern, dass D nicht zurechenbar wäre, denn hier verfügen C1 und C2, also zwei Unternehmen im Sinne von lit.e FKVO, über die notwendigen Rechtspositionen. Dann würde man übersehen, dass lit.b FKVO von der unmittelbaren sowie der *mittelbaren* Inhaberschaft ausgeht. Die Einflusspositionen an D stehen A und B, durch C1 und C2, mittelbar zu, sodass D ebenfalls zur Gruppe zugehörig wäre; ein anderes Resultat erscheint dabei auch widersprüchlich, weil die Gruppe, bestehend aus A+B+C1+C2, zu 100% an D beteiligt ist – wenn D diesen nicht zurechenbar ist, wem dann noch?

536 Wiedemann (WAGEMANN), 5.Kapitel (Fusionskontrolle), 1.Abschnitt, § 15, C., III., Rn.98, (S.508).

(ff) Partielle Zurechnung, Abs.5 (derselbe a.F.)

Einen Sonderfall definiert Art.5 (5) FKVO (derselbe a.F.), der an das Gemeinschaftsunternehmen, an dem *beteiligte* Unternehmen *gemeinsam* die in lit.b FKVO definierten Rechte und Einflussmöglichkeiten haben, adressiert ist. Dieses soll den Gesellschaftern wirtschaftlich nicht jeweils voll, sondern nur anteilig – zu gleichen Teilen – zugerechnet werden. Damit ähnelt die FKVO bilanztheoretischen Vorgaben im Hinblick auf die Quotenkonsolidierung nach KonsolidierungsRiL, wobei der wesentliche Unterschied darin besteht, dass im Bilanzrecht die „Verteilungsquote" exakt an der Beteiligungshöhe orientiert wird.[537]

An dieser Regelung entfacht sich das größte Konfliktpotenzial der Verbundsystematik. Zunächst lässt sich in struktureller Hinsicht mit dieser Variante die Streitfrage verbinden, ob Gemeinschaftsunternehmen, die mit Dritten gemeinsam „betrieben" werden, partiell in den Umsatzverbund einbezogen werden können.[538] Ferner erscheint es in Anlehnung an das formale Beherrschungskonzept zulässig, die gemeinsame Einfluss- oder Rechtsposition im Sinne von Art.5 (4) lit.b FKVO inne zu haben, ohne dass eine Kontrollmöglichkeit oder gar die faktische Kontrolle daraus erwachsen. Letztendlich muss untersucht werden, ob Tochtergesellschaften des Gemeinschaftsunternehmens in die Zurechnung einfließen können, und ferner, ob auch nicht zwischen den *beteiligten*, sondern mit diesen verbundenen Unternehmen bestehende Gemeinschaftsunternehmen von Art.5 (5) FKVO (derselbe a.F.) erfasst werden können.

(b) Fazit

Nach den vorgenommenen Ermittlungen baut die FKVO die Verbundsystematik dem Wortlaut von Art.5 (4) lit.b FKVO (derselbe a.F.) gemäß auf einem formalen Beherrschungskonzept auf. Auf materielle Fragen zur Kontrollmöglichkeit kommt es dagegen zu dem bisherigen Ermittlungsstand nicht an.

---

537 Siehe zur Quotenkonsolidierung im Bilanzrecht: KRAWITZ, BB 2001, S.668, (S.669); dagegen zur FKVO: MESTMÄCKER/SCHWEITZER, 6. Kapitel (Fusionskontrolle), § 23, IV., 2., c), Rn.47 „(Die) Umsätze sind den beteiligten Unternehmen zu gleichen Teilen zuzurechnen; dies gilt unabhängig von den Anteilen, mit denen die Gesellschafter am Gemeinschaftsunternehmen beteiligt sind.", (S.540).

538 So EG-KOMMISSION, Mitteilung zum Begriff der beteiligten Unternehmen, ABl.EG 1998 C 66/31, Rn.40, Bekanntmachung zum Begriff der beteiligten Unternehmen, ABl.EG 1994 C 385/25, Rn.40; zudem: Wiedemann (WAGEMANN), 5.Kapitel (Fusionskontrolle), 1.Abschnitt, § 15, C., IV., Rn.100, (S.509); POHLMANN, 4.Teil, A., IV., 2., (S.320), V., 2., b), aa), (S.337).

Die Verbundsystematik folgt damit der über- und unterordnungskonzerntypischen Pyramidenperspektive:

Abbildung 2-2 (Abstrakte Verbundsystematik)

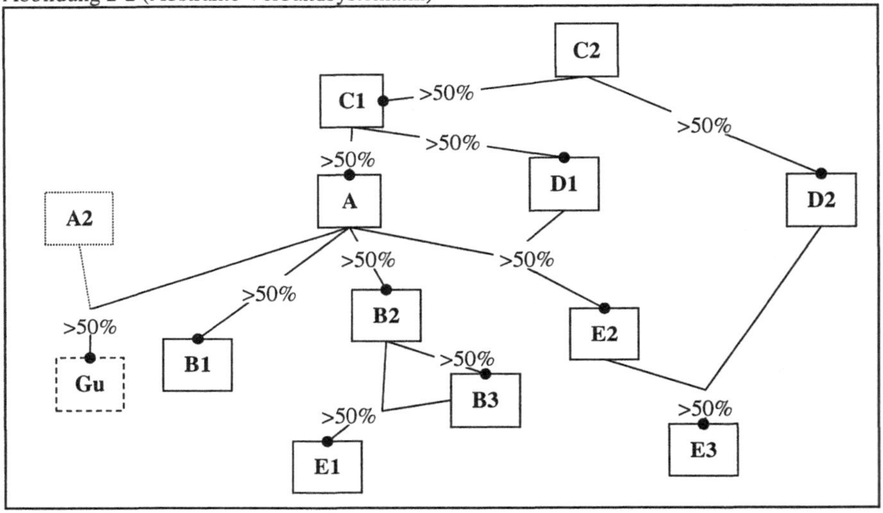

(IV) Auslegungsfragen

Die geführte Diskussion hat mehrere nunmehr in die Diskussion aufzunehmende Auslegungsfragen aufgeworfen. Dabei handelt es sich hauptsächlich um nicht dem Wortlaut entsprechende Auslegungsmodelle. Bevor Einzelprobleme der Verbundsystematik diskutiert werden, sollte man prüfen, inwieweit das formale Beherrschungskonzept durch ein materielles substituiert oder zumindest ergänzt werden muss.

(1) Raum für ein materielles Beherrschungskonzept

Für die Auslegung der Verbundsystematik ist es von primärer Bedeutung, inwieweit die vom *materiellen* Gehalt des Art.3 FKVO (derselbe a.F.) abgekoppelte *formelle* Beherrschungskonzeption durchgehalten werden muss und darf. Der logische *Konflikt* zwischen Zusammenschlusstatbestand und Verbundsystematik soll anhand eines einleitenden Beispiels verdeutlicht werden.

Beispiel 2:13 (Raum für ein materielles Beherrschungskonzept, 1)
Das Unternehmen A (€ 2,8 Mrd.) erwirbt 44% der Stimmrechte an dem Unternehmen B (€ 2,6 Mrd.), die eine alleinige Kontrollmöglichkeit vermitteln werden. Im Anschluss

erwirbt B 100% der Stimmrechte an dem Unternehmen C (€ 50 Mio.); letztendlich erwirbt dann A eine 75%ige Beteiligung an dem Unternehmen D (€ 50 Mio.).
Anmerkung: Die Umsatzzahlen beziehen sich gleichermaßen auf den weltweiten sowie den gemeinschaftsweiten Umsatz.

Beurteilt man den ersten Zusammenschluss A/B, vor dem Hintergrund der Schwellensystematik, würde die Gemeinschaftsdimension nicht an den Kriterien von Art.1 (2) lit.a, b FKVO (derselbe a.F.) scheitern, sofern man weiter voraussetzt, dass beteiligte Unternehmen A und B wären. Da gemäß Art.1 (2) lit.b FKVO (derselbe a.F.) die Umsätze der beteiligten Unternehmen zusammengerechnet werden müssen, bedeutet dies, dass A/B von der FKVO als *künftige Wirtschafteinheit* betrachtet werden.

Bei dem zweiten Vorgang B/C könnte A nicht umsatzmäßig im Verbund mit B berücksichtigt werden, weil die Verflechtung zu B die Schwelle von Art.5 (4) lit.b FKVO (derselbe a.F.) verfehlt; die einst als künftige Wirtschafteinheit behandelte Verbindung wird *nachträglich* nicht anerkannt. Die Gemeinschaftsdimension würde im Hinblick auf Art.1 (2) lit.a FKVO (derselbe a.F.) sowohl an den weltweit als auch den gemeinschaftsweit erzielten Umsätzen scheitern, weil C neben B zu umsatzschwach wäre.

Da A und B aber gerade in *keinem* Verbundverhältnis zueinander stehen, wäre vertretbar, A als drittes beteiligtes Unternehmen anzusehen. Immerhin kann B durch A kontrolliert werden, weshalb A mittelbar auch bestimmenden Einfluss auf die von B auf C ausgehende Kontrollposition ausüben können wird. Es findet immanent in der Transaktion zwischen B/C ein Zusammenschluss zwischen A/C statt. Unter diesem Blickwinkel müsste man die Gemeinschaftsdimension wieder bejahen, weil A und B die Schwellen – wie in dem ersten Vorgang – erfüllen. Obwohl C zu umsatzschwach ist, wäre die FKVO anwendbar, weil quasi die Transaktion A/B im System der Umsatzkalkulation *erneut vollzogen* würde.

Noch bedenklicher wird diese Beurteilung, wenn man sich die Transaktion zwischen A/D anschaut. Hier würde es an der Gemeinschaftsdimension ermangeln, weil B+C der A *nicht* umsatzmäßig *zugerechnet* werden können. D ist dabei mit € 90 Mio. umsatzstärker, als C es war. Dennoch verfehlt diese Transaktion die Umsatzschwellen. Angenommen, die in Bezug auf das Vorhaben A/C vertretene Sichtweise des „dritten Beteiligten", die weder zur Existenz von zwei beteiligten Unternehmen innerhalb eines Umsatzverbundes im Sinne von Art.5 (4), (5) FKVO (derselbe a.F.) führen noch der Definition des Zusammenschlusses widersprechen würde, wäre im Ergebnis sachgemäß, so wäre es A überlassen, die gemeinschaftsweite Bedeutung zu wählen, indem es entweder unmittelbar oder durch B mittelbar die Kontrolle an umsatzschwachen Zielobjekten erwirbt.[539]

(a) Vollständige Abkehr von der formalen zur materiellen Beherrschung

Die im vorangegangenen Absatz geschilderten Unstimmigkeiten haben die Diskussion entfacht, ob auch materielle Kontrollmöglichkeiten im Sinne von Art.3 FKVO (derselbe a.F.) ausreichend sein können, um den von Art.5 (4) lit.b FKVO (derselbe a.F.) bedingten Rechtsfolgen zu entsprechen.[540]

Die *hierfür* argumentierende Ansicht könnte sich auf die bereits dargelegten Unstimmigkeiten stützen, welche aus der Diskrepanz zwischen Art.3 FKVO (derselbe a.F.) sowie Art.5 (4) lit.b FKVO (derselbe a.F.) erwachsen. Darüber hinaus wird angeführt, man könne nicht zulassen, dass Unternehmen unterhalb der Schwellen von Art.5 (4) lit.b FKVO (derselbe a.F.) nicht kontrollierte Netzwerke im Gemeinsamen Markt aufbauen.[541] Ferner wird darauf hingewiesen, das materielle Kontrollkonzept sei praktikabler und könne dem Rechtssicherheitserfordernis gleichsam entsprechen, als die Unternehmen am besten wüssten, wen sie tatsächlich kontrollieren können.[542] Letztendlich wäre der Hinweis denkbar,die Umsatzschwellen seien in ihrer Höhe willkürlich bestimmt, weshalb sie

---

539 So wäre es beispielsweise – abgesehen von dem Umgehungscharakter – möglich, eine umsatzschwache GmbH zu Gründen, 49% an weitere Gesellschafter zu verteilen, 2% bei der eigenen Hausbank oder einem „befreundeten“ Unternehmen zu parken und dann mittels dieser GmbH Zusammenschlüsse zu betreiben, ohne dass man in einen anmeldepflichtigen Bereich käme.

540 Allein auf die Kontrolle als Umsatzzurechnungskriterium abstellend: EG-KOMMISSION, Entscheidung (Akz. Comp/M.3003 – Electrabel/Energia/Interpower) vom 23.12.2002, Rn.1, 8 „Italian undertaking Energia S.p.A. (.Energia.) controlled (!) by the Italian undertaking Compagnie Industriali Riunite (S.p.A.) (.CIR.) ... Each of ... and CIR (!) has a Community-wide turnover in excess of € 250 million“; obwohl die EG-Kommission in ihrer Mitteilung zwischen der Kontrolldefinition des Art.3 FKVO (derselbe a.F.) sowie des formalen Beherrschungskonzeptes nach Art.5 (4) lit.b FKVO (derselbe a.F.) unterscheidet: Mitteilung zur Umsatzberechnung, ABl.EG 1998 C 66/31, Rn.42; zur Kommissionsansicht zustimmend: STOCKENHUBER, Teil II, Kapitel 6 (Gemeinschaftsweite Bedeutung), III., 3., (S.173); SOAMES, ECLR 1990, S.217, (S.213); NIEMEYER, B. (Die EG-Fusionskontrollverordnung), I., 2., b), (S.13); HEITZER, D., III., 1. b), (S.158); hiergegen: NIEDERLEITINGER, EWS 1990, S.76, (S.73); RÖHLING, ZiP 1990, S.1179, (S.1179); dagegen in Bezug auf die GFVOen: Immenga/Mestmäcker (VEELKEN), EG-WbR, Band I, V.Abschnitt (Gruppenfreistellungsverordnungen), A., V., 2., b), Rn.31, (S.411); Wiedemann (WAGEMANN), 5.Kapitel (Fusionskontrolle), 1.Abschnitt, § 15, C., III., Rn.95, 96, (S.507); SIRAGUSA/SUBIOTTO, WuW 1991, S.878, (S.872).

541 Langen/Bunte (LÖFFLER), Band 1, EG-Kartellrecht, FKVO, Artikel 5, D., II., Rn.9, (S.2536).

542 POHLMANN, 4.Teil, A., VI., (S.340-345).

keine zwingend einzuhaltende, wirtschaftliche Basis für die Auswirkungen des Zusammenschlusses aufweisen könnten.[543]

Verdrängt man vorab die *gegen* einen solchen Ansatz sprechenden Argumente und bewertet diejenigen, die für ein Abweichen aufgebracht worden sind, so kann man diese in zwei „Qualitäten" aufteilen. Die Anliegen, dargelegte Unstimmigkeiten zu beseitigen und den Aufbau unkontrollierbarer Netzwerke zu verhindern, sprechen für das Abweichen vom Wortlaut, während die Annahmen, man würde auch so dem Streben nach Rechtssicherheit Rechnung tragen und die Praktikabilität fördern, vielmehr Gegenargumentationen gegen den materiellen Ansatz entkräften sollen; Gleiches gilt hinsichtlich der „Willkürlichkeit" der Umsatzschwellen.

Die geschilderten Unstimmigkeiten im Verhältnis zwischen Zusammenschluss- und Verbundnormung können nicht von der Hand gewiesen werden. Man muss hierbei jedoch anerkennen, dass sie aus einer eindeutigen Regelung resultieren,[544] die keinen Spielraum für ein Abweichen lässt. So entspricht es der Rechtsprechung des Europäischen Gerichtshofes, dass von einem *eindeutigen* Wortlaut abweichende Auslegungen unzulässig seien;[545] dies selbst dann, wenn das gefundene Ergebnis eine anderweitige Behandlung nahe legen würde.[546] Ein Ausweichen könnte danach allenfalls zulässig sein, wenn das erzielte Ergebnis der von den Verordnungsverfassern beabsichtigten Systematik oder Ziel- und Zwecksetzung der FKVO widerspricht.

In diesem Zusammenhang muss man hinsichtlich der ermittelten Unstimmigkeiten differenzieren. Dass eine Unternehmensverbindung im Zusammenschlussvorgang zur hypothetischen Vereinheitlichung führt und nach der Transaktion dann aber nicht als eine solche anerkannt wird, liegt im *Naturell* der Schwellensystematik. Es besteht hier ein bewusst konstruierter Widerspruch, in dem eine unterschiedliche *Gewichtung* des *Rechtssicherheitskonzeptes* zum

---

543 Ausführungen zu Artikel 1 FKVO-E73: WIRTSCHAFTS- UND SOZIALAUSSCHUSS, Anhörung 1974, ABl.EG 1974 C 88/21, 22 „Der Gesamtumsatz (dürfte) nur geringen, wenn nicht gar keinen Aufschluss über die Marktstellung geben. ...Der Ausschuss ist sich darüber im Klaren, dass jegliche Umsatzzahl ... bis zu einem gewissen Grade willkürlich sein muss."; Langen/Bunte (LÖFFLER), Band 1, EG-Kartellrecht, FKVO, Artikel 1, Rn.3 „Zu klareren, aber nicht ohne weiteres wirtschaftlich zutreffenden Abgrenzungen ... führt ein rein quantitativ zu bemessendes Umsatzkriterium.", (S.2401 f.).

544 STOCKENHUBER, Teil II, Kapitel 6 (Gemeinschaftsweite Bedeutung), III., 3. „Die Auslegung ... (entspricht) nicht der Absicht des Gesetzgebers.", (S.174).

545 Zur Bindung an den Wortlaut nach der „acte clair" Doktrin: EUROPÄISCHER GERICHTSHOF, Urteil (Rs. 79/77 – Kühlhaus./.Hauptzollamt) vom 9.3.1978, Slg.1978, S.619, Rn.6, (S.611); OPPERMANN, Zweiter Teil, Erster Abschnitt, § 7, V., 2., Rn.682, (S.254), 3., Rn.684 (S.255); SCHWARZ, 2.Teil, A., IV., 1., a), Rn.79, (S.57).

546 EUROPÄISCHER GERICHTSHOF, Urteil (Rs. 79/77 – Kühlhaus./.Hauptzollamt) vom 9.3.1978, Slg.1978, S.619, Rn.6, (S.611).

Ausdruck kommt.[547] Anders ist dies im Hinblick auf das Sonderproblem, dass bereits zusammengeschlossene Unternehmen wegen eines Verfehlens der Voraussetzungen von Art.5 (4) lit.b FKVO (derselbe a.F.) bei jeder weiteren Transaktion erneut vollziehen; dies stünde im Widerspruch zur Schwellensystematik. Der Kontrollerwerb mehrerer Unternehmenshierarchien eines Unternehmensverbundes sollte auf ein beteiligtes Unternehmen reduziert werden, welches die anderen – gegebenenfalls auch Kontrollerwerber des Verbundes – mit repräsentiert.[548] Für dieses Problem muss somit eine Harmonisierungsmöglichkeit entwickelt werden.[549]

Zieht man das Argument, die Unternehmen dürften keine unkontrollierbaren Netzwerke im Markt aufbauen können, heran, stößt man insofern auf Zweifel, als eine *Un*kontrollierbarkeit selten tatsächlich eintreten würde. Mangels Anwendbarkeit der FKVO als Kontrollmedium greifen die viel sensibleren nationalen Rechtsordnungen ein.[550] Ferner besteht seit jeher die klassische Verweisungsmöglichkeit an die EG-Kommission, die entsprechend Art.22 FKVO (derselbe a.F.) auf die Zwischenstaatlichkeit des Vorhabens abstellt und damit gegenüber der Verbundsystematik resistent ist. Eine Unkontrollierbarkeit könnte nur aus der Sicht der EG-Kommission angenommen werden, weil sie auf die Mitgliedstaaten angewiesen wäre. Hierin kommt aber gerade der fundamentale Machtkompromiss zwischen Gemeinschaft und Mitgliedstaaten hinsichtlich der Kontrolle von Unternehmenszusammenschlüssen zum Ausdruck.[551]

---

547 Vgl. EG-KOMMISSION, FKVO-Entwurf82, ABL. EG 1982 C 36/05, Mitteilung zur Umsatzberechnung, ABl.EG 1998 C 66/31, Rn.42 „Die erste Form der Kontrolle [sich beziehend auf Art.5 (4) lit.b FKVO (derselbe a.F.)] ist einfacher und leichter aufgrund von Sachverhalten nachzuweisen, während die zweite Form [Bezugnehmend auf Art.3 FKVO (derselbe a.F.)] eingehendere Untersuchungen verlangt, da es zu keinem Zusammenschluss kommt, wenn nicht tatsächlich eine Kontrolle begründet wird."; WIRTSCHAFTS- UND SOZIALAUSSCHUSS, Stellungnahme 1995, ABl.EG 1996 C 19/21 „Für seine (sich auf das Umsatzkriterium zur Zuständigkeitsabgrenzung beziehend) Beibehaltung sprechen vor allem Rechtssicherheitserwägungen."; Groeben/Thiesing/Ehlermann (BRUHN), Band 2/II, Dritter Teil, Titel V, Kapitel 1, Abschnitt 1, nach Artikel 89, I. (Fusionskontrollverordnung), Artikel 5, V., 1., Rn.62, „Die erste Form von Kontrolle [sich auf Art.5 Abs.4 (derselbe a.F.) beziehend] ist ... einfacher und leichter aufgrund von Sachverhalten nachzuweisen, während die zweite Form [sich nunmehr auf Art.3 FKVO (derselbe a.F.) beziehend] eingehendere Untersuchungen verlangt.", (S.2/1458); RÖHLING, Teil 1, II., B., (S.33); STOCKENHUBER, Teil II, Kapitel 6 (Gemeinschaftsweite Bedeutung), III., 3., (S174); MONTAG/HEINEMANN, ZiP 1992, S.1373, (S.1367).

548 EG-KOMMISSION, Mitteilung zum Begriff der beteiligten Unternehmen, ABl.EG 1998 C 66/17, Rn.19 „Alle Gesellschaften innerhalb einer Gruppe ... stellen eine einzige Wirtschaftseinheit dar. Deswegen kann ... nur ein Unternehmen beteiligt sein."

549 Dazu sogleich: (b) Vermittelnde Lösung zur Harmonisierung mit Art.3 FKVO, (S.192).

550 Wiedemann (WAGEMANN), 5. Kapitel (Fusionskontrolle), 1.Abschnitt, A., I., Rn.4, (S.469).

551 Siehe hierzu: LAMPERT, WuW 2002, S.449, (S.449).

Sieht man – bis auf den Fall des „neuerlichen Vollzuges“ – die Argumentation *für* ein Abweichen von der Verbundsystematik als *widerlegt* an, so stellt sich dennoch die Frage nach den Gegenargumenten.

Zentral hierfür ist – wie bereits erwähnt – der insoweit unmissverständliche Wortlaut. Dabei muss beachtet werden, dass diesem im hier diskutierten Kontext noch eine besondere Bedeutung zukommt. Die in der Schwellensystematik zum Ausdruck kommende Regelung stellt einen *politischen Kompromiss* zwischen Machtabtretung und -erhalt dar.[552] Die Ausdehnung der Regelung auf materielle Beherrschungstatbestände hätte eine Erweiterung der Gruppendefinition zur Folge und würde damit den gefundenen Status quo, dessen Aushandlung einer der Gründe war, weshalb man sich fast zwei Jahrzehnte lang nicht auf einen Verordnungstext einigen konnte,[553] verschieben.

Dabei kann ferner das Argument, die Schwellen seien willkürlich, nicht weiterhelfen. Schon aus dem Konsenscharakter heraus gewinnen sie an *funktionalem* Rückhalt. Zudem ließe sich diese Argumentation gleichsam gegen die anderweitige Interpretation der Verbunddefinition anführen; wenn die Schwellen keinen zwingend ökonomischen Inhalt reflektieren, erscheint es auch nicht notwendig, die Verbundsystematik auf einem möglichst realitätsgemäßen Konzept aufzubauen.[554]

Für eine wortlautgetreue Auslegung von Art.5 (4) lit.b FKVO (derselbe a.F.) spricht zudem die Bußgeldrahmenfunktion der Umsatzsystematik. Geldbußen innerhalb der nationalen Rechtordnungen unterliegen, sofern sie strafrechtlichen Charakter haben, Art.7 EMRK.[555] Der aus dieser Norm abzuleitende Grundsatz der Rechtmäßigkeit und Klarheit verlangt es, dass Rechtsnormen mit strafrechtlichem Charakter besonders hohe Anforderungen hinsichtlich ihrer Vorhersehbarkeit und Eindeutigkeit erfüllen müssen.[556] Dies bezieht sich nach unzweifelhafter Rechtsprechung des EGMR auch auf die Rechtsfolgen; die strafrechtli-

---

552 WIRTSCHAFTS- UND SOZIALAUSSCHUSS, Stellungnahme 1995, ABl.EG 1996 C 19/21 „den in der Fusionskontrollverordnung gefundenen politischen Kompromiss“; MIERSCH, 2.Kapitel, Artikel 1, I „Die Festlegung der Höhe der Umsatzschwelle gehörte … zu den wichtigsten Entscheidungen bei der Konzeption der VO, da sie die Zahl der Fälle, die nach Gemeinschaftsrecht zu beurteilen sind, bestimmt, und daher über die Bedeutung der VO … entscheidet. Auch legt sie den Umfang der den nationalen Behörden verbleibenden Kompetenzen fest.“, (S.23); RÖHLING, Teil 1, I. B., 1., (S.25), 4., a), (S.27).

553 Übersicht bei: KOCH, EWS 1990, S.66, (S.65), RÖHLING, Teil 1, I. B., 1., (S.25), 4., a) „Hoch umstritten bis zur letzten Minute war das Verhältnis zwischen nationaler und europäischer Fusionskontrolle.“, (S.27).

554 Als Ausdruck des nicht ökonomischen Hintergrundes den Vorschlag die Schwellen zu erhöhen, damit die EG-Kommission mehr Zeit hat anhand einer begrenzten Zahl von Fällen Erfahrungen zu sammeln: EUROPÄISCHES PARLAMENT, Entschließung 1983, ABl.EG 1983 C 322/31.

555 Ehlers (GRABENWARTER), § 6, Rn.58, 56, (S.141).

556 SOLTÉSZ/STEINLE/BIELESZ, EuZW 2003, S.205, (S.202).

chen Konsequenzen des Handelns muss ein jeder anhand des Gesetzes mit ausreichender Klarheit erkennen können.[557]

Man könnte dem zwar entgegnen, dass die EMRK nicht für die Gemeinschaft unmittelbar bindend seien, weshalb Art.7 EMRK für die Rechtsakte der EG – anders als in den nationalen Rechtsordnungen – keinen unmittelbaren und höherrangigen Maßstab bildet.[558] Jedoch hat sich der Europäische Gerichtshof bei seiner Rechtsfindung an den Grundsätzen der EMRK als Voraussetzung für rechtmäßiges Handeln der Gemeinschaft orientiert.[559] Eine nicht unmittelbare Geltung kann danach nicht die Unbeachtlichkeit des Inhalts bedeuten.

Ferner könnte man als Gegenargument die Bestimmung des Art.14 (4) FKVO (derselbe a.F.) anführen, nach der Bußgeldentscheidungen *„nicht strafrechtlicher Natur“* sein sollen. Eine mittelbare Übernahme der strafrechtlichen Prinzipien von Art.7 EMRK wäre mangels strafrechtlicher Natur der Geldbuße dis-

---

557 Zur im Wortlaut nahezu mit Artikel 7 EMRK identischen Norm des Artikel 49 Charta der Grundrechte der Europäischen Union: Meyer (ESER), Kapitel VI, Artikel 49, III., 3., Rn.20, 22, (S.540 f.) „Seine Aufgabe, maßgebliche Grundlage der Strafbarkeit zu sein, kann das Recht nur dann erfüllen, wenn es sowohl die kriminalisierte Tat wie auch deren Folgen (!) mit hinreichender Bestimmtheit umschreibt. ... (Es muss) zu den Verhängungsvoraussetzungen Leitlinien für den Richter geben ..., die seine Entscheidung hinsichtlich der Auswahl und der Bemessung (!) der Sanktion vorhersehbar machen“; SOLTÉSZ/STEINLE/BIELESZ, EuZW 2003, S.205, (S.202).

558 EUROPÄISCHER GERICHTSHOF, Gutachten (Akz. 2/97) nach Artikel 228 EG-Vertrag vom 28.3.1996, Slg.1996, S.1789, Rn.33 „Nach ständiger Rechtsprechung gehören die Grundrechte zu den allgemeinen Rechtsgrundsätzen, deren Wahrung der Gerichtshof zu sichern hat. Dabei lässt sich der Gerichtshof ... von den Hinweisen (!) leiten, die die völkerrechtlichen Verträge über den Schutz der Menschenrechte geben.“, aber zur unmittelbaren Geltung.“, S.1789, Rn.36 „Daher ist festzustellen, dass die Gemeinschaft beim gegenwärtigen Stand des Gemeinschaftsrechtes nicht über die Zuständigkeit verfügt, der Konvention (EMRK) beizutreten.“, (S.1763); einleitend: WINKLER, Einführung, I. „Seit Jahren wird der Beitritt der Europäischen Gemeinschaften zur Europäischen Menschenrechtskonvention diskutiert und ergebnislos (!) gefordert.“, (S.19); WEIß, EWS 1997, S.253 f., (S.253).

559 EUROPÄISCHER GERICHTSHOF, Urteil (Rs. 222/84 – Johnston./.Royal Ulster) vom 15.5.1986, Slg.1986, S.1652, Leitsatz 1 „anerkannt ist, (dass) die leitenden Grundsätze der Europäischen Konvention zum Schutze der Menschenrechte und Grundfreiheiten im Rahmen des Gemeinschaftsrechts zu berücksichtigen (sind).“, S.1682, Rn.18, (S.1651); Urteil (Rs. 4/73 – Nold./.EG-Kommission) vom 14.5.1974, Slg.1974, S.491, Leitsatz 2 „Die Grundrechte gehören zu den allgemeinen Rechtsgrundsätzen, die der Gerichtshof zu wahren hat. ... Auch die internationalen Verträge über den Schutz der Menschenrechte, an deren Abschluss die Mitgliedstaaten beteiligt waren oder denen sie beigetreten sind, können Hinweise geben, die im Rahmen des Gemeinschaftsrechts zu berücksichtigen sind.“, S.507, Rn.12 „namentlich die Europäische Konvention zum Schutz der Menschenrechte“, (S.491); eingehend zur Entwicklung der Rechtsprechung: WINKLER, Kapitel 1, I., (S.23-26); SOLTÉSZ/STEINLE/BIELESZ, EuZW 2003, S.205, (S.202); WEIß, EWS 1997, S.253, (S.253).

kussionswürdig. Es ist aber primär nicht bedeutsam, wie der Rechtsakt bezeichnet wird, sondern welchen Charakter er tatsächlich hat.[560] Nach der hier vertretenen Ansicht, die die Geldbuße ungeachtet des Abs.4 als strafrechtliche Sanktion im weiteren Sinne begreift, können die strafrechtlichen Maßstäbe der Rechtssicherheit und Bestimmtheit herangezogen werden.[561]

Selbst wenn man aber von der nicht bindenden Geltung der EMRK für die EG und von einem verwaltungsrechtlichen Charakter der Geldbuße im EG-Kartellrecht ausgehen möchte, ist eine extensive Auslegung mit höherrangigen Grundsätzen der EG nicht vereinbar. Die Geltung allgemeiner Grundsätze der Rechtsstaatlichkeit im Gemeinschaftsrecht, so auch derjenigen der Rechtssicherheit und Bestimmtheit, ist anerkannt.[562] So bedingt es sich auch für Sanktionen ohne strafrechtlichen Charakter, also ungeachtet der Rechtsnatur der Geldbuße, strenge Anforderungen im Hinblick auf deren Bestimmtheit gelten zu lassen.[563] Das Sanktionsmaß des Art.14 (2) FKVO (derselbe a.F.) ist nicht

---

560 Grundsätzlich kann die Bezeichnung einer Maßnahme ihren wahren Charakter nicht ändern; ähnlich: EUROPÄISCHER GERICHTSHOF, Urteil (Rs. 307/81 – Alusuisse./.EG-Kommission) vom 6.10.1982, Slg.1982, S.3471 f., Rn.7 „obwohl sie als Verordnung ergangen ist, in Wirklichkeit eine Entscheidung darstellt... . Der Zweck dieser Vorschrift - Artikel 230 EGV Abs.4 – besteht insbesondere darin ... klarzustellen, dass die Wahl der Form die Rechtsnatur einer Massnahme nicht ändern kann.", (S.3263).

561 Für den strafrechtlichen Charakter der Geldbuße spricht, dass sie als repressives Sanktionswerkzeug dient und nicht künftiges Fehlverhalten verhindern soll – punitiver Charakter. Sie stellt (deutlich an Artikel 15 FKVO erkennbar) kein Zwangsmittel zur Erzwingung von gebotenen Verhaltensweisen dar. Auch die Strafhöhe spricht für einen strafrechtlichen Einschlag, damit die Bemessung der Rechtmäßigkeit und der Schutz der betroffenen weitreichend ist; eingehend: Immenga/Mestmäcker (DANNECKER), EG-WbR, Band II, XIII.Abschnitt (Verordnung Nr.17), B., Art.15, V., Rn.199-208, (S.1822-1825); DANNECKER, ZStW 111 (1999), S.256, (S.256) je mit weiteren Nachweisen; SOLTÉSZ/STEINLE/BIELESZ, EuZW 2003, S.206, (S.202).

562 EUROPÄISCHER GERICHTSHOF, Urteil (Rs. C-354/95 – Queen./.Minister Agriculture) vom 17.7.1997, Slg.1997, S.4611, Rn.57, (S.4559); Urteil (Rs. C-177/96 – Belgien./.Banque Indosuez), Slg.1997, S.5681, Rn.27 (S. 5659); CRONES, 2.Teil, II., 2., b), aa), (1), [a], (S.143); SOLTÉSZ/STEINLE/BIELESZ, EuZW 2003, S.204, (S.202).

563 EUROPÄISCHER GERICHTSHOF, Urteil (Rs. 117/83 – Könecke./.Balm), Slg.1984, S.3302, Rn.10 f., (S.3291); Urteil (Rs. 137/85 – Maizena./.Balm), Slg.1987, S.4607 f., Rn.12 ff., 15 „Eine Sanktion (darf), selbst wenn sie keinen strafrechtlichen Charakter besitzt, nur dann verhängt werden, wenn sie auf einer klaren und unzweideutigen Rechtsgrundlage beruht.", (S.4603); Urteil (Rs. C-177/96 – Belgien./.Banque Indosuez), Slg.1997, S.5681, Rn.27 (S. 5659); BASEDOW, ZEuP 1996, S.578, (S.570); SOLTÉSZ/STEINLE/BIELESZ, EuZW 2003, S.205, (S.202); im Ergebnis auch sich auf das EG-Kartellverfahren beziehend: WEIß, EWS 1997, S.255, (S.253).

berechenbar und vorhersehbar,[564] wenn die Norm des Art.5 (4), (5) FKVO (derselbe a.F.) eine auf materielle Kontrollbeziehungen ausgedehnte Anwendung erfährt. Das Gebot zur Bestimmtheit wird durch die teilweise „exorbitante“ Höhe eines möglichen Bußgeldes unterstrichen, weshalb ohnehin an der Rechtmäßigkeit der Bußgeldtatbestände gezweifelt werden könnte.[565]

Der Einsatz des Umsatzmerkmals im Rahmen der Bußgeldtatbestände sollte die Ausdehnung der Definition des Art.5 (4) lit.b FKVO (derselbe a.F.) über den Wortlaut hinaus verbieten. Jedenfalls ist aber eine solche äußerst restriktiv zu handhaben, sodass von einem pauschalen Absenken ohne systematische Notwendigkeit nicht die Rede sein darf.[566]

Von entscheidender Bedeutung ist letztendlich auch die an Rechtssicherheit orientierte formale Konzeption der Umsatzsystematik. Senkt man die Verbunddefinition auf alle Kontrollfälle ab, so würde insbesondere in dem vom Wortlaut nicht erfassten Graubereich *große Rechtsunsicherheit* erwachsen.[567] Der Einwand, die Unternehmen wüssten am besten, wen sie kontrollieren,[568] ist insoweit nicht tauglich, als es in diesem Kontext vielmehr darauf ankommt, ob es die Behörden und Gerichte wissen. Die Beteuerung der Unternehmen, sie würden Einfluss haben oder nicht, erlangt keinen Wert, solange die Behörde oder das Gericht es anders sehen. Belegbar und eindeutig sind die Verbundtatbestände nur dann, wenn die betroffenen Verkehrskreise mittels einer „schwarz-/weiß“-Systematik ihre Unternehmensgruppen errechnen können.

Das in Art.5 (4) lit.b FKVO (derselbe a.F.) formale Beherrschungskonzept kann grundsätzlich *nicht* durch eine materiell an Art.3 FKVO (derselbe a.F.) ausgerichtete Interpretation substituiert werden.

(b) Vermittelnde Lösung zur Harmonisierung mit Art.3 FKVO (derselbe a.F.)

Vom Grundsatz des formalen Beherrschungskonzeptes ist nach den bisherigen Feststellungen keine Ausnahme zulässig. Zu gewichtig erscheinen die Argumente, die für die Konstruktion und die Beibehaltung dieser sprechen. Daraus

---

[564] Vgl. BASEDOW, ZEuP 1996, S.578 „Rechtssicherheit im Sinne der Beständigkeit und Vorhersehbarkeit“, (S.570).

[565] Dazu: SOLTÉSZ/STEINLE/BIELESZ, EuZW 2003, S.202, (S.202).

[566] Angemerkt sei, dass dieser allgemeine Grundsatz der Rechtssicherheit gleichwohl juristische wie auch natürliche Personen vor unvorhersehbaren Rechtsakten der Gemeinschaft schützt: CRONES, 2.Teil, II., 2., b), aa), (1), [a], (S.143), [b], (S.146).

[567] MONTAG/HEINEMANN, ZiP 1992, S.1373 „Bei der Umsatzberechnung sollen möglichst formale und leicht feststellbare Kriterien die Berechnung erleichtern. Ein materielles Kriterium wie `Kontrolle´ würde dies nicht erlauben.“, (S.1367).

[568] So Pohlmann, 4. Teil, A., VI, 2., (S.342).

würde folgen, dass die Problematik des „neuerlichen Vollzuges" bereits vollzogener Zusammenschlüsse hingenommen werden muss. Allerdings existiert hier ein Fehler innerhalb der Regelungskonstruktion der Verordnung an sich, weshalb Spielraum zur Vornahme einer hieran orientierten Auslegung des Wortlautes besteht. Dabei ist zu beachten, dass der Grundphilosophie der Rechtssicherheit weiterhin ausreichend Rechnung getragen werden muss.

Versucht man die Problemstellung zu umschreiben, so liegt diese in der *Fortwirkung* der bereits eingegangenen, geprüften und vollzogenen Unternehmensverflechtung. So durchläuft der Zusammenschluss bei einem mittels Kontrolle definierten Konzern von seinen unmittelbaren Schnittstellen ausgehend alle darüber liegenden Konzernebenen. Können diese dann umsatzgemäß nicht als Einheit betrachtet werden, sodass die Verpflichtung besteht, *einen* Repräsentanten zu finden, muss für jede Umsatzeinheit ein eigener gefunden werden, weil anderenfalls die jeweilige Beziehung zum Zusammenschluss vernachlässigt würde.

Im Hinblick auf die weltweiten Umsatzerlöse, erscheint die Diskrepanz keine Auswirkungen zu haben. Ob nämlich erwerberseitig existierende Unternehmen als wirtschaftliche Einheit bereits eine Zusammenrechnung ihrer Wirtschaftkraft erfahren oder ob dies erst in der Schwellensystematik durch die Kumulation der Wirtschaftkraft aller beteiligten Unternehmen vorgegeben wird, ist im Ergebnis unerheblich. Anders ist es in Bezug auf die *gemeinschaftsweit* und *mitgliedstaatlich* erzielten Umsätze. Hier kommt es nämlich auf die gesonderten Kapazitäten der beteiligten Unternehmen an.

Eine Problemlösung erscheint offensichtlich durch den *Rückgriff* auf das materielle Beherrschungskonzept möglich, denn aus der Diskrepanz dieses Ansatzes zur formellen Konstruktion des Art.5 (4) lit.b FKVO (derselbe a.F.) erwachsen erst die Unstimmigkeiten aufgrund des Bestehens mehrerer Umsatzeinheiten innerhalb eines Kontrollverbundes. Würde man folglich diejenigen Einheiten, deren Beteiligung sich allein aus der Beherrschungsmöglichkeit an einem Kontrollerwerber bedingt, mit diesem zu einer Umsatzeinheit verbinden, könnte das Problem nicht erwachsen – der Zwang zur Findung eines beteiligten Unternehmens wäre begründet.

Aus dieser Erwägung heraus erscheint es sinnvoll, die Verbindung im Sinne von Art.5 (4) lit.b FKVO (derselbe a.F.) in solchen speziellen Fällen *zusammenschlusskonform* im Sinne von Art.3 FKVO (derselbe a.F.) auszulegen und ergänzend auf materielle Beherrschungsopportunitäten zu erstrecken. Zu prüfen ist jedoch, ob diese Vorgehensweise noch mit dem Streben nach Rechtssicherheit und Klarheit vereinbar wäre, was bei der Diskussion einer pauschalen Erweiterung der Verbundsystematik verneint wurde.

In diesem Fall liegt die Sachlage durch die Einflüsse des Zusammenschlusstatbestandes anders. So muss die Beherrschungsmöglichkeit zwischen den Einheiten ohnehin nach materiellen Maßstäben ermittelt werden.

Beispiel 2:14 (Raum für ein materielles Beherrschungskonzept, 2)
Das Unternehmen A (€ 10 Mrd.) kontrolliert alleine über eine 49%ige Beteiligung das Unternehmen B (€ 100 Mio.). B erwirbt eine 60%ige Beteiligung an dem Unternehmen C (€ 300 Mio.),die die alleinige Kontrolle vermitteln wird.
Anmerkung: Die Umsatzangaben beziehen sich auf weltweit getätigte Geschäfte.

Würde man nach dem vorgeschlagenen Grundsatz verfahren, so wären A und B als Unternehmensverbund mit € 10,1 Mrd. anzusehen. Das Kriterium von Art.1 (2) lit.a FKVO (derselbe a.F.) wäre erfüllt, ungeachtet der Frage, ob A oder B als beteiligtes Unternehmen anzusehen wären. Nun ließe sich der Einwand machen, die Beziehung A/B würde *nicht* auf einer *formellen* Grundlage bewertet, weshalb dem Rechtssicherheitsstreben nicht ausreichend Rechnung getragen sein könnte.

Lässt man diesen Einwand so dahinstehen und prüft dagegen die auf Art.5 (4) lit.b FKVO (derselbe a.F.) aufbauende *formelle Vorgehensweise*, so müsste B als beteiligtes Unternehmen allein für die eigens erzielten Umsätze und ferner auch C als beteiligtes Unternehmen fungieren. Der weltweite Gesamtumsatz beträgt danach € 400 Mio. und ist fern der Schwellenwerte. Allerdings darf A nicht vernachlässigt werden, denn es muss überprüft werden, ob sie ebenfalls Kontrollerwerberin im Sinne von Art.3 (1) FKVO (derselbe a.F.) sein könnte. Dafür ist es, da sie selbst keine Beziehung zu C herstellen wird, erforderlich zu ermitteln, ob sie B, was hier zu bejahen wäre, kontrollieren kann. A wäre als weiteres beteiligtes Unternehmen zu berücksichtigen und der Zusammenschluss zwischen A/C+B/C hätte gemeinschaftsweite Bedeutung.

Schon bedingt durch die Feststellung des Zusammenschlusstatbestandes muss die Verbindung zwischen A und B auf ihre materielle Beherrschungsqualität geprüft werden. Dies gilt hier ungeachtet der Prüfung eines Unternehmensverbundes nach Art.5 (4) lit.b FKVO (derselbe a.F.). Wenn es aber ohnehin für die Feststellung der relevanten Konzentrationsprozesse auf die materielle Bewertung ankommen muss, kann das danach gefundene Ergebnis auch für die Verbundsystematik übernommen werden; dies, ohne dass *weitere* Unsicherheiten entstehen. Dies gilt zudem auch in Bezug auf die Berechnung des Bußgeldrahmens nach Art.14 (2) FKVO (derselbe a.F.), da es hier auch auf die Gesamtumsätze aller beteiligten Unternehmen – im vorgenannten Beispiel also auch die der A – ankommen soll.

Eine *Absenkung* der Verbundschwellen des Art.5 (4) lit.b FKVO (derselbe a.F.) im Verhältnis der am Zusammenschluss beteiligten Unternehmen würde damit nicht zu weiterer Rechtsunsicherheit führen. Da ferner bereits festgestellt wurde, dass die Schwellensystematik anderenfalls fehlerhaft arbeiten würde, kann sich auch nicht der Verweis auf den manifestierten politischen Kompromiss durchsetzen, weil das daraus folgende Resultat jedenfalls nicht gewollt sein kann.

(c) Fazit

Das in Art.5 (4) lit.b FKVO (derselbe a.F.) klar und unmissverständlich zum Ausdruck gebrachte *formale* Beherrschungskonzept kann *nicht* durch eine anderweitige Interpretation von einem materiellen Maßstab *substituiert* werden. Die einzige Ausnahme ist dann notwendig zu machen, wenn die bereits bestehende Verbindung zwischen Unternehmen schon für die exakte Feststellung des Zusammenschlusstatbestandes, der auf einen materiellen Maßstab gegründet ist, von Bedeutung ist, dann können die materiellen Ergebnisse *ohne* einen *Verlust* an Rechtssicherheit auch in die Verbundsystematik übertragen werden; Einzelheiten werden im Zusammenhang mit der fallgruppenspezifischen Ermittlung beteiligter Unternehmen.

(2) Formales Beherrschungskonzept ohne Beherrschungsmöglichkeit

Ob die Verbundsystematik *völlig* vom materiellen Beherrschungskonzept *losgelöst* wurde, wird ebenso nicht einheitlich vertreten. Einerseits wird befürwortet, die in Art.5 (4) lit.b FKVO (derselbe a.F.) definierten Verbindungen seien ausreichend für die Annahme einer wirtschaftlichen Einheit, eine Beherrschungsmöglichkeit aus ihnen müsse dagegen nicht erwachsen,[569] während andererseits die Sichtweise angeführt wird, dass kumulativ auch eine tatsächliche Beherrschungsmöglichkeit aus ihnen bestehen müsse.[570]

---

569 Immenga/Mestmäcker (VEELKEN), EG-WbR, Band I, V.Abschnitt (Gruppenfreistellungsverordnungen), A., V., 2., b), Rn.31 „Diese Einflussmittel (der Verbundklausel – sich auf die GFVOen beziehend) sind abschließend ... Unter diesen Voraussetzungen (liegt stets) der Verbundtatbestand vor und ist nicht zusätzlich eine Kontrolle oder die Ausübung einer gemeinsamen Leitung zu fordern.“, (S.411); MIERSCH, 2.Kapitel, Artikel 5, I, 1. „Eine einheitliche Leitung wird in diesem Zusammenhang nicht vorausgesetzt.“, (S.122).

570 EG-KOMMISSION, Mitteilung zum Begriff der beteiligten Unternehmen, ABl.EG 1998 C 66/31, Rn.40; zu den GFVOen, sich aber auch auf die Verbundklauseln in anderen Rechtssätzen beziehend: WIEDEMANN, Band I, Allgemeiner Teil, VI., 6. (Teleologische Leitlinie für die Auslegung der Verbundklauseln), Rn.126 „Zusammenfassend ist somit festzustellen, dass die Auslegung der GVO-Verbundklauseln am Begriff der Kontrolle ... auszurichten ist.“, (S.40); in Bezug auf die FKVO wohl auch so: HEITZER, D., III., 1., b), (S.158).

Hingewiesen sei auf die *wenige* praktische Relevanz dieser Diskussion, als die in Art.5 (4) lit.b FKVO (derselbe a.F.) aufgeführten Verbundmöglichkeiten, in der Regel die Möglichkeit zur bestimmenden Einflussnahme beinhalten werden.[571]

Für eine solche Sichtweise spricht, dass es der Annahme einer wirtschaftlichen Einheit widerstreben würde, wenn trotz Erreichens der in Art.5 (4) lit.b FKVO (derselbe a.F.) bezeichneten Verbindungsqualitäten eine bestimmende Einflussnahme nicht möglich wäre. Die Erwägung der wirtschaftlichen Zusammenfassung rechtfertigt sich aus der Tatsache, dass ein Träger von unternehmerischen Ressourcen die Ausübung der Verfügungsmacht eines anderen Trägers auf die diesem unterstehenden Kapazitäten bestimmen kann, weshalb der Fall wirtschaftlich so betrachtet werden kann, als wenn der Einflussinhaber unmittelbar die Verfügungsmacht über die „Drittressourcen“ habe.

Aber auch dagegen steht der klare Regelungsgrad der Verbundsystematik. So wird die parallele Feststellung der materiellen Beherrschungsmöglichkeit nicht gefordert oder gar nur erwähnt. Auch *widerspricht* sie der in dem formellen Beherrschungskonzept zum Ausdruck kommenden Philosophie. Es wäre paradox, den materiellen Maßstab von Art.3 FKVO (derselbe a.F.) im Interesse der einfachen Praktikabilität durch ein formelles Medium zu ersetzen und dann ergänzend die Feststellung der materiellen Komponente zu fordern. So würde man zwar den Kreis potenziell erfassbarer Verbindungen konkretisieren, weil jedenfalls auch der formelle Ansatz gelten wird, jedoch, ob diese dann wirklich eine Unternehmensgruppe zusammenfassen, wäre zweifelhaft.

Aus diesen Gründen empfiehlt es sich, *keinen* parallelen materiellen Maßstab zu fordern. Etwaige Zusammenfassungen von Unternehmen, die nicht durch tatsächliche Beherrschungskomponenten miteinander verflochten sind, sind vor dem Hintergrund der „willkürlichen“ Schwellensystematik auch nicht bedenklich.

(3) Mehrmütterschaft, Abs.4 (derselbe a.F.)

Gemäß Art.5 (4) lit.c FKVO (derselbe a.F.) setzt sich der Unternehmensverbund aus *„den Unternehmen (!), die in dem beteiligten Unternehmen“* Rechte

---

[571] Um praktisch denkbare Ausnahmen zu nennen, kann beispielsweise auf sog. Goldene Aktien oder das VW-Gesetz verwiesen werden. In diesen Konstellation wäre es möglich, dass eine Mehrheitsbeteiligung nicht zu einer Kontrollmöglichkeit am betroffenen Unternehmen führt; es erscheint jedoch zweifelhaft, ob solche Mehrheitsbeteiligungen, das heißt für bloße Kapitalanlagen untypische Beteiligungshöhen, von Unternehmen praktiziert würden, wenn keine Beherrschungsmöglichkeit aus ihnen abgeleitet werden kann.

und Einflussmöglichkeiten im Sinne von lit.b haben, zusammen. Aus dieser Vorschrift wird eine Mehrmütterschaft am beteiligten Unternehmen für umsatzmäßig berücksichtigungsfähig erachtet.[572] Dadurch könnte, sofern ein Gemeinschaftsunternehmen als beteiligtes Unternehmen fungiert, diesem die Wirtschaftkraft seiner Mutterunternehmen zugerechnet werden.[573]

Den sich wohl auf mehrere Unternehmen beziehenden Wortlaut könnte man im Gleichlaut mit den anderen Verbundvarianten des Art.5 (4) FKVO (derselbe a.F.) rechtfertigen; so beginnen die lit.b-e allesamt mit *„den Unternehmen"*, weshalb hier eine redaktionelle Unachtsamkeit nicht ausgeschlossen werden sollte. Zudem könnte lit.c in *Diamant*formationen sogar einen Regelungsbereich für eine Mehrmütterschaft innerhalb eines Umsatzverbandes finden, sodass die konzerntypische Pyramidenstruktur nicht in Frage gestellt werden müsste

Beispiel 2:15 [Mehrmütterschaft, Abs.4 (derselbe a.F.), 1]
Das Unternehmen A ist zu 100% an den Unternehmen B und C beteiligt. Diese sind beide zu 40% an dem Unternehmen D (€ 400 Mio.) beteiligt. D erwirbt die Kontrolle an dem Unternehmen E-GmbH

---

572 Vor allem: EG-KOMMISSION, Mitteilung zur Umsatzberechnung, ABl.EG 1998 C 66/29-31, Rn.38; Bekanntmachung über die Umsatzberechnung, ABl.EG 1994 C 385/25 Rn.38; Entscheidung (Akz. IV/M.902 – Warner Bros/Lusomundo/Sogecable) vom 12.5.1997, Rn.9 „only Time Warners´s turnover"; Entscheidung (Akz. IV/M.395 CWB/Goldman Sachs/Tarkett) vom 21.2.1994, Rn.9; sich wohl auf die falsche Variante (lit. e) beziehend, zustimmend: STOCKENHUBER, Teil II, Kapitel 6 (Gemeinschaftsweite Bedeutung), III., 2., (S.169); HEITZER, D., III., 1., b), (S.158 f.); dagegen: Dauses (SEDEMUND/MONTAG), Band 2, H. (Wettbewerbsregeln), I., § 2, 2., b), dd), Rn.41 „Mehrere Muttergesellschaften werden nach [Artikel 5 (4) lit.c FKVO] ... nur dann berücksichtigt, wenn sie ihrerseits miteinander verbunden sind."; MONTAG/HEINEMANN, ZiP 1992, S.1373 „Bei der Umsatzberechnung sollen möglichst formale und leicht feststellbare Kriterien die Berechnung erleichtern. Ein materielles Kriterium wie `Kontrolle´ würde dies nicht erlauben.", (S.1367); RÖHLING, ZiP 1990, S.1179, (S.1179); wohl auch: NIEDERLEITHINGER, EWS 1990, S.76, (S.73); allgemein zur Problematik: Groeben/Thiesing/Ehlermann (BRUHN), Band 2/II, Dritter Teil, Titel V, Kapitel 1, Abschnitt 1, nach Artikel 89, I. (Fusionskontrollverordnung), Artikel 5, IV., 2., b), Rn.72, (S.2/1462); POHLMANN, 4. Teil, A., IV., 3., (S.322 f.); WEITBRECHT, EuZW 1993, S.687, (S.687).

573 EG-KOMMISSION, Mitteilung zur Umsatzberechnung, ABl.EG 1998 C 66/29-31, Rn.38; Entscheidung (Akz. IV/M.395 CWB/Goldman Sachs/Tarkett) vom 21.2.1994, Rn.9; HEITZER, D., III., 1., b), (S.158 f.); BECHTHOLD, Erster Teil, Siebenter Abschnitt (Zusammenschlusskontrolle), § 36, 8., b), Rn.50 (S.401); vgl. auch: WEITBRECHT, EuZW 1993, S.687, (S.687).

Abbildung 2-3 [Mehrmütterschaft, Abs.4 (derselbe a.F.), 1]

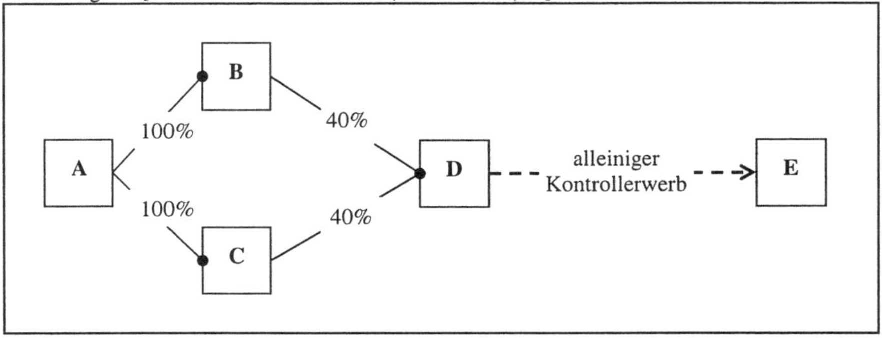

Angenommen, D wäre als beteiligtes Unternehmen einzuordnen, so könnten B und C hier als die Unternehmen bezeichnet werden, die gemeinsam über die in lit.b bezeichneten Einflusspositionen verfügen. Da B und D jeweils mit A verbunden sind, existiert hier D als formales Gemeinschaftsunternehmen innerhalb einer Umsatzgruppe.

Ungeachtet dieser „Wortspielereien" spricht der systematische Vergleich von Abs. 4 lit.c mit Abs. 4 lit.e und Abs. 5 dagegen.[574] Diese Normen, die sich an Gemeinschaftsunternehmen adressieren und damit das Spiegelbild darstellen, gehen beide von dem *gemeinsamen* Innehaben der in Art.5 (4) lit.b FKVO (derselbe a.F) bezeichneten Rechte und Einflussmöglichkeiten aus. Art.5 (4) lit.c FKVO (derselbe a.F.), der denkbar auch zu pauschal formuliert sein könnte, erfordert diese Bedingung gerade nicht.

Vergleich man die FKVO zudem mit der KonsolidierungsRiL und konzernrechtlichen Erwägungen, so erscheint das Abweichen von der typischen Pyramidenperspektive gleichsam zweifelhaft. Eine wirtschaftliche Vollvereinheitlichung ist hiernach ausschließlich bei „reinen" bzw. alleinigen Kontrollbeziehungen zulässig. So wird insbesondere auch die Bildung eines Gleichordnungskonzerns zwischen autonom unternehmerisch tätigen Gesellschaftern eines Gemeinschaftsunternehmens im deutschen Konzernrecht abgelehnt, weil nicht alle unternehmerischen Ressourcen unter einem Einflusspol vereinigt sind.[575]

Entsprechung könnte eine solche Vorgehensweise dagegen bei einer Betrachtung des deutschen Zusammenschlussrechtes erfahren, da hier die Mehrmütterschaft als Pendant zur mehrfachen Konzernzugehörigkeit grundsätzlich für das

---

574 Vgl. auch: RÖHLING, ZiP 1990, S.1180, (S.1179).

575 Emmericht/Habersack (EMMERICH), Erstes Buch, Erster Teil, § 18, III. (Gleichordnungskonzern), 1., Rn.25, (S.64); MARCHAND, Teil A, § 2, I., (S.23); MILDE, 1. Teil, § 2, C., II., 1., b) „In den meisten Fällen erbringen die Muttergesellschaften neben ihren Engagements in den Gemeinschaftsunternehmen weiterhin auch eigene Marktleistungen. ... Hierbei handelt es sich nicht um Gleichordnungskonzerne.", (S.118 f.).

Gemeinschaftsunternehmen von § 36 (2) GWB anerkannt wird. Ungeachtet der Tatsache, dass das deutsche Recht mangels Höherrangigkeit keinen absoluten Auslegungsmaßstab für die FKVO bilden kann, liegt in dieser Norm des GWB jedoch gerade der Unterschied, weil Gemeinschaftsunternehmen von der FKVO – insbesondere an Art.5 (5) FKVO (derselbe a.F.) erkennbar – als nur partiell den Gesellschaftern zurechenbar angesehen werden. Das Gemeinschaftsunternehmen ist damit nicht mehrfach (voll-)konzernzugehörig.[576]

Abzulehnen ist diese Annahme ferner, weil sie bei einer ergebnisorientierten Betrachtung zu systematischen Schwierigkeiten und Widersprüchen führt. Hierfür soll ein Beispiel in die Ermittlungen aufgenommen werden.

Beispiel 2:16 [Mehrmütterschaft, Abs.4 (derselbe a.F.), 2]
Das Unternehmen A (€ 400 Mio.) ist beteiligtes Unternehmen. An ihm sind das Unternehmen B (€ 500 Mio.) und C (€ 800 Mio.) mit jeweils 50% der Stimmrechte beteiligt.

Würde man hier eine Umsatzzurechnung von B und C auf A zulassen, hätte diese ein Umsatzvolumen von € 1,7 Mrd. A, B und C würde im Ergebnis wie ein Konzernverbund erscheinen. Dies trägt der wirtschaftlichen Realität nicht ausreichend Rechnung. Die unternehmerischen Zielsetzungen werden – wenn überhaupt – von dem Einflussinhaber vorgegeben. B und C werden regelmäßig nicht ihre separaten unternehmerischen Ressourcen zu Gunsten des Gemeinschaftsunternehmens einsetzen, sofern nicht daraus für sie der größte wirtschaftliche Nutzen erwächst. So tragen sie das unternehmerische Risiko im Hinblick auf diese allein, während die unternehmerischen Vorteile aus dem Gemeinschaftsunternehmen ihnen nur anteilig zufallen. Ferner erscheint es paradox, dass, sofern A oder B als beteiligte Unternehmen an einem Zusammenschluss fungieren, C nicht einmal partiell zurechenbar wäre. Es ist abwegig, dass die FKVO hier die Gruppe anders definiert, denn für die Zusammenfassung zu einer Wirtschaftseinheit bzw. Unternehmensgruppe kann nicht der künftige Kontrollerwerb von

576 Dabei erscheint es selbst im deutschen Recht nicht klar, ob die doppelte Konzernzugehörigkeit dazu führen darf, die Gesellschafter durch Einbezug im Gemeinschaftsunternehmen im Ergebnis als wirtschaftliche Einheit anzuerkennen. So wird hier von der mehrfachen (!) Zugehörigkeit ausgegangen, die gerade nicht zu einer konzernmäßigen Zusammenfassung der Gesellschafter zu einem (!) im Gemeinschaftsunternehmen fokussierten Konzern führen dürfte; als Folgen einer Konzernzugehörigkeit von Gemeinschaftsunternehmen die wirtschaftliche Vollzusammenfassung der Gründer ablehnend: MARCHAND, Teil A, § 2, I, (S.23); andere Ansicht zum GWB: BECHTHOLD, Erster Teil, Siebenter Abschnitt (Zusammenschlusskontrolle), § 36, 6., Rn.40, (S.398); Langen/Bunte (RUPPELT), Band I, (GWB) Erster Teil (Wettbewerbsbeschränkungen), Siebenter Abschnitt, § 36, C., III., Rn.73, (S.1034); zur FKVO: BECHTHOLD, Erster Teil, Siebenter Abschnitt (Zusammenschlusskontrolle), § 36, 8., b), Rn.50 „Die EG-Fusionskontrolle geht in der Einbeziehung verbundener Unternehmen nach ähnlichen Grundsätzen wie § 36 Abs.2 vor.", (S.401).

Belang sein. Entweder sind Unternehmen aufgrund der formellen Beherrschungsverflechtungen miteinander als Einheit verbunden oder nicht. Anderenfalls würde dies bedeuten, dass ein Unternehmen von einem anderen beherrscht werden könnte, wobei letzterem eine Beherrschungsmöglichkeit nicht zukäme.

Für die Darstellung von Widersprüchlichkeiten im Verbundsystem soll ein weiteres Beispiel hinzugefügt werden.

Beispiel 2:17 [Mehrmütterschaft, Abs.4 (derselbe a.F.), 3]
Entsprechend dem Beispiel 2:16 [Mehrmütterschaft, Abs.4 (derselbe a.F.), 2] mit der Maßgabe, dass B und C jeweils an dem Unternehmen D (€ 1,2 Mrd.) beteiligt sind; C hält dabei eine bloße Kapitalbeteiligung in Höhe von 5%, während B mit 50% an D beteiligt ist

Abbildung 2-4 [Mehrmütterschaft, Abs.4 (derselbe a.F.), 3]

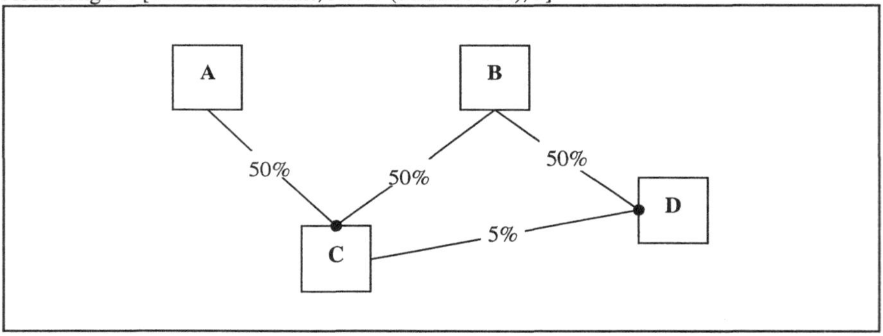

Die Zweifel aus dem vorangegangenen *Beispiel 2:16 [Mehrmütterschaft, Abs.4 (derselbe a.F.), 2]* vertiefen sich im nunmehr geschilderten Sachverhalt. Hier könnte, sofern C beteiligtes Unternehmen wäre, der Umsatz von D einbezogen werden, weil mehrere verbundene Unternehmen, nämlich C nach lit.a und B nach lit.c, gemeinsam im Sinne von Art.5 (4) lit.e FKVO (derselbe a.F.) über die notwendigen Einflussnahmebeziehungen an D verfügen. Anders wäre dies, wenn B beteiligtes Unternehmen wäre, weil dann die von C gehaltenen Anteile mangels der eigenen Qualität als verbundenes Unternehmen nicht berücksichtigt werden könnten. B würde dann formal nur über 50% der Stimmrechte an D verfügen, sodass eine alleinige Zurechnung aufgrund des Verfehlens der Schwelle von lit.b nicht stattfinden kann. Es erscheint fern der wirtschaftlichen Realität, D der C, die selbst nur über 5% der Stimmrechte verfügt, zuzurechnen, diese Möglichkeit aber in Bezug auf B, die üb 50% der Stimmrechte verfügt, abzulehnen.[577]

---

577 Noch zweifelhafter erscheint diese Möglichkeit, wenn neben A und B noch weitere Gesellschafter an C beteiligt wären. Dass B ihre 50%ige Beteiligung an D zugunsten der anderen Gesellschafter ausübt, kann nicht ernsthaft vertreten werden.

Diese Sichtweise, die die Gesellschafter eines Gemeinschaftsunternehmens im Kalkulationsresultat zu einer umsatzmäßigen Einheit im Gemeinschaftsunternehmen verbinden möchte, harmoniert auch nicht mit der Kontrollphilosophie der FKVO. So wird bei Gemeinschaftsunternehmen stets die Möglichkeit kooperativer Effekte gesehen und unter eine Prüfungsbefugnis im Lichte von Art.81 EG gestellt [vgl. Art.2 (4), (5), 3 (2) FKVO]. Würde die FKVO davon ausgehen, dass die Gesellschafter eines Gemeinschaftsunternehmens im Sinne der Verbundsystematik von Art.5 FKVO als Wirtschaftseinheit zu betrachten sind, so wäre eine Prüfung nach kartellrechtlichen Grundsätzen im Hinblick auf die wettbewerbliche Beziehung der Gesellschafter zueinander aufgrund des Konzernprivilegs nicht möglich.[578] Die FKVO vermutet damit, dass die Gesellschafter eines Gemeinschaftsunternehmens im Verhältnis zueinander unabhängig bleiben und unternehmerische Interessen im wettbewerblichen Konflikt auch gegeneinander fortführen. Dann erscheint es jedoch nicht zulässig, bei der Umsatzkalkulation, die sich anhand des gesamten Regelungsgefüges der FKVO messen lassen muss, noch zu vertreten, dass die Gesellschafter als Mitglieder einer Unternehmensgruppe zu prüfen seien.

Nicht überzeugen kann das Argument, alle einsetzbaren Ressourcen müssten Berücksichtigung finden.[579] Dies kann nämlich nur für diejenigen Ressourcen gelten, die in einer wirtschaftlichen Gesamtplanung ausgerichtet werden können. Bei einer alleinigen Beherrschungsverflechtung kann immer die höhere Hierarchie die tieferen Ressourcen nach ihrem Interesse ausrichten. Eingeschränkt ist diese ferner bei Gemeinschaftsunternehmen mit anderen Unternehmensgruppen möglich, weshalb Art.5 (5) FKVO auch nur eine partielle Berücksichtigung zulässt. Dass dagegen die Ressourcen der Mütter einer einheitlichen Gesamtplanung unterstehen, ist allenfalls dann vertretbar, wenn sie sich einer solchen verpflichtet haben. Der bloße Tatbestand des Gemeinschaftsunternehmens führt bis auf das gemeinsame Interesse an einer Gewinnmaximierung[580] zu keinem vollständigen Interessengleichlauf, weshalb die unternehmerischen Ressourcen der Mütter nicht in dem Kontext einer Wirtschafteinheit behandelt werden dürfen.[581]

Letztendlich beruht diese Annahme auf einem praktischen Widerspruch. Würde man die Mehrmütterschaft im Hinblick auf wirtschaftlich voneinander unabhängige Mutterunternehmen über Art.5 (4) lit.c FKVO (derselbe a.F.) gestatten, würde die Wirtschaftskraft des Gemeinschaftsunternehmens zunehmen, je mehr Mütter relevant beteiligt sind; es wird also eine gleichbleibende Bereitschaft

---

578 BUNTSCHECK, WuW 2004, S.381, (S.374); eingehend auch: (.2.2) Unternehmerisch tätige Gesellschafter, (S.284).

579 So HEITZER, D., III., 1., b), (S.159); vgl. auch die weiteren Nachweise in Fußnote 572.

580 Ähnlich in Bezug auf die Existenz mehrerer Gemeinschaftsunternehmen: SÄCKER, NJW 1980, S.804, (S.801).

581 KOCH, EWS 1990, S.67, (S.65).

vermutet, dass die Mütter ihre Ressourcen zugunsten des Gemeinschaftsunternehmens einsetzen. Diese wird jedoch mit zunehmender Anzahl der Muttergesellschafter sinken, weil die Einflussnahmemöglichkeiten und die unternehmerischen Vorteile aus dem Gemeinschaftsunternehmen umso geringfügiger den Müttern zufließen – eine Bereitschaft, die Ressourcen des Gemeinschaftsunternehmens und seiner Mutter als Einheit im Wettbewerb zu betrachten, sollte aus diesem Grunde nur bei einer alleinigen – formalen – Beherrschungsposition vertreten werden.

Im Ergebnis ist eine Mehrmütterschaft abzulehnen. Verbundene Unternehmen im Sinne von Art.5 (4) lit.c FKVO (derselbe a.F.) können damit ausschließlich solche sein, die in dem beteiligten Unternehmen *alleine* die in Abs.4 lit.b bezeichneten Rechte und Einflussmöglichkeiten haben, was sich dann nur auf eine Muttergesellschaft beziehen darf.

(4) Mutterverbundenes Gemeinschaftsunternehmen, Abs.5 (derselbe a.F.) analog

Eine über den Wortlaut von Art.5 FKVO (derselbe a.F.) hinausgehende Interpretationsmöglichkeit könnte in Bezug auf Abs.5 vertreten werden, wenn man die Norm auch auf Gemeinschaftsunternehmen zwischen Muttergesellschaften der beteiligten Unternehmen erstreckt.

Beispiel 2:18 [Mutterverbundenes Gemeinschaftsunternehmen, Abs.5 (derselbe a.F.) analog]
Die Unternehmen A (€ 100 Mio.) und B (€ 20 Mio.) sind beide beteiligte Unternehmen eines Zusammenschlusses. An A ist das Unternehmen C (€ 300 Mio.) zu 100% beteiligt, während in Bezug auf B Gleiches für das Unternehmen D (€ 50 Mio.) gilt. C und D sind ferner an dem Unternehmen E (€ 400 Mio.) mit je 50% beteiligt.

Abbildung 2-5 [Mutterverbundenes Gemeinschaftsunternehmen, Abs.5 (derselbe a.F.) analog]

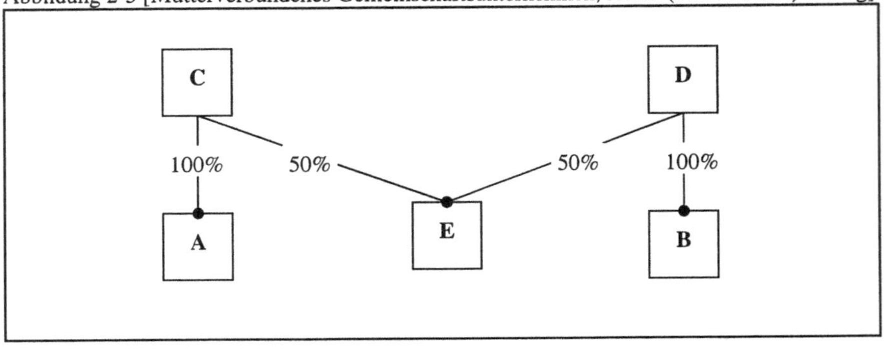

Gemäß dem Wortlaut von Art.5 (5) FKVO (derselbe a.F.) kann E nicht partiell bei der Berechnung der Gesamtumsätze von A und B berücksichtigt werden. Die E ist kein Unternehmen, an dem A und B – also die beteiligten Unternehmen –, sondern allein die Mutterunternehmen von C und D gemeinsam die unter Abs.4 lit.b bezeichneten Einflussmöglichkeiten haben. Würde man davon ausgehen, dass die benannten Umsatzziffern die gemeinschaftsweit erzielten Umsätze repräsentieren, wäre die FKVO nicht anwendbar, weil B unter Berücksichtigung der Gesamtumsätze von D einen gemeinschaftsweiten Umsatz von € 70 Mio. repräsentieren könnte; anders dagegen, wenn E mit € 200 Mio. partielle Berücksichtigung finden könnte.

Ein solches Vorgehen erscheint jedoch zweifelhaft, weil sich diese Ausnahme allein auf Mutterunternehmen beziehen würde. Wäre nämlich E ein Gemeinschaftsunternehmen zwischen Tochterunternehmen von A und B, so wäre eine Berücksichtigung möglich, da A und B mittelbar im Sinne von lit.b an E integriert wären.

Diese am Wortlaut von Art.5 (5) FKVO (derselbe a.F.) orientierte Auslegung erscheint weder sinnvoll noch der Grundphilosophie des Verbundsystems zu entsprechen. In den Regelungen von Art.5 (4) FKVO (derselbe a.F.) kommt zum Ausdruck, dass es für die Bestimmung einer Unternehmensgruppe ungeachtet des Ausgangspunktes allein darauf ankommt, ob zwischen zwei Einheiten eine Verbindung im Sinne von Art.5 (4) lit.b FKVO (derselbe a.F.) besteht. Ob die so mit dem Ausgangspunkt verbundenen Einheiten höherer oder niedriger Hierarchie sind, ist dabei unbeachtlich. Gleiches muss dann aber auch für die wirtschaftliche Berücksichtigung von Gemeinschaftsunternehmen im Sinne von Abs.5 gelten. Dafür spricht auch, dass die Umsatzbereinigung solcher Unternehmen im Sinne von Abs.5 Uabs.1 auf alle denkbar verbundenen Unternehmen [Art.5 (4) lit.a-e FKVO (derselbe a.F.)] bezogen wird, es hier damit auch nicht auf die Hierarchie, die das Gemeinschaftsunternehmen innerhalb der Unternehmensgruppen einnimmt, ankommen soll.

Im Ergebnis lässt sich feststellen, dass Art.5 (5) FKVO (derselbe a.F.) nicht nur auf unmittelbar oder mittelbar zwischen beteiligten Unternehmen, sondern vielmehr auf zwischen Unternehmensgruppen bestehende Gemeinschaftsunternehmen abstellt.

(5) Drittverbundenes Gemeinschaftsunternehmen, Abs.5 (ders a.F.) analog

In Anlehnung an die Klausel des Art.5 (5) FKVO (derselbe a.F.) wurde ferner angedacht, ob eine gegebenenfalls analoge Anwendung sinnvoll erscheint, um den Anwendungsbereich auch auf Gemeinschaftsunternehmen, bei denen das oder die beteiligten Unternehmen nur gemeinsam mit Dritten die im Sinne von Art.5 (4) lit.b FKVO (derselbe a.F.) bezeichneten Rechte und Einflussmöglichkeiten haben, auszudehnen.[582]

---

582 EG-KOMMISSION, Mitteilung zum Begriff der beteiligten Unternehmen, ABl.EG 1998 C 66/31, Rn.40; dagegen: NIEDERLEITHINGER, EWS 1990, S.76, (S.73).

Zweifelhaft ist indes schon, ob der Wortlaut von Art.5 (5) FKVO (derselbe a.F.) den Fall des drittverbundenen Gemeinschaftsunternehmens aus seinem direkten Anwendungsbereich tatsächlich ausschließt. Aus einem Vergleich mit Art.5 (4) lit.e FKVO (derselbe a.F.) heraus könnte man diesen als zumindest nicht eindeutig formuliert ansehen. So geht die Norm von den Unternehmen aus, an denen am Zusammenschluss beteiligte Unternehmen gemeinsam die unter lit.b bezeichneten Einflusspositionen haben. Art.5 (4) lit.e FKVO (derselbe a.F.) spricht dagegen – insoweit eindeutiger – von *mehreren* Unternehmen, die gemeinsam die besagte Einflussstruktur zum gruppeninternen Gemeinschaftsunternehmen aufweisen; in der englischen Abfassung wird noch deutlicher von „*zwei oder mehreren*“ Unternehmen einer Gruppe gesprochen. Zwei oder mehrere beteiligte Unternehmen werden von Abs.5 wiederum weder in der deutschen noch in der englischen Abfassung gefordert, sodass man es als ausreichend ansehen könnte, wenn – nicht notwendig mehrere – beteiligte Unternehmen gemeinsam *mit Dritten* die Verbindung zum Gemeinschaftsunternehmen herstellen können. So geht auch Art.5 (1) FKVO (derselbe a.F.) von der Zusammensetzung des Gesamtumsatzes aus den Erlösen der beteiligten Unternehmen aus; selbst in diesem Kontext, der sich auf jeweils ein beteiligtes Unternehmen beziehen muss, wird der Begriff des beteiligten Unternehmens pauschaliert verwandt.

Die Sichtweise, der Wortlaut sei offen, lässt sich jedoch mit der Regelung von Art.5 (5) lit.b FKVO (derselbe a.F.) widerlegen. Hier wird ausdrücklich bestätigt, dass die Umsätze der Gemeinschaftsunternehmen den beteiligten Unternehmen zu gleichen Teilen zuzurechnen seien. Dies setzt voraus, dass sich die Norm auf mehrere solcher, auf die man *aufteilen* kann, bezieht. Anderenfalls hätte lit.b FKVO von einer Aufteilung auf die Gesellschafter oder die Unternehmen, die gemeinsam mit den beteiligten Unternehmen, die am Gemeinschaftsunternehmen bezeichneten Einflussmöglichkeiten haben, ausgehen müssen.

Wenn der Wortlaut den Fall des dritterverbunden Gemeinschaftsunternehmens nicht erfasst[583] und man eine analoge Anwendung diskutieren möchte,[584] stellt sich zunächst die Frage, ob überhaupt eine Notwendigkeit besteht, von dem im Schweigen eindeutig interpretierbaren Regelungsgehalt der Verbundsystematik abzuweichen. Dafür ließe sich die *strukturelle Parallele* zu Art.5 (5) FKVO (derselbe a.F.) anführen, denn es erscheint für die partielle Zurechnung der Wirtschaftskraft eines Gemeinschaftsunternehmens zu einer Unternehmensgruppe nicht darauf anzukommen, ob letztere mit einer ebenfalls am Zusammenschluss beteiligten oder einer unabhängigen Unternehmensgruppe gemein-

583 NIEMEYER, B. (Die EG-Fusionskontrollverordnung), I., 2., d), (S.13).

584 EG-KOMMISSION, Mitteilung zum Begriff der beteiligten Unternehmen, ABl.EG 1998 C 66/31, Rn.40.

sam die Voraussetzungen von Art.5 (5) FKVO (derselbe a.F.) erfüllt; die *vor* einem Zusammenschluss bestehenden Einflussmöglichkeiten auf unternehmerische Ressourcen sind im Zeitpunkt ihrer Bewertung gegenüber der folgenden Transaktion grundsätzlich resistent, weshalb die Verknüpfung mit der Zusammenschlussbeteiligung wirtschaftlich gesehen keinen Sinn ergibt.

Befolgte man diese Sichtweise, würde übersehen werden, dass die unterschiedliche Behandlung der Sachverhalte zwar im Lichte der wirtschaftlichen Vergleichbarkeit zweifelhaft sein mag, jedoch dem in diesem Kontext gewichtigeren Anliegen der Schaffung von Rechtssicherheit geschuldet ist. Dies soll folgendes Beispiel verdeutlichen:

Beispiel 2:19 [Drittverbundenes Gemeinschaftsunternehmen, Abs.5 (derselbe a.F.) analog]
Die A-AG (€ 400 Mio.) und die B-AG (€ 160 Mio.) sind mit jeweils 18% an der C-GmbH (€ 300 Mio.) beteiligt. Weitere Gesellschafter sind die D-GmbH mit 10%, die E-AG mit 25%, die F-GmbH mit 9% Beteiligung sowie eine Vielzahl weiterer Gesellschafter.

Bewertet man diesen Sachverhalt zunächst strikt nach den Vorgaben der Verbundsystematik, wäre eine partielle Berücksichtigung von D bei A und B nicht möglich, denn beide zusammen verfügen ausschließlich über 36% der Stimmrechte.

Würde man dagegen davon ausgehen, dass hier Art.5 (5) FKVO (derselbe a.F.) analog angewandt werden könnte, so ist zweifelhaft, welcher Dritte berücksichtigt werden muss.[585] Zusammen mit E hätten A und B 51% der Stimmrechte an C. Bei einer strikten Analogie würde dies bedeuten, dass A, B und E jeweils € 100 Mio. von D zugerechnet werden sollen. Angenommen, es handele sich um die gemeinschaftsweit erzielten Umsatzerlöse, so würde bezogen auf Art.1 (2) FKVO (derselbe a.F.) die Gemeinschaftsdimension nicht an diesem Kriterium scheitern. A und B generieren jeweils mehr als € 250 Mio., anders dagegen, wenn man A und B unter Einbezug von D und F berücksichtigt. Hier wären jedem Gesellschafter nur € 75 Mio. von GU zurechenbar, sodass B die „250 Mio.-Schwelle" verfehlen würde. Rechnerisch würde auf diese Weise jede noch so geringe Beteiligung einer Unternehmensgruppe zu einer mehr oder weniger hohen Umsatzzurechnung führen müssen, denn bei einer Hinzunahme „ausreichender" Dritter würden immer die Vorgaben von lit.b überschritten werden können.

585 Die EG-Kommission behilft sich mit der für diese Arbeit bereits abgelehnten Sichtweise, dass die tatsächliche gemeinsame Kontrolle zwischen dem beteiligten Unternehmen und dem Dritten in Bezug auf das etwaige Gemeinschaftsunternehmen nachgewiesen werden müsse: EG-KOMMISSION, Mitteilung zum Begriff der beteiligten Unternehmen, ABl.EG 1998 C 66/31, Rn.40.

Eine Eingrenzung, die einen wirtschaftlichen Bezug des Gemeinschaftsunternehmens zum Vorhaben noch zulassen kann, ist nur zu erreichen, wenn man alleine auf die Einflussrechte der am Zusammenschluss beteiligten Unternehmensgruppen abstellen würde. Verfügen diese gemeinsam über die in Art.5 (4) lit.b FKVO (derselbe a.F.) beschriebenen Positionen, so kann nur dann entsprechend dem formalen Beherrschungskonzept vermutet werden, dass diese eine Beherrschungsmöglichkeit über die in Frage stehende Einheit inne haben.[586]

Nicht nur der Wortlaut der Verbundsystematik, sondern insbesondere auch das formale Beherrschungskonzept verhindern es, den Anwendungsbereich des Art.5 (5) FKVO (derselbe a.F.) auf Gemeinschaftsunternehmen zu erstrecken, bei denen ein oder mehrere beteiligte Unternehmen nur unter Hinzunahme Dritter auf die nach Art.5 (4) lit.b FKVO (derselbe a.F.)erforderlichen Mehrheiten kommen.

(V) Zusammenfassung

Der Tatbestand der Unternehmensgruppe wird von Art.5 (4), (5) FKVO (derselbe a.F.) auf der Grundlage einer speziell dafür entwickelten Konzerndefinition beschrieben, die auf ein formales Beherrschungskonzept abstellt. Auf materielle Kontrollmöglichkeiten oder Kontrolle kommt es dabei nicht an. Eine Ausnahme kann hier nur dann gemacht werden, wenn die Diskrepanz zwischen Zusammenschlusstatbestand und Verbundsystematik zu Unstimmigkeiten führt, die durch eine zusammenschlusskonforme Auslegung der Verbunddefinition gelöst werden müssen (Vgl. hierzu Gliederungsposten).

Gemeinschaftsunternehmen mit Dritten können grundsätzlich nicht zur Unternehmensgruppe hinzugerechnet werden. Eine Ausnahme gilt im Hinblick auf Gemeinschaftsunternehmen, an denen mehrere beteiligte Unternehmen gemeinsam die in lit.b bezeichneten Einflusspositionen oder Rechte erreichen.

cc. Fallgruppenspezifische Bestimmung der beteiligten Unternehmen

Bei der Entwicklung eines neuen Ansatzes zur Bestimmung der beteiligten Unternehmen soll in Anlehnung an die Mitteilung der EG-Kommission[587] zwischen den nach Art.3 (1) FKVO (derselbe a.F.) denkbaren Transaktionsvariatio-

---

[586] Dies zumindest, wenn man wie bereits festgestellt wurde, eine materielle Kontrollkomponente nicht zur Herstellung einer Umsatzzurechnungsmöglichkeit verlangt; hinsichtlich der GFVOen: Immenga/Mestmäcker (VEELKEN), EG-WbR, Band I, V.Abschnitt (Gruppenfreistellungsverordnungen), A.,V., 2., b), Rn.31 „Diese Einflussmittel (der Verbundklausel – sich auf die GFVOen beziehend) sind abschließend, insbesondere ist die Ergänzung durch eine allgemeine Kontrollklausel nicht vorgesehen.“, (S.411).

[587] Demgemäß die Gliederung: EG-KOMMISSION, Mitteilung zum Begriff der beteiligten Unternehmen, ABl.EG 1998 C 66/14.

nen, also der *Fusion* (lit.a) und dem *Kontrollerwerb* (lit.b), unterschieden werden.[588]

Anders als es die Reihenfolge innerhalb des Art.3 (1) FKVO (derselbe a.F.) nahelegt, wird die Fallgruppenbetrachtung mit dem Kontrollerwerb, das heißt Art.3 (1) lit.b FKVO (derselbe a.F.), beginnen. Dies rechtfertigt sich durch die – noch darzulegende – Tatsache, dass die Fusion ein wirtschaftlich in seiner Gesamtheit zu beachtender Vorgang ist, der innerhalb mehrerer Kontrollerwerbsschritte im Sinne von Art.3 (1) lit.b FKVO (derselbe a.F.) umgesetzt wird.[589] Die Fusion ist damit ein besonderer Kontrollerwerbstatbestand und im Verhältnis zu dem allgemeinen lex specialis.[590]

(I) Allgemeine Definition der Unternehmensverflechtung

Vor dem Einstieg in die fallgruppenspezifische Ermittlung der beteiligten Unternehmen sollen die denkbaren Verflechtungsmöglichkeiten zwischen den am Zusammenschluss involvierten Einheiten unter Berücksichtigung der Erkenntnisse der Verbundsystematik inhaltlich bestimmt werden. Zu unterscheiden ist danach zwischen den *formellen*, den *materiellen* sowie den *formell-materiellen* Unternehmensbeziehungen.

Die inhaltliche Konkretisierung dieser ergibt sich aus den zwei von der FKVO vorgegebenen Systemen zur wirtschaftlichen Zusammenfassung von rechtlich selbständigen Unternehmen oder Personen.

Materiell ist eine Unternehmensverflechtung, wenn sie dem Kontrollerfordernis des Art.3 FKVO (derselbe a.F.) entspricht, also wenn ein Unternehmen die Möglichkeit hat auf ein anderes bestimmenden Einfluss auszuüben.

Formell ist eine Beherrschungsbeziehung dann, wenn sie die Voraussetzungen des Art.5 (4) lit.b FKVO (derselbe a.F.) erfüllen kann. Hierfür ist entsprechend den vorangegangenen Ermittlungen nicht erforderlich, dass aus einer solchen eine materielle Beherrschungsmöglichkeit erwächst, wobei dies aber regelmäßig der Fall sein wird.

Erfüllt eine formelle Verbindung – was regelmäßig der Fall sein sollte – parallel das materielle Beherrschungserfordernis, so ist sie als formell-materielle Beherrschungsmöglichkeit zu bezeichnen.

Aufbauend auf diese Vorgaben wird im folgenden auch von materiellen, formellen und formell-materiellen Abhängigkeitsverhältnissen gesprochen.

---

588 Zur Differenzierung zischen den Arten verschiedener Vorhaben: EG-KOMMISSION, Mitteilung zum Begriff der beteiligten Unternehmen, ABl.EG 1998 C 66/14.

589 (III) Fusion, Art.3 (1) lit.a FKVO (derselbe a.F.), (S.300)

590 Weiterführend: (1) Existenzberechtigung für lit.a (dieselbe a.F.), (S.302).

(II) Kontrollerwerb, Art.3 (1) lit.b FKVO (derselbe a.F.)

Der Kontrollerwerb bildet das *Fundamt* eines jeden Konzentrationsvorgangs. Aufgabe der FKVO ist es externe Wachstumseffekte von Unternehmen im Hinblick auf ihre, Folgen auf die Marktstrukturen zu überwachen.[591] Voraussetzung für eine – im Ausnahmefall gefährliche – externe Strukturveränderung ist, dass ein Zuordnungspunkt bzw. Träger unternehmerischer Ressourcen die Verfügungsmacht an für ihn vorher unabhängigen Kapazitäten erlangt. Dabei kann diese einerseits aus der direkten unternehmerischen Verfügungsmacht an den Ressourcen eines Dritten[592] oder andererseits aus einer maßgeblichen Einflussposition auf das unternehmerische Verhalten des Ressourcenträgers selbst resultieren.[593]

Abstellend auf die Intensität des Einflusses lässt sich strukturell zwischen dem *alleinigen* und dem *gemeinsamen* Kontrollerwerb unterscheiden. Ersterer Fall liegt vor, wenn der Kontrollerwerber ohne Rücksicht auf die Interessen und Einflusspositionen Dritter maßgeblichen Einfluss auf die Ausrichtung und Verwendung der erworbenen Ressourcen ausüben können wird. Der gemeinsame Kontrollerwerb ist dagegen dann anzunehmen, wenn der Einflusserwerber zwar nicht völlig unabhängig von Dritten, aber aufgrund des gegenseitig aufeinander Angewiesenseins im Einvernehmen einen bestimmenden Einfluss ausüben kann.[594]

Dieser strukturbedingte Unterschied zwischen dem alleinigen und dem gemeinsamen Kontrollerwerb lässt es vorzugswürdig erscheinen, die Untersuchung des Zusammenschlusses gemäß Art.3 (1) lit.b FKVO (derselbe a.F.) hinsichtlich dieser beiden Möglichkeiten zu unterteilen. Zu beachten ist dabei, dass Zusammenschlüsse *nicht* stets durch eine *klare Trennung* zwischen alleinigem und gemeinsamem Kontrollerwerb gekennzeichnet sind. Ursache hierfür ist die

---

591 KOCH, EWS 1990, S.66 „Sie (die Vorschriften der FKVO) ermächtigen die Kommission, eine aus äußerem Unternehmenswachstumsakt resultierende Entstehung oder Verstärkung eines den Wettbewerb erheblich behindernden Grades an Marktbeherrschung zu verhindern.", (S.65).

592 Kontrollerwerb an Teilen oder der Gesamtheit eines Unternehmens: MESTMÄCKER/SCHWEITZER, 6. Kapitel (Fusionskontrolle), § 24, III., Rn.12 „Die FKVO erfasst … (den Kontrollerwerb) unabhängig davon, ob unternehmerisch genutztes Vermögen als solches übertragen wird.", (S.555).

593 Kontrollerwerb auf ein Unternehmen: MESTMÄCKER/SCHWEITZER, 6. Kapitel (Fusionskontrolle), § 24, III., Rn.12 „Die FKVO erfasst … (den Kontrollerwerb) unabhängig davon, ob … der bestimmende Einfluss durch den Erwerb der Beteiligung an einem gesellschaftsrechtsrechtlich organisierten Unternehmen vermittelt wird.", (S.555).

594 EG-KOMMISSION, Mitteilung zum Zusammenschlussbegriff, ABl.EG 1998 C 66/08, Rn.18; Groeben/Thiesing/Ehlermann (BRUHN), Band 2/II, Dritter Teil, Titel V, Kapitel 1, Abschnitt 1, nach Artikel 89, I. (Fusionskontrollverordnung), Artikel 3, II., 3., c), Rn.33, (S.2/1358); KOCH, EWS 1990, S.67, (S.65)

gleichberechtigte Erfassung des unmittelbaren oder mittelbaren Einflusserwerbs durch Art.3 (1) lit.b FKVO (derselbe a.F.).[595] Unter Einfluss der Mannigfaltigkeit konzernrechtlich strukturierter Unternehmensgruppen kann die Kombination des alleinigen mit dem gestuft gemeinsamen[596] sowie des gemeinsamen mit dem gestuft alleinigen Kontrollerwerb[597] vorliegen.

Dennoch erzwingt dies nicht – wie man annehmen könnte – die Aufnahme einer weiteren Fallgruppe für „strukturelle Mischfälle" des Kontrollerwerbs. Je nachdem, auf welche Hierarchie man abstellt, kann man auch hier die Zuordnung zu einer Kategorie erreichen.[598] Dabei soll die Einteilung, abstellend auf die oberste Ebene des Einflusserwerbs, stattfinden. Strukturell bietet sich ein solches Vorgehen an, weil die Art des Einflusserwerbs mittelbar von der Perspektive der beteiligten Unternehmensgruppe dominiert werden kann. So ist zumindest in der in Fußnote 597 geschilderten Sachverhaltsvariante unzweifelhaft, dass es sich, ausgehend vom materiellen Beherrschungstatbestand, um eine Wirtschafteinheit handeln muss, die die alleinige Kontrolle am Zielobjekt erlangt.[599] Die Vorgehensweise harmonisiert zudem mit konzernrechtlichen Erwägungen, wonach die Einflussstrukturen oberer Hierarchien und der damit verbundene gestuft mittelbare Kontrollerwerb an einem Zielobjekt nicht aus der Sichtweise der abhängigen Gesellschaft beurteilt werden können.[600] Letztendlich geht auch die Verbundsystematik „mittelbar" von der Maßgeblichkeit der obersten Hierarchie aus. Das gruppeninterne Gemeinschaftsunternehmen wird gemäß Art.5 (4) lit.e FKVO (derselbe a.F.) entsprechend der Volltochter behandelt,

---

595 Lange (SCHRÖER), Kapitel 5 (Zusammenschlusskontrolle), § 1, II., 1., b), ee), Rn.19, (S.411).

596 Beispiel: Unternehmen A und Unternehmen B kontrollieren gemeinsamen das Unternehmen C. C erwirbt die alleinige Kontrollmöglichkeit an Unternehmen D. A und B erwerben über C gestuft die gemeinsame Möglichkeit zur bestimmenden Einflussnahme auf D, als sie mittels Einfluss auf die Geschäftspolitik auch die Wahrnehmung der Kontrollpositionen an D steuern können.

597 Beispiel: Unternehmen A ist zu jeweils 100% an Unternehmen B und Unternehmen C beteiligt. B und C erwerben die gemeinsame Kontrollmöglichkeit an D. A kann alleine durch ihre Einflussposition an B und C gestuft die gemeinsame Ausübung der Kontrollpositionen an D beeinflussen.

598 Lange (SCHRÖER), Kapitel 5 (Zusammenschlusskontrolle), § 1, II., 1., b), ee), Rn.19, (S.411).

599 Zweifelhaft ist dies dagegen für das Beispiel: in Fußnote 596, weil hier, abhängig von der Auswahl des oder der beteiligten Unternehmen in der Hierarchie des Gemeinschaftsunternehmens und/oder der dieses beherrschenden Gesellschafter, die Abgrenzung noch nicht endgültig geklärt wurde.

600 Zur Feststellung der Abhängigkeit eines Gemeinschaftsunternehmens: SÄCKER, NJW 1980, S.803 „Diese Frage (der Einheitlichkeit der Einflussnahme) kann nicht aus der Sicht der abhängigen Gesellschaft beurteilt werden.", (S.801).

weil die herrschenden Gesellschafter immer auf einen gemeinsamen Einflusspol zurückführbar sein müssen, um einer Unternehmensgruppe anzugehören.

Ungeachtet der tatsächlichen Bestimmung des beteiligten Unternehmens kann die Fallgruppe des Kontrollerwerbs in den alleinigen sowie den gemeinsamen Kontrollerwerb aufgeteilt werden, wobei für die Unterscheidung in gestuften Kontrollerwerbsfällen die oberste Hierarchie fungiert.

(1) Alleiniger Kontrollerwerb

Nach den bereits gemachten Feststellungen ist der alleinige Kontrollerwerb in seiner erwerberseitigen Struktur *übersichtlicher*. So kann – abstellend auf das für die Zusammenschlussdefinition maßgebliche, materielle Kontrollkonzept – immer nur *eine Unternehmensgruppe* den dominanten Einfluss am vorher unabhängigen Zielobjekt erlangen. Zu beachten ist dabei, dass die Unabhängigkeit des Zielobjektes auch dann angenommen werden muss, wenn das Zielobjekt von der relevanten Unternehmensgruppe gemeinsam mit einer oder mehreren gruppenexternen Wirtschaftseinheiten beherrscht werden konnte, weil in dem Übergang von gemeinsamer zu alleiniger Kontrolle eine Einflussintensivierung zu sehen ist, die die wirtschaftliche Zusammengehörigkeit zwischen Zielobjekt und Einflusserwerber bzw. -inhaber erhöht.[601]

Abstellend und im Interesse der Orientierung an den Vorgaben von Art.3 (1) FKVO (derselbe a.F.) ist die Grundeinteilung aus dem im Zusammenschluss erwachsenen Zuordnungsprodukt unternehmerischer Ressourcen, das heißt dem alleinigen sowie dem gemeinsamen Kontrollerwerb und dem Sonderfall der Fusion, abgeleitetet worden. Dies hat bisher zur vollständigen Ausblendung der strukturell möglichen Gegebenheiten auf der Veräußererseite geführt. Da aber das beteiligte Unternehmen gleichsam auf der Erwerber- als auch der Veräußererseite bestimmt werden muss und nicht ausgeschlossen werden kann, dass die Veräußererseite anderen Maßstäben folgt, muss nunmehr die Untersuchung zwischen der *Erwerber-* und der *Veräußererseite* differenziert werden.

---

601 EG-KOMMISSION, Entscheidung (IV/M.577 – GE/Power Controls) vom 28.4.1995, Rn.4; Entscheidung (IV/M.480 – Sanofi/Kodak) vom 12.8.1994, Rn.7 „The acquisition by one of the parents of sole control over a concentrative joint venture is a concentration within the meaning of Article 3(1)(b) of the Merger Regulation.“; Entscheidung (Akz. IV/M.025 – ICI/Toxide) vom 28.11.1990, WuW (EV) 1554, Rn.1-4, insbesondere Rn.2 „Article 3(3) refers to control by whatever means, conferring the possibility of exercising decisive influence on an undertaking. Decisive influence exercised singly is substantially different to the decisive influence exercised jointly, since the latter has to take into account the potentially different interest of the other party or parties concerned.“; Immenga/Mestmäcker (IMMENGA), EG-WbR, Band I, VII.Abschnitt (Fusionskontrollverordnung), D., Artikel 3, IV., 1., c), Rn.54 „(Es) wird eine neue Qualität des Einflusses geschaffen.“, (S.935); STAUDENMAYER, D., V., 1., a), (1), (a), (S.143), (2), (a), (S.145 f.).

(a) Erwerberseitige Bestimmung des beteiligten Unternehmens

Gemäß Art.3 (1) lit.b FKVO (derselbe a.F.) sind Erwerbskonstellationen durch *Unternehmen* sowie durch *Personen*, die bereits ein Unternehmen kontrollieren, denkbar. Von Bedeutung für die Bestimmung des beteiligten Unternehmens ist diese Unterscheidung insofern, als die Verbundsystematik – anders als der Zusammenschluss – die Person als Bezugpunkt nicht anerkennt und hier eine weitere Diskrepanz besteht. Erwirbt eine Person die Kontrolle dürfte diese nicht als beteiligtes Unternehmen anerkannt werden können, weshalb es empfehlenswert erscheint, die erwerberseitige Einzelfallbetrachtung zur Bestimmung des beteiligten Unternehmens ferner davon abhängig zu machen, ob eine Person oder ein Unternehmen die Einflussposition aufbaut.

Eine weitere Fragestellung ließe sich aus der Tatsache ableiten, dass der Personenbegriff allein natürliche und juristische Personen,[602] nicht aber *Personenvereinigungen* als solche anerkennt.[603] Erste Folgerung in Entsprechung der potenziellen Erwerberstellungen von Art.3 (1) lit.b FKVO (derselbe a.F.) wäre die Annahme, dass Unternehmen ausschließlich Rechtspersönlichkeiten, die unmittelbar eine wirtschaftliche Tätigkeit ausüben, sein können; unternehmerische Personenvereinigungen wären damit als eine Vereinigung von Unternehmen zu behandeln. Es würde jedoch diese Arbeit inhaltlich überfordern, die im gesamten Wettbewerbsrecht breit geführte Diskussion der Rechtspersönlichkeit oder zumindest der Rechtsfähigkeit eines Unternehmens aufzugreifen.[604]

Diese Arbeit soll deshalb angelehnt an die unmittelbare Absatztätigkeit einer Zuordnungseinheit ausschließlich zwischen Unternehmen sowie Investoren bzw. Holdinggesellschaften
unterscheiden, wobei die Rechtsform zu vernachlässigen ist. Ob rechtsfähige oder nicht rechtsfähige Personenvereinigungen bzw. -gesellschaften dem Unternehmensbegriff entsprechen, ist nicht weiter zu diskutieren; sofern dies zu bejahen wäre, gelten die Ausführungen sinngemäß.

Berücksichtigt werden muss letztendlich, dass mehrere Personen oder Unternehmen beteiligt sein können, wobei hier die bedeutsamste Fallgruppe, der *gemeinsame* Kontrollerwerb, der Besprechung des Abschnitts „Gemeinsamer Kontrollerwerb; insbesondere Gemeinschaftsunternehmen“ (S.270) vorbehalten

---

602 EG-KOMMISSION, Mitteilung zum Zusammenschlussbegriff, ABl.EG 1998 C 66/06 Rn.8; Immenga/Mestmäcker (IMMENGA), EG-WbR, Band I, VII.Abschnitt (Fusionskontrollverordnung), D., Artikel 3, III., 2., a) Rn.22, (S.923 f.); STAUDENMAYER, B., II., 1., (S.36).

603 Eine § 36 (3) GWB entsprechende Regelung ist in der FKVO nicht vorgesehen.

604 Weiterführende Nachweise: DREHER, WuW 2004, S.471; allgemein: MESTMÄCKER/SCHWEITZER, 3.Kapitel (Wettbewerbsbeschränkende Vereinbarungen und Verhaltensweisen), § 8, II., Rn.11-15, (S.224 f.); sowie Nachweise in der Fußnote 450.

bleibt; ferner sind Mischformen, das heißt Fälle, in denen Personen und Unternehmen die Kontrolle erwerben, zu erwähnen.

(aa) Ein Unternehmen als Erwerber

Ausgangspunkt soll der Kontrollerwerb durch ein Unternehmen sein. Damit wird vorerst die Fragestellung umgangen, ob auch *nicht* wirtschaftlich tätige Personen, d.h Investoren oder Holdinggesellschaften, als Unternehmen im Sinne von Art.5, 1 (2), (3) FKVO (dieselben a.F.) begriffen werden können oder müssen.

Zu unterscheiden ist zwischen dem *unmittelbaren* und dem *mittelbaren* Kontrollerwerb.[605] Eine Unmittelbarkeit ist dann anzunehmen, wenn der jeweilige Einflusserwerber im Sinne von Art.3 (1) lit.b FKVO (derselbe a.F) diesen allein aus Rechtspositionen ableiten kann, aus denen er selbst unmittelbar berechtigt ist bzw. die seiner direkten Verfügungsmacht unterstehen. Mittelbarer Kontrollerwerb ist darin zu unterscheiden, dass das einflusserwerbende Unternehmen – oder die Person – die Leitungsmacht nicht ausschließlich aus eigenen Rechtspositionen ableiten kann. Eine solche Konstellation liegt dann vor, wenn die den Einfluss vermittelnden Positionen ganz oder teilweise einer anderen Einheit zustehen, diese jedoch von dem Einflusserwerber selbst materiell (!) abhängig ist, weshalb der Einflusserwerber sie praktisch steuern kann.[606]

Fälle des mittelbaren Kontrollerwerbs können in der Form des *gesonderten* sowie des *gestuften* Einflusserwerbs auftreten. Während beim gesondert mittelbaren Kontrollerwerb die vermittelnde Einheit keinen eigenständigen maßgeblichen Einfluss auf das Zielobjekt wird ableiten können,[607] soll dies beim gestuften Kontrollerwerb möglich sein.[608]

---

[605] Lange (SCHRÖER), Kapitel 5 (Zusammenschlusskontrolle), § 1, II., 1., b), ee), Rn.19, (S.411); STAUDENMAYER, D., III., 1., a), (S.125); JANICKI, WuW 1990, S.200, (S.195).

[606] Insbesondere auch Fälle der „special purpose company" verweisend: Lange (SCHRÖER), Kapitel 5 (Zusammenschlusskontrolle), § 1, II., 1., b), ee), Rn.19, (S.411); allgemein: STAUDENMAYER, D., III., 1., a), (S.125) „Fälle, in denen ... andere Glieder in der Kontrollkette die Kontrolle vermitteln", (S.125).

[607] Unternehmen A ist zu 100% an dem Unternehmen B und zu 30% an dem Unternehmen C beteiligt. B erwirbt 25% der Stimmrechte an C. Allein A erlangt eine gesondert mittelbare Kontrollmöglichkeit an C. B kann dagegen C nicht kontrollieren.

[608] Unternehmen A ist zu 100% an dem Unternehmen B und zu 10% an dem Unternehmen C beteiligt. B erwirbt 55% der Stimmrechte an C. Sowohl B als auch A erwerben eine Kontrollmöglichkeit; A ist gestuft mittelbare Einflusserwerberin.

(.1) Unmittelbarer Erwerb

Der unmittelbare Kontrollerwerb liegt vor, wenn die Kontrollmöglichkeit ausschließlich aus *direkt* zu erwerbenden oder bereits erworbenen Herrschaftsrechten abgeleitet wird.

Beispiel 2:20 (Unmittelbarer Kontrollerwerb)
Das Unternehmen A (€ 200 Mio.) ist Inhaberin einer Kette von Restaurants. Es erwirbt von dem Unternehmen B (€ 100 Mio.) eine 100%ige Beteiligung an dem Unternehmen C (€ 100 Mio.), welches eine Vielzahl von Autobahngaststätten im Bundesgebiet betreibt.

Fusionsrechtlich relevante „Unternehmensgruppe" auf Seiten des Erwerbers - bestehend aus einem einzigen Unternehmen – ist A mit einem Gesamtumsatz von € 200 Mio. Ein anderer Ansatzpunkt als A ist nicht ersichtlich, weshalb diese als beteiligtes Unternehmen eingeordnet werden muss.

(.2) Gesondert mittelbarer Erwerb über eine abhängige Einheit

Der gesondert mittelbare Kontrollerwerb setzt ein materielles Abhängigkeitsverhältnis zwischen Kontrollerwerber und Vermittler voraus. Die formellen Vorgaben des Art.5 (4) lit.b FKVO (derselbe a.F.) sind für den Einflusserwerbstatbestand unerheblich. Bedeutsam werden sie jedoch, sobald es um die Abgrenzung der Unternehmensgruppe und die Verortung des beteiligten Unternehmens geht. So soll die Begutachtung zwischen *formell*, *materiell* sowie *formell-materiell* abhängigen Einheiten differenzieren, um die Diskrepanz zwischen der materiellen Kontrollerwerbsdefinition und der formellen Verbundsystemaik [Art.5 (4) lit.b FKVO (derselbe a.F.)] besser herausstellen zu können.

(.2.1) Formell-materielles Abhängigkeitsverhältnis

Zu beginnen ist mit der Behandlung derjenigen Sachverhalte, bei denen die Beziehung zwischen Kontrollerwerber und Vermittler sowohl den materiellen Beherrschungsanforderungen des Art.3 FKVO (derselbe a.F) als auch den formellen des Art.5 (4) lit.b FKVO (derselbe a.F.) gerecht wird.

Als Einstieg dient der Fall, bei dem ein Unternehmen über Herrschaftsrechte an einem anderen Unternehmen verfügt, die jedoch für sich keine dominierende Beeinflussung der Geschäftspolitik zulassen würden. Durch den Erwerb weiterer Einflusspositionen einer formell-materiell abhängigen Einheit kommt es dann zu einem gestuft mittelbaren Kontrollerwerb.

Beispiel 2:21 (Gesondert mittelbarer Kontrollerwerb, 1)
Unternehmen A (€ 250 Mio.) betreibt eine Autovermietung. A hält eine 100%ige Beteiligung an dem Unternehmen At (€ 200 Mio.), welches im Leasingbereich tätig ist. Ferner ist A mit 22% an dem Unternehmen C (€ 400 Mio.) beteiligt. C betreibt eine Kette von Reparaturwerkstätten; die anderen Gesellschafter von C sind das börsennotierte

Unternehmen B (€ 400 Mio.) mit einem Stimmrechtsanteil von 41% und das Unternehmen Bt (€ 300 Mio.) mit einer Beteiligungshöhe von 37%; B ist mit 80% an Bt beteiligt. At erwirbt von B die 37%ige Beteiligung. Die Zusammenrechnung der Stimmrechte von A und At würde eine alleinige Einflussposition begründen.

Abbildung 2-6 (Gesondert mittelbarer Kontrollerwerb, 1)

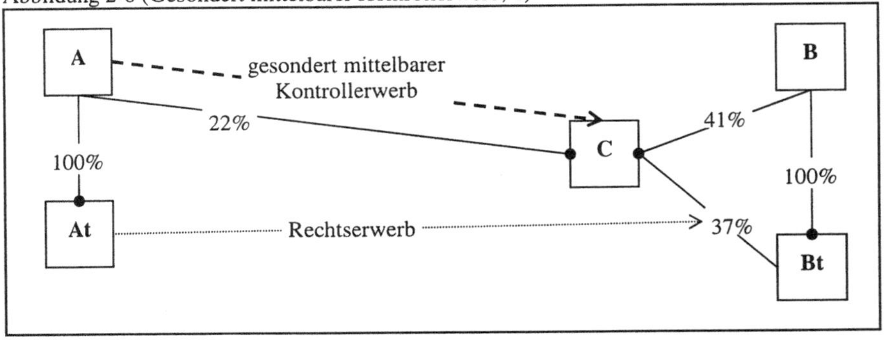

Die umsatztechnisch relevante Wirtschafteinheit besteht aus A+At, da zwischen diesen eine Verflechtung im Sinne von Art.5 (4) lit.b FKVO (derselbe a.F.) besteht. Ferner ist der Verbund A+At an einem Zusammenschluss beteiligt. A kann At kontrollieren und erwirbt damit mittelbar die Einflussmöglichkeit über 37% der Stimmrechte an C. Unter Hinzunahme der eigenen 22% wurde A 59% der Stimmrechte kontrollieren und damit maßgeblichen Einfluss auf C und dessen Ressourcen ausüben können.

Eine weitere, strukturell aber identische Sacherhaltsvariante, die hier noch ergänzend in die Diskussion integriert werden soll, bildet der Fall, in dem der Rechtserwerb von A sowie At in umgekehrter Reihenfolge erfolgt ist.

Beispiel 2:22 (Gesondert mittelbarer Kontrollerwerb, 2)
Entsprechend dem Beispiel 2:21 (Gesondert mittelbarer Kontrollerwerb, 1) mit der Maßgabe, dass At bereits die 37%ige Beteiligung innehat und A weitere 22% direkt von Bt erwirbt

Die bereits zum *Beispiel 2:21 (Gesondert mittelbarer Kontrollerwerb, 1)* vorgenommene Bewertung gilt gleichsam in diesem Fall; einzig die Transaktion der Rechtspositionen erfolgte in umgekehrter Reihenfolge. Es stellt sich die Frage, ob A oder At als beteiligtes Unternehmen des Umsatzverbundes fungieren müssen. Die erforderliche Repräsentationsfähigkeit wäre bei beiden gleichsam gegeben.

Als Auswahlkriterium zur Bestimmung des beteiligten Unternehmens könnte man eingangs überlegen, den *tatsächlichen Motivator* des Konzentrationsvorgangs heranzuziehen.[609] Vertretbar wäre demnach A als beteiligtes Unternehmen anzusehen, wenn dieses At zu der Transaktion gedrängt hat. Die Einflussnahme als Zurechnungskriterium versagt allerdings in der Praxis. Einerseits wird es schwer nachweisbar sein, wer die Initiative für eine Transaktion ergriffen hat. Andererseits werden die Übergänge zwischen Einflussnahme sowie Eigenbestimmung insbesondere in mehrstufigen Konzernbeziehungen fließend sein. Da die Bestimmung des beteiligten Unternehmens somit *nicht* auf *einfach und klar* nachprüfbaren Aspekten aufbauen würde, sollte eine Herangehensweise vorgezogen werden, die diese Anforderung erfüllt und nicht auf ein Verursachungsprinzip abstellt.

Für At als den maßgeblichen Ansatzpunkt der Umsatzberechnung spricht zumindest im *Beispiel 2:21 (Gesondert mittelbarer Kontrollerwerb, 1)*, dass sein *direkter* Erwerb von *Rechtspositionen* A erst seine Kontrollmöglichkeit eröffnet. Der Kontrollerwerb ist letztendlich von Wille und Handlung von At abhängig; At ist am Kontrollerwerb durch A „beteiligt", während A selbst nur „begünstigt" wird. Ferner ließe sich hieran, anlehnend aus dem Bußgeldtatbestand, Art.14 (2) FKVO (derselbe a.F.), eine weitere Argumentation gewinnen. Die EG-Kommission kann gegen die beteiligten Unternehmen Geldbußen verhängen, wenn sie Verstöße gegen Obliegenheiten, die die Verordnung bei der Legalisierung von Konzentrationsvorhaben auferlegt, begehen. Gemäß Abs.2 lit.b sowie lit.c ist es rechtswidrig, wenn sie – gemeint sind die beteiligten Unternehmen (!) – das Vorhaben vor der Freigabe oder nach einer Untersagung vollziehen. Auch wenn die Muttergesellschaft kraft ihrer Leitungsmacht die Tochtergesellschaft bzw. deren Organe mehr oder weniger verbindlich drängen kann, werden die zum Vollzug führenden *Handlungen und Erklärungen* von dem *unmittelbaren* Erwerber vorgenommen. Es erscheint unbillig, wenn A als beteiligtes Unternehmen einzuordnen wäre und dadurch der Gefahr unterliegt, für autonome Handlungen der rechtlich selbständigen Tochtergesellschaft empfindlichen

---

[609] EG-KOMMISSION, Mitteilung zum Begriff der beteiligten Unternehmen, ABl.EG 1998 C 66/18 f., Rn.28 f.; Entscheidung (Akz. IV/M.102 – TNT/Canada Post/DBP Postdienst) vom 2.12.1991, Rn.3, 1; so in den Fällen des gemeinsamen Kontrollerwerbs durch ein Gemeinschaftsunternehmen: Langen/Bunte (LÖFFLER), Band 1, EG-Kartellrecht, FKVO, Artikel 1, D., Rn.20, „Kann hingegen das GU lediglich als Werkzeug für einen Erwerb … angesehen werden, so wird die Kommission … jede der Muttergesellschaften als beteiligtes Unternehmen ansehen … (Dies) gilt, wenn anhand bestimmter Element nachgewiesen werden kann (!), dass die Muttergesellschaften die eigentlichen Unternehmen sind, die das Vorhaben betreiben.", (S.2406); die Untauglichkeit subjektiver Momente für die Ermittlung der objektiv konstruierten Aufgreifkriterien – allerdings in einem anderen Kontext – annehmend: Schröter/Jakob/Mederer (BRUHN), III.8.2 (Fusionskontrollverordnung (Verordnung (EWG) Nr.4064/89)), Artikel 1, I., 2., Rn.5 (S.1307).

Geldbußen ausgesetzt zu sein.[610] Letzteres Argument relativiert sich aber aufgrund der gängigen Praxis der EG-Kommission,[611] die vom Europäischen Gerichtshof bestätigt wurde,[612] bei Verstößen einer Tochter gegen wettbewerbsrechtliche Normen die Bußgelder direkt gegen die Mutter zu verhängen.[613] Somit

---

610 Es lässt sich allerdings bezweifeln, ob an der Beschreibung der Täter von Art.14 (2) FKVO (derselbe a.F.) in dieser Striktheit festgehalten werden kann. Dafür spricht zwar einerseits, dass Art.14 (1) FKVO (derselbe a.F.) als der mildere Bußgeldtatbestand nicht an die beteiligten Unternehmen, sondern an Personen im Sinne von lit.b, Unternehmen oder Unternehmensvereinigungen adressiert ist, weshalb der anderweitigen Formulierung von Abs.2 Beachtung geschenkt werden muss; ferner wurde im Zuge der FKVO-Reform die Adressierung an die beteiligten (!) Unternehmen eingefügt, als vorher Art.14 (2) FKVO a.F. noch schlichtweg an Unternehmen gerichtet war. Andererseits kann aber nach Art.14 (2) FKVO (derselbe a.F) neben den beteiligten Unternehmen auch ein Bußgeld an eine Person im Sinne von Art.3 (1) lit.b FKVO verhängt werden. Diese wiederum muss ebenfalls nicht der unmittelbare Kontrollerwerber sein, denn es wäre in Anlehnung an das Beispiel 2:21 (Gesondert mittelbarer Kontrollerwerb, 1) denkbar, dass A eine Holding ist, sodass dann dem Wortlaut von Art.14 (2) FKVO (derselbe a.F.) entsprechend eine Bußgeldverhängung auch gegenüber der Mutterholding möglich würde.

611 EG-KOMMISSION, Entscheidung (Akz. Comp/M.3255 – Tetra Laval/Sidel) vom 7.7.2004, Rn.1, 114; Entscheidung (Akz. IV/30.809 – John Deere) vom 14.12.1985, ABl.EG 1985 L 35/58, Rn.39-41; Entscheidung (Akz. IV/30.907 – Peroxyd-Produkte) vom 23.11.1984, ABl.EG 1985 L 35/13, Rn.49 „Die Kommission sieht die ... Gruppe nicht als ein Unternehmen an, das von seinen ... Muttergesellschaften so weitgehend selbständig ist, dass damit die Verantwortung (der Mütter) ... entfiele."; Entscheidung (Akz. IV/30.188 – Moet et Chandon) vom 27.11.1981, Rn.21 „Aus diesen Gründen hält die Kommission es für notwendig, eine Geldbusse ... festzusetzen, die binnen drei Monaten nach Zustellung dieser Entscheidung von der (Mutter) ... zu zahlen ist, an die diese Entscheidung gerichtet ist und die für das Vorgehen ihrer Tochtergesellschaften verantwortlich ist."

612 EUROPÄISCHER GERICHTSHOF, Urteil (Rs. 6/72 – Continental./.EG-Kommission) vom 21.2.1972, Slg.1973, S.243, Rn.18, S.242 f, Rn.14-16, (S.215).

613 Siehe bereits die Entscheidungen der EG-Kommission in Fußnote 611 sowie ferner beispielhaft: EG-KOMMISSION, Entscheidung (Akz. IV/31.865 – PVC) vom 21.12.1988, ABl.EG 89 L 74/15, Rn.42 f. „Gleiches gilt für die andere Muttergesellschaft SAV. Die Kommission ist deshalb der Auffassung, daß DSM und SAV für sich genommen für ihre Beteiligung an dem Kartell bis zur Gründung von LVM verantwortlich bleiben."; HIRSCH/BURKERT, Band 1, Artikel 85, 1.Teil, 1.Kapitel, A., V., 2., b), Rn.58 „(Es) können gegen die Mutter Geldbußen wegen wettbewerbsbeschränkender Absprachen festgesetzt werden, auch wenn diese nur von den Töchtern abgeschlossen und praktiziert werden. ... Die Regel ist die Verhängung von Geldbußen gegen die Konzernmutter.", (S.59; MESTMÄCKER/SCHWEITZER, 5.Kapitel (Verfahren in Wettbewerbssachen), § 23, II., 3., Rn.14, (S.503 f.); Wiedemann (DIECKMANN), 9.Kapital (Sanktionen, Verfahren und Rechtsmittel im EG-Kartellrecht), § 46, A., II., Rn.2, (S.1359); HEITZER, C., II., 3. „Während die Konzernmutter stets (!) heranziehbar ist, gilt die für nachgeordnete Konzernunternehmen nur, wenn diese ... angemessen beteiligt waren.", (S.74); Insbesondere reichen nach der Ansicht der EG-Kommission der Mehrheitsbesitz der Anteile reiche für eine Umsatzverhängung gegen die Muttergesellschaft aus; zu einer ausführlichen Untersuchung der Praxis: RÜTSCH, Teil 2, II., 9. (S.47), II., (S.38-47).

erscheint es nach der Systematik der FKVO nicht ausgeschlossen, dass A als beteiligtes Unternehmen für Handlungen von konzernmäßig verbundenen Unternehmen belangt wird.[614] Dies muss umso mehr gelten, wenn sie die letzte Erwerbshandlung durchführt. Zudem kann die Überlegung, At sei beteiligt und A nur begünstigt nicht überzeugen. Der Zusammenschlusstatbestand knüpft gerade nicht an den Rechtserwerb, sondern an die daraus folgende Veränderung der Einflussströme an.[615] Dies spricht auch dagegen, die Erfassung beteiligter Unternehmen vom zusammenschlussmäßig relevanten *letzten* Rechtserwerb abhängig zu machen.

Gegen die Einordnung von At als beteiligtes Unternehmen steht, dass dieses keine Kontrollmöglichkeit erwirbt und der Zusammenschlusstatbestand im *Verhältnis* von A zu C erfüllt wird. Für A und gegen At lässt sich ferner anführen, dass die zwischen beiden bestehende Verflechtung die Geschäftspolitik von At regelmäßig beeinflussen muss. Zunächst handelt es sich bei solchen Beteiligungsintensitäten nicht um Kapitalanlagen. Die abhängige Gesellschaft wird selbst ohne aktives Eingreifen der Mutter, die immerhin größte Eigenkapitalgeberin ist, den *Bedürfnissen* der Mutter Rechnung tragen.[616] Im deutschen Kartellrecht ist der Erwerb von 25,1% oder sogar weniger als Zusammenschluss definiert, weil dann schon Interessenberücksichtigungen erwartet werden, die zur Abfederung der Wettbewerbskräfte führen.[617] Damit ist es gerechtfertigt, A als beteiligtes Unternehmen anzusehen, da es auch die Vorteile aus einer Transaktion ziehen und das neu akquirierte Unternehmen mittelbar steuern kann. Bereits erläutert wurde ferner, dass die Umsatzberechnung von Unternehmensgruppen inhaltliche Übereinstimmungen mit der Konsolidierungsverpflichtung von Kon-

[614] Anderenfalls bliebe es der Konzernmutter eröffnet, immer über eine Erwerbsholding Transaktionen zu besorgen, um etwaigen Bußgeldsanktionen zu entgehen.

[615] Dies ergibt sich insbesondere auch aus der Treuhandklausel, Artikel 3 (3) lit.b FKVO [Artikel 3 (4) lit.b a.F.]; zu Einzelheiten siehe: EBENROTH/RÖSLER, RIW 1994, S.538, (S.532).

[616] Vgl. Lange (SCHRÖER), Kapitel 5 (Zusammenschlusskontrolle), § 1, II., 1., b), Rn.5 „Damit [sich darauf beziehend, dass es bei Artikel 3 FKVO (derselbe a.F.) für die Annahme des Kontrollerwerbs allein schon auf die Möglichkeit der bestimmenden Einflussnahme ankommt] wird der Umstand berücksichtigt, dass das kontrollierte Unternehmen häufig den Anweisungen des kontrollierenden Unternehmens durch freiwilliges Wohlverhalten vorbeugt.“, (S.401); KRIMPHOVE, Teil III (Die Beurteilung von Unternehmenszusammenschlüssen nach der europäischen Fusionskontrollverordnung), C., III., 1., (S.242).

[617] Zur Berücksichtigung von Minderheitsbeteiligungen bei der Ermittlung einer marktbeherrschenden Stellung im EG-rechtlichen Kontext: EG-KOMMISSION, Entscheidung (Akz. IV/M.1080 – Thyssen/Krupp) vom 2.6.1998, Rn.33; Wiedemann (WAGEMANN), 5.Kapital (Fusionskontrolle), 1.Abschnitt, § 16, D., II., 1., Rn.49, (S.527).

zernen aufweist. Auch in diesem Kontext ist regelmäßig[618] die Muttergesellschaft Ansatzpunkt des konsolidierten Abschlusses [Art.1 (1) Konsolidierungs-RiL]. Folgt man diesem Leitbild, so spricht dies dafür, das beteiligte Unternehmen in der höchsten Hierarchie anzusiedeln, um auch eine möglichst große Identität zwischen der FKVO und ihren Entwicklungsvorlagen zu erhalten.

Dies ergibt sich auch aus der Betrachtung einer dritten, strukturell leicht abweichenden Erwerbskonstellation, bei der Kontrolle durch den Rechtserwerb mehrerer umsatzleitend verbundener Rechtssubjekte erfolgt.

Beispiel 2:23 (Gesondert mittelbarer Kontrollerwerb, 3)
Entsprechend dem Beispiel 2:21 (Gesondert mittelbarer Kontrollerwerb, 1) mit der Maßgabe, dass A noch über eine 100%ige Beteiligung an dem Unternehmen At2 (€ 100 Mio.) verfügt; At und At2 erwerben hälftig die 37%ige Beteiligung von Bt

Abbildung 2-7 (Gesondert mittelbarer Kontrollerwerb, 3)

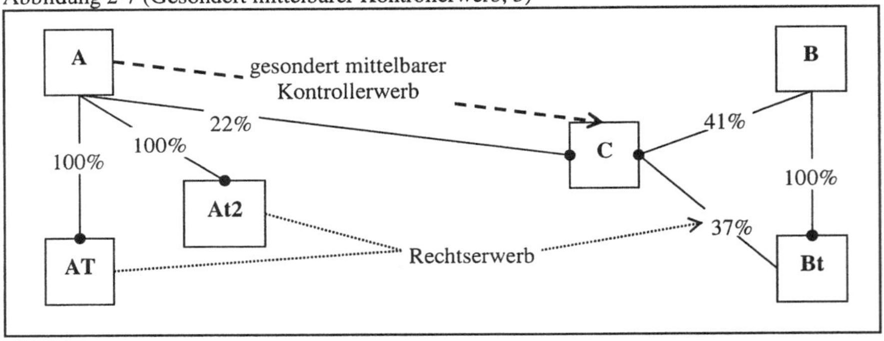

In dieser Konstellation zeigt sich, dass die Einordnung von A als beteiligtes Unternehmen die sachgemäße Vorgehensweise ist. Die erwerberseitig am Zusammenschluss beteiligte Umsatzeinheit bilden A+At+At2. Würde man vertreten, die direkten Rechtserwerber seien als beteiligtes Unternehmen zu qualifizieren, so eröffnet sich das Problem der *zwei* beteiligten Unternehmen innerhalb einer Unternehmensgruppe;[619] At und At2 erfüllen beide gleichberechtigt die Voraussetzungen, als beteiligtes Unternehmen zu fungieren. Mit der Prämisse,

---

618 Nur in ganz besonderen Ausnahmefällen wird von diesem Grundsatz abgewichen, sofern eine Konzerngesellschaft von so herausragender Bedeutung für die Konzernaktivitäten ist, dass die Aufstellung des Abschlusses bei dieser ansetzen soll.

619 Insbesondere: EG-KOMMISSION, Mitteilung zum Begriff der beteiligten Unternehmen, ABl.EG 1998 C 66/17, Rn.19; vgl. auch: NIEDERLEITHINGER, EWS 1990, S.76, (S.73).

Willkürlichkeit auszuschalten,[620] kann nur auf A als den einzigen, objektiv begründbaren Anknüpfungspunkt für die Umsatzkalkulation abgestellt werden.[621]

Im Interesse einer einheitlichen und sachgemäßen Bestimmung des beteiligten Unternehmens kann in Fällen des gesondert mittelbaren Einflusserwerbs nur die Mutter als Repräsentant der Unternehmensgruppe in Betracht gezogen werden.

(.2.2) Formelles Abhängigkeitsverhältnis

Ferner ist zu begutachten, wie Erwerbskonstellationen im Sinne der *Beispiele 3:21 (Gesondert mittelbarer Kontrollerwerb, 1)*[622] bis *3:23 (Gesondert mittelbarer Kontrollerwerb, 3)*[623] zu behandeln sind, wenn zwischen der in diesen Fällen vermittelnden Einheit zum „Kontrollerwerber" eine „bloß" formelle Verbindung im Sinne von Art.5 (4) lit.b FKVO (derselbe a.F.) besteht, die jedoch aufgrund besonderer Umstände nicht die Möglichkeit zur bestimmenden Einflussnahme ermöglicht.

Die Vorgehensweise lässt sich „einfach" überblicken. Zwar bilden hier die einzelnen Einheiten eine Unternehmensgruppe im Sinne von Art.5 FKVO (derselbe a.F.), jedoch *fehlt* es bereits an einem *Zusammenschluss*tatbestand. Der gesondert mittelbare Kontrollerwerb setzt die materielle Beherrschung der Mutter im Hinblick auf ihre Tochter voraus, weil sie ansonsten nicht die Wahrnehmung derer Einflussnahmepositionen maßgeblich steuern und damit eine mittelbare Zurechnung nicht erfolgen kann.[624]

Den gesondert mittelbaren Einflusserwerb kann es nicht geben, wenn die erwerberseitige Unternehmensgruppe ausschließlich über formelle Beherrschungspositionen zu einer solchen verbunden wird.

---

620 Siehe nur Fußnote 485.

621 So wohl auch EG-KOMMISSION, Mitteilung zum Begriff der beteiligten Unternehmen, ABl.EG 1998 C 66/15, Rn.5, 13 „Die beteiligten Unternehmen sind die direkten Teilnehmer an ... einem Kontrollerwerb ...Der Erwerb der alleinigen Kontrolle ... ist der direkteste Kontrollerwerb. (Das beteiligte) Unternehmen ... (ist) das übernehmende Unternehmen."

622 S.213.

623 S.218.

624 Beispiel: Unternehmen A ist zu 30% an dem Unternehmen B und zu 51% an dem Unternehmen C beteiligt. Weitere 40% an dem Unternehmen C stehen der ehemaligen Gründerfamilie zu, die über Mehrstimmrechtsaktien verfügen und weiterhin C alleine kontrollieren können. Die Beteiligung A/C begründet sich aus der hohen Rentabilität und der „Hoffnung" C irgendwann von der Gründerfamilie ganz zu erwerben. C erwirbt eine 30%ige Beteiligung an dem Unternehmen B, woraus allein keine Kontrollposition erwächst. Auch A wird C nicht kontrollieren könne, weil es keinen maßgeblichen Einfluss auf das umsatzmäßig verbundene Unternehmen C ausüben könnte.

(.2.3) Materielles Abhängigkeitsverhältnis

Letztendlich muss geprüft werden, ob das zur formell-materiell abhängigen Einheit gefundene Ergebnis auch dann bestätigt werden kann, wenn zwischen den erwerberseitig relevanten Einheiten eine rein materielle Abhängigkeitsbeziehung besteht. Anders als im vorangegangenen Abschnitt wäre nach dem formellen Beherrschungskonzept der Verbundsystematik umsatzmäßige Unternehmensgruppe im Sinne von Art.5 (4) FKVO (derselbe a.F.) gegeben. Der Zusammenschlusstatbestand wird jedoch aufgrund der hier zugrunde gelegten materiellen Beherrschungsbedingung erfüllt.

Beispiel 2:24 (Gesondert mittelbarer Kontrollerwerb, 4)
Entsprechend dem Beispiel 2:21 (Gesondert mittelbarer Kontrollerwerb, 1)625 mit der Maßgabe, dass A über eine 44%ige Beteiligung an At verfügt, jedoch in der Lage is,t diese alleine zu kontrollieren

Abbildung 2-8 (Gesondert mittelbarer Kontrollerwerb, 4)

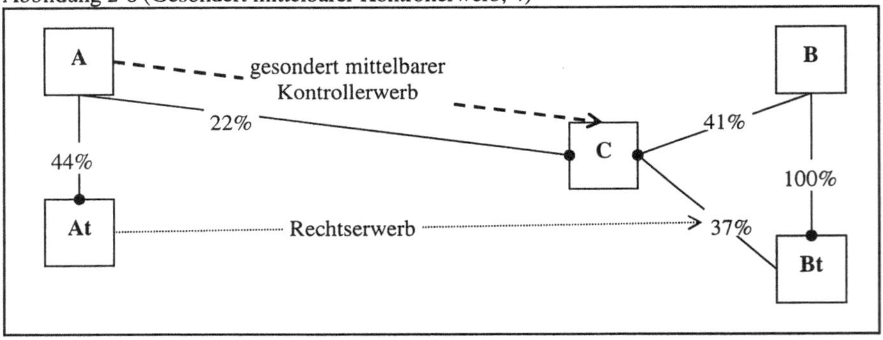

Anders als in dem *Ausgangsbeispiel 3:24 (Gesondert mittelbarer Kontrollerwerb, 1)* ist entsprechend dem Wortlaut von Art.5 (4) lit.b FKVO (derselbe a.F.) zwischen A und At keine Umsatzkumulation möglich. Es wurde jedoch bereits ermittelt, dass in bestimmten Kontrollerwerbsfällen eine zusammenschlusskonforme, am materiellen Kontrollkonzept orientierte Auslegung der Verbunddefinition geboten ist.[626] Zweifelhaft ist dabei, ob eine solche Ausnahmesituation hier vorliegt.

Geht man zunächst davon aus, dass man in diesem Fall strikt auf die Vorgaben der Verbundsystematik, das heißt das formelle Beherrschungskonzept, abstellen muss, so kann nur A als beteiligtes Unternehmen eingeordnet werden; allein sie ist Kontrollerwerberin.

Offen bleibt, ob auch At umsatzmäßig berücksichtigt werden darf. Für die Ermittlung des Zusammenschlusstatbestandes muss grundsätzlich die materielle

625 S.213.
626 S.192.

Beherrschungsfrage zwischen A und At geklärt werden, weil anderenfalls A keine Kontrolle an C erwerben würde. Eine umsatzmäßige Zusammenfassung von A und At würde damit keiner weiterführenden Ermittlungen bedürfen. Es fehlt allerdings an der die Ausnahme rechtfertigenden Gefährdungslage. Würde man At nicht umsatzmäßig mit A verbinden, würden nicht mehrere beteiligte Unternehmen innerhalb einer materiell definierten Unternehmensgruppe existieren.

Im Ergebnis sollte man hier At nicht umsatzmäßig berücksichtigen. Es liegt kein systematischer Widerspruch zwischen Zusammenschlusstatbestand und der Verbundsystematik vor, weshalb der eindeutige Wortlaut aus Zielvorgabe des Verordnungsverfassers auslegungsresistent bewertet werden muss.[627]

Erwirbt ein Unternehmen die gesondert mittelbare Kontrolle an einem Zielobjekt, ohne mit dem partiellen Einflussvermittler formell – wohl aber materiell beherrschend – verbunden zu sein, so muss dieser als beteiligtes Unternehmen fungieren.

(.2.4) Fazit

Beim gesondert mittelbaren Kontrollerwerb muss das einflusserwerbende auch als beteiligtes Unternehmen fungieren. Der oder die Einflussnahmepositionen vermittelnden Einheiten können nur, sofern die Abhängigkeit neben der materiellen Beherrschungsmöglichkeit auch den Anforderung des Art.5 (4) lit.b FKVO (derselbe a.F.) Rechnung trägt, als verbundene Unternehmen berücksichtigt werden.

(.3) Gestuft mittelbarer Erwerb über eine abhängige Einheit

Letztendlich gilt es, Fälle des gestuft mittelbaren Kontrollerwerbs zu untersuchen. [628]Auch hier muss aus den bereits zum gesondert mittelbaren Kontrollerwerb angestellten Überlegungen zwischen der formell, der materiell sowie der formell-materiell abhängigen Einheit, die hier jedoch selbst Kontrollerwerberin ist, unterschieden werden.

(.3.1) Formell-materielles Abhängigkeitsverhältnis

Der Übersichtlichkeit zuträglich erscheint es, mit dem Fall des unmittelbaren Kontrollerwerbs durch eine formell-materiell abhängige Einheiten zu beginnen.

---

[627] EG-KOMMISSION, Mitteilung zum Begriff der beteiligten Unternehmen, ABl.EG 1998 C 66/17, Rn.18 f.

[628] EG-KOMMISSION, Entscheidung (IV/M.697 – Lockheed Martin/Loral Corporation) vom 27.3.1996, Rn.1, 4.

Beispiel 2:25 (Gestuft mittelbarer Kontrollerwerb, 1)
Das Unternehmen At (€ 100 Mio.) ist ein regional tätiges Strom-Weiterverteiler-Unternehmen. An dieser ist das Unternehmen A (€ 1,5 Mrd.), ein börsennotiertes Stromversorgungsunternehmen, zu 89% beteiligt und übt die alleinige Kontrolle aus. At schließt mit dem Insolvenzverwalter B einen Unternehmenskaufvertrag hinsichtlich des Unternehmens C (€ 200 Mio.), einer Eigentümer- und Betreibergesellschaft eines Kernkraftwerkes. An dieser ist die insolvente und von B verwaltete Bt zu 100% beteiligt; B soll eine „Geldanlage" in Höhe von 24,9% der Stimmrechte verbleiben.

Abbildung 2-9 (Gestuft mittelbarer Kontrollerwerb, 1)

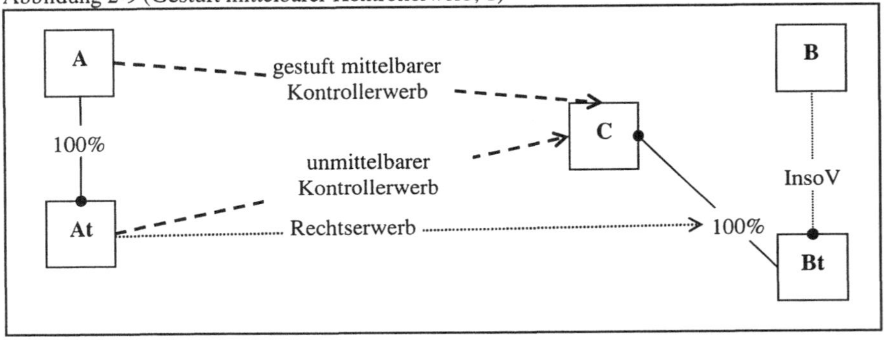

Die erwerberseitige Unternehmensgruppe besteht aus A+At; beide kommen als Re-präsentant der Gesamtumsätze in Betracht.[629] Anders als in Fällen des gesondert mittelbaren Kontrollerwerbs erwerben hier sowohl A als auch At die Möglichkeit zur bestimmenden Einflussnahme auf C, wobei A diese durch At vermittelt bekommt.[630] Um Willkür bei der Auswahl des beteiligten Unternehmens auszuschalten, darf es auch in diesem Fall nicht bei einem „Entweder/Oder" bleiben, sondern es muss eine auf *objektiven* Kriterien aufbauende Lösung gefunden werden.

Zieht man die Erwägungen zum *Beispiel 2:21 (Gesondert mittelbarer Kontrollerwerb, 1)*[631] heran, so müsste A als beteiligtes Unternehmen eingeordnet werden. Dafür spricht auch die Feststellung, dass die Verortung des beteiligten Unternehmens in der *obersten Hierarchie* eines Unternehmensverbundes den bilanztechnischen Prägungen der FKVO am besten entsprechen würde.

---

629 Hierzu auch: STOCKENHUBER, Teil II, Kapitel 6 (Gemeinschaftsweite Bedeutung), III., 2., (S.168); O'KEEFFE, ECLR 1994, S.22 f., (S.21); SIRAGUSA/SUBIOTTO, WuW 1991, S.877, (S.872).

630 Vgl. SIRAGUSA/SUBIOTTO, WuW 1991, S.879, (S.872).

631 S.213.

An dieser Vorgehensweise könnte man jedoch Bedenken haben, weil ein wesentliches Argument, welches bei den gesondert mittelbaren Kontrollerwerbsfällen angeführt wurde, nämlich, dass nur ein Anknüpfungspunkt der Umsatzkalkulation existieren könne, sofern man sich an den aufzubauenden Einflussstrukturen orientiert, wegfällt. Denn von dem „niedrigsten" Kontrollerwerber zieht sich die Einflussnahmemöglichkeit bis in die Spitze eines abstellend auf die materielle Beherrschung definierten Konzerns. Allein die für At sprechende These, der „nähere" setze sich gegenüber dem „ferneren" Kontrollerwerb durch, reicht allerdings auch nicht aus, um ernsthafte Zweifel zu erzeugen.[632] Sie wird weder von Art.3 (1) FKVO (derselbe a.F.) noch von anderen Normen der FKVO unterstützt. Wer das Zielobjekt letztendlich steuert, hängt davon ab, wer seinen Einfluss *autonom* geltend macht. Übt A seinen Einfluss auf At aus, so dient dieses als bloßes Werkzeug,[633] während bei Zurückhaltung ersterer At die Einflussnahmemacht zukommen würde. In diesem Umstand liegt aber genau das Problem, denn einerseits stellt der Zusammenschlusstatbestand nicht auf die Ausübung des Einflusses, sondern auf die bloße Möglichkeit der Ausübung ab.[634] Andererseits wurde es aus Rechtssicherheits- und Beweiserwägungen abgelehnt, die Bestimmung des beteiligten Unternehmens von der Einflussausübung abhängig zu machen, weshalb mit gleichen Argumenten auch ein Abstellen auf künftige Einflussnahme entfällt. Legt man die Philosophie der Zusammenschlussdefinition zu Grunde, eine Konzentration könne schon bei der bloßen Kontrollmöglichkeit angenommen werden, weil im Ergebnis auch die tatsächliche Einflussnahme zu vermuten wäre, so würde dies für die Bestimmung des beteiligten Unternehmens den Schluss zulassen, dass immer der Kontrollerwerber höchster Stufe seine Möglichkeiten nutzen und den untergeordneten Ebenen die Autonomie nehmen wird.

Ließe man sich zudem auf die angedeutete Argumentation, dass Kontrolle nicht gleich Kontrolle ist, ein, würde dies ebenfalls für das Abstellen auf den „ferneren", da übergeordneten Einflusserwerber sprechen; dieser könnte zusätzlich noch über eigene Einflussnahmemöglichkeiten am Zielobjekt verfügen und somit ein Plus an Einflussrechten ableiten.

---

632 So (ohne es ausdrücklich anzusprechen) wohl: EG-KOMMISSION, Mitteilung zum Begriff der beteiligten Unternehmen, ABl.EG 1998 C 66/17, Rn.18.

633 Deutlich erkennbar, wenn eine „spezial purpose company" als unmittelbare Erwerberin auftritt; zu diesen Sachverhalten: Lange (SCHRÖER), Kapitel 5 (Zusammenschlusskontrolle), § 1, II., 1., b), ee), Rn.19 (S.411).

634 Lange (SCHRÖER), Kapitel 5 (Zusammenschlusskontrolle), § 1, II., 1., b), Rn.5 „Die bloße Möglichkeit der Einflussnahme reicht aus, es muss von ihr also nicht tatsächlich Gebrauch gemacht werden.", (S.401).

Beispiel 2:26 (Gestuft mittelbarer Kontrollerwerb, 2)
Entsprechend dem mit der Maßgabe, dass A selbst über eine 25,1%ige Beteiligung direkt an C beteiligt ist und At nur 50% der Stimmrechte erwirbt

In dieser Fallkonstellation müsste man mit A als dem „höheren“ Kontrollerwerber eine intensivere Einflussnahmestruktur zubilligen, zumal A sich theoretisch mit B koordinieren könnte, um At in seiner Kontrollmöglichkeit patt zu setzen. Ohnehin soll aber für diese Arbeit angenommen werden, dass man Kontrolle hat oder nicht,[635] weshalb eine auf die Nähe zum Zielobjekt fußende Argumentation nicht zu einer Entscheidung beiträgt. Allein zwischen alleiniger und gemeinsamer Beherrschungsmöglichkeit besteht ein qualitativer Unterschied.[636]

Für eine Heranziehung der obersten Hierarchie als beteiligtes Unternehmen lässt sich neben allem anführen, dass die Bestimmung den Gestaltungsmöglichkeiten des Gesellschaftsrechtes entzogen und damit von einer etwaigen Willkür der Unternehmen abgekoppelt wäre. Allein die Spitze einer Unternehmensgruppe ist nicht in der Lage, ihre Einflussmöglichkeiten zu manipulieren, es sei denn, sie gäbe die sie begünstigenden Strukturen auf – dann wäre sie aber auch nicht mehr für den Kontrollerwerb relevant. Dagegen können untergeordnete Einflusserwerber frei gewählt werden. Ob Kontrolle an einem Zielobjekt über eine Tochter oder sogar deren Enkelgesellschaften vermittelt wird, ist für die darüber liegenden Hierarchien, wenn sie denn ihre Leitungsmacht ausüben wollen, ohne Belang. Eine willkürliche Auswahl des beteiligten Unternehmens ist damit nur dann ausgeschlossen, wenn immer letztere als dieses fungiert.

Auch bei Fällen des gestuft mittelbaren Kontrollerwerbs muss immer die oberste Hierarchie als beteiligtes Unternehmen fungieren.[637] Es bestätigt sich damit die bisher herausgearbeitete Vorgehensweise.

---

[635] Vgl. hierzu auch stellvertretend: Immenga/Mestmäcker (IMMENGA), EG-WbR, Band I, VII.Abschnitt (Fusionskontrollverordnung), D., Artikel 3, IV., 1., c), Rn.54, (S.935); vgl. zudem die Nachweise in Fußnote 776.

[636] Siehe ebenfalls die Nachweise in Fußnote 776.

[637] Andere Ansicht: EG-KOMMISSION, Mitteilung zum Begriff der beteiligten Unternehmen, ABl.EG 1998 C 66/17, Rn.18; Wiedemann (WIEDEMANN), 5.Kapital (Fusionskontrolle), 1.Abschnitt, § 15, B., III., 3., Rn.72, (S.497); STOCKENHUBER, Teil II, Kapitel 6 (Gemeinschaftsweite Bedeutung), III., 2., (S.168); dagegen aber abstellend auf die oberste Hierarchie beim gestuft mittelbaren Kontrollerwerb: EG-KOMMISSION, Entscheidung (Akz. Comp/M.3003 – Electrabel/Energia/Interpower) vom 23.12.2002, Rn.8; Entscheidung (Akz. IV/M.1169 – EDFI/Graninge) vom 25.8.1998, WuW/E (EU-V) 58, Rn.15.

(.3.2) Formelles Abhängigkeitsverhältnis

Die zusammenschlussrechtliche Erfassung des gesondert mittelbaren Kontrollerwerbs durch eine rein formell im Sinne von Art.5 (4) lit.b FKVO (derselbe a.F.) abhängige Einheit hindurch wurde bereits verneint. Anders liegt die Sachlage beim gestuft mittelbaren Kontrollerwerb, weil die bloß formell abhängige Einheit bereits selbst die Möglichkeit zur bestimmenden Einflussnahme aus ihren Rechtspositionen ableiten kann und damit den Zusammenschlusstatbestand erfüllt.

Abgesehen von der geringen Praxisrelevanz kann in solchen Fällen nur das kontrollerwerbende Unternehmen selbst als beteiligtes Unternehmen fungieren. Die mit diesem umsatzleitend verbundene höhere Hierarchie kann dagegen keinen eigenen Bezug zum Zusammenschluss herstellen, weil es am materiellen Beherrschungsmodus fehlt. Ob man in solchen Fällen eine Umsatzzurechnung für zulässig erachten kann, erscheint zweifelhaft, wurde aber im Hinblick auf den eindeutigen Wortlaut der Verbundsystematik befürwortet.

Beim Kontrollerwerb durch eine rein formell abhängige Einheit fehlt es am Zusammenschluss zwischen der umsatzmäßigen Muttergesellschaft und dem Zielobjekt. Beteiligtes Unternehmen kann hier – entgegen der bisher herausgearbeiteten Vorgehensweise – nur die abhängige Einheit selbst sein.

(.3.3) Materielles Abhängigkeitsverhältnis

Es bleibt zu untersuchen, wie das beteiligte Unternehmen zu bestimmen wäre, wenn zwischen den gestuft kontrollerwerbenden Einheiten eine Umsatzdurchleitung *nicht* möglich ist, weil die Vorgaben von Art.5 (4) lit.b FKVO (derselbe a.F.) nicht erreicht werden.

Beispiel 2:27 (Gestuft mittelbarer Kontrollerwerb, 3)
Entsprechend dem Beispiel 2:28 (Gestuft mittelbarer Kontrollerwerb, 1)[638] *mit der Maßgabe, dass zwischen A und At eine 44%ige Beteiligung besteht, die zusammen mit der gesellschaftsvertraglich abgesicherten Befugnis zur Bestellung eines von drei Geschäftsführern es A ermöglicht, steuernd auf die Geschäftspolitik von At Einfluss zu nehmen.*

Anders als im *Beispiel 2:29 (Gestuft mittelbarer Kontrollerwerb, 1)* besteht zwischen A und At keine formelle Beherrschungsverflechtung. Zieht man die Argumenta-

---

638 S.222.

tion zu dem *Beispiel 2:30 (Gestuft mittelbarer Kontrollerwerb über mehrere abhängige Einheiten, 1)*[639] heran, so käme man zu dem Ergebnis, dass A als beteiligtes Unternehmen einzuordnen wäre, wobei die Umsatzerlöse von At unberücksichtigt blieben.

Bedenken bereitet die Übernahme dieser Vorgabe, da At aufgrund des eigenen Kontrollerwerbs ebenfalls eine gemessen an Art.3 FKVO (derselbe a.F.) konzentrationstechnisch relevante Beziehung zu Z herstellen wird; At darf damit nicht als unbeachtlich vernachlässigt werden. Da A und At konzernmäßig miteinander verbunden sind, erscheint es mit dem Gedanken der EG-Kommission, dass nur ein beteiligtes Unternehmen innerhalb eines Unternehmensverbundes existieren dürfe,[640] geboten, eine „Entwerder/Oder“-Lösung für das Problem zu finden. Die daraus folgende Alternative würde in einem Abstellen auf At als unmittelbare Kontrollerwerberin und einer Ausklammerung der A bestehen. Auch dieser Ansatz kann jedoch nicht überzeugen, da A selbst auch Kontrollerwerberin ist.

Für diesen Fall wurde bereits die vermittelnde Lösung zur materiellen Auslegung der formalen Beherrschungskonzeption des Art.5 (4) lit.b FKVO (derselbe a.F.) herausgearbeitet. Für die Feststellung aller am Zusammenschluss beteiligten Unternehmen muss die Beziehung zwischen A und At nach materiellen Maßstäben bewertet werden, weshalb eine umsatzmäßige Zusammenfassung keine weiteren Ermittlungen in dieser Hinsicht notwendig machen würde. Ferner liegt in diesem Fall die das Abweichen vom Wortlaut des Art.5 (4) lit.b FKVO (derselbe a.F.) rechtfertigende *Gefährdungslage* zu systematischen Unstimmigkeiten vor. Weil sowohl A und At bestimmenden Einfluss auf C erfahren und damit – sofern sie nicht umsatzmäßig als Einheit anerkannt werden – zwei beteiligte Unternehmen innerhalb einer aus der materiellen Perspektive bewerteten Unternehmensgruppe stehen, muss hier der Wortlaut der Verbundsystematik vernachlässigt werden, sodass A und At trotz Verfehlens der Verbunddefinition als umsatzmäßige Unternehmensgruppe zu betrachten sind. Dann unterscheidet sich dieser Sachverhalt in seiner rechtlichen Erfassung nicht mehr vom Ausgangsfall *Beispiel 2:25 (Gestuft mittelbarer Kontrollerwerb, 1)*, sodass eine entsprechende Behandlung bei der Bestimmung des beteiligten Unternehmens notwendig ist. A ist mithin als beteiligtes Unternehmen zu qualifizieren.

---

[639] S.220.

[640] Vornehmlich: EG-KOMMISSION, Mitteilung über den Begriff der beteiligten Unternehmen, ABl.EG 1998 C 66/17, Rn.19; siehe aber auch: NIEDERLEITHINGER, EWS 1990, S.76, (S.73).

In gestuft mittelbaren Kontrollerwerbsfällen müssen die kontrollerwerbenden Unternehmen einer aus der Perspektive des Wortlautes von Art.5 (4) lit.b FKVO (derselbe a.F.) nicht existenten Unternehmensgruppe zu einer solchen zusammengefasst werden. Die Behandlung entspricht dann denjenigen Fällen, in denen die gestuften Kontrollerwerber über eine formell-materielle Beherrschungsmöglichkeit miteinander verflochten sind.

(.3.4) Fazit

Beim gestuft mittelbarem Kontrollerwerb ist immer die oberste der bestimmenden Einfluss am Zielobjekt erlangenden Einheiten als beteiligtes Unternehmen einzustufen.[641]

(bb) Mehrere Unternehmen als Erwerber

Der praktisch bedeutsamste Kontrollerwerb mehrerer Unternehmen an einem Zielobjekt, der gemeinsame Kontrollerwerb, wird gesondert untersucht. Alleinige Kontrollerwerbsfälle sind deshalb hier nur in zwei Konstellationen zu besprechen.

Einerseits können mehrere Unternehmen jeweils alleinige Kontrolle an jeweils einem Zielobjekt erlangen. Zu diskutieren wäre in diesem Zusammenhang insbesondere die Vorgehensweise, wenn Art.5 (2) Uabs.2 FKVO (derselbe a.F.) Anwendung finden würde,[642] und damit die einzelnen Vorgänge als zu einem einzigen Zusammenschluss zusammengefasst werden müssten; Voraussetzung ist hierzu, dass die Kontrollerwerber von ein und derselben Muttergesellschaft abhängig sind.

Ferner ist der strukturelle Mischfall des gemeinsamen Kontrollerwerbs durch zwei Unternehmen zu untersuchen, wenn diese von einer Muttergesellschaft abhängig sind, sodass es parallel zu einem gestuft mittelbaren alleinigen Kontrollerwerb der Mutter kommen würde. Getreu der bereits einleitend festgelegten Fallgruppeneinteilung anhand der Einflusserwerbsstruktur innerhalb der höchsten Hierarchie eines materiell definierten Konzerns muss auch dieser Fall hier besprochen werden.

---

641 Andere Ansicht: EG-KOMMISSION, Mitteilung zum Begriff der beteiligten Unternehmen, ABl.EG 1998 C 66/117, Rn.18; dem entgegen abstellend auf die oberste Hierarchie allerdings: Entscheidung (Akz. Comp/M.3003 – Electrabel/Energia/Interpower) vom 23.12.2002, Rn.8.; Entscheidung (Akz. IV/M.1169 – EDFI/Graninge) vom 25.8.1998, WuW/E (EU-V) 58, Rn.15.

642 Eingehend noch: bb. Zusammenfassung mehrerer Transaktionen, Uabs.2 (derselbe a.F.), (S.355-378).

(.1) Gestuft mittelbarer Erwerb über mehrere abhängige Einheiten

Auch wenn soeben bereits festgestellt wurde, dass der gestuft mittelbare Kontrollerwerb durch eine formell-materiell sowie bloß materiell abhängige Einheit identisch zu behandeln ist, soll aufgrund der besseren Übersichtlichkeit erneut zwischen beiden Konstellationen unterschieden werden.

(.1.1) Formell-materiell Abhängigkeitsverhältnis

Zunächst soll der Erwerbsfall durch Unternehmen, die über umsatzleitende Verflechtungen von ein und demselben Gesellschafter abhängig sind, begutachtet werden. Zu beginnen ist mit der Variante, bei der die abhängigen Einheiten jeweils die alleinige Kontrolle an einem Zielobjekt erwerben. Kurz illustriert werden soll der Fall, bei dem Art.5 (2) Uabs.2 FKVO wegen Fehlens der Voraussetzungen auf der Veräußererseite nicht anwendbar ist.[643]

Beispiel 2:30 (Gestuft mittelbarer Kontrollerwerb über mehrere abhängige Einheiten, 1)
Die Unternehmen At1 (€ 200 Mio.) und At2 (€ 200 Mio.) sind zwei Bausstoffhersteller. At1, erwirbt von dem Unternehmen B1 (250 Mio. €) eine 100%ige Beteiligung an dem Unternehmen Z1 (€ 400 Mio.). At2 erwirbt von dem Unternehmen B2 (€ 300 Mio.) parallel eine 100%ige Beteiligung an dem Unternehmen Z2 (€ 400 Mio.), einem Spezialchemieunternehmen. An At1 und At2 ist das Unternehmen A (€ 500 Mio.), ein börsennotiertes Pharmaunternehmen, je zu 100% beteiligt.

Abbildung 2-10 (Gestuft mittelbarer Kontrollerwerb über mehrere abhängige Einheiten, 1)

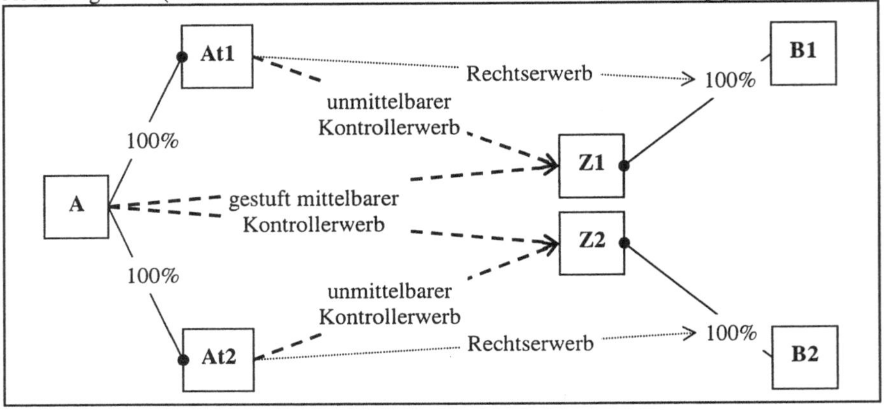

643 So muss es sich jedenfalls veräußererseitig um denselben Umsatzverbund handeln, aus dem Ressourcen heraus erworben werden.

In diesem Sachverhalt bilden erwerberseitig A+At1+At2 die fusionsrechtliche Umsatzeinheit mit einem Gesamtumsatz von € 900 Mio. Da jedoch die einzelnen Erwerbsfälle nicht über Art.5 (2) Uabs.2 FKVO (derselbe a.F.) zu einem Zusammenschluss zusammengefasst werden könnten – es fehlt an dem einheitlichen Bezugspunkt auf der Veräußererseite –, handelt es sich um zwei Zusammenschlüsse im Sinne von *Beispiel 2:31 (Gestuft mittelbarer Kontrollerwerb, 1)*[644].

Anders wäre die Behandlung des Falles zu beurteilen, wenn die Zielobjekte auch von ein und demselben Veräußerer stammen.

Beispiel 2:32 (Gestuft mittelbarer Kontrollerwerb über mehrere abhängige Einheiten, 2)
Entsprechend dem Beispiel 2:30 (Gestuft mittelbarer Kontrollerwerb über mehrere abhängige Einheiten, 1) mit der Maßgabe, dass sowohl Z1 als auch Z2 von der B1 erworben werden

Die Besonderheit besteht darin, dass Art.5 (2) Uabs.2 FKVO (derselbe a.F.) beide Transaktionen bei einem zeitlich versetzten Erwerb zu einem einzigen Zusammenschluss verbinden würde.[645] Dies muss dann erst recht der Fall sein, wenn sie zeitgleich oder vielmehr innerhalb einer logischen Sekunde erfolgen. Erblickt man nun die fusionsrechtlich relevante Umsatzeinheit in A+At1+At2, so kann nur A als beteiligtes Unternehmen in Betracht gezogen werden. Dies erschließt sich aus der Tatsache, dass At1 und At2 an dem Kontrollerwerbsvorgang des jeweils anderen unbeteiligt sind, weil sie mit den jeweiligen Kontrollerwerbern, hinsichtlich A+At1 an Z1 sowie A+At2 an Z2, nur im Sinne von Art.5 (4) lit.b bzw. lit.d FKVO (derselbe a.F.) verbunden wären. Da ferner zwei beteiligte Unternehmen innerhalb eines Umsatzverbundes nicht existieren können, darf nur A, die als mittelbare Kontrollerwerberin eine Verbindung zu beiden Transaktionen herstellen kann, als dieses fungieren.

Dieser letzte Fall zwingt neben den bereits gefundenen Argumenten zu der Annahme, dass immer die höchste Hierarchie als beteiligtes Unternehmen fungieren sollte.

---

644 S.222.

645 Zwar könnte man einwenden, dass die Transaktionen zwischen At1 und B1 sowie At2 und B1 stattfinden und damit schon auf der Erwerberseite nicht ein und dieselbe Einheit steht, jedoch kann hier bereits vorweggenommen werden, dass es ausreichend ist, dass mit A und B1 an beiden Transaktionen identische Einheiten innerhalb eines Unternehmensverbundes beteiligt sind – es kommt nicht auf den unmittelbaren Rechtserwerb an: (I) Mehrere Erwerbsvorgänge zwischen denselben Unternehmen und Personen, (S.356-361).

Dass keine anderweitige Lösung des Problems möglich erscheint, ergibt sich ferner auch aus dem Fall, bei dem At1 und At2 die gemeinsame Kontrolle an einem Zielobjekt erlangen.

Beispiel 2:33 (Gestuft mittelbarer Kontrollerwerb über mehrere abhängige Einheiten, 3)
Entsprechend dem Beispiel 2:32 (Gestuft mittelbarer Kontrollerwerb über mehrere abhängige Einheiten, 2) mit der Maßgabe, das At1 und At2 je 50% von der B2 an Z2 erwerben; At1 jedoch nicht die Kontrolle an der A2 erwirbt

Abbildung 2-11 (Gestuft mittelbarer Kontrollerwerb über mehrere abhängige Einheiten, 3)

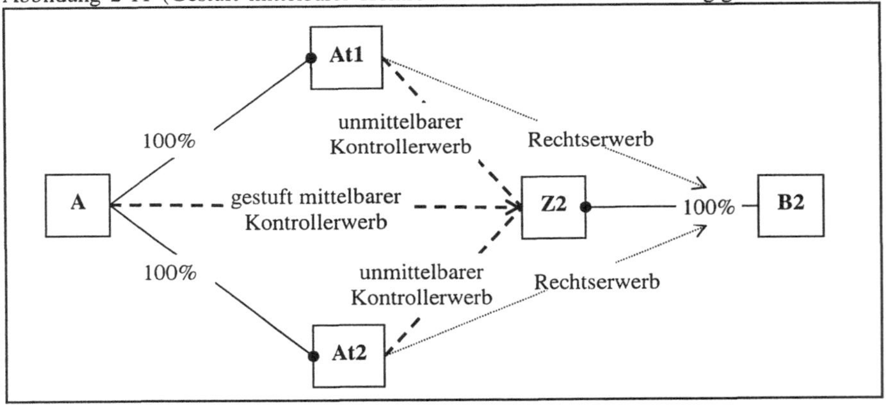

Der Kontrollerwerb an Z2 durch At1 und At2 führt zur Gründung eines Gemeinschaftsunternehmens, weshalb der Zusammenschluss in diesem Kontext zu prüfen wäre. Allerdings liegt die Besonderheit darin, dass A über At1 und At2 mittelbar die gestufte Kontrollmöglichkeit erlangt, weshalb dieser Sachverhalt sogar im Zusammenhang mit dem gestuft mittelbaren Kontrollerwerb eines Unternehmens hätte geprüft werden können[646] – man könnte Z2 als künftige Volltochter der A+At1+At2-Gruppe bezeichnen –[647], jedoch aufgrund der besonderen Diamantformation hier in die Diskussion aufgenommen wurde.

Auch in dieser Fallkonstellation bilden A+At1+At2 die relevante Umsatzeinheit der Erwerberseite. Erneut wird deutlich, dass eine sachgemäße

[646] Siehe hierzu das in der erwerberseitigen Unternehmensstruktur identische Beispiel 2:23 (Gesondert mittelbarer Kontrollerwerb, 3), (S.218).
[647] Nachweise in Fußnote 535.

Umsatzkalkulation nur dann möglich erscheint, wenn A als beteiligtes Unternehmen fungiert. Ein Abstellen auf At1 oder At2 würde willkürlich erscheinen und nicht der Tatsache gerecht werden, dass beide eine Kontrollbeziehung zu Z2 herstellen.
Beide als beteiligte Unternehmen anzusehen, widerspricht dagegen dem Erfordernis, pro Umsatzeinheit nur ein beteiligtes Unternehmen zu etablieren.[648]

Erwerben mehrere formell-materiell von einer Muttergesellschaft abhängige Einheiten die Kontrolle an einem Zielobjekt,[649] so kann nur die gemeinsame Muttergesellschaft als beteiligtes Unternehmen herangezogen werden.

(.1.2) Materielles Abhängigkeitsverhältnis

Es stellt sich letztendlich die Frage, ob entsprechend der Gleichbehandlung der Fälle des gestuft mittelbaren Kontrollerwerb durch eine formell-materiell[650] sowie eine bloß materiell[651] abhängige Vermittlerin verfahren werden kann, wenn mehrere Kontrollerwerber von einem Bezugspunkt bloß materiell abhängig sind.

Grundsätzlich müsste es auch hier zu einer separaten Berücksichtigung der einzelnen Kontrollerwerber als beteiligte Unternehmen kommen. Bedingt durch bereits festgestellte Systemwidrigkeit dieser Vorgehensweise, muss erneut eine Absenkung der Verbunddefinition auf das materielle Beherrschungskriterium im Verhältnis der Mutter zur jeweils kontrollvermittelnden Tochter angenommen werden (Vgl. hierzu die Erwägungen: Gliederungsposten). Offen bleibt zunächst, welche Auswirkungen Art.5 (2) Uabs.2 FKVO auf die wirtschaftliche Zusammenfassung hat.[652]

---

648 Dazu: EG-KOMMISSION, Mitteilung zum Begriff der beteiligten Unternehmen, ABl.EG 1998 C 66/17, Rn.19; ferner auch: NIEDERLEITHINGER, EWS 1990, S.76, (S 73).

649 Ein solcher Fall ist auch anzunehmen, wenn die Kontrollerwerber direkt in einem Über-/Unterordnungsverhältnis stehen. A ist zu 100% an B beteiligt A erwirbt eine 100%ige Beteiligung an C1 und B eine 100%ige Beteiligung an C2, beides Tochterunternehmen der C-AG. Hier wäre die höchste Hierarchie, das heißt A, als beteiligtes Unternehmen zu qualifizieren. A erwirbt unmittelbare Kontrolle an C1 und gestuft mittelbare Kontrolle an C2.

650 Beispiel 2:25 (Gestuft mittelbarer Kontrollerwerb, 1) und Beispiel 2:26 (Gestuft mittelbarer Kontrollerwerb, 2), (S.222, 224).

651 Beispiel 2:27 (Gestuft mittelbarer Kontrollerwerb, 3), (S.225).

652 Siehe zu dieser Fragestellung (II) Zusammenfassung zu einem Zusammenschluss, (S.361-378).

Sinngemäße Überlegungen gelten ferner auch für das *Beispiel 2:33 (Gestuft mittelbarer Kontrollerwerb über mehrere abhängige Einheiten, 3)*[653]

(.1.3) Mischfälle

Vollständigkeitshalber soll der Mischfall bedacht werden, bei dem eine vermittelnde Einheit formell-materiell und die andere Einheit bloß materiell mit der Mutter verbunden sind.

Beispiel 2:34 (Gestuft mittelbarer Kontrollerwerb über mehrere abhängige Einheiten, 4)
Entsprechend dem Beispiel 2:32 (Gestuft mittelbarer Kontrollerwerb über mehrere abhängige Einheiten, 2)654 mit der Maßgabe, dass At2 von A materiell abhängig ist, weil A eine 44%ige Beteiligung hält, die es ihr aber ermöglicht, bestimmenden Einfluss auf At2 auszuüben

Auch in diesem Fall muss A als beteiligtes Unternehmen fungieren, weil bereits belegt wurde, dass es für die Behandlung des gestuft mittelbaren Kontrollerwerbs unerheblich ist, ob die vermittelnde Tochter über eine Verflechtung im Sinne von Art.5 (4) lit.b FKVO kontrolliert werden kann oder ob die Verflechtung – wie im Verhältnis A/At2 – die Vorgaben der Verbunddefinition verfehlt. Allein entscheidend ist, dass der Mutter die Möglichkeit zur bestimmenden Einflussnahme vermittelt wird.

(.2) Fazit

Erwerben mehrere Unternehmen die alleinige oder gemeinsame Kontrolle an einem oder mehreren Zielobjekten, so muss, sofern sie beide von ein und demselben Gesellschafter kontrolliert werden können, dieser als beteiligtes Unternehmen fungieren. Dabei ist es unbeachtlich, ob zwischen dem gestuft mittelbaren Kontrollerwerber und der vermittelnden Einheit eine Verflechtung im Sinne von Art.5 (4) lit.b FKVO besteht, weil im Verhältnis dieser zueinander eine materielle Beherrschungsbeziehung für die Umsatzzusammenrechnung ausreichend wäre.

(cc) Investor oder Holding

Der Kontrollerwerb durch natürliche oder juristische Personen, die selbst keiner wirtschaftlichen Tätigkeit nachgehen, unterscheidet sich strukturell nicht von den bereits behandelten Erwerbsfällen, da es für die Zuordnung der Repräsentationsfunktion nicht darauf ankommen kann, ob eigene wirtschaftliche Tätigkeiten ausgeübt werden oder nicht. Eine hier noch zu würdigende Besonderheit besteht jedoch dahingehend, dass die FKVO zwischen Unternehmen und

---

653 S.230.
654 S.229.

Personen in der Akquisiteurstellung, gemessen an der wirtschaftlichen Tätigkeit, *unterscheidet* und letztere nur als berücksichtigungsfähig anerkennt, wenn sie Unternehmen kontrollieren.[655] Diese Unterscheidung begründet begriffliche Schwierigkeiten, denn die fusionsrechtliche Umsatzberechnung stellt ausschließlich auf die Umsatzerlöse der beteiligten *Unternehmen* ab;[656] Personen in der Erwerberstellung sind jedoch nach der differenzierten Behandlung der FKVO eben keine Unternehmen. Ferner verlangt der Zusammenschlusstatbestand, sofern er Personen als Erwerber berücksichtigt, nicht, dass diese im Sinne von Art.5 (4) lit.b (!) FKVO (derselbe a.F.) ein Unternehmen beherrschen müssen, weshalb diese keine Umsatzeinheit nach der Verbundsystematik bilden müssen. Um diese Zweifel zu untersuchen muss angelehnt an eine Person, die bereits Unternehmen kontrolliert, geprüft werden, wie den „Ungereimtheiten" zu begegnen ist. Differenziert werden muss zwischen den Personen, die im Zusammenschlusszeitpunkt ein Unternehmen formell-materiell sowie bloß materiell kontrollieren.

Erfüllt die Beziehung zwischen der Person und dem vor dem Zusammenschluss bereits notwendig zu kontrollierenden Unternehmen nicht die Voraussetzungen der materiellen Beherrschungsmöglichkeit, so ist ungeachtet der Frage, ob allein die Voraussetzungen des Art.5 (4) lit.b FKVO (derselbe a.F.) erfüllt sind, kein Zusammenschlusstatbestand im Sinne von Art.3 (1) lit.b FKVO (derselbe a.F.) möglich.

---

655 Ob für die Erwerberstellung das Bestehen einer Kontrollmöglichkeit ausreichend oder getreu dem Wortlaut die Ausübung von Leitungsmacht notwendig ist, soll nicht weiter diskutiert werden. Nach der hier vertretenen Ansicht reicht die Möglichkeit zur Kontrolle bereits aus, weil das Konzept des Zusammenschlusstatbestandes auf mögliche Einflussstrukturen fußt. Nur so ist eine effektive Präventivkontrolle möglich. Die Annahme einer Konzentration wird auf die Möglichkeit gegründet, bestimmenden Einfluss zu erlangen. Warum es dann in Bezug auf die bereits kontrollierte Einheit auf eine tatsächliche Einflussnahme ankommen solle, erscheint nicht klar. Im Interesse einer effektiven Wettbewerbskontrolle sollte bereits die Struktur, die die Ausübung von Steuerungsmacht ermöglicht, der Kontrolle unterliegen, zumal die Kontrollmöglichkeit kaum von deren Wahrnehmung loszulösen ist; hierzu: EBENROTH/RÖSLER, RIW 1994, S.537, (S.532); andere Ansicht: STAUDENMAYER, B., II., 2. „Es (sich auf das Erfordernis der bereits bestehenden Kontrolle an einem Unternehmen beziehend) dient vor allem dazu, nur Personen einzubeziehen, deren Teilnahme an einem Zusammenschluss wegen der bereits ausgeübten Kontrolle über ein Unternehmen überhaupt potenzielle Auswirkungen auf den Wettbewerb haben kann", (S.37); STOCKENHUBER, Teil II, Kapitel 5 (Der Zusammenschlussbegriff), III., 2., a), (S.95).

656 Vgl. STAUDENMAYER, B., II., 2., (S.37); siehe zudem auch: Langen/Bunte (LÖFFLER), Band 1, EG-Kartellrecht, FKVO, Artikel 3, C., Rn.3, (S.2501); hierzu auch die Nachweise in den Fußnoten 498-500.

(.1) Formell-materielle Abhängigkeit

Die *terminologische Unstimmigkeit* zwischen Schwellensystematik und dem Kontrollerwerbstatbestand lässt sich schon darlegen, wenn eine Person, die bereits ein Unternehmen über umsatzleitende Verflechtungen kontrolliert, die Möglichkeit zur bestimmenden Einflussnahme an einem Zielobjekt erfährt.

Beispiel 2:35 (Investor oder Holding, 1)
Die Person A ist zu 100% an At (€ 100 Mio.), einem Dienstleistungsunternehmen, beteiligt. Sie plant von der Person B, alleiniger Gesellschafter des Unternehmens Z (€ 400 Mio.), die vollständige Beteiligung zu übernehmen und somit die alleinige Kontrolle über Z zu erlangen.

Hier bilden A+At die fusionsrechtlich relevante Umsatzeinheit. Da A und At umsatzleitend im Sinne von Art.5 (4) lit.b FKVO (derselbe a.F.) miteinander verbunden sind, wäre aus Repräsentationsgesichtpunkten denkbar, A oder At als beteiligtes Unternehmen zu qualifizieren. Ferner könnte in Betracht gezogen werden, A und At aufgrund der von Art.3 (1) lit.b FKVO (derselbe a.F.) vorausgesetzten Kontrollbeziehung als Einheit zu bewerten und damit den Verbund als Anknüpfungspunkt der Umsatzkalkulation einzuordnen.

Für die Bestimmung des beteiligten Unternehmens in der *Person* von A spricht zunächst, dass diese der unmittelbare und einzige (!) Kontrollerwerber ist.[657] Der Ansatz scheint aber nicht mit dem Verbundsystem harmonisieren zu können, denn danach muss die beteiligte Einheit ein Unternehmen (!) sein. Bei einem Abstellen auf A würde die vom Kontrollerwerbstatbestand vorgegebene Unterscheidung aufgehoben werden.[658] Diese wird seit der Reform der FKVO von Art.14 (2) FKVO (derselbe a.F.) unterstützt, als potenzielle Bußgeldadressaten Personen im Sinne von Art.3 (1) lit.b oder beteiligte Unternehmen sein sollen – danach wird ausdrücklich zwischen Personen und den hier in Frage stehenden beteiligten Unternehmen differenziert. Ferner ermangelt es zumindest natürlichen Personen eines Geschäftsjahres, nach dem sich die umsatzrechtlich relevante Erlösperiode bemisst.

Die mit dem „Personencharakter“ von A zusammenhängenden Bedenken ließen sich überwinden, wenn man auf At als beteiligtes Unternehmen abstellen würde. At würde einerseits das Geschäftsjahreserfordernis erfüllen können und andererseits dem Unternehmenscharakter gerecht werden. Bedenken bereitet dieser Ansatz, weil At selbst *nicht* Kontrollerwerber ist; das beteiligte Unternehmen wäre dann gewissermaßen an der Transaktion unbeteiligt, was nach den bereits angestellten Erwägungen, die Bestimmung des beteiligten Unternehmens

---

[657] So EG-KOMMISSION, Mitteilung zum Begriff der beteilten Unternehmen, ABl.EG 1998 C 66/22, Rn.51

[658] Offen gelassen: EG-KOMMISSION, Entscheidung (Akz. IV/M.1169 – EDFI/Graninge) vom 25.8.1998, WuW/E (EU-V) 58, Rn.14.

müsse sich jedenfalls auch an der direkten Beteiligung am Zusammenschluss orientieren, nicht hingenommen werden könnte.

Letztere Erwägung wäre überwindbar, wenn der *Verbund* A+At als beteiligtes Unternehmen fungiert.[659] A fehlende unternehmensspezifische Eigenschaften könnten unter Rückgriff auf At ausgefüllt werden. Die mittelbar wirtschaftlich tätige Person wäre als „Quasi-Unternehmen" einzuordnen. Systematische Spannungen lassen sich jedoch auch so nicht ausräumen. Da zwischen A und At eine Verbindung gemäß Art.5 (4) lit.b FKVO (derselbe a.F.) besteht, müssten diese als verbundene Einheiten behandelt werden, um Widersprüche mit der Verbundsystematik zu vermeiden.

Mag es zu diesem Ermittlungsstand dennoch vorzugswürdig erscheinen, den Verbund A+At als beteiligtes Unternehmen anzusehen, so werden die Zweifel gewichtiger, sobald der Erwerber *in mehreren Gesellschaften* über Kontrollmöglichkeiten verfügt.

Beispiel 2:36 (Investor oder Holding, 2)
Entsprechend dem Beispiel 2:35 (Investor oder Holding, 1) mit der Maßgabe, dass A zu je 100% an At sowie dem Unternehmen At2 (€ 200 Mio.) beteiligt ist; € 50 Mio. von At2 resultieren aus Geschäften mit At

Abbildung 2-12 (Investor oder Holding, 2)

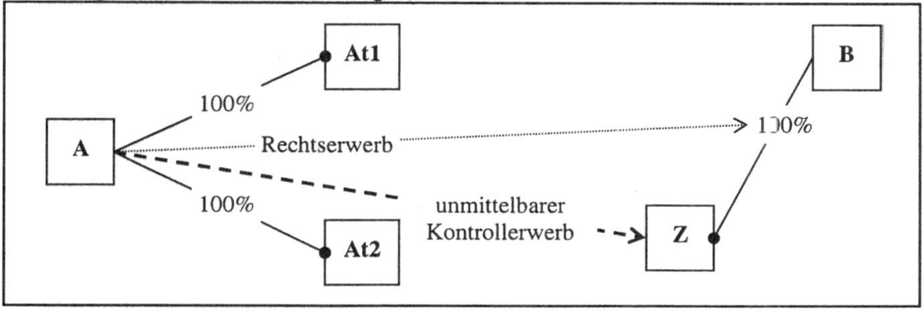

Die erwerberseitig relevante Wirtschafteinheit muss sich aus dem Verbund von A+At+At2 zusammensetzen. Bei der Umsatzkalkulation des beteiligten Unternehmens ist ein Gesamtumsatz von € 250 Mio. in Ansatz zu bringen, da € 50

[659] Insoweit ließe sich auf die europäische Judikative verweisen, die bei der Bestimmung des Unternehmens auch Konzerne als ein solches betrachtet: EUROPÄISCHER GERICHTSHOF, Urteil (Rs .170/83 – Hydrotherm./.Compact) vom 12.7.1984, Slg.1984, S.3016, Rn.11, (S.2999); auch in der zusammenschlussrechtlichen Praxis der EG-Kommission wird dabei die Vorgehensweise angetroffen, eine Unternehmensgruppe als beteiligtes Unternehmen zu qualifizieren: EG-KOMMISSION, Entscheidung [Akz. Comp/M.1841 – Celestica/IBM (EMS)] vom 25.2.2000, Rn.7; eingehend zur Fragestellung der Subsumtion des Konzerns als solchen unter den Unternehmensbegriff: STAUDENMAYER, B., I., 1., b), (S.13).

Mio., die At2 gemäß Art.5 (1) Uabs.2 FKVO (derselbe a.F.) erzielt hat, keine Berücksichtigung finden dürfen. Schließt man bereits zum *Beispiel 2:35 (Investor oder Holding, 1)* abgelehnte Varianten aus, so können entweder A oder der Verbund aus A+At+At2 als beteiligtes Unternehmen in Betracht kommen.

Der Gedanke, den Verbund A+At+At2 als beteiligtes Unternehmen zu begreifen, muss jedoch auch verworfen werden. Da At und At2 *nicht* mehr in einem *Verbundverhältnis gemäß Art.5 (4) lit.b FKVO* (derselbe a.F.) stünden – sie würden ja als ein einziges Unternehmen behandelt –, wäre Art.5 (1) Uabs.2 FKVO (derselbe a.F.) nicht anwendbar. Die intern erzielten Umsätze von € 50 Mio. müssten Berücksichtigung finden. Ungeachtet dieser Unzulänglichkeit, die auch im *Widerspruch* zur *Zuordnungssystematik* der Gesamtumsätze nach Art.5 (4), (5) FKVO (derselbe a.F.) selbst steht, wäre die Wahl des entscheidenden Geschäftsjahres nicht mehr nach objektiven Maßstäben möglich, sobald At und At2 diese unterschiedlich regeln, weshalb der zugrunde zu legende maßgebliche Realisierungszeitraum willkürlich wählbar wäre. Ferner würde ein solches Vorgehen auch nicht mit Art.3 (1) lit.b FKVO (derselbe a.F.), der den Erwerberhorizont in Personen, die mindestens (!) ein Unternehmen kontrollieren, verortet, harmonieren können; eine Mehrzahl kontrollierter Unternehmen wird selbst von dieser Definition als eine solche und *nicht als Einheit* begriffen.

Aus den angestellten Erwägungen ist zu schlussfolgern, dass nur A als beteiligtes Unternehmen eingeordnet werden kann.[660] Im Hinblick auf die mangelnde wirtschaftliche Tätigkeit und den damit fehlenden Unternehmenscharakter lässt sich feststellen, dass diese Unterscheidung ohnehin nicht konsequent von der FKVO beibehalten wird.[661] So ist der Fusionstatbestand nur an die Verschmelzung von Unternehmen oder – nach der Reform – Teilen von diesen adressiert ist. Die Fusion von „reinen“ Holdinggesellschaften muss jedoch gleichsam erfassbar sein.[662] Die Gleichstellung innerhalb von Art.3 (1) lit.b FKVO (derselbe a.F.) weist zudem auf eine inhaltliche Entsprechung zwischen Unternehmen und Personen, sofern sie Unternehmen kontrollieren, hin.[663] Die völlige Aufhebung

---

660 So auch: EG-KOMMISSION, Mitteilung zum Begriff der beteiligten Unternehmen, ABl.EG 1998 C 66/22, Rn.51, mangels Erheblichkeit offen gelassen: Entscheidung (Akz. IV/M.1169 – EDFI/Graninge) vom 25.8.1998, WuW/E (EU-V) 58, Rn.14.

661 EG-KOMMISSION, Mitteilung zum Begriff der beteiligten Unternehmen, ABl.EG 1998 C 66/22, Rn.51 f.; POHLMANN, 1.Teil, B., II., 4., b), (S.63 f.).

662 Jüngst: EG-KOMMISSION, Entscheidung (Akz. COMP./M.3403 – JP Morgan/Bank One) vom 10.5.2004, Rn.1; in diesem Fall wurde die Fusion zwischen JP MORGAN und BANK ONE als Zusammenschluss im Sinne von Art.3 (1) lit.a FKVO (derselbe aF.) eingeordnet. BANK ONE ist dabei eine reine Holdinggesellschaft, die selbst keine operativen Geschäfte leitet, und damit eine Person, die Unternehmen kontrolliert, weshalb hier die EG-Kommission die Persone, sofern sie ein Unternehmen kontrolliert einem Unternehmens entsprechend behandelt.

663 Siehe auch: Immenga/Mestmäcker (IMMENGA), EG-WbR, Band I, VII.Abschnitt (Fusionskontrollverordnung), D., Artikel 3, III., 2., a), Rn.22, (S.923 f.).

der Differenzierung, bei der Fähigkeit als beteiligtes Unternehmen zu fungieren, ist damit nicht bedenklich, weil sie auch der primärrechtlichen Auslegung des Unternehmensbegriffs – zumindest in Fällen, in denen die Person tatsächlich steuernd Einfluss auf die beherrschbaren Unternehmen ausübt – entsprechen würde. Der Begriff des beteiligten Unternehmens muss damit zwingend zusammenschlusskonform ausgelegt werden, weil sonst unlösbare Probleme entstünden, sobald in der Erwerberstellung ausschließlich Personen direkt an einem Zusammenschluss beteiligt sind. Im Ergebnis kann auch die explizite Differenzierung innerhalb von Art.14 (2) FKVO (derselbe a.F.) nichts anderes bewirken. So ist es für die Anwendung der Norm zunächst unerheblich, ob eine Person als beteiligtes Unternehmen begriffen würde, weil sie dann allenfalls doppelt Adressat des Bußgeldtatbestandes wäre. Ferner muss eine Person – sofern man sie nicht als beteiligtes Unternehmen qualifiziert – jedenfalls als verbundenes Unternehmen fungieren können, wie folgender Fall belegen soll.

Beispiel 2:37 (Investor oder Holding, 3)
Die Person Holding A ist zu 100% an dem Unternehmen At1 (€ 400 Mio.) und dem Unternehmen At2 (€ 300 Mio.) beteiligt. At1 erwirbt eine 100%ige Beteiligung an dem Unternehmen Bt (€ 300 Mio.) von dem Unternehmen B.

Abbildung 2-13 (Investor oder Holding, 3)

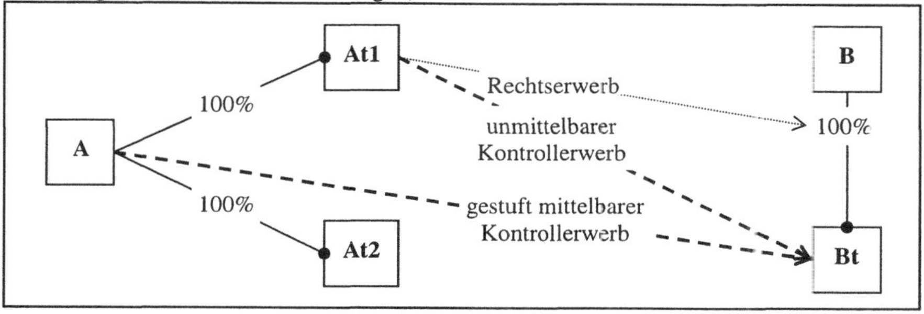

Würde man hier die Fähigkeit von A, beteiligtes Unternehmen zu sein, ablehnen, so würde dieses in At1 als unmittelbarer Kontrollerwerber gefunden werden müssen. Sofern man die mangelnde Fähigkeit von A, als beteiligtes Unternehmen zu fungieren, aufgrund der fehlenden Unternehmensqualität ablehnen würde, könnte dieses nicht anders für die Qualifikation als verbundenes Unternehmen gelten. Damit würde At2 nicht mehr als Umsatzeinheit mit At1 erfasst werden können, weil zwischen ihnen keine Umsatzzurechnungsmöglichkeit bestehen würde. Dies hätte zur Folge, dass insbesondere unter einer Führungsholding zusammengefasste Großkonzerne nicht mehr als Einheit begriffen werden würden, was fern den Absichten der FKVO liegt.[664] Wenn A damit jedenfalls als verbundenes Unternehmen erfassbar sein muss, kann mit dem mangelnden Unternehmenscharakter von Personen nicht mehr deren Fähigkeit, als beteiligtes Unternehmen zu fungieren, abgelehnt werden.

Das mangelnde „eigene" Geschäftsjahr muss durch einen Rückgriff auf das Kalenderjahr überwunden werden. Dies scheint insoweit unbedenklich, als das unternehmensseitige Abweichen vom Kalenderjahr in Bezug auf das Wirtschaftjahr den Ausnahmefall darstellt.[665] Im Ergebnis dürfen Personen, sofern sie zumindest ein Unternehmen kontrollieren können (siehe Fußnote 655), auch die Positionen ausfüllen, welche die Verordnung ausschließlich Unternehmen zuweist. Damit gelten die zunächst sich auf die fusionsrechtliche Spezifikation der Person im Verhältnis zum Unternehmen getroffenen Annahmen zumindest in diesem Zusammenhang als widerlegt.

Personen, die unter ergänzender Entsprechung der Voraussetzungen von Art.5 (4) lit.b FKVO (derselbe a.F.) nach materiellen Anforderungen ein Unternehmen kontrollieren können, sind, sofern sie die Kontrolle an einem Zielobjekt erlangen, als beteiligte Unternehmen zu qualifizieren.[666] Das etwaige Fehlen des Geschäftsjahres muss bei natürlichen Personen durch den Rückgriff auf das Kalenderjahr kompensiert werden.

(.2) Materielle Abhängigkeit

Problematisch ist, wie die Bestimmung des beteiligten Unternehmens vorzunehmen ist, wenn die kontrollerwerbende Person ein Unternehmen kontrolliert, mangels Erreichung der Schwellen, die Art.5 (4) lit.b FKVO (derselbe a.F.) definiert, eine Umsatzzurechnung jedoch nicht möglich sein würde.

Beispiel 2:38 (Investor oder Holding, 4)
Entsprechend dem Beispiel 2:35 (Investor oder Holding, 1)667 mit der Maßgabe, dass A über 44% der Stimmrechte an At1 verfügt, aber aufgrund der geringen Hauptversammlungspräsenz eine alleinige Kontrolle ausüben kann

---

664 So sind allein viele der im Dax notierten Konzerne unter einer Führungsholding, die selbst keine produzierende Tätigkeit ausübt, zusammengefasst. Zu der Definition der Führungsholding und einer beispielhaften Aufzählung deutscher Unternehmen, die nach diesem Prinzip strukturiert sind: Lutter (LUTTER),Teil I, § 1, III., 2., bb), Rn.16-19, (S.11-13).

665 Siehe hierzu bereits Fußnote 376.

666 EG-KOMMISSION, Mitteilung zum Begriff der beteiligten Unternehmen, ABL. EG 1998 C 66/22, Rn.51.

667 S.234.

Abbildung 2-14 (Investor oder Holding, 4)

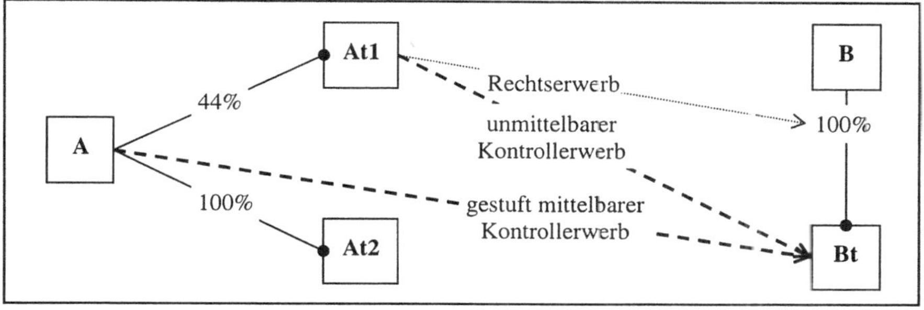

Im Gegenteil zum *Beispiel 2:35 (Investor oder Holding, 1)* besteht zwischen A und At formell bewertet keine umsatzleitende Verflechtung. Die Annahme einer Wirtschafteinheit ist orientiert am Wortlaut von Art.5 (4) lit.b FKVO (derselbe a.F) nicht möglich. Würde man auch hier auf A als beteiligtes Unternehmen abstellen, so wäre dieses umsatzlos. Mangels Gemeinschaftsbedeutung müssten solche Vorhaben, ungeachtet der Umsatzhöhe des kontrollierten Unternehmens, hier At, aus der FKVO entfallen. Ein Abstellen auf At kann dagegen aus den bereits geäußerten Bedenken[668] nicht zulässig sein; gleiches gilt für die erwogene Zusammenfassung von A und At.[669]

Es gilt somit zu prüfen, ob in diesem Fall eine Absenkung der Definition von Art.5 (4) lit.b FKVO (derselbe a.F.) auf rein materielle Kontrolltatbestände zulässig sein kann. Dafür spricht, dass die Feststellung der materiellen Beherrschungsmöglichkeit im Verhältnis einer kontrollerwerbenden Person zu einem bereits kontrollierten Unternehmen Bedingung für die Annahme des Zusammenschlusstatbestandes ist. Personen, die keine wirtschaftlichen Tätigkeiten mittelbar kontrollieren können, bürgen bei einem Kontrollerwerb über unternehmerische Ressourcen nicht die Gefahr der Konzentration unternehmerischer Kapazitäten. Daraus folgt, dass auch in diesem Fall die Umsatzzurechnung, basierend auf einer materiellen Kontrollbeziehung, keiner weiteren, durch Rechtsunsicherheit geprägten Feststellungen bedarf. Zudem kommt es bei einer strikten Anwendung von Art.5 (4) lit.b FKVO (derselbe a.F.) zu einem systematischen Widerspruch innerhalb der Schwellensystematik, weil die Definition des Zusammenschlusses durch Personen in den hier diskutierten Sachverhalten leer laufen würde. Es ist mithin eine zusammenschlusskonforme Auslegung der Verbunddefinition geboten.

Besteht zwischen einer kontrollerwerbenden Person und der erforderlich zu kontrollierenden Einheit keine Verflechtung, die den Anforderungen von Art.5 (4) FKVO lit.b FKVO (derselbe a.F.) entspricht, so muss eine Umsatzzurech-

---

[668] Vgl. Erwägungen zu At auf S.234.

[669] Siehe hierzu insbesondere die Erwägungen zu A+At+At2 auf S.236.

nung über eine zusammenschlusskonforme Auslegung ermöglicht werden.[670] Beteiligtes Unternehmen ist auch in diesen Fällen die kontrollerwerbende Person.

(.3) Abhängige Holding

Bei der von einem Gesellschafter abhängigen Holdinggesellschaft muss die Bestimmung des beteiligten Unternehmens grundsätzlich den Maßstäben folgen, die bereits für den gestuft mittelbaren Kontrollerwerb erarbeitet wurden. Auf eine Besonderheit soll der Klarstellung halber hingewiesen werden.

Handelt es sich bei der abhängigen Person um eine „reine" Erwerberholding, das heißt eine Person, die vor Transaktion noch kein Unternehmen kontrollieren kann,[671] so ist sie für den Zusammenschluss nicht relevant.

Beispiel 2:39 (Investor oder Holding, 5)
At ist eine 100%ige Tochtergesellschaft und Holdinggesellschaft von A (€. 800 Mio.), einem Touristikunternehmen. At erwirbt eine 85,1%ige Beteiligung an dem Unternehmen B (€ 800 Mio.), ein Konkurrenzunternehmen von A.

In diesem Fall würde man ausschließlich einen Zusammenschluss zwischen At und B feststellen können. Zwar liegt auch ein Kontrollerwerb zwischen A und B vor, jedoch ist E noch gar nicht zusammenschlussrechtlich relevante Erwerberin, weil sie selbst noch kein Unternehmen kontrolliert. Beteiligtes Unternehmen kann auch in diesem Fall nur A sein.

Selbiges muss auch dann gelten, wenn die abhängige Holding bereits ein Unternehmen kontrolliert. So wurde bereits festgestellt, dass es bei einem gestuft mittelbaren Kontrollerwerb regelmäßig auf die oberste, noch einflusserwerbende Hierarchie ankam. Dies muss gleichsam auch dann gelten, wenn die zum Kontrollerwerb eingesetzte Holding ein Unternehmen kontrolliert; es kann für die Bestimmung des beteiligten Unternehmens nicht darauf ankommen, ob der Einflusserwerber „niedriger Stufe" selbst unternehmerisch tätig ist oder bloß ein Unternehmen kontrollieren kann.

(.4) Personenabhängige Erwerberin

Eine letzte interessante Variante besteht in der Konstellation, bei der ein umsatzleitend abhängiges Unternehmen, dessen Gesellschafter keine wirtschaftlichen Aktivitäten verfolgt, die Kontrolle an einem Zielobjekt erwirbt.[672] So wurde im Hinblick auf natürliche Personen, die selbst nur Unternehmen kontrollie-

---

670 So wohl auch: EG-KOMMISSION, Mitteilung zum Begriff der beteiligten Unternehmen, ABl.EG 1998 C 66/22, Rn.51.

671 Vgl. hierzu: Lange (SCHRÖER), Kapitel 5 (Zusammenschlusskontrolle), § 1, II., 1., b), ee), Rn.19, (S.411).

672 EG-KOMMISSION, Entscheidung (IV/M.579 – Burda/Blockbuster) vom 27.4.1994, Rn.12.

ren, eine Hilfskonstruktion erforderlich, um ihnen unternehmensspezifische Kennzeichen zu vermitteln.

Beispiel 2:40 (Investor oder Holding, 6)
Entsprechend dem Beispiel 2:41 (Gestuft mittelbarer Kontrollerwerb, 1)[673] *mit der Maßgabe, dass A in diesem Fall eine natürliche Person ohne wirtschaftliche Eigenbetätigung ist*

Abbildung 2-15 (Investor oder Holding, 6)

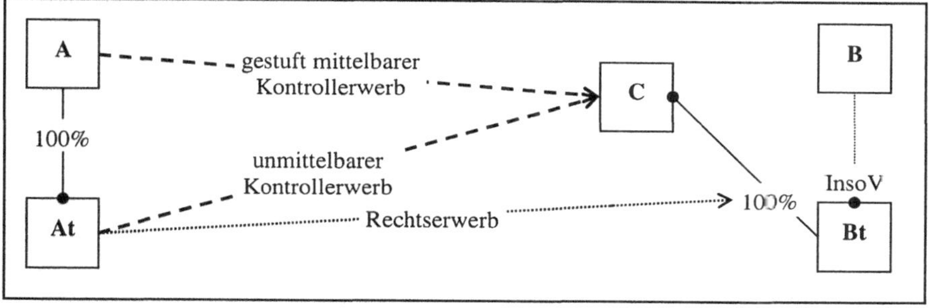

Nach der bisher vorgenommenen Analyse wäre entsprechend dem *Beispiel 2:30 (Gestuft mittelbarer Kontrollerwerb über mehrere abhängige Einheiten, 1)*[674] in diesem Fall A als beteiligtes Unternehmen zu bestimmen. An einer solchen Vorgehensweise, die sich in die Leitlinie, das beteiligte Unternehmen müsse immer in der höchsten Kontrollhierarchie verortet werden, einreihen würde, können jedoch Zweifel aufkommen, denn diese wird von einer nicht unternehmerischen natürlichen Person ausgefüllt. Zwar wurde die Gleichstellung von Personen, die ein Unternehmen kontrollieren, mit Unternehmen befürwortet, jedoch musste man in Bezug auf die unternehmenstypischen Kennzeichen eine Hilfskonstruktion heranziehen. Da in diesem Fall auch gleichsam auf At aufgrund des gestuften Kontrollerwerbs abgestellt werden könnte und dieses Unternehmen ist, wäre denkbar, die Grenze der fusionsrechtlich relevanten Wirtschaftseinheit auf der Erwerberseite bereits zwischen A und At zu ziehen;[675] A würde dann als bloßer „Kapitalanleger" charakterisiert.

---

673 S.222.
674 S.228.
675 Demgemäß abstellend auf das unmittelbar kontrollerwerbende Unternehmen, welches von einer Holding, also einer juristischen Person kontrolliert wurde, welche wiederum von einer natürlichen Person kontrolliert wurde – ob weitere Unternehmen von der Holding oder der natürlichen Person kontrolliert werden konnten, geht aus der Entscheidung dagegen nicht hervor: EG-KOMMISSION, Entscheidung (Akz. IV/M.579 – Burda/Blockbuster) vom 27.4.1994, Rn.12.

Probleme ergeben sich bei einer solchen Annahme dann, wenn eine natürliche Person mehrere Unternehmen kontrolliert, wie folgender Sachverhalt zeigen soll.

Beispiel 2:42 (Investor oder Holding, 7)
Entsprechend dem Beispiel 2:40 (Investor oder Holding, 6) mit der Maßgabe, dass A noch über eine 51%ige Beteiligung an dem Unternehmen U (€ 200 Mio.) verfügt

Abbildung 2-16 (Investor oder Holding, 7)

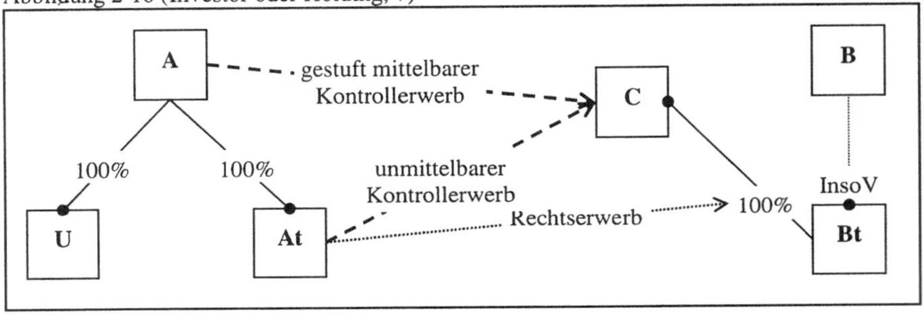

In dieser Fallvariante erscheint es nicht möglich, auf die unmittelbar kontrollerwerbende Tochter At als beteiligtes Unternehmen abzustellen, weil wirtschaftlich gesehen die Umsatzeinheit durch A hindurch auch U erfassen muss. Zwar wäre eine Umsatzzusammenrechnung zwischen At+A+U auch dann möglich, wenn At beteiligtes und B verbundenes Unternehmen wären. Bedingt durch die Kontrolle mehrerer nicht in einem Über-/ Unterordnungsverhältnis stehender Unternehmen durch A, wäre dann aber im Hinblick auf das entscheidende Geschäftsjahr möglich, die Transaktion so zu gestalten, wie es für A besser erscheint, weshalb zumindest in diesem Fall auf A *selbst* als beteiligtes Unternehmen abgestellt werden muss.[676] Ein Lösungsansatz für das Problem ließe sich aus der konzernrechtlichen Fragestellung ableiten, wann ein „privater“ Großaktionär als Unternehmen anzusehen sei.[677] In diesem Zusammenhang wird darauf abgestellt, ob der Großaktionär bestimmenden Einfluss auf mehrere, voneinander unabhängige Unternehmen ausüben könne.[678] Zwar wäre die dortige Argumentation, nur in solchen Fällen liege eine konzernrechtliche Interessenkollisi-

---

676 Auch erscheint es zumindest begrifflich widersprüchlich, A mangels eigenständiger Unternehmensqualität als beteiligtes Unternehmen zu „meiden“ und ihn dann aber als verbundenes Unternehmen zu charakterisieren.

677 Grundlegend zu den hier angestellten Erwägungen: KORT, DB 1986, S.1909-1914, (S.1909).

678 KORT, DB 1986, S.1911 „Die Eigenschaft, … Unternehmen zu sein, hat der Privataktionär, wenn er … sonstige unternehmerische … Interessen in sich … verkörpert.“, (S.1909).

on, die den Schutz von Minderheitsaktionären gebiete, vor,[679] nicht transferierbar, jedoch lässt sich in Entsprechung vertreten, dass sich die Ressourcenballung erst dann in einer Person niederschlagen muss, wenn diese eine weitere nicht am Kontrollerwerb beteiligte unternehmerische Einheit kontrollieren kann – nur so begründet sich die konzentrationsbedingte Gefahr eines Zuwachses von Marktmacht in den Einflusshierarchien der natürlichen Person selbst, weshalb allein mit dem Einbezug des Nichtunternehmens ein sachgemäßes Ergebnis erzielt werden kann. Erwirbt dagegen ein Unternehmen, welches von einer nicht anderweitig unternehmerischen Person kontrolliert wird, selbst maßgeblichen Einfluss auf ein Zielobjekt, liegt die zusammenschlussspezifische Gefahr bereits in der Stufe des – einzigen – von dem Investor kontrollierten Unternehmens(-verbundes). So lässt sich eine sachgemäße Abgrenzung zwischen dem hinter einem Konzern stehenden Investor und der selbst die Konzernspitze bildenden Person ziehen.[680] Art.3 (1) lit.b FKVO (derselbe a.F.) wäre im Hinblick auf natürliche Personen so zu interpretieren, dass eine Person, die bereits ein nicht kontrollerwerbendes Unternehmen beherrst, zusammenschlussrechtlich relevanter Erwerber sei.

Fraglich ist, ob diese Erwägungen zur natürlichen auch für juristische Personen her-angezogen werden sollten. Abstellend auf das Problem des fehlenden Geschäftsjahres wird hier in Abweichung zur natürlichen Person regelmäßig ein solches geregelt sein. Eine entsprechende Behandlung ist dennoch aus der Erwägung heraus in Betracht zu ziehen, in Anlehnung an die mangelnde Unterscheidung des Kontrollerwerbstatbestandes eine einheitliche Linie bei der Bestimmung des beteiligten Unternehmens bei Personen in der obersten Hierarchie zu erreichen.

Ob ein solches Vorgehen, welchem die Missdienlichkeit des Durchstoßes einer bis dato bestätigten Regel für praktisch kaum relevante Ausnahmefalle an-

---

679 KORT, DB 1986, S.1911, (S.1909).

680 Eine wirtschaftlich realitätsgemäße Interpretation wäre möglich, wenn man die Grundsätze der Abgrenzung zwischen der Führungs- sowie der Finanzholding heranziehen würde [vgl. hierzu: Lutter (LUTTER), Teil I, § 1, III., 2., bb), Rn.16-19 (S.11-13), ee), Rn.22-23, (S.14 f.)]. So könnte man die Bestimmung des beteiligten Unternehmens davon abhängig machen, ob der Investor selbst präventiv steuernd oder reaktiv kontrollierend seine Gesellschafterrechte ausübt [weiterführend: Lutter (LUTTER), Teil I, § 1, III., 2., ee), Rn.22, (S.14 f.). Allerdings entspricht diese Beurteilung nicht dem durch Rechtssicherheit geprägten Charakter der FKVO. Insbesondere die Verbundsystematik, nach der sich unter Berücksichtigung der sonstigen Regelungen der FKVO die Bestimmung des beteiligten Unternehmen richten muss, stellt allein auf gesellschaftsrechtliche Verflechtungen ab – eine Kontrollausübung wird nicht verlangt, was das Abstellen auf die Art einer solchen noch abwegiger erscheinen ließe. Andere Ansicht, da die tatsächliche Kontrollausübung und damit den Nachweis der steuernden Einflussnahme voraussetzend: STAUDENMAYER, B.,II., 1., (S.35).

haftet, im Interesse der Vermeidung von Hilfskonstruktionen tatsächlich anzuraten ist, bleibt bis zum Abschluss der folgenden Ausführungen abzuwarten.

Im Ergebnis soll deshalb zunächst weiterhin gelten, dass immer die Spitze als beteiligtes Unternehmen zu fungieren hat.

(.5) Fazit

Kontrollerwerbsfälle von Investoren oder Holdings, also von Personen im Sinne von Art.3 (1) FKVO (derselbe a.F.) sind entsprechend dem Kontrollerwerb durch Unternehmen zu behandeln. Auch hier bestätigt sich die Annahme, das beteiligte Unternehmen müsse erwerberseitig stets in der obersten Hierarchie einer durch Über-/ Unterordnungsstrukturen gebildeten Gruppe von Rechtssubjekten verortet werden. Die Differenzierung zwischen Personen und Unternehmen wird von der FKVO nicht strikt durchgehalten.

(dd) Mischfälle

Mischfälle zeichnen sich dadurch aus, dass sowohl Unternehmen als auch Personen, die bereits ein Unternehmen kontrollieren, die Kontrolle an einem oder mehreren Unternehmen erwerben.[681] Auf solche Konstellation muss jedoch nicht besonders eingegangen werden, weil bereits herausgearbeitet wurde, dass es für die Bestimmung des beteiligten Unternehmens strukturell keinen Unterschied machen kann, ob der Kontrollerwerb durch unternehmerisch tätige Einheiten oder durch solche erfolgt, die mittelbar ein Unternehmen kontrollieren.

(b) Veräußererseitige Bestimmung des beteiligten Unternehmens

Vor der Einzelfallbetrachtung der Veräußererseite sind Vorüberlegungen zum *sinnvollen* Aufbau unerlässlich. Die erwerberseitige Struktur des Kontrollerwerbs am Zielobjekt ist als Unterscheidungskriterium untauglich, weil sie veräußererseitig keine Auswirkungen auf die Bestimmung des beteiligten Unternehmens haben kann; ob ein unmittelbarer oder mittelbarer Kontrollerwerb erfolgt, ist zu vernachlässigen. Voraussetzung für die Ausführungen unter diesem Abschnitt soll in Analogie zur erwerberseitigen Einteilung nur sein, dass am Zielobjekt ein alleiniger Kontrollerwerb erfolgt.[682]

---

681 Zur Erfassung von solchen Mischkonstellationen durch Artikel 3 (1) lit.b FKVO (derselbe a.F.): STAUDENMAYER, B., II., (S.34).

682 Die Bestimmung des beteiligten Unternehmens beim gemeinsamen Kontrollerwerb an einem Zielobjekt wird im Zusammenhang mit der entsprechende Fallgruppe geprüft, wobei dies nicht bedeuten soll, dass die hier entwickelten Maßstäbe dort nicht übernommen werden können.

Orientiert man sich an der Vorgehensweise der EG-Kommission, bereitet der veräußererseitige Aufbau schon aus dem Grunde Schwierigkeiten, als mit Zielobjekt und Veräußerer offensichtlich zwei Bezugsmöglichkeiten eines Unternehmensverbundes zum Zusammenschluss existieren.[683] Zwar wurde bereits die Ansicht der EG-Kommission verworfen, stets könne auf das Zielobjekt abgestellt werden, als zumindest im Hinblick auf nicht rechtsfähige Objekte, wie Vermögenswerte, abgestellt werden, weil die Einordnung derselben als beteiligtes Unternehmen nicht dem Unternehmenscharakter entsprechen würde, jedoch ist es auch unmöglich, ausschließlich auf den Veräußerer abzustellen, weil dieser weder über eine formelle noch eine materielle Beherrschungsmöglichkeit am Zielobjekt verfügen muss und dann als Umsatzrepräsentant nicht in Betracht kommen könnte.[684]

Es stellt sich somit die Frage, ob das Veräußerer- /Zielobjektskonzept vollständig durch einen anderweitigen Ansatz ersetzt oder ausschließlich in seiner Konstruktion modifiziert werden muss.

(aa) Veräußerer-/ Zielobjektkonzept

Ein Ansatz aufbauend auf Zielobjekt und/oder Veräußerer scheint nach den bisherigen Überlegungen nicht opportun, weil zumindest nach der Einteilung der EG-Kommission keine einheitliche Linie daraus hervorgehen kann;[685] ob die Verknüpfung zwischen Zielobjekt/Veräußerer und der Bestimmung des beteiligten Unternehmens an sich oder vielmehr die bisher vertretene Relation dieser zueinander die Überzeugungskraft verhindert, muss zuvorderst geprüft werden, um den notwendigen Spielraum für einen anderweitigen Ansatz zu schaffen.

683 Zur Differenzierung EG-KOMMISSION, Mitteilung zum Begriff der beteiligten Unternehmen, ABl.EG 1998 C66/15, Rn.8.

684 Beispiel: Unternehmen A ist zu 35% an dem Unternehmen B beteiligt. A erwirbt von der Person C eine 20%ige Beteiligung an B und wird dieses danach kontrollieren können. Würde man hier den Veräußerer, also C, als beteiligtes Unternehmen ansehen, so könnte B, also das Zielobjekt, nicht umsatzgemäß berücksichtigt werden, denn zwischen B/C besteht keine Verflechtung im Sinne von Art.5 (4) lit.b FKVO (derselbe a.F.).

685 Dies bestätigt auch die praktische Anwendung der FKVO durch die EG-Kommission, die zwar in ihrer Mitteilung dahingehend Stellung bezogen hat, sie würde – unter der Voraussetzung der Veräußerer ziehe sich aus der Einflussposition zurück – stets auf das Zielobjekt als beteiligtes Unternehmen abstellen, allerdings belegt die uneinheitliche Praxis ein anderes Bild; abstellend auf den Veräußerer: EG-KOMMISSION, Entscheidung (Akz. Comp/M.1836 – Siemens/Bosch Telecom) vom 18.4.2000, Rn.8; Entscheidung (IV/M.253 – Btr/Pirelli) vom 17.4.1992, Rn.6.

(.1) Neubestimmung der Relation von Veräußerer und Zielobjekt

Der Ansatz der EG-Kommission geht davon aus, dass Veräußerer und Zielobjekt stets zu unterscheiden seien.[686] Ob sich die strikte Abgrenzung voneinander als sachgemäß darstellt, muss dabei analysiert werden. Dabei ist insbesondere zu beachten, dass die Einteilung in Veräußerer und Zielobjekt von der Definition des Zusammenschlusstatbestandes ausgeht[687] und gegründet auf diesen entwickelt werden muss. In einem ersten Schritt sollte deshalb kurz überprüft werden, wie sich bei den denkbaren Kontrollerwerbskonstellationen das Verhältnis vom Veräußerer zum Zielobjekt darstellt. In einem zweiten Schritt wäre dann erst zu untersuchen, inwieweit die Einteilung zur Erarbeitung einer Regel innerhalb der Umsatzsystematik herangezogen werden kann.

(.1.1) Teil ohne Unternehmensqualität

Betrachtet man den Erwerb von solchen Unternehmensteilen, die mangels eigener Absatzfähigkeit keine Unternehmensqualität besitzen können – ob auch Unternehmen selbst Unternehmensteile eines anderen Unternehmens sein können wird noch zu diskutieren sein –, so stellt sich die Frage, ob nicht schon formulierungsbedingt eine individualisierende Unterscheidung zwischen Veräußerer und Zielobjekt unmöglich wird.

Beispiel 2:43 (Neubestimmung der Relation von Veräußerer und Zielobjekt, 1)
Das Unternehmen A (€ 400 Mio.) erwirbt von dem Unternehmen B (€ 300 Mio.) Eigentum und Besitz an einem Vermögenswert, dem ein Umsatz von € 100 Mio. zugeordnet werden kann.

Bewertet man diesen Kontrollerwerb an unternehmerischen Ressourcen, so könnte man aus der Perspektive des Veräußerers, das heißt abstellend auf den veräußernden Rechtsträger, dazu kommen, dass das Zielobjekt eine eigene, von diesem zu unterscheidende Individualität annimmt. Dies stimmt allerdings nicht mit der – zumindest nicht ausschließlich auf die Unternehmensträger abstellenden – Sichtweise der Zusammenschlussdefinition überein. Schon die Formulierung des Kontrollerwerbs an einem Teil des – veräußernden – Unternehmens belegt, dass von der FKVO Veräußerer und Zielobjekt eine Einheit bilden; Ziel-

---

686 Zwar werden sie dann als zusammenschlussrechtlich relevante Einheit betrachtet, wenn der Veräußerer selbst – zusammen mit dem oder den künftigen Erwerbern – eine maßgebliche Einflussposition am Zielobjekt behält, jedoch wird auch in diesen Fällen mittelbar zwischen dem Veräußerer und dem Zielobjekt unterschieden: EG-KOMMISSION, Mitteilung zum Begriff der beteiligten Unternehmen, ABl.EG 1998 C 66/17, Rn.23.

687 EG-KOMMISSION, Mittelung zum Begriff der beteiligten Unternehmen, ABl.EG 1998 C 66/15, Rn.7, 8.

objekt wäre danach das veräußernde Unternehmen, denn an Teilen von diesem wird die Kontrolle erlangt.[688]

Beim Erwerb von Unternehmenteilen, die selbst keine Unternehmensqualität aufweisen, ist das veräußernde Unternehmen gleichsam, wenn auch partiell das Zielobjekt.

(.1.2) Unabhängiges Unternehmen

Es stellt sich dabei die Frage, ob und wann dieser Ansatz auf den Kontrollerwerb an der Gesamtheit eines Unternehmens übertragen werden kann. Begonnen werden soll mit dem Kontrollerwerb an einem Unternehmen, welches nicht vom Veräußerer beherrscht werden kann.

Beispiel 2:44 (Neubestimmung der Relation von Veräußerer und Zielobjekt, 2)
Das Unternehmen A (€ 400 Mio.) ist zu 30% an dem Unternehmen B (€ 300 Mio.) beteiligt. Es erwirbt von dem Unternehmen C eine 30%ige Beteiligung an dem Unternehmen B und erlangt damit die alleinige Kontrolle an B.

In diesem Sachverhalt liegt es zunächst auf der Hand, zwischen Veräußerer und Zielobjekt zu unterscheiden. B und C sind jeweils ein Unternehmen. A erlangt die Kontrolle an der Gesamtheit eines Unternehmens. Man könnte allerdings in Erwägung ziehen, das zu erwerbende Unternehmen als Teil des Veräußerers zu berücksichtigen, weil die zu akquirierenden Anteilsrechte zum Vermögen des Veräußerers zuzurechnen sind. Diese Sichtweise würde jedoch übersehen, dass dies nur für die Anteilsrechte selbst vertreten werden kann. Diese stehen alleine dem Veräußerer zu. Nicht aber die Anteilsrechte, sondern die diesen zuzuordnenden Unternehmen sind die fusionsrechtlichen Ressourcenträger. Eine Zurechnung dieser als mittelbarer Teil des veräußernden Unternehmens ist damit nicht zulässig, weil die Stimmrechte keine unternehmerische Verfügungsmacht an den zu erwerbenden unternehmerischen Ressourcen eröffnen.

Ist Zielobjekt die Gesamtheit eines durch den unmittelbaren Ressourcenträger begrenzten Unternehmens, so kann dieses jedenfalls nicht als Unternehmensteil des Ver-äußerers angesehen werden, wenn keine Beherrschungsmöglichkeit besteht. Zielobjekt und Veräußerer fallen dann auseinander.

---

688 Immenga/Mestmäcker (IMMENGA), EG-WbR, Band I, VII.Abschnitt (Fusionskontrollverordnung), D., Artikel 3, III., 2., e), Rn.26 „Wird die alleinige Kontrolle an einem Teil des veräußernden Unternehmens erworben, ist letzteres (also das veräußernde Unternehmen) nur bezüglich des veräußernten Teils Beteiligter.", (S.925); MESTMÄCKER/SCHWEITZER, 6.Kapitel (Fusionskontrolle), § 24, III., 2., Rn.19 „der Erwerb `an Teilen des Vermögens eines Unternehmens´ (!)", (S.558); STAUDENMAYER, B., III., 3., a), (S.43); dieser Schluss ergibt sich jedenfalls auch durch das Erfordernis, dem erworbenen Teil müsse ein Marktanteil zugeordnet werden können [siehe nur: MESTMÄCKER/SCHWEITZER, 6.Kapitel (Fusionskontrolle), § 24, III., 2., Rn.19 (S.558)]. Er reflektiert damit partiell der Individualität des veräußernden Unternehmens.

(.1.3) Konzernmäßig abhängiges Unternehmen

Fraglich ist, ob die Unterscheidung zwischen Veräußerer und Zielobjekt entsprechende dem vorangegangenen Gliederungspunkt bei dem Kontrollerwerb an einem Unternehmen vom Zusammenschlusstatbestand auch dann fortgeführt werden könnte, wenn dieses vom Veräußerer vor der Transaktion kontrolliert wird oder werden kann.

Beispiel 2:45 (Neubestimmung der Relation von Veräußerer und Zielobjekt, 3)
Entsprechend dem Beispiel 2:44 (Neubestimmung der Relation von Veräußerer und Zielobjekt, 2)689 mit der Maßgabe, dass C eine 60%ige Beteiligung an B inne hat, die vor der Transaktion C die Möglichkeit zur bestimmenden Einflussnahme eröffnete

Bis auf das Abhängigkeitsverhältnis zwischen dem zu akquirierenden und dem veräußernden Unternehmen entspricht diese Zusammenschlusskonstellation dem *Beispiel 2:44 (Neubestimmung der Relation von Veräußerer und Zielobjekt, 2)*. Daraus könnte man schließen, dass Veräußerer und Zielobjekt unterschiedliche Einheiten seien.

Es darf jedoch nicht übersehen werden, dass das Verhältnis zwischen dem Veräußerer und den zu erwerbenden Ressourcen mit demjenigen beim Kontrollerwerb an Vermögenswerten vergleichbar ist. Auch hier steht dem Veräußerer die, wenn auch mittelbare unternehmerische Verfügungsmacht zu. Demnach ließe sich vertreten, Zielobjekt und Veräußerer wären in derselben Einheit zu verorten, weil das zu erwerbende Unternehmen aus einer mehr konzernrechtlich geprägten Perspektive einen Teil der vom Veräußerer zusammengefassten Gesamtunternehmung darstellt, also ein Teil von letzterem erworben wird.[690]

Vor der Entscheidung, welche Interpretation des Zusammenschlusstatbestandes in diesem Punkt vorzugswürdig erscheint, empfiehlt es sich die Relevanz bezüglich der Bestimmung des beteiligten Unternehmens zu ermitteln. Dafür wäre Voraussetzung, dass sich unter Rückgriff auf ein der beiden oder gar beide Positionen eine einheitliche Methode, entweder ansetzend beim Zielobjekt oder beim Veräußerer, herausarbeiten ließe. Sollte dies dagegen nicht möglich sein, so käme es auf die Erfassung besagter Konzentrationsprozesse als Teil- bzw. Vollerwerb eines Unternehmens zumindest in diesem Kontext nicht mehr an.

---

689 S.247.

690 Zur Stützung dieser Sichtweise ließe sich die Norm des Art.5 (2) Uabs. 1 FKVO (derselbe a.F.) anführen, weil diese entsprechend dem Wortlaut davon ausgeht, dass Unternehmensteile Rechtssubjektivität haben könnten, woraus sich vermuten ließe, dass Unternehmen als Teil eines anderen Unternehmens der FKVO nicht völlig fremd seien; vgl. Frankfurter Kommentar (VÖLCKER), Band 6, Teil 3a (FKVO 4064/89 mit Ausnahme Artikel 4 und 7), Artikel 5, B. , I., 4. (Erwerb von Unternehmensteilen), Rn.18.

(.2) Modifizierter Veräußerer-/ Zielobjektsansatz

Nach den vorangegangenen Ermittlungen ist es nunmehr zu erforschen, ob sich aus den von Art.3 (1), 5 (2) Uabs.1 FKVO (dieselben a.F.) vorgegebenen Kategorien von Veräußerer und Zielobjekt überhaupt ein tragbares Konzept für die Bestimmung der beteiligten Unternehmen auf der Veräußererseite ableiten ließe.

Dabei muss grundsätzlich berücksichtigt werden, dass die Verbundsystematik allein die Unternehmenseinheit, begrenzt durch den jeweiligen Unternehmensträger, anerkennt; die Differenzierung in Unternehmen und Teil ist dabei fremd. Die von der Zusammenschlussdefinition vorgegebenen Zurechnungsmethodik könnte jedoch Folgen auf die Verbunddefinitionen haben.

Betrachtet man den Teilerwerb an Zielobjekten, die den Unternehmenstatbestand nicht erfüllen können, so kann hier nur das diesem übergeordnete Unternehmen als Ansatzpunkt der Bestimmung des beteiligten Unternehmens fungieren. Dieses wäre nach den vorangegangenen Ermittlungen Veräußerer und gleichsam partielles Zielobjekt, könnte also mit einer Methodik zur Bestimmung des beteiligten Unternehmens, egal ob angelehnt an das Zielobjekt und den Veräußerer, harmonieren.

Hinsichtlich der zweiten, diskutierten Fallgruppe, dem Kontrollerwerb an einem vom Veräußerer unabhängigen Unternehmen, ist festzustellen, dass auch im Rahmen der Verbundsystematik Veräußerer und Zielobjekt als zwei Unternehmen begriffen werden müssten. Ob diese miteinander verbunden sind, hängt von der Erfüllung des formellen Beherrschungstatbestandes im Sinne von Art.5 (4) lit.b FKVO (derselbe a.F.) ab. Da dies in der zweiten besprochenen Fallgruppe regelmäßig nicht anzunehmen sein dürfte, kann in diesen Konstellationen allein das Zielobjekt als beteiligtes Unternehmen in Erwägung gezogen werden; dem Veräußerer würde es an der Repräsentationsfähigkeit ermangeln, weil die Umsätze des tatsächlich zu erwerbenden Unternehmens nicht über die Verbundklauseln zugerechnet werden dürften.

Aus der Evaluierung dieser beiden Sachverhaltsvarianten folgt, dass ein auf den Kriterien des Zielobjektes und Veräußerers aufgebautes Konzept allenfalls dann noch in Betracht kommen könnte, wenn stets das Zielobjekt – so wie es grundsätzlich die EG-Kommission vertritt –[691] als beteiligtes Unternehmen fungiert. Ein Ansatz beim Veräußerer ist aufgrund des möglichen Repräsentationsmangels nicht denkbar.

Überträgt man diese Feststellung auf Sachverhalte, bei denen die zu erwerbende Unternehmenseinheit vom Veräußerer beherrschbar ist, so könnte der bisher herausgearbeitete Ansatz jedenfalls dann durchgehalten werden, wenn das

---

691 EG-KOMMISSION, Mitteilung zum Begriff der beteiligten Unternehmen, ABl.EG 1998 C 66/15, Rn.7, 8.

zu erwerbende Unternehmen nicht als Teil des Veräußerers begriffen würde und das Zielobjekt in Relation zu diesem eine eigene Individualität annehmen müsste.

Da die Abgrenzung oder Zusammenfassung von Veräußerer und Zielobjekt aber noch entschieden wurde, bleibt zu prüfen, ob sich der auf das Zielobjekt als beteiligtes Unternehmen stützende Ansatz auch dann in die Systematik der FKVO einfügen würde, wenn die zusammenschlussrechtliche Vereinheitlichung von Zielobjekt und Veräußerer, bedingt durch die Bewertung des zu erwerbenden Unternehmens als Teil der Gesamtunternehmung des Veräußerers, als zutreffend herausstellen sollte. Bedenken könnte man daran bereits haben, weil die hierzu erforderliche Verflechtung zwischen Veräußerer und dem zu erwerbenden Unternehmen nicht den Anforderungen des Art.5 (4) lit.b FKVO (derselbe a.F.) entsprechen müsste. Über diese Schwierigkeit würde jedoch mittels einer zusammenschlusskonformen Auslegung der Verbundsystematik hinweg geholfen werden können.[692] Weil die Feststellung der „Teilqualität" eines zu erwerbenden Unternehmens in Bezug auf den Veräußerer ohnehin die Klärung der materiellen Beherrschungsfrage voraussetzen würde, könnte die Umsatzzurechnung zwischen den beiden Unternehmenseinheiten auch auf dieser Grundlage erfolgen. Allerdings ist anzumerken, dass – anders als in den bisher vertretenen Fällen – die Feststellung des materiellen Beherrschungsverhältnisses zwischen Veräußerer und Zielobjekt nicht zwingend für die Annahme des Zusammenschlusstatbestandes wäre, weil die fusionsrechtliche Relevanz des Vorhabens nicht davon abhängen würde, ob das zu erwerbende Unternehmen als Teil des veräußernden Unternehmens oder als eigenständiges Unternehmen qualifiziert werden müsste.

Dass im Fall der zusammenschlussrechtlichen Vereinheitlichung von Zielobjekt und Veräußerer nicht der „Zielobjekts"-Ansatz befolgt werden kann, lässt sich anhand des Beispiels belegen, bei dem das zu erwerbende Unternehmen nicht vom Veräußerer, sondern von einem Dritten abhängig ist.

Beispiel 2:46 (Modifizierter Veräußerer-/Zielobjektsansatz, 1)
Unternehmen A plant die Erlangung einer alleinigen Kontrollmöglichkeit an dem Unternehmen B. A ist an B zu 42% beteiligt. Ferner sind an B das Unternehmen C mit 4%, das Unternehmen D mit 44% und der Investor E mit 10% beteiligt. E hat seine Stimmrechte dabei zu keiner Zeit ausgeübt. Da C aufgrund einer 20%igen Beteiligung an D seine Stimmrechte im unternehmerischen Interesse von D ausgeübt hat, konnte diese B alleine kontrollieren. A erwirbt nunmehr die 4%ige Beteiligung an B und damit eine alleinige Möglichkeit zur bestimmenden Einflussnahme auf B, weil weiterhin zu erwarten ist, dass in der Gesellschafterversammlung E seine Stimmrechtsposition nicht ausüben wird.

---

692 Grundlegend: (b) Vermittelnde Lösung zur Harmonisierung mit Art.3 FKVO, (S.192).

Abbildung 2-17 (Modifizierter Veräußerer-/ Zielobjektsansatz, 1)

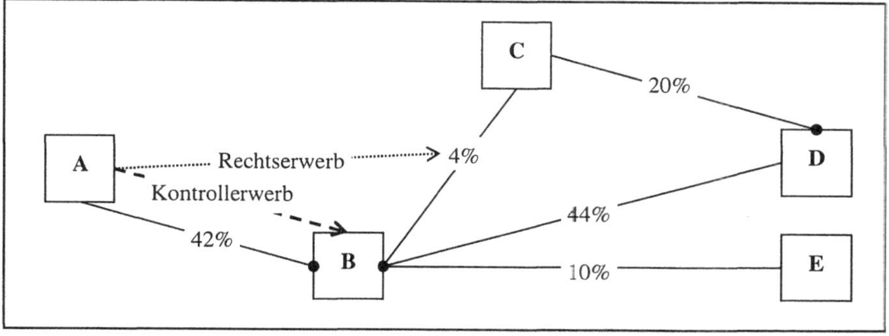

Die zusammenschlussrechtliche Vereinheitlichung von Veräußerer und Zielobjekt ergab sich aus der Überlegung, dass das zu erwerbende Unternehmen als Träger der zu erwerbenden Ressourcen, sofern es der Leitungsmacht eines anderen Unternehmens unterliegt, als Teil des Einflussinhabers gelten müsse. Daraus wurde gefolgert, dass das Unternehmen, von dem ein Teil erworben wird, selbst das – partielle – Zielobjekt sein müsste. Dieser Gedanke, der bisher nur im Verhältnis zwischen dem Veräußerer und dem von ihm abhängigen Unternehmen diskutiert wurde, müsste in dem vorangegangenen Beispiel auf das Verhältnis zwischen D/B übertragen werden. Der Kontrollerwerb an B wäre als Teilerwerb an D zu qualifizieren. D wäre damit Zielobjekt, weshalb dieses als beteiligtes Unternehmen fungieren müsste, obwohl es am Zusammenschlussvorgang unbeteiligt ist; D wäre damit „unbeteiligtes" beteiligtes Unternehmen. Dass es insbesondere in dem geschilderten Sachverhalt für die Bestimmung des beteiligten auf die materielle Herrschaftsbeziehung zwischen dem unmittelbar hinter den zu erwerbenden unternehmerischen Ressourcen zu einem anderen Unternehmen ankommen soll, erscheint nicht nur paradox, sondern auch nicht im Interesse der Rechtssicherheit vertretbar zu sein.

Aus der Analyse der geschilderten drei Sachverhalte folgt, dass ein auf dem Zielobjekt aufbauender Ansatz zur Bestimmung der beteiligten Unternehmen allenfalls dann vertretbar wäre, wenn bei der Ermittlung des Zielobjektes keine konzernrechtliche Perspektive zugrundegelegt würde und damit ungeachtet der Abhängigkeit eines zu erwerbenden Unternehmens von seinem Veräußerer dieses selbst als Zielobjekt zu behandeln wäre. Es ist aber noch nicht überprüft worden, ob der Zielobjektsansatz, sofern man diese Bedingung voraussetzt, befolgt werden könnte; hinsichtlich der geschilderten drei Fälle, *Beispiel 2:43 (Neubestimmung der Relation von Veräußerer und Zielobjekt, 1)*[693] bis *Beispiel 2:45 (Neubestim-*

[693] S.246.

mung der Relation von Veräußerer und Zielobjekt, 3)[694] scheint es dann keine Disharmonie bei der an das Zielobjekt angelehnten Bestimmung der beteiligten Unternehmen zu geben.

Dass selbst dieses Modell jedoch nicht passt, könnte sich aus dem Erwerbstatbestand mehrerer nicht unternehmensfähiger Teile aus einem Umsatzverbund heraus folgern lassen; hierzu ein kurzes Beispiel.

Beispiel 2:47 (Modifizierter Veräußerer-/Zielobjektsansatz, 2)
Das Unternehmen A erwirbt von den Unternehmen Bt und Bt2 jeweils eine Marke mit einem jeweiligen Umsatzanteil von € 400 Mio. Bt und Bt2 sind beide 100%ige Tochtergesellschafter des Unternehmens B.

Beteiligte Unternehmen müssten nach den vorangegangenen Annahmen Bt und Bt2 sein. Diese stehen jedoch in einem Umsatzverbund. Um damit zu einem FKVO-konformen Resultat zu kommen, dürfte nur ein beteiligtes Unternehmen existieren. Während die Auswahl zwischen Bt und Bt2 einerseits zu einem willkürlichen Ergebnis führen würde und andererseits auch jedes in Bezug auf die Veräußerung durch den anderen nicht selbst als veräußerndes Zielobjekt angesehen werden könnte, ist diese Herangehensweise nicht zulässig. Beteiligtes Unternehmen müsste vielmehr B sein. Dieses veräußert allerdings nicht die Vermögenswerte. Man könnte zwar einwenden, dass B mittelbare Veräußerin und damit gleichsam – partielles – Zielobjekt sei, jedoch erscheint diese „Hilfslösung“ konstruiert und nicht mehr in der Lage, einen durch Rechtssicherheit geprägten Ansatz zu eröffnen. Gleiches gilt für den Fall, dass mehrere Unternehmen eines Umsatzverbundes erworben werden.

Letztendlich entscheidend dürfte das konstitutiv nicht mehr ausreichend gewährleistete Rechtssicherheitsprinzip sein. Die Ermittlung des beteiligten Unternehmens, ausgehend vom jeweiligen Zielobjekt, bürgt ein großes Unsicherheitspotenzial.

Daraus folgt, dass der von der EG-Kommission begründete Ansatz, der auf die Kategorie des Zielobjektes abstellt, insgesamt verworfen werden sollte. Die Bestimmung des beteiligten Unternehmens kann nicht sinnvoll an diese Einteilung anknüpfen. Gleiches gilt für eine Orientierung am Veräußerer. Die Bestimmung des beteiligten Unternehmens ist auch veräußererseitig ausschließlich eine Frage nach der richtigen Hierarchie.

(bb) Hierarchieansatz

Die Bestimmung des beteiligten Unternehmens kann nicht von der Einteilung der an einem Zusammenschluss beteiligten Einheiten in die Kategorien des Zielobjektes oder des Veräußerers abhängig gemacht werden. Wesentlich sollte danach allein sein, wer eine Umsatzeinheit, aus der Unternehmensressourcen

---

[694] S.248.

heraus erworben werden, am besten repräsentieren könnte. Dabei wird man in Anlehnung an den Kontrollerwerb auf der Erwerberseite zunächst davon ausgehen müssen, dass hierzu die Muttergesellschaft die beste Repräsentationsfunktion einnehmen kann, weil sie allein alle unternehmerischen Ressourcen eines Umsatzverbundes, gegründet auf objektiv nachprüfbare Kriterien, repräsentiert.

Die Darstellung eines solchen Ansatzes soll anhand der potenziellen Zielobjekte des alleinigen Kontrollerwerbs unterscheiden. Nach Art.3 (1) lit.b FKVO (derselbe a.F.) sind dies ein oder mehrere Teile eines oder mehrerer Unternehmen sowie ein oder mehrere Unternehmen selbst.

Denkbar wären auch Mischfälle zwischen dem Erwerb von Unternehmen sowie Unternehmensteilen. Grundlegend ist zu berücksichtigen, ob beim Kontrollerwerb mehrerer abgrenzbarer Unternehmensressourcen diese innerhalb eines Umsatzverbundes stehen oder nicht.

(.1) Erwerb eines nicht unternehmensfähigen Teils

Begonnen werden soll mit der Besprechung des Teilerwerbs, beispielsweise an Vermögenswerten oder auch Sparten sowie Geschäftsbereichen, sofern sie von und nicht innerhalb des Unternehmensträgers erworben werden. Besagte Zielobjekte müssen gemäß ihrer unternehmerischen Verwendung für die Marktstellung des Umsatzerzielers bedeutsam sein. Die vorangegangenen Ermittlungen haben bereits ergeben, dass die zu erwerbenden Unternehmensressourcen jedenfalls nicht selbst beteiligte Unternehmen sein können, weil es ihnen an der Unternehmensfähigkeit ermangelt

Beispiel 2:48 (Erwerb eines nicht unternehmensfähigen Teils, 1)
A (€ 400 Mio.) ist ein Energieversorgungsunternehmen. Es erwirbt von dem Unternehmen B, (€ 400 Mio), Eigentümer und Betreiber mehrerer Kohlekraftwerke, ein Kraftwerk, Bv, welches gemessen an dem Jahresergebnis von B eine Wirtschaftkraft von € 100 Mio. produziert hat.

Veräußererseitig wird die Umsatzeinheit allein durch B, dem Bv zugeordnet werden muss, ausgefüllt; Bv kann mangels Unternehmensfähigkeit nicht selbst als – beteiligtes oder verbundenes – Unternehmen betrachtet werden, es trägt zur Absatztätigkeit und der daraus resultierenden Wirtschaftkraft von B bei. Beteiligtes Unternehmen *muss* damit B sein. Dieses erzielt einen Gesamtumsatz von € 400 Mio., sodass die Zugrundelegung der Gesamtumsätze von B nicht den durch A erworbenen und damit sich konzen-trierenden Ressourcen entsprechen würde. Dies ist aber auch nicht erforderlich, weil Art.5 (2) Uabs.1 FKVO (derselbe a.F.), der später noch Gegenstand der Besprechung sein wird (vgl Gliederungsposten), vorgibt, dass von den Umsätzen des Veräußerers, hier B, nur die Umsätze berücksichtigt werden sollen, die auf die veräußerten Teile, also auf Bv, entfallen.

Fraglich ist, wie zu verfahren wäre, wenn der Veräußerer von einem anderen Unternehmen abhängig ist; dabei muss vorerst zwischen der formellen, der materiellen sowie der formell-materiellen Abhängigkeit unterschieden werden, um eine Differenzierung zwischen zusammenschluss- und/oder verbundtechnisch relevanten Unternehmensbeziehungen zu ermöglichen. Begonnen werden soll mit dem Fall der formell-materiellen Abhängigkeit.

Beispiel 2:49 (Erwerb eines nicht unternehmensfähigen Teils, 2)
Entsprechend dem Beispiel 2:48 (Erwerb eines nicht unternehmensfähigen Teils, 1) mit der Maßgabe, dass B zu 100% von der dem Unternehmen Bm(€ 300 Mio.) beherrscht wird

Abbildung 2-18 (Erwerb eines nicht unternehmensfähigen Teils, 2)

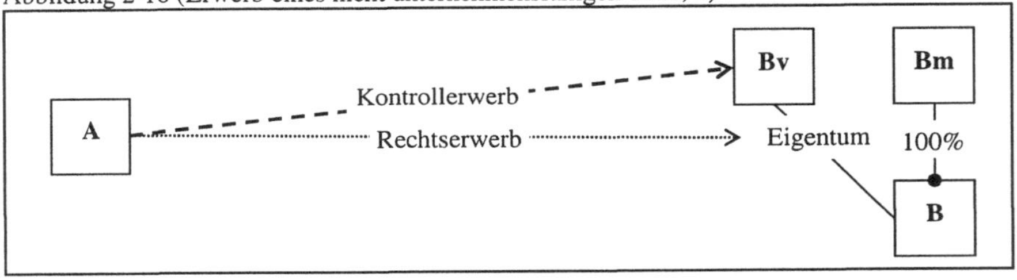

Auf der Veräußererseite bilden Bm+B die umsatzmäßig von dem beteiligten Unternehmen zu repräsentierende Unternehmensgruppe. Beide kämen folglich aus dieser Überlegung heraus als beteiligtes Unternehmen in Betracht.

Für B als beteiligtes Unternehmen spricht die Vergleichbarkeit mit dem vorangegangenen *Beispiel 2:48 (Erwerb eines nicht unternehmensfähigen Teils, 1)*. Zudem erschiene es auch wünschwert, den unmittelbaren Veräußerer der zu erwerbenden Ressourcen als dieses zu begreifen, weil dieser ohne große Anstrengung ermittelt werden könnte. Zudem sollte diese Vorgehensweise auch die Existenz der Klausel des Art.5 (4) lit.c FKVO (derselbe a.F.) rechtfertigen. Die Einzelfallbetrachtung auf der Erwerberseite hat ergeben, dass aufgrund der Berücksichtigungspflicht der materiellen Einflusshierarchien immer auf die oberste Hierarchie eines Unternehmensverbundes abgestellt werden muss; die lit.c kann dort somit keinen Anwendungsbereich ausfüllen. Einzige Ausnahme wäre der praktisch kaum relevante Fall der bloß formellen Verflechtung eines Kontrollerwerbers zu einer höheren Hierarchie. Die Beschränkung der FKVO auf diese Fälle scheint zumindest ursprünglich nicht gewollt gewesen sein, wobei dem dadurch begegnet werden kann, wenn auf der Veräußerer nicht stets auf die Muttergesellschaft abzustellen wäre.

Gegen B und für Bm spricht dagegen die Einheitlichkeit mit der Erwerberseite und der dortigen Ansiedlung des beteiligten Unternehmens in der obersten Hierarchie und der Harmonie mit dem bilanztechnischen Ansatz der Umsatzsystematik. Zudem wiegen die sonstigen Argumente, die für B als beteiligtes Unternehmen sprechen, schwach. So würde auch die Ermittlung der über Verflechtungen im Sinne von Art.5 (4) lit.b FKVO (derselbe a.F.) mit dem unmittelbaren Veräußerer verbundenen höheren Hierarchie als beteiligtes Unternehmen keine ausschweifende Prüfung voraussetzen, sodass auch bei einem nicht auf den unmittelbaren Veräußerer abstellenden Ansatz die Ermittlung des beteiligten Unternehmens keine Lokalisierungsschwierigkeiten aufweisen würde. Zudem steht die Erwägung im Raum, dass Bm als mittelbarer Veräußerer bewertet werden und sogar B zur Transaktion gedrängt haben könnte, wobei bereits abgelehnt wurde, die Bestimmung des beteiligten Unternehmens von dem tatsächlichen Motivator des Vorhabens abhängig zu machen und dadurch Rechtssicherheit zu verringern. Da ferner das beteiligte Unternehmen den Bezug zum Zusammenschluss als Repräsentant betroffener Ressourcen herstellen soll, wäre gleichsam Bm als Spitze des Umsatzverbundes in der Lage, Sinn und Zweck der Regelung zu erfüllen.

Lediglich die Existenz des Art.5 (4) lit.c FKVO (derselbe a.F.) lässt Zweifel offen; solange keine bedeutsamen Erwägungen für die Heranziehung der obersten Hierarchie angeführt werden, sollte man dieser Norm Rechnung tragen. Bedenken könnte man auch haben, weil Bm als beteiligtes Unternehmen einen Gesamtumsatz von € 700 Mio. repräsentieren müsste, was nicht den tatsächlich zu erwerbenden Ressourcen entsprechen würde. Gleiches würde aber auch dann gelten müssen, wenn B selbst beteiligtes Unternehmen wäre, weil dann die Umsätze des verbundenen Unternehmens Bm zugerechnet werden müssten. B oder Bm als beteiligte Unternehmen würden gleichsam nicht sachgemäß die Umsätze der tatsächlich zu erwerbenden Ressourcen reflektieren können, da in beiden Fällen die Anwendung von Art.5 (2) Uabs.1 FKVO (derselbe a.F.) zum sachgerechten Ergebnis führen würde.

Für B spricht dagegen, dass dieses selbst der Träger der zu erwerbenden Ressourcen und gewissermaßen die von ihm zusammengefasste Wirtschaftseinheit Zielobjekt des Zusammenschlusses wäre. Es versteht sich als umständlich, vom – partiellen – Zielobjekt B ausgehend die oberste Hierarchie, Bm, zu ermitteln, um im Ergebnis den zu erwerbenden Teil von B zu repräsentieren, wenn insbesondere kein zwingender Grund hierzu ersichtlich ist.

Damit scheint es vorerst vorzugswürdig, davon auszugehen, der unmittelbare Veräußerer sei als beteiligtes Unternehmen zu qualifizieren; es bleibt jedoch noch abzuwarten, welche Erkenntnisse die Untersuchung anderer Sachverhaltskonstellationen auf der Veräußererseite mit sich bringt.

Fraglich ist, wie zu verfahren wäre, wenn zwischen unmittelbarem und mittelbarem Veräußerer eines Unternehmensteils eine rein materielle Abhängigkeit besteht.

Beispiel 2:50 (Erwerb eines nicht unternehmensfähigen Teils, 3)
Entsprechend dem Beispiel 2:49 (Erwerb eines nicht unternehmensfähigen Teils, 2) mit der Maßgabe, dass Bm über eine 48%ige Beteiligung und die gesellschaftsvertragliche Berechtigung zur Besetzung eines von drei Geschäftsführerposten die B beherrscht

Weil zwischen Bm und dem rechtsverschaffenden Unternehmen B keine umsatzleitende Verflechtung besteht und ersteres demzufolge mit den zu erwerbenden Ressourcen keine Umsatzeinheit bildet, muss B als beteiligtes Unternehmen fungieren. Die Überlegungen zur Absenkung der Verbunddefinition des Art.5 (4) lit.b FKVO (derselbe a.F.), die allein von formellen Beherrschungsverflechtungen ausgeht, kann hier nicht vertreten werden, weil für die Feststellung des Zusammenschlussvorgangs keine materielle Wertung der Verflechtung zwischen Bm/B erforderlich ist.[695] Für die Veräußererseite kommt es mithin – anders als auf der Erwerberseite – für die Bestimmung des beteiligten Unternehmens nicht auf Beherrschungsstellungen an, solange diese nicht auch eine Umsatzzuleitung ermöglichen.

Letztendlich wäre zu prüfen, wie Sachverhalte zu behandeln sind, bei denen das unmittelbar teilveräußernde Unternehmen zwar formell von einem anderen Unternehmen abhängig ist, jedoch materiell keine Beherrschungsmöglichkeit besteht.

Beispiel 2:51 (Erwerb eines nicht unternehmensfähigen Teils, 4)
Entsprechend dem Beispiel 2:49 (Erwerb eines nicht unternehmensfähigen Teils, 2) mit der Maßgabe, dass Bm über eine 52%ige Beteiligung am Kapital der B verfügt, diese jedoch aufgrund weiterer Umstände nicht ausreichend ist, damit Bm tatsächlich maßgeblichen Einfluss auf B ausüben könnte

B und Bm bilden den veräußererseitig am Zusammenschluss beteiligten Umsatzverbund, weil zwischen ihnen eine Verbindung im Sinne von Art.5 (4) lit.b FKVO (derselbe a.F.) besteht. Auf eine materielle Beherrschungsmöglichkeit kommt es nach den vorangegangenen Ermittlungen nicht an, weil es für den Zusammenschluss unerheblich ist, ob das Zielobjekt vor der Transaktion vom Veräußerer kontrolliert werden konnte. Denkbar wäre auch hier, Bm oder B als Repräsentant auszuwählen. Anders als bei der Behandlung dieser Fälle auf der Erwerberseite ist der mangelnde materielle Beherrschungsbezug unerheblich. Aufgrund der strukturellen Gleichheit mit dem *Beispiel 2:49 (Erwerb eines nicht unternehmensfähigen Teils, 2)* und den dazu vorgetragenen Erwägungen scheint es hier vorerst angemessen, vorläufig B als beteiligtes Unternehmen anzusehen, aber den Fortgang der Untersuchung abzuwarten. Weitere Bedenken gegen Bm könnte man hier aus der Existenz des Art.14 (2) FKVO (derselbe a.F.) ableiten. Es erscheint nicht sachgemäß, wenn gegen Bm ein Bußgeld verhängt werden könn-

---

695 Zur anderweitigen Vorgehensweise im Hinblick auf die erwerberseitigen Erwerbsstrukturen: (.3.3) Materielles Abhängigkeitsverhältnis, (S.225).

te, obwohl es keinen Einfluss auf eine rechtstreue Durchführung des Kontrollverfahrens nehmen kann. Die Möglichkeit steht aber ohnehin im Ermessen der EG-Kommission, sodass ein solcher Sachverhalt, der mit an Null grenzender Wahrscheinlichkeit vorkommen dürfte, entsprechend behandelt werden könnte. Es erscheint zudem zweifelhaft, dass sich die Norm des Art.14 (2) FKVO (derselbe a.F.) an die Veräußererseite adressiert,[696] weshalb diese Erwägung nicht bei der sachgemäßen Berücksichtigung des beteiligten Unternehmens berücksichtigt werden sollte.

Ist Zielobjekt der Teil eines Unternehmens, so muss nach dem vorläufigen Stand der Ermittlungen der unmittelbare Veräußerer als beteiligtes Unternehmen fungieren. Ob im Interesse einer einheitlichen Vorgehensweise bei der Bestimmung des beteiligten Unternehmens auf der Erwerberseite ein Rückgriff auf die oberste Hierarchie vorgenommen werden sollte, ist noch nicht endgültig auszuschließen.

(.2) Erwerb mehrerer nicht unternehmensfähiger Teile

Im Anschluss ist der Erwerb mehrerer Teile von mehreren Unternehmen zu untersuchen. Bedingung für die zusammengefasste Behandlung ist, dass es sich bei den Transaktionen nach Maßgabe des Art.5 (2) Uabs.2 FKVO (derselbe a.F.) um einen wirtschaftliche zusamenzufassenden Zusammenschluss handelt, weil sonst bereits die Aussagen zum vorangegangenen Abschnitt Geltung finden. Dies setzt voraus, dass jedenfalls die zu erwerbenden Ressourcen in einem Umsatzverbund zueinander stehen.[697] Es gilt somit allein, Sachverhalte zu untersuchen, bei denen die jeweiligen Veräußerer von Unternehmensteilen im Sinne von Art.5 (4) lit.b FKVO (derselbe a.F.) miteinander verbunden sind.

Beispiel 2:52 (Erwerb mehrerer nicht unternehmensfähiger Teile, 1)
B (€ 400 Mio.) ist ein Dienstleistungsunternehmen. Es ist eingetragene Inhaberin der von ihr verwendeten Marke „Bv1“, welcher eine Wirtschaftkraft in Höhe von € 50 Mio. zugerechnet werden kann. Ferner verfügt Bt über eine 100%ige Beteiligung an dem Unternehmen Bt (€ 300 Mio.), einer Immobiliengesellschaft. Aus dem Betrieb einer Hotel-

---

696 Dafür spricht, dass die von Art.14 (2) FKVO (derselbe a.F.) sanktionierten Verhaltensweisen schwerpunktmäßig den Rechtskreis des Erwerbers betreffen. Die FKVO-Widrigkeit des Vollzuges eines nicht legalisierten Vorhabens kommt in dem nicht zulässigen Erwerb und nicht im Veräußerungstatbestand zum Ausdruck. Auch die Nichterfüllung von Auflagen fällt in den Rechtskreis des Erwerbers. Ferner spricht dafür auch der Gleichlaut mit den Bußgeldtatbeständen des Art.14 (1) FKVO (derselbe a.F.) wegen unterlassener oder unrichtiger Anmeldung eines Vorhabens. Da die Pflicht zur Anmeldung gemäß Art.4 FKVO (derselbe a.F.) regelmäßig nur die Erwerberseite betrifft – ausgenommen Fusionsfälle – kann sich der Bußgeldtatbestand in diesen Varianten auch nur an diese richten.

697 Weitere Einzelheiten werden später besprochen: bb. Zusammenfassung mehrerer Transaktionen, Uabs.2 (derselbe a.F.), (S.355).

kette, Bv2, werden € 150 Mio. erzielt. Das Unternehmen A erwirbt von B die Bv1 und von Bt die Bv2.

Abbildung 2-19 (Erwerb mehrerer nicht unternehmensfähiger Teile, 1)

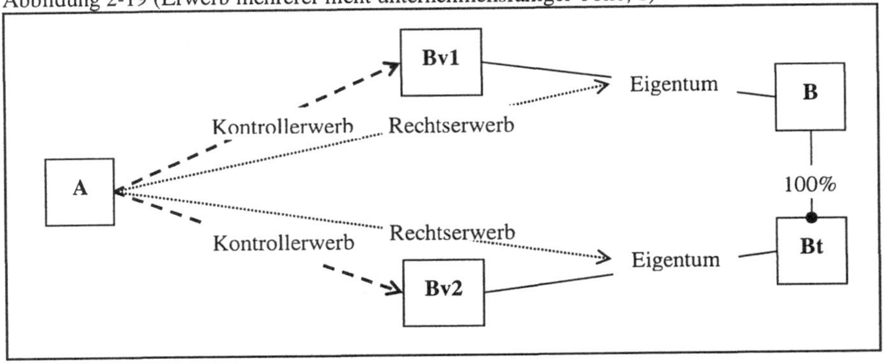

Zunächst kann vorausgesetzt werden, dass weder Bv1 noch Bv2 als beteiligte Unternehmen fungieren können, diese vielmehr B und Bt sein müssten. Eine solche Behandlung würde zur Existenz von zwei beteiligten Unternehmen innerhalb eines Umsatzverbundes führen, was *keinen systemkompatiblen* Ansatz darstellen würde, da pro Umsatzverbund nur ein solches existieren darf. Entsprechend den Erwägungen zum *Beispiel 2:49 (Erwerb eines nicht unternehmensfähigen Teils, 2)*[698] erscheint es hier geboten auf die *höchste Hierarchie* abzustellen, die sich dann in B manifestiert. Dabei würde man dann einen Umsatz in Höhe von € 700 Mio. für das beteiligte Unternehmen berechnen, wovon entsprechend Art.5 (2) Uabs.2 FKVO (derselbe a.F.) nur insgesamt € 200 Mio., die mit Bv1 und Bv2 verbundene Wirtschaftskraft, Berücksichtigung finden würden.

Deutlich wird dies auch, wenn die veräußernden Unternehmen nicht über eine direkte formelle Linie, sondern vermittelt über eine umsatzmäßig gemeinsame Muttergesellschaft verbunden sind.

Beispiel 2:53 (Erwerb mehrerer nicht unternehmensfähiger Teile, 2)
Entsprechend dem Beispiel 2:52 (Erwerb mehrerer nicht unternehmensfähiger Teile, 1) mit der Maßgabe, dass B und Bt nicht miteinander verbunden sind, jedoch das Unternehmen Bm über eine 100%ige Beteiligung an B sowie Bt verfügt

Die für die Schwellensystematik relevante Umsatzgruppe wird durch Bm+B+Bt verkörpert. Innerhalb dieser darf es nur *ein* beteiligtes Unternehmen, das heißt einen Repräsentanten für die Umsatzermittlung geben. Dieser muss die Bv1 sowie Bv2 zurechenbare Wirtschaftskraft als Gesamtheit darstellen. Würde man auf B oder Bt als beteiligte Unternehmen abstellen, wäre einerseits die

698 S.254.

Auswahl willkürlich, da sie gewissermaßen dieselbe Berechtigung hätten. Zudem können weder B noch Bt eine direkte Verbindung zum Veräußerungstatbestand des jeweils anderen Unternehmens herstellen, weil ihre Verbindung nur unter Rückgriff auf Bm hergestellt werden kann. Anders ist dies, sofern man Bm selbst als beteiligtes Unternehmen behandeln würde. Dieses könnte einerseits den Umsatzverbund und andererseits auch die aus diesem heraus erworbenen Ressourcen als Gesamtheit repräsentieren. Ein solches Vorgehen würde dem bilanziellen Charakter der Umsatzsystematik Rechnung tragen. Ferner erscheint ein solches Vorgehen auch praktikabler, weil der regelmäßig von Bm aufzustellende Konzernabschluss in solchen Sachverhaltskonstellationen die Grundlage für die Umsatzberechnung bilden könnte.

Werden Teile mehrerer Unternehmen erworben, muss, sofern die Veräußerer einem Umsatzverbund angehören, die *höchste Hierarchie* des Umsatzverbundes als beteiligtes Unternehmen gewählt werden.

(.3) Erwerb eines Unternehmens

Nach der Behandlung des Teilerwerbs sollen die Ermittlungen mit dem Kontrollerwerb an einem Unternehmen fortgeführt werden. Dabei ist zu differenzieren, ob die zu erwerbende Einheit in einem Umsatzverbund mit seinem Veräußerer steht oder nicht. Die Analyse der Veräußererseite beim Kontrollerwerb an Unternehmensteilen hat dagegen ergeben, dass es auf materielle Beherrschungsmöglichkeiten nicht ankommen kann, weshalb diese Komponente nicht berücksichtigt werden muss.

(.3.1) Formelle Abhängigkeit vom Veräußerer

Begonnen werden sollen die Ermittlungen mit den Sachverhalten, bei denen Veräußerer und Zielobjekt im Sinne der Verbundsystematik miteinander verbunden sind, wobei ferner differenziert werden soll, ob der Veräußerer seinerseits formell von einem anderen Unternehmen abhängig ist oder nicht.

(.3.1.1) Formelle Unabhängigkeit des Veräußerers

Der Übersichtlichkeit halber soll mit der formellen Unabhängigkeit des Veräußerers begonnen werden; eine Verbindung im Sinne von Art.5 (4) lit.b FKVO (derselbe a.F.) besteht, ausgehend vom Veräußerer, ausschließlich zu niederrangigen Hierarchien.

Beispiel 2:54 (Erwerb eines Unternehmens, 1)
Das Unternehmen A (€ 300 Mio.) begehrt die Erlangung der Kontrolle an dem Unternehmen Bt (€ 200 Mio.). Hierzu soll eine 75% Beteiligung von dem Unternehmen B (€ 400 Mio.) erworben werden.

B+Bt bilden die umsatzmäßig relevante Unternehmensgruppe. Geht man von der bereits zur Erwerberseite ermittelten Herangehensweise, immer die oberste Hierarchie als beteiligtes Unternehmen einzuordnen, aus, so wäre dies hier B. Es muss allerdings beachtet werden, dass eine substanzielle Komponente, nämlich die materielle Beherrschung und die daraus direkte Verbindung zum Konzentrationsvorgang, welche mitentscheidend für das Abstellen auf die oberste Hierarchie war, auf der Veräußererseite keine Auswirkungen hat. Für den Kontrollerwerb ist es unerheblich, ob der Veräußerer das Zielobjekt vorher kontrollieren konnte oder nicht. Der Vergleich mit dem Teilerwerb kann keinen unmittelbaren Rückschluss zulassen. Zwar wurde zumindest beim Erwerb eines Unternehmensteiles das Abstellen auf die oberste Hierarchie zunächst abgelehnt, jedoch hinsichtlich des Erwerbs an mehreren Teilen relativiert.

Setzt man dennoch B als beteiligtes Unternehmen voraus, so begründet sich der Widerspruch, dass die Gruppe, bestehend aus B+Bt, einen Umsatz von € 600 Mio. widerspiegeln müsste. Tatsächlich erworben wird nur Bt und damit unternehmerische Ressourcen mit einem Umsatzvolumen von € 200 Mio. Art.5 (2) Uabs.2 FKVO (derselbe a.F.) erscheint aber dem Wortlaut nach nicht anwendbar, sofern Bt nicht als Teil eines Unternehmens begriffen werden müsste oder eine ergänzende Intertreptation in Bezug auf Unternehmensgruppen in Betracht käme.[699] Da diese Unstimmigkeit auch nicht durch ein Abstellen auf Bt beeinflusst würde, weil dann umgekehrt die Erlöse von B zugerechnet werden müssten, kann diese Argumentation nicht gegen B sprechen und trägt in diesem Kontext jedenfalls auch nicht zur Entscheidungsfindung bei.

Allerdings ließe sich aus Art.5 (2) Uabs.1 FKVO (derselbe a.F.) ein Anhaltspunkt entwickeln, der auch bei der Bestimmung des beteiligten Unternehmens im Rahmen der Veräußerung von Teilen seine Berechtigung fand. So kommt es für die Umsatzberechnung „*auf Seiten des Veräußerers*“ nur auf diejenigen Umsätze an, die die veräußerten Teile erzielt haben. Daraus kann man den Schluss ziehen, dass Zuordnungspunkt der Berechnung der Gesamtumsätze der Veräußerer sein soll; anderenfalls hätte es näher gelegen, von den Umsätzen „auf Seiten des Zielobjektes oder Erworbenen“ auszugehen. Danach wäre V als beteiligtes Unternehmen einzuordnen. Diese Argumentation wiegt insoweit schwach, als der Wortlaut der Norm diese Fallgruppe nicht direkt erfasst und deshalb seine Formulierung auch nicht als bindend angesehen werden darf.

Zu beachten ist, dass das Problem hier ohnehin anders liegt als beim Teilerwerb. Während dort die die veräußernde Einheit und die zu erwerbenden Ressourcen in einem Unternehmen zusammengefasst waren und sich die Frage auf das Abstellen auf eine höhere Hierarchie stellte, fallen hier schon Veräußerer

699 Dazu: (I) Mehrere Erwerbsvorgänge zwischen denselben Unternehmen und Personen, (S.356-361)

und Zielobjekt auseinander. Auch hier empfiehlt es sich, weitere Ermittlungen abzuwarten.

Vorläufig soll gelten, das zu erwerbende Unternehmen müsse als beteiligtes Unternehmen behandelt werden, weil dann der Repräsentant der Umsätze auch der unmittelbare Träger derselben wäre.

(.3.1.2) Formelle Abhängigkeit des Veräußerers

Bei der formellen Abhängigkeit des Veräußerers vertieft sich die Problematik, weil drei potenzielle Ansatzpunkte für das beteiligte Unternehmen existieren würden.

Beispiel 2:55 (Erwerb eines Unternehmens, 2)
Entsprechend dem Beispiel 2:54 (Erwerb eines Unternehmens, 1)[700] *mit der Maßgabe, dass B zu 100% von Bm abhängig ist*

Als beteiligte Unternehmen kommen B und Bt sowie ferner auch Bm mit entsprechenden Erwägungen zum *Beispiel 2:49 (Erwerb eines nicht unternehmensfähigen Teils, 2)*[701] in Betracht. Für ein Abstellen auf B oder Bt spricht vornehmlich, dass diese dem Konzentrationsvorgang am nächsten stehen und am schnellsten ermittelt werden könnten. Für Bm ließe sich dagegen das „Hierarchieargument" ins Feld führen. Gegen ein Abstellen auf B ließe sich das Argument der Manipulierbarkeit anführen. Konzerninterne Umstrukturierungen sind kontrollfrei. Sofern ein Unternehmen veräußert werden soll, ist anders als die Spitze einer Unternehmensgruppe oder die zu veräußernde Einheit selbst der Veräußerer durch vorherige konzerninterne Übertragungsvorgänge frei wählbar.

Letztendlich erscheint es vorzugswürdig, Bt, also das zu erwerbende Unternehmen, selbst als Repräsentant der zu erwerbenden Umsätze zu behandeln. Die endgültige Festlegung soll jedoch einer abschließenden Bewertung vorbehalten bleiben.

(.3.2) Formelle Unabhängigkeit zum Veräußerer

Weiter gilt es zu prüfen, wie zu verfahren wäre, wenn das Zielobjekt nicht in einem Umsatzverbund mit dem Kontrollverschaffer steht; ob der Veräußerer dabei selbst formell abhängig ist, kann vernachlässigt werden.

Beispiel 2:56 (Erwerb eines Unternehmens, 3)
Entsprechend dem Beispiel 2:54 (Erwerb eines Unternehmens, 1)[702] *mit der Maßgabe, dass B nur 44% an Bt hält und A bereits über 5% an Bt verfügt*

[700] S.259.
[701] S.254.
[702] S.259.

Stellt man entsprechend dem *Ausgangsbeispiel 2:50 (Erwerb eines Unternehmens, 1)* auf B als beteiligtes Unternehmen ab, so könnten die Umsätze nicht berücksichtigt werden, da B und Bt nicht umsatzleitend miteinander verbunden sind und damit keine Zurechnung erfolgen kann. Hier kann nur Bt selbst als beteiligtes Unternehmen fungieren, damit eine sachgemäße Berücksichtigung der Wirtschaftkraft des Zielobjektes erfolgen kann.

Ist das zu erwerbende Unternehmen nicht mit seinem Veräußerer im Sinne von Art.5 (4) lit.b FKVO (derselbe a.F.) verbunden, so muss dieses selbst als beteiligtes Unternehmen fungieren, da anderenfalls kein sachgemäßes Resultat erzielt werden könnte. Diese Erkenntnis stützt die bisher zum Kontrollerwerb an einem Unternehmen vertretene Auffassung, das Zielobjekt selbst müsse beteiligtes Unternehmen sein.

(.3.3) Fazit

Nach den vorangegangenen Ermittlungen ist vorerst davon auszugehen, dass beim Kontrollerwerb an einem Unternehmen ungeachtet der sonstigen Umstände das beteiligte Unternehmen direkt von der zu erwerbenden Einheit zu repräsentieren wäre.

(.4) Erwerb mehrerer Unternehmen

Zuletzt gilt es, den alleinigen Kontrollerwerb an mehreren Unternehmen zu untersuchen. Grundsätzliche Voraussetzung für die Zusammenfassung der Transaktionen ist auch hier, dass die zu erwerbenden Unternehmen in einer Umsatzeinheit miteinander verbunden sind und ferner, dass die sonstigen Voraussetzungen von Art.5 (2) Uabs.2 FKVO (derselbe a.F.) erfüllt werden.

Dabei muss strukturell unterschieden werden, ob die Zielobjekte in direkter oder indirekter Linie miteinander verbunden waren, wobei zunächst der Fall der indirekten Verbindung untersucht werden soll.

(.4.1) Indirektes Verbundverhältnis zwischen den Zielobjekten

Der Einstieg in den Erwerbstatbestand an mehreren Zielobjekten soll über die Sachverhaltsvariante erfolgen, bei der die zu erwerbenden Unternehmen indirekt miteinander verbunden sind. Dies ist dann der Fall, wenn sie beide im Verhältnis von Schwestergesellschaftern zueinander standen.

Beispiel 2:57 (Erwerb mehrerer Unternehmen, 1)
Das Unternehmen A (€ 200 Mio) erwirbt die Kontrolle an dem Unternehmen Z1 (€ 400 Mio.) sowie Z2 (€ 230 Mio.), indem sie von dem Unternehmen B (€ 200 Mio.) die 80%ige Beteiligung an der Z1 und die 93%ige Beteiligung an der Z2 übernimmt.

Hier bilden B+Z1+Z2 einen Umsatzverbund mit einem Gesamtvolumen von € 830 Mio. Z1 und Z2 als beteiligte Unternehmen zu qualifizieren, würde dazu führen, dass zwei beteiligte Unternehmen innerhalb eines Umsatzverbundes existieren und eine Doppelzählung der Umsatzerlöse mit sich bringen. Dagegen ist ein Abstellen auf Z1 oder Z2 nicht sinnvoll, weil es willkürliche Ergebnisgestaltungen ermöglichen würde und zudem auch nicht sachgemäß erscheint, da jedes der Zielobjekte „eine Berechtigung" hat, selbst als beteiligtes Unternehmen zu fungieren. Daraus folgt, dass allein B als beteiligtes Unternehmen einzuordnen ist. Sie bildet die Spitze der Wirtschaftseinheit, aus der mit Z1 und Z2, abstellend auf eine rein wirtschaftliche Perspektive, *ein* Teil der Ressourcen herausgelöst wird. Auch hier setzt sich getreu dem bereits zum Kontrollerwerb an mehreren Teilen ermittelten Ergebnis die oberste Hierarchie durch. Wiederholt stellt sich auch hier das Problem, dass Art.5 (2) Uabs.1 FKVO (derselbe a.F.) dem Wortlaut nach nicht anwendbar ist, was aber erneut nicht dazu führen kann, die Bestimmung des beteiligten Unternehmens in Zweifel zu ziehen, weil sich dieses Pro-blem, ungeachtet der Heranziehung von B, Z1 oder Z2, stellen würde.

Sind mehrere Unternehmen als Zielobjekte indirekt miteinander innerhalb einer Unternehmensgruppe im Sinne von Art.5 (4) FKVO miteinander verbunden, so muss die oberste Hierarchie dieses Unternehmensverbundes als beteiligtes Unternehmen fungieren.

(.4.2) Direktes Verbundverhältnis zwischen den Zielobjekten

Eine besonders gelagerte Konstellation ist dann gegeben, wenn die Zielobjekte in einem direkten Verbundverhältnis miteinander verkettet sind.[703] Dabei soll unterschieden werden, ob zwischen den Zielobjekten ein formelles oder ein materielles Abhängigkeitsverhältnis besteht.

(.4.2.1) Formelles Abhängigkeitsverhältnis

Begonnen werden soll mit der Untersuchung der formell verketteten Unternehmen, an denen die alleinige Kontrolle durch eine oder mehrere Transaktionen begründet werden soll.

Beispiel 2:58 (Erwerb mehrerer Unternehmen, 2)
Unternehmen A (€ 90 Mio.) begehrt die Erlangung der alleinigen Kontrolle an den Unternehmen Bt (€ 350 Mio.) sowie Be (€ 260 Mio.). Dafür soll die 85%ige Beteiligung an Bt von B erworben werden. Be ist eine 100%ige Tochter von Bt.
Anmerkung: Die Umsatzdaten beziehen sich allein auf die gemeinschaftsweit erzielten Umsätze.

[703] Beispiel: Unternehmen A begehrt den Erwerb der Kontrolle an den Unternehmen B1 und B2. B1 ist eine 100%ige Tochter von Bm. B2 ist wiederum eine 100%ige Tochter von B1. Mittels Kontrollerwerb an B1 könnte A mittelbar auch die Kontrolle an B2 erlangen.

Abbildung 2-20 (Erwerb mehrerer Unternehmen, 3)

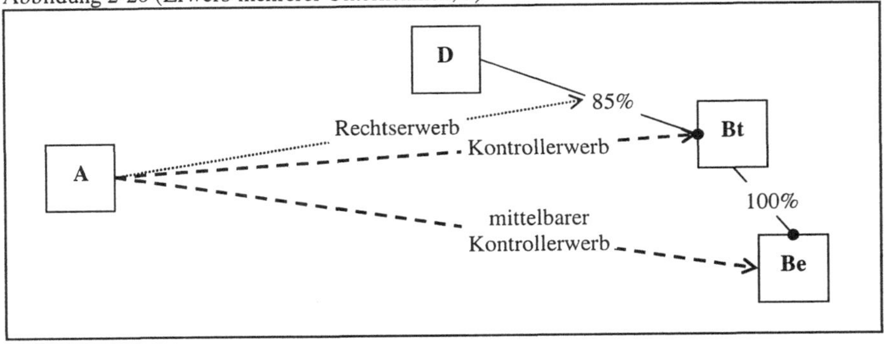

Nach den vorangegangenen Ermittlungen könnte hier sowohl A als auch Bt als beteiligtes Unternehmen einzuordnen sein. Für Bt spricht zunächst der Ansatz bei der zu erwerbenden Einheit, während für A die zusammenschlussrechtliche Vergleichbarkeit mit dem Kontrollerwerb indirekt verbundener Unternehmen und die in solchen Fällen einheitliche Handhabung sprechen könnten.

Vor der weiteren Analyse soll ein vergleichbarer Sachverhalt in die Diskussion einbezogen werden.

Beispiel 2:59 (Erwerb mehrerer Unternehmen, 3)
Entsprechend dem Beispiel 2:58 (Erwerb mehrerer Unternehmen, 2) mit der Maßgabe, dass A zunächst von Bt die 100%ige Beteiligung an Be und im Anschluss die 85%ige Beteiligung an Bt von B erwirbt

Vom Konzentrationsresultat entsprechen sich die beiden Sachverhalte. Weil allein die Konstruktion der Vorhaben sich unterscheidet, muss davon ausgegangen werden, dass in beiden Fällen die beteiligten Unternehmen eine identische Lokalisierung aufweisen müssen. Dies spricht dafür, im zweiten Sachverhalt B als beteiligtes Unternehmen im Hinblick auf den zusammengefassten Zusammenschluss zu qualifizieren, weil anderenfalls entweder Bt oder Be in Frage kämen. Dafür spricht ferner die Tatsache, dass in diesem Sachverhalt allein B einen konsolidierten Abschluss für die Unternehmensgruppe aufstellen müsste. Bt, selbst nur Tochtergesellschaft, wäre davon befreit. Mittels Heranziehung von B als beteiligtes Unternehmen würde man die Praktikabilität fördern, da der konsolidierte Abschluss von B zumindest als Anhaltspunkt für die relevanten Umsätze verwandt werden könnte.

Im Ergebnis erweist es sich auch in den Fällen direkter Verbindung der Zielobjekte als vorzugswürdig, die oberste Hierarchie eines Unternehmensverbundes für die Repräsentation des Unternehmensverbundes auszufüllen.

(.4.2.2) Materielles Abhängigkeitsverhältnis

Ein weiterer problemträchtiger Fall betrifft den Kontrollerwerb an mehreren Unternehmen, die nicht im Sinne von Art.5 (4) lit.b FKVO (derselbe a.F.), wohl aber über materielle Beherrschungsverflechtungen miteinander verbunden sind.

Beispiel 2:60 (Erwerb mehrerer Unternehmen, 4)
Entsprechend dem Beispiel 2:58 (Erwerb mehrerer Unternehmen, 2)[704] *mit der Maßgabe, dass zwischen Bt an Be eine 48%ige Beteiligung hält, die diesem jedoch die Möglichkeit zur bestimmenden Einflussnahme eröffnet. A erwirbt von B die 85%ige Beteiligung an Bt*

Abbildung 2-21 (Erwerb mehrerer Unternehmen, 4)

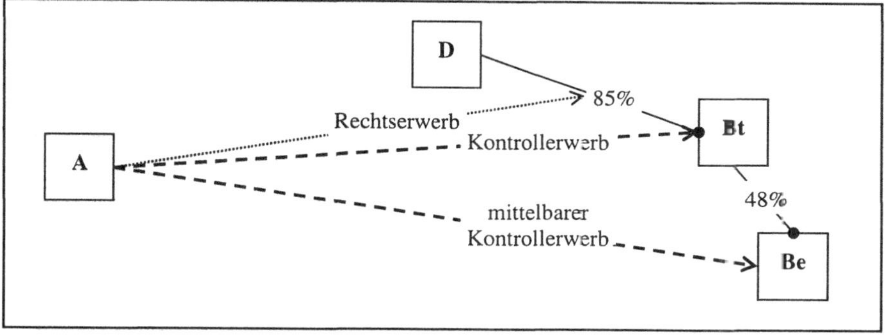

Bisher wurde vertreten, dass die materielle Kontrollbeziehung zwischen Unternehmen auf der Veräußererseite unbeachtlich für die Umsatzberechnung sowie die Bestimmung der beteiligten Unternehmen wäre. Die Begründung hierfür lag in der mangelnden zusammenschlussrechtlichen Relevanz, weil es für den Erwerb der Kontrolle an einem Zielobjekt nicht darauf ankam, ob dieses vorher von bestimmten Gesellschaftern beherrscht wurde oder nicht. Anders ist dies jedoch, wenn die materielle Beziehung unterhalb des direkten Zielobjektes liegt. Im beschriebenen Sachverhalt könnten Bt und Be nicht zu einer Umsatzeinheit kumuliert werden, weil sie nicht im Sinne von Art.5 (4) lit.b FKVO (derselbe a.F.) miteinander verbunden sind. Daraus müsste man – um den Bezug zur Bestimmung des beteiligten Unternehmens herzustellen – zumindest Be als beteiligtes Unternehmen betrachten, weil kein anderer Repräsentant für die von diesem ausgehende Wirtschaftkraft in Betracht käme.

Es gilt zu prüfen, ob eine zusammenschlusstatbestandskonforme Auslegung des Art.5 (4) lit.b FKVO (derselbe a.F.) vertreten werden muss.[705] Die erforderliche Systemwidrigkeit bei der strikten Anwendung von Art.5 (4) lit.b FKVO ist

704 S.263.
705 Grundlegend: (b) Vermittelnde Lösung zur Harmonisierung mit Art.3 FKVO, (S.192).

nicht zu leugnen. A wäre mit € 90 Mio. zumindest in Bezug auf die gemeinschaftsweiten Aktivitäten zu umsatzschwach, um die Voraussetzungen von Art.1 (2), (3) FKVO (derselbe a.F.) zu erfüllen. Die gemeinschaftsweite Bedeutung würde dennoch nicht an dem Erfordernis der gemeinschaftsweit erzielten Umsätze scheitern, weil Bt und Be als zwei Umsatzeinheiten begriffen werden müssten, die jeweils mehr als € 250 Mio. erwirtschaften. Dieses Resultat kann nicht überzeugen, wenn sie aus materieller Hinsicht eine Umsatzeinheit darstellen würden.[706] Diese Unstimmigkeit muss grundsätzlich im Interesse von Rechtssicherheit und Klarheit hingenommen werden, sofern nicht die Feststellung des Zusammenschlusstatbestandes die materielle Bewertung des Verhältnisses beider Zielobjekte zueinander ohnehin voraussetzen würde. Dies ist zweifelhaft, weil für die Feststellung der einzelnen Konzentrationsvorgänge nicht das Verhältnis der Zielobjekte zueinander, sondern vielmehr die Beziehung des Erwerbers zu jedem von diesen von Bedeutung ist. Dies zeigt das in Fußnote 706 geschilderte Beispiel, bei dem ein Kontrollerwerb zwischen Erwerber und mittelbar erworbenen Zielobjekt nicht ausschließlich aus den mit dem unmittelbaren Zielobjekt erworbenem Einflusspositionen herrührt. Dennoch wird vertretbar sein, eine umsatzmäßige Zusammenfassung der durch materielle Verflechtungen verbundenen Zielobjekte anzunehmen, das heißt Art.5 (4) lit.b FKVO (derselbe a.F.) zusammenschlusskonform zu interpretieren. Um nämlich feststellen zu können, ob A auch die Kontrolle an Bt begründet, muss das Abhängigkeitsverhältnis von Bt zu Be bewertet werden, weshalb zwecks einer zusammenschlusstatbestandskonformen Auslegung der Verbundklausel – siehe hierzu grundlegend Gliederungsposten – zur Feststellung einer materiellen Umsatzverbindung keine weiteren Ermittlungen angestellt werden müssten.[707]

706 Anders dagegen im folgenden Beispiel: A erwirbt eine 75%ige Beteiligung an Bt, welches zu 5% an Be beteiligt ist, weder ein materieller noch ein formeller Beherrschungstatbestand besteht vor der Transaktion zwischen Bt und Be, sodass hier die Annahme von zwei Zusammenschlüssen, A/Bt und A/Be, angenommen werden müsste, wobei eine verfahrensrechtliche Zusammenfassung noch diskutiert werden muss.

707 Vgl. dazu ferner: Immenga/Mestmäcker (IMMENGA), EG-WbR, Band I, VII.Abschnitt (Fusionskontrollverordnung), D., Artikel 3 , III., 2., d), Rn.25 „Auf der anderen Seite (sich auf die Veräußererseite beziehend) schließt der Kontrollerwerb über ein Konzern-, Mutter- oder Holding-Unternehmen den Erwerb der Kontrolle über die von diesem kontrollierten Tochtergesellschaften ein.“, (S.925); KRIMPHOVE, Teil III (Die Beurteilung von Unternehmenszusammenschlüssen nach der europäischen Fusionskontrollverordnung), C., V., 2., b), (S.295).

Damit sind diese Sachverhalte entsprechend den bereits geschilderten Fällen des Kontrollerwerbs an mehreren Unternehmen zu behandeln – beteiligtes Unternehmen ist stets die oberste Hierarchie.

(.5) Mischfälle

Entsprechend der Überlegung auf der Erwerberseite gilt auch hier, dass Mischfälle keine gesonderte Prüfung erfahren müssen. Sofern mehrere Unternehmen oder Unternehmensteile eines Umsatzverbundes erworben werden, muss stets die oberste Hierarchie als beteiligtes Unternehmen fungieren. Dies gilt auch dann, wenn Unternehmen und Unternehmensteile eines Umsatzverbundes erworben werden.

(.6) Annex: Personen in der obersten Hierarchie

Bereits bei der Bestimmung des beteiligten Unternehmens auf der Erwerberseite wurde angedeutet, dass es fragwürdig sein könnte, Personen, die keine wirtschaftliche Tätigkeit ausüben, als beteiligte Unternehmen zu qualifizieren, wenn sie zwar die oberste Hierarchie eines Umsatzverbundes repräsentieren, jedoch gleichsam auch die direkt darunter liegende Einheit als ein solches fungieren könnte.[708]

Denkbar wären solche Fälle dann, wenn mehrere Unternehmen oder Unternehmensteile aus einem Unternehmensverbund heraus erworben würden, jedoch unterhalb der nicht wirtschaftlich tätigen Person ein Unternehmen existieren würde, welches die Zielobjekte gleichsam unter sich als Einheit verbinden könnte.

Beispiel 2:61 (Personen in der obersten Hierarchie)
Das Unternehmen A (€ 400 Mio.) möchte die Kontrolle an den Unternehmen Be1 (€ 300 Mio.) und Be2 (€ 200 Mio.) erwerben; hierfür ist geplant, eine jeweils 100%ige Beteiligung von dem Unternehmen Bt (€ 400 Mio.) zu erwerben, welches wiederum zu 60% von dem Gesellschafter B gehalten wird.

Während B die oberste Hierarchie des veräußererseitigen Umsatzverbundes darstellt, könnte gleichsam auf B als beteiligtes Unternehmen abgestellt werden. Dies würde sich aus den bereits angestellten Überlegungen zur Erwerberseite als vorzugswürdig bezeichnen lassen, soll jedoch auch hier bis zur abschließenden Analyse offen gelassen werden.

---

708 Zu Fällen des gestuften Kontrollerwerbs mit nicht unternehmerischen Personen in der Spitze: Beispiel 2:40 (Investor oder Holding, 6), (S.241).

(c) Zusammenfassung zum alleinigen Kontrollerwerb

Nach den vorgenommenen Untersucherungen zur Bestimmung der beteiligten Unternehmen kristallisieren sich sowohl in Bezug auf die Erwerber- als auch die Veräußererseite einheitliche Maßstäbe heraus. Da diese sich jedoch nicht in jeder Hinsicht entsprechen, empfiehlt sich eine „seitenbezogene“ Zusammenzufassung.

(aa) Erwerberseite

Die Methodik zur Bestimmung des beteiligten Unternehmens auf der Erwerberseite folgt der Leitlinie, dass immer die oberste kontrollerwerbende Hierarchie eines Unternehmensverbundes als dieses fungieren muss; dies ungeachtet der direkten Schnittstelle

Zu beachten ist ferner, dass sämtliche Kontrollerwerber innerhalb einer materiellen Beherrschungslinie als Umsatzeinheit zusammenzufassen sind, selbst wenn die bilateralen Verflechtungen nicht den Anforderungen des Art.5 (4) lit.b FKVO (derselbe a.F.) entsprechen; es muss eine zusammenschlusstatbestandskonforme Auslegung der Verbundsystematik bzw. -definition erfolgen.

Ferner wurde ermittelt, dass Personen im Sinne von Art.3 (1) lit.b FKVO (derselbe a.F.) als beteiligtes Unternehmen fungieren müssen, selbst wenn die FKVO teilweise zwischen der Person einerseits und dem – beteiligten – Unternehmen andererseits unterscheidet. Eine Ausnahme zu diesem Grundsatz wurde bisher noch nicht abschließend für den Fall diskutiert, wenn gleichsam auch die von der betroffenen Person beherrschte Einheit [vgl. Art.3 (1) lit.b FKVO (derselbe a.F.)] als beteiligtes Unternehmen fungieren könnte. Dies wäre allerdings nur dann denkbar, wenn diese selbst Kontrollerwerber ist und die Person keine anderen Unternehmen, unabhängig von dem besagten Unternehmen, beherrscht.

Im Zusammenhang mit Personen im Sinne von Art.3 (1) lit.b FKVO (derselbe a.F.) muss eine zusammenschlusskonforme Auslegung erfolgen, wenn eine Person über eine materielle Beherrschungsmöglichkeit an einem Unternehmen zum zusammenschlussrechtlichen Erwerber wird, diese aber nicht den Anforderungen von Art.5 (4) lit.b FKVO (derselbe a.F.) entspricht; diese muss für die Umsatzzurechnung zwischen dem kontrollierten Unternehmen und der kontrollerwerbenden Person auf das materielle Beherrschungsniveau abgesenkt werden.

(bb) Veräußererseite

Die Veräußererseite weist keine einheitliche Struktur zur Bestimmung des beteiligten Unternehmens auf. Hier musste beim Erwerb eines Zielobjektes, sei es ein Unternehmen oder ein Unternehmensteil, meist offen gelassen werden, ob das Zielobjekt, der Veräußerer oder gar die oberste Hierarchie als beteiligtes Unternehmen zu fungieren haben. Anders liegt der Fall dagegen beim Erwerb mehrerer Zielobjekte eines Unternehmensverbundes; in diesen Fällen musste immer die oberste Hierarchie als beteiligtes Unternehmen fungieren.

Es stellt sich mithin die Frage, wie beim Erwerb eines Zielobjektes zu verfahren wäre. Sofern das Zielobjekt nicht mit dem Veräußerer umsatzleitend verbunden ist, musste zwangsläufig auf das zu erwerbende Unternehmen selbst abgestellt werden woraus man den Schluss ziehen könnte, stets das Zielobjekt als beteiligtes Unternehmen zu qualifizieren. Hiergegen könnte man anführen, dass eine einheitliche Vorgehensweise mit dem Kontrollerwerb an mehreren Zielobjekten eines Umsatzverbundes anderes erfordere. Aus einer wirtschaftlichen Betrachtung heraus scheint es dennoch vorzugswürdig zu sein, in den besagten Fällen das Zielobjekt selbst als beteiligtes Unternehmen zu betrachten. So erscheint es sachgemäß, sofern Teile oder die Gesamtheit der unternehmerischen Ressourcen einer Unternehmenseinheit erworben werden, eine allein auf diese als geschlossene Wirtschaftseinheit abstellende Sichtweise zu vertreten. Sobald Ressourcen mehrerer Träger eines Umsatzverbundes bzw. mehrere Träger selbst erworben werden, muss dann auf eine gesamtunternehmerische Perspektive zurückgegriffen werden, die die einzelnen Einheiten als einheitlichen Teil begreifen sollte.

Demnach muss beim Erwerb unternehmerischer Ressourcen, sofern sie einem Träger zugerechnet werden können, der unmittelbare hinter diesen stehende Träger selbst als beteiligtes Unternehmen fungieren; beim Kontrollerwerb an Unternehmensteilen ist dies der Verfügungsberechtigte über diese Teile, während beim Unternehmenserwerb das zu erwerbende Unternehmen selbst beteiligtes Unternehmen ist. Werden mehrere nicht ein und demselben unmittelbaren Träger zurechenbare Ressourcen aus einem Unternehmensverbund heraus erworben, gilt dagegen die oberste Hierarchie als beteiligtes Unternehmen.

Eine Absenkung der Verbunddefinition kommt grundsätzlich nicht in Betracht. Die einzige Ausnahme wird dann erforderlich, sobald mehrere Unternehmen erworben werden, die vor dem Zusammenschluss bereits in einer direkten, materiellen Beherrschungslinie zueinander standen, welche aber nicht den Anforderungen von Art.5 (4) lit.b FKVO (derselbe a.F.) entsprechen würde.

Für die Problematik zur Person in der obersten Hierarchie eines Unternehmensverbundes gilt der zur Erwerberseite gezogene Ermittlungsstand analog.

(cc) Vorläufige Leitlinie

Die Bestimmung des beteiligten Unternehmens muss erwerberseitig in der obersten kontrollerwerbenden Ebene eines Unternehmensverbundes verortet werden. Veräußererseitig muss dagegen beim Erwerb eines Zielobjektes dieses als beteiligtes Unternehmen fungieren. Werden mehrere Zielobjekte eines Umsatzverbundes in einem zusammenschlussrechtlich einheitlichen Vorgang erworben, muss die oberste Hierarchie des Unternehmensverbundes als beteiligtes Unternehmen fungieren.

Der Ansatz der EG-Kommission kann nur im Hinblick auf die Bestimmung des beteiligten Unternehmens auf der Veräußererseite bestätigt werden, sofern die Kontrolle an einem Zielobjekt erlangt wird. Dabei gilt entgegen der Ansicht der EG-Kommission beim Teilerwerb nicht der veräußerte Teil, sondern der Veräußerer, der selbst als „Quasi-Zielobjekt“ bezeichnet werden kann, als beteiligtes Unternehmen.

(2) Gemeinsamer Kontrollerwerb; insbesondere Gemeinschaftsunternehmen

Die praktische Relevanz des – gemeinsamen – Kontrollerwerbs manifestiert sich nahezu ausschließlich in Gründungsfällen von Gemeinschaftsunternehmen,[709] weshalb die gemeinsame Akquisition von Unternehmensteilen nur kurz als Annex in Augenschein genommen werden soll. Die Besonderheit dieses Zusammenschlusstatbestandes liegt darin, dass mehrere Einheiten die Möglichkeit zur Steuerung der Geschäftspolitik des kontrollierten Unternehmens erlangen,[710] sie jedoch nur gemeinsam und abhängig voneinander ausüben können.[711] Anders als beim alleinigen Kontrollerwerb wird damit die Zuordnungsstruktur unternehmerischer Ressourcen nicht von einer Wirtschaftseinheit auf eine andere übertragen. Die Folgen dieser Vermengung der Einflusshierarchien auf die Errechnung der gemeinschaftsweiten Bedeutung müssen in zwei Problemkreise unterteilt werden.

---

709 Voraussetzung für die zusammenschlussrechtliche Relevanz des gemeinsamen Kontrollerwerbs an einem Unternehmen ist die Vollfunktion derselben [vgl. Art.3 (4) FKVO (derselbe a.F.)], wobei dieses Kriterium aufgrund der inhaltlichen Disziplin dieser Arbeit nicht weiter diskutiert werden kann. Weiterführend: EG-KOMMISSION, Mitteilung zum Vollfunktionsgemeinschaftsunternehmen, ABl.EG 1998 C 66/01; Wiedemann (WIEDEMANN), 5.Kapitel (Fusionskontrolle), 1.Abschnitt, § 15, II., 3., c), aa), Rn.60-67, (S.490-495).

710 Zwar liegt auch ein gemeinsamer Kontrollerwerb vor, wenn die Kontrollerwerber einem Unternehmensverbund angehören; ein solcher führt aber immer auch zum alleinigen Kontrollerwerb in der Konzernspitze, weshalb diese Sachverhaltskonstellation bereits zum Titel des „alleinigen Kontrollerwerbs“ behandelt wurde: Beispiel 2:33 (Gestuft mittelbarer Kontrollerwerb über mehrere abhängige Einheiten, 3), (S.230).

711 Immenga/Mestmäcker (IMMENGA), EG-WbR, Band I, VII.Abschnitt (Fusionskontrollverordnung), D., Artikel 3, IV., 2., Rn.55, (S.935); Langen/Bunte (LÖFFLER), Band 1, EG-Kartellrecht, FKVO, Artikel 3, E., II., Rn.12, 13, (S.2506); MESTMÄCKER/SCHWEITZER, 6.Kapitel (Fusionskontrolle), § 23, III., 4., Rn.30 (S.561).

Einerseits stellt sich die Frage der Zusammenfassung mehrerer Transaktionen zu einem einheitlichen Vorgang.[712] So fasst Art.3 (1) lit.b FKVO (derselbe a.F.) den gemeinsamen Kontrollerwerb als einen Zusammenschluss auf, obwohl es im Einzelfall mehrerer unabhängiger Transaktionen bedarf und auch die Erlangung der gemeinsamen Kontrollposition in gestuften Akten erfolgen kann.[713] Auf die Bestimmung des oder der beteiligten Unternehmen dürfte diese Problemstellung allerdings keine Auswirkungen haben. Die Repräsentationsfunktion desselben bezieht sich allein auf den einflusserwerbenden oder veräußernden Ressourcenverbund; ob parallel eine weitere – rechtlich und wirtschaftlich – selbständige Wirtschaftseinheit an dem Zusammenschluss beteiligt ist, kann für die Positionierung des beteiligten Unternehmens in seiner Gruppe nicht von Bedeutung sein.[714]

Andererseits muss geprüft werden, ob und wann die Bestimmung des beteiligten Unternehmens aufgrund struktureller Besonderheiten des gemeinsamen Kontrollerwerbs anderen Maßstäben zu folgen hat als den bereits zum alleinigen Einflusserwerb ermittelten. Von Bedeutung ist dabei insbesondere, inwiefern Abweichungen von der klaren Zuordnungsstruktur, des Erwerber- und Veräußerer-/ Zielobjektsverbundes, Auswirkungen auf die involvierten Ressourcenverbände und ihre Beteiligung am Zusammenschluss haben könnten. Diese Analyse soll vor dem Einstieg in die danach problematischen Fallgruppen vorgenommen werden, wobei zwischen der Erwerber- sowie der Veräußererseite zu differenzieren ist.

(a) Erwerberseitige Zuordnungsprobleme

Betrachtet man zunächst die Erwerberseite, so sind beim – gemeinsamen – Kontrollerwerb keine Unterschiede erkennbar.[715] Allein von Bedeutung ist hier, dass der bestimmende Einfluss an vorher unabhängigen Ressourcen erworben wird.

---

712 Siehe: bb. Zusammenfassung mehrerer Transaktionen, Uabs.2 (derselbe a.F.), (S.355-378)

713 Übersicht zu möglichen Etablierungskonstellationen: STAUDENMAYER, E., I., 1., (S.178 f.); ferner dazu: MESTMÄCKER/SCHWEITZER, 6.Kapitel (Fusionskontrolle), § 24, III., 4., Rn.29, (S.561).

714 Anderes gilt selbstverständlich für die Frage der Anzahl beteiligter Unternehmen bzw. Unternehmensgruppen an einem Zusammenschluss, die von der Involvierung dieser innerhalb einer - gegebenenfalls zusammengefassten - Transaktion abhängt.

715 Grundlegende Feststellung: MESTMÄCKER/SCHWEITZER, 6.Kapitel (Fusionskontrolle), § 24, III., 4., Rn.28 „Der Tatbestand der gemeinsamen Kontrolle stimmt grundsätzlich mit dem der alleinigen Kontrolle überein.“, (S.560).

Beispiel 2:62 (Erwerberseitige Zuordnungsprobleme, 1)
Das Unternehmen A (€ 400 Mio.) verfügt über eine 100%ige Beteiligung an dem Unternehmen At (€ 300 Mio.). At erwirbt von dem Unternehmen B (€ 200 Mio.), welches zu 100% an dem Unternehmen C beteiligt ist, eine 50%ige Beteiligung an dem Unternehmen C. A+At werden im Anschluss gemeinsam mit B die gemeinsame Kontrolle auf C ausüben können.

Abbildung 2-22 (Erwerberseitige Zuordnungsprobleme, 1)

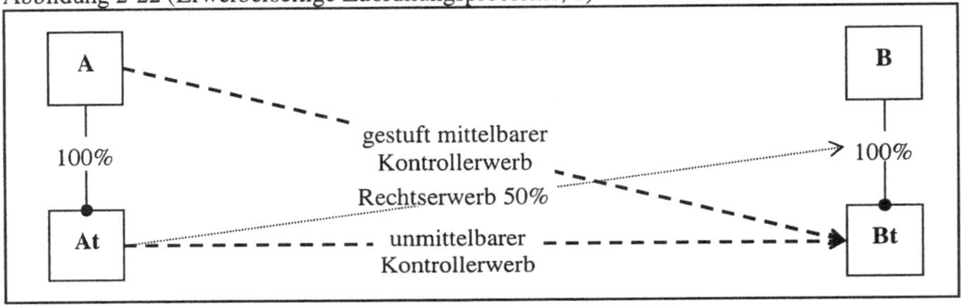

Der erwerberseitige Verbund besteht in diesem Sachverhalt aus A+At. Ob der Einflusserwerb gemeinsam mit B oder alleine erfolgt, kann auf die für A+At bedeutsame Abgrenzung der Unternehmensgruppe und deren Bezug zum Zusammenschluss nicht von Belang sein, weshalb die ermittelten Grundsätze Geltung beanspruchen können; A wäre danach als gestuft mittelbarer Kontrollerwerber als beteiligtes Unternehmen zu qualifizieren.[716] Selbiges gilt dann in Bezug auf jeden einzelnen Kontrollerwerber, sodass die Anzahl der an einem Zusammenschlussvorgang involvierten Erwerbseinheiten und die Intensität des Einflusserwerbs für die Bestimmung der beteiligten Unternehmen völlig ohne Belang ist. Insofern kann die bloße Beteiligung als alleiniger oder gemeinsamer Kontrollerwerber keinen Einfluss auf die erwerberseitige Bestimmung des beteiligten Unternehmens haben.

Ein struktureller Problemfall bricht sich jedoch an dieser Stelle, sobald der gemeinsame Kontrollerwerb durch einen alleinigen Kontrollerwerbsvorgang

716 Angenommen A wäre unterhalb der verbundsystematischen 50,1%-Schwelle an At beteiligt, würden hier die Grundsätze der zusammenschlusskonformen Auslegung des Artikel 5 (4) lit.b FKVO (derselbe a.F.) greifen; ähnlich sieht dies die EG-Kommission, die aber auf At als beteiligtes Unternehmen abstellen müsste: EG-KOMMISSION, Mitteilung zum Begriff der beteiligten Unternehmen, ABl.EG 1998 C 66/17, Rn.22 „Im Fall des Erwerbs der gemeinsamen Kontrolle über ein bereits bestehenden Unternehmen sind die beteiligten Unternehmen ... jedes der Unternehmen die die gemeinsamen Kontrolle erwerben.“

vermittelt wird und damit die eindeutige Zuordnung der Zielressourcen im Hinblick auf ein oder mehrere Unternehmensverbände vermengt wird.[717]

Beispiel 2:63 (Erwerberseitige Zuordnungsprobleme, 2)
Die Unternehmen A (€ 400 Mio.) und B (€ 300 Mio.) sind beide zu je 50% an dem Unternehmen C (€ 300 Mio.) beteiligt. C erwirbt von dem Unternehmen Dm (€ 300 Mio.) eine 100%ige Beteiligung an dem Unternehmen D (€ 200 Mio.).

Abbildung 2-23 (Erwerberseitige Zuordnungsprobleme, 2)

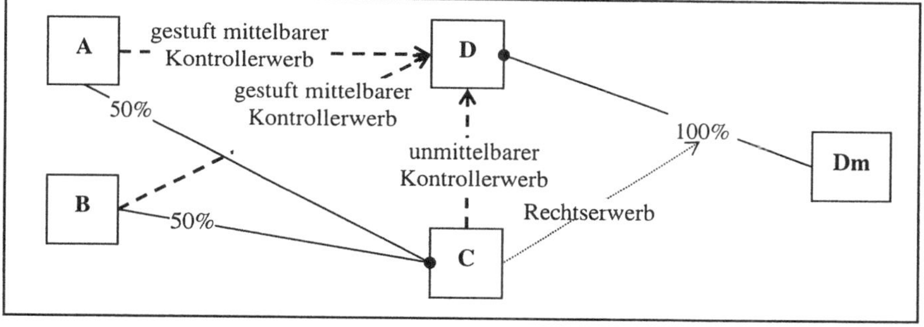

Analysiert man diesen Zusammenschlussvorgang im Hinblick auf die einzelnen Kontrollerwerbsschritte, so liegt ein alleiniger Kontrollerwerb von C an D vor. Ferner kommt es zu einem gemeinsamen Kontrollerwerb von A und B an D. Zwar wird zum Teil eingewandt, dass allein das Gemeinschaftsunternehmen in solchen Fällen die Kontrolle erwerben würde,[718] jedoch vermag diese Sichtweise nicht zu überzeugen, weil der bestimmende Einfluss der Gesellschafter, die ein Gemeinschaftsunternehmen gemeinsam beherrschen, nicht an diesem und seinen unmittelbaren Ressourcen endet;[719] entweder kann man Einfluss auf die Geschäftspolitik eines anderen Unternehmens nehmen und strategisch bedeutsame Entscheidungen der Geschäftsleitung, also auch die planerische Aus-

[717] Zur Problematik: EG-KOMMISSION, Mitteilung zum Begriff der beteiligten Unternehmen, ABl.EG 1998 C 66/18, 19, Rn.26-29; Groeben/Schwarze (ADT), Band 2, Titel VI, Kapitel 1, Abschnitt 1, nach Artikel 85 (europäische Fusionkontrolle/ Fusionskontrollverordnung), B., II., 3., a), Rn.104, (S.828); Immenga/Mestmäcker (IMMENGA), EG-WbR, Band I, VII.Abschnitt (Fusionskontrollverordnung), D., Artikel 5, III., 1., Rn.33, 34, (S.975 f.); Langen/Bunte (LÖFFLER), Band 1, EG-Kartellrecht, FKVO, Artikel 5, D., III., Rn.11-14, (S.2538 f.); Wiedemann (WIEDEMANN), 5.Kapitel (Fusionskontrolle), 1.Abschnitt, § 15, B., III., 3., c) Rn. 76-78 (S.499 f.); SIRAGUSA/SUBIOTTO, WuW 1991, S.879, (S.872).

[718] RÖHLING, Zip 1990, S.1180, (S.1179).

[719] Von dem gemeinsamen Kontrollerwerb durch ein Gemeinschaftsunternehmen sprechend und sich damit auf den Kontrollerwerb der Mütter beziehend (stellvertretend): Immenga/Mestmäcker (IMMENGA), EG-WbR, Band I, VII.Abschnitt (Fusionskontrollverordnung), D., Artikel 5, III., 1., Rn.33, 34 (S.975 f.); MONTAG/HEINEMANN, ZiP 1992, S.1369, S.1372, (S.1367).

richtung der Kontrollebeteiligung an Dritten, beeinflussen oder nicht.[720] Anderenfalls müsste man den gemeinsamen Einflusserwerb über eine Erwerbsholding als zusammenschlussfrei bezeichnen.[721]

Beispiel 2:64 (Erwerberseitige Zuordnungsprobleme, 3)
Entsprechend dem Beispiel 2:63 (Erwerberseitige Zuordnungsprobleme, 2) mit der Maßgabe, dass C eine nicht unternehmerisch tätige Person ist, die vor dem Kontrollerwerb an D kein Unternehmen kontrollieren kann

Würde man hier vertreten, die Gesellschafter einer gemeinsam kontrollierbaren Einheit könnten nicht die Kontrollmöglichkeiten an Dritten beeinflussen, so würde es an einem Zusammenschluss ermangeln, weil kein Kontrollerwerb eines Unternehmens oder einer Person im Sinne von Art.3 (1) lit.b FKVO (derselbe a.F.) gegeben wäre.

Das Problem in diesen Fällen manifestiert sich in der Bestimmung der maßgeblichen Erwerbseinheiten, die dann als beteiligte Unternehmen zu begreifen wären.[722] So könnte man vertreten, dass mit den voneinander unabhängigen Gesellschaftern zwei Umsatzverbände die gemeinsame Kontrolle am Zielobjekt erwerben. Es wäre allerdings auch möglich, vom alleinigen Einflusserwerber ausgehend die Wirtschaftseinheit abzugrenzen, wobei dann nur ein beteiligtes Unternehmen existieren dürfte; auf die Einzelheiten wird sogleich eingegangen werden.

Die vorangegangenen Feststellungen belegen, dass die Bestimmung des beteiligten Unternehmens auf der Erwerberseite grundsätzlich den bereits zum alleinigen Kontrollerwerb ausgearbeiteten Maßstäben entspricht. Allein der Kontrollerwerb mehrerer fusionsrechtlich relevanter Gesellschafter mittels einer gemeinsam kontrollierten Einheit, insbesondere des Gemeinschaftsunternehmens im Sinne von Art.3 (4) FKVO (derselbe a.F.), muss problematisiert werden.

(b) Veräußererseitige Zuordnungsprobleme

Aus bereits angestellten Erwägungen zur Erwerberseite heraus sollte es nahe liegen, dass auch die veräußererseitige Bestimmung der beteiligten Unternehmen den zum alleinigen Kontrollerwerb ermittelten Maßstäben folgen könne. So kann es für die Bestimmung des beteiligten Unternehmens nicht darauf ankom-

---

720 POHLMANN, 2.Teil, C., III., 1. „Kontrolle als Möglichkeit, die Unternehmenstätigkeit zu bestimmen, ist … nichts anderes als die Möglichkeit, die Geschäftspolitik zu bestimmen.“, (S.210).

721 Dagegen, bezogen auf diesen Fall, auch: MONTAG/HEINEMANN, ZiP 1992, S.1369, (S.1367); vgl. auch: Wiedemann (WIEDEMANN), 5.Kapitel (Fusionskontrolle), 1.Abschnitt, § 15, B., III., 3., c), Rn.78, (S.500).

722 Vgl. EG-KOMMISSION, Mitteilung zum Begriff der beteiligten Unternehmen, ABl.EG 1998 C 66/18, Rn.26; Immenga/Mestmäcker (IMMENGA), EG-WbR, Band I, VII.Abschnitt (Fusionskontrollverordnung), D., Artikel 5, III., 1., Rn.33, 34 (S.975 f.).

men, ob die abzugebenden Ressourcen an ein oder mehrere unabhängige Einheiten veräußert werden oder ob diese vor der Transaktion mehreren Veräußerern zustehen. Stets kommt es allein auf die Wirtschaftskraft derjenigen Ressourcen an, an denen sich die Kontrollstrukturen verändern; für diese Fragestellung ist Art. 5 (2) FKVO (derselbe a.F.) zu beachten.[723]

Beispiel 2:65 (Veräußererseitige Zuordnungsprobleme, 1)
Die Unternehmen A (€ 400 Mio.) und B (€ 300 Mio.) wollen die gemeinsame Kontrolle an dem Unternehmen C (€ 400 Mio.) erwerben. Hierfür sollen jeweils 50%ige Beteiligungen von dem Unternehmen Cm (€ 200 Mio) erworben werden.

Abbildung 2-24 (Veräußererseitige Zuordnungsprobleme, 1)

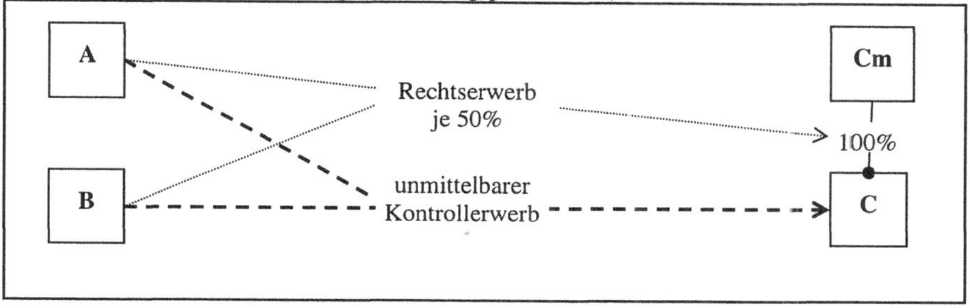

Die zu erwerbenden Unternehmensressourcen füllen einen Gesamtumsatz von € 400 Mio. Geht man davon aus, dass erst A und dann B die Einflussrechte erwerben, so wäre in beiden Erwerbsfällen C das beteiligte Unternehmen. Der Umsatz beträgt dabei jeweils € 400 Mio.[724] Ob der Zusammenschluss im Ergebnis zu einem Vorgang zusammengefasst wird, ist für die Bestimmung der beteiligten Unternehmen unerheblich, wird aber noch im Zusammenhang mit Art.5 (2) FKVO (derselbe a.F.) zu würdigen sein (vgl. Gliederungsposten).

Zweifel könnte man dagegen haben, wenn C über eine weitere Tochter verfügt, an der mittels Erwerb von C ebenso die Kontrolle durch A und B erlangt wird, oder wenn A und/oder B weitere Ressourcen von Cm erwerben.

723 Einschränkend fordernd, dass sich die vorher gegebenenfalls das Zielobjekt beherrschende Einheit aus der Kontrollstruktur vollständig zurückzieht: EG-KOMMISSION, Mitteilung zum Begriff der beteiligten Unternehmen, ABl.EG C 1998 C 66/17, Rn.22; siehe auch: Groeben/Thiesing/Ehlermann (BRUHN), Band 2/II, Dritter Teil, Titel V, Kapitel 1, Abschnitt 1, nach Artikel 89, I. (Fusionskontrollverordnung), Artikel 5, III., 1., Rn.32, 33, (S.2/1488); RUDO, RIW 1997, S.642, (S.641).

724 Bedenken könnte man hierbei haben, da sich der alleinige Kontrollerwerb wirtschaftlich nicht von dem alleinigen Kontrollerwerb unterscheiden würde, jedoch ist dies eine Frage, die im Zusammenhang mit Art.5 (2) Uabs. 1 FKVO (derselbe a.F.) zu diskutieren ist:aa. Teilveräußerngen in der Umsatzberechnung, Uabs.1 (derselbe a.F.), (S.348).

Beispiel 2:66 (Veräußererseitige Zuordnungsprobleme, 2)
Entsprechend dem Beispiel 2:67 (Veräußererseitige Zuordnungsprobleme, 1) mit der Maßgabe, dass C über eine 100%ige Beteiligung an dem Unternehmen Ct (€ 300 Mio.) verfügt

Abbildung 2-25 (Veräußererseitige Zuordnungsprobleme, 2)

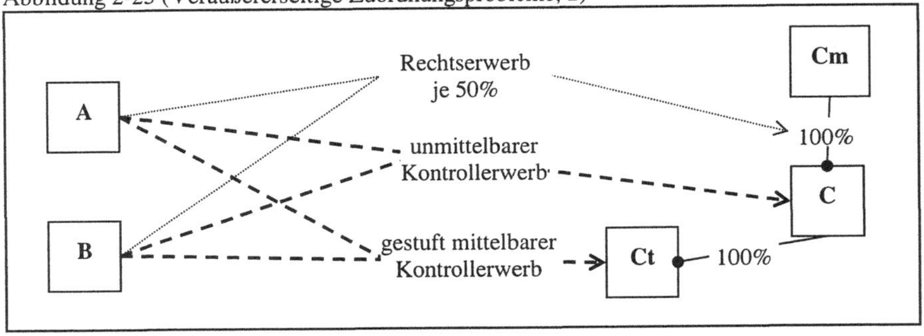

Geht man erneut von der zeitlich versetzten Transaktion aus, so wäre im ersten Erwerbsfall durch A sowie die oberste Hierarchie des aus Cm+C+Ct bestehenden Unternehmensverbundes, also Cm, als beteiligtes Unternehmen zu qualifizieren. Es liegt ein Kontrollerwerb an mehreren Unternehmen vor. Für den Erwerbstatbestand durch B wäre die Situation dann aber anders zu bewerten, da die Verbindung im Sinne von Art.5 (4) lit.b FKVO (derselbe a.F.) zwischen Cm und C nicht mehr existiert. Denkbar wäre es, C selbst als beteiligtes Unternehmen anzusehen oder einen Rückgriff auf Cm unter Heranziehung von A als weiteres beteiligtes Unternehmen zuzulassen, wobei im letzteren Falle die Umsätze von C sowie Ct über Art.5 (5) FKVO (derselbe a.F.) aufgeteilt werden müssten. Zu diskutieren bleibt folglich der gemeinsame Kontrollerwerb an mehreren Einheiten eines Unternehmensverbundes.[725]

Eine weitere Problemstellung lässt sich ferner aus dem vorangegangenen *Beispiel 2:65 (Veräußererseitige Zuordnungsprobleme, 1)* unter Betrachtung des ersten Zusammenschlussvorgangs zwischen A/C ermitteln. Durch den Erwerb der Kontrolle von A verliert Cm die alleinige Einflussnahmemöglichkeit auf C. Allerdings zieht sich Cm nicht wie beim alleinigen Kontrollerwerb aus der Einflusshierarchie in Gänze zurück; es verbleibt bei einer gemeinsamen Einflussnahmemöglichkeit. Berücksichtigt man insbesondere, dass die Veränderungen der Unternehmensstrukturen damit abgeschlossen sein könnten – dann hätten A

---

[725] Strukturell entsprechende Fragen wirft der Fall auf, bei dem ein Gemeinschaftsunternehmen bereits existiert und einer der Kontrollinhaber seine Einflussposition auf einen Dritten überträgt, welcher dann mit dem verbleibenden Einflussinhaber oder den -inhabern die gemeinsame Kontrollmöglichkeit fortführt: EG-KOMMISSION, Mitteilung zum Begriff der beteiligten Unternehmen, ABl.EG 1998 C 66/20, Rn.34.

und Cm mit C+Ct ein Gemeinschaftsunternehmen etabliert –, muss hinterfragt werden, wie die Beteiligung von Cm am Zusammenschluss zu bewerten ist.[726] Einerseits wird die Position des Veräußerers ausgefüllt, andererseits könnte man davon sprechen, dass Cm gemeinsame Kontrolle erlangt und parallel Erwerber ist.[727]

Vergleicht man die aufgezeigten Sachverhalte, so ähnelt sich die jeweils zugrundeliegende Kernproblematik. Es stellt sich jeweils die Frage, wie in den Zusammenschluss involvierte Unternehmen oder Unternehmensgruppen zu berücksichtigen sind, die weder einer klaren Erwerbs-, noch einer Veräußerungskategorie zugeordnet werden können. Dies gilt für alle Wirtschaftseinheiten, die bereits vor dem fusionsrechtlich relevanten Ereignis über eine Kontrollposition am Zielobjekt verfügen und diese beibehalten[728] oder abbauen[729].[730]

(c) Sonderproblem: Neugründung eines Gemeinschaftsunternehmens

Ein noch nicht erwähntes Szenario lässt sich mit der Neugründung eines Gemeinschaftsunternehmens verbinden.[731] Die Besonderheit besteht darin, dass – im Gegensatz zum gemeinsamen Kontrollerwerb an einer bereits im Marktgeschehen engagierten Einheit – das künftig gemeinsam zu beherrschende Unternehmen noch *keine Geschäftstätigkeit entwickelt* hat, die Einheit folglich noch

---

726 Die EG-Kommission würde in diesem Fall auf A und D als beteiligte Unternehmen abstellen und das tatsächliche Zielobjekt unberücksichtigt lassen: EG-KOMMISSION, Mitteilung zum Begriff der beteiligten Unternehmen, ABl.EG 1998 C 66/17 Rn.23.

727 Von letzterer Sichtweise geht offensichtlich die EG-Kommission aus, weil sie die Gesamtumsätze der Unternehmensgruppe und nicht nur des Zielobjektes berücksichtigen möchte: EG-KOMMISSION, Mitteilung zum Begriff der beteiligten Unternehmen, ABl.EG 1998 C 66/17 Rn.23; dementsprechend: Groeben/Schwarze (ADT), Band 2, Titel VI, Kapitel 1, Abschnitt 1, nach Artikel 85 (europäische Fusionkontrolle/ Fusionskontrollverordnung), B., II., 3., a), Rn.103, (S.828).

728 So geschehen im Beispiel 2:66 (Veräußererseitige Zuordnungsprobleme, 2) im Hinblick auf A für den Erwerbsfall zwischen B/C.

729 Dies im Hinblick auf das Beispiel 2:66 (Veräußererseitige Zuordnungsprobleme, 2) bezogen auf D für den Erwerbsfall A/C.

730 Für beide Fälle: EG-KOMMISSION, Mitteilung zum Begriff der beteiligten Unternehmen, ABl.EG 1998 C 66/17, Rn.23.

731 Allgemein zum gemeinsamen Kontrollerwerb durch Neugründung: MESTMÄCKER/SCHWEITZER, 6.Kapitel (Fusionskontrolle), § 24, III., 4., Rn.29, (S.561); STAUDENMAYER, E., I., 1., (S.178).

nicht am Markt als Unternehmen existent war;[732] sei es, weil sie noch nicht existierte[733] oder noch keine Geschäftstätigkeiten ausgeübt hat.[734]

Bei der Neugründung durch die Gesellschafter stellt die Sachlage sich schon insofern besonders dar, als es keinen Veräußerer geben kann; anders dagegen beim Erwerb einer bisher keine Geschäftstätigkeiten ausübenden Einheit. Jedenfalls fehlt es jedoch in beiden Varianten an der Umsätze produzierenden Geschäftstätigkeit im abgelaufenen (!) Geschäftsjahr.[735] Zusammenschlussrechtliche Relevanz vermag der *bloße* gesellschaftsrechtliche *Etablierungsakt* des Unternehmensträgers damit nicht zu erzeugen.[736] Diese kann sich damit ausschließlich aus der Art und Weise ableiten lassen, mittels derer die Gründer die neue Einheit in die Lage versetzen, den mit anderen am Markt tätigen Einheiten vergleichbaren Geschäftsbetrieb aufzunehmen. Einzelheiten hierzu sollen ebenfalls im folgenden diskutiert werden.

(d) Problemorientierter Fallgruppenansatz

Die vorangegangenen Analysen haben ergeben, dass die Bestimmung des beteiligten Unternehmens den bereits zum alleinigen Kontrollerwerb entwickelten Maßstäben entsprechen kann und nur vereinzelte sachverhaltsspezifische Fragestellungen einer Klärung bedürfen. Daraus folgt, dass eine wie im Kontext mit dem alleinigen Kontrollerwerb vorgenommene, alle denkbaren Sachverhaltskonstellationen diskutierende Fallgruppeneinteilung nicht angemessen sein kann,[737] weil ihr die Ausrichtung an den tatsächlichen Problemstellungen fehlen würde. Zwecks „ökonomischer" Gestaltung dieser Arbeit soll darum ein problemorientierter Aufbau gewählt werden, der sich allein mit den Eigenheiten des

---

732 EG-KOMMISSION, Mitteilung zum Begriff der beteiligten Unternehmen, ABl.EG 1998 C 66/17, Rn.21; Wiedemann (WIEDEMANN), 5.Kapitel (Fusionskontrolle), 1.Abschnitt, § 15, B., III., 3., b), Rn.75, (S.498).

733 Beispiel: Unternehmen A und Unternehmen B gründen mit je einer Beteiligung von 50% eine Kapitalgesellschaft, die dauerhaft eine vollfunktionale Geschäftstätigkeit entwickeln soll.

734 Beispiel: Unternehmen A und B erwerben von dem Herr C jeweils eine 50%ige Beteiligung an einer „Vorratskapitalgesellschaft", die dauerhaft eine vollfunktionale Geschäftstätigkeit entwickeln soll.

735 EG-KOMMISSION, Mitteilung zum Begriff der beteiligten Unternehmen, ABl.EG 1998 C 66/17, Rn. 21.

736 Dem Kontrollspektrum der FKVO unterfallen grundsätzlich nur Sachverhalte, in denen ein unmittelbarer oder mittelbarer Träger unternehmerischer Ressourcen die Verfügungsgewalt über weitere, bereits im Wettbewerbs eingesetzte Kapazitäten erwirbt: POHLMANN, 2.Teil, B., II. „Konzentration durch externes Wachstum bedeutet, dass der Hinzugewinn von Verfügungsmacht über Produktionsmittel von außen kommt, also herbeigeführt wird, indem einer anderen Wirtschaftseinheit Verfügungsmacht über Produktionsmittel genommen wird.", (S.108 f.).

737 Diese bot sich an, um allgemeine Leitlinien zu entwickeln.

gemeinsamen Kontrollerwerbs bei der Bestimmung des beteiligten Unternehmens auseinandersetzt und die aufgeworfenen Zweifel zu einer Klärung bringt.

(aa) Gemeinsamer Kontrollerwerb durch Gemeinschaftsunternehmen

Begonnen werden soll mit den Mischfällen, bei denen mit dem alleinigen Kontrollerwerb einer gemeinsam beherrschten Einheit ein gestuft mittelbarer Einflusserwerb der Gesellschafter einhergeht. Diese Sachverhalte sind schon mehrfach von der EG-Kommission in der Praxis angetroffen worden;[738] eine verlässlichklare Leitlinie zur Vorgehensweise bei der Umsatzberechnung wurde bisher aber nicht herausgearbeitet.[739] Zwar gibt die Mitteilung zur Bestimmung der beteiligten Unternehmen darüber Auskunft, dass „*normalerweise*“, sofern die alleinige Kontrolle erwerbende Einheit das Kriterium der Vollfunktionalität erfüllt, diese sowie das zu erwerbende Zielobjekt als beteiligte Unternehmen betrachtet würden, jedoch ist die praktische Anwendung in diesem Punkt nicht stets konsequent durchgehalten worden.[740]

Deshalb ist es notwendig, die sachgemäße Lokalisierung der beteiligten Unternehmen in solchen Fallgestaltungen zu untersuchen, um sie insbesondere mit den bereits aufgestellten Maßstäben vergleichen zu können.

(.1) Funktionsloses Gemeinschaftsunternehmen

Begonnen werden soll mit der Sachverhaltsvariante des Kontrollerwerbs durch ein funktionsloses Gemeinschaftsunternehmen. Typischer Fall wäre die gemeinsame Neugründung einer Erwerbsgesellschaft, dem sog. transparenten

---

738 EG-Kommission, Entscheidung (Akz. Comp/M.2938 – SNPE/MBDA/JV) vom 30.10.2002, Rn.1, Entscheidung (Akz. Comp/M.2822 – ENBW/ENI/GVS) vom 17.12.2002, Rn.1, 5, Entscheidung (Akz. Comp/M.2772 – HDW/Ferrostaal/Hellenic Shipyard) vom 25.4.2002, Rn.1, 3, Entscheidung (Akz. IV/M.218 – Eucom/Digital) vom 18.5.1992, Rn.1, Entscheidung (Akz. IV/M.110 – ABC/Generale Des eaux/Canal+/ W.H.Smith TV) vom 10.9.1991, Rn.1 „The proposed operation ... concerns the agreement between ESPN Inc. and Canal+ to set up a joint venture (CV1) to acquire most of the television interests of W.H. Smith.“

739 Übersicht zur Entscheidungspraxis der EG-Kommission: POHLMANN, 4.Teil, A., IV., 1., c), (S. 318-320); Wiedemann (WIEDEMANN), 5.Kapitel (Fusionskontrolle), 1.Abschnitt, B., III., 3., c), Rn.76, (S.499).

740 EG-KOMMISSION, Mitteilung zum Begriff der beteiligten Unternehmen, ABl.EG 1998 C 66/18, Rn.27; zuletzt wohl an den Entscheidungstiteln erkennbar: Entscheidung (Akz. Comp/M.2822 – ENBW/ENI/GVS) vom 17.12.2002, Rn.1, 5, Entscheidung (Akz. Comp/M.2772 – HDW/Ferrostaal/Hellenic Shipyard) vom 25.4.2002, Rn.1, 3.

Vehikel, zwecks gemeinsamer Kontrollbegründung an einem Drittunternehmen.[741]

Beispiel 2:68 (Funktionsloses Gemeinschaftsunternehmen)
Das Unternehmen A (€ 400 Mio.) und die natürliche Person B sind jeweils mit 50% an einer juristischen Person C beteiligt, die bisher weder unternehmerische Tätigkeiten noch Holdingfunktionen ausübt. Ferner ist B an dem Unternehmen Bt (€ 400 Mio.) mit 75% der Stimmrechte beteiligt. C soll 100% der Stimmrechte an dem Unternehmen D (€ 300 Mio.), einer Tochter von Dm, erwerben.

Abbildung 2-26 (Funktionsloses Gemeinschaftsunternehmen)

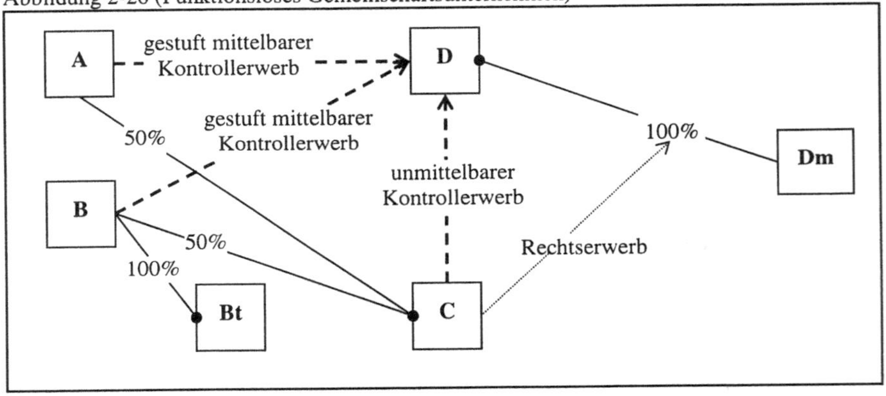

Die Lokalisierung der maßgeblichen Kontrollerwerber und des beteiligten Unternehmens bereitet hier keine großen Bewertungsschwierigkeiten. Beteiligte Unternehmen müssen A und B sein, weil diese allein eine zusammenschlussrechtlich relevante Verbindung im Sinne von Art.3 (1) lit.b FKVO zum Zielobjekt herstellen. Zwar erwirbt auch C die Kontrolle an D, jedoch wird dieser Vorgang nicht von Art.3 (1) lit.b FKVO (derselbe a.F.) erfasst. Da C nämlich selbst keine unternehmerischen Tätigkeiten ausübt, müsste dieses vor der Transaktion mindestens ein Unternehmen kontrollieren [vgl. Art.3 (1) lit.b FKVO (derselbe a.F.)], damit sie überhaupt Adressat des Zusammenschlusstatbestandes sein kann.

Die Befähigung von B, trotz der mangelnden unternehmerischen Eigenbetätigung als beteiligtes Unternehmen zu fungieren, entspricht den bereits gemachten Feststellungen, wonach eine Gleichstellung von Unternehmen und Personen, die

---

741 Vgl. EG-KOMMISSION, Mitteilung zum Begriff der beteiligten Unternehmen, ABl.EG 1998 C 66/18, Rn.28, Entscheidung (Akz. Comp/M.2938 – SNPE/MBDA/JV) vom 30.10.2002, Rn.1, Entscheidung (Comp/M.2822 – ENBW/ENI/GVS) vom 17.12.2002, Rn.1, 5; hierzu auch: MONTAG/HEINEMANN, ZiP 1992, S.1372, (S.1367); SIRAGUSA/SUBIOTTO, WuW 1991, S.879 f., (S.872).

Unternehmen kontrollieren grundsätzlich geboten war.[742] Angemerkt sei, dass dieser Sachverhalt nur den Tatbestand des Art.3 (1) lit.b FKVO (derselbe a.F.) erfüllen kann, wenn zumindest einer der das Erwerbsvehikel gemeinsam beherrschenden Gesellschafter unternehmerische Interessen unmittelbar oder mittelbar durch eine entsprechende Tätigkeit oder die Kontrolle über ein Unternehmen verfolgt.

Erwerben zwei oder mehrere Unternehmen und/oder Personen die gemeinsame Kontrolle an einem anderen Unternehmen mittels eines vor der Transaktion funktionslosen Erwerbsvehikels, so können nur diese und nicht das Erwerbsvehikel als beteiligte Unternehmen fungieren.[743]

(.2) Holdinggemeinschaftsunternehmen

Als nächstes soll der gemeinsame Kontrollerwerb mittels eines Gemeinschaftsunternehmens untersucht werden, welches schon vor der Transaktion Holdingfunktionen, gegründet auf die bestehende Kontrollmöglichkeit an mindestens einem Unternehmen, ausübt.[744] Solche Sachverhalte sind bereits durch die Adressatenstellung der Holding über Art.3 (1) lit.b FKVO (derselbe a.F.) erfassbar. Inhaltlich muss hier unterschieden werden, ob die Gesellschafter außerhalb der Holding weitere unternehmerische Tätigkeiten und Interessen verfolgen oder nicht.

(.2.1) Nicht unternehmerisch tätige Gesellschafter

Begonnen werden soll mit denjenigen Fällen, bei denen die Gesellschafter der kontrollerwerbenden Einheit selbst keine unternehmerischen Aktivitäten ausüben.

Beispiel 2:69 (Holdinggemeinschaftsunternehmen, 1)
A und B sind zwei private Investoren, die jeweils zu 50% an der juristischen Person C, einer Holdinggesellschaft, beteiligt sind. C ist allein an den Unternehmen Ct1 (€ 110 Mio.) und Ct2 (€ 150 Mio.) beteiligt und möchte ferner das Unternehmen D (€ 400 Mio.) von dem Unternehmen Dm kaufen.
Anmerkung: Die Umsätze beziehen sich allein auf gemeinschaftsweit erzielte Erlöse.

---

742 Weiterführende Nachweise: (cc) Investor oder Holding, (S.232-244), zusammenfassend (.5) Fazit, (S.244).

743 EG-KOMMISSION, Mitteilung über den Begriff der beteiligten Unternehmen, ABL. EG 1998 C 66/18 f, Rn.28; MONTAG/HEINEMANN, ZiP 1992, S.1372, (S.1367).

744 Vgl. EG-KOMMISSION, Entscheidung (Akz. Comp/M.2877 – Karlsberg/Brau Holding International/Karlsberg International) vom 27.8.2002, Rn.1, 10, Entscheidung (IV/M.218 – Eucom/Digital) vom 18. Mai 1992 Rn.1, 3, 12.

Abbildung 2-27 (Holdinggemeinschaftsunternehmen, 1)

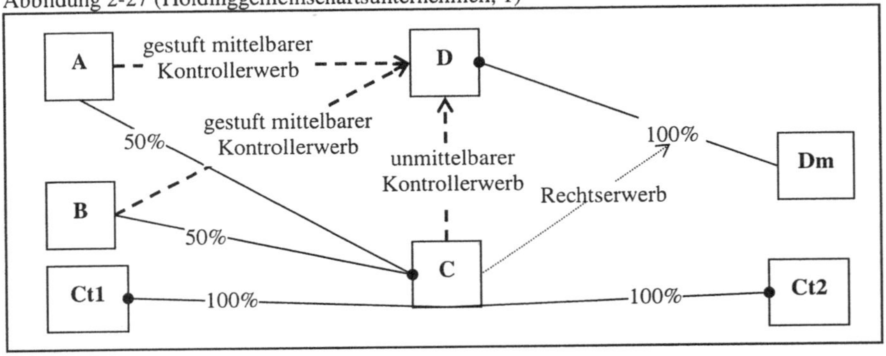

In dieser Fallkonstellation erwirbt C, also eine Person im Sinne von Art.3 (1) lit.b FKVO (derselbe a.F.), die alleinige Kontrolle an D. Betrachtet man C als den zusammenschlussrechtlich relevanten Kontrollerwerber, der das beteiligte Unternehmen ausfüllt, so würde sich die maßgebliche Umsatzeinheit aus C+Ct1+Ct2 zusammensetzen; der Umsatz des beteiligten Unternehmens wäre mit € 260 Mio. zu beziffern; die Schwelle des Art.1 (2) lit.b FKVO (derselbe a.F.) würde erreicht werden, weil mindestens zwei beteiligte Unternehmen einen Umsatz von mehr als € 250 Mio. gemeinschaftsweit erwirtschaften

Denkbar wäre es ferner, A und B als beteiligte Unternehmen zu qualifizieren.[745] Diese kontrollieren mittelbar durch C mindestens ein Unternehmen, nämlich Ct1 und Ct2, und wären damit ebenfalls potenzielle Adressaten im Sinne von Art.3 (1) lit.b FKVO (derselbe a.F.). Dies würde dazu führen, dass zwei beteiligte Unternehmen, die mit Ct1 und Ct2 mittelbar im Sinne von Art.5 (5) FKVO (derselbe a.F.) verbunden wären, jeweils einen Umsatz von € 130 Mio. repräsentieren. Die fusionsrechtliche Relevanz der Entscheidung ergibt sich, weil in diesem Fall die Schwelle des Art.1 (2) lit.b FKVO (derselbe a.F.) verfehlt würde und die Auslegungsfrage damit rechtsdogmatische Auswirkungen bei der Schwellenberechnung hätte.

Vergleicht man diese Problemstellung mit den bereits ermittelten Maßstäben zum alleinigen Kontrollerwerb, so würde es erforderlich sein, auf die oberste kontrollerwerbende Hierarchie, also A und B, abzustellen (vgl. zur dort entwickelten Leitlinie: (c) Zusammenfassung zum alleinigen Kontrollerwerb, S.268-270). Jedoch wurde im Rahmen der Erwägungen zum Kontrollerwerb von Personen im Sinne von Art.3 (1) lit.b FKVO (derselbe a.F.) bereits darauf hingewiesen, dass es auch sinnvoll erscheinen könnte, die Heranziehung derselben als beteiligte Unternehmen dort zu vermeiden, wo gleichsam auf ein hierarchisch

745 Vgl. demgemäß: STOCKENHUBER, Teil II, Kapitel 6 (Gemeinschaftsweite Bedeutung), III., 2., (S.169).

darunter angesiedeltes Unternehmen abgestellt werden könnte.[746] Diskutiert wurden in diesem Zusammenhang allerdings nur solche Fälle, bei denen unterhalb der Person angesiedelte Unternehmen eine der Person entsprechende Beziehung zum Konzen-trationsvorgang herstellen würde. Dies ist hier fraglich, weil die Intensität des Einflusses zwischen dem alleinigen und dem gemeinsamen variiert.

Lässt man diesen Ansatz vorerst offen, so empfiehlt es sich weiter, bedingt durch Aufgabe der Schwellensystematik, wirtschaftliche Sachverhalte abzubilden, diesen Gehalt zu analysieren. Ob man den Verbund aus C+Ct1+Ct2 als Einheit begreift, hängt davon ab, ob die im Ergebnis mit den zu erwerbenden Ressourcen zusammengefügten Kapazitäten einem unternehmerischen Gesamtinteresse unterliegen, welches allein am Nutzen und den wettbewerblichen Bedürfnissen von C orientiert wird. Dies wäre zu bejahen. A und B, die als oberste Einflusshierarchie das jeweils maßgebliche, unternehmerische Gesamtinteresse für den Ressourceneinsatz der C im Konsens vorgeben, haben alleine ein Bestreben danach, dass die C unterstehenden Ressourcen einer strategischen Planung unterliegen, die den größtmöglichen Nutzen für C bringt; A und B werden mangels eigener haben nämlich allein ein Interesse an der *Gewinnmaximierung*.[747] C wird damit die ihr unterstehenden Kapazitäten allein zur Optimierung der von dieser verfolgten Gesamtunternehmung einsetzen können. Es ist damit angezeigt, C als Einheit zu begreifen, denn allein dem Nutzen dieser sollen die Ressourcen zugeführt werden.

Dafür sprechen auch grundlegende Erwägungen, die zum deutschen *Gleichordnungskonzern*recht angestellt werden. Ein solcher bildet sich im Regelfall dadurch, dass sich zwei voneinander unabhängige, unternehmerische Interessen verfolgende Einheiten einer gemeinsamen Leitung unterstellen und damit als Wirtschafteinheit am Markt auftreten.[748] Es ist aber anerkannt, dass es für die Formierung eines solchen ausreichend ist, wenn die in eine Gleichordnung eintretenden Partner alle unternehmerischen Ressourcen auf ein Gemeinschaftsunternehmen übertragen.[749] Das unternehmerische Interesse und der daraus abzu-

---

746 Siehe dazu bereits die Ausführungern zur Bestimmung des beteiligten Unternehmens beim alleinigen Kontrollerwerb: (.4) Personenabhängige Erwerberin, (S.240)

747 Allgemein zum gemeinsamen Interesse auf Gewinnmaximierung bei gemeinsamen Töchtern: SÄCKER, NJW 1980, S.804, (S.801).

748 Art.40 9.KonzernRiL; siehe auch: Großkommentar AG (WÜRDINGER), Erster Band, 1.Halbband, Erstes Buch, Erster Teil, § 18, II., 2., Anm.13, (S.161); KECK, Zweiter Teil, I, 3., a), (5), (c) „Im Ergebnis stellt … eine konzernweite (!), strategische Planung … die … notwendige Bedingung des Konzerns dar.“, (S.52 f.); dazu auch: EG-KOMMISSION, Mitteilung zum Zusammenschlussbegriff, ABl.EG 1998 C 66/06, Rn.6, 7; BUNTSCHECK, WuW 2004, S.381, (S.374).

749 Abbildung: KECK, Zweiter Teil, II., 1. a), Abb.6, 7, (S.61); weitere Ausführungen: MILDE, 1.Teil, § 2, C., II., 1., a), (S.117).

leitende strategische Gesamtplan unterliegen einem einheitlichen Einflusspol, weshalb von den Gesellschaftern – wie in dem beschriebenen Zusammenschlussfallfall – ausschließlich das parallele, gemeinsame Interesse der Gewinnmaximierung verfolgt wird.

Aus diesem Umstand muss der Schluss gezogen werden, dass im vorgenannten Fall nicht die Personen selbst als beteiligte Unternehmen zu begreifen sind. Ihre unternehmerischen Interessen werden in der gemeinsam beherrschten Einheit fokussiert, sie verfolgen damit innerhalb von C ein gemeinsames Ziel, welches allein von der Gewinnmaximierung der C bestimmt wird. Daraus folgt, dass Personen, die allein durch die Beherrschungsmöglichkeit an einer selbst die Kontrolle erwerbenden Einheit in den Adressatenkreis des Art.3 (1) lit.b FKVO (derselbe a.F.) aufsteigen, nicht als beteiligte Unternehmen fungieren können.[750]

Erwirbt eine Holdinggesellschaft die alleinige Kontrolle an unternehmerischen Ressourcen, so ist diese als beteiligtes Unternehmen zu behandeln, sofern die – gemeinsam – herrschenden Gesellschafter keine sonstigen unternehmerischen Interessen außerhalb dieser verfolgen.

(.2.2) Unternehmerisch tätige Gesellschafter

Fraglich ist, ob dieses Ergebnis auch dann Geltung beanspruchen kann, wenn die Gesellschafter außerhalb der Holding unternehmerische Interessen verfolgen.[751]

Beispiel 2:70 (Holdinggemeinschaftsunternehmen, 2)
Entsprechend dem Beispiel 2:69 (Holdinggemeinschaftsunternehmen, 1)752 mit der Maßgabe, dass A ein Unternehmen mit einem Gesamtumsatz von € 200 Mio. und B zu 100% an dem Unternehmen Bt (€ 400 Mio.) beteiligt ist

Zuvorderst empfiehlt es sich, die je nach Lokalisierung des beteiligten Unternehmens bedingenden Folgen für die Umsatzberechnung darzustellen. Wäre C beteiligtes Unternehmen, so würde entsprechend den bereits vorgenommenen Ausführungen der Umsatz € 260 Mio. betragen. Die Wirtschaftkraft von A und B bliebe dagegen bei C völlig unberücksichtigt, weil die Erfassung einer Mehr-

---

750 Insofern entscheidet sich hiermit auch die bereits zum alleinigen Kontrollerwerb aufgegriffene Diskussion um die „Beteiligtenfähigkeit“ der nicht selbst unternehmerisch tätigen Person in der obersten Hierarchie: (.4) Personenabhängige Erwerberin, (S.240); ferner kann auf die Ausführungen zum „privaten“ Großaktionär verwiesen werden: KORT, DB 1986, S.1911, (S.1909).

751 So wohl: EG-KOMMISSION, Mitteilung zum Begriff der beteiligten Unternehmen, ABl.EG C 1998 C 66/18, Rn.27; allerdings anders: EG-KOMMISSION, Entscheidung (Akz. IV/M.218 – Eucom/Digital) vom 18.5.1992, Rn.1, 3, 12.

752 S.281.

mütterschaft nach Art.5 (4) lit.c FKVO (derselbe a.F.) bereits abgelehnt wurde.[753]

Begreift man dagegen A und B als beteiligte Unternehmen, so würden sich die maßgeblichen Umsatzeinheiten aus A (€ 200 Mio.) sowie B+Bt (€ 400 Mio.) zusammenfügen. Diesen wäre ferner nach Maßgabe von Art.5 (5) FKVO der Umsatz von C+Ct1+Ct2 hälftig, d.h jeweils € 130 Mio. zuzurechnen.

Für die Annahme, auch hier C+Ct1+Ct2 als Gesamtheit, wirtschaftlich repräsentiert durch C, zu betrachten, spricht, dass diese eine – wenn auch partielle – Wirtschafteinheit verkörpern,[754] die die unmittelbare Verfügungsmacht über die zu erwerbenden Ressourcen erlangt. Damit würde man dann aber unterstellen, dass das wirtschaftliche Gesamtinteresse im Hinblick auf den Einsatz der Ressourcen durch C bestimmt wird, die nach dem möglichst großen eigenen Nutzen strebt. Diese Sichtweise widerspricht der wirtschaftlichen Realität.

Grundsätzlich wird die Interessendefinition von den herrschenden Einheiten vorgegeben.[755] Anders als in Fällen, bei denen A und B mangels unabhängig verfolgter unternehmerischer Interessen gemeinsam das bestmögliche Abschneiden von C im Wettbewerb als Primärziel hatten und damit eine Interessendeckung zwischen dem Nutzen von A, B und C gegeben war, verfolgen A und B nunmehr gegensätzliche oder zumindest unabhängige unternehmerische Interessen.[756] Der bezüglich der wettbewerblichen Ausrichtung von C zu findende Kompromiss zwischen A und B wird damit in der Regel nicht von dem bestmöglichen Abschneiden von C, sondern vielmehr von den durch A sowie B unabhängig verfolgten unternehmerischen Gesamtplänen geprägt sein.[757] Daraus folgt, dass die strategische Ausrichtung der Ressourcen von C nicht ihrem eigenen Nutzen entsprechen muss; es kommt auch eine Ressourcenausrichtung gegen die Belange von C zugunsten der von A oder B betriebenen sonstigen Un-

---

753 Dazu die Überlegungen: (3) Mehrmütterschaft, (S.196).

754 Vgl. hierzu: MILDE, 1.Teil, § 2, C., II., 2., (S.119-121); SÄCKER, NJW 1980, S.804 „partielle Wirtschaftseinheit", (S.801).

755 Sie können zwar der abhängigen Einheit die Autonomie erhalten, jedoch ist für solche Wertungen im Rahmen der FKVO kein Raum.

756 POHLMANN, 2.Teil, A., III., 1. „A nimmt auf beide Unternehmen (sein eigenes und das vom Gemeinschaftsunternehmen getragene) Einfluss und wird eine über dem Einzelinteresse stehende Perspektive beziehen. Dennoch ist wegen des Einflusses (von) ... B und des möglicherweise überwiegenden Interesses des A, sein eigenes Unternehmen voranzubringen, der Eintritt positiver Wechselwirkungen keineswegs sicher." (S.95).

757 Formal bedeutet dies A verfolgt mittels aller kontrollierbarer Ressourcen den Plan A. B verfolgt dagegen den Plan B. C müsste, sofern es die strategische Ausrichtung von Ct1 und Ct2 unabhängig steuern könnte, eigentlich den Plan C verfolgen. Da jedoch A und B aufgrund der gemeinsamen Steuerungsmöglichkeit die strategische Ausrichtung von C bestimmen, verfolgen C und auch die neu von C hinzu erworbenen Ressourcen den Plan AB, der dem ausgehandelten Konsens zwischen den Interessen von A sowie von B entspricht. Dieser kann, muss aber nicht mit dem Plan C übereinstimmen (!).

ternehmungen in Betracht. Um diesen Umstand zu würdigen, sollten A und B die den unterschiedlichen Interessen zugrundeliegenden Wirtschafteinheiten repräsentieren. Dabei scheint es sinnvoll, C jeweils nur hälftig zu berücksichtigen. Die Bedingung des Kompromisses besteht fort, sodass keiner der beiden seinen eigenen Nutzen gegen die Vorstellung des Partners durchsetzen kann.[758] Dieser Einigungszwang rechtfertigt es, die von C reflektierte Wirtschaftskraft A und B nur partiell zuzuweisen.

Für dieses Vorgehen spricht ferner die Tatsache, dass bei einem Abstellen auf C, die Umsatzberechnung zu wirtschaftlich nicht der Realität entsprechenden Ergebnissen kommen würde. Es wäre nicht statthaft, A und B unberücksichtigt zu lassen. Sie erwerben immerhin die Möglichkeit zur bestimmenden Einflussnahme auf Dm und erzeugen damit zusammenschlussrechtliche Bedeutung, weshalb diese selbst zumindest auch als beteiligte Unternehmen fungieren müssten. Unvereinbar mit der Zielvorgabe der Schwellensystematik wird dieser Umstand, weil dann der Verbund, bestehend aus C+Ct1+Ct2, doppelt berücksichtigt werden müsste, nämlich einmal über die direkte Repräsentation von C sowie die partielle Berücksichtigung innerhalb von A und B.

Für eine solche Sichtweise sprechen auch konzernrechtliche Erwägungen. Wurde in diesem Kontext die vollständige Fokussierung von unternehmerischen Kapazitäten innerhalb eines Gemeinschaftsunternehmens zur Bildung eines Gleichordnungskonzerns, das heißt einer wirtschaftlichen Einheit, als ausreichend angesehen,[759] so wird dies dementsprechend deutlich für die lediglich partielle Zusammenlegung von unternehmerischen Kapazitäten verneint.[760] Es komme nach gängigem Verständnis zu keiner Etablierung einer Wirtschafteinheit, wenn die potenziellen Konzerneinheiten weiterhin unabhängige Interessen verfolgen.[761]

Von Bedeutung ist dabei, dass selbst die FKVO offenbar von einem den vorangegangenen konzernrechtlichen Erwägungen entsprechenden Maßstab ausgeht. Gemäß Art. 2 (4), (5) FKVO [derselbe (4) a.F.] sind bei dem Etablierungs-

---

758 Zur zwingend Kompromisse fordernden Pattsituation der Gesellschafter bei 50:50-Gemeinschaftsunternehmen: SÄCKER, NJW 1980, S.804, (S.801).

759 Hierzu die Nachweise in Fußnote 749.

760 Großkommentar AG (WÜRDINGER), Erster Band, 1.Halbband, Erstes Buch, Erster Teil, § 18, II., 2., Anm.14 „Kein Gleichordnungkonzern liegt vor, wenn mehrere Unternehmen (!, also wirtschaftlich tätige Einheiten) ein Gemeinschaftsunternehmen betreiben und sich über die Geschäftstätigkeit desselben verständigen.“, (S.162); Münchener Kommentar AG (BAYER), Band 1, Erstes Buch, Erster Teil, § 18, C., II., 1., Rn. 51, (S.410 f.); MARCHAND, Teil A, § 2, I., (S.23); MILDE, 1.Teil, § 2, C., II., 1., b), (S.118); vgl. auch zur Abgrenzung vom „Mehrmütter-Unterordnungskonzern“: RAISER/VEIL, 7.Teil, § 56, 2., Rn.4 f., (S.931 f.), § 51, III., 4., Rn.21 (S.821 f.); zu Artikel 81 EG: MESTMÄCKER/SCHWEITZER, 3.Kapitel (Wettbewerbsbeschränkende Vereinbarungen und Verhaltensweisen), § 8, III., Rn.48, (S.238).

761 Siehe die Nachweise in der vorherigen Fußnote 760.

tatbestand gemeinsamer Kontrolle an einem Unternehmen Koordnierungseffekte zwischen unabhängig bleibenden Unternehmen zu untersuchen. Mit dieser Vorgabe unterstreicht die FKVO die Tatsache, dass Unternehmen –insbesondere bezogen auf die Gründer im Verhältnis zueinander –[762] grundsätzlich außerhalb des Gemeinschaftsunternehmens unabhängige unternehmerische Interessen verfolgen, die bei einer koordinierenden Wirkung durch den Tatbestand des gemeinsamen Kontrollerwerbs, kartellrechtlich problematisch sein können und entsprechend zu würdigen sein müssen. Sie versagt damit den Gründern des Gemeinschaftsunternehmens jedwedes Konzentrationsprivileg.[763] Damit wird mittelbar zum Ausdruck gebracht, dass die Gesellschafter des Gemeinschaftsunternehmens, sofern sie außerhalb desselben weiteren unternehmerischen Aktivitäten nachgehen, strategisch diese unabhängig und gegebenenfalls gegeneinander planen müssen. Die Mütter des Gemeinschaftsunternehmens bilden damit – mit dem Gemeinschaftsunternehmen – keine vollständige Wirtschafteinheit, wenn sie weitere unternehmerische Interessen verfolgen.[764]

Erwirbt eine Holding die alleinige Kontrolle an einem Zielobjekt, so kann diese nicht als beteiligtes Unternehmen fungieren, wenn mindestens einer der sie beherrschenden Gesellschafter weitere unternehmerische Interessen verfolgt.[765] Beteiligte Unternehmen sind die Gesellschafter, denen die Ressourcen der Holding nach Maßgabe des Art.5 (5) FKVO (derselbe a.F.) zugerechnet werden müssen.

(.3) Vollfunktionsgemeinschaftsunternehmen

Offen ist bislang die Behandlung solcher Fälle, bei denen der alleinige Kontrollerwerb durch ein Vollfunktionsgemeinschaftsunternehmen erfolgt.[766] Solche Konstellationen lassen sich mit den zum vorausgegangenen Abschnitt angestellten Erwägungen auflösen. Es kann für die Bestimmung der Wirtschafteinheiten innerhalb der Umsatzsystematik nicht darauf ankommen, ob der alleinige Kon-

762 Vgl. auch: BUNTSCHECK, WuW 2004, S.381, (S.374).

763 Entsprechend zum Kartellrecht: BUNTSCHECK, WuW 2004, S.381, (S.374).

764 Immenga/Mestmäcker (IMMENGA), EG-WbR, Band I, VII.Abschnitt (Fusionskontrollverordnung), D., Artikel 3, II, 3., Rn.20, (S.922); BUNTSCHECK, WuW 2004, S.381, (S.374); siehe hierzu auch: MARCHAND, Teil A, § 2, I., (S.23); MILDE, 1.Teil, § 2, C., II., 1., b), (S.118).

765 Grundsätzlich müsste die EG-Kommission, sofern sie eine gemeinsam beherrschte Holding, die ihrerseits „Vollfunktionsunternehmen" kontrolliert, einem vollfunktionalen Gemeinschaftsunternehmen gleichstellen: EG-KOMMISSION, Mitteilung zum Begriff der beteiligten Unternehmen, ABl.EG 1998 C 66/18, Rn.27; anders aber: Entscheidung (Akz. IV/M.218 – Eucom/Digital) vom 18.5.1992, Rn.1, 3, 12.

766 EG-KOMMISSION, Mitteilung zum Begriff der beteiligten Unternehmen, ABl.EG 1998 C 66/17, Rn.27.

trollerwerber selbst ein Unternehmen ist oder nur ein solches kontrolliert,[767] weshalb auch der Zusammenschlusstatbestand beide Sachverhalte für die Definition der zusammenschlussrechtlich relevanten Erwerber braucht. Der wirtschaftliche Hintergrund bzw. die wirtschaftlichen Interessen entsprechen sich.

Erwirbt ein Unternehmen die alleinige Kontrolle an einem Zielobjekt und vermittelt dadurch den es gemeinsam beherrschenden Gesellschaftern die gemeinsame Möglichkeit zur bestimmenden Einflussnahme, so kann es nur dann als beteiligtes Unternehmen fungieren, wenn keiner der besagten Gesellschafter anderweitige unternehmerische Interessen verfolgt.[768] Sind die Gesellschafter dagegen selbst unternehmerisch tätig oder kontrollieren sie von dem alleinigen Einflusserwerber unabhängige Unternehmen, so müssen sie selbst als beteiligte Unternehmen fungieren.[769]

(.4) Fazit

Die zum alleinigen Kontrollerwerb entwickelten Grundsätze können unter die in diesem Abschnitt diskutierten Mischfälle übernommen werden. Die beteiligten Unternehmen sind stets in der obersten, die Kontrolle erwerbenden Hierarchie zu verorten. Eine Ausnahme gilt dann, wenn diese ausschließlich von Personen ausgefüllt wird, die ihre zusammenschlussrechtliche Relevanz im Sinne von Art.3 (1) lit.b FKVO (derselbe a.F.) aus der gemeinsamen Kontrollbeteiligung an derjenigen Einheit ableiten können, die den relevanten alleinigen Einfluss erwirbt.[770] In einem solchen Fall ist auf die darunter liegende Einheit abzustellen, also auf den alleinigen Kontrollerwerber.

Die Bestimmung des beteiligten Unternehmens auf der Erwerberseite entspricht den bereits aufgestellten – vorläufigen – Grundsätzen zum alleinigen Kontrollerwerb.

(bb) Veräußernder gemeinsamer Kontrollerwerber

Veräußererseitig ist der Bezug der beteiligten Wirtschaftseinheit zum Konzentrationsvorgang als problematisch angesehen worden, wenn diese ihre Kon-

---

767 POHLMANN, 4.Teil, A., IV., 2., (S.320).

768 Siehe dazu bereits: Beispiel 2:69 (Holdinggemeinschaftsunternehmen, 1), S.281.

769 Andere Ansicht: EG-KOMMISSION, Mitteilung über den Begriff der beteiligten Unternehmen, ABl.EG C 1998 C 66/18, Rn.27, zuletzt wohl an den Entscheidungstiteln erkennbar: Entscheidung (Akz. Comp/M.2822 – ENBW/ENI/GVS) vom 17.12.2002, Rn.1, 5, Entscheidung (Akz. Comp/M.2772 – HDW/Ferrostaal/Hellenic Shipyard) vom 25.4.2002, Rn.1, 3., davon abweichend: Entscheidung (Akz. Comp/M.2830 – Lufthansa Cargo/Air France Finance/Britisch Airways/Global Freight Exchange/JV) vom 25.10.2002, Rn.8, Entscheidung (Akz. IV/M.320 – Ahold/Jeronimo/Martens/Inovacao) vom 19.4.1993, Rn.1, 11, Entscheidung (Akz. IV/M.290 – Sextant/BGT-VDO) vom 21.12.1992, Rn.19.

770 Beispiel 2:69 (Holdinggemeinschaftsunternehmen, 1), (S.281).

trollposition zwar verringert, jedoch nicht in Gänze aus den Einflusshierarchien des Zielobjektes eines Dritten ausscheidet.[771] Hier könnte man den „Veräußerer" gleichsam als Erwerber bezeichnen und eine Doppelfunktion innerhalb der zusammenschlusstechnischen Zuordnungsstruktur erblicken. Das Problem solcher Doppelfunktionen soll mit einem einleitenden Beispiel aufgegriffen werden.

Beispiel 2:71 (Veräußernder gemeinsamer Kontrollerwerber)
Das Unternehmen A ist zu 100% an dem Unternehmen B beteiligt. Es veräußert 50% der Stimmrechte an das Unternehmen C und erlangt damit eine gemeinsame Kontrollmöglichkeit.

Bereits erwähnt wurde, dass eine *Veränderung der Einflusshierarchien* einen neuen Zusammenschluss bewirken muss.[772] In Bezug auf das vorgenannte Beispiel ist dies unzweifelhaft erklärbar, weil die Transaktion für C einen Kontrollerwerb an den vorher unabhängigen Ressourcen von B begründet.

Es stellt sich die Frage, ob auch die Erlangung der gemeinsamen Kontrollmöglichkeit durch A einen Zusammenschluss im Verhältnis zu B begründen kann. Setzt man voraus, dass im Verhältnis von A und B ein Zusammenschluss stattfindet, so müssten die Umsätze von B als Zielobjekt einerseits und die Umsätze von A als Erwerber – vermutlich bereinigt um die B-Umsätze – andererseits Berücksichtigung finden. Geht man ferner von den bisherigen Leitlinien aus, so müssten A und B jeweils die eigens erzielten Umsätze reflektieren. Die Folge bestünde in der Existenz von zwei beteiligten Unternehmen in einem Umsatzverbund, denn A und B sind im Sinne von Art.5 (4) lit.b FKVO (derselbe a.F.) miteinander verbunden, was diese Annahme bereits fragwürdig erscheinen ließe. Zudem wäre sie nicht mit der FKVO sowie betriebswirtschaftlichen Erwägungen zur Bewertung externer Wachstumsakte in Einklang zu bringen.[773]

Geht man von einer *betriebswirtschaftlichen* Interpretation aus, so ist entsprechend der europäischen Zusammenschlusskontrolle der Faktor Umsatz – neben anderen – als Maß für das Unternehmenswachstum, gemessen an einer Erfolgs-

---

771 SIRAGUSA/SUBIOTTO, WuW 1991, S.880 „(Man könnte) den Väußerer des Teiles des Gemeinschaftsunternehmens als `Veräußerer´ gemäß Artikel 5 Abs. 2 ansehen. Dies hätte zur Folge, dass nur der Umsatz des verkauften Teiles des Gemeinschaftsunternehmens für die Berechnung der relevanten Umsätze berücksichtigt würde.", (S.872)

772 EG-KOMMISSION, Entscheidung (Akz. IV/M.627 – UAP/Sun Life) vom 21.8.1995, Rn.1, 5, Entscheidung (Akz. IV/M.350 – West LB/Thomas Cook) vom 30.6.1993; dazu auch: Wiedemann (WIEDEMANN), 5.Kapitel (Fusionskontrolle), 1.Abschnitt, § 15. B., II., 2., a), Rn.37, (S.481 f.); ausführlich: STAUDENMAYER, D., V., 1., (S.142-151, insbesondere S.142); DIRKSEN/BABER, EWS 1992, S.102, (S.98).

773 Die EG-Kommission versucht sich mit der Konstruktion zu behelfen, dass der „veräußernde Erwerber", hier also A, als beteiligtes Unternehmen unter umsatzmäßigen Einbezug des zu veräußernden Unternehmens zu behandeln sei: EG-KOMMISSION, Mitteilung über den Begriff der beteiligten Unternehmen, ABl.EG 1998 C 66/17, Rn.23.

komponente, anerkannt.[774] Wird die Kontrolle an einem vorher allein beherrschten Unternehmen durch Aufnahme eines Partners entsprechend dem vorangegangenen Beispiel geteilt, so führt dies aus der Sicht des neuen Partners zu einem Wachstumsakt, als vorher ihm nicht unterliegende Produktionskapazitäten unterstellt werden.[775] Aus der Perspektive des Veräußerers findet dagegen ein *Schrumpfungsprozess* statt, weil er die vorher seiner alleinigen unternehmerischen Verfügungsmacht unterliegenden Ressourcen fortan nur noch unter Berücksichtigung der Interessen des Kooperationspartners zu seinen Zwecken einsetzen kann.[776]

Es muss geprüft werden, ob diese Erwägungen auch Eingang in die FKVO finden können, weil diese *nicht* von demselben *Interpretationsmaß* ausgehen muss. Betrachtet man die Verbundsystematik, so wird deutlich, dass die wirtschaftliche Essenz eines Gemeinschaftsunternehmens im Verhältnis zu einer 100%igen Tochter gemindert sein soll. Art.5 (5) FKVO (derselbe F.) ermöglicht nur eine partielle Zurechnung, während 100%ige Tochtergesellschaften nach Art.5 (4) FKVO (derselbe a.F.) grundsätzlich voll erfasst werden. Folglich muss im Verhältnis zwischen A und B keine Konzentration, sondern – allenfalls – eine Dekonzentration der jeweils wirtschaftlichen Ressourcen gesehen werden;[777]

---

774 Siehe hierzu nur: ROLFES, III., C., 3., a), (S.229).

775 ROLFES, III., C., 3., b) (S.234).

776 Vgl. ROLFES, III., C., 3., b) (S.234); Ähnliches wird teilweise im Schrifttum vertreten. Hier wird allerdings darauf abgestellt, dass ein Kontrollerwerb nur einmal möglich wäre. Diese Begründung ist insoweit zweifelhaft, weil parallel vertreten wird, dass der Wechsel von gemeinsamer zu alleiniger Kontrolle zusammenschlussrechtlich, bedingt durch die Intensivierung des Einflusses, relevant sei, obwohl man dem das zum Wechsel von alleiniger zu gemeinsamer Kontrolle angeführte Argument, der Kontrollerwerb sei nur einmal möglich, ebenso entgegen halten könnte. Sinnvoller erscheint es deshalb darauf abzustellen, dass eine Einflussintensivierung einen Zugewinn an Verfügungsmacht von wirtschaftlichen Ressourcen bedeutet, während beim Wechsel von alleiniger zu gemeinsamer Kontrolle eine Einflussreduzierung stattfindet, die für den „Einflussreduzierer" zu keinem Kontrollerwerb führt; gleiches sollte dann gelten, wenn der gemeinsame Einfluss durch die Hinzunahme eines weiteren Partners weiter abgeschwächt wird – die Ausrichtung des gemeinsam beherrschten Einheit nach eigenen Bedürfnissen wird schwieriger, je mehr Partner ihre Interessen einbringen können – oder wenn ein Austausch eine Partners erfolgt, weil dann die Einflussposition zumindest für den bestehen bleibenden Partner nicht intensiviert würde. Vgl. zur eingangs geschilderten, im Schrifttum vertretenen Sichtweise: Immenga/Mestmäcker (IMMENGA), EG-WbR, Band I, VII.Abschnitt (Fusionskontrollverordnung), D., Artikel 3, IV., 1., c), Rn.54, (S.935); EBENROTH/RÖSLER, RIW 1994, S.538, (S.532); andere Ansicht: EG-KOMMISSION, Mitteilung zum Begriff der beteiligten Unternehmen, ABl.EG 1998 C 66/18, Rn.23; allgemein: Wiedemann (WIEDEMANN), 5.Kapitel (Fusionskontrolle), 1.Abschnitt, § 15, B., II., 2., a), Rn.37 (S.481 f.); vermittelnd dagegen: Lange (SCHRÖER), Kapitel 5 (Zusammenschlusskontrolle), § 1, II., 1. b), dd), Rn.18, (S.410 f.).

777 Vgl. auch Fußnote 776.

die A durch B zukommende Wirtschaftskraft nimmt mit der Transaktion ab. Ferner bringt Art.5 (2) Uabs.1 FKVO (derselbe a.F.) zum Ausdruck, dass sich das wirtschaftliche Gewicht des Zusammenschlusses nicht aus sämtlichen, irgendgeartet involvierten, sondern – wenn überhaupt – nur aus den vorher *unabhängigen* und durch die Transaktion neu oder enger zusammengefügten Ressourcen ergeben soll. Die Bedeutsamkeit eines Zusammenschlusses bemisst sich gerade nicht danach, dass eine Transaktion zwischen zwei „Umsatzmilliardären" erfolgt, wenn sich nicht der eine der Leitungsmacht des anderen unterstellt und sie vielmehr auch künftig unabhängig voneinander bleiben. Letztendlich erscheint es auch schon terminologisch an einem Kontroll*erwerb* zu fehlen, denn für A stellt sich die Transaktion als Kontrollverlust dar.[778] Entscheidend für die Interpretation des Verhältnisses von A zu B ist ferner die Tatsache, dass der Kontrollerwerb nicht an einem vorher unabhängigen Unternehmen erfolgt. Zusammenschlussrechtlich irrelevant ist die konzerninterne Umstrukturierung.[779] Wird also eine 100%ige Tochtergesellschaft innerhalb eines bestehenden Konzerns in ein konzerninternes Gemeinschaftsunternehmen umgewandelt, so liegt kein Zusammenschluss vor.[780] Dieser Gedanke muss im Verhältnis von A zu B gelten, wenn die Kontrollmöglichkeit reduziert wird; die Verbindung zwischen vorher unabhängigen Ressourcen findet nur zwischen C und B statt. Eine solche Sichtweise widerspricht nicht dem Bestreben, die Wandelung von gemeinsamer zu alleiniger Kontrolle als neuen Zusammenschluss zu erfassen.[781] Hier wird, anders als beim umgekehrten Fall, die Einflussnahmemöglichkeit des Erwerbers gestärkt, weshalb eine anderweitige Behandlung geboten ist.[782]

Bei der Gründung des Gemeinschaftsunternehmens können nur die Umsätze derjenigen Gesellschafter vollständig berücksichtigt werden, die Einfluss auf vorher nicht beherrschte Ressourcen begründen oder verstärken. Die Gesellschafter, die dagegen unternehmerische Einflussnahmekompetenzen aufgeben, müssen mangels externen bzw. konzentrationsbedingten Wachstumsaktes nur in Bezug auf die veräußerten Teile und als Veräußerer berücksichtigt werden.[783]

---

[778] Im Sinn ähnlich bereits: Immenga/Mestmäcker (IMMENGA), EG-WbR, Band I, VII.Abschnitt (Fusionskontrollverordnung), D., Artikel 3, IV., 1., c), Rn.54, (S.935).

[779] EG-KOMMISSION, Mitteilung zum Zusammenschlussbegriff, ABl.EG 1998 C 66/06, Rn.8; Wiedemann (WIEDEMANN), 5.Kapitel (Fusionskontrolle), 1.Abschnitt, § 15, B., II., 2., a), Rn.34 (S.480).

[780] Beispiel: Das Unternehmen A ist zu 100% an den Unternehmen B, C, D beteiligt. A veräußert die 100%ige Beteiligung an D zu 50% an B sowie zu 50% an C.

[781] Vgl. Entscheidung (Akz. IV/M.025 – ICI/Toxide) vom 28.11.1990, WuW (EV) 1554; SIRAGUSA/SUBIOTTO, WuW 1991, S.875, (S.871); siehe auch Fußnote 776 und Entscheidungen in Fußnote 455.

[782] EG-KOMMISSION, Mitteilung zum Begriff der beteiligten Unternehmen, ABl.EG 1998 C 66/19, Rn.30-32, insbesondere Rn.32.

[783] Andere Ansicht: EG-KOMMISSION, Mitteilung zum Begriff der beteiligten Unternehmen, ABl.EG 1998 C 66/17 Rn.23.

Die zur Veräußererseite entwickelten Leitlinien zwecks Bestimmung des beteiligten Unternehmens finden ungestört Anwendung.

(cc) „Unbeteiligter“ gemeinsamer Kontrollerwerber

Die vorangegangenen Erwägungen gelten gleichsam für die Fälle, in denen sich die Einflussintensität eines gemeinsamen Kontrollinhabers nicht verändert.

Beispiel 2:72 („Unbeteiligter“ gemeinsamer Kontrollerwerber)
Das Unternehmen A kontrolliert gemeinsam mit dem Unternehmen B über jeweils 50%ige Beteiligungen das Unternehmen C. B veräußert die 50%ige Beteiligung an das Unternehmen D, welches künftig gemeinsam mit A den bestimmenden Einfluss ausüben wird.

Abbildung 2-28 („Unbeteiligter“ gemeinsamer Kontrollerwerber)

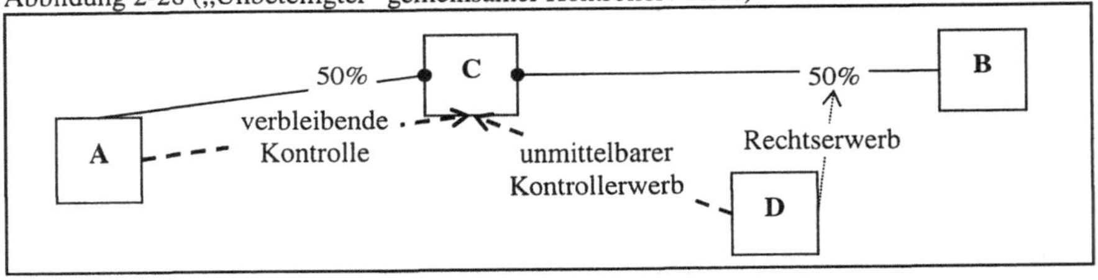

In Bezug auf die Involvierung von A an dem Konzentrationsvorgang zwischen D/C wurde angedacht, auch einen „neuerlichen“ Kontrollerwerb von A an C zu erblicken. Dann hätte man A und B als beteiligte Unternehmen interpretieren können, um somit die Umsätze von C auf beide aufzuteilen.[784] Eine solche Vorgehensweise geht aber nicht nur an der wirtschaftlichen Einheit des Zielobjektes, an dem D die Kontrolle erwirbt, vorbei, sondern verkennt auch, dass A keinen weiteren Einfluss auf vorher unabhängige Ressourcen, sei es durch eine Einflussintensivierung oder den Zuerwerb, begründen kann. Es fehlt an einem externen Wachstumsvorgang im Verhältnis A/C.

Der „unbeteiligte“ gemeinsame Kontrollerwerber kann damit bei der Bemessung der wirtschaftlichen Bedeutung des Konzerntrationsvorgangs nicht berücksichtigt werden. Auch hier finden die Maßstäbe zur Lokalisierung beteiligter Unternehmen auf der Veräußererseite Anwendung.

(dd) Neugründung von Gemeinschaftsunternehmen

Neugründungsfälle müssen hinsichtlich der Art und Weise, mit der das künftig von mehreren beherrschte Unternehmen „zur Vollfunktionalität erweckt wird“, unterscheiden. Denkbar wäre die bloß *monetäre Ausstattung* des Gemein-

784 Sollte dies nicht der Fall sein, so muss das Zielobjekt in seiner Gesamtheit berücksichtigt werden.

schaftsunternehmens sowie die *Einbringung* von *Unternehmensressourcen* eines oder mehrerer der künftigen Gesellschafter.[785] Letztendlich wäre auch möglich, dass das künftig am Markt tätige Unternehmen durch Akquisitionen von Drittressourcen tätig werden soll.

Aufgrund der später erst vorzunehmenden Untersuchung einer etwaigen Zusammenfassung der einzelnen Transaktionen (vgl. bb. Zusammenfassung mehrerer Transaktionen, , S.355-378) müssen hier die zur etwaigen Gründung eines Gemeinschaftsunternehmens führenden Transaktionen als separat zu betrachtende Sachverhalte betrachtet werden. Es wurde aber schon festgestellt, dass es für die Bestimmung des beteiligten Unternehmens nicht darauf ankommen könne, ob mehrere Kontrollerwerbsvorgänge zu einem einheitlichen zusammengefasst werden.

(.1) Monetäre Ausstattung des Gemeinschaftsunternehmens

Offen ist es zunächst, ob die Gründung des Gemeinschaftsunternehmens im Wege allein monetärer Ausstattung zusammenschlussrechtlich erfassbar ist. Um dies zu prüfen, soll zunächst ein „exotischer" Fall der Gründung einer gemeinsamen Tochter unter monetärer Ausstattung die Untersuchungsgrundlage bilden.

Beispiel 2:73 (Neugründung von Gemeinschaftsunternehmen, 1)
Das Unternehmen A (€ 400 Mio.) gründet eine 100%ige Tochtergesellschaft, B, und erbringt eine Kapitaleinlage von € 50 Mio. Im Anschluss erwirbt das Unternehmen C (€ 800 Mio.) eine 50%ige Beteiligung an B zu einem Kaufpreis von € 25 Mio. Nunmehr beginnt C, die erforderlichen Produktionsfaktoren für die Aufnahme des Geschäftsbetriebes zu erwerben, wobei diese ausschließlich „ab Werk" bezogen werden.

Durch die Übernahme von C wird B zu einem Gemeinschaftsunternehmen, welches gewissermaßen neu gegründet wurde. Der Gründungsakt von A ist konzentrationsrechtlich nicht erfassbar. Es liegt kein Zuerwerb von unternehmerisch bereits genutzten Ressourcen vor. Gleiches gilt dann auch für den Erwerbsakt C/B, denn aufgrund der bloß monetären Ausstattung fließen auch dem Einflussbereich von C keine bereits im Wettbewerb eingesetzten (!) Unternehmensressourcen zu.

Die Etablierungsmaßnahmen einer gemeinsamen Tochtergesellschaft erzeugen zumindest in dem vorangegangen Beispiel keine zusammenschlussrechtliche Bedeutung.[786] Es bleibt zu prüfen, ob anderes gelten kann, wenn die gemeinsame Tochter bereits aus einem gemeinsamen Gründungsakt erwächst.

---

785 EG-KOMMISSION, Entscheidung (Akz. Comp/M.2441 – Amcor/Danisco/Ahlstrom) vom 11.6.2001, Rn.1, 3.

786 Dies bedeutet nicht, dass die Leergründung des Gemeinschaftsunternehmens nach kartellrechtlichen Gesichtspunkten ebenso nicht erfassbar wäre. Koordinierende Effekte könnten selbstverständlich kontrolliert werden.

Beispiel 2:74 (Neugründung von Gemeinschaftsunternehmen, 2)
Die Unternehmen A (€ 200 Mio.) und B (€ 400 Mio.) gründen gemeinsam die juristische Person C, an der sie mit jeweils 50% beteiligt sind. Für die Aufnahme ihrer wirtschaftlichen Aktivitäten statten A und B die C mit jeweils eine Einlage von € 1 Mio. aus und bewilligen jeweils Kredite in Höhe von 20 Mio. €, die auf 84 Monate gestundet werden; C soll sich die erforderlichen Kapazitäten selbst beschaffen, wobei diese ausschließlich „ab Werk" bezogen werden.

Gleiche Erwägungen wie zum *Beispiel 2:73 (Neugründung von Gemeinschaftsunternehmen, 1)* müsste man auch in diesem Fall heranziehen, da C niemals unabhängig von A und B im Wettbewerb positioniert war bzw. durch die Etablierungsmaßnahmen noch kein Einfluss auf vorher unabhängig genutzte Unternehmensressourcen für A und/oder B erwächst.

Ohnehin stellt sich die Frage, ob C überhaupt im Moment des Kontrollerwerbs als Unternehmen bezeichnet werden kann. Es erscheint nämlich fraglich, ob für das Zielobjekt der potenzielle Unternehmensbegriff herangezogen werden darf,[787] als Konzentration, ausgedrückt durch externe Wachstumsvorgänge, voraussetzt, dass ursprünglich unabhängig im Wettbewerb eingesetzte Ressourcen erworben werden und zwar von einem selbst wirtschaftliche Ressourcen bereits reflektierenden Zuordnungspol.[788] Nur durch eine Zusammenlegung bereits im Wettbewerb genutzter Ressourcen kann es zur Begründung oder Verstärkung einer marktbeherrschenden Stellung durch *externes* Wachstum kommen.[789] Die Tatsache, dass ein Unternehmen, wenn es neu gegründet wird, sich im Wettbewerb behauptet und dann im Ergebnis zur Begründung oder Verstärkung von marktbeherrschenden Fällen führen kann, unterliegt nicht der Konzerntrationskontrolle, weil die Marktposition durch internes Wachstum begründet würde; allein nach Maßgabe von Art.82 EG wären die aus den gewachsenen Strukturen nicht wettbewerblich kontrollierten Verhaltensspielräume zu regulieren. Eine solche Voraussetzung kann das potenzielle Unternehmen nicht erfüllen, dies mag aber dahinstehen können.

Aus den vorangegangenen Überlegungen folgt, dass die Etablierungsakte zur Gründung einer gemeinsamen Gesellschaft fusionsrechtlich nicht erfassbar wären; es fehlt an dem Einflusserwerb der Gründer hinsichtlich schon unternehmerisch genutzter Ressourcen. Daraus lässt sich der Schluss ziehen, dass erst diejenigen Handlungen, mittels derer das Gemeinschaftsunternehmen „zum Leben erweckt wird", den zusammenschlusstatbestandlichen Gehalt aufweisen. Die monetäre Ausstattung zum Erwerb von bisher nicht unternehmerisch eingesetz-

---

787 Zu Terminologie und Inhalt: Grabitz/Hilf (STOCKENHUBER), Band II, Titel V, Kapitel 1 (Wettbewerbsregeln), Abschnitt 1, Artikel 81 EGV, B., I., 1., a), Rn.58.

788 POHLMANN, 4.Teil, A., II. „Artikel 3 Abs. 3 soll ... den Übergang der Verfügungsmacht über unternehmerische Ressourcen erfassen.", (S.303).

789 POHLMANN, 2.Teil, B., II., (S.108); KOCH, EWS 1990, S.66, (S.65).

ten Produktionsfaktoren und der damit verbundene Erwerb sind dabei nicht fusionsrechtlich erfassbar.

(.2) Ressourcenverlegung eines Gründers

Eine andere Betrachtungsweise ist dann geboten, wenn *einer* der Gründer eigene Ressourcen in das neue Gemeinschaftsunternehmen *einbringt*.

Beispiel 2:75 (Neugründung von Gemeinschaftsunternehmen, 3)
Das Unternehmen A (€ 800 Mio.) gründet zusammen mit dem Unternehmen B (€ 800 Mio.) die juristische Person C. A und B statten dabei C mit einem Kapital von je € 200 Mio. aus. C soll im Anschluss von B die Sparte Bv (€ 300 Mio.) übernehmen.

Der bloße Gründungsakt ist nach den Feststellungen zum *Beispiel 2:74 (Neugründung von Gemeinschaftsunternehmen, 2)* fusionsrechtlich ohne Relevanz. Die Erfüllung des Art.3 (1) lit.b i.V.m (4) FKVO (derselbe i.V.m. (2) a.F.) kann damit ausschließlich durch den Übertragungsakt erfolgen. Dieser führt unmittelbar zu einem Kontrollerwerb von C an Bv. Auch dieser Vorgang kann jedoch nicht von der FKVO erfasst werden, weil C im Erwerbszeitpunkt noch kein aktives Unternehmen,[790] jedenfalls aber umsatzlos ist, weshalb es an der gemeinschaftsweiten Bedeutung ermangeln muss. Der mangelnde Umsatz von C könnte dabei auch nicht über eine Zurechnung der Geschäftserlöse von A und B kompensiert werden, weil die Mehrmütterschaft, folgend aus Art.5 (5) FKVO (derselbe a.F.), für nicht erfassbar befunden wurde.[791]

Mittelbar liegt im Übereignungsakt jedoch auch ein gemeinsamer Kontrollerwerb von A und B an dem von B eingebrachten Geschäftsbereich und den darin zusammengefassten Unternehmensressourcen vor. Für die Einordnung dieser Transaktion soll ein strukturell im Ergebnis identischer Fall hinzugefügt werden.

Beispiel 2:76 (Neugründung von Gemeinschaftsunternehmen, 4)
Entsprechend dem Beispiel 2:75 (Neugründung von Gemeinschaftsunternehmen, 3) Mit der Maßgabe, dass B alleine die C gründet, konzernintern den Geschäftsbereich Bv auf diese überträgt und dann 50% der Stimmrechte an A veräußert

Im Konzentrationsergebnis gleicht sich diese Fallkonstellation mit dem vorangegangenen *Beispiel 2:75 (Neugründung von Gemeinschaftsunternehmen 3)*. Stellt man auf den Kontrollerwerb von A und B an C+Bv ab, so fällt auf, dass B allein als Veräußerer und A als Erwerber tätig werden. A erwirbt damit die Kontrolle an einem Unternehmen C, welchem aufgrund der vorherigen Einbringung von

---

790 Ob der potenzielle Unternehmensbegriff angesichts der Verbindung desselben mit der bereits ausgeübten unternehmerischen Tätigkeit und der erfolgten Erzeugung von Umsätzen Eingang in die FKVO finden kann, soll offen bleiben.

791 Eingehend bereits diskutiert: (3) Mehrmütterschaft, (S.196); vgl. auch: SIRAGUSA/SUBIOTTO, WuW 1991, S.879, (S.872).

Bv ein Gesamtumsatz von € 400 Mio. zugerechnet werden muss; es existieren damit zwei beteiligte Unternehmen, ansetzend bei A als Erwerber und C als Zielobjekt; B ist nicht als beteiligtes Unternehmen zu behandeln, weil es an dem Erwerbsakt ermangelt[792] und in Bezug auf die Veräußererposition C die Repräsentantenstellung für die eigene Wirtschaftkraft ausfüllt.

Übernimmt man dies für das *Beispiel 2:75 (Neugründung von Gemeinschaftsunternehmen, 3)*, so müssten, wenn man nicht eine unterschiedliche Beurteilung von im Ergebnis wirtschaftlich identischen Vorhaben zulassen möchte, A – als Erwerber – und B – als Veräußerer – die beteiligten Unternehmen repräsentieren, wobei für B nur diejenigen Umsätze berücksichtigt werden könnten, die auf Bv entfallen. Der Unterschied bei der Bestimmung der beteiligten Unternehmen auf der Veräußererseite ergibt sich aus der Tatsache, dass im vorangegangenen Beispiel ein Unternehmen und in dem davor geschilderten *Beispiel 2:75 (Neugründung von Gemeinschaftsunternehmen, 3)* ein Unternehmensteil Erwerbsgegenstand waren.

Überträgt ein Gründungsgesellschafter ihm vorher allein unterstehende wirtschaftliche Ressourcen auf das Gemeinschaftsunternehmen, so sind er selbst und der oder die anderen Gesellschafter als beteiligte Unternehmen zu qualifizieren. Beim Veräußerer kann dabei nur der auf die veräußerten Teile relevante Umsatz Berücksichtigung finden.

(.3) Ressourcenverlegung mehrerer Gründer

Es stellt sich weiter die Frage nach der Vorgehensweise, wenn mehrere Unternehmen Geschäftsbereiche in eine neu gegründete, gemeinsame Tochter einbringen.

Beispiel 2:77 (Neugründung von Gemeinschaftsunternehmen, 5)
Entsprechend dem Beispiel (Neugründung von Gemeinschaftsunternehmen, 3) mit der Maßgabe, dass A auch seine Sparte, Av (€ 400 Mio.), in C einbringt
Bedingung: A überträgt die ihm zugehörigen Ressourcen innerhalb einer logischen Sekunde als erstes.

Grundsätzlich kann man in Bezug auf die Transaktion A/C auf die bereits gemachten Ausführungen zur Ressourceneinbringung eines Gesellschafters verweisen. Zweifelhaft ist die Einordnung des danach erfolgenden Übertragungsaktes von B auf C.

Erneut liegt ein alleiniger Ressourcenerwerb von C an den von B übertragenen Kapazitäten vor. Anders als beim Übertragungsakt A/C genießt diese Maßnahme bereits fusionsrechtliche Relevanz. C verfügt über unternehmerisch bereits genutzte Ressourcen, nämlich den Geschäftsbereich Bv. Daraus wird gefolgert, dass hierin ein horizontaler Ballungsprozess zu sehen sei, der innerhalb der umsatzmäßigen Erfassung solcher Vorgänge berücksichtigt werden müss-

---

792 Siehe Fußnote 776.

te.[793] Die Konsequenz bestünde darin, dass B und C als beteiligte Unternehmen zu qualifizieren wären. Diese Überlegung erscheint schon zweifelhaft, weil C von B – gemeinsam mit A – beherrscht wird und damit nicht als unabhängig bezeichnet werden könnte. Zudem wurde ermittelt, dass ein Abstellen auf die unmittelbar erwerbende Hierarchie, also hier C, nur dann zulässig sein kann, wenn sie entweder die „oberste", kontrollerwerbende Hierarchie ist oder höherrangige Kontrollerwerber, zu denken wäre hier an A, keine weiteren unternehmerischen Interessen verfolgen. Derart gestaltet sich das geschilderte Beispiel nicht, weshalb C nicht als beteiligtes Unternehmen betrachtet werden kann.

Entsprechend der Diskussion im vorausgehenden Absatz liegt ein Erwerbsvorgang zwischen A und Av vor. A erwirbt vermittelt über C die gemeinsame Kontrolle in Bezug auf die vorher allein B unterstehenden Ressourcen. Beteiligte Unternehmen wären dabei B – als Veräußerer – und A als Erwerber. Eine getreu den zur Ressourceneinbringung gemachten Aussagen praktizierte Herangehensweise würde eine Besonderheit im Hinblick auf die unterschiedliche Zurechnung der einzubringenden Geschäftsbereiche aufweisen. Während bei dem ersten Übertragungsakt die in das Gemeinschaftsunternehmen einzubringende Wirtschaftkraft dem Erwerber noch voll zuzurechnen war, kann dies in Bezug auf die zweite Einbringungstransaktion gemäß Art.5 (5) FKVO (derselbe a.F.) nur partiell gelten. So hat A im Zeitpunkt des gemeinsamen Kontrollerwerbs an Av seine Sparte Bv bereits in C eingebracht und die alleinige unternehmerische Verfügungsmacht verloren, was die Schwellensystematik entsprechend Art.5 (5) FKVO (derselbe a.F.) in Ansatz bringt. Dieses Problem, wonach ein Manipulierungsspielraum je nach Transaktionsreihenfolge bestehen würde, weist dabei keine Konnexität zu der Bestimmung der beteiligten Unternehmen auf und ist damit der Untersuchung zu Art.5 (2) FKVO (derselbe a.F.) vorzubehalten.[794]

Bringen mehrere Gründer einer gemeinsamen Tochter eigene Geschäftsbereiche oder sonstige Unternehmensressourcen ein, so sind die einzelnen Transaktionen entsprechend der Ressourcenverlegung eines Gründers zu behandeln. Dabei muss die Art und Weise der fusionsrechtlichen Zusammenfassung dieser Vorhaben noch analysiert werden.

---

793 POHLMANN, 4.Teil, A., V., 1., b), aa) „Auf horizontaler Ebene liegt eine Ressourcenballung zwischen … (den) vergemeinschafteten Unternehmensbereichen vor.", (S.327).

794 Angemerkt sei, dass die Behandlung dieser Problematik große Synergien zur Vorgehensweise bei sog. Swapgeschäften, das heißt Tauschgeschäften zwischen unabhängigen Wirtschaftseinheiten, aufweist (II) Zusammenfassung zu einem Zusammenschluss, (S.361-378), insbesondere (1) Alleiniger Kontrollerwerb, (S.361).

(.4) Einbringung aller Ressourcen der Gründer

Letztendlich bleibt zu begutachten, wie zu verfahren wäre, wenn alle Gründer des Gemeinschaftsunternehmens alle ihre wirtschaftlichen Ressourcen auf das Gemeinschaftsunternehmen übertragen.

Beispiel 2:78 (Neugründung von Gemeinschaftsunternehmen, 6)
Die Unternehmen A (€ 300 Mio.) und B (€ 400 Mio.) gründen gemeinsam die juristische Person C, auf die sie ihre unternehmerischen Ressourcen vollständig übertragen und sich auf reine Holdingfunktionen zurückziehen.

In dieser Fallkonstellation, in der formell ein Gemeinschaftsunternehmen zwischen A und B entsteht, liegt, wie an anderer Stelle schon ausgeführt wurde, der Gründungstatbestand eines Gleichordnungskonzerns vor.[795] Das Gemeinschaftsunternehmen verkörpert nach konzernrechtlicher Analyse eine partielle Wirtschafteinheit zwischen den Gesellschaftern, die hier – alle Unternehmensressourcen von A und B umfassend – zu einer vollständigen Wirtschaftseinheit aufsteigt. Es wird noch zu zeigen sein, dass dieser Tatbestand nicht unter Art.3 (1) lit.b FKVO (derselbe a.F.), sondern vielmehr unter lit.a zu subsumieren ist.

(.5) Erwerb von Drittressourcen

Sofern das Gemeinschaftsunternehmen nach seiner Gründung und monetären Ausstattung Ressourcen von Dritten erwirbt, gelten die zum Kontrollerwerb gemachten Ausführungen. Zu unterscheiden ist zwischen dem Erwerb eines oder mehrerer Unternehmen oder von Unternehmensteilen. Die erstere Variante führt zu einem vermittelten, gemeinsamen Kontrollerwerb der Gründer des Gemeinschaftsunternehmens an einem anderen Unternehmen und ist demgemäß zu behandeln. Bei einem bloßen Erwerb von Unternehmensteilen liegt ein gemeinsamer Kontrollerwerb der Gründer an den Teilen vor; dazu sogleich.

(.6) Fazit

Die gesellschaftsrechtliche Neugründung eines Gemeinschaftsunternehmens nzw. Des Trägers der künfitgen Unternehmenung ist an sich zusammenschlussrechtlich (!) kontrollfrei. Die Konzentrationskontrolle ist erst dann zulässig und erforderlich, wenn die Ausgestaltung des Gemeinschaftsunternehmens zu einem eigenständigen Marktteilnehmer durch den Erwerb von fremden Unternehmensressourcen, sei es von Dritten oder den Gründern, führt.

Bei der Bestimmung des beteiligten Unternehmens gelten die zum alleinigen Kontrollerwerb herausgearbeiteten Grundsätze. Noch nicht diskutiert ist die zusammenfassende Behandlung solcher Sachverhalte, bei denen die Gründer des

---

795 Vgl. die Nachweise in Fußnote 749 und die zugehörigen Ausführungen.

Gemeinschaftsunternehmens wechselseitig Geschäftsbereiche in letzteres einbringen.

(e) Annex: Erwerb von Unternehmensteilen

Ob der gemeinsame Kontrollerwerb an Unternehmensteilen überhaupt einen Zusammenschluss darstellen kann, erscheint aufgrund der Existenz von Art.3 (4) FKVO (derselbe a.F.) nicht eindeutig.[796] So scheint das in Art.3 (4) FKVO (derselbe a.F.) manifestierte Kriterium der Vollfunktion bei Teilen eines Unternehmens als Erwerbsobjekt zu versagen, jedoch wird der Erwerb von mehreren Unternehmen oder Personen, die die Kontrolle über Teile eines anderen Unternehmens erwerben, von der Definition des Art.3 (1) lit.b FKVO dem Wortlaut nach erfasst. Auch ist es zweifelhaft, warum der alleinige Erwerb beispielsweise an einer Marke, soweit dieser Wirtschaftkraft zukommen kann, als Konzentrationsprozess angesehen werden soll, dies jedoch nicht gilt, wenn die Marke von mehreren Unternehmen erworben wird.[797]

Ungeachtet dieser offen zu lassenden Problemstellung, müsste man den gemeinsamen Teilerwerb entsprechend dem gemeinsamen Erwerb eines Unternehmens behandeln. Besonderheiten bestehen nicht, weshalb die Bestimmung der beteiligten Unternehmen gemäß den Ermittlungen zum alleinigen Kontrollerwerb erfolgt.

(f) Zusammenfassung zum gemeinsamen Kontrollerwerb

Die Bestimmung der beteiligten Unternehmen erfolgt beim gemeinsamen Kontrollerwerb entsprechend den bereits zum alleinigen Kontrollerwerb ermittelten Grundsätzen. Erwerberseitig gilt danach grundsätzlich die oberste kontrollerwerbende Hierarchie als das beteiligte Unternehmen. Dies gilt selbst in solchen Fällen, bei denen durch eine gemeinsame Tochter die Kontrolle an einem anderen Unternehmen erworben wird.

---

796 Ablehnend: POHLMANN, 2.Teil, B., VIII., 1. „Gemeinsame Kontrolle ... muss ... sich auf die Tätigkeit des Unternehmens in ihrer Gesamtheit erstrecken“, (S.184); Beim gemeinsamen Kontrollerwerb sich ebenfalls nur auf das Unternehmen als Zielobjekt beziehend: MESTMÄCKER/SCHWEITZER, 6.Kapitel (Fusionskontrolle), § 24, III., 4., Rn.29, (S. 561).

797 Beispiel: Das Unternehmen A stellt Putzmittel, beispielsweise Lappen, Schwämme etc., für den häuslichen Bedarf her, während das Unternehmen B Putzstoffe, beispielsweise Geschirrspülmittel, herstellt. Sie erwerben von dem in Liquiditätsschwierigkeiten gekommenen Konkurrenzunternehmen C gemeinsam die Marke Z. A und B gründen eine GbR zwecks Markenerwerbs und vereinbaren, dass A und B jeweils für die aktuelle Produktpalette die Marke Z einsetzen dürfen.

Festgestellt wurde ferner, dass Personen nur dann als beteiligte Unternehmen in Betracht kommen, wenn sie entweder selbst der einzige Kontrollerwerber eines von ihnen dann zu repräsentierenden Umsatzverbundes sind oder neben der kontrollerwerbenden Konzernlinie noch andere Unternehmen kontrollieren, und damit zwingend als Umsatzkonzernspitze begriffen werden müssen.

Veräußererseitig entspricht die Bestimmung der beteiligten Unternehmen ebenfalls den bereits zum alleinigen Kontrollerwerb aufgestellten Prinzipien, auf die hiermit verwiesen werden soll

(3) Zusammenfassung zum Kontrollerwerb, Art.3 (1) lit.b FKVO (derselbe a.F.)

Die Bestimmung des beteiligten Unternehmens als Repräsentant innerhalb eines jeden am Zusammenschluss beteiligten Umsatzverbundes entspricht, ungeachtet des Vorliegens eines alleinigen oder gemeinsamen Kontrollerwerbs, identischen Grundsätzen. Deshalb soll insbesondere auf die Zusammenfassung der Erkenntnisse beim alleinigen Kontrollerwerb[798] sowie auf den vorangegangenen Absatz verwiesen werden.

(III) Fusion, Art.3 (1) lit.a FKVO (derselbe a.F.)

Der Zusammenschlusstatbestand im Sinne von Art.3 (1) lit.a FKVO (derselbe a.F.) wird im Hinblick auf den *rechtlichen* und den *wirtschaftlichen* Fusionsakt unterschieden.[799] Dass es sich auch um einen besonderen Fall des Kontrollerwerbs handeln soll, wurde bereits angedeutet[800] und wird sich aus den folgenden Ausführungen noch ergeben. Seit der Reform der FKVO ist dies zunächst schon direkt Art.3 (1) FKVO (derselbe a.F.) zu entnehmen, denn demgemäß wird aus-

---

798 Demgemäß: (c) Zusammenfassung zum alleinigen Kontrollerwerb, (S.268-270).

799 EG-KOMMISSION, Mitteilung zum Zusammenschlussbegriff, ABl.EG 1998 C 66/06, Rn.6, 7; Groeben/Thiesing/Ehlermann (BRUHN), Band 2/II, Dritter Teil, Titel V, Kapitel 1, Abschnitt 1, nach Artikel 89, I. (Fusionskontrollverordnung), Artikel 3, II., 2., Rn.10, (S.2/1348); Lange (SCHRÖER), Kapitel 5 (Zusammenschlusskontrolle), § 1, II., 1., a), Rn.4, (S.400 f.); Wiedemann (WIEDEMANN), 5.Kapitel (Fusionskontrolle), 1.Abschnitt, § 15, B., II., 1., Rn.31-33, (S.479 f.); merkwürdig ist dagegen, dass das in der Durchführungsverordnung zur FKVO enthaltenen Formblatt RS bei der Beschreibung des Zusammenschlusses nur explizit die rechtliche Fusion und des alleinigen oder gemeinsamen Kontrollerwerb erwähnt und die wirtschaftliche Fusion nicht mit aufführt: Formblatt (Anhang I), Abschnitt 3, 3.1., a).

800 Vgl. dazu bereits: cc. Fallgruppenspezifische Bestimmung der beteiligten Unternehmen, (S.206)

drücklich als Zusammenschlussvoraussetzung, sei es durch Fusion (lit.a) oder durch Kontrollerwerb (lit.b), die „*Veränderung der Kontrolle*" gefordert.[801]

Auf Einzelheiten des Zusammenschlusses kann auch hier aus Gründen inhaltlicher Ordnung nicht eingegangen werden, weshalb grundlegend und gestützt auf die Auslegung der EG-Kommission[802] die rechtliche *Fusion* von *Unternehmen* als gesellschaftsrechtlicher Verschmelzungsvorgang im Sinne von Art.2 VerschmelzungsRiL begriffen werden soll. Voraussetzungen für die Annahme einer solchen wäre, dass ein oder mehrere Unternehmen ihr gesamtes Aktiv- und Passivvermögen auf einen anderen Rechtsträger übertragen und sich dann auflösen.[803] Den Gesellschaftern der sich auflösenden Einheiten werden in diesem Zuge Mitgliedschaftsrechte an dem erwerbenden Rechtsträger gewährt. In einem solchen Akt wird immer auch ein Kontrollerwerb vollzogen, als zumindest der erwerbende Rechtsträger an dem Aktivvermögen der sich auflösenden Einheit die unternehmerische Verfügungsmacht erfährt,[804] weshalb es nach den bisherigen Ausführungen der Aufnahme der Fusion als Sondertatbestand der Konzentration nicht bedurft hätte.

Für die *Fusion* von *Teilen* eines Unternehmens, die seit der Reform der FKVO in den Wortlaut von Art.3 (1) lit.a FKVO (derselbe a.F.) mit aufgenommen wurde, muss im Interesse eines inhaltlichen Gleichklangs mit dem Verschmelzungsakt ein entsprechender Maßstab gelten. Eine solche setzt mithin voraus, dass der übertragene Rechtsträger sich nach der Transaktion auflöst. Ferner müssten sämtliche wirtschaftlichen Aktivitäten in das – oder die – nach der Fusion erwachsene Gebilde einfließen. Begrifflich wird eine Fusion von Teilen in Spaltungsvorgängen im Sinne von Art.2 (1) 3.SpaltungsRiL zu verorten sein. Dabei kommt es zur Übertragung des gesamten Bilanzvermögens

---

801 Siehe auch: EG-KOMMISSION, FKVO-Entwurf03, ABl.EG 2003 C 20/09, Rn.35 „Die allgemeine Definition … enthält nunmehr ausdrücklich das Kriterium, wonach Zusammenschlüsse durch einen auf Dauer angelegten Kontrollwechsel zustande kommen. Bisher wurde dieses Kriterium … als ungeschriebenes Tatbestandsmerkmal herangezogen."; EBENROTH/RÖSLER, RIW 1994, S.536 „Konstituierendes Element eines Unternehmenszusammenschlusses ist der Begriff der Kontrolle.", (S.532).

802 Zu entnehmen: EG-KOMMISSION, Mitteilung zum Zusammenschlussbegriff, ABl.EG 1998 C 66/06, Rn.6, 7; zustimmend zur Praxis der EG-Kommission: Lange (SCHRÖER), Kapitel 5 (Zusammenschlusskontrolle), § 1, II., 1., a), Rn.4, (S.400 f.); Wiedemann (WIEDEMANN), 5.Kapitel (Fusionskontrolle), 1.Abschnitt, § 15, B., II., 1., Rn.31-33, (S.479 f.).

803 EBENROTH/RÖSLER, RIW 1994, S.536, (S.532).

804 POHLMANN, 2.Teil, B., III., 1., c), (S.114).

mindestens eines Unternehmens auf mehrere andere Fusionspartner. Die Folgen sind mit dem Verschmelzungstatbestand identisch.

Die Erfassung wirtschaftlicher Fusionen ist – zumindest in der Reichweite – umstritten,[805] wobei hier gestützt auf die Sichtweise der EG-Kommission gelten soll, dass die Anwendung von Art.3 (1) lit.a FKVO (derselbe a.F.) dann möglich ist, wenn zwei Wirtschaftseinheiten als gleichberechtigte Partner sämtliche unternehmerischen Interessen einer einheitlichen Leitung durch eine *Zentralgesellschaft* unterstellen, die dann die Kontrolle über die sich *nicht* auflösenden Unternehmen selbst oder zumindest über deren Ressourcen ausübt.[806]

Da – insbesondere rechtliche – Fusionen vom materiellen Gehalt des Umsetzungsaktes her mittels Art.3 (1) lit.b FKVO (derselbe a.F.) erfasst werden könnten,[807] stellt sich die Frage nach der Existenzberechtigung der lit.a. Bevor dieser Hintergrund nicht geklärt wurde ließe sich nicht sachgemäß analysieren, ob die zum Kontrollerwerb entwickelten Grundsätze zur Bestimmung beteiligter Unternehmen übernommen werden können oder aufgrund besonderer Eigenschaften des Fusionstatbestandes zu modifizieren sind.

(1) Existenzberechtigung für lit.a (dieselbe a.F.)

Die theoretisch mögliche Erfassung von Fusionen über den Kontrollerwerbstatbestand belegt, dass die Existenzberechtigung von Art.3 (1) lit.a FKVO (derselbe a.F.) sich nicht aus einem ergänzenden Sachverhaltshorizont ergeben kann. Weil nicht jeder Sachverhalt im Sinne von Art.3 (1) lit.b FKVO (derselbe a.F.) von dem Fusionstatbestand erfasst würde, kann man davon ausgehen, dass die ausdrückliche Nennung des Fusionstatbestandes besondere Konstellation des Kontrollerwerbs zwischen Unternehmen der Anwendung von lit.b entziehen soll; damit wäre lit.a im Verhältnis zu lit.b lex specialis.

---

805 Dafür Nachweise in Fußnote 799; dagegen, weil allein von der rechtlichen Fusion ausgehend: Langen/Bunte (LÖFFLER), Band 1, EG-Kartellrecht, FKVO, Artikel 3, D., Rn.4, (S.2501); differenzierend und jedenfalls nicht den Gleichordnungskonzern einbeziehend: Immenga/Mestmäcker (IMMENGA), EG-WbR, Band I, VII.Abschnitt (Fusionskontrollverordnung), D., Artikel 3, II., 3., Rn.16-20, insbesondere Rn.20 (S.920-923, insbesondere S.922); allgemein zu diesem Thema: MESTMÄCKER/SCHWEITZER, 6.Kapitel (Fusionskontrolle), § 24 II., Rn.8, (S.554).

806 EG-KOMMISSION, Mitteilung zum Zusammenschlussbegriff, ABl.EG 1998 C 66/06, Rn.7; zustimmend: Lange (SCHRÖER), Kapitel 5 (Zusammenschlusskontrolle), § 1, II., 1., a), Rn.4, (S.400 f.); Wiedemann (WIEDEMANN), 5.Kapitel (Fusionskontrolle), 1.Abschnitt, § 15, B., II., b), Rn.32, 33, (S.479 f.).

807 Vgl. KRIMPHOVE, Teil III (Die Beurteilung von Unternehmenszusammenschlüssen nach der europäischen Fusionskontrollverordnung), C., III., 3., a), bb), (S.248); EBENROTH/RÖSLER, RIW 1994, S.536 „Unproblematisches Beispiel eines Kontrollerwerbs an der Gesamtheit des Unternehmensvermögens ist der Tatbestand der Fusion.", (S.532).

Untersucht man rechtliche Fusionsvorgänge auf ihren möglicherweise als besonders begriffenen Gehalt, könnte man annehmen, dass dieser im gesellschaftsrechtlichen Ablauf der Verschmelzungs- oder Spaltungsvorgänge zu erblicken sein muss.[808] Von Bedeutung wäre dabei insbesondere, dass eines der Unternehmen in einem anderen aufgeht,[809] die Eigener desselben aber nicht ihre Beziehung zu den übertragenen Ressourcen aufgeben. Allerdings hält die FKVO – bis auf die gemeinsame Anmeldung – keine Rechtsfolgen parat, die sich mit der Exklusivität von Verschmelzungs- oder Spaltungsvorgängen befassen und etwa speziellen, gesellschaftsrechtlichen Bedürfnissen Rechnung tragen; sie ist damit hinsichtlich des besonderen, gesellschaftsrechtlichen Ablaufs „blind", weshalb die Überlegung, es bedürfe eines besonderen Umsetzungsaktes, für die Kategorien der FKVO unerheblich wäre. Es soll hier allein darauf ankommen, ob vorher unabhängige Unternehmenskapazitäten im Wettbewerb unter eine einheitliche Einflussbasis gestellt werden. Ob der Veräußerer, der entsprechend der Sichtweise der EG-Kommission nach Transaktion ohnehin nichts mehr mit dem Vorhaben zu tun habe,[810] sich auflöst oder nicht, ist für den durch Konzentration definierten Sachverhalt völlig ohne Belang.

Auch würde die Erwägung, die Exklusivität des Fusionstatbestandes ergebe insbesondere aus dem Phänomen des Aufgehens eines Unternehmens in einem anderen, für wirtschaftliche Fusionen, sofern man sie überhaupt für erfassbar halten möchte,[811] nicht passen. Aus dem konzentrativen Charakter von wirtschaftlichen Fusionen ließe sich aber ein weiterer Rechtfertigungsgrund entwickeln. Diese führen zur Bildung einer Wirtschaftseinheit im Wege der Gleichordnung der sich zusammenschließenden Partner wodurch eine horizontale Ressourcenballung zwischen den Fusionsparteien vorgenommen wird.[812] Gleiches gilt zudem auch für rechtliche Fusionen, bei denen die sich zusammenschließenden Einheiten als gleichberechtigte Partner in einer Einheit aufgehen.

---

808 STAUDENMAYER, A., II., 1. „Die erste Alternative des Zusammenschlusses, Abs. 1 a), soll ... durch das Mittel, nämlich die Fusion definiert sein.", (S.4).

809 STAUDENMAYER, A., II., 1., (S.4); Lange (SCHRÖER), Kapitel 5 (Zusammenschlusskontrolle), § 1, II., 1., a), Rn.4, (S.400 f.).

810 Siehe nur: EG-Kommission, Mitteilung zum Begriff der beteiligten Unternehmen, ABl.EG 1998 C 66/15, Rn.8.

811 Fußnote 805.

812 Lange (SCHRÖER), Kapitel 5 (Zusammenschlusskontrolle), § 1, II., 1., a), Rn.4, (S.400); EBENROTH/RÖSLER, RIW 1994, S.536, (S.532); KOCH, EWS 1990, S.67 „Die VO erfasst jedoch auch Zusammenschlüsse auf der Basis der Gleichordnung der beteiligten Unternehmen, wenn dieselben fusionieren.", (S.65).

Insbesondere drückt sich dies in den Fällen durch „Neugründung“ aus, bei denen die fusionierenden Unternehmen eine neue Einheit gründen, auf diese ihre wirtschaftlichen Kapazitäten übertragen und sich dann auflösen.[813] Der konzentrationstechnische Unterschied zwischen wirtschaftlicher und rechtlicher Fusion besteht lediglich in der Beibehaltung der rechtlichen Selbständigkeit der Fusionspartner.[814] Anders ist dies beim Kontrollerwerb, weil dieser Tatbestand stets einen vertikalen Charakter einnimmt.[815] So werden in diesen Fällen immer Ressourcen eines Unternehmens der Verfügungsmacht eines anderen Unternehmens unterstellt.

Die Fusion erlangt damit neben dem vertikal strukturierten Kontrollerwerbstatbestand ihre eigenständige Regelungsberechtigung bedingt, durch den Ausdruck horizontal bzw. gleichberechtigter Zusammenlegung der unternehmerischen Aktivitäten. Wichtig ist dabei jedoch nicht allein der horizontale Charakter, sondern vielmehr die damit verbundenen Konsequenzen.

(2) Konsequenzen der horizontalen Konzentrationsstruktur

Theoretisch bestünde die Möglichkeit, die bereits zum Kontrollerwerb entwickelten Leitlinien für die Bestimmung der beteiligten Unternehmen zu übernehmen, was anhand eines kurzen Beispiels illustriert werden soll.

Beispiel 2:79 (Konsequenzen der horizontalen Konzentrationsstruktur, 1)
Das Unternehmen A (€ 300 Mio.) ist zu 60% in der Hand der natürlichen Person Am, die ferner noch mittels einer 100%igen Beteiligung das Unternehmen As (€ 400 Mio.) kontrolliert. An dem Unternehmen B (€ 400 Mio.) hält das Unternehmen Bm 51% der Stimmrechte. A und B sollen verschmolzen werden. Geplant ist, dass B das gesamte Bilanzvermögen auf A überträgt und sich dann auflöst. An der neuen Einheit werden Am und Bm jeweils 30% der Stimmrechte innehaben. Sie werden aufgrund der Rahmenbedingungen im Anschluss B nicht mehr kontrollieren können.

---

813 Man könnte zwar geneigt sein, bei den Fusionen durch Aufnahme, eine vertikale Integration des aufnehmenden Unternehmens in das übertragene Unternehmen zu sehen, jedoch kann es für den grundsätzlich horizontalen Gehalt nicht darauf ankommen, ob eine neue Einheit gegründet wird oder einer der Fusionspartner selbst diese Funktion übernimmt.

814 Lange (SCHRÖER), Kapitel 5 (Zusammenschlusskontrolle), § 1, II., 1,.a), Rn.4, (S.400 f.); Wiedemann (WIEDEMANN), 5.Kapitel (Fusionskontrolle), 1.Abschnitt, § 15, B., II., 1., b), Rn.32, (S.479).

815 Lange (SCHRÖER), Kapitel 5 (Zusammenschlusskontrolle), § 1, II., 1., b), Rn.5, (S.401); EBENROHT/RÖSLER, RIW 1994, S.536, (S.532); KOCH, EWS 1990, S.67 „Kontrolle wird im Wege der Über- und Unterordnung ausgeübt.“, (S.65).

Abbildung 2-29 (Konsequenzen der horizontalen Konzentrationsstruktur, 1)

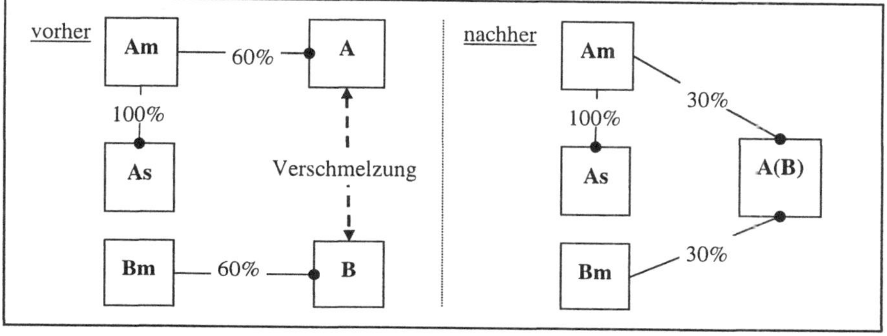

Aus einer „Kontrollerwerbsperspektive" würde man einen Zusammenschluss zwischen A – als Erwerber – und der Gesamtheit des Vermögens von B – als veräußerndes Zielobjekt – annehmen müssen. Nach den bereits entwickelten Maßstäben hätte erwerberseitig Am als beteiligtes Unternehmen zu fungieren. Diese erwirbt mittelbar über A die Kontrolle an den Ressourcen von B.[816] Der Gesamtumsatz würde mit A und As als verbundene Unternehmen € 700 Mio. betragen. Ungeachtet der Ermittlung des beteiligten Unternehmens auf der Veräußererseite zeigt sich schon die Besonderheit dieses Fusionstatbestandes. Am und As werden durch die Transaktion ihre Einflussposition an A verlieren und zu keiner Zeit die Kontrolle an den Kapazitäten von B erlangen.

Unschwer erkennbar, führt die nach Kontrollerwerbsmaßstäben vorgenommene Bestimmung der beteiligten Unternehmen zu einem nicht realitätsgemäßen Resultat. Zwar soll die Schwellensystematik die Verhältnisse vor dem Zusammenschluss abbilden,[817] jedoch um im Ergebnis eruieren zu können, welche Wirtschaftkraft die sich neu formende Wirtschaftseinheit haben wird.[818] Sachgemäß wäre es deshalb, A und B als beteiligte Unternehmen zu betrachten, die jeweils nur die eigens erzielten Umsätze repräsentieren – zur tatsächlichen Umsetzungsmethodik sogleich.

Bei der vorangegangenen Bewertung des Sachverhaltes wurde nicht berücksichtigt, dass A zwar Erwerber, Am jedoch ihre Kontrolle an A auflöst und da

---

816 Vgl. nur: EBENROTH/RÖSLER, RIW 1994, S.536, (S.532).

817 EG-KOMMISSION, Mitteilung zum Begriff der beteiligten Unternehmen, ABl.EG 1998 C 66/31, Rn.41, 42.

818 MESTMÄCKER/SCHWEITZER, 6. Kapitel (Fusionskontrolle), § 23, IV., 2., Rn.41 „(Es) sollen die Umsätze erfasst werden, die durch den Zusammenschluss zusammengeführt werden", (S.539).

mit als Veräußerer anzusehen wäre; die Fusion bedingt es in diesem Fall, dass innerhalb einer Wirtschaftseinheit vor dem Zusammenschluss Erwerber und Veräußerer in einem Verbund stehen. Nach der vorangegangenen Definition der Fusionstatbestände muss dies aber nicht zwangsläufig der Fall sein.

Beispiel 2:80 (Konsequenzen der horizontalen Konzentrationsstruktur, 2)
Entsprechend dem Beispiel 2:79 (Konsequenzen der horizontalen Konzentrationsstruktur, 1) mit der Maßgabe, dass Am über eine 90%ige Beteiligung an A verfügt und nach der Transaktion über eine 52%ige Beteiligung an A weiterhin die alleinige Kontrolle ausüben kann

Abbildung 2-30 (Konsequenzen der horizontalen Konzentrationsstruktur, 2)

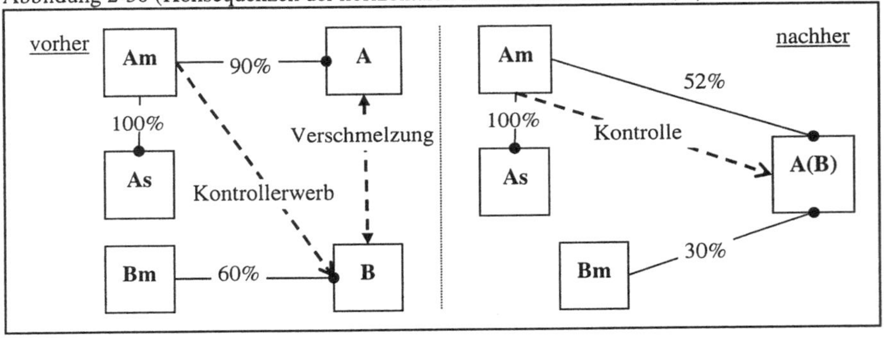

Der Unterschied zu dem die Fallgrundlage bildenden *Beispiel 2:79 (Konsequenzen der horizontalen Konzentrationsstruktur, 1)* besteht darin, dass Am die Kontrollposition an A beibehält und damit auch gestuft mittelbarer Kontrollerwerber an den Ressourcen von B wäre.[819] In dieser Sachverhaltskonstellation würde die Bestimmung des beteiligten Unternehmens anhand der zuvor zugrunde gelegten „Kontrollerwerbsperspektive“ keinen Widerspruch im Hinblick auf den wirtschaftlichen Gehalt des Vorhabens begründen können, weil die „Mutter“, Am, die Kontrolle an dem erwerbenden Fusionspartner A beibehält und nicht separiert wird.

Es fragt sich aber, ob man diesem Vorhaben überhaupt noch einen horizontalen Gehalt beimessen und die Behandlung als Fusion rechtfertigen kann. A und B durchlaufen zwar als gleichberechtigte Partner den Zusammenschluss, jedoch als Am im Ergebnis untergeordnete Einheiten, weshalb auch eine vertikale Komponente das Vorhaben kennzeichnet. Bedeutung hat dies, wenn man folgenden Sachverhalt hinzuzieht.

---

[819] Siehe zunächst die Ausführungen zum Beispiel 2:25 (Gestuft mittelbarer Kontrollerwerb, 1), (S.222); zudem: Immenga/Mestmäcker (IMMENGA), EG-WbR, Band I, VII.Abschnitt (Fusionskontrollverordnung), D., Artikel 3, D., II., 2., Rn.15, (S.920).

Beispiel 2:81 (Konsequenzen der horizontalen Konzentrationsstruktur, 3)
Entsprechend dem Beispiel 2:79 (Konsequenzen der horizontalen Konzentrationsstruktur, 1) mit der Maßgabe, dass Am und Bm nach der Transaktion gemeinsam A beherrschen können.

Abbildung 2-31 (Konsequenzen der horizontalen Konzentrationsstruktur, 3)

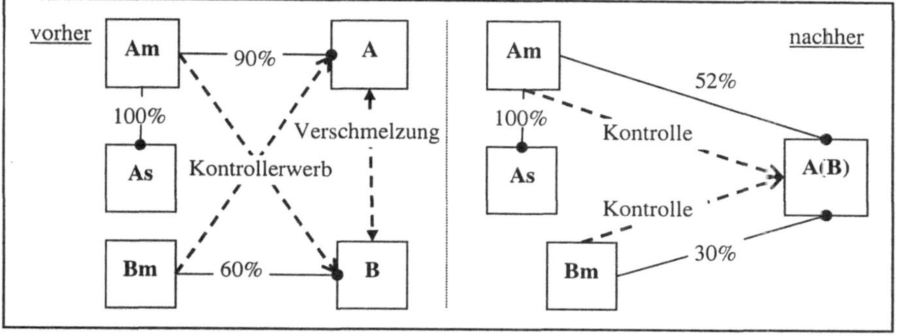

Hierbei handelt es sich de facto um den im Verschmelzungsvorgang hergestellten Gründungstatbestand eines Gemeinschaftsunternehmens. Legt man erneut eine kontrolltatbestandliche Bewertung zugrunde, so erwirbt A die Kontrolle an den Ressourcen von B; Am erlangt ferner die gemeinsame Kontrolle an den Ressourcen von B, während Bm die gemeinsame Kontrolle an den Ressourcen von A erwirbt. Dieser Fall gleicht sich im Ergebnis dem *Beispiel 2:77 (Neugründung von Gemeinschaftsunternehmen, 5)*[820], weshalb er dementsprechend behandelt werden müsste.

Aus den vorangegangenen Ermittlungen folgt, dass Fusionen teilweise entsprechend den bereits aufgestellten Leitlinien, teils aber auch anderweitig behandelt werden müssten. Orientiert an diesem Ermittlungsstand müsste nunmehr eine Regel für die Abweichungen ausgearbeitet werden. Es soll allerdings vorab noch untersucht werden, ob und wann Sachverhalte, bei denen das entstehende Fusionsgebilde noch von einem oder mehreren Gesellschaftern kontrolliert werden kann, aufgrund der auch vertikalen Strukturierung überhaupt unter Art.3 (1) lit.a FKVO (derselbe a.F.) subsumiert werden sollten.

(3) Begrenzung des Fusionstatbestandes auf rein horizontale Vorgänge

Um die Beibehaltung des rein horizontalen Charakters von Fusionen zu gewährleisten stellt sich die Frage, ob Verschmelzungsvorgänge und andere fusionstypische Sachverhalte noch unter Art.3 (1) lit.a FKVO (derselbe a.F.) subsumiert werden sollten, sobald sie insbesondere zur Ressourcenballung unter

[820] S.296.

dem kontrollierenden Einfluss eines anderen Unternehmens führen. Für die Fortführung der Diskussion soll ein „Extrembeispiel" eingebracht werden.

Beispiel 2:82 (Begrenzung des Fusionstatbestandes auf rein horizontale Vorgänge, 1)
Die juristische Person A ist eine Führungsholding, welche Kontrollbeteiligungen an einer Vielzahl von Unternehmen hält. Die dem kontrollierten Verbund angehörigen Unternehmen repräsentieren aus der gesamtunternehmerischen Perspektive einen Automobilkonzern mit einem Gesamtumsatz von € 12 Mrd. Das Unternehmen Ae, eine 100%ige Enkelgesellschaft, soll auf Drängen von A mit dem „Identteilehersteller", dem Unternehmen Bt (€ 50 Mio.), verschmolzen werden. Der derzeitige Mehrheitsgesellschafter, die natürliche Person B, wird im Ergebnis an Ae, auf die Bt ihr gesamtes Bilanzvermögen übertragen und sich auflösen soll, eine Beteiligung von 10% erhalten. Ae wird dabei mit 80% der Stimmrechte weiterhin eine Enkelgesellschaft von A bleiben.
Anmerkung: Mittels dieser Maßnahme will A den Wettbewerbungsdruck auf de, Ersatzteil-Markt reduzieren.

Abbildung 2-32 (Begrenzung des Fusionstatbestandes auf rein horizontale Vorgänge, 1)

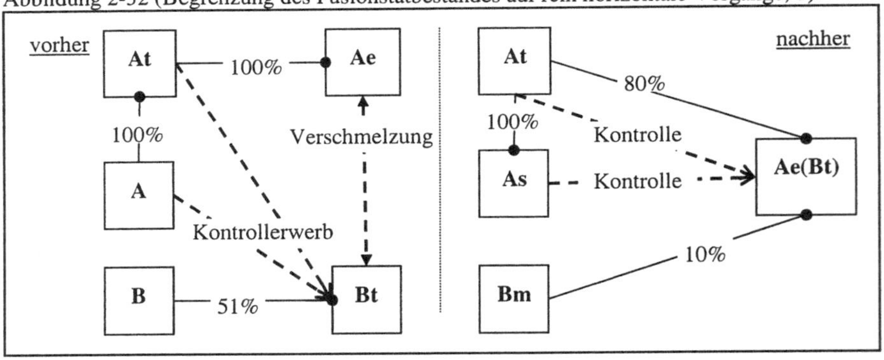

In dieser Sachverhaltskonstellation liegt nach dem vorangegangenen Definitionsgehalt eine Fusion im Sinne von Art.3 (1) lit.a FKVO (derselbe a.F.) vor. Dass die Annahme eines – zumindest vornehmlich – horizontalen Wachstumsaktes hier nicht im Ansatz vertreten werden darf, liegt auf der Hand. Weil bereits ermittelt wurde, dass sich die Abgrenzung zwischen der Fusion sowie dem Kontrollerwerbstatbestand nicht anhand der gesellschaftsrechtlichen Umsetzung einer Konzentration, sondern an dem horizontalen oder vertikalen Charakter ausrichten soll,[821] muss hier, auch wenn gesellschaftsrechtlich ein Fusionstatbe-

[821] STAUDENMAYER, A., II., 1., (S.5); siehe auch mit vergleichbaren Erwägungen zur Abgrenzung zwischen dem Unterordnungs- und dem Gleichordnungskonzern als Ausdruck horizontaler bzw. vertikaler Strukturierung im deutschen Konzernrecht: RAISER/VEIL, 7.Teil, § 56, 2., Rn.4, (S.921); siehe auch bereits die Nachweise in der Fußnote 812.

stand nahe liegt, ein solcher ausscheiden. Dieses Beispiel wäre damit über Art.3 (1) lit.b FKVO (derselbe a.F.) zu erfassen.[822]

Da es in einem solchen Fall jedoch nicht darauf ankommen kann, welche Partei überträgt oder aufnimmt, muss eine entsprechende Sichtweise auch für den umgekehrten Sachverhalt vertreten werden.

Beispiel 2:83 (Begrenzung des Fusionstatbestandes auf rein horizontale Vorgänge, 2) Entsprechend dem Beispiel 2:82 (Begrenzung des Fusionstatbestandes auf rein horizontale Vorgänge, 1) mit der Maßgabe, dass Ae das Vermögen auf Bt überträgt und sich auflöst, die Stimmverhältnisse jedoch dem besagten Sachverhalt entsprechen

Aus der Kontrollerwerbsperspektive kommt es zeitgleich zu einem Konzerntrationsvorgang zwischen Ae und Bt sowie zwischen A und Bt. Bt erlangt die Kontrolle an den Ressourcen von Ae. Beteiligte Unternehmen wären, bezogen auf diese Transaktion, Ae als die veräußernde Gesellschaft sowie Bt als die Erwerberin.[823] In Bezug auf die Transaktion A/Bt wären diese die beteiligten Unternehmen. Dass die Annahme eines Fusionstatbestandes nach den Überlegungen zum *Beispiel 2:82 (Begrenzung des Fusionstatbestandes auf rein horizontale Vorgänge, 1)* ausgeschlossen ist, kann auch in diesem Fall nicht die Frage sein. Dann stellt sich aber das bereits angedeutete Problem der sachgemäßen Handhabung dieses Fallbeispiels im Rahmen des Kontrollerwerbs. Dies ist jedoch kein für Kontrollerwerbskonstellationen in gesellschaftsrechtlich typischen Fusionsfällen allein bestehendes Problem. Vielmehr liegt hier die Misere in dem „Überkreuz-Erwerb“ zwischen zwei beteiligten Wirtschaftseinheiten begründet, wie sie schon im Zusammenhang mit der Doppeleinbringung von Ressourcen in ein Gemeinschaftsunternehmen unter dem Verweis der ähnlichen Problematik bei sog. Swapgeschäften aufgetreten ist.[824] Da es sich somit nicht um eine allein für die horizontale Ressourcenballung typische Problemstellung handelt, darf diese auch nicht die Einteilung von Konzentrationsprozessen in Fusions- sowie Kon-

---

[822] Kontrollerwerb bei der Fusion von Tochtergesllschaften mit einem Zielobjekt: EG-KOMMISSION, Entscheidung (Akz. IV/M.697 – Lockheed Martin/Loral Corporation) vom 27.3.1996, Rn. 1, 4; vgl. auch: Immenga/Mestmäcker (IMMENGA), EG-WbR, Band I, VII.Abschnitt (Fusionskontrollverordnung), D., Artikel 3, II., 2., Rn.15 „Die beiden Zusammenschlussformen können auch kombiniert auftreten, … wenn die Fusion … zum Kontrollerwerb der Muttergesellschaft an dem verschmolzenen Unternehmen i.S.d. Artikel 3 Abs.1 lit.b FKVO führt“, (S.920).

[823] B ist nicht beteiligtes Unternehmen, weil er keine weiteren unternehmerischen Interessen verfolgt. Dazu grundlegend, (.4) Personenabhängige Erwerberin (S.240).

[824] Zur Terminologie des Swapgeschäftes und der Problematik der einheitlichen Erfassung der einzelnen Vorgänge: EG-KOMMISSION, Grünbuch 2001 zur FKVORevision, KOM (2001) 754/6, Rn.133 (S.36); RUDO, RIW 1997, S.643, (S.641); siehe auch (1) Alleiniger Kontrollerwerb (S.361).

trollerwerbsfälle beeinflussen, sondern muss über Art.5 (2) FKVO (derselbe a.F.) aufgelöst werden.[825]

Daraus lässt sich folgern, dass der Fusionstatbestand im Interesse der Abgrenzung zwischen Art.3 (1) lit.a sowie lit.b FKVO anhand der horizontalen oder vertikalen Gesamtstruktur eines Vorhabens nur dann gegeben ist, wenn die fusionierenden Unternehmen von ihren Gesellschaftern nach der Transaktion unabhängig sein werden.

Diese Annahme bedarf einer Korrektur im Hinblick auf nicht unternehmerisch tätige Personen. Bereits im Zusammenhang mit dem gemeinsamen Kontrollerwerb durch ein Gemeinschaftsunternehmen wurde erarbeitet, dass sich Personen, die das Gemeinschaftsunternehmen kontrollieren, nur dann durchsetzen würden, wenn sie weitere unternehmerische Interessen außerhalb desselben verfolgen,[826] weil sie nur dann selbst die Spitze eines in mehrere Unternehmenseinheiten unterteilten Gesamtunternehmens bzw. einer Wirtschaftseinheit ausfüllen. Anderenfalls steigt die in der Regel durch Gemeinschaftsunternehmen verkörperte partielle Wirtschaftseinheit zu einer vollständigen auf.[827] Gleiche Erwägung muss dann insbesondere auch in Fusionstatbeständen berücksichtigt werden, sodass man auch einen allein horizontal geprägten Zusammenschluss annehmen kann, wenn die künftige Wirtschafteinheit von Gesellschaftern kontrolliert werden kann, sofern sie keine anderweitigen unternehmerischen Interessen reflektieren.

Eine Fusion im Sinne von Art.3 (1) lit.a FKVO (derselbe a.F.) liegt unter den bereits einleitend aufgestellten Bedingungen vor, wenn das erwachsene Fusionsgebilde nicht mehr von Unternehmen oder Personen, die noch anderweitige unternehmerische Interessen in sich vereinen, kontrolliert werden kann. Anderenfalls muss man das Vorhaben als Kontrollerwerbstatbestand begreifen.

(4) Modifizierung der Bestimmung der beteiligten Unternehmen

Es stellt sich letztendlich die Frage nach der Bestimmung der beteiligten Unternehmen in Fusionsfällen. Grundsätzlich wird man davon ausgehen können, dass Fusionen in der Regel dadurch gekennzeichnet sein werden, dass die Fusionspartner schon vor dem Zusammenschluss von keinem Gesellschafter abhängig sein werden. Bedingt durch die Prämisse, das aus der Fusion erwachsene

---

825 Vergleichbare Fälle: RUDO, RIW 1994, S.644, 646, (S.641).

826 Parallel die Erwägungen zur Unternehmensqualität eines „privaten" Großaktionärs: KORT, DB 1986, S.1911, (S.1909).

827 Zur Gründung eines Gleichordnungskonzerns durch die Einbringung aller wirtschaftlichen Aktivitäten in ein Gemeinschaftsunternehmen und zur Qualifizierung des Gemeinschaftsunternehmens als partielle Wirtschaftseinheit: MILDE, 1.Teil, § 2, C., II., 2., (S.119-121); SÄCKER, NJW 1980, S.804 „Nur dann nämlich ist die Behandlung der Obergesellschaften als (partielle) wirtschaftliche Einheit, bezogen (!) auf die gemeinsame Tochter, gerechtfertigt.", (S.801); siehe auch die Nachweise in Fußnote 760.

Gebilde dürfe von keinem unternehmerisch tätigen Gesellschafter abhängig sein, flankiert durch die Tatsache, dass ein kontrollierender Einfluss selten gern aufgegeben werden wird, werden abstrakt fusionstaugliche Sachverhalte aufgrund der Beibehaltung einer Kontrollebeteiligung durch die Gesellschafter in der Regel unter Art.3 (1) lit.b FKVO (derselbe a.F.) subsumiert werden müssen.

Dennoch ist es nicht ausgeschlossen, dass Konzentrationstatbestände im Sinne von Art.3 (1) lit.a FKVO (derselbe a.F.) von Unternehmen vollzogen werden, die vor dem Zusammenschluss von unternehmerisch tätigen Gesellschaftern, insbesondere Unternehmen, abhängig waren, welche bereit sind, diese maßgebliche Einflussmöglichkeit auf eine geringere Schwelle abzusenken. Deshalb soll die Untersuchung zwischen unabhängigen und abhängigen Fusionspartnern unterscheiden.

(a) Unabhängige Fusionspartner

Begonnen wird mit der Fusion zwischen Unternehmen, die selbst von keinem – oder einem nicht unternehmerisch tätigen – Gesellschafter kontrolliert werden.

Beispiel 2:84 (Unabhängige Fusionspartner, 1)
Die Unternehmen A (€ 400 Mio.) und B (€ 300 Mio.) wollen miteinander verschmelzen. B überträgt dazu das gesamte Bilanzvermögen auf A und löst sich auf, wobei die Gesellschafter von B entsprechende Beteiligungen an A erhalten werden. Weder an A noch an B hält ein einziger Aktionär mehr als 5% der Stimmrechte.

In diesem Beispiel sind A und B als beteiligte Unternehmen zu qualifizieren. Gleiches würde insofern auch beim Kontrollerwerbstatbestand gelten, weil danach A Erwerber und B Veräußerer wären.[828] Der horizontale Charakter der Konzentration zwischen A und B kommt bei dieser Annahme zum Ausdruck.

Gleiches muss dann auch für den entsprechenden Fusionsfall durch Neugründung gelten, weil auch hier die im Ergebnis horizontale Struktur herauszustellen ist. Insoweit entspricht die Vorgehensweise nicht den zum Kontrollerwerb entwickelten Maßstäben.

Beispiel 2:85 (Unabhängige Fusionspartner, 2)
Entsprechend dem Beispiel 2:84 (Unabhängige Fusionspartner, 1) mit der Maßgabe, dass A und B eine juristische Person C gründen, auf die sie ihr Bilanzvermögen übertragen und sich im Anschluss Zug um Zug gegen Gewährung der entsprechenden Gesellschafterrechte an C an ihre Eigener sich auflösen

---

828 EG-KOMMISSION, Mitteilung zum Begriff der beteiligten Unternehmen, ABl.EG 1998 C 66/16, Rn.12.

Nach den Überlegungen zum Kontrollerwerbstatbestand müsste dieses Vorhaben in mehrere Kontrollerwerbsfälle zwischen A, B sowie C zerlegt werden. Dennoch empfiehlt es sich auch hier, A und B als beteiligte Unternehmen zu betrachten, damit der Gleichordnungscharakter der Transaktion zum Ausdruck kommt.

Bei einer Fusion von unabhängigen Einheiten sind grundsätzlich – entsprechend der Ansicht der EG-Kommission – die Fusionspartner als beteiligte Unternehmen zu bezeichnen.[829] Auf die Umsetzung der Fusion innerhalb mehrerer vertikaler Integrationsprozesse kommt es nicht an.

(b) Abhängige Fusionspartner

Weiter muss untersucht werden, wie zu verfahren wäre, wenn die fusionierenden Unternehmen von einem Gesellschafter, der noch anderweitige unternehmerische Interessen verfolgt, abhängig wären.[830] Begonnen werden soll analog zu den Ausführungen beim alleinigen Kontrollerwerb mit derjenigen Sachverhaltsvariante, bei der die Abhängigkeit sowohl im materiellen als auch im formellen Sinne vorliegt, das heißt einerseits die faktischen Kontrollmöglichkeit besteht und andererseits diese auf Verflechtungn im Sinne von Art.5 (4) lit.b FKVO (derselbe a.F.) beruht.

Beispiel 2:86 (Abhängige Fusionspartner)
Das Unternehmen A (€ 400 Mio.) ist eine 60%ige Tochtergesellschaft des Unternehmens Am (€ 600 Mio.). Es soll mit dem Unternehmen B (€ 500 Mio.) fusioniert werden. B ist zu 70% in der Hand des Unternehmens Bm (€ 900 Mio.). Dabei soll B das gesamte Bilanzvermögen auf A übertragen und sich im Anschluss auflösen. Am behält 30% der Stimmrechte an A, während Bm eine35%ige Beteiligung einnehmen wird. Es wird aufgrund weiterer Umstände weder Am noch Bm noch beiden gemeinsam möglich sein, A zu kontrollieren

Vor dem Hintergrund der bereits zum *Beispiel 2:85 (Unabhängige Fusionspartner, 2)* ermittelten Vorgehensweise müssten A und B als beteiligte Unternehmen einzuordnen sein, damit auch in diesem Fall der horizontale Charakter gewahrt bleiben kann. Dies erscheint auch insoweit sachgerecht, als sowohl ein Abstellen

---

[829] EG-KOMMISSION, Mitteilung zum Begriff der beteiligten Unternehmen, ABl.EG 1998 C 66/16, Rn.12.

[830] Sofern die Fusionspartner von demselben Gesellschafter abhängig wären, läge kein Zusammenschluss vor, weil es sich um eine konzerninterne Umstrukturierung handeln würde; vgl. dazu: Wiedemann (WIEDEMANN), 5.Kapitel (Fusionskontrolle), 1.Abschnitt, § 15, B., II., 2., a), Rn.34, (S.480).

auf Am als auch auf Bm nicht in Betracht zu ziehen ist. Am, welches vor dem Kontrollerwerb mit dem erwerbenden Fusionspartner im Sinne von Art.5 (4) lit.c FKVO (derselbe a.F.) verbunden ist, wird durch die Transaktion von diesem umsatzmäßig separiert.[831] Es wäre somit nicht zulässig, Am als beteiligtes Unternehmen anzusehen, weil dieses durch die Transaktion nur seine Einflussmöglichkeiten auf unternehmerische Ressourcen einbüßt. Zudem hätte man selbst aus einer Kontrollerwerbsperspektive Am nicht als beteiligtes Unternehmen berücksichtigt, weil es sich nicht um die oberste, noch kontrollerwerbende (!) Hierarchie gehandelt hätte. Gleiches gilt für Bm, weil es sich aus einer Gesamtbetrachtung des Verbundes Bm+B heraus um eine Wirtschaftseinheit handeln würde, die lediglich veräußernd auftritt. Hier würde man, selbst unter Begreifung des geschilderten Sachverhalts als Kontrollerwerb, B als beteiligtes Unternehmen einzuordnen haben, weil dieses seine Ressourcen unmittelbar an einen Dritten veräußert, also als veräußerndes Zielobjekt auftritt.

Für die Bewertung solcher Fusionsfälle mus dies vielmehr auch dann gelten, wenn die Fusionspartner vor der Transaktion nur materiell von ihren Gesellschaftern abhängig wären und eine Umsatzurechnung im Regelfall ausscheiden würde. Da diese nämlich im Konzentrationsergebnis die Kontrolle an dem Fusionsprodukt verlieren müssen – anderenfalls würde es sich um einen Zusammenschluss im Sinne von Art.3 (1) lit.b FKVO (derselbe a.F.) handeln, weil der rein horizontale Charakter wegfiele –, kann eine zusammenschlusstatbestandskonforme Auslegung der Verbundsystematik im Verhältnis des jeweiligen Fusionspartners zu seinem Gesellschaftern nicht in Betracht gezogen werden. In der Folge wären allein die Fusionspartner mangels umsatzmäßger Zurechnungsbrücke zu ihren Gesellschaftern in der Lage ihre eigene Wirtschaftskraft zu repräsentieren, weshalb sie beteiligte Unternehmen sein müssten.

Schlusszufolgern ist, dass bei einer Fusion immer die fusionierenden Unternehmen als beteiligte einzuordnen sind. Dabei stellt sich diese Vorgehensweise bislang – abgesehen von dem Fall der Fusion mittels einer neu gegründeten Einheit als „Sammelbecken" –[832] keine abweichende Vorgehensweise im Vergleich mit den zum Kontrollerwerb ermittelten Grundsätzen dar; aus Praktikabilitätsgründen erscheint es dennoch vorzugswürdig, einfach auf die Regel, die Fusionspartner seien beteiligte Unternehmen, zu verweisen.

---

831 Zum Kontrollerwerb mit sinngemäßen Erwägungen EG-KOMMISSION, Mitteilung zum Begriff der beteiligten Unternehmen, ABl.EG 1998 C 66/15, Rn.7, 8.

832 Vgl. hierzu das Beispiel 2:85 (Unabhängige Fusionspartner, 2), S.311.

(c) Mehrere in einem Umsatzverbund stehende Fusionspartner

Aus den Erfahrungen zum Kontrollerwerb von oder an mehreren innerhalb eines Unternehmensverbundes stehender Einheiten lässt sich bereits ableiten, dass das Abstellen auf die unmittelbaren Fusionsparteien dann Schwierigkeiten bereiten wird, wenn mehrere dieser, aber nicht alle, innerhalb eines Umsatzverbundes stehen.

Beispiel 2:87 (Mehrere in einem Umsatzverbund stehende Fusionspartner)
Die Unternehmen A1 (€ 200 Mio.), A2 (€ 300 Mio.) und B (€ 800 Mio.) sollen miteinander verschmolzen werden. A1 und A2 sind dabei beide zu je 55% von dem Herrn A abhängig. B unterliegt keinem maßgeblichen Einfluss eines oder mehrerer koordinierter Gesellschafter. A1 und A2 sollen dabei ihr Bilanzvermögen auf B übertragen und sich auflösen, wobei Am 30% der Stimmrechte an B erlangt, dieses aber nicht kontrollieren können wird.

Abbildung 2-33 (Mehrere in einem Umsatzverbund stehende Fusionspartner)

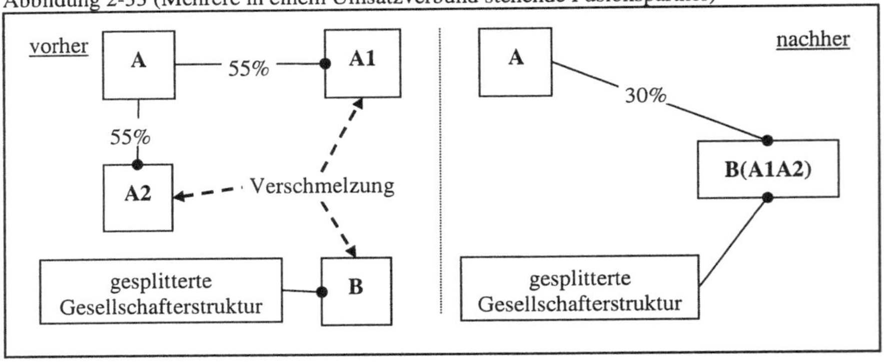

In dieser Fallkonstellation zeigt sich, dass die unmittelbaren Fusionsparteien zumindest seitens A1 sowie A2 nicht als beteiligte Unternehmen fungieren können. Sie werden durch Am zu einer Wirtschaftseinheit zusammengefasst, weshalb nur ein beteiligtes Unternehmen als gemeinsamer Repräsentant von A1 und A2 in Betracht käme.[833]

Dabei könnte man daran denken, Am selbst als beteiligtes Unternehmen einzuordnen. Dafür würde einerseits sprechen, dass Am den Umsatzverbund am besten repräsentieren könnte. Andererseits könnte man auch nicht entgegnen, Am übe keine eigenständige unternehmerische Tätigkeit aus, was jedoch insowiet unbeachtlich ist, weil aufgrund der parallelen Einflusspositionen an mehre-

[833] Nachweise in Fußnote 481.

ren Unternehmen, A1 und A2, jedenfalls in solchen Fällen die nicht unternehmerische Person einem Unternehmen gleichgestellt werden muss.[834]

Im Ergebnis ist deshalb, entsprechend den bereits zum Kontrollerwerb entwickelten Leitlinien, bei der Involvierung mehrerer Unternehmen eines Umsatzverbundes in einen Fusionsvorgang die jeweils oberste Hierarchie als beteiligtes Unternehmen heranzuziehen.

(5) Personen als Fusionspartner

Aus dem Wortlaut von Art.3 (1) lit.a FKVO (derselbe a.F.) könnte man folgern, nur Unternehmen könnten einen Fusionstatbestand erfüllen. Es wurde allerdings bereits eine strikt-differenzierende Auslegung abgelehnt, die beispielsweise zur Konsequenz hätte, dass Fusionen von Führungsholdinggesellschaften nicht unter Art.3 (1) lit.a FKVO (derselbe a.F.) subsumiert werden können. Die wettbewerblichen Wirkungen insbesondere im Hinblick auf den horizontalen Charakter wären identisch. Art.3 (1) lit.a FKVO (derselbe a.F.) muss aus diesem Grunde dahingehend interpretiert werden, dass auch Personen, die Unternehmen kontrollieren, Parteien einer Fusion sein können. Besonderheiten für die Bestimmung der beteiligten Unternehmen ergeben sich daraus aber nicht.

(6) Zusammenfassung zur Fusion, Art.3 (1) lit.a FKVO (derselbe a.F.)

Die Analyse des Fusionstatbestandes als *spezieller, horizontal orientierter* Fall des Kontrollerwerbs, hat ergeben, dass immer die Fusionsparteien als beteiligte Unternehmen fungieren müssen.[835] Auch wenn sich die Ermittlungen meist nur mit rechtlichen Fusionsfällen befasst haben, gilt diese Annahme aufgrund der wirtschaftlichen Identität für sog. wirtschaftliche Fusionen.

Eine Ausnahme ist dann zu machen, wenn mehrere Fusionspartner schon vor der Transaktion einem Umsatzverbund angehören. Hier muss die Spitze desselben das beteiligte Unternehmen ausfüllen.

Zu beachten ist, dass als Bedingung für diese Annahmen vorausgesetzt wird, dass Konzentrationssachverhalte ausschließlich dann mittels Art.3 (1) lit.a FKVO (derselbe a.F.) erfasst werden können, wenn das sich formende Gebilde

---

834 Siehe dementsprechend auch: Immenga/Mestmäcker (IMMENGA), EG-WbR, Band I, VII.Abschnitt (Fusionskontrollverordnung), D., Artikel 3, III., 2., a), Rn.22, (S.923 f.); zum deutschen Konzernrecht: KORT, DB 1986, S.1911, (S.1909).

835 So insbesondere auch: EG-KOMMISSION, Mitteilung zum Begriff der beteiligtung Unternehmen, ABl.EG C 66/15 f., Rn.6, 12; auch STOCKENHUBER, Teil II, Kapitel 6 (Gemeinschaftsweite Bedeutung), III., 2. „Keine Schwierigkeiten (bei der Bestimmung der beteiligten Unternehmen) bereiten jene Fälle, in denen bloß zwei Unternehmen, die nicht miteinander verflochten sing, den Zusammenschluss durchführen. Verschmelzen sich also zwei Unternehmen, sei es durch Aufnahme oder durch Neugründung, … so … (ist) jedes von ihnen … als `beteiligtes Unternehmen´ (anzusehen)“, (S.168).

nicht oder nicht von solchen Gesellschaftern kontrolliert werden kann, die noch weitere bzw. andere unternehmerische Tätigkeiten und Interessen verfolgen.[836]

(IV) Entwicklung der Leitlinien zur Bestimmung der beteiligten Unternehmen

Aufgrund der zumeist identischen Resultate innerhalb der fallgruppenspezifischen Bestimmung der beteiligten Unternehmen lassen sich, unterschieden zwischen dem Zusammenschluss im Wege des – alleinigen oder gemeinsamen – Kontrollerwerbs sowie der rechtlichen oder wirtschaftlichen Fusion, Leitlinien aufstellen.

Beim *Kontrollerwerb* muss erwerberseitig grundsätzlich die oberste, noch kontroll-erwerbende Hierarchie als beteiligtes Unternehmen am Zusammenschluss gelten. Veräußererseitig ist dagegen in der Regel das Zielobjekt als beteiligtes Unternehmen zu qualifizieren. Zu beachten ist hierbei, dass bei dem Erwerb von Vermögenswerten, Sparten oder Geschäftsbereichen, ungeachtet der Frage, ob sie die Gesamtheit oder bloß Teile des veräußernden Unternehmens ausmachen, letzteres selbst als „veräußerndes Zielobjekt" zu begreifen ist. Werden dagegen mehrere, nicht durch einen unmittelbaren Unternehmensträger zusammenfassbare Unternehmensressourcen, die allerdings innerhalb eines Umsatzverbundes stehen, erworben, so ist die Spitze des veräußernden Umsatzverbundes als beteiligtes Unternehmen zu begreifen.

Bei *Fusionen* sind die Fusionsparteien als beteiligte Unternehmen zu begreifen. Eine Ausnahme dazu gilt dann, wenn mehrere Fusionspartner innerhalb eines Umsatzverbundes stehen. Sofern der Sachverhalt keine konzerninterne Umstrukturierung darstellt, muss hier die Spitze des Umsatzverbundes als beteiligtes Unternehmen fungieren.

Festgestellt wurde ferner, dass Personen, sofern sie ein Unternehmen kontrollieren, als beteiligte Unternehmen fungieren können. Dies gilt nur dann nicht, wenn sie ausschließlich ein Unternehmen kontrollieren und ihre Adressatenfähigkeit und den Bezug zu einem Zusammenschluss aus ein und demselben kontrollierten Unternehmen herleiten, weil dann auch gleichwohl auf die kontrollierte Unternehmenseinheit abgestellt werden könnte.[837]

836 Vgl. mit einer entsprechenden Begründung zur Annahme des Gleichordnungskonzerns: Emmerich/Habersack (EMMERICH), Erstes Buch, Erster Teil, § 18, III. (Gleichordnungskonzerne), 2., c), Rn.32 „Voraussetzung für die Annahme eines Gleichordnungskonzerns ist, dass keines der verbunden Unternehmen von dem anderen abhängig ist. ... Solange das gemeinsame Leitungsorgan ... keine Unternehmensqualität besitzt, ... steht ... der Annahme eines Gleichordnungskonzerns nichts entgegen.", (S.65 f.); mit ähnlichener Andeutung zur Abgrenzung zwischen der Fusion und der Gründung eines Gemeinschaftsunternehmens: WORTMANN, 1.Teil, I., 3., a), aa), (S.49).

837 Zu den Einzelheiten (.4) Personenabhängige Erwerberin, (S.240).

Im Ergebnis zeigt sich, dass der von der EG-Kommission entwickelte und von der Literatur gebilligte Ansatz zur Bestimmung der beteiligten Unternehmen teilweise befolgt und teilweise verworfen werden muss.

4) Maßgebliche Beurteilungszeit

In materieller Hinsicht ist die Bestimmung der Gemeinschaftsdimension einerseits von den Unternehmensstrukturen und den dadurch zu einer Einheit zusammengefassten Unternehmensressourcen und andererseits von der Wirtschaftkraft, gemessen anhand des unternehmerischen Erfolgsfaktors, dem Gesamtumsatz, innerhalb einer abgegrenzten Realisierungsperiode, dem letzten Geschäfts- bzw. Wirtschaftsjahr, die von den einem Konzentrationsprozess unterliegenden Ressourcen ausgeht, abhängig. Sowohl die Unternehmensstrukturen als auch der Gesamtumsatz unterliegen Schwankungen, die von rechtlichen (Patentausläufe, Spartentransaktionen, Unternehmenstransaktionen) und tatsächlichen Umständen (Konjunkturbedingungen, nachfragebedingte Produktzyklen usw.) abhängen.[838] Darum ist es nicht allein ausreichend, die materiellen Voraussetzungen zu kennen, sondern auch die zeitliche Dimension ihrer Bestimmung festzulegen.[839]

Die volatilere bzw. schwankungsfreudigere Größe ist der Erfolgsfaktor des Gesamtumsatzes, weil die Veränderung der Unternehmensstrukturen behäbiger erfolgt. Vor einer weitergehenden Besprechung soll die praktische Relevanz des Problems anhand von Beispielen illustriert werden.

Beispiel 2:88 (Maßgebliche Beurteilungszeit, 1)
Variante A)[840]
Die Infineon Technologies AG, ein in Deutschland ansässiges Technologieunternehmen der Halbleiterbranche erzielte im Geschäftsjahr 2002 Umsatzerlöse i.H.v. € 4.035 Mio., während im Geschäftsjahr 2003 € 5153 Mio.Mio. erzielt wurden. Dies entspricht einer Umsatzsteigerung von ca.25%.
Variante B)[841]
Ein anderes deutsches Unternehmen, die Jenoptik AG, hat im Geschäftsjahr 2003 einen Gesamtumsatz von € 1982 Mio.; in der vorangegangenen Erlösperiode betrug der Umsatz € 1585 Mio, was ebenfalls einem Umsatzsprung von 25% entsprechen würde.

---

838 Siehe auch: Groeben/Thiesing/Ehlermann (BRUHN), Band 2/II, Dritter Teil, Titel V, Kapitel 1, Abschnitt 1, nach Artikel 89, I. (Fusionskontrollverordnung), Artikel 5, II., 1., b), Rn.11, (S.2/1441).

839 Groeben/Thiesing/Ehlermann (BRUHN), Band 2/II, Dritter Teil, Titel V, Kapitel 1, Abschnitt 1, nach Artikel 89, I. (Fusionskontrollverordnung), Artikel 5, II., 1., a), Rn.7 „Die zeitliche Bestimmung (sich auf den Umsatz der beteiligten Unternehmen beziehend) ... hängt von dem maßgeblichen Beurteilungszeitpunkt ab“, (S.2/1440).

840 Konzernabschluss und Konzernlagebericht 2003 vom 7. November 2003.

841 Konzernabschluss 2003 vom 18. März 2004.

Die im *Beispiel 2:88 (Maßgebliche Beurteilungszeit, 1)* Variante A und B beschriebenen Geschäftsergebnisse belegen die Schwankungsfreudigkeit der Unternehmensumsätze in der Praxis. Doch ebenso sind die gesellschaftsrechtlichen Verflechtungsstrukturen, wenn auch nicht so einfach, nicht unveränderlich, wie folgende Sachverhalte beschreiben sollen.

Beispiel 2:89 (Maßgebliche Beurteilungszeit, 2)
Variante A)[842]
Am 13. November 2002 wurde der EG-Kommission von der Carlyle Group [=E] gemeldet, dass diese beabsichtigt, die Kontrolle über Edscha AG [=Z1] zu erwerben. Nach der erfolgten Freigabe wurde der Vollzug auf den 1. Oktober 2003 verschoben.
Am 9. September 2003 meldete die E den beabsichtigten Erwerb der alleinigen Kontrolle über die Saint-Gobain Terreal [=Z2] durch den Erwerb der Aktienmehrheit. Eine Entscheidung der EG-Kommission, bei der das Vorhaben angemeldet worden ist, war nicht vor dem 1.Oktober zu erwarten..
Variante B)
Mit Mitteilung vom 11. Juni 2003 meldete die Peoplesoft INC. [=Z2] die Übernahme des Konkurrenten JD Edwards & Co. [=Z1] mittels eines öffentlichen Übernahmeangebotes bei den amerkanischen Behörden an. Das Vorhaben wurde am 15. Juli freigegeben. Am 18. Juli wurde die Übernahme abgeschlossen, wobei Z2 ca. 88% der Aktien an Z1 zu dem Zeitpunkt erworben hatte.
Bereits am 9. Juni 2003 wurde von der Oracle Corp. ein Übernahmeangebot zu 16 US-Dollar je Aktie an die Aktionäre der Peoplesoft INC. Veröffentlicht. Die Anmeldung bei der EG-Kommission der EG erfolgte am 14. Oktober 2003.

Aus den im Beispiel *2:88 (Maßgebliche Beurteilungszeit, 1)* sowie *Beispiel 2:89 (Maßgebliche Beurteilungszeit, 2)* geschilderten Varianten lässt sich die praktische Relevanz des zeitlichen Aspektes bei der Bestimmung der Gemeinschaftsdimension erkennen. Die Fundamente, auf denen die Behördenzuständigkeit durch die FKVO aufgebaut wird, können sich täglich verändern, weshalb der Beurteilungszeit besondere Bedeutung zukommt. Zu differenzieren ist in diesem Kontext hinsichtlich der Gesamtumsatzerlöse einer Wirtschafteinheit und der sie erzeugenden Unternehmen oder Unternehmensverbände.

Um der Volatilität der Unternehmensumsätze Rechnung zu tragen, hat der Verordnungsgeber sich entschieden, nicht das „aktuellste Bild“ der Wirtschaftkraft zur Abgrenzungsgrundlage zu machen, indem er auf die Umsätze eines

---

842 Nachgebildet: EG-KOMMISSION, Entscheidung (Akz. Comp/M.3013 – Carlyle Group/Edscha) 16.10.2003, Entscheidung (Akz. Comp/M.3266 – Carlyle/Saint Gobain Terreal) vom 10.10.2003.

abgeschlossenen Zeitraumes, des letzten Geschäftsjahres, verweist. Dem Wortlaut zu Folge können demnach Veränderungen der Umsätze im laufenden Geschäftjahr nicht berücksichtigt werden.[843] Dennoch kann diese Fixierung einer maßgeblichen Erlösperiode das Problem der zeitlichen Dimension nicht vollends lösen.

Neben den Umsätzen des letzten Geschäftsjahres kommt es auf die beteiligten und verbundenen Unternehmen an. Die zeitliche Komponente zur Identifizierung der beteiligten Unternehmensstrukturen wird von der FKVO nicht erwähnt. Dennoch muss es auch hier eine Beurteilungszeit geben, zu der die bestehenden Verhältnisse als Grundlage für die Erhebung der Unternehmensdaten den Ausschlag geben; so etwa die bestehenden gesellschaftsrechtlichen Unternehmensverbindungen am Ende des letzten Geschäftsjahres eines jeden beteiligten Unternehmens.

Eine Aussage über die im Einzelfall befugte Behörde kann bedingt durch die Dimension des Vorhabens erst getroffen werden, wenn die Beurteilungszeit zur Erhebung der relevanten Daten erforscht worden ist. Eingangs soll analysiert werden, welche Ansichten hierzu vertreten werden.

a. Ansicht der EG-Kommission

Auf eine breite und gefestigte Praxisanwendung der EG-Kommission kann zwecks Erarbeitung der Kommissionsansicht nicht zurückgegriffen werden. So sind die Zusammenschlussvorhaben meist aufgrund eindeutiger Umsatzzahlen nicht im Grenzbereich der Gemeinschaftsschwellen zu verorten, sodass ungeachtet der Beurteilungszeit nur ein Ergebnis in Betracht gezogen werden kann. Sofern Fälle ausnahmsweise im Grenzbereich der Schwellenwerte liegen, müsste zudem eine signifikante Veränderung der Wirtschaftkräfte, sei es durch Strukturveränderungen oder Umsatzschwankungen, innerhalb des Kontrollverfahrens

---

843 EG-KOMMISSION, Mitteilung zur Umsatzberechnung, ABl.EG 1998 C 66/28, Rn.27 „Wenn ein Unternehmen ... einen Teil seiner Geschäftsbereiche veräußert ... so ist der diesem Teil ... zurechenbare Umsatzanteil ... abzuziehen.“; vgl. ferner, aber im Ergebnis dennoch später eintretende Veränderungen berücksichtigend: Lange (SCHRÖER), Kapitel 5 (Zusammenschlusskontrolle), § 1, II., 2., c), Rn.31 „Es kommt auf die Umsätze an, die die beteiligten Unternehmen ausweislich des letzten geprüften Jahresabschlusses ... erzielt haben.“, (S.419).

hinzutreten, damit sich die Frage des maßgeblichen Zeitpunktes oder -raumes stellen würde.[844]

Ungeachtet dieser Umstände soll versucht werden, aus den Mitteilungen bzw. Bekanntmachungen der EG-Kommission und der vereinzelt behandelten Fälle Rückschlüsse zu gewinnen.

aa. Mitteilungen der EG-Kommission

Stützt man zunächst die Ermittlungen auf die Veröffentlichungen der EG-Kommission, die sich mit der gemeinschaftsweiten Bedeutung befassen,[845] so bemerkt man, dass die Informationserhebung im zeitlichen Kontext keine ausdrückliche Regelung erfahren hat und vielmehr „nebenbei“ im Zusammenhang mit thematisch zusammenhängenden Gesichtpunkten angeschnitten wird.

Hieraus ergibt sich, dass die EG-Kommission die Beschaffenheit der Unternehmen an dem Tag der Vornahme eines die Anmeldepflicht auslösenden Ereignisses gemäß Art.4 (1) FKVO, das heißt dem Vertragsschluss, der Veröffentlichung des Kauf- oder Tauschangebots sowie des Erwerbs einer Kontrollbeteiligung, bewerten möchte.[846] Angelehnt an das vor dem Europäischen Gericht erster Instanz verhandelte Verfahren AIR FRANCE./.EG-KOMMISSION[847] wird ferner ausgeführt, dass die Veräußerung einer Einheit oder die Stilllegung eines Geschäftsbereichs durch das übernehmende Unternehmen vor diesem Ereignis noch „einkalkuliert“ werden müsse.[848] Daraus lässt sich schließen, dass die EG-Kommission hinsichtlich der Bestimmung der beteiligten Unternehmensverbände sowie der Berücksichtigung weiterer umsatzverändernder Effekte den besagten Stichtag, also das Datum der Verwirklichung eines Sachverhaltes nach Art.4 FKVO (derselbe a.F.), als maßgeblichen ansieht.

---

844 Bezüglich der Lokalisierung des Geschäftsjahres gibt es einen weiteren Umstand, der dieses Problem verschleiert. Liegen im Zeitpunkt des Kontrollverfahrens die Daten des vergangenen Geschäftsjahres noch nicht vor, so entspricht es der tatsächlichen Übung der EG-Kommission, sich auf diejenigen Zahlen des davor liegenden Geschäftsjahres zu stützen: EG-KOMMISSION, Mitteilung zur Umsatzberechnung, ABl.EG 1998 C 66/28, Rn.26; Entscheidung (Akz. Comp/M.3029 – Societe Generale/Aihl Europe) vom 10.2.2003, Rn.1, 5 „On 09.01.2003 ... notification of a prposed concentration... The ... turnover ... in the financial Year 2001“; Entscheidung (Akz. Comp/M.2701 – Vattenfall/Bewag) vom 4.2.2002, Rn.1, 6, Entscheidung (Akz. IV/M.184 – Grand Metropolitan/Cinzano) vom 7.2.1992, Rn.1, 6 „The proposed operation, notified on 6th January 1992 ... has an Community Dimension In 1990 ... the turnover“.

845 EG-KOMMISSION, Mitteilung zum Begriff der beteiligten Unternehmen, ABl.EG 1998 C 66/14; Mitteilung zur Umsatzberechnung, ABl.EG 1998 C 66/25.

846 EG-KOMMISSION, Mitteilung zum Begriff der beteiligten Unternehmen, ABl.EG 1998 C 66/17, Rn.17.

847 EUROPÄISCHES GERICHT ERSTER INSTANZ, Urteil (Rs. T-3/93 – Air France./.EG-Kommission) vom 24.3.1994, Slg.1994, S.121.

848 EG-KOMMISSION, Mitteilung zur Umsatzberechnung, ABl.EG 1998 C 66/27, Rn.17.

Widersprüchlich ist allerdings, dass die Abtrennung eines Geschäftsbereichs, sofern sie im Zeitpunkt der Anmeldung schon abzusehen sei, auch Berücksichtigung finden solle, wenn sie Voraussetzung des Vollzuges ist, denn dies würde für die Verortung am Vollzugstag sprechen.[849] Nun könnte man den Schluss ziehen, die EG-Kommission berücksichtige erfolgte Veränderungen der beteiligten Unternehmen bis zum Tag der Maßnahme nach Art.4 (1) FKVO (derselbe a.F.) und spätere Tatsachen nur, wenn der Zusammenschluss ohne den Eintritt dieser nicht erfolgen würde. Zu beachten ist allerdings, dass die EG-Kommission von den beteiligten Unternehmen selbst und nicht von den Unternehmensverbänden als Gruppe spricht.[850] Man kann diese Aussagen damit nur als Hinweis auf Veräußerungs- oder Erwerbsvorgänge im Unternehmensverbund und nicht als einen gefestigten Grundsatz für sämtliche die Wirtschaftkraft beeinflussende Faktoren verstehen.

Zweifel entstehen zudem, wenn man die Mitteilung zur Umsatzberechnung selbst auswertet. Hierin wird zwar festgelegt, dass die in einem Zusammenschluss einzuberechnenden Ressourcen am Tag der Maßnahme zu bewerten seien,[851] was für die bereits zur Bekanntmachung betreffend die beteiligten Unternehmen gemachten Annahmen spricht. Dagegen wird jedoch auch ausgeführt, dass sich Art.5 (4) FKVO (derselbe a.F.) *„nur auf zum Zeitpunkt der Transaktion bereits bestehende Konzerne ... und nicht auf die durch den Zusammenschluss entstandenen neuen Strukturen“* beziehe.[852] Dabei wird in diesem Kontext der Begriff der Transaktion als Synonym für den Vollzug des Zusammenschlusses im Gegensatz zu einer die Anmeldepflicht gemäß Art.4 (1) FKVO auslösenden Maßnahme eingesetzt; so bezieht die EG-Kommission diesen auch beispielsweise auf gestaffelte Erwerbsvorgänge im Sinne von Art.5 (2) FKVO

---

849 vgl. EG-KOMMISSION, Mitteilung zur Umsatzberechnung, ABl.EG 1998 C 66/28, Rn.27 – Transaktion bedeutet in sofern „Vollzug“, denn in dem als Nachweis angeführten Verfahren (EUROPÄISCHES GERICHT ERSTER INSTANZ, Urteil (Rs. T-3/93 – Air France./.EG-Kommission) vom 24.3.1994, Slg.1994, S.121) war die Stilllegung oder Veräußerung des Chartergeschäftes (vor dem Vollzug bzw. Zusammenschluss) kennzeichnend für den Sachverhalt (vgl. im besagten Urteil Rn.91).

850 EG-KOMMISSION, Mitteilung zum Begriff der beteiligten Unternehmen, ABl.EG 1998 C 66/17, Rn.17.

851 EG-KOMMISSION, Mitteilung zur Umsatzberechnung, ABl.EG 1998 C 66/28, Rn.27 „um die tatsächlichen Ressourcen zu ermitteln, die in einem Zusammenschluss einbezogen sind. Wenn die Unternehmen vor der Unterzeichnung des Vertrages oder vor der Bekanntgabe des Kauf- und Tauschangebots oder des Erwerbs einer die Kontrolle begründenden Beteiligung einen Teil seiner Geschäftsbereiche veräußert ..., so ist der in diesem Teil .... zurechenbare Umsatzanteil ... von dem Umsatz des Anmelders abzuziehen.“

852 EG-KOMMISSION, Mitteilung zur Umsatzberechnung, ABl.EG 1998 C 66/31, Rn.41.

(derselbe a.F.).[853] Die Kommissionsansicht bezieht folglich die Ratio des Art.5 (4) FKVO (derselbe a.F.) auf das Vollzugsdatum.

Die Bekanntmachungen sind demnach widersprüchlich und lassen keine eindeutige Positionierung der EG-Kommission erkennen. An anderer Stelle heißt es sodann, dass für die Bestimmung des Geschäftsjahres der Tag, der unmittelbar der Transaktion vorausgeht, zugrunde zu legen wäre.[854] Auch wenn nicht zwingend die Beurteilungszeit für die Erfassung der beteiligten Umsatzkonzerne und für die Verortung des Stichtages, der das letzte Geschäftsjahr markieren soll, identisch sein muss, so sollte von einer solchen Methodik im Interesse der einheitlichen Ermittlung der Gemeinschaftsdimension ausgegangen werden.

Die Bekanntmachungen der EG-Kommission lassen den Schluss zu, dass es einen Beurteilungszeitpunkt geben muss. An welchem Datum dieser nach Ansicht der EG-Kommission zu verorten sei, kann nicht aus ihnen gefolgert werden.

bb. Praxis der EG-Kommission

Größere Bedeutung als den Bekanntmachungen könnte der – leider nur spärlich existenten – Einzelfallpraxis zugemessen werden. Die EG-Kommission zunächst selbst erklärt, sie sehe die Mitteilungen als abstrakte Leitlinien an, welche sie in ihrer Praxis zwar befolgen, aber auch weiterentwickeln werde.[855] Zudem muss die auf der begrenzten Einzelermächtigung basierende Beurteilungskompetenz einzelfallorientiert und -gerecht gestaltet werden, weshalb die vorherige Festlegung im Rahmen von Mitteilungen demnach nicht unbedenklich sein kann.[856]

Die aktuellste Fallgestaltung, in der man sich zu dieser Problematik – inoffiziell – äußern sollte, betraf das bereits einleitend erwähnte Zusammenschlussvorhaben E.ON/RUHRGAS.[857] Zwar war das Verfahren national betrieben worden, sodass ein rechtsverbindliches Tätigwerden der EG-Kommission ausblieb, jedoch gab eine Stellungnahme derselben zur Anwendbarkeit der FKVO in diesem Fall Auskunft hinsichtlich der vertretenen Sichtweise der europäischen Wettbewerbshüter. Die Frage des maßgeblichen Beurteilungszeitpunktes stellte sich zunächst, weil die Fusionsgegner die Ministererlaubnis auch mit dem Einwand angegriffen, im Zeitraum zwischen der Anmeldung beim Bundeskartellamt und der Erteilung der Erlaubnisverfügung sei die nationale Zuständigkeit

---

853 EG-KOMMISSION, Mitteilung zur Umsatzberechnung, ABl.EG 1998 C 66/29, Rn.32 f. „Auf diese Möglichkeit (der gestaffelten Transaktion) nimmt Artikel 5 Abs. 2 Unterabs. 2 Bezug, wo es heißt, dass zwei oder mehr Erwerbsvorgänge“.

854 EG-KOMMISSION, Mitteilung zur Umsatzberechnung, ABl.EG 1998 C 66/28, Rn.25.

855 Vgl. EG-KOMMISSION, Mitteilung zum Begriff der beteiligten Unternehmen, ABl.EG 1998 C 66/14, Rn.1.

856 BLECKMANN, Teil II, § 7, IV., Rn. 464, (S.178).

857 C. Problembeschreibung, (S.4).

gemäß Art.21 FKVO (derselbe a.F.) entfallen und damit die Ministererlaubnis ohne Rechtsgrundlage ergangen.[858] So hatte die Kontrollerwerberin zwischenzeitlich inländische Beteiligungen aufgegeben und ein britisches Unternehmen akquiriert, wodurch die 2/3-Regelung nicht mehr von allen beteiligten Unternehmensverbänden erfüllt wurde. Nach der unverbindlichen Stellungnahme der EG-Kommission, die noch vor dem Erlass der Ministererlaubnis dem genehmigenden Bundesministerium zuging, käme es für die Bewertung der materiellen Tatbestände, aus denen die Gemeinschaftsdimension zu folgern war, auf den Zeitpunkt einer die Anmeldepflicht begründenden Maßnahme im Sinne von Art.4 (1) FKVO (derselbe a.F.) an.[859]

Ein daran orientiertes Kommissionsverständnis wird bedingt durch die Entscheidung im Verfahren WORLDCOM/SPRINT belegt, denn hier hatte die EG-Kommission vertreten, es käme auf den Tag, an dem das bindende Fusionsabkommen unterzeichnet werde oder spätestens, an dem die Anmeldepflicht entstehe, an.[860] In diesem Kontext muss angemerkt werden, dass die EG-Kommission mit dem Datum, an dem die Anmeldepflicht entsteht, offensichtlich nicht den Zeitpunkt der Verwirklichung eines Sachverhaltes nach Art.4 (1) FKVO (derselbe a.F.) gemeint haben kann. Da sie nämlich zwischen dem Stichtag der Unterzeichnung des Fusionsabkommens und der Anmeldepflichtigkeit differenzierte, muss sie sich mit letzterem Datum auf den Zeitpunkt gestützt haben, an dem die Nichtanmeldung pflichtwidrig würde, das heißt berechnet nach Art.4 (1) FKVO a.F. sieben Tage nach der Unterzeichnung des Fusionsabkommens; dabei ist zu beachten, dass diese Verfahrensfrist seit der Reform der FKVO aufgehoben wurde.[861] Die Formulierung der EG-Kommission spricht zusammenfassend dafür, dass sie den Tag der Maßnahme nach Art.4 (1) FKVO

---

858 Vgl. OBERLANDESGERICHT DÜSSELDORF, Beschluss (Rs. Kart 25/02 V – E.ON/Ruhrgas) vom 25.7.2002, WuW DE-R S.941 f.

859 EG-KOMMISSION, inoffizielle Stellungnahme im Verfahren „E.ON/RUHRGAS" an Ministerialrat Baron vom 22. Juli 2002, unveröffentlicht „Der maßgebliche Zeitpunkt, in dem die Gemeinschaftsdimension vorliegen muss, ist der Zeitpunkt des Aktes, der die Anmeldepflicht auslöst."

860 EG-KOMMISSION, Entscheidung (Akz. Comp/M.1741 – WorldCom/Sprint) vom 28.6.2000, Rn.6 „Calculation of turnovers to determine the Community dimension has therfore to be made at the time and under factual circumstances of the signing of the merger agreement or at latest at the time the duty to notify arose."; siehe ferner auch: EUROPÄISCHES GERICHT ERSTER INSTANZ, [Rs. T-310/00 – MCI (ehem. WorldCom)./.EG-Kommission] vom 28.9.2004, Rn.4.

861 EG-KOMMISSION, FKVO-Entwurf03, ABl.EG 2003 C 20/12, Rn.61, 64 „Die Praxis der letzten 12 Jahre hat gezeigt, dass das Bestehen auf eine strenge Einhaltung der Einwochenfrist für die Anmeldung ... weder realistisch noch notwendig ist. ... Dementsprechend wird im neuen Artikel 4 Absatz 1 Satz 1 die Einwochenfrist ... gestrichen."

(derselbe a.F.) als den entscheidenden betrachtet. Das absichernde „spätestens“-Argument lässt aber Unsicherheiten bezüglich dieser Sichtweise erkennen.[862]

Interessant sind auch das Vorhaben PHÔNE POULENC RORER/FISONS sowie die Ausführungen der EG-Kommission zum Vorhaben AIR FRANCE./.EG-KOMMISSION.[863] Hierbei handelte es sich um Sachverhalte, in denen umstritten war, ob die Aufgabe einer Sparte bei der Dimensionierung eines Sachverhaltes berücksichtigt werden müsste.[864] Ob eine solche Spartenveräußerungsvereinbarung (mangels Konzernstrukturveränderung) überhaupt Eingang in die Umsatzberechnung finden darf, ist noch zu ermitteln [dazu (II) Effekte ohne direkte Auswirkung auf die Bemessungsgrundlagen S.389]. Interessant ist an dieser Stelle, an welchem Tag die EG-Kommission – in beiden Verfahren – die maßgeblichen Beurteilungszeitpunkte verortet hatte.

Im Verfahren PHÔNE POULENC RORER/FISONS wurde die Veräußerungsvereinbarung bezüglich FISONS' Laborbedarf-Sparte nicht in der Umsatzberechnung berücksichtigt, weil zum Zeitpunkt der Entscheidung (!) die Zustimmung der Anteilseigner noch ausstand.[865] Diesmal wurde demnach ausdrücklich auch auf den Zeitpunkt der Entscheidung selbst abgestellt.

Gleiches gilt für das Urteil des Europäischen Gerichts erster Instanz für den Fall AIR FRANCE./.EG-KOMMISSION, in dem die Beklagte die Auffassung vertrat, dass die *„Grenzwerte ... die wirkliche Bedeutung des Zusammenschlusses auf die Angebotstruktur widerspiegeln“* sollen, weshalb die Umsatzbewertung *„nur ... Sinn habe, wenn sie die Unternehmen in dem Zustand erfasse, in dem sie sich*

---

862 Vermutlich ist dies einer der Gründe, warum WorldCom das Vorhaben vor dem Gericht erster Instanz mit der Argumentation, der Unzuständigkeit der EG-Kommission aufgrund des Wegfalls der Gemeinschaftsdimension vor dem Erlass der Entscheidung, angegriffen hat: EUROPÄISCHES GERICHT ERSTER INSTANZ, Urteil (Rs.T-310/00 – Worldcom./.EG-Kommission) vom 28.9.2004, Rn.3.

863 EUROPÄISCHES GERICHT ERSTER INSTANZ, Urteil (Rs.T-3/93 – Air France./.EG-Kommission) vom 24.3.1994, Slg.1994, S.121; EG-KOMMISSION, Entscheidung (Akz. IV/M.632 – Phône Poulenc Rorer/Fisons) vom 21.9.1995.

864 Siehe EUROPÄISCHES GERICHT ERSTER INSTANZ, Urteil (Rs. T-3/93 – Air France./.EG-Kommission) vom 24.3.1994, Slg.1994, S.170, Rn.103 „Angesichts dieses Zwecks des Artikel s 5 Absatz 2 der Verordnung sind die Begriffe `Teilveräußerung´ und `teilweise Aufgabe´ von Tätigkeiten, auch wenn dieser Artikel nicht ausdrücklich auf die Aufgabe von Tätigkeiten Bezug nimmt, einander insoweit gleichzustellen, als sie beide erlauben, den Gegenstand, den Zustand und den Umfang des beabsichtigten Zusammenschlusses genau zu bestimmen. Somit ist nur der Umsatz, der mit den tatsächlich erworbenen Teilen des Unternehmens erzielt wurde, bei der Beurteilung der Bedeutung des beabsichtigten Zusammenschlusses zu berücksichtigen.“, (S.121).

865 EG-KOMMISSION, Entscheidung (Akz. IV/M.632 – Phône Poulenc Rorer/Fisons) vom 21.9.1995, Rn.10 „time of the notification and of this decision”.

im Moment des Zusammenschlusses befänden".[866] Demnach sei sogar das Vollzugsdatum der maßgebliche Beurteilungszeitpunkt.[867]

Auch in der Entscheidung aus dem Jahre 1995 im Kontext mit dem öffentlichen Übernahmeangebot der INGERSOLL-RAND bezüglich der CLARK EQUIPMENT musste man sich mit der Problematik beschäftigen.[868] Am 5. März veräußerte CLARK EQUIPMENT eine 50% Beteiligung an der DUTCH EARTH-MOVING EQUIPMENT COMPANY (=Dutch) an VOLVO, wobei die tatsächliche Transaktion am 13. April vollzogen wurde. Am 28. März platzierte INGERSOLL-RAND das Übernahmeangebot, welches am 5. April bei der EG-Kommission unter der Prämisse, dass es nur für CLARK EQUIPMENT nach Aufgabe der Beteiligung galt, angemeldet wurde.[869] Die EG-Kommission bezog in diesem Fall die Veräußerung, die nach der Anmeldung erfolgte, in die Umsatzberechnung mit ein, wobei sie nur auf einen maßgeblichen Zeitpunkt nach der Vornahme einer Maßnahme gemäß Art.4 (1) FKVO und der Anmeldung des Vorhabens abgestellt haben kann; diese Tatbestände wurden vor der Veräußerung erfüllt. Dahingestellt mag sein, ob DUTCH aufgrund der 50% Beteiligung überhaupt eine umsatzmäßige Berücksichtigung erfahren durfte.[870]

Abschließend ist auf zwei Tauschtransaktionen zwischen der ALLIANZ AKTIENGESELLSCHAFT HOLDING (=Allianz) und der MÜNCHNER RÜCKVERSICHERUNGSGESELLSCHAFT AKTIENGESELLSCHAFT (=MüRück) einzugehen.[871] Die ALLIANZ beabsichtigte die Mehrheitsbeteiligungen an der Vereinte Holding sowie an der HERMES KREDIT, zwei Versicherungsgesellschaften, zu erlangen. In diesem Zusammenhang sollten Beteiligungen, die die MüRück innehatte, gegen die Mehrheitsbeteiligung der Allianz an der DKV getauscht werden. Bei der Umsatzberechnung hinsichtlich der Vorhaben ALLIANZ/HERMES und ALLIANZ/VEREINTE bezog die EG-Kommission die DKV-Beteiligung der ALLIANZ mit der Begründung nicht mehr in die Umsatzberechnung mit ein, die Veräuße-

---

866 EUROPÄISCHES GERICHT ERSTER INSTANZ, Urteil (Rs. T-3/93 – Air France./.EG-Kommission) vom 24.3.1994, Slg.1994, S.166, Rn.91, (S.121).

867 EUROPÄISCHES GERICHT ERSTER INSTANZ, Urteil (Rs. T-3/93 – Air France./.EG-Kommission) vom 24.3.1994, Slg.1994, S.166, Rn.91 „Wären ... Tätigkeiten ... berücksichtigt worden, die diese vor der Verwirklichung des Zusammenschlusses aufgegeben habe, so wäre die Bedeutung des Zusammenschlusses irrig bewertet worden.", (S.121).

868 EG-KOMMISSION, Entscheidung (Akz. IV/M.588 – Ingersoll-Rand/Clark Equipment) vom 15.5.1995, Rn.8, 10.

869 EG-KOMMISSION, Entscheidung (Akz. IV/M.588 – Ingersoll-Rand/Clark Equipment) vom 15.5.1995, Rn.8, 10.

870 Nach der hier vertretenen Ansicht, Art.5 (4) lit.b FKVO (derselbe a.F.) müsse abgesehen von Fällen der zusammenschlusskonformen Auslegung in direkten Kontrolllinien [(b) Vermittelnde Lösung zur Harmonisierung mit Art.3 FKVO, (S.192)], strikt am Wortlaut orientiert angewandt werden, wäre dies grundsätzlich abzulehnen.

871 EG-KOMMISSION, Entscheidung (Akz. IV/M.812 – Allianz/Vereinte) vom 11.11.1996; im Kontext mit: Entscheidung (Akz. IV/M.813 – Allianz/Hermes) vom 27.9.1996.

rung sei eine Voraussetzung der Erwerbsvorgänge durch die Allianz.[872] Auch in diesen Transaktionen stellte die EG-Kommission auf den Tag des Zusammenschlusses ab, denn die Beteilungsveräußerungen waren am Tag der Entscheidungen noch nicht verwirklicht worden.

Im Ergebnis lässt sich eine uneinheitliche Einzelfallpraxis der EG-Kommission erkennen. Während manchmal die Beurteilung schon vor Anlauf des Vorverfahrens relevant war,[873] bezog die EG-Kommission teilweise auch struktuverändernde Transaktionen mit ein, die nach ihrer Entscheidung stattfinden sollten, sofern diese zwingend vor der Verwirklichung des Zusammenschlusses erfolgen mussten bzw. Voraussetzung desselben waren.[874]

b. Ansicht der europäischen Gerichte

Gerichtentscheidungen, die Ausführungen zu der exakten Beurteilungszeit der Gemeinschaftsdimension erkennen lassen, sind noch spärlicher ergangen als Entscheidungen der EG-Kommission. Dies verwundert nicht, da kaum ein problematisches Vorhaben gerichtlich bestritten wird, zumal eine. rechtswidrige Praxis der EG-Kommission nicht unbedingt dem Interesse der Beteiligten widersprechen muss.

Neben dem kürzlich entschiedenen Verfahren MCI./.EG-KOMMISSION[875], in dem das Gericht die rechtliche Würdigung ausdrücklich offen gelassen hat,[876] Europäisches Gericht erster Instanz war die Beurteilungszeit nur in dem bereits erwähnten Verfahren AIR FRANCE./.EG-KOMMISSION[877] diskutiert worden. Im bereits entschiedenen Sachverhalt ging es dabei nicht um den Streitpunkt der exakten Beurteilungszeit, sondern vornehmlich um die Frage, ob und unter welchen Voraussetzungen strukturelle Veränderungen der beteiligten Unternehmen, die in den Umsätzen des letzten Geschäftsjahres keine Berücksichtigung gefun-

---

872 EG-KOMMISSION, Entscheidung (Akz. IV/M.812 – Allianz/Vereinte) vom 11.11.1996, Rn.6; im Kontext mit: Entscheidung (Akz. IV/M.813 – Allianz/Hermes) vom 27.9.1996, Rn.6.

873 Vgl. EG-KOMMISSION, Entscheidung (Akz. Comp/M.1741 – WorldCom/Sprint) vom 28.6.2000, Rn.6; und Zitat in Fußnote 859 in Bezug auf: Inoffizielle Stellungnahme im Verfahren „E.ON/RUHRGAS“ an Ministerialrat Baron vom 22. Juli 2002, unveröffentlicht

874 Vgl. EG-KOMMISSION, Entscheidung (Akz. IV/M.812 – Allianz/Vereinte) vom 11.11.1996; im Kontext mit: Entscheidung (Akz. IV/M.813 – Allianz/Hermes) vom 27.9.1996; Entscheidung (Akz. IV/M.632 – Phône Poulenc Rorer/Fisons) vom 21.9.1995, Rn.10; Entscheidung (Akz. IV/M.278 – Dan Air/British Airways) vom 17.2.1993, Rn.6.

875 EUROPÄISCHES GERICHT ERSTER INSTANZ, Urteil [Rs. T-310/00 – MCI (ehem. WorldCom./.EG-Kommission] vom 28.9.2004.

876 EUROPÄISCHES GERICHT ERSTER INSTANZ, Urteil [Rs. T-310/00 – MCI (ehem. WorldCom./.EG-Kommission] vom 28.9.2004, Rn.3 f., 66, 114.

877 EUROPÄISCHES GERICHT ERSTER INSTANZ, Urteil (Rs. T-3/93 – Air France./.EG-Kommission) vom 24.3.1994, Slg.1994, S.169, Rn.99, (S.121).

den haben, Auswirkungen auf die Errechnung der relevanten Schwellenkalkulation haben können. BRITISH AIRWAYS hatte sich bereit erklärt, die DAN AIR SERVICE, eine Konzerntochter der DAVIS AND NEWMAN HOLDING, zu erwerben.[878] Diese Übernahme sollte nur dann Umsetzung finden, wenn die Chartertätigkeit, deren umsatzmäßige Berücksichtigung Streitpunkt war, aufgegeben oder veräußert würde, was in dem streitigen Fall erfolgte. Die Frage, die das Gericht zu klären hatte, bestand jedoch nicht darin, wann der maßgebliche Beurteilungszeitpunkt für die Berücksichtigung umsatzbeeinflussender Effekte zu verorten ist, sondern ob Art.5 (2) FKVO (derselbe a.F.) analog auf die vorherige Einstellung oder Veräußererung von umsatzrelevanten Teilen angewandt werden kann.[879] Das Gericht stellte somit instinktiv auf den Tag der Transaktion ab, als es im Ergebnis nur die DAN AIR ohne Chartertätigkeit als Zielobjekt ansah. Das Verfahren gibt damit bedingt Aufschluss zu dem maßgeblichen Beurteilungszeitpunkt, als schwerpunktmäßig nicht die strukturelle Veränderung in der Zeit zwischen der Maßnahme nach Art.4 (1) FKVO und der das Vorhaben legalisierenden Entscheidung Thema der Diskussion war.[880]

Die Analyse der europäischen Gerichtspraxis lässt keine sichere Grundlage für die Behandlung der Thematik erwachsen.

c. *Ansicht der Literatur*

Die Literatur ist gleichsam „dünn“. So wird, sofern das maßgebliche temporäre Moment der Umsatzkalkulation überhaupt benannt wird, dieses fast ausschließlich in einem Satz und dabei äußerst gegensätzlich abgehandelt.[881] Lediglich vereinzelt hat eine weitergehende Analyse des Problems stattgefunden.[882]

---

[878] Vgl. EUROPÄISCHES GERICHT ERSTER INSTANZ, Urteil (Rs. T-3/93 – Air France./.EG-Kommission) vom 24.3.1994, Slg.1994, S.128, Rn.1, (S.121).

[879] Vgl. EUROPÄISCHES GERICHT ERSTER INSTANZ, Urteil (Rs. T-3/93 – Air France./.EG-Kommission) vom 24.3.1994, Slg.1994, S.170, Rn.101 ff., 103, (S.121).

[880] Vgl. Schröter/Jakob/Mederer (BRUHN), III.8.2 (Fusionskontrollverordnung (Verordnung (EWG) Nr.4064/89)), Artikel 1, Rn.14, II., 3., a), ee), Rn.37 (S.1317 f.).

[881] Maßnahmedatum nach Artikel 4 (1) FKVO (derselbe a.F.): Gemeinschaftskommentar (SCHÜTZ), EU-Fusionskontrolle (2), Artikel 5, I., 2. (Zeitliche Abgrenzung und Gebietszuordnung), Rn.9 „Tz.24 f. der Mitteilung ... sprechen etwas undeutlich vom Tag der Transaktion. Damit kann nicht der Vollzug des Zusammenschlusses gemeint sein, auch nicht die Anmeldung, sondern ... das die Anmeldepflicht auslösende Ereignis.“; Anmeldedatum: Langen/Bunte (LÖFFLER), Band 1, EG-Kartellrecht, FKVO, Artikel 5, B., II., Rn.3 „Maßgeblich ist der Umsatz im letzten abgeschlossenen Geschäftsjahr vor der Anmeldung“, (S.2533); Vollzugsdatum: Dauses (SEDEMUND/MONTAG), Band 2, H. (Wettbewerbsregeln), I., § 2, 2., b), bb), Rn.33 „(Es) sind die Umsätze der beteiligten Unternehmen im letzten vor dem Zusammenschluss abgeschlossenen Geschäftsjahr.“.

[882] Vgl. hierzu beispielsweise die Ausführungen bei: Schröter/Jakob/Mederer (BRUHN), III.8.2 (Fusionskontrollverordnung (Verordnung (EWG) Nr.4064/89)), Artikel 1, II., 3., a), Rn.33-47 (S.1317-1321).

Nach der Feststellung der „schweigenden“ Verordnung und der uneinheitlichen Kommissionspraxis wird vertreten, dass es zwar auf den Zeitpunkt der Entstehung der Anmeldepflicht oder Anmeldung selbst ankommen soll, ferner aber gestützt, auf eine Veränderung des Vorhabens, nachträgliche Änderungen mitgeteilt werden und gegebenenfalls von der EG-Kommmission berücksichtigt werden müssen.[883]

d. *Würdigung der Ansätze*

Die Darstellung des Meinungstandes ergibt, dass „Brüssel“ keine einheitliche Linie verfolgt oder erkennen lässt. Aufgrund der Mitteilungen und der geringen Entscheidungsdichte könnte man folgern, die EG-Kommission habe aus Relevanzgesichtspunkten sich noch nicht kritisch mit der Verortung des maßgeblichen Entscheidungszeitpunktes auseinandergesetzt oder dies zumindest noch nicht kundgetan. Während die Gerichte sich quasi noch nicht mit dem Thema befassen mussten, steht auch der Meinungsstand des Schrifttums am Beginn der Entwicklung, als die dort vertretenen Ansichten nicht als das Ergebnis intensiver Diskussion und als gefestigt bezeichnet werden können. Einzig einhellig wird trotz der kontroversen Aussagen von einem maßgeblichen Beurteilungs*zeitpunkt* ausgegangen, an dem die Merkmale zu bestimmen seien.[884]

e. *Neuer Ansatz zur Bestimmung der maßgeblichen Beurteilungszeit*

Setzt man bei der den vorangegangenen Gliederungsposten abschließenden Feststellung an, so muss man einräumen, dass ein „alles entscheidender“ Zeitpunkt denkbar, keinesfalls jedoch zwingende Voraussetzung für die Bestimmung der Gemeinschaftsdimension sein muss. Die FKVO lässt nämlich nicht nur den Zeitpunkt nicht erkennen, sondern spricht sich auch nicht dafür aus, sie setze einen solchen im Gegensatz zum Zeitraum voraus.

Es gilt einen Ansatz zu entwickeln, der das zeitliche Moment der Umsatzberechnung klärt und die Unsicherheit ausräumt. Dabei muss grundlegend überprüft werden, ob es sich hierbei um einen Zeitpunkt oder -raum handeln soll. Erst wenn feststeht, von welcher zeitlichen Beurteilungsperspektive die Um-

---

[883] Erwogen wird in dem Zusammenhang, dass gar eine Veränderung der Umstände zwischen Freigabe und Vollzug zu einer Hinfälligkeit der Legalisierung und der Verpflichtung zu einer Neuanmeldung führen müsse: Schröter/Jakob/Mederer (BRUHN), III.8.2 (Fusionskontrollverordnung (Verordnung (EWG) Nr.4064/89)), Artikel 1, Rn.14, II., 3., a), ee), Rn.47 „Sofern ... Änderungen erst nach Abschluss des Verfahrens eintreten, ... lässt sich vertreten, dass die Unternehmen die Genehmigungen der dann zuständigen Wettbewerbsbehörden einholen müssen, da der von der Kommission genehmigte Zusammenschluss nicht dem zu vollziehenden entspricht“, (S.1320 f.).

[884] Insbesondere: EG-KOMMISSION, inoffizielle Stellungnahme im Verfahren „E.ON/RUHRGAS“ an Ministerialrat Baron vom 22. Juli 2002 – EG-Kommission spricht von dem maßgeblichen Beurteilungszeitpunkt.

satzmethode ausgeht, kann eine Konkretisierung derselben erfolgen. Hierbei muss beachtet werden, dass insbesondere die maßgebliche Beurteilungszeit im Hinblick auf die Lokalisierung des letzten, relevanten Geschäftsjahres sowie für die Ermittlung der eine Wirtschaftseinheit zusammenfassenden Unternehmensstrukturen identisch zu sein braucht.

aa. Beurteilungszeitpunkt oder -zeitraum

Der Wortlaut der FKVO spricht für den Zeit*punkt* des Vollzuges. Nach Art.1 FKVO (derselbe a.F.) soll es auf Zusammenschlüsse mit gemeinschaftsweiter Bedeutung ankommen. Da sich der Zusammenschlussbegriff aus den in Art.3 (1) FKVO (derselbe a.F.) definierten Konzentrationstatbeständen erschließt, stellt Art.1 FKVO (derselbe a.F.) auf den Vollzug des Vorhabens ab – die Konzentration solle gemeinschaftsweite Bedeutung haben. In dem hier zunächst untersuchten Kontext ließe sich daraus schlussfolgern, es käme auf einen Zeitpunkt, nämlich den des Vollzugsstichtages, an.

Dass dieses Verständnis nicht zweifelsfrei bestehen kann, ergibt sich schon alleine aus dem Präventivsystem der FKVO. Um eine geplante Unternehmenskonzentration zu legalisieren, ist ein zeit- und kostenintensives Kontrollverfahren durchzuführen. Soll es wirklich auf die Betreibung eines solchen ankommen, um nach dem Abschluss und dem sich gegebenenfalls dann anschließenden Vollzug zu erfahren, ob das Verfahren vor der richtigen Behörde und damit rechtmäßig durchgeführt worden ist? Der Zeitpunkt des Vollzuges erscheint damit nicht plausibel; wenn jedoch dieser Angabe – ohne weitere Argumente – keine Plausibilität zukommen kann, scheint auch der daraus gefolgerte Schluss, es würde von der Verordnung ein Zeitpunkt gefordert, nicht zwingend

Es stellt sich dagegen die Frage, ob es nach der Konzeption der FKVO zu rechtfertigen ist, einen Zeitraum zugrunde zu legen oder gar davon auszugehen, dass die Gemeinschaftsdimension während des gesamten Kontrollverfahrens beibehalten werden müsse.

Begonnen mit dem Maßnahmedatum nach Art.4 (1) FKVO (derselbe a.F.) muss ein Zusammenschluss angemeldet werden, sofern dieser gemeinschaftsweite Bedeutung hat. Angenommen, ein Vorhaben erfüllt zu diesem Zeitpunkt die Schwellendefinition, die dann aber nach der Anmeldung wegfällt, so müsste – wenn man ein dauerhaftes Vorliegen, also einen Beurteilungszeitraum voraussetzt – die EG-Kommission gemäß Art.6 (1) lit.a FKVO (derselbe a.F.) entscheiden. Geht man dagegen von dem umgekehrten Fall aus, so müssten die beteiligten Unternehmen sich nach dem Vertragsschluss am nationalen Recht orientieren. Stiege das Vorhaben aber dann während eines etwaigen, national durchgeführten Kontrollverfahrens vor dem Vollzug auf ein europäisches Niveau auf, so müsste getreu dem Wortlaut von Art.4 (1) FKVO (derselbe a.F.) die Anmeldepflicht erwachsen, weshalb die nationale Behörde dann ihre Unzuständigkeit festzustellen hätte; jedenfalls aber mitgliedstaatliches Recht nicht mehr angewandt werden dürfte.[885] Daraus resultiert einerseits die Unzulänglichkeit unnützer Arbeitsbelastung für die ursprünglich zuständigen Behörden, da sich deren Prüfung auch auf die materielle Vereinbarkeit des Vorhabens erstreckt. Andererseits besteht die theoretische Möglichkeit, dass sich Dimensionswechsel wiederholen und die Zuständigkeit zwischen den Behörden „hin und her springt“.

Ungeachtet dieser Auffälligkeiten würde die Notwendigkeit des stetigen Vorliegens der Dimension auch bußgeldrechtliche Konsequenzen nach sich ziehen können. Unternehmen, die eine nach Art.4 (1) FKVO (derselbe a.F.) erforderliche Anmeldung vor dem Vollzug nicht vornehmen, könnten theoretisch, wenn sie nach dem Eintritt der gemeinschaftsweiten Bedeutung – selbst bei einer national bereits erfolgten Freigabe des Zusammenschlusses – vollziehen, mit Bußgeldsanktionen belastet werden; dies unter der Prämisse, dass sich ein möglicher Beurteilungszeitraum bis zum Vollzugsdatum erstrecken muss. Nach der alten Abfassung der FKVO, nach der eine siebentägige Frist für die Anmeldung eines Vorhabens galt, hätte sogar das bloße Aufsteigen in die europäische Dimension, selbst ohne den Vollzug des Vorhabens, einen Bußgeldtatbestand gemäß Art.14 (1) lit.a FKVO a.F. auslösen können.[886] Da die Veränderung der Umsatzzahlen oder der Verflechtungsstrukturen meist eindeutig voraussehbar sein könnten, wäre zumindest die fahrlässige Verwirklichung der Ordnungswidrigkeit in Betracht zu ziehen.

Man könnte nun einwenden, die Unternehmen müssten zur Vermeidung dieser Risiken anderweitige Akquisitionen unterlassen oder in Vorsorge auch bei allen denkbaren Behörden anmelden, jedoch soll Art.14 (1) lit.a FKVO (derselbe a.F.) seiner Ratio nach nicht ein *Veränderungsverbot* statuieren. Der Zwang zur doppelten Anmeldung würde dagegen der Grundphilosophie der FKVO, eine ausschließliche Zuständigkeit der EG-Kommission oder der nationalen Behörden zu begründen, zuwiderlaufen.[887] Ohnehin ließe sich die durch einen Geschäftsjahreswechsel bedingte Veränderung der Gesamtumsätze nur unter großen Schwierigkeiten kontrollieren.

---

885 Zum vergleichbaren Fall des Auflebens vom Vollzugsverbot im Falle der Rückverweisung nach Art.22 (3) FKVO [derselbe (2) a.F.]: Gemeinschaftskommentar (SCHÜTZ), EU-Fusionskontrolle (2), Artikel 7, I. (Vollzugsverbot), Rn.9.

886 Vgl. Lange (SCHRÖER), Kapitel 5 (Zusammenschlusskontrolle), § 1, IV., 1., Rn.100, (S.455); Schröter/Jakob/Mederer (STOFFREGEN), III.8.2 (Fusionskontrollverordnung (Verordnung (EWG) Nr.4064/89)), Artikel 4, II., 4., Rn.17 (S.1565).

887 EG-KOMMISSION, FKVO-Entwurf03, ABl.EG 2003 C 20/04, Rn.1, Mitteilung zur Umsatzberechnung, ABl.EG 1998 C 66/26, Rn.3; LÖFFLER, FKVO 4064/89, Artikel 1, B. (Änderungen durch die Fusionskontrollnovelle), Rn.9, (S.51); Wiedemann (WAGEMANN), 5.Kapitel (Fusionskontrolle), 1.Abschnitt, § 15, A., Rn.1, (S.467).

Eine weitere Unstimmigkeit würde daraus resultieren, dass die gemeinschaftsweite Bedeutung eines zu prüfenden Verfahrens nach dem eröffneten Hauptverfahren, aber vor der abschließenden Entscheidung durch die EG-Kommission, wegfallen würde. Gemäß Art.6 (1) lit.c FKVO (derselbe a.F.) hätte nämlich die EG-Kommission zu diesem Zeitpunkt schon erklärt, dass das Vorhaben in ihren Kontrollbereich falle und das Hauptverfahren eröffnet werden müsse. Während des Hauptverfahrens könnte sie sich dann aber nur – kontraproduktiv – für unzuständig erklären und weder eine Freigabe noch eine Unvereinbarkeitsentscheidung erlassen.

Neben den bereits erwähnten Bedenken würde man das Ziel der FKVO, ein leicht handhabbares Kriterium zur Befugnisbestimmung bereitzuhalten,[888] verfehlen. Beteiligte Unternehmen müssten stetig Veränderungen der Umsätze oder der Unternehmensstrukturen, die zu neuen Verhältnissen und zur Hinfälligkeit bereits betriebener Verfahren führen könnten, berücksichtigen.

Darüber hinaus besteht auch keine ökonomische Notwendigkeit für ein so zeitgenaues bzw. dauerhaftes Voraussetzen der Gemeinschaftsdimension, als die Schwellenwerte gewissermaßen „wahllos" der Höhe nach bemessen wurden und es keine zwingenden Gründe für diese spezifische Grenzziehung gibt.[889]

Die Überlegung, die Gemeinschaftsdimension solle stetig nachprüfbar vorliegen, fügt sich nicht harmonisch in das Regelungssystem und die Anliegen der FKVO ein. Eine sachgemäße Rechts- und Kompetenzabgrenzung ist danach nur gewährleistet, wenn man von einem Beurteilungszeitpunkt ausgeht.

bb. Maßgeblicher Beurteilungszeitpunkt

Nachdem festgestellt wurde, dass die europäische Bedeutung eines Vorhabens nicht dauerhaft, sondern stichtagsbezogen zu ermitteln ist, muss nurmehr die Konkretisierung desselben erfolgen. Dabei soll zwischen der Bestimmung des maßgeblichen Beurteilungszeitpunktes hinsichtlich der Ermittlung der Unternehmensstrukturen sowie des letzten Geschäftsjahres unterschieden werden. Es ist nämlich bisher nicht festgestellt worden, dass beide deckungsgleich sein müssen.[890]

Um die Vergleichsdaten eines Vorhabens erheben zu können, sind zuvorderst die beteiligten Unternehmensverbände auf der Basis der in Art.5 (4) und (5) FKVO (derselbe a.F.) beschriebenen Verflechtungsdefinitionen zu bestimmen.[891]

---

[888] Vgl. EG-KOMMISSION, Mitteilung zur Umsatzberechnung, ABl.EG 1998 C 66/26, Rn.5.

[889] WIRTSCHAFTS- UND SOZIALAUSSCHUSS, Anhörung 1974, ABl.EG 1974 C 88/21, 22.

[890] Denkbar wäre es beispielsweise, dass sich die Lokalisierung des letzten Geschäftsjahres nach dem Datum der Anmeldung richtet, während es für die Erhebung der zugrunde zu legenden Unternehmensstrukturen auf das Entscheidungsdatum selbst ankommen muss.

[891] Groeben/Thiesing/Ehlermann (BRUHN), Band 2/II, Dritter Teil, Titel V, Kapitel 1, Abschnitt 1, nach Artikel 89, I. (Fusionskontrollverordnung), Artikel 1, II., 3., Rn.22, (S.2/1137).

Ohne die Kenntnis der Umsatzträger bzw. Ressourcen, die in einem Vorhaben unter einer einheitlichen Kontrollstruktur zusammengefasst werden, kann die von diesen ausgehende Wirtschaftkraft nicht ermittelt werden.[892] Es bietet sich demnach an, zunächst den maßgeblichen Zeitpunkt bezüglich der Identifizierung der beteiligten Unternehmensverbände zu erforschen, um dann die gewonnenen Erkenntnisse hinsichtlich ihrer Übertragbarkeit auf die zeitliche Lokalisierung der relevanten Erlösperiode zu überprüfen oder, falls nötig, einen anderweitigen Termin zu bestimmen.

(I) Bestimmung der beteiligten Unternehmensverbände

Die Bestimmung der beteiligten und verbundenen Unternehmen fußt auf einer einheitlichen gesellschaftsrechtlichen Basis. Bei der Ermittlung des maßgeblichen Beurteilungsstichtages muss es darum gehen, ein Datum herauszuarbeiten, an dem die zu dieser Zeit bestehenden Strukturen die Grundlage der zusammenschlussrechtlichen Umsatzberechnung bilden.

Will man einen solchen erforschen, so sollte man voraussetzen, er müsse einen unmittelbaren Bezug zum Kontrollverfahren aufweisen, da er sich in den sachlichen und zeitlichen Horizont eines solchen integrieren muss. Es wäre abwegig bezugslose Daten, die keinen Anklang in der FKVO finden, wie bspw. der Jahreswechsel in die Erwägungen einzubeziehen. Vielmehr muss ein Termin gesucht werden, der ein kontrollzeitabhängiges Moment aufweist; in Betracht kommen hier die Verfahrensdaten, die in der FKVO verankert sind, sowie sonstige für das Kontrollverfahren wesentliche Termine.

Zusammenschlussrechtlich in Erscheinung tritt ein Konzentrationsvorgang mit den in Art.4 (1) FKVO (derselbe a.F.) bezeichneten Maßnahmen, die rechtlich die Grenze zu dem bloßen Planungsstatus ziehen.[893] Zwar ist es seit der Reform gemäß Art.4 (1) Uabs.2 FKVO möglich (keine a.F.), ein Verfahren schon vor den besagten Maßnahmen anzumelden, jedoch weist bereits die Formulierung darauf hin, dass zu dieser Zeit noch keine Dimensionierung des Vorhabens erfolgt sein kann, weil ausdrücklich darauf hingewiesen wird, dass eine Anmeldung dann zulässig wäre, wenn das geplante Vorhaben „*zu einem Zusammenschluss von gemeinschaftsweiter Bedeutung führen würde (!)*.“ Daraus folgt ferner, dass vor den in Art.4 (1) FKVO (derselbe a.F.) bezeichneten Maßnahmen, die nach der alten Fassung den frühesten Verfahrenzeitpunkt markieren, auch nach der Neufassung keine Dimensionieren resultiert. Ferner weist die Verord-

---

[892] Gemeinschaftskommentar (SCHÜTZ), EU-Fusionskontrolle (1), Artikel 1, III. (Gemeinschaftsweite Bedeutung), 1., a), Rn.30.

[893] Lange (SCHRÖER), Kapitel 5 (Zusammenschlusskontrolle), § 1, IV., 1., Rn.100, (S.454); Langen/Bunte (LÖFFLER), Band I, EG-Kartellrecht, FKVO, Artikel 4, B., Rn.4, (S.2528 f.); Wiedemann (WAGEMANN), 5.Kapitel (Fusionskontrolle), 1.Abschnitt, § 17, A., I., 2., Rn.2, (S.568).

nung auch erst dem Maßnahmedatum nach Art.4 (1) FKVO (derselbe a.F.) die Ernsthaftigkeit zu, indem sie rechtliche Folgen, beispielsweise die Anmeldepflicht oder den Bußgeldtatbestand, an dieses knüpft.[894]

Beendet wird das Verfahren mit einer das Verfahren abschließenden Entscheidung,[895] welche den Endpunkt der Betrachtungen bilden muss. Sämtliche verfahrenserheblichen Termine, die innerhalb des Zeitraums zwischen Maßnahme und abschließender Entscheidung verankert sind, können als maßgeblicher Beurteilungszeitpunkt in Betracht gezogen werden.

Die Überlegung, der entscheidende Stichtag sei während des Kontrollverfahrens zu verorten, erscheint, bedingt durch die Nähe zum Konzentrationsakt, wünschenswert, wird aber nicht von der Verordnung zwangsläufig gefordert. So könnte man hinsichtlich der maßgeblichen Verbundstruktur auch das Datum zugrunde legen, an dem das letzte Geschäftsjahr der beteiligten Unternehmen zu Ende geht. Dieser Tag bezieht eine Sonderstellung, da er keine zeitliche Konnexität zum Kontrollverfahren aufweisen würde, da Geschäftsjahre unabhängig vom Prüfungsvorgang verlaufen.

Würde man ermitteln, dass der Endtermin eines Geschäftsjahres als der maßgebliche Zeitpunkt gelten müsse, würde im Anschluss die Frage aufzuwerfen sein, von welchem verfahrensimmanenten Termin ausgehend diese zu bestimmen ist. Trotz dieser Unabhängigkeit vom zeitlichen Moment des Kontrollverfahren handelt es sich um ein legitimes Datum, weil es im Zusammenhang mit der Umsatzberechnung steht und somit einen Anklang in der FKVO finden kann.

Neben dem Endtermin des letzten Geschäftsjahres könnte man annehmen, dass ebenso das Vollzugdatum, welches aufgrund bisher nur oberflächlich geführter Erwägungen gleichwohl berücksichtigt werden muss, eine Sonderstellung bezieht; es könnte ebenfalls nicht zeitlich an das Kontrollverfahren gebunden und als unabhängig zu bezeichnen sein.[896] Diese Erwägung ist hinwieder abzulehnen, als, anders als das jährlich wiederkehrende Geschäftsjahresende, der Vollzug eines Zusammenschlusses einmalig und mittelbar Konnex zum Kontrollverfahren ist; seine uneingeschränkte Zulässigkeit und Wirksamkeit ist von der Freigabe der Transaktion abhängig. Die zum Stichtag des letzten Geschäftsjahres bezeichnete Besonderheit, man müsse im Anschluss eine Verfahrensetappe herausarbeiten, von der ausgehend die zeitliche Verbindung zwi-

---

894 Vgl. Lange (SCHRÖER), Kapitel 5 (Zusammenschlusskontrolle), § 1, IV., 1., Rn.100, (S.454 f.).

895 Wiedemann (WAGEMANN), 5.Kapitel (Fusionskontrolle), 1.Abschnitt, § 17, D., VI., 2., Rn.83, (S.590), E., I., 1., g), Rn.104, (S.596).

896 LÖFFLER, FKVO 4064/89, Artikel 7, E. (Vollzugskontrolle), Rn.8 „Der EG-Kommission kann mithin der Überblick fehlen, welche Zusammenschlussvorhaben tatsächlich vollzogen wurden.“, (S.205).

schen Vollzug und Verfahren herzustellen ist, würde den Vollzugstermin nicht betreffen.

Zunächst ist zu ermitteln, ob das Ende des letzten Geschäftsjahres als einziger, nicht mit dem Kontrollverfahren zeitlich verbundener Stichtag Bestand haben könnte. Anderenfalls würde feststehen, dass nur ein Verfahrensdatum in Betracht zu ziehen sein kann.

(1) Ende des letzten Geschäftsjahres

Die Gesamtumsätze von beteiligten und verbundenen Unternehmen sollen dem letzten Geschäftsjahr der beteiligten Unternehmen entnommen werden. Damit verdeutlicht die FKVO auch an dieser Stelle, dass sie bei der Ermittlung der Schwellenwerte der rechtssichereren Erkenntnisgrundlage einen Vorrang vor der absoluten Aktualität einräumt. Man hat sich nicht entschieden, dass, gestützt auf aktuelle, gegebenenfalls vorläufige Ergebnisse, das unmittelbare Erfolgsvolumen über die Anwendbarkeit entscheidet. Diesem Umstand nach erscheint die zweifelhafte Praxis der EG-Kommission, gegebenenfalls auch ältere Zahlen zu aktivieren,[897] eine gewisse Unterstützung zu erfahren. Es stellt sich nicht als abwegig dar, diesem Prinzip auch den Vorrang bei der Ermittlung der beteiligten Informationsträger einzuräumen.

Da die Schwellenwerte zudem nur bedingt ökonomische Aussagekraft besitzen und mehr das Resultat eines „Machtpokers“ darstellen,[898] ließe sich darauf die Annahme aufbauen, man könne gleichsam auch die Struktur der zu berücksichtigenden Wirtschaftseinheiten an dem Datum ablesen, welches für die Umsatzerhebung von entscheidender Bedeutung ist.

Dafür ließe sich auch die größere Praktikabilität anführen. Die Ermittlungen zur Bestimmung der beteiligten Unternehmen haben ergeben, dass es insbesondere erwerberseits nahezu ausschließlich auf die oberste Hierarchie eines Umsatzverbundes oder veräußererseits auf die unmittelbar zu erwerbende Unternehmenseinheit ankommen muss.[899] Damit wird es ermöglicht, im Interesse des bilanztechnischen Ansatzes der Umsatzkalkulation entweder den konsolidierten oder den Einzelabschluss zur Grundlage der Umsatzberechnung zu machen. Weil dem – konsolidierten – Abschluss in der Regel die konzernmäßigen Beziehungen am Abschlussstichtag zugrunde liegen und dieser damit nachträglich eintretende Veränderungen nicht mehr berücksichtigen kann, würde bei einem Abstellen auf das letzte Geschäftsjahr eine möglichst große Übernahmefähigkeit

---

897 Siehe bereits die Nachweise in Fußnote 844.

898 ELLAND, ECLR 1990, S.111 „With each amendment the thresholds at which a merger would be caught by the Regulation was raised or compromises were made to suit national sensibilities.“, (S.111); LAMPERT, WuW 2002, S.449, (S.449); WEITBRECHT, EuZW 1990, S.20, (S.18).

899 (IV) Entwicklung der Leitlinien zur Bestimmung der beteiligten Unternehmen, (S.316).

Eine weitere Unstimmigkeit würde daraus resultieren, dass die gemeinschaftsweite Bedeutung eines zu prüfenden Verfahrens nach dem eröffneten Hauptverfahren, aber vor der abschließenden Entscheidung durch die EG-Kommission, wegfallen würde. Gemäß Art.6 (1) lit.c FKVO (derselbe a.F.) hätte nämlich die EG-Kommission zu diesem Zeitpunkt schon erklärt, dass das Vorhaben in ihren Kontrollbereich falle und das Hauptverfahren eröffnet werden müsse. Während des Hauptverfahrens könnte sie sich dann aber nur – kontraproduktiv – für unzuständig erklären und weder eine Freigabe noch eine Unvereinbarkeitsentscheidung erlassen.

Neben den bereits erwähnten Bedenken würde man das Ziel der FKVO, ein leicht handhabbares Kriterium zur Befugnisbestimmung bereitzuhalten,[888] verfehlen. Beteiligte Unternehmen müssten stetig Veränderungen der Umsätze oder der Unternehmensstrukturen, die zu neuen Verhältnissen und zur Hinfälligkeit bereits betriebener Verfahren führen könnten, berücksichtigen.

Darüber hinaus besteht auch keine ökonomische Notwendigkeit für ein so zeitgenaues bzw. dauerhaftes Voraussetzen der Gemeinschaftsdimension, als die Schwellenwerte gewissermaßen „wahllos" der Höhe nach bemessen wurden und es keine zwingenden Gründe für diese spezifische Grenzziehung gibt.[889]

Die Überlegung, die Gemeinschaftsdimension solle stetig nachprüfbar vorliegen, fügt sich nicht harmonisch in das Regelungssystem und die Anliegen der FKVO ein. Eine sachgemäße Rechts- und Kompetenzabgrenzung ist danach nur gewährleistet, wenn man von einem Beurteilungszeitpunkt ausgeht.

bb. *Maßgeblicher Beurteilungszeitpunkt*

Nachdem festgestellt wurde, dass die europäische Bedeutung eines Vorhabens nicht dauerhaft, sondern stichtagsbezogen zu ermitteln ist, muss nunmehr die Konkretisierung desselben erfolgen. Dabei soll zwischen der Bestimmung des maßgeblichen Beurteilungszeitpunktes hinsichtlich der Ermittlung der Unternehmensstrukturen sowie des letzten Geschäftsjahres unterschieden werden. Es ist nämlich bisher nicht festgestellt worden, dass beide deckungsgleich sein müssen.[890]

Um die Vergleichsdaten eines Vorhabens erheben zu können, sind zuvorderst die beteiligten Unternehmensverbände auf der Basis der in Art.5 (4) und (5) FKVO (derselbe a.F.) beschriebenen Verflechtungsdefinitionen zu bestimmen.[891]

888 Vgl. EG-KOMMISSION, Mitteilung zur Umsatzberechnung, ABl.EG 1998 C 66/26, Rn.5.

889 WIRTSCHAFTS- UND SOZIALAUSSCHUSS, Anhörung 1974, ABl.EG 1974 C 88/21, 22.

890 Denkbar wäre es beispielsweise, dass sich die Lokalisierung des letzten Geschäftsjahres nach dem Datum der Anmeldung richtet, während es für die Erhebung der zugrunde zu legenden Unternehmensstrukturen auf das Entscheidungsdatum selbst ankommen muss.

891 Groeben/Thiesing/Ehlermann (BRUHN), Band 2/II, Dritter Teil, Titel V, Kapitel 1, Abschnitt 1, nach Artikel 89, I. (Fusionskontrollverordnung), Artikel 1, II., 3., Rn.22, (S.2/1137).

Ohne die Kenntnis der Umsatzträger bzw. Ressourcen, die in einem Vorhaben unter einer einheitlichen Kontrollstruktur zusammengefasst werden, kann die von diesen ausgehende Wirtschaftkraft nicht ermittelt werden.[892] Es bietet sich demnach an, zunächst den maßgeblichen Zeitpunkt bezüglich der Identifizierung der beteiligten Unternehmensverbände zu erforschen, um dann die gewonnenen Erkenntnisse hinsichtlich ihrer Übertragbarkeit auf die zeitliche Lokalisierung der relevanten Erlösperiode zu überprüfen oder, falls nötig, einen anderweitigen Termin zu bestimmen.

(I) Bestimmung der beteiligten Unternehmensverbände

Die Bestimmung der beteiligten und verbundenen Unternehmen fußt auf einer einheitlichen gesellschaftsrechtlichen Basis. Bei der Ermittlung des maßgeblichen Beurteilungsstichtages muss es darum gehen, ein Datum herauszuarbeiten, an dem die zu dieser Zeit bestehenden Strukturen die Grundlage der zusammenschlussrechtlichen Umsatzberechnung bilden.

Will man einen solchen erforschen, so sollte man voraussetzen, er müsse einen unmittelbaren Bezug zum Kontrollverfahren aufweisen, da er sich in den sachlichen und zeitlichen Horizont eines solchen integrieren muss. Es wäre abwegig bezugslose Daten, die keinen Anklang in der FKVO finden, wie bspw. der Jahreswechsel in die Erwägungen einzubeziehen. Vielmehr muss ein Termin gesucht werden, der ein kontrollzeitabhängiges Moment aufweist; in Betracht kommen hier die Verfahrensdaten, die in der FKVO verankert sind, sowie sonstige für das Kontrollverfahren wesentliche Termine.

Zusammenschlussrechtlich in Erscheinung tritt ein Konzentrationsvorgang mit den in Art.4 (1) FKVO (derselbe a.F.) bezeichneten Maßnahmen, die rechtlich die Grenze zu dem bloßen Planungsstatus ziehen.[893] Zwar ist es seit der Reform gemäß Art.4 (1) Uabs.2 FKVO möglich (keine a.F.), ein Verfahren schon vor den besagten Maßnahmen anzumelden, jedoch weist bereits die Formulierung darauf hin, dass zu dieser Zeit noch keine Dimensionierung des Vorhabens erfolgt sein kann, weil ausdrücklich darauf hingewiesen wird, dass eine Anmeldung dann zulässig wäre, wenn das geplante Vorhaben „*zu einem Zusammenschluss von gemeinschaftsweiter Bedeutung führen würde (!)*.“ Daraus folgt ferner, dass vor den in Art.4 (1) FKVO (derselbe a.F.) bezeichneten Maßnahmen, die nach der alten Fassung den frühesten Verfahrenzeitpunkt markieren, auch nach der Neufassung keine Dimensionieren resultiert. Ferner weist die Verord-

---

892 Gemeinschaftskommentar (SCHÜTZ), EU-Fusionskontrolle (1), Artikel 1, III. (Gemeinschaftsweite Bedeutung), 1., a), Rn.30.

893 Lange (SCHRÖER), Kapitel 5 (Zusammenschlusskontrolle), § 1, IV., 1., Rn.100, (S.454); Langen/Bunte (LÖFFLER), Band I, EG-Kartellrecht, FKVO, Artikel 4, B., Rn.4, (S.2528 f.); Wiedemann (WAGEMANN), 5.Kapitel (Fusionskontrolle), 1.Abschnitt, § 17, A., I., 2., Rn.2, (S.568).

erreicht werden. Dieses Argument wiegt jedoch nur schwach, da die Umsatzsystematik der FKVO in einigen Punkten, beispielsweise bei der Abgrenzung des Konsolidierungskreises, andere Bilanzierungsregeln voraussetzt, als sie hinsichtlich der Aufstellung konsolidierter Abschlüsse bestehen. Da somit ohnehin im Regelfall eine fusionsspezifische Transformation der Jahresabschlüsse erfolgen muss, kann dieses Argument keine durchschlagende Bedeutung erlangen.

Man darf ferner nicht übersehen, dass sich die FKVO zwar ausdrücklich für Abgrenzung der Erlösperiode, nicht aber für die Bestimmung der Umsatzträger auf das letzte Geschäftsjahr festgelegt hat. Bei der gemeinschaftsweiten Bedeutung handelt es sich um das Merkmal, welchem die Aufgabe zukommt, Machtbereiche zwischen Mitgliedstaaten und EG im Zusammenschlussrecht zu ordnen.[900] Insoweit kann der Schluss, die beteiligten Konzerne „einfach" entsprechend der Umsatzzahlen zu bestimmen, aus Wesentlichkeitsgesichtpunkten nicht voreilig gezogen werden; auch sind die Schwellenwerte zwar nicht Ausdruck einer vollständig ökonomischen, wohl aber einer machtbalancierten Erwägung.[901]

Zudem weisen Gesamtumsatz und gesellschaftsrechtliche Verflechtungen eine unterschiedliche Datenstruktur auf. Da ersterer täglichen oder periodischen Schwanken unterliegt, musste man, um ein aussagekräftiges Ergebnis der wirtschaftlichen Tätigkeiten zu erzielen, einen bilanztechnischen Zeitraum zugrunde legen. Somit werden saisonbedingte und andere periodisch auftretende, umsatzbeeinflussende Effekte relativiert.[902] Anderes gilt dagegen für die Unternehmensbeziehungen, die stichtagsbezogen zu ermitteln sind. Einen Zeitraum als Bemessungsgrundlage heranzuziehen, ergäbe hier keinen Sinn, da es sich um keine stetig ansteigende Erfolgsgröße handelt. Der Abschlussstichtag ist damit, abgesehen von dem bereits geschilderten bilanztechnischen Hintergrund, für die Ermittlung konzernrechtlicher Strukturen gewissermaßen ein „wahlloser" Termin. Dies spricht gegen die Verortung des Stichtages in Entsprechung zur Umsatzermittlung am Endpunkt des letzten Geschäftsjahres.

Daneben ist zu erwägen, dass die Bewertung der Unternehmensverflechtungen relativ kurzfristig vorgenommen werden kann. Nach der Feststellung, die in Art.5 (4), (5) FKVO (derselbe a.F.) quantitativ definierten Unternehmensstrukturen müssten strikt am Wortlaut orientiert umgesetzt werden, sind keine langfristigen Ermittlungen notwendig. Die hier diskutierte Auslegung, die die Berücksichtigung von teilweise mehrere Monate zurückliegenden, veralteten und

900 III) Schlussfolgerungen aus der Synthese der Anwendungsbereiche, (S.108).
901 Siehe die Nachweise in Fußnote 898.
902 Vgl. WÖHE/DÖRING, Sechster Abschnitt, B., IX., 2., b), (S.1068 f.).

so nicht mehr bestehenden Strukturen erforderlich machen würde, scheint nicht tunlich und nicht realitätsorientiert.[903]

Die Annahme, sich auf die Strukturen an dem Termin, an dem das letzte Geschäftsjahr beendet wurde, zu stützen, führt auch nicht zu gleichwertigen Betrachtungen, da nicht alle beteiligten Unternehmen ihr Geschäftsjahr dem Kalenderjahr entsprechend geregelt haben müssen.[904]

Ferner liegt eine Schwäche darin begründet, dass der Tag des letzten Geschäftsjahres nicht verfahrensimmanent ist. Gleich der Problematik zur Lokalisierung des letzten umsatzrelevanten Geschäftsjahres würde in einer Anschlussdiskussion ausgearbeitet werden müssen, von welchem Verfahrensdatum ausgehend das letzte Geschäftsjahr und der danach wesentliche Abschlussstichtag zu verorten sind. Dabei könnte man dann zwar die Diskussion vereinheitlichen, indem man als letztes Geschäftsjahr für die Ermittlung von Umsatz und den Informationsträgern einen einheitlichen Lokalisierungszeitpunkt bestimmt. Dies darf aber nicht das Argument sein, welches ein solches Herangehen sinnvoller erscheinen lässt

Es ist nicht möglich, die beteiligten Unternehmensstrukturen dem Datum des Abschlussstichtages des letzten Geschäftsjahres abzulesen, als die Realitätsnähe im Kontrollverfahren dann durch die Schwellenwertberechnung verzerrt werden könnte. So müssten veraltete Strukturen als Grundlage der Schwellenberechnung eine nicht den tatsächlichen Verhältnissen entsprechende Bündelung wirtschaftlicher Ressourcen in die gemeinschaftsweite Bedeutung einführen. Die konsequente Systematik der Gemeinschaftsdimension würde leerlaufen, als der Flexibilität des Gesellschaftsrechtes nicht ausreichend Rechnung getragen würde. So könnten Veränderungen nach dem Abschluss des letzten Geschäftsjahres durch Zu- oder Abgänge aus einem Umsatzkonzern nicht mehr sachgerecht berücksichtigt werden.[905] Dies verstößt gegen den Grundsatz, die beteiligten Wirtschaftskräfte eines Zusammenschlusses, sofern dies möglich ist, exakt den tatsächlichen Bedingungen getreu zu erfassen.[906] Da ferner auch die Praktikabilität

---

903 EUROPÄISCHES GERICHT ERSTER INSTANZ, Urteil (Rs. T-3/93 – Air France./.EG-Kommission) vom 24.3.1994, Slg.1994, S.166, Rn.91 „Diese Grenzwerte sollten die wirkliche Bedeutung des Zusammenschlusses auf die Angebotsstruktur widerspiegeln. ...die EG-Kommission dürfe von der wirtschaftlichen Bedeutung nicht abweichen.", (S.121).

904 Vgl. Gemeinschaftskommentar (SCHÜTZ), EU-Fusionskontrolle (1), Artikel 1, III. (Gemeinschaftsweite Bedeutung), 1., b), Rn.31; zur Problematik des einheitlichen Bilanzstichtages im Zusammenhang mit der Konzenrechnungslegung: WÖHE/DÖRING, Sechster Abschnitt, B., VIII., 5., c), (S.1040 f.).

905 So auch: Gemeinschaftskommentar (SCHÜTZ), EU-Fusionskontrolle (2), Artikel 5, I., 2. (Zeitliche Abgrenzung und Gebietszuordnung), Rn.9 f.

906 Vgl. EG-KOMMISSION, Mitteilung zum Begriff der beteiligten Unternehmen, ABl.EG 1998 C 66/26, Rn.7.

durch einen Bezug der Unternehmensverbände auf bilanztechnische Vorgaben nicht gewährleistet würde, ist folglich für die maßgeblichen Beteiligtenstrukturen ein Stichtag, der durch Verfahrensimmanenz gekennzeichnet ist, zu suchen.

(2) Verfahrensbezogener Beurteilungsstichtag

Ausgeschlossen wurde, dass die FKVO nicht von verfahrensunabhängigen Stichtagen ausgehen kann. So schieden solche, bis auf den soeben nicht tauglich befundenen Endtermin des letzten Geschäftsjahres, schon bedingt durch ihre Bezugslosigkeit aus. Deshalb muss nach einem verfahrensimmanenten Stichtag geforscht werden, der zwischen der Erfüllung einer Maßnahme nach Art.4 (1) FKVO (derselbe a.F.) und der Verfahrensbeendigung zu verorten ist. Zwar ist es übliche Praxis, im Vorfeld einer Vertragsunterzeichnung bereits klärende Vorgespräche zu führen,[907] jedoch lässt sich an diesen Vorabkonsultationen selten ein bestimmter Termin festmachen. Außerdem ist der FKVO, die für solche Vorgespräche keine rechtliche Grundlage bildet, zu entnehmen, dass sie das jeweilige Vorhaben erst mit der Sachverhaltserfüllung nach Art.4 (1) FKVO (derselbe a.F.) ernst nimmt.[908] Seit der Reform der FKVO lässt sich dies auch aus Art.4 (1) Uabs.2 FKVO (keine a.F.) entnehmen, als zwar eine Anmeldung auch vor der Erfüllung in Art.4 (1) FKVO (derselbe a.F.) beschriebener Maßnahmen in Betracht kommen kann, jedoch zumindest die Glaubwürdigkeit der baldigen Erfüllung einer solchen Voraussetzung ist. Eine besondere Position nimmt nach den bereits gemachten Ausführungen das Vollzugsdatum, welches in die Erwägungen mit einbezogen werden muss, als Eintrittstermin ein Strukturveränderung ein.

Da die FKVO einen Beurteilungszeitpunkt nicht geregelt hat, ist notwendig ein Muster entsprechend den Anforderungen und Regelungen der Verordnung zu erstellen, in welches sich der maßgebliche Beurteilungsstichtag einfügen muss. Ausgehend von der Systematik ist unter Berücksichtigung der Effektivität sowie Funktionsfähigkeit des Kontrollverfahrens und sonstiger rechtlicher und praktischer Erwägungen zu ermitteln, welches Verfahrensdatum in Betracht kommen kann.

---

907 Gemeinschaftskommentar (SCHÜTZ), EU-Fusionskontrolle (2), Artikel 4, II. (Anmeldeverfahren), 1., Rn.21.

908 Dauses (SEDEMUND/MONTAG), Band 2, H. (Wettbewerbsregeln), I., § 2, 4., a), aa), Rn.68; Wiedemann (WAGEMANN), 5.Kapitel (Fusionskontrolle), 1.Abschnitt, § 17, A., I., 2., Rn.2, „Die FKVO erfasst nur rechtliche bindende Vereinbarungen... Das bloße Vorhaben eine Zusammenschlusses ist ... noch nicht anmeldefähig. ...der Abschluss eines Vertrages (unterscheidet) ... den Zusammenschluss im Sinne von Artikel 4 vom bloßen Vorhaben“, (S.568).

(a) Wortlaut des Art.1 FKVO (derselbe a.F.)

Angesprochen wurde bereits, dass der Wortlaut einen Zusammenschluss (!) von gemeinschaftsweiter Bedeutung fordert. Da der Zusammenschluss in dem Zeitpunkt erfolgt, in dem der Vollzug stattfindet, könnte man folgern, dass dieser Termin als entscheidender Zeitpunkt zu begreifen wäre. Diese Argumentation wurde jedoch schon entkräftet.

Der Wortlaut überlässt der sinn- und zweckvollen Auslegung das Feld und führt zu keinen fundamentalen Erkenntnissen, die einen maßgeblichen Beurteilungszeitpunkt für die beteiligten Unternehmensstrukturen nahelegen.

(b) Entstehung der Anmeldepflicht, Art.4 (1) FKVO (derselbe a.F.)

Fusionsrechtlich relevant wird das Zusammenschlussvorhaben grundsätzlich erst mit der Verwirklichung eines Tatbestandes nach Art.4 (1) FKVO (derselbe a.F.). Dabei handelt es sich um Vorfeldhandlungen, die meist nicht identisch mit der Transaktion sind, sondern diese in rechtlich verpflichtender Weise vorbereiten.[909] Dies ist Ausdruck des präventiven Fusionskontrollprinzips, als die tatsächliche Strukturveränderung erst mit der Freigabe vorgenommen werden darf.[910] Damit die Anmeldung von den Beteiligten verordnungskonform vorgenommen werden kann, muss im Zeitpunkt der Maßnahme bekannt sein, ob das Vorhaben die gemeinschaftsweite Bedeutung aufweist oder nicht.[911] Dabei ist einerseits denkbar, aber eher unwahrscheinlich, dass die FKVO hier eine Prognose hinsichtlich der strukturellen Verhältnisse, die an einem späteren Zeitpunkt bestehen, verlangt. Anderseits müsste gefolgert werden, dass die FKVO die Verhältnisse, die am Datum des Maßnahmetages bestehen, zur Grundlage machen will. Während die erste Sichtweise dem Bedürfnis nach einer möglichst zeitnah am Vollzug liegenden Ermittlung der Verhältnisse Rechnung trägt, fördert letztere Variante die Rechtssicherheit und das Vertrauen der Beteiligten.

Hinterfragt man den Gedanken einer zeitnahen Erfassung, so ist festzustellen, dass die Erwägungsgründe ein solches Bedürfnis nicht ausdrücklich erklären; anders dagegen der Rechtssicherheitsgrundsatz, der die Schwellensystematik ausdrücklich prägen sollte.[912] Das auf Kosten der Rechtssicherheit gehende An-

---

909 Vgl. hierzu: Wiedemann (WAGEMANN), 5.Kapitel (Fusionskontrolle), 1.Abschnitt, § 17, A., I., 2., Rn.2-11, (S.568-570); Groeben/Thiesing/Ehlermann (STOFFREGEN), Band 2/II, Dritter Teil, Titel V, Kapitel 1, Abschnitt 1, nach Artikel 89, I. (Fusionskontrollverordnung), Artikel 4, II., 1., b), aa), Rn.6, (S.2/1419).

910 Zu den vom Vollzugsverbot gemäß Artikel 7 FKVO (derselbe a.F.) eröffneten Ausnahmen: Wiedemann (WAGEMANN), 5.Kapitel (Fusionskontrolle), 1.Abschnitt, § 17,B., II., III., Rn.42-44, (S.578 f.).

911 Die Dimensionierung spätestens bei der Entstehung der Anmeldepflicht voraussetzend: KOCH, EWS 1990, S.69 „Anmeldepflichtig sind sämtliche in den Geltungsbereich der FKVO fallende Zusammenschlüsse.“, (S.65).

912 (3) Gebot der Einfachheit und Klarheit, (S.165).

liegen der möglichst zeitnahen Erfassung durch Prognoseelemente erscheint auch nicht notwendig, als das Kriterium, die Marktstellung, welches den Zusammenschluss hinsichtlich seiner Auswirkungen für den Gemeinsamen Markt evaluieren soll, von der Gemeinschaftsdimension unabhängig ist;[913] letzterem kommt bezüglich der Zugrundelegung möglichst der am Zusammenschlussdatum bestehenden Verhältnisse das größere Gewicht zu. Auch dient das Merkmal der Gemeinschaftsdimension der Abgrenzung der Zuständigkeiten,[914] sodass eine zeitnahe Erfassung den sinnvolleren Gehalt erfährt, wenn sie an *dem* Datum vorgenommen wird, an dem die Kompetenzen schon feststehen müssen. Deshalb muss diesem Ansinnen Übergewicht im Verhältnis zur Realitätsnähe beikommen.

Die an Maßnahmen nach Art.4 (1) FKVO (derselbe a.F.) gebundene Anmeldepflicht[915] für Zusammenschlüsse von gemeinschaftsweiter Bedeutung spricht dafür, dass die an diesem Stichtag bestehenden Verhältnisse über das Bestehen der notwendigen Tragweite des Vorhabens zur Grundlage der Ermittlungen gemacht werden.[916]

(c) Einsetzen des Vollzugsverbot, Art.7 (1) FKVO (derselbe a.F.)

Die Fusionskontrolle wurde mit einem präventiven Mechanismus ausgestattet, denn eine etwaige Entflechtung und die damit verbundene Rückbildung der zusammenschlussbedingten Unternehmensintegration erweisen sich als kompliziert, wenn nicht sogar unmöglich.[917] Deshalb unterliegen sämtliche Zusammenschlüsse mit gemeinschaftsweiter Bedeutung einer Vollzugssperre.[918] Angeknüpft wird dieser Tatbestand an die Anmeldung im Sinne von Art.4 (1) FKVO (derselbe a.F.). Zwar unterliegen auch Vorhaben, die sich noch im Stadium vor

---

913 EG-KOMMISSION, Mitteilung zur Umsatzberechnung, ABl.EG 1998 C 66/26, Rn.4; Langen/Bunte (LÖFFLER), Band 1, EG-Kartellrecht, FKVO, Artikel 1, A., Rn.6, (S.2402).

914 EG-KOMMISSION, Mitteilung zur Umsatzberechnung, ABl.EG 1998 C 66/26, Rn.4; Wiedemann (WAGEMANN), 5.Kapitel (Fusionskontrolle), 1.Abschnitt, § 15, A., Rn.1, (S.467).

915 Vgl. ferner: KOCH, EWS 1990, S.69, (S.65).

916 So auch: Gemeinschaftskommentar (SCHÜTZ), EU-Fusionskontrolle (2), Artikel 5, I., 2. (Zeitliche Abgrenzung und Gebietszuordnung), Rn.9; im Zusammenhang mit der Verpflichtung zur Anmeldung darauf hinweisend, dass der Zusammenschluss (bereits) den Tatbestand des Artikel 3 FKVO (derselbe a.F.) erfüllen und gemeinschaftsweite Bedeutung bestehen müsse: Groeben/Thiesing/Ehlermann (STOFFREGEN), Band 2/II, Dritter Teil, Titel V, Kapitel 1, Abschnitt 1, nach Artikel 89, I. (Fusionskontrollverordnung), Artikel 4, II., 1., a), Rn.4, (S.2/1418).

917 Wiedemann (WAGEMANN), 5.Kapitel (Fusionkontrolle), 1.Abschnitt, § 17, B., Rn.38, 39, (S.577).

918 Groeben/Thiesing/Ehlermann (STOFFREGEN), Band 2/II, Dritter Teil, Titel V, Kapitel 1, Abschnitt 1, nach Artikel 89, I. (Fusionskontrollverordnung), Artikel 7, II., 1., Rn.4, (S.2/1480).

der Erfüllung eines Maßnahmetatbestandes nach Art.4 (1) FKVO befinden, dieser Blockade, doch besagt Art.7 (1) FKVO (derselbe a.F.), dass Zusammenschlüsse weder vor der Anmeldung (!), noch bis zur Erteilung einer Freigabe vollzogen werden dürfen.

Zunächst erscheint es vertretbar, der Nennung des Anmeldedatums im Hinblick auf die Wirkungen für das Vollzugsverbot keine große Bedeutung beizumessen. Es setzt nicht bei dieser an und wird nicht erst durch diese begründet, weshalb die Anmeldung keine Auswirkungen hat. Mit der Ausgestaltung des Tatbestandes soll allein jedweder Zweifel ausgeräumt werden, dass auch nach der Anmeldung noch kein Vollzug erfolgen darf, bis die Freigabe nicht erteilt wurde.[919]

Als Endtermin wird der Zeitpunkt der Freigabe genannt. Diesen Termin jedoch als den maßgeblichen heranzuziehen, erscheint aus Gesichtspunkten des Vollzugsverbotes nicht sinnvoll, als er das Ende des Verbotszeitraumes markiert. Im Interesse der Rechtssicherheit müssen die Beteiligten im Vorfeld erkennen können, ob ihr Vorhaben der Vollzugssperre unterliegt. Dies gilt umso mehr, als nicht alle Mitgliedstaaten ein Vollzugsverbot [anders als auch im deutschen Recht, § 41 GWB] auferlegen.

Mithin wäre aus der Perspektive des Vollzugsverbotes als maßgeblicher Stichtag die Zeit in Betracht zu ziehen, in der dieses beginnt. Nun lässt die Regelung der Verordnung dies offen, als das Vollzugsverbot in der „Unendlichkeit“ beginnen soll. Darum muss geprüft werden, wann diese Regelung ihren materiellen Gehalt erfährt.

Geht man von der Perspektive der beteiligten Unternehmen aus, so liegt im Ursprung die Idee für eine Akquisition – fremder – unternehmerischer Ressourcen, die dann geplant und vorbereitet wird. Diese Maßnahmen, die auch oftmals noch scheitern können, sind aus der Sicht der FKVO noch nicht administrativ zu überwachen; gleiches gilt für die informellen Vorgespräche. Kommt man dann zu dem Punkt, dass man sich auf ein Vorhaben verständigt hat, so muss dieses umgesetzt werden. Dies erfolgt durch grundsätzlich durch die Vornahme einer Handlung nach Art.4 (1) FKVO (derselbe a.F.). Aufgrund der vorausgesetzten rechtlichen Verbindlichkeit diese Maßnahme haben die Beteiligten sich verpflichtet – teilweise sogar schon verfügt – und müssen nun Hindernisse, welche der Umsetzung des Vorhabens noch entgegenstehen, beseitigen. Zu diesem Zeitpunkt ist das Vorhaben in seiner konkreten Gestalt abzusehen und wird von der FKVO als mögliche Bedrohung für den mehr oder weniger funktionierenden Wettbewerb angesehen, sodass die Kontrollfunktion zur Geltung kommen

---

919 Vgl. Gemeinschaftskommentar (SCHÜTZ), EU-Fusionskontrolle (2), Artikel 7, I. (Vollzugsverbot), Rn.4; Wiedemann (WAGEMANN), 5.Kapitel (Fusionkontrolle), 1.Abschnitt, § 17, B., I.,l, Rn.40, (S.577).

muss.[920] Die Beteiligten müssen nunmehr die rechtlichen Modalitäten, die die legale Umsetzung des Vorhabens sperren, ausräumen, um eine Strukturveränderung umsetzen zu können (vgl. zur neuerlichen Rechtslage: Fußnote 920).

Hindernisbeseitigung nach der FKVO bedeutet folglich die Beseitigung des Vollzugsverbotes. Dann müssen die Beteiligten in dem Moment der Maßnahme erkennen können, ob ein solches nach Art.7 (1) FKVO (derselbe a.F.) besteht, damit dieses mittels Kontrollverfahrens beseitigt werden kann.[921] Demnach kann man, auch wenn die FKVO dies nicht ausdrücklich regelt, aus dem Regelungsgefüge ableiteten, dass das Vollzugsverbot zwar nicht im Moment der Maßnahme erst eintritt, aber regelmäßig zu diesem Zeitpunkt Wirkungen entfaltet und seine Aufgabenstellung umsetzt.

Das Vollzugsverbot muss dafür sprechen, dass der Zeitpunkt der Maßnahme nach Art.4 (1) FKVO der maßgebliche Beurteilungszeitpunkt für die Unternehmensverflechtungen darstellt, da dann das Vollzugsverbot regelmäßig Relevanz erfährt.

(d) Entscheidungskompetenz, Art.6 (1) FKVO (derselbe a.F.)

An die Anmeldung des Vorhabens schließt sich das europäische Vorverfahren an. Danach prüft die EG-Kommission gemäß Art.6 FKVO (derselbe a.F.) einerseits, ob der angemeldete Zusammenschluss unter den Kontrollbereich der Verordnung fällt, weil das angemeldete Vorhaben einen Zusammenschluss von gemeinschaftsweiter Bedeutung darstellt,[922] und andererseits, ob eine grobe wettbewerbliche Würdigung der Transaktion ernsthafte Bedenken aufzeigt,[923] die eine eingehende Prüfung des Vorhabens erforderlich machen; dies ist Ausdruck der Präventivkontrolle, als der Großteil der Anmeldungen wettbewerblich unauffällige Vorhaben betrifft, die nach Art.6 (1) lit.b FKVO bereits freigegeben werden.[924]

---

920 Dies gilt ungeachtet der Tatsache, dass seit der Neufassung der FKVO nunmehr eine dem Maßnahmedatum vorgezogene Anmeldung möglich ist. Damit soll allein gewährleistet sein, dass im Endstadium der größtenteils abgestimmten Verhandlungen bereits parallel Hindernisse, die sich in fusionsrechtlicher Hinsicht ergeben könnten, ausgeräumt werden können. Dies zeigt sich schon an der Regelung des Art.4 (1) Uabs.2 FKVO (keine a.F.), der eine Anmeldefähigkeit erst dann zuerkennen soll, wenn das Vorhaben gewissermaßen faktisch feststeht und der formelle Akt im Sinne der Maßnahmedefinitionen im Sinne von Abs. 1 noch aussteht.

921 Vgl. EUROPÄISCHER GERICHTSHOF, Urteil (Rs. 169/80 – Zollverwaltung ./.Gondrand), Slg.1981, S.1931, Leitsatz 1, (S.1931).

922 Immenga/Mestmäcker (IMMENGA), EG-WbR, Band I, VII.Abschnitt (Fusionskontrollverordnung), C., III., 1., Rn.20, (S.804); Lange (SCHRÖER), Kapitel 5 (Zusammenschlusskontrolle), § 1, IV., 2., Rn.105 (S.457).

923 Lange (SCHRÖER), Kapitel 5 (Zusammenschlusskontrolle), § 1, IV., 2., Rn.105, (S.457).

924 Vgl. Wiedemann (WAGEMANN), 5.Kapitel (Fusionkontrolle), 1.Abschnitt, § 17, D., I., Rn.66, (S.585).

Voraussetzung einer Entscheidung nach Art.6 (1) FKVO (derselbe a.F.) ist die Gemeinschaftsdimension, denn sie ist bei Zusammenschlüssen das Stellwerk zwischen einer Entscheidung nach Art.6 (1) lit.a FKVO (derselbe a.F.) einerseits oder lit.b oder c andererseits. Eine das Vorverfahren abschließende Entscheidung setzt eine Aussage über die Gemeinschaftsdimension voraus. Dies legt nahe, dass der maßgebliche Beurteilungszeitpunkt zum Termin der Entscheidung verortet werden sollte.

Dafür spricht die gängige verwaltungsrechtliche Praxis, wonach die Voraussetzungen für ein behördliches Handeln im Zeitpunkt der Vornahme derselben gegeben sein müssen.[925] Bei Erlass der Entscheidung muss folglich die Gemeinschaftsdimension bestehen oder nicht.

Da Prognoseentscheidungen aufgrund des Bedürfnisses nach Rechtssicherheit nicht tunlich sind, müssten nach der Regelung des Art.6 (1) FKVO (derselbe a.F.) – spätestens – die Voraussetzungen am Entscheidungsdatum von Bedeutung sein können.

Es ist nicht unumgänglich, dass die Verhältnisse zu einem Zeitpunkt im Vorfeld der Entscheidung zugrunde gelegt werden sollen. Auch wenn es in diesem Kontext merkwürdig erscheinen sollte, dass die EG-Kommission nicht die Verhältnisse im Zeitpunkt ihrer Entscheidung selbst zugrunde legt, so kann die Legitimität anhand der Ermächtigung zur Verhängung von Bußgeldern nach Art.14 FKVO (derselbe a.F.) illustriert werden. Für die Sanktionierung ist nicht erforderlich, dass im Zeitpunkt der Verhängung eines Bußgeldes der Verstoß andauert, wie sich insbesondere aus Art.14 (1) lit.c FKVO (derselbe a.F.) im Verhältnis zu Art.15 (1) lit.a FKVO (derselbe a.F.), der Möglichkeit zur Verhängung von Zwangsgeldern, ergibt. Die EG-Kommission stützt sich auf Verhältnisse in der Vergangenheit, die die Widrigkeit aus der Perspektive der FKVO begründen. Überträgt man diesen Gedanken auf die Entscheidung nach Art.6 (1) FKVO (derselbe a.F.), so könnte die EG-Kommission im Zeitpunkt der Entscheidung auf diejenigen Voraussetzungen der gemeinschaftsweiten Dimension eines Vorhabens abstellen, die sich nach den bestehenden Verhältnissen an einem früheren Termin richten.

Das Anliegen nach einer möglichst auf aktuellen Gegebenheiten basierenden Entscheidung der EG-Kommission[926] spricht dagegen für das Abstellen auf die Verhältnisse im Zeitpunkt der Entscheidung selbst.

---

[925] EUROPÄISCHER GERICHTSHOF, Urteil (vb.Rs. 15/76 und 16/76 – Frankreich./.EG-Kommission) vom 7.2.1979, Slg.1979, S.336 Rn.7, 8, (S.321); EUROPÄISCHES GERICHT ERSTER INSTANZ, Urteil (Rs. T-290/94 – Kayersberg./.EG-Kommission) vom 27.11.1997, WuW/E (EU-R) 48, Rn.175, Urteil (Rs. T-115/94 – Opel Austria./.Rat) vom 22.1.1997, Slg.1997, S.69, Rn.87, (S.39), Urteil (vb.Rs. T-79/05, 80/95 – SNCF./.EG-Kommission) vom 22.10.1996, Slg.1996, S.1510, Rn.48, (S.1491).

[926] Vgl. EG-KOMMISSION, Mitteilung zur Umsatzberechnung, ABl.EG 1998 C 66/26, Rn.7..

Letztendlich muss das Fazit gezogen werden, dass Art.6 (1) FKVO (derselbe a.F.), zwar nicht gegen die Verortung des maßgeblichen Beurteilungsstichtages an einem Datum im Vorfeld der Entscheidung, wohl aber für die Zugrundelegung der Verhältnisse am Entscheidungstag zu gewichten ist. Jedenfalls sollte es hiernach aber ausgeschlossen sein, dass die Verhältnisse nach dem Entscheidungsdatum nicht von Bedeutung sein können, weil Prognoseentscheidungen der EG-Kommission schon aus Gründen der Rechtssicherheit nicht tunlich sind.

(e) Hauptverfahren, Art.8, 2 FKVO (dieselben a.F.)

Vorhaben mit gemeinschaftsweiter Bedeutung, die wettbewerbliche Bedenken hervorrufen, werden gemäß Art.2 FKVO (derselbe a.F.) intensiv auf ihre Vereinbarkeit mit dem Gemeinsamen Markt geprüft. Hierbei handelt es sich um das komplizierte Hauptverfahren, als die europäischen Wettbewerbshüter exakt ermitteln müssen, ob ein Zusammenschluss mit Gemeinschaftsdimension aufgrund seiner wettbewerblichen Auswirkungen auf den Gemeinsamen Markt freigegeben werden kann oder nicht. Voraussetzung hierfür ist zunächst, dass die EG-Kommission ein Hauptverfahren mit einer Entscheidung nach Art.6 (1) lit.c FKVO (derselbe a.F.) einleitet.

Während des Hauptverfahrens hat die Dimension des Zusammenschlusses dann keine Bedeutung mehr. Dies ergibt sich auch aus dem Prüfungsinhalt des Hauptverfahrens. Danach geht es um eine rein marktstrukturelle Begutachtung des geplanten Konzentrationsvorganges. Offensichtlich soll sich das Augenmerk allein auf die Vereinbarkeitsprüfung richten. Im Interesse einer zügigen Verfahrensabwicklung, wie sie mittels der Konstruktion der FKVO ermöglicht werden sollte, kann es zudem nicht förderlich sein, wenn die EG-Kommission sich noch weiterhin mit der Gemeinschaftsdimension beschäftigen müsste. So adressiert sich Art.2 FKVO (derselbe a.F.) auch nur an Zusammenschlüsse im Sinne der FKVO, während es auf die gemeinschaftsweite Bedeutung nicht mehr ankäme; so richten sich Art.4 oder 7 FKVO (dieselben a.F.) an Zusammenschlüsse „*von gemeinschaftsweiter Bedeutung im Sinne dieser Verordnung*", während Art.2 FKVO (derselbe a.F.) nur von Zusammenschlüssen „*im Sinne dieser Verordnung*" ausgeht.[927]

Aus der Gliederung der FKVO in ein Vor- und ein Hauptverfahren folgt, dass die Verhältnisse jedenfalls vor dem Eintritt in das Hauptverfahren von Bedeutung sein müssen; das bestätigt das im vorangegangenen Absatz gefundene Resultat

927 Hinsichtlich Art.7 FKVO a.F. wurde inhaltlich entsprechend von Zusammenschlüssen „im Sinne des Artikel 1" gesprochen.

(f) Zusagenklausel, Art.6 (2) FKVO (derselbe a.F.)

Gemäß Art.6 (2) FKVO (derselbe a.F.) besteht die Möglichkeit der Vorhabenbetreiber, sich mit der EG-Kommission auf strukturelle Zugeständnisse zu einigen, um einen Zusammenschluss zu entschärfen und somit eine Freigabefähigkeit zu erreichen. Hinter dieser Regelung steht das praktische Bedürfnis, Unverhältnismäßigkeit zu vermeiden. So sah man es nicht als sinnvoll an, Unternehmen erst mittels Entscheidung nach Art.6 (1) lit.c FKVO (derselbe a.F.) in das mehrmonatige Hauptverfahren zu „lotsen“, um dann über Zugeständnisse zu verhandeln.[928]

In Art.6 FKVO (derselbe a.F.) wird davon ausgegangen, die EG-Kommission könne bei einem angemeldeten Zusammenschluss eine Entscheidung nach Abs.1 lit.b unter den Voraussetzungen des Art.6 (2) FKVO (derselbe a.F.) treffen. Bedeutung erfährt die Norm im Kontext mit der Bestimmung der maßgeblichen Beurteilungszeit insofern, als die Veränderung der strukturellen Basis einer Transaktion zwangläufig auch geeignet ist, die Dimension des Vorhabens zu tangieren. Dies gilt insbesondere für die praktisch bedeutsamste Fallgruppe, die die Veräußerungszusage[929] wirtschaftlicher Ressourcen betrifft.

Angenommen, ein wettbewerbsrechtlich bedenklicher Zusammenschluss hätte gemeinschaftsweite Bedeutung, die jedoch durch eine entschärfende Veräußerungszusage wegfallen würde, so müsste man entweder vertreten, dass die EG-Kommission diese Zusage nicht „annehmen“ darf oder sie zumindest eine Unzuständigkeit für das Vorhaben vertreten müsste; dies selbstredend nur, sofern der maßgebliche Beurteilungszeitpunkt nach der Zusage liegt, beispielsweise das Entscheidungsdatum nach Art.6 FKVO (derselbe a.F.), und die Dimension im Zeitpunkt der Zusage noch nicht änderungsresistent ist.

Nun könnte man diese Folge bedenkenlos gelten lassen, wenn nicht auch im Hauptprüfverfahren gemäß Art.8 (2) FKVO (derselbe a.F.) die Zusagemöglichkeit offen stünde. Die vorangegangenen Ermittlungen haben bereits gezeigt, dass eine Umdimensionierung nach dem Eintritt in das Hauptverfahren strikt abzulehnen ist. Zieht man diese Erwägung heran, so wären die Unternehmen gezwungen, eine Eröffnung des Hauptverfahrens abzuwarten, um dann die Zusagen anzubieten, die die Dimension des Vorhabens tangieren könnten.

Es wäre widersinnig und unökonomisch, Unternehmen dazu zu zwingen, das Hauptverfahren zu forcieren, um dann ihre Zusagemöglichkeit ohne Gefährdung der Kommissionszuständigkeit zu nutzen. Ferner würde die behördliche Auslastung erhöht werden, was ebenfalls nicht von der FKVO gewollt sein kann.

---

928 Frankfurter Kommentar (SCHRÖER), Band 6, Teil 3a (FKVO 4064/89 mit Ausnahme Artikel 4 und 7), Artikel 6, II. (Die Entscheidung nach Artikel 6 FKVO), 3., Rn.13.

929 Vgl. Groeben/Thiesing/Ehlermann (STOFFREGEN), Band 2/II, Dritter Teil, Titel V, Kapitel 1, Abschnitt 1, nach Artikel 89, I. (Fusionskontrollverordnung), Artikel 8, II., 2., b), aa), Rn.14, (S.2/1493).

Die logische Schlussfolgerung wäre, die Dimension den Auswirkungen struktureller Zusagen zu entziehen. Somit sollten die Verhältnisse zu einem Zeitpunkt am Anfang des Vorverfahrens, das heißt spätestens mit dem Datum der Anmeldung, von Bedeutung sein.

(g) Bußgeldsanktionen, Art.14 (1), (2) FKVO (derselbe a.F.)

Mit dem Zeitpunkt der Erfüllung eines die Anmeldepflicht auslösenden Tatbestandes mussten die Beteiligten vor der Reform der FKVO die Anmeldung unter der Beifügung aller erforderlichen Unterlagen einreichen. Kamen sie dieser Auflage, abgesehen von zulässigen Zeitaufschüben, welche im Rahmen informeller Vorgespräche gestattet werden konnten, nicht nach, so drohte ihnen die Auferlegung eines Bußgeldes nach Art.14 (1) lit.a FKVO a.F. Folglich war es ordnungswidrig, wenn ein Zusammenschluss mit Gemeinschaftsdimension zumindest fahrlässig nicht innerhalb der Wochenfrist, vom Datum der Maßnahme ausgehend, gemeldet wurde.

Seit der Reform der FKVO ist die Anmeldung zwar nicht mehr zeitlich gebunden, jedoch besteht nach der Erfüllung eines Tatbestandes im Sinne von Art.4 (1) FKVO (derselbe a.F.) die grundsätzliche Pflicht zur Anmeldung, wobei auch hier gemäß Art.14 (2) lit.a FKVO (keine a.F.) ein Bußgeld verhängt werden kann, wenn die erforderliche Anmeldung vor dem Vollzug unterlassen wird.

Sowohl nach altem als auch nach neuem Recht sind mit dem Maßnahmedatum Verpflichtungen verbunden, die bei Verstößen mit Bußgeldern belegt werden können. Es muss damit im Zeitpunkt einer Maßnahme nach den schon an anderer Stelle herausgearbeiteten Anforderungen an Rechtssicherheit und Klarheit, insbesondere im Bußgeldbereich,[930] im Zeitpunkt der Maßnahme erkennbar sein, welche Verpflichtungen bestehen. Eine Prognoseentscheidung ist dabei untauglich, weshalb auch diese Erwägungen dafür sprechen, dass es auf den Zeitpunkt der Maßnahme ankommen muss.

(3) Gesamtanalyse der Argumente

Abstellend auf den Wortlaut der FKVO wurde festgestellt, dass diese keine Regelung des Problems parat hält. Der Regelungsgehalt der Verordnung spricht für die Verortung des maßgeblichen Beurteilungsstichtages am Datum der Erfüllung eines Maßnahmetatbestandes im Sinne von Art.4 (1) FKVO (derselbe a.F.). So markiert dieses Datum aus der Sicht der FKVO den Beginn eines kontrollbedürftigen Sachverhaltes. Alle sich diesem Stichtag anschließenden Zeitpunkte oder Verfahrensetappen, die der Zusammenschluss durchlaufen muss, sind von dem jeweils angewandten Recht abhängig. Eine Ausnahme bildet insoweit der

[930] Den Hintergrund erläuternd (a) Vollständige Abkehr von der formalen zur materiellen Beherrschung, (S.186).

Vollzug, jedoch ist eine Zugrundelegung der Verhältnisse am Vollzugsdatum ausgeschlossen, da sie einen präventiven Kontrollmechanismus verkörpert.

Als maßgebliches Beurteilungsdatum ist damit der Tag, an dem eine Maßnahme nach Art.4 (1) FKVO (derselbe a.F.) umgesetzt wird, zugrunde zu legen. Bedenken bestehen aufgrund der Regelung des Art.6 (1) FKVO (derselbe a.F.), denn die Entscheidungsmöglichkeiten der EG-Kommission legen es nahe, dass die aktuellsten Verhältnisse am Verfügungstag berücksichtigt werden müssen. Dieser Aspekt kann indes nicht ein solches Gewicht erfahren, dass ein Abrücken vom „Maßnahmeansatz“ notwendig wird.

Es könnte aber in Erwägung zu ziehen sein, ob strukturelle Veränderungen nach der Vornahme einer Maßnahme, beschrieben von Art.4 (1) FKVO (derselbe a.F.), sofern sie die Dimension des Vorhabens verändern, von der EG-Kommission bei ihrer Entscheidung nach Art.6 (1) FKVO (derselbe a.F.) berücksichtigt werden müssen. Dagegen spricht aber das Argument, welches aus der Zusagenklausel des Art.6 FKVO (derselbe a.F.) gewonnen wurde.

(4) Fazit

Die beteiligten und verbundenen Unternehmen sind auf der Grundlage der Verhältnisse zu ermitteln, die am Tag der Maßnahme nach Art.4 (1) FKVO (derselbe a.F.) bestehen. Angemerkt sei, dass diese Sichtweise nach der Neufassung der FKVO auch mit Art.4 (1) Uabs.2 FKVO (keine a.F.) harmonieren würden, denn danach kommt es für die vorgezogene Anmeldung eines Zusammenschlusses darauf an, dass die in Art.4 (1) Uabs.1 FKVO [ders. (1) a.F.] beschriebenen Maßnahmen zu einem Zusammenschluss von gemeinschaftsweiter Bedeutung führen *würden*.

Noch nicht geprüft wurde, ob Maßnahmen, die zum Zeitpunkt der Maßnahme bereits bekannt sind und die die Strukturen vor dem Vollzug noch verändern werden, Berücksichtigung finden können.[931]

(II) Lokalisierung des letzten Geschäftsjahres

Die relevanten Umsatzerlöse sind dem letzten Geschäftsjahr zu entnehmen. Da dieses eine von dem Zusammenschluss und Kontrollverfahren unabhängige Zeitspanne ausmacht, muss der Zeitpunkt ermittelt werden, von dem ausgehend der maßgebliche Realisierungszeitraum zu verorten ist, damit eine zeitliche Verbindung hergestellt werden kann; es ist mittelbar die zeitliche Erhebung der Umsatzerlöse zu erarbeiten.

Anknüpfend an die Argumentation zur Identifizierung der beteiligten Unternehmensverbände, muss davon ausgegangen werden, dass auch das Geschäftsjahr von dem Termin der Maßnahme nach Art.4 (1) FKVO (derselbe a.F.) aus-

---

931 Hierzu im Anschluss cc. Berücksichtigungsfähigkeit umsatzbeeinflussender Effekte, (S.382).

gehend bestimmt werden soll; dies, da es einerseits die einheitliche Rechtsanwendung im europäischen Zusammenschlussrecht pflegen würde und andererseits die vorangegangene Argumentation zum temporären Beurteilungshorizont bezüglich der Unternehmensverbände auf der zeitlichen Ermittlung der gemeinschaftsweiten Bedeutung und nicht allein der beteiligten Unternehmensverbände fußt. Sie erlangt damit gleichwohl an dieser Stelle einen Geltungsanspruch. Ein differentes Vorgehen kann deshalb ausschließlich erforderlich sein wenn gewichtige Gründe eine Unterscheidung zwischen dem Beurteilungszeitpunkt für das letzte Geschäftsjahr sowie für die Unternehmensstrukturen rechtfertigen.

Für ein anderweitiges Vorgehen könnte man anführen, der Referenzzeitraum liege weit in der Vergangenheit, sodass selbst bei einem Abstellen auf den Verfügungstermin die Dimension nicht einer Prognose bedürfe; durch die Nähe zum Entscheidungsdatum würden Verhältnisse berücksichtigt, die durch Zeitnähe gekennzeichnet wären. Diese Argumentation wäre allerdings paradox. Zwangsläufig auf das Vollzugsdatum mit dem Argument abzustellen, die Verhältnisse würden sich gegenüber dem Maßnahmedatum ohnehin nicht verändern, würde keinen „Gewinn" an Aktualität mit sich bringen. Allerdings würde es große Schwierigkeiten heraufbeschwören, wenn der Abschlussstichtag in den Verfahrenszeitraum hineinfällt.[932]

Da sich die Gemeinschaftsdimension aus den beteiligten Unternehmen und deren Umsatzerlösen des abgelaufenen Geschäftsjahres zusammensetzt, muss als maßgeblicher Beurteilungsstichtag auch für letztere der Tag gelten, an dem ein Tatbestand nach Art.4 (1) FKVO (derselbe a.F.) erfüllt wird.

(III) Fazit

Das letzte Geschäftsjahr ist gleich den beteiligten Unternehmensstrukturen am Tag der Maßnahme gemäß Art.4 (1) FKVO zu ermitteln.

f. Zusammenfassung zum maßgeblichen Beurteilungszeitpunkt

Für die Bestimmung der beteiligten und verbundenen Unternehmen sowie der Lokalisierung des für die Wirtschaftskraft maßgeblichen Geschäftsjahres ist das Datum einer Maßnahme nach Art.4 (1) FKVO (derselbe a.F.) von Bedeutung. Die von der EG-Kommission zuletzt in dem Verfahren E.ON/RUHRGAS vertretene Auffassung kann damit bestätigt werden.

Offen bleibt bis dato, ob und wann bereits vorliegende Kenntnisse über eine Veränderung der Unternehmensstrukturen oder der Umsätze, die vor dem Zusammenschluss eintreten werden, berücksichtigt werden können, wenn sie im Zeitpunkt der Maßnahme nach Art.4 (1) FKVO (derselbe a.F.) bereits bekannt sind. Ferner ist noch nicht analysiert worden, wie die Praxis der EG-

---

932 Siehe hierzu bereits die Nachweise in der Fußnote 844.

Kommission zu bewerten ist, bei einem Mangel an aktuellen Zahlen auf „veraltete“ Datengrundlagen zurückzugreifen; beides wird im folgenden Absatz zu besprechen sein.

5) Transaktionsspezifische Besonderheiten bei der Umsatzkalkulation

Mittels der vorangegangenen Darstellungen zu den Gliederungsposten wurden die fundamentalen Merkmale, die stets bei der Berechnung der Vergleichswerte zu berücksichtigen sind, konkretisiert. Dabei ist mehrfach angedeutet worden, dass in Bezug auf bestimmte Zusammenschlusskonstellationen Besonderheiten gelten könnten, die es nunmehr zu analysieren gilt.

Zu unterscheiden ist zwischen benannten und unbenannten Besonderheiten, auf die bei der allgemeintypischen Umsatzberechnung zu reagieren ist. Im Zusammenhang mit benannten Fällen kann vorab auf die Norm des Art.5 (2) FKVO (derselbe a.F.) verwiesen werden. Unbenannt sind dagegen solche Zweifelsfälle, bei denen die Verordnung grundsätzlich keine geregelte Lösung parat hält, obwohl tatsächliche oder gar rechtliche Erwägungen eine spezielle Behandlung voraussetzen oder zumindest nahelegen.

Begonnen werden soll die Analyse mit den benannten Fällen; es geht mithin zunächst um eine Konkretisierung des Art.5 (2) FKVO (derselbe a.F.).

a. Auslegung von Art.5 (2) FKVO (derselbe a.F.)

Art.5 (2) FKVO (derselbe a.F.) soll Regelungen für die Umsatzberechnung aufstellen, die in bestimmten Fallkonstellationen zu beachten sind. Auch wenn die Unterabsätze der Norm eine sich komplettierende Regelungseinheit bilden,[933] sollen sie unabhängig voneinander besprochen werden.

aa. Teilveräußerungen in der Umsatzberechnung, Uabs.1 (derselbe a.F.)

Art.5 (2) Uabs.1 FKVO (derselbe a.F.) modifiziert die Umsatzberechnung in Teilerwerbsfällen dahingehend, dass nur die den tatsächlich zu erwerbenden Teilen zurechenbare Wirtschaftskraft Berücksichtigung finden können.[934]

Art.5 (2) Uabs.1 FKVO (derselbe a.F.): „Wird der Zusammenschluss durch den Erwerb von Teilen … bewirkt, so ist … abweichend von Absatz 1 der Umsatz zu berücksichtigen, der auf die veräußerten Teile entfällt.“

---

[933] Siehe dazu beispielsweise die Darstellung von Artikel 5 (2) FKVO (derselbe a.F.) bei: Langen/Bunte (LÖFFLER), Band 1, EG-Kartellrecht, FKVO, Artikel 5, C., Rn.7, (S.2535); MESTMÄCKER/SCHWEITZER, 6.Kapitel (Fusionskontrolle), § 23, IV., 2., a), Rn.42 (S.539); siehe auch: Wiedemann (WAGEMANN), 5.Kapitel (Fusionskontrolle), 1.Abschnitt, § 15, C., II., Rn.93, (S.506).

[934] RÖHLING, ZiP 1990, S.1180, (S.1179); RUDO, RIW 1997, S.641, (S.641).

Sinn und Zweck dieser Norm ist es, die gemeinschaftsweite Bedeutung von der Leistungsfähigkeit der beteiligten Wirtschafteinheiten, so wie sie vor dem Zusammenschluss im Verbund bestehen, abzukoppeln und den Fokus vielmehr auf den tatsächlichen Konzentrationsgehalt zu legen.[935] Dies wirkt sich de facto nur auf der Veräußererseite aus, da hier die Möglichkeit besteht, dass nicht die gesamte Wirtschafteinheit, sondern nur – die veräußerten – Teile derselben in einer sich im Zusammenschluss formenden Einheit aufgehen.[936]

(I) Unzulänglichkeiten zwischen Wortlaut und Zielsetzung

Die Formulierung des Art.5 (2) Uabs.1 FKVO (derselbe a.F.) wirft in Bezug auf ihre Funktion eine Auslegungsfrage auf: Was ist unter dem Teil des Unternehmens zu verstehen? Die Problematik soll über ein einleitendes Beispiel illustriert werden.

Beispiel 2:90 (Unzulänglichkeiten zwischen Wortlaut und Zielsetzung)
Das Unternehmen A (€ 400 Mio.) verfolgt eine breit angelegte Expansionsstrategie. Es plant dazu die Akquisition von unternehmerischen Ressourcen anderer Unternehmen. Konkret sind folgende Vorhaben geplant:
Variante A)
Von dem Unternehmen B (€ 300 Mio.) soll eine Marke Bv erworben werden, der ein Umsatzvolumen von € 80 Mio. zugerechnet werden kann.
Variante B)
Von dem Unternehmen C (€ 300 Mio.) soll eine 100%ige Tochtergesellschaft das Unternehmen Ct (€ 80 Mio.), erworben werden.
Variante C)
Von dem Unternehmen D (€ 400 Mio.) soll eine 5%ige Beteiligung an dem Unternehmen Z3 (€ 90 Mio.) erworben werden. Da A bereits über eine 46%ige Beteiligung an D verfügt, diese jedoch noch nicht kontrollieren kann, wird mit der Transaktion eine Möglichkeit zur bestimmenden Einflussnahme erworben werden.
Variante D)
Von dem Unternehmen E (€ 90 Mio.) wird das gesamte Bilanzvermögen Ev übernommen. An E ist das Unternehmen Em (€ 800 Mio.) mit 51% der Stimmrechte beteiligt.
Anmerkung: In allen Varianten bezieht sich der Umsatz auf die gemeinschaftsweit erzielten Erlöse.

Bewertet man diese Transaktionen vor dem Hintergrund des Sinngehaltes von Art.5 (2) Uabs.1 FKVO (derselbe a.F.), nur die Wirtschaftkraft der tatsächlich erworbenen Ressourcen zu berücksichtigen, so müsste veräußererseits in der Variante A ein Umsatz von € 80 Mio., in der Variante B von € 80 Mio., in der Variante C von € 90 Mio. und in der Variante D von € 90 Mio. Berücksichti-

---

935 Siehe auch zu den vergleichbaren Fällen: RUDO, RIW 1997, S.644, 646, (S.641).

936 Groeben/Thiesing/Ehlermann (BRUHN), Band 2/II, Dritter Teil, Titel V, Kapitel 1, Abschnitt 1, nach Artikel 89, I. (Fusionskontrollverordnung), Artikel 5, III., 1., Rn.34, (S.2/1448 f.).

gung finden. In allen Fällen würde die Gemeinschaftsdimension an den Schwellen von Art.1 (2) lit.b, (3) lit.d FKVO (derselbe a.F.) scheitern.

Berechnet man veräußererseitig die Gesamtumsätze der beteiligten Unternehmen in Anlehnung an die bereits aufgestellten Grundsätze, so müsste in der Variante A das Unternehmen B, das veräußernde Zielobjekt, als beteiligtes Unternehmen mit einem Umsatz von € 300 Mio. bewertet werden. Bv stellt jedoch im Rahmen der Gesamtunternehmung von B nur einen Teil der wirtschaftlichen Ressourcen dar, weshalb Art.5 (2) Uabs.1 FKVO (derselbe a.F.) es bedingt, dass berücksichtigungsfähig im Rahmen der Schwellenbewertung nur € 100 Mio. wären.

In der Variante B müsste ferner Ct als beteiligtes Unternehmen – als Zielobjekt – Berücksichtigung finden. Der Umsatz setzt sich aus den eigens und den von verbundenen Unternehmen, also C, zusammen, weshalb dieser € 380 Mio. beträgt. Die Anwendung von Art.5 (2) Uabs.1 FKVO (derselbe a.F.) ist in diesem Fall fraglich, weil bei einer einzelunternehmerischen Perspektive Ct nicht Teil, sondern selbst Unternehmen wäre, während ein konzernrechtlicher Ansatz, der sich an der Gesamtunternehmung, zusammengefasst unter der obersten Einflusshierarchie, orientiert, Ct als Teil begreifen könnte.

Die im vorangegangenen Absatz aufgezeigte Problematik lässt sich in der Variante C verdeutlichen. Hier kann es nur zu einer Berücksichtigung der Umsätze von Z3 kommen, weil keine umsatzleitende Verbindung zum Veräußerer oder einem Dritten besteht. Auf die Anwendung von Art.5 (2) FKVO (derselbe a.F.) käme es nicht an.

Ähnlich der Variante B ist auch die Problematik in der Variante D. Hier wäre Ev als beteiligtes Unternehmen zu begreifen; deutlich zeigt sich die Konstruktion des veräußernden Zielobjektes,[937] weil der unternehmerische Gehalt des Veräußerer vollständig erworben wird[938] und ihm gewissermaßen die Unternehmensfähigkeit nimmt. Der Umsatz des beteiligten Unternehmens E müsste jedoch gemäß Art.5 (4) FKVO (derselbe a.F.) € 890 Mio. betragen, denn Em ist als verbundenes Unternehmen zu berücksichtigen. Die Anwendung von Art.5 (2) Uabs.1 FKVO (derselbe a.F.) ist damit erneut von dem Betrachtungswinkel abhängig.

Diskrepanzen von Wortlaut und Zielfunktion hängen von dem einzelunternehmerischen oder konzernrechtlichen Betrachtungswinkel von Art.5 (2) Uabs.1 FKVO (derselbe a.F.) in Bezug auf die Teildefinition ab. Die Problematik wird sich zwar in den folgenden Untersuchungen für die Anwendung des Art.5 (2) Uabs.1 FKVO als ein rein dogmatisches, nicht aber auch praktisch relevantes

---

937 (.1) Neubestimmung der Relation von Veräußerer und Zielobjekt, (S.246-248).

938 Siehe hierzu auch die Fusion als einen Kontrollerwerb an der Gesamtheit des Unternehmens
(-vermögens) bezeichnend: EBENROTH/RÖSLER, RIW 1994, S.536, (S.532).

Problem herausstellen, jedoch hat sie Auswirkungen auf die Auslegung des Uabs.2, dort geht es nämlich anschließend um Erwerbsvorgänge zwischen denselben *Unternehmen* oder Personen, weshalb sie dennoch zu diskutieren und aufzulösen ist.

(II) Einzelunternehmerischer oder konzernrechtlicher Betrachtungswinkel

Was Teil eines Unternehmens ist, hängt von dem einzelunternehmerischen bzw. konzernrechtlichen Betrachtungswinkel von Art.5 (2) FKVO (derselbe a.F.) im Hinblick auf den Bezugspunkt, das Unternehmen, ab. Es stellt sich die Frage, ob damit auch das im Konzern verkörperte Gesamtunternehmen gemeint sein kann oder nicht.[939]

Der Wortlaut der Norm gibt hierzu – wie bereits gezeigt wurde – keine Auskunft, weshalb die historische Analyse folgen wird.

(1) Historische Entwicklung

Die Regelung des Art.5 (2) Uabs.1 FKVO (derselbe a.F.) wurde erst spät, im Jahre 1988, in den Entwicklungsprozess der FKVO eingeführt. Dabei ist ursprünglich von dem Erwerb eines Teiles des „*Betriebsvermögens eines Unternehmens*“ ausgegangen worden.[940] Diese Regelung würde zunächst für eine einzelunternehmerische Perspektive sprechen, weil der Begriff des Betriebsvermögens sich auf den unmittelbar stehenden Träger beziehen sollte.[941] Es sollte sich danach vielmehr die Frage stellen, ob Art.5 (2) Uabs.1 FKVO (derselbe a.F.) seiner originären Anlage nach die problematisierten Varianten B und D im *Beispiel 2:90 (Unzulänglichkeiten zwischen Wortlaut und Zielsetzung)* erfassen wollte.

---

939 Dafür: EG-KOMMISSION, Mittelung zum Begriff der beteiligten Unternehmen, ABl.EG 1998 C 66/16, Rn.14 „Der Begriff `Teil´ umfasst eine oder mehrerer getrennte Rechtspersonen (wie Tochtergesellschaften)“; Frankfurter Kommentar (VÖLCKER), Band 6, Teil 3a (FKVO 4064/89 mit Ausnahme Artikel 4 und 7), Artikel 5, B., I., 4. (Erwerb von Unternehmensteilen), Rn.18 „[Die Berücksichtigung der Umsätze von Teilen nach Artikel 5 (2) FKVO (derselbe a.F.)] gilt auch dann, wenn der Veräußerer an dem übertragenen Unternehmensteil eine Minderheitsbeteiligung zurückbehält.“; dagegen wohl: EUROPÄISCHES GERICHT ERSTER INSTANZ, Urteil (Rs.T-3/93 – Air France./.EG-Kommission) vom 24.3.1994, Slg.1994, S.169, Rn.100 „Der Teilerwerb eines Unternehmens (ist) im allgemeinen nur insoweit möglich, als der Erwerbsvertrag Teile des Anlagevermögens, nicht aber Finanzvermögen betrifft.“, (S.121).

940 EG-KOMMISSION, FKVO-Entwurf88, ABL. EG 1988 C 130/7.

941 Vgl. Immenga/Mestmäcker (VEELKEN), EG-WbR, Band I, V.Abschnitt (Gruppenfreistellungsverordnung), A., V., 2., b), Rn.32 „[Sich auf den Begriff des Betriebsvermögens innerhalb der Verbundklausel der GFVOen beziehend] wenn mehr als die Hälfte des Betriebsvermögens an ein anders Unternehmen übertragen wird, aber weiter im übertragenen Unternehmen eingesetzt (!) wird“, (S.412).

Diese Überlegung relativiert sich aufgrund des ein Jahr später vorgelegten geänderten Verordnungsvorschlages,[942] als dort der Teil eines oder mehrerer Unternehmen oder „*einer Unternehmensgruppe*" Gegenstand der Regelung sein sollte. Dadurch kam explizit zum Ausdruck, dass man es als erforderlich ansah, den Teil-Begriff sowohl auf das Einzelunternehmen, begrenzt durch den jeweils unmittelbaren Ressourcenträger, als auch auf die Unternehmensgruppe als Verbund mehrerer Träger zu beziehen.[943]

Das Problem ergibt sich aus dem Umstand, dass die Formulierung des Art.5 (2) Uabs.1 FKVO (derselbe a.F.) beibehalten, jedoch der Bezugspunkt für das Teil-Merkmal in Form der Unternehmensgruppe gestrichen wurde. Daraus könnte man schließen, dass es letztendlich als ausreichend angesehen wurde, sich auf das (Gesamt-) Unternehmen zu beziehen, dass der Bezug zur Unternehmensgruppe wegfallen sollte oder dass es sich um einen redaktionellen Umsetzungsfehler handelt.

Bedingt Aufschluss kann die heutige Formulierung des Art.5 (2) Uabs.1 FKVO (derselbe a.F.) insoweit geben, als sie ergänzend ausführt, dass es nicht darauf ankäme, ob diese Teile „*Rechtspersönlichkeit*" besitzen oder nicht. Diese Anmerkung wurde im Zusammenhang mit der Einführung des „Gruppenmerkmals" aufgenommen, um zu signalisieren, dass sogar der Erwerb eines Unternehmensträgers im Hinblick auf die Gruppe als Teil bewertet werden kann. Diese Formulierung wurde, anders als das Gruppenmerkmal, beibehalten. Danach lässt sich zumindest ausschließen, die Norm so zu interpretieren, dass sie allein auf den teilweisen Erwerb des Betriebsvermögens, nicht aber auf Teile eines Umsatzverbundes Anwendung finden kann.[944]

Die Vorarbeiten lassen keinen unzweideutigen Rückschluss zu. Man könnte vertreten, den Unternehmens-Begriff als Bezugspunkt für den Unternehmensteil einzel- oder auch gesamtunternehmerisch auszulegen, wobei jedoch im ersteren Falle der Wortlaut der Norm sinngemäß um die Unternehmensgruppe ergänzt werden müsste.

(2) Teleologische Interpretation

Betrachtet man den Sinn und Zweck der Norm, so liegt ein Ergebnis auf der Hand. Die Notwendigkeit, die tatsächlich zu kumulierenden Ressourcen allein

942 EG-KOMMISSION, FKVO-Entwurf89, ABl.EG 1989 C 22/17.

943 EG-KOMMISSION, FKVO-Entwurf89, ABl.EG 1989 C 22/17.

944 So auch: EG-KOMMISSION, Mittelung zum Begriff der beteiligten Unternehmen, ABl.EG 1998 C 66/16, Rn.14; Frankfurter Kommentar (VÖLCKER), Band 6, Teil 3a (FKVO 4064/89 mit Ausnahme Artikel 4 und 7), Artikel 5, B., I., 4. (Erwerb von Unternehmensteilen), Rn.18; Groeben/Thiesing/Ehlermann (BRUHN), Band 2/II, Dritter Teil, Titel V, Kapitel 1, Abschnitt 1, nach Artikel 89, I. (Fusionskontrollverordnung), Artikel 5, III., 1., Rn.33 „Gleich (ist,) ob es sich dabei um eine Tochtergesellschaft handelt oder nicht", (S.2/1448).

zur Grundlage der Abgrenzung zwischen nationalen oder europäischen Vorhaben zu machen, erscheint sinnvoll, weil das Gewicht der Strukturveränderung nicht davon abhängen kann, welche Leistungskraft die Wirtschafteinheit auf der Veräußererseite in ihrer Gesamtheit hat, sondern inwiefern diese in einem neuen Ressourcenbündel aufgehen.[945]

Aus dieser Sichtweise kann Art.5 (2) Uabs.1 FKVO (derselbe a.F.) nur dann einen verständlichen Sinngehalt einnehmen, wenn er stets dann zur Anwendung kommt, sobald aus einem Umsatzverbund im Sinne von Art.5 (4) FKVO (derselbe a.F.) nicht sämtliche Ressourcen erworben werden. Ob damit jedoch der Unternehmensbegriff auch die Unternehmensgruppe einbezieht oder dieses Merkmal vielmehr ergänzend hineingelesen werden muss, kann auch hiermit nicht beantwortet werden.

(3) Systematische Erwägungen

Systematische Erwägungen sprechen dagegen für eine einzelunternehmerisch und gegen eine gesamtunternehmerisch-konzernrechtlich geprägte Philosophie des Art.5 (2) Uabs.1 FKVO (derselbe a.F.). So wurde die Teildefinition der Norm in dem letzten zum tatsächlichen Verordnungserlass führenden Entwurf[946] auch im Hinblick auf die Unternehmensgruppe im Sinne von Art.5 (4) FKVO entwickelt. Die Merkmale des Unternehmens und der Unternehmensgruppe sind aus der dortigen Systematik entnommen worden. Danach könnte das Unternehmen allein den jeweils unmittelbaren Ressourcenträger als Adressaten der Norm erfassen, während die Gruppe als solche nicht hierunter fallen dürfte.[947]

Art.5 (4) FKVO (derselbe a.F.) macht deutlich, dass ein Unternehmensverbund bzw. eine -gruppe nicht selbst als Unternehmen zu behandeln sind. Dass Art.5 (2) FKVO (derselbe a.F.) an dieser Norm orientiert werden muss ergibt sich dabei nicht nur aus der Historie. So stehen sie einerseits innerhalb eines einheitlichen Regelungssachverhaltes, der sich mit der „Berechnung der Umsätze" befasst. Deutlich wird dies andererseits auch durch die Bezugnahme des Art.5 (2) FKVO (derselbe a.F.) auf Art.5 (1) FKVO (derselbe a.F.). Er soll damit Besonderheiten bezüglich der Umsatzberechnung bei beteiligten Unternehmen und damit auch im Hinblick auf die Umsatzkumulation zwischen dem beteiligten und verbundenen Unternehmen aufstellen.

---

945 Beispiel: Erwirbt PKN Orlen von Exxon Mobil eine Tankstelle, so hat dieses Vorhaben keine gemeinschaftsweite Bedeutung, auch wenn die in den Zusammenschluss involvierten Mineralölkonzerne die Umsatzschwellen erfüllen können.

946 Art.5 FKVO-E89

947 Für die Bestimmung des Unternehmens kommt es nicht auf die wirtschaftliche Unabhängigkeit an: Immenga/Mestmäcker (IMMENGA), EG-WbR, Band I, VII.Abschnitt (Fusionskontrollverordnung), D., Artikel 3, I., 2., Rn.6 „Auch Glieder einer Konzernverbundes sind als Unternehmen anzusehen", (S.918), mittelbar auch erkennbar Artikel 5, II., 2., Rn.22, (S.972).

Die systematische Auslegung spricht dafür, dass der Unternehmensbegriff an Art.5 (4) FKVO zu orientieren ist. Er erfasst damit nicht die Unternehmensgruppe, die nach Art.5 (4) FKVO zu ermitteln wäre.

(III) Fazit

Gemäß dem Wortlaut Art .5 (2) Uabs.1 FKVO (derselbe a.F.) wird die Norm ausschließlich an Einzelunternehmen und den Teilerwerb von solchen adressiert. Es ist jedoch unzweifelhaft, dass dieser Anwendungsbereich zu eng wäre, weil auch der Erwerb mehrerer Unternehmen eines Umsatzverbundes als Teil des Verbundes berücksichtigt werden muss.[948] Da die vorgenommenen Ermittlungen, insbesondere jedoch die systematische Betrachtung, ergeben haben, dass das Unternehmens-Merkmal selbst nicht dehnbar ist, muss ergänzend der Unternehmensverbund als Bezugpunkt des Teil-Begriffs in die Norm hineininterpretiert werden.

Es kann somit davon ausgegangen werden, dass das Weglassen des „Gruppen"-Merkmals ein redaktionelles Versehen war. Der Grund dafür lässt sich aus einem Vergleich der letzten Entwurfsfassung der EG-Kommission sowie der tatsächlich im Jahr 1990 in Kraft getretenen Verordnung mutmaßen. So bezog sich dieses ausweislich der Untersuchung der Historie auf die Gruppendefinition von Art.5 (4) FKVO (derselbe a.F.). Art.5 (4) FKVO (derselbe a.F.) ging in dem besagten Verordnungsentwurf noch davon aus, dass die Umsätze *„aller zur selben Unternehmensgruppe gehörenden Unternehmen"* zusammenzuzählen seien. Ferner sprach Art.5 (1) FKVO von der Eliminierung *„gruppeninterne(r)"* Umsätze. Auch in diesen beiden Absätzen des Art.5 FKVO wurde dann aber auf die explizite Nennung der *„Gruppe"* verzichtet und die inhaltlich identische Formulierung, abstellend auf die beteiligten und verbundenen Unternehmen, integriert. Es lässt sich damit spekulieren, dass der Verordnungsverfasser einmal zu viel „den Rotstift angesetzt" hat.

Dogmatisch, nicht aber praktisch, macht es für die Umsatzberechnung einen Unterschied, ob der Unternehmensbegriff des Art.5 (2) Uabs.1 FKVO auf Unternehmensverbände ausgedehnt oder die gleichrangige Erfassung neben den Unternehmen in die Norm hineininterpretiert wird; zu zeigen ist noch, dass die Auslegung für Art.5 (2) Uabs.2 FKVO (derselbe a.F.) Bedeutung haben wird.

---

948 Groeben/Thiesing/Ehlermann (BRUHN), Band 2/II, Dritter Teil, Titel V, Kapitel 1, Abschnitt 1, nach Artikel 89, I. (Fusionskontrollverordnung), Artikel 5, III., 1., Rn.33, (S.2/1446); SIRAGUSA/SUBIOTTO, WuW 1991, S.878, „Artikel 5 Absatz 2 findet Anwendung, wenn der Veräußerer ... eine Minderheitsbeteiligung (!) behält.", (S.872).

bb. Zusammenfassung mehrerer Transaktionen, Uabs.2 (derselbe a.F.)

Eine weitere Besonderheit regelt Art.5 (2) Uabs.2 FKVO (derselbe a.F.), wonach mehrere Transaktionen zwischen denselben Unternehmen oder Personen zu einem Zusammenschluss verbunden werden sollen.[949] Dabei kommt es darauf an, dass die vereinheitlichten Transaktionen innerhalb von zwei Jahren erfolgen. Danach „verjährt" die frühere der beiden Transaktionen.

Art.5 (2) Uabs.2 FKVO (derselbe a.F.): „...zwei oder mehr Erwerbsvorgänge..., die zwischen ... denselben Personen oder Unternehmen getätigt werden, (sind) als ein einziger Zusammenschluss anzusehen."

Vor der inhaltlichen Analyse dieser Regelung ist darauf hinzuweisen, dass diese einen engen inhaltlichen Bezug zu Uabs.1 FKVO aufweist. Dies ergibt sich schon aus dem Wortlaut von Art.5 (2) FKVO (derselbe a.F.) in seinem Gesamtkontext.

Art.5 (2) FKVO (derselbe a.F.): „Wird ein Zusammenschluss durch den Erwerb von Teilen ... bewirkt, so ist ... der Umsatz zu berücksichtigen, der auf die ... Teile entfällt. Jedoch (!) sind zwei oder mehr Erwerbsvorgänge im Sinne des Uabs.1 (!) ... als ein einziger Zusammenschluss anzusehen..."

Nicht nur die ausdrückliche Verweisung von Uabs.2 auf Uabs.1 belegt die Zusammengehörigkeit der Normen. Vielmehr auch die Eröffnung des Uabs.2 mit „*jedoch*" weist auf die unmittelbare Fortführung des Uabs.1 hin. Dies ergibt sich ferner aus der Konzeption von Uabs.2, wonach dieser es verhindern sollte, dass die Unternehmen Zusammenschlüsse „auf Raten", auch gern als „Salamitaktiken" bezeichnet,[950] vollziehen,[951] indem sie kontinuierlich Teil für Teil einer Umsatzeinheit erwerben, ohne dass die einzelnen Transaktionen die Schwellendefinitionen der FKVO erreichen.[952]

Beispiel 2:91 [Zusammenfassung mehrerer Transaktionen Uabs.2 (derselbe a.F.)]
Das Unternehmen A möchte den Konzern B (€ 275 Mio.), bestehend aus der Holding B (umsatzlos) sowie den über 100%ige Beteiligungen von B beherrschten Unternehmen B1 (€ 90 Mio.), B2 (€ 90 Mio.) sowie B3 (€ 95 Mio.), übernehmen. A erwirbt nacheinander die Kontrolle an B1, B2 sowie B3.
Anmerkung: Die Umsatzangaben beziehen sich ausschließlich auf die gemeinschaftsweit erzielten Erlöse.

---

949 Langen/Bunte (LÖFFLER), Band 1, EG-Kartellrecht, FKVO, Artikel 5, C., Rn.7, (S.2535).

950 Immenga/Mestmäcker (IMMENGA), EG-WbR, Band I, VII.Abschnitt (Fusionskontrollverordnung), D., Artikel 5, II., 2., Rn.21, (S.971); RUDO, RIW 1997, S.641 (S.641).

951 Die Effektivität bezweifelnd: RÖHLING, ZiP 1990, S.1180, (S.1179).

952 RÖHLING, ZiP 1990, S.1180, (S.1179); RUDO, RIW 1997, S.641, (S.641).

Abbildung 2-34 [Zusammenfassung mehrerer Transaktionen Uabs.2 (derselbe a.F.)]

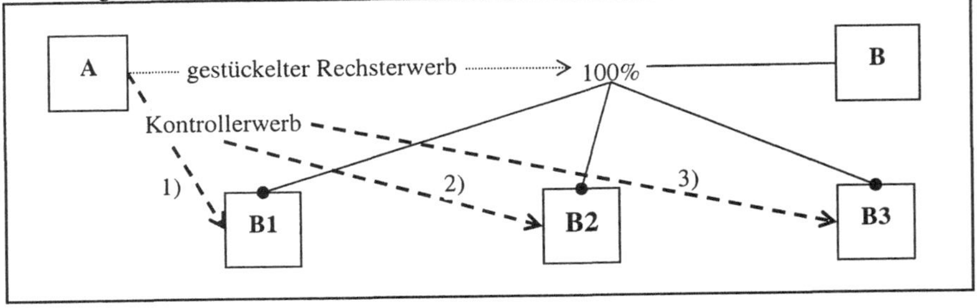

Bedingt durch die Regelung des Art.5 (2) Uabs.1 FKVO (derselbe a.F.), wonach immer nur die Gesamtumsätze berücksichtigt werden können, die auf die veräußerten Teile entfallen, hätte jede der Transaktionen keine gemeinschaftsweite Bedeutung. Die Übernahme des B-Konzerns in einem Zusammenschluss würde dagegen jedenfalls nicht an den Kriterien des Art.1 (2) lit.b oder (3) lit.b FKVO (derselbe a.F.) scheitern.

Die inhaltliche „Abrundung“ des Art.5 (2) Uabs.1 FKVO (derselbe a.F.) durch
Uabs.2 hat zur Folge, dass letzterer sich in seiner Existenzberechtigung auf Uabs.1 stützt und an diesem gemessen auszulegen ist.

(I) Mehrere Erwerbsvorgänge zwischen denselben Unternehmen und Personen

Art.5 (2) Uabs.2 FKVO (derselbe a.F.) soll zur Anwendung kommen, wenn zwei oder mehr Erwerbsvorgänge zwischen denselben Personen oder Unternehmen erfolgen. Damit die Norm jedoch ihre Aufgabe – unabhängig von den Gestaltungsmöglichkeiten des Gesellschaftsrechtes entfalten kann, wäre diese Regelung – gemessen am Wortlaut der Norm – zu eng,[953] wie anhand des folgenden Beispiels dargestellt werden soll.

[953] So auch: Immenga/Mestmäcker (IMMENGA), EG-WbR, Band I, VII.Abschnitt (Fusionskontrollverordnung), D., Artikel 5, II., 2., Rn.22 „unter denselben Personen oder Unternehmen i.S.v.Artikel 5 (2) Uabs.2 FKVO auf jeder Seite sind auch die jeweils verbundenen Unternehmen zu verstehen“, (S.972); Veelken/Karl/Richter (KARL), II., 4., a., aa., (1), (S.51); RÖHLING, ZiP 1990, S.1180, (S.1179); RUDO, RIW 1997, S.643 „die Vorschrift liefe ins Leere, wenn man sich der Zusammenrechnung der Zusammenschlüsse dadurch entziehen könnte, dass man den Erwerb durch eine Tochtergesellschaft oder ein anderes verbundenes Unternehmen durchführt“, (S.641).

Beispiel 2:92 (Mehrere Erwerbsvorgänge zwischen denselben Unternehmen und Personen)
Entsprechend dem Beispiel 2:91 [Zusammenfassung mehrerer Transaktionen Uabs.2 (derselbe a.F.)][954] *mit der Maßgabe, dass B1 und B2 nicht direkt von B, sondern von den zwischengeschalteten Holdinggesellschaften Bh1 und Bh2 kontrolliert werden*

In diesem Fall würde in Bezug auf den Erwerb von B1, abstellend auf die unmittelbaren Beteiligungsverhältnisse, ein Zusammenschluss erfolgen, an dem A, Bh1 sowie B1 beteiligt sind. Die Transaktion im Hinblick auf B2 würde zwischen A, Bh2 sowie B2 erfolgen. Auf die dritte Transaktion braucht dabei gar nicht eingegangen zu werden, da offensichtlich ist, dass schon diese beiden Vorgänge, die nach der Anlage von Art.5 (2) Uabs.2 FKVO (derselbe a.F.) erfasst werden müssten, keine Zusammenfassung zu einem Zusammenschluss finden können, da in beiden Fällen nur der Erwerber, A, identisch wäre und ein Erwerb zwischen denselben Einheiten (!), woraus zu folgern ist, dass sich die Norm auf mehrere beziehen müsse, nicht erfolgt.

Dieses Problem wurde bereits erkannt und in die rechtswissenschaftliche Diskussion aufgenommen.[955] Unter dem Strich kam man dabei zu dem Ergebnis, dass sowohl erwerber- als auch veräußererseitig dieselben Unternehmensgruppen gemeint sein müssen, wobei die Einzelheiten umstritten sind,[956] was es nunmehr zu untersuchen gilt. Aufgrund der strukturellen Unterschiede zwischen der Ermittlung der Umsatzverbände auf der Erwerber- sowie der Veräußererseite, die bereits bei der Erarbeitung des Ansatzes zur Bestimmung beteiligter Unternehmen zu Tage traten, weil faktische Kontrollmöglichkeiten erwerberseitig innerhalb eines beteiligten Unternehmensverbundes größere Auswirkungen haben, soll auch hier danach differenziert werden.

(1) Dieselbe Einheit auf der Erwerberseite

Begonnen werden soll mit der Analyse des Merkmals derselben Unternehmen oder Personen auf der Erwerberseite. Dabei wurde bereits festgestellt, dass auch Einheiten, also Unternehmen oder Personen – zumindet sofern sie selbst ein Unternehmen kontrollieren können –, die durch die Angehörigkeit zu derselben Unternehmensgruppe an einem Erwerbsvorgang beteiligt sind, das Merkmal „derselben“ erfüllen.

---

954 S.355.

955 Immenga/Mestmäcker (IMMENGA), EG-WbR, Band I, VII.Abschnitt (Fusionskontrollverordnung), D., Artikel 5, II., 2., Rn.22, (S.972); RÖHLING, ZiP 1990, S.1180, (S.1179); RUDO, RIW 1997, S.643, (S.641).

956 Abstellend auf die Unternehmensgruppe nach Artikel 5 (4) FKVO (derselbe a.F.): RÖHLING, ZiP 1990, S.1180, (S.1179); ebenfalls, ausgehend von der Gruppendefinition des Artikel 5 (4) FKVO (derselbe a.F.), auf faktische Kontrollverflechtungen ausdehnend: RUDO, RIW 1997, S.643, (S.641); zur Problematik auch: Veelken/Karl/Richter (KARL), II., 4., a., aa., (1), (S.51 f.).

Beispiel 2:93 (Dieselbe Einheit auf der Erwerberseite)
Unternehmen At1 (€ 1,2 Mrd.) und Unternehmen At2 (€ 1,1 Mrd.) sind beide zu 100% von dem Herrn A abhängig. At1 erwirbt das Unternehmen Z1 (100 Mio.). At2 plant den Erwerb des Unternehmens Z2 (100 Mio.).
Anmerkung: Die Umsatzangabe beziehen sich auf die weltweit erzielten Erlöse.

In diesem Beispiel wäre At2 derselbe Erwerber, weil es mit At1 zu einer Unternehmensgruppe gehört; dass für die Erfüllung von Art.5 (2) Uabs.2 FKVO (derselbe a.F.) diese Voraussetzung auch veräußererseitig erfüllt sein müsste, soll dahinstehen.

Zu klären ist insofern allein die Frage, nach welchen Kriterien sich die erwerberseitig relevante Unternehmensgruppe definieren muss. Dabei ist auch hier zwischen formellen und materiellen Kriterien zu differenzieren.

(a) Übernahme der formell definierten Unternehmensgruppe

Grundlage der Definition einer Unternehmensgruppe im Sinne von Art.5 (2) Uabs.2 FKVO (derselbe a.F.) muss die formell konstruierte Verbundsystematik sein.[957] Dies folgt schon aus der zu Art.5 (2) Uabs.1 FKVO (derselbe a.F.) herausgearbeiteten historischen und systematischen Entwicklung. Art.5 (2) Uabs.1 FKVO (derselbe a.F.) sollte die veräußererseitige Umsatzkumulation in Unternehmensgruppen gemäß Art.5 (4), (5) FKVO (derselbe a.F.) modifizieren, indem er bei einem Erwerb von Teilen nur die auf diese entfallene Wirtschaftkraft in Ansatz bringen ließe. Durch den inhaltlichen Bezug von Art.5 (2) Uabs.2 FKVO (derselbe a.F.) und seiner Aufgabenstellung im Hinblick auf die Komplettierung dieser Regel muss er grundsätzlich den dortigen Gruppenbegriff übernehmen.

Aufgrund der Konnexität des Art.5 (2) FKVO (derselbe a.F.) mit der Berechnung der Gesamtumsätze am Zusammenschluss involvierter Wirtschaftseinheiten muss zumindest der formelle Beherrschungstatbestand der Verbundsystematik die Grundlage der Definition einer Wirtschaftseinheit bilden.

(b) Modifizierung durch das materielle Beherrschungskonzept

Die vorangegangenen Ermittlungen zur Verbundsystematik und der Bestimmung beteiligter Unternehmen haben ergeben, dass das formelle Beherrschungskonzept nicht in Gänze durchgehalten werden kann. Teilweise musste eine materiell geprägte, zusammenschlusskonforme Interpretation des formellen Beherrschungstatbestandes erfolgen, um ein sachgemäßes Resultat erzielen zu können. Zu prüfen ist, ob dies ferner *auch* im Hinblick auf Art.5 (2) FKVO Geltung beanspruchen muss.

---

[957] Vgl. auch: RÖHLING, ZiP 1990, S.1180 „(Es) ist … gerechtfertigt, hinsichtlich der Frage, ob dasselbe Unternehmen an dem Zusammenschluss beteiligt ist, auf die Regeln des Artikel 5 (4) zurückzugreifen.“, (S.1179).

Eine Absenkung der formellen Verbunddefinition im Hinblick auf ein materielles Beherrschungsniveau wurde *innerhalb direkter Kontrollerwerbslinien* vertreten.[958] Bedingt durch die Einheitlichkeit der Rechtsstrukturen und im Interesse einer synchronen Rechtsanwendung sollten diese Modifikationen der Verbundsystematik beachtet werden, sofern keine gewichtigen Erwägungen gegen ein solches Vorgehen sprechen.

Ein Einwand könnte sich daraus ergeben, weil die Absenkung der formellen Verbunddefinition nur in den direkten Kontrolllinien angenommen wurde, was bei Art.5 (2) Uabs.2 FKVO (derselbe a.F.) die Folge haben könnte, dass mehrere, nach der abgesenkten Verbunddefinition zusammengefasste Umsatzeinheiten, miteinander verbunden werden; bei einer getrennten Betrachtung wäre dies dabei nicht der Fall.

Beispiel 2:94 (Modifizierung durch das materielle Beherrschungskonzept)
Entsprechend dem Beispiel 2:93 (Dieselbe Einheit auf der Erwerberseite) mit der Maßgabe, dass A selbst unternehmerisch tätig ist, einen Umsatz von € 400 Mio. erzielt und sowohl an At1 als auch an At2 eine 44%ige Beteiligung inne hat, die es aufgrund der sonstigen Umstände ermöglicht, einen bestimmenden Einfluss auszuüben

In diesem Beispiel hätten die einzelnen Transaktionen unter Berücksichtigung der zum Kontrollerwerb aufgestellten Erkenntnisse keine gemeinschaftsweite Bedeutung. In Bezug auf den Erwerbsvorgang At1/Z1 wäre ein Umsatz von € 1,7 Mrd. und in Bezug auf At2/Z2 von 1,6 Mrd. € zu berücksichtigen gewesen; dies, weil At2 im Hinblick auf die Transaktion von At1 sowie At1 in Bezug auf den Kontrollerwerb durch At2 nicht innerhalb der direkten Kontrollerwerbslinie stünden und aufgrund der fehlenden Überschreitung der quantitativ von Art.5 (4) lit.b FKVO (derselbe a.F.) definierten Verflechtungsmöglichkeiten keine umsatzmäßige Zurechnung erfahren könnten. Es würde an einem Zusammenschluss mit gemeinschaftsweiter Bedeutung ermangeln.

Prüft man nun unter der Voraussetzung, veräußererseitig wäre Art.5 (2) Uabs.2 FKVO (derselbe a.F.) erfüllt, die Erwerberseite, so kann man feststellen, dass mit A sogar ein und dieselbe Person die gestuft mittelbare Kontrolle am Zielobjekt erlangt. Der durch die Zusammenfassung der Transaktionen entstehende erwerberseitige Umsatzverbund (A+At1+At2) müsste einen Gesamtumsatz von € 2,7 Mrd. haben. Die gemeinschaftsweite Bedeutung würde zumindest nicht an der Schwelle des Art.1 (3) lit.b FKVO (derselbe a.F.) scheitern.

---

[958] Beispiel: Unternehmen A ist mit 44% an dem Unternehmen B beteiligt und kann dieses aufgrund weiterer Umstände unmittelbar kontrollieren. B erwirbt en 100%ige Beteiligung an dem Unternehmen C. Hier erlangen sowohl A als auch B die Möglichkeit zur bestimmenden Einflussnahme. Um zweifelhafte Ergebnisse bei der Umsatzberechnung zu vermeiden wurden vertreten, dass in diesem Fall die Verbundsystematik im Verhältnis A/B abzusenken wäre und diese eine Umsatzeinheit bilden; weiterführend: (b) Vermittelnde Lösung zur Harmonisierung mit Art.3 FKVO, (S.192).

Bedenken an dieser Tatsache könnte man aber aufgrund der Regelungsfunktion des Art.5 (2) Uabs.2 FKVO (derselbe a.F.) haben. Wenn nämlich Uabs.2 dafür sorgen sollte, dass durch den gestückelten Erwerb die reale Gesamtwirtschaftkraft des Zielobjektes verändert werden könnte, so geht es an dieser Aufgabe vorbei, wenn durch die Anwendung der Norm auch auf der Erwerberseite „zusammenfassende" Wirkungen auftreten. Diese Frage ist allerdings nicht von den Voraussetzungen, sondern von der Auslegung der Rechtsfolgen der Norm abhängig. Aus diesem Grunde sollte die zusammenschlusskonforme Auslegung der Verbundsystematik übernommen werden.

Getreu den bereits zur Bestimmung der beteiligten Unternehmen gemachten Ausführungen muss durch die zusammenschlusskonforme Auslegung der im Regelfall durch formell im Sinne von Art.5 (4) lit.b FKVO (derselbe a.F.) definierte Verflechtungsmöglichkeiten zusammengefassten Unternehmensgruppe durch das materielle Konzept substituiert werden.[959]

(2) Dieselbe Einheit auf der Veräußererseite

Aufgrund der Regelungsaufgabe des Art.5 (2) Uabs.2 FKVO (derselbe a.F.) muss sich die Norm veräußererseitig auf dieselbe Unternehmensgruppe beziehen. Es ist deshalb unerheblich, ob dieselben Einheiten als Zielobjekt, Veräußerer oder nur als Angehöriger derselben Unternehmensgruppe bei der ersten Transaktion involviert waren.[960]

Gleich den bereits zur Erwerberseite gemachten Ausführungen muss grundsätzlich auch veräußererseitig die formelle Gruppendefinition des Art.5 (4), (5) FKVO (derselbe a.F.) für die zu einer Wirtschafteinheit zusammenzufassenden Ressourcen übernommen werden. Ob damit derselbe Veräußerer beteiligt ist, hängt davon ab, ob die zu erwerbenden Ressourcen in einer formell definierten Umsatzeinheit standen. Zu beachten ist, dass auch auf der Veräußererseite in bestimmen Konstellationen die Zusammenfassung von formell nicht miteinander verbundenen Einheiten in Betracht kam.[961] Sinngemäß müssen analog zur Erwerberseite die dort entwicklten Grundsätze für eine Modifizierung der Verbunddefinition herangezogen werden.

---

959 Allgemein zu dieser Methodik: (b) Vermittelnde Lösung zur Harmonisierung mit Art.3 FKVO, (S.192).

960 Anhand dieser Feststellung bestätigt sich erneut, dass die schwellensystematische Zurodnung von Wirtschaftskraft veräußererseitig von den Kategorien Veräußerer und Zielobjekt losgelöst werden muss.

961 Siehe hierzu inklusive der dazugehörigen Ausführungen: Beispiel 2:60 (Erwerb mehrerer Unternehmen, 4), (S.265).

(3) Fazit

Zu denselben Unternehmen oder Personen zählen grundsätzlich alle in einer formell im Sinne von Art.5 (4) lit.b FKVO (derselbe a.F.) definierten Unternehmensgruppe miteinander verbundenen Einheiten. Zu beachten ist, dass die nach dem formellen Beherrschungskonzept begründete Zusammengehörigkeit gemäß den bereits beschriebenen Fällen zusammenschlusskonform ausgelegt und deshalb durch das materielle Kontrollprinzip substituiert werden soll.

(II) Zusammenfassung zu einem Zusammenschluss

Die unmittelbare Rechtsfolge des Art.5 (2) Uabs.2 FKVO (derselbe a.F.) besteht darin, dass die Erwerbsvorgänge, welche die Voraussetzungen der Norm erfüllen, so zu behandeln sind, als würden sie zeitgleich erfolgen.[962] Offen sind dagegen die mittelbaren Auswirkungen im Hinblick auf die umsatzsystematische Behandlung dieser Vorfälle. Dies hängt davon ab, wie mehrere zeitgleiche Konzentrationsbewegungen im Sinne des Art.3 (1) FKVO (derselbe a.F.) zu behandeln wären, was erneut im Wege der Differenzierung zwischen den einzelnen denkbaren Transaktionsvarianten zu untersuchen ist.

Art.5 (2) Uabs.2 FKVO (derselbe a.F.) steht in einer unmittelbaren Wechselwirkung mit Art.3 FKVO (derselbe a.F.). So signalisieren die Voraussetzungen von Art.5 (2) Uabs.2, das heißt der Zusammenschluss zwischen denselben Unternehmensgruppen, die Konnexität mehrerer Transaktion, die auch bei Art.3 FKVO (derselbe a.F.) im Falle der zeitgleichen Vornahme zu beachten wären, während die Rechtsfolgen im Hinblick auf die wirtschaftliche oder verfahrensrechtliche Zusammenfassung der so zusammengefassten Transaktion, dem Leitbild des „einheitlichen" Zusammenschlusses im Sinne von Art.3 FKVO (derselbe a.F.) folgen müssen.

(1) Alleiniger Kontrollerwerb

Auch hier soll aufgrund der strukturellen Übersichtlichkeit mit dem alleinigen Kontrollerwerb begonnen werden. Zu beachten ist, dass sich die Problematik nur dann stellen kann, wenn *mehrere Zielobjekte*, die ursprünglich *einer* Umsatzeinheit angehörten, von *demselben* Unternehmensverbund erworben werden.

Beispiel 2:95 (Alleiniger Kontrollerwerb, 1)
Die Unternehmen A1 (€ 400 Mio.) und A2 (€ 600 Mio.) sind beide 100%ige Töchter von dem Unternehmen A (€ 800 Mio.). A1 erwirbt die alleinige Kontrolle an dem Unternehmen B1 (€ 90 Mio.). Sechs Monate später erwirbt A2 die alleinige Kontrolle an dem

962 Groeben/Thiesing/Ehlermann (BRUHN), Band 2/II, Dritter Teil, Titel V, Kapitel 1, Abschnitt 1, nach Artikel 89, I. (Fusionskontrollverordnung), Artikel 5, III., 2., Rn.35, (S.2/1449).

Unternehmen B2 (€ 80 Mio.). B1 und B2 sind beides 100%ige Tochtergesellschafter der Person B Holding.
Anmerkung: Die Umsatzziffern beziehen sich auf die gemeinschafsweit erzielten Erlöse.

Erwerberseitige Umsatzeinheit wären A+A1+A2, wobei A beteiligtes Unternehmen mit einem Gesamtumsatz von € 1,8 Mrd. wäre. Veräußererseitig bilden B+B1+B2 eine Umsatzeinheit mit einem Umsatz von € 170 Mio. Hinsichtlich der Transaktion A1/B1 wäre zunächst B1 als beteiligtes Unternehmen zu qualifizieren, welches einen Umsatz von € 90 Mio. erzielen würde. Das Vorhaben hätte keine gemeinschaftsweite Bedeutung. Gleiches würde für die Transaktion A2/B2 gelten müssen, wenn man sie *separat* betrachtet.

Wird nunmehr die Transaktion A1/B1 sowie A2/B2 als zeitgleicher Zusammenschluss fingiert, wäre die Umsatzberechnung erwerberseitig identisch. Veräußererseitig würden allerdings aus dem Umsatzverbund B+B1+B2 *mehrere Zielobjekte* erworben, B1 sowie B2, weshalb dann B beteiligtes Unternehmen wäre.[963] Der Gesamtumsatz müsste € 170 Mio. betragen, weshalb zumindest die Schwelle des Art.1 (3) lit.b FKVO (derselbe a.F.) erfüllt würde. In diesem Fall werden die Vorhaben verfahrensrechtlich und wirtschaftlich vereinheitlicht; A müsste den Kontrollerwerb an B1+B2 als einen Zusammenschluss anmelden.

Problematisch wäre diese Wirkung dann, wenn die Verbindung zwischen A/A1 sowie A/A2 alleine die *materiellen* Beherrschungskriterien erfüllen würde, während der Tatbestand des Art.5 (4) lit.b FKVO (derselbe a.F.) *nicht* gegeben wäre.

Beispiel 2:96 (Alleiniger Kontrollerwerb, 2)
Entsprechend dem Beispiel 2:95 (Alleiniger Kontrollerwerb, 1) mit der Maßgabe, dass A1 und A2 von A kontrollierte Tochtergesellschaften sind, wobei sich die Kontrolle aus einer 44%igen sowie einer 49%igen Beteiligung ableitet; weitere Maßgabe soll hier zudem sein, dass A € 50 Mio. erwirtschaftet, während A1 € 30 Mio. und A2 € 40 Mio. erzielen

In diesem Fall, wäre anders als im Ausgangsbeispiel, bei der Transaktion A1/B1 erwerberseitig ein Umsatz von 80 Mio. € zu berücksichtigen – A2 könnte nicht in die Kumulation einfließen. Für die Transaktion A2/B2 wäre dagegen ein Umsatz von € 90 Mio. in Ansatz zu bringen. Die Zusammenschlüsse hätten damit *separat* betrachtet schon keine gemeinschaftsweite Bedeutung, weil erwerberseitig nicht genügend Umsätze erzielt worden wären.

Bei einer Gesamtbetrachtung muss man die Anwendung von Art.5 (2) Uabs.2 FKVO (derselbe a.F.) vertreten, weil der Zusammenschluss zwischen denselben Parteien erfolgt – A erlangt in beiden Fällen mittelbare Kontrolle an B1 und B2. Die Zielobjekte wären entsprechend bei dem vorangegangenen *Beispiel 2:95 (Alleiniger Kontrollerwerb, 1)* als Einheit zu betrachten.

---

[963] Zur Vorgehensweise: (bb) Veräußererseite, (S.268).

Zweifelhaft ist, ob eine wirtschaftliche Vereinheitlichung auch in Bezug auf die Erwerberseite erfolgen darf. Grundsätzlich wurde vertreten, dass die zusammenschlusskonforme Auslegung von Art.5 (4) lit.b FKVO (derselbe a.F.) in Art.5 (2) Uabs.1 FKVO (derselbe a.F.) fortgelten müsse, weil sich Abs.2 aufgrund der inhaltlichen Verwurzelung an der Manifestierung der Unternehmensgruppe ausgehend von Art.5 FKVO (derselbe a.F.) orientieren müsse Nun würde es bei einer wirtschaftlichen Gesamtbetrachtung sinnvoll erscheinen, dass auch die so definierten Unternehmensgruppen, welche von demselben Einflussinhaber materiell kontrolliert werden können, das heißt A+A1 einerseits und A+A2 andererseits, zu einer Einheit zusammengefasst werden müssen, denn die formelle Beherrschungsdefinition soll ja eigentlich die materielle Kontrollposition, die in diesem Fall positiv *festgestellt* wäre, vermuten lassen. A+A1+A2 müsste man dann als Umsatzeinheit betrachten.

Dagegen spricht jedoch die Ratio von Art.5 (2) Uabs.2 FKVO (derselbe a.F.), wonach die künstliche Aufteilung der Erwerbsgegenstände verhindert werden und keine Erweiterung der erwerberseitigen Wirtschaftseinheit erfolgen sollte. Gegen eine solche Vorgehensweise spricht zudem die Gefahr der *Manipulierbarkeit* von Transaktionen.[964]

Beispiel 2:97 (Alleiniger Kontrollerwerb, 3)
Entsprechend dem Beispiel 2:96 (Alleiniger Kontrollerwerb, 2) mit der Maßgabe, dass A1 sowohl B1 als auch B2 erwirbt

Das wirtschaftliche Ergebnis ist in diesem Fall mit dem vom Ausgangsbeispiel identisch. A erlangt mittelbar die Kontrolle an den Ressourcen von B1 und B2. Eine Zusammenfassung dieser beiden Vorgänge könnte jedoch keinesfalls zur Berücksichtigung der Umsätze von B2 führen, weshalb stets die Gemeinschaftsdimension an der Umsatzschwäche der Erwerberseite entfallen würde. Ließe man folglich eine wirtschaftliche Zusammenfassung der Erwerberseite bei der Anwendung des Art.5 (2) Uabs.2 FKVO (derselbe a.F.) im *Beispiel 2:96 (Alleiniger Kontrollerwerb, 2)* zu, könnte A *frei bestimmen*, ob die Transaktion gemeinschaftsweite Bedeutung hat oder nicht. Diese Problematik vertieft sich zudem, da A nach der Übernahme von B1 und B2 verfügen könnte, dass A1 die Beteiligung an B2 auf A2 überträgt. Dieser Vorgang wäre nicht kontrollpflichtig, weil es sich um eine konzerninterne Umstrukturierungsmaßnahme handeln würde.[965] Um somit ein sachgemäßes Ergebnis erzielen zu können, erscheint es vorzugswürdig, auch im Anwendungsbereich von Art.5 (2) Uabs.2 FKVO (der-

964 Zur Vermeidung von „Wahlrechten" der beteiltigen Unternehmen bei der Dimensionierung des Zusammenschlusses: Groeben/Thiesing/Ehlermann (BRUHN), Band 2/II, FKVO Artikel 5, II., 1., a), Rn.8 (S.2/1441).

965 Siehe: Wiedemann (WIEDEMANN), 5. Kapitel (Fusionskontrolle), 1.Abschnitt, B., II., 2., a), Rn.34, (S.480).

selbe a.F.) eine Zusammenfassung der erwerberseitigen Umsatzgruppen innerhalb eines über materielle Beherrschung definierten Konzerns abzulehnen.

Für die Anwendung im *Beispiel 2:96 (Alleiniger Kontrollerwerb, 2)* bedeutet dies, dass geprüft werden müsste, ob die Transaktionen A+A1 (€ 80 Mio.) oder A+A2 (€ 90 Mio.) unter wirtschaftlicher Zusammenfassung von B1 und B2 (€ 170 Mio.) gemeinschaftsweite Bedeutung hätten. Würde eine der Transaktionen das Kriterium der gemeinschaftsweiten Bedeutung erfüllen, so muss der Zusammenschluss mittels Anwendung der FKVO kontrolliert werden.

Zugegebener Maßen könnte auch in diesem Fall eine Manipulierbarkeit nicht in Gänze ausgeschlossen werden kann, weil es der Mutter immer obliegen würde, eine für sie *günstige* Kontrollerwerbslinie der Unternehmensgruppe auszuwählen, jedoch muss diese Möglichkeit, sofern man eine an das Rechtssicherheitskonzept angelehnte Konstruktion der Umsatzsystematik beibehalten will, hingenommen werden. Jedenfalls kann diese Auslegung von Art.5 (2) Uabs.2 FKVO (derselbe a.F.) mit der Schwellenmethodik besser harmonisieren.

Letztendlich stellt sich die Frage der Behandlung des „Überkreuzerwerbs", auch als sog. Swapgeschäfte bezeichnet,[966] zwischen denselben Unternehmen oder Personen (bzw. Unternehmensgruppen).

Beispiel 2:98 (Alleiniger Kontrollerwerb, 4)
Das Unternehmen A (€ 90 Mio.) erwirbt die alleinige Kontrolle an dem Unternehmen B1 (€ 200 Mio.) B1 ist eine 100%ige Tochtergesellschaft des Unternehmens B (€ 300 Mio.). Anschließend erwirbt B die alleinige Kontrolle an dem Unternehmen A1 (€ 60 Mio.), welches zu 100% in der Hand des Unternehmens A ist. Dabei soll davon ausgegangen werden, dass es sich um ein einheitliches Tauschgeschäft zwischen A und B handelt
Anmerkung: Die Umsatzziffern beziehen sich auf die gemeinschaftsweiten Erlöse.

Abbildung 2-35 (Alleiniger Kontrollerwerb, 4)

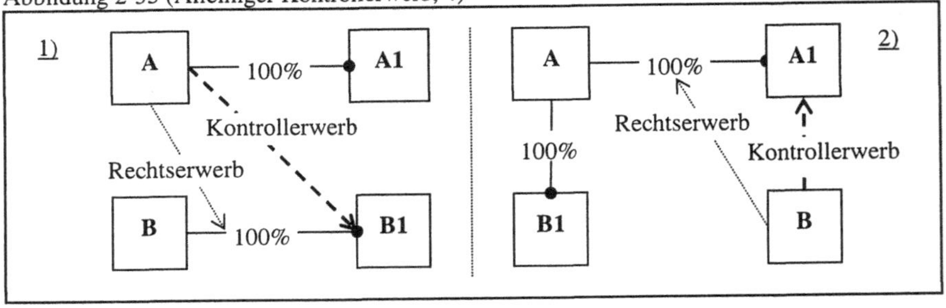

In diesem Sachverhalt würde bei einer separaten Betrachtung hinsichtlich der Transaktion A/B1 erwerberseitig A beteiligtes Unternehmen mit einem Gesamt-

[966] Vgl. EG-KOMMISSION, Grünbuch 2001 zur FKVORevision, KOM (2001) 754/6 Rn.133 (S.36).

umsatz von € 150 Mio. und veräußererseitig B1 beteiligtes Unternehmen mit einem Umsatz von € 300 Mio. sein; die gemeinschaftsweite Bedeutung würde demnach nicht an den gemeinschaftsweit erzielten Umsätzen scheitern müssen, weil die Schwelle von Art.1 (3) lit.d FKVO (derselbe a.F.) erfüllt würde.

Die Transaktion B/A1 würde dagegen dazu führen, dass veräußererseitig Umsätze von € 60 Mio. und erwerberseitig von € 300 Mio. berücksichtigt werden müssten. Die gemeinschaftsweite Bedeutung würde an den europaweit erzielten Erlösen scheitern, als mindestens 100 Mio. € zu erwirtschaften wären.

Zu beachten ist allerdings, dass hier Art.5 (2) Uabs.2 FKVO (derselbe a.F.) zumindest dem Wortlaut getreu anwendbar ist, weshalb die Vorgänge als zeitgleiche Transaktionen zu behandeln wären (ob bei solchen Tauschgeschäften überhaupt eine zeitversetzte Vornahme denkbar ist, mag dahinstehen, weil die hier anzustellenden Überlegungen noch von Bedeutung sein werden).[967] Eine *Konnexität* dieser Vorhaben lässt sich schon aus diesem Grunde nicht leugnen. Zudem erscheint es neben der Tatsache, dass der wirtschaftliche Gehalt beider Transaktionen verschoben wäre, wenn man den jeweiligen Abgang des getauschten Zielobjektes nicht im Erwerberblock berücksichtigen würde, auch nicht sinnvoll, wenn die Betreiber sich an verschiedene Behörden halten müssten.

Fragt man zunächst nach den möglichen Rechtsfolgen bei einer zeitgleichen Vornahme, so wäre es denkbar, A+A1 und B+B1 als beteiligte Unternehmensgruppen zu berücksichtigen, wonach A als beteiligtes Unternehmen € 160 Mio. und B € 500 Mio. repräsentieren müssten. Dieses Ergebnis entspricht aber *nicht der Philosophie* der Schwellensystematik. Gemäß Art.1 (2) lit.a, (3) lit.a FKVO (derselbe a.F.) soll im Hinblick auf die Gesamtwirtschaftsleistung der Umsatz aller beteiligten Unternehmen und der mittels dieser in einem Zusammenschluss kombinierten Ressourcen zusammengezählt werden.[968] Eine solche Berechnung kann aber nur dann zulässig sein, wenn die besagten Unternehmensgruppen in einer Wirtschafteinheit aufgehen, das heißt, wenn die Konzentration zwischen beiden Gruppen vollständig erfolgen würde. Dies ist hier jedoch gerade nicht der Fall, da A und B unter dem Austausch unternehmerischer Kapazitäten unabhängig bleiben. Wirtschaftlich müsste diese Besonderheit bei der Umsatzberechnung Ausdruck finden.

Dieses Ergebnis ließe sich dann erreichen, wenn man die sich kreuzenden Transaktionen als *fusionsrechtlich* zusammengehörig bewertet, sie aber dennoch

---

967 RUDO, RIW 1997, S.643 f. „Nach dem Wortlaut des Artikel 5 Abs. 2 Uabs.2 könnten unter (die Norm) … auch die Konstellationen fallen, dass ein Unternehmen einmal als Veräußerer und beim zweiten Vorgang als Erwerber mit dem Gleichen Gegenüber beteiligt ist.“, (S.641).

968 EG-KOMMISSION, Mitteilung zum Begriff der beteiligten Unternehmen, ABl.EG 1998 C 66/26, Rn.3.

als *zwei* Zusammenschlüsse, für die jeweils die gemeinschaftsweite Bedeutung zu ermitteln wäre, behandelt. Dann könnte der Abgang von unternehmerischen Kapazitäten bei der Gesamtumsatzberechung des Erwerberblocks hinsichtlich des jeweiligen Kontrollerwerbs in Ansatz gebracht werden. In dem vorgenannten Sachverhalt würde dies bedeuten, dass bei der Transaktion A/B1 Umsätze in Höhe von € 90 Mio. erwerberseitig und € 300 Mio. veräußererseitig anzusetzen wären, während im Hinblick auf das Vorhaben B/A1 Umsätze von € 200 Mio. sowie € 60 Mio. zu berücksichtigen wären.

Weil danach trotz einer Verzahnung die Vorhaben in zwei Zusammenschlüsse einzuteilen wären, müssten sie grundsätzlich zwei getrennte Legalisierungsverfahren – gegebenenfalls vor getrennten Behörden – durchlaufen. Es erscheint aber nicht sinn- und zweckgemäß, dass die Transaktionen wirtschaftlich zusammengefasst werden sollen, jedoch die Voraussetzungen einer Legalisierung eines jeden Zusammenschlusses, unabhängig geklärt werden. Deshalb gebietet es sich, eine *verfahrensrechtliche Verkettung* zu vertreten.[969] Es empfiehlt sich, eine Anmeldepflicht für beide Vorhaben zu begründen, wenn bloß *einer* der Kontrollerwerbsvorgänge unter wirtschaftlicher Berücksichtigung des anderen die gemeinschaftsweite Bedeutung erfüllt. Die EG-Kommission wäre dann zumindest bei Vorhaben mit gemeinschaftsweiter Bedeutung – nur für diese kann die FKVO Regelungen aufstellen – in die Lage versetzt, das Schicksal beider Transaktionen einheitlich zu bewerten und parallel die Dimension beider Vorhaben zu ermitteln. Ferner sollte dies auch den Interessen der Unternehmen Rechnung tragen, weil damit das Schicksal des gemeinsam betriebenen Projektes von einem einheitlichen Verfahren abhängen würde. Nur wenn beide der sich kreuzenden Vorgänge keine gemeinschaftsweite Bedeutung haben, müssten sie nach nationalem Recht geprüft werden. Dann wäre zwar denkbar, dass unterschiedliche Verfahren vor Behörden unterschiedlicher Mitgliedstaaten betrieben werden müssten, jedoch kann dieses Problem nicht vom EG-Recht gelöst werden, weil europäische Grundsätze nicht berührt werden.

Es stellt sich letztendlich die Frage, ob dieser Gedanke auch auf mittelbare Überkreuztransaktionen übertragen werden kann.

Beispiel 2:99 (Alleiniger Kontrollerwerb, 5)
Das Unternehmen A (€ 100 Mio.) ist zu 100% an dem Unternehmen A1 (€ 200 Mio.) beteiligt. Das Unternehmen B (€ 150 Mio.) ist zu 100% an dem Unternehmen B1(€ 90 Mio.) beteiligt. A erwirbt – gegen Entgelt – die Kontrolle an dem Unternehmen B1. Ein halbes Jahr später begeht B den Erwerb der Kontrolle an A1.
Anmerkung: Die Umsatzziffern beziehen sich allesamt auf die gemeinschaftsweit erzielten Erlöse.

---

969 Ähnlich: Immenga/Mestmäcker (IMMENGA), EG-WbR, Band I, VII.Abschnitt (Fusionskontrollverordnung), D., Artikel 3, III., 5., Rn.48, (S.933); vgl. ferner: HELLMANN, ZiP 2004, S.1390, (S.1387).

Bei einer separaten Betrachtung der Transaktion A/B1 wäre erwerberseitig beteiligtes Unternehmen A mit € 300 Mio. und veräußererseitig das Unternehmen B1 mit einem Umsatz von € 90 Mio. Die Schwellen von Art.1 (2) lit.b, (3) lit.d FKVO (derselbe a.F.) würden verfehlt.

Anders dagegen die Transaktion B/A1. Hier hätte B einen Umsatz von € 150 Mio. und A1 von € 200 Mio. Zumindest die Voraussetzungen von Art.1 (3) lit.d FKVO (derselbe a.F.) könnten erfüllt werden.

Auf diesen Fall findet zunächst erneut Art.5 (2) Uabs.2 FKVO (derselbe a.F.) dem Wortlaut gemäß Anwendung, weshalb die zeitgleiche Vornahme der Transaktionen fingiert würde. Dem ließe sich entgegenen, dass es es nicht sachgemäß sein kann, wenn der beide Transaktionen ein erneutes Legalisierungsverfahren durchlaufen müssten, ohne dass die FKVO das eine mit dem anderen verbindet. Die Übernahme der zum unmittelbaren Überkreuzaustausch der Zielobjekte entwickelten Grundsätze erscheint jedoch mangels Tauschgeschäfts und der daraus abgeleiteten fusionsrechtlichen Verzahnung indes fraglich. Man kann nicht unterstellen, dass eine umsatzmäßige Synthese der Vorhaben vorgenommen werden muss, weil es auch Zufall sein könnte, dass dieselben Parteien erneut eine Transaktion durchführen; sie sind darum grundsätzliche als unabhängig zu bewerten. Eine gemeinsame Anmeldepflicht, basierend auf einer verfahrensrechtlichen Verkettung, kann aber dann vertreten werden, wenn die Transaktionen sich gegenseitig bedingen. Denkbar wäre zum Beispiel in der geschilderten Sachverhaltsvariante, dass der Vollzug des Vorhabens A/B1 von der Umsetzung des Vorhabens B/A1 abhängig gemacht würde. Liegen solche Verbindungen vor, so erwächst eine gemeinsame Anmeldepflicht. Ist eine Verbindung in diesem Sinne nicht gegeben, so kann Art.5 (2) Uabs.2 FKVO (derselbe a.F.) auch eine solche nicht hervorrufen, da es sich selbst bei einer zeitgleichen Vornahme um zwei unabhängige Zusammenschlüsse handeln würde. Die erste bereits legalisierte Transaktion darf nicht, ohn dasss eine Notwendigkeit besteht, wieder zusammenschlussrechtlich „geöffnet" werden. Anderenfalls würde Art.5 (2) Uabs.2 FKVO (derselbe a.F.) eine Zusammenschlussperre errichten, weil keine „Überkreuz"-Transaktion zwischen denselben Parteien innerhalb von zwei Jahren stattfinden dürfte, ohne die erste in Frage zu stellen.

Bei einer solchen Sichtweise sieht man sich dem Argument ausgesetzt, den Unternehmen sei ein großer Spielraum für Manipulationen im Interesse einer Beeinflussung der Umsatzkalkulation eröffnet. Sie könnten miteinander verzahnte Vorhaben nicht kenntlich machen oder aber Vorhaben miteinander verzahnen, die eigentlich auch unabhängig voneinander durchgeführt werden sollen.

Es ist allerdings zu bemerkan, dass der in den „Verfügungsbereich" der Unternehmen fallende Manipulationsspielraum keine Ausnutzung finden wird, weil die jeweiligen Interessen dagegenstehen. Sollten nämlich zwei wirtschaftlich sich bedingende Vorhaben künstlich aufgespalten werden, so dürfte in den gesamten Unterlagen die Verbindung nicht fixiert werden; anderenfalls würde die jeweils zuständige Behörde auf eine Manipulation des anwendbaren Rechtes stoßen und die entsprechenden Konsequenzen ziehen. Die Unternehmen müssten gewissermaßen darauf vertrauen, dass sich der jeweilige Partner an die nicht fixierten Abmachungen hält.[970] Angesichts der Vertragsgegenstände scheint dies so gut wie ausgeschlossen. Beide Partner würden Gefahr laufen, dass ein Vorhaben untersagt würde und dann die gesamte Transaktion gefährdet wäre. Ferner müssten beide Parteien sich darauf verlassen können, dass der andere Partner aus seinen Rechten hinsichtlich des freigegebenen Verfahrens keinen Gebrauch machen würde, sondern Abstand nimmt.

Gehören dagegen die Vorhaben nicht wirtschaftlich zusammen und werden sie dennoch miteinander verbunden, so würde die Gefahr der Untersagung eines Vorhabens auch das andere Vorhaben blockieren, denn dieses könnte nun nicht mehr mit dem Argument vollzogen werden, die Verfahren gehörten zusammen; ferner würden die Legalisierungsvoraussetzungen wegfallen, sodass ein neues Verfahren angestrebt werden müsste – man hätte nichts gewonnen.

Die vorangegangenen Erwägungen haben gezeigt, dass bei mehreren Fällen des alleinigen Kontrollerwerbs grundsätzlich eine wirtschaftliche Vereinheitlichung der Vorgänge geboten ist. Dabei kann es jedoch aufgrund der Zielsetzung des Art.5 (2) Uabs.2 FKVO (derselbe a.F.) nur veräußererseitig zu einer Kumulation der Umsätze kommen. Bei Überkreuztransaktionen kommt dagegen nur eine wirtschaftliche Synthese der einzelnen Vorhaben in Betracht.[971]

(2) Gemeinsamer Kontrollerwerb

Bevor mögliche vereinheitlichende Effekte durch die Anwendung des Art.5 (2) Uabs.2 FKVO (derselbe. a.F.) auf Fälle des gemeinsamen Kontrollerwerbs analysiert werden, sollte die schwellensystematische Erfassung des bloßen gemeinsamen Kontrollerwerbs besprochen werden.

(a) Zusammenfassung der einzelnen Integrationsschritte

Betrachtet man zunächst den Fall des Kontrollerwerbs durch Aufnahme eines Gesellschafters, so entspricht diese Konstellation strukturell derjenigen des alleinigen Kontrollerwerbs.

---

970 Sofern man dagegen halten möchte, dass die vertragliche Fixierung in einem gesonderten, nicht der kontrollierenden Behörde vorgelegten Dokument erfolgen könne, wird man sich dem Einwand ausgesetzt sehen, dass sobald das „heimliche“ Dokument aus der Schublade geholt würde, der Verstoß gegen die Bestimmungen des Fusionsrechtes öffentlich gemacht wäre und damit bußgelrechtliche Konsequenzen drohen.

971 Vgl. zu den „Überkreuztransaktionen“ auch die Ausführungen: (1) Veränderung der Unternehmensstrukturen, (S.384-389).

Beispiel 2:100 (Zusammenfassung der einzelnen Integrationsschritte, 1)
Das Unternehmen A (€ 400 Mio.) erwirbt an dem Unternehmen B (€ 300 Mio.) die gemeinsame Kontrollmöglichkeit über eine 50%ige Beteiligung. Mitkontrollierender Gesellschafter mit ebenfalls einer 50%igen Beteiligung ist das Unternehmen C (€ 200 Mio.), welches vorher zu 100% an B beteilig war.

In diesem Fall liegt ein Kontrollerwerb von A an den Ressourcen von B vor. C nimmt dagegen allein die Veräußererposition hinsichtlich B ein.[972] Es handelt sich um einen wirtschaftlich und verfahrensrechtlich einheitlichen Vorgang, da nur ein Konzentrationsvorgang, nämlich zwischen A/B, erfolgt.[973] Beteiligte Unternehmen sind A mit € 400 Mio. und B mit € 500 Mio., wobei bei B von diesen nur € 300 Mio. gemäß Art.5 (2) Uabs.1 FKVO (derselbe a.F.) berücksichtigt werden könnten.

Gleiches gilt für den gemeinsamen Kontrollerwerb im Wege der Übernahme einer bestehenden Kontrollposition.

Beispiel 2:101 (Zusammenfassung der einzelnen Integrationsschritte, 2)
Entsprechend dem Beispiel 2:100 (Zusammenfassung der einzelnen Integrationsschritte, 1) mit der Maßgabe, dass C die verbleibende 50%ige Beteiligung an D veräußert

Nach den bereits vorgenommenen Ermittlungen findet hier ein Zusammenschluss ausschließlich im Verhältnis D/B statt.[974] Da sich aus der Perspektive von A die Einflussnahmeposition auf unabhängige Ressourcen nicht verändert, kann grundsätzlich auf die Ausführungen zum vorangegangenen *Beispiel 2:100 (Zusammenfassung der einzelnen Integrationsschritte, 1)* verwiesen werden. Zu berücksichtigen ist allerdings, dass D und B beteiligte Unternehmen wären und das Verhältnis zwischen C/B nicht mehr die Anforderungen des Art.5 (4) lit.b FKVO (derselbe a.F.) erfüllt, weshalb auch Art.5 (2) Uabs.1 FKVO (derselbe a.F.) nicht mehr herangezogen werden müsste.

Offen ist lediglich, wie zu verfahren wäre, wenn A und D zeitgleich die gemeinsame Kontrolle an B erlangen. Die EG-Kommission sieht in diesem Fall A und B als jeweils beteiligte Unternehmen an.[975] Dieses Ergebnis widerspricht jedoch dem wirtschaftlichen Gehalt der Schwellenbedeutung, denn die Ressour-

---

972 Eine andere Ansicht vertritt insofern die EG-Kommission, als sie den Verbund bestehend aus B/C als beteiligte Umsatzeinheit voll in die Schwellenberechnung einbeziehen würde: EG-KOMMISSION, Mitteilung zum Begriff der beteiligten Unternehmen, ABl.EG 1998 C 66/17, Rn.23.

973 Vgl. bereits: (bb) Veräußernder gemeinsamer Kontrollerwerber, (S.288).

974 Dazu: (cc) „Unbeteiligter" gemeinsamer Kontrollerwerber, (S.292).

975 Vgl. EG-KOMMISSION, Mitteilung zum Begriff der beteiligten Unternehmen, ABl.EG 1998 C 66/17, 19, 20, Rn.23, 33, 34; so auch: STOCKENHUBER, Teil II, Kapitel 6 (Gemeinschaftsweite Bedeutung), II., (S.162).

cen von A und D werden nicht in eine neue Wirtschaftseinheit einfließen.[976] Zu beachten ist jedoch, dass Art.4 (2) FKVO (derselbe a.F.) in solchen Fällen die Anmeldung der gemeinsamen Kontrollerwerber fordert, sodass eine völlig separate Betrachtung in diesem Fall nicht angemessen wäre bzw. den Vorstellungen der Verordnung nicht entspräche; dabei ist zu beachten, dass die Anmeldepflicht nur bei der „*Begründung gemeinsamer Kontrolle*“ entsteht.

In diesem Kontext stellt sich die Frage, ob die Bedingung der gemeinsamen Anmeldepflicht im Sinne von Art.4 (2) FKVO (derselbe a.F.) stets gilt, wenn eine Veränderung der Einflusshierarchien an einem Zielobjekt erfolgt, so nämlich auch im *Beispiel 2:101 (Zusammenfassung der einzelnen Integrationsschritte, 2)*, oder ob es ferner darauf ankommt, dass gerade die gemeinsame Kontrolle, basierend auf einer Gesamtstrategie, von mehreren unabhängigen Partnern verfolgt wird.[977] Hierfür sind die Wechselwirkungen von Art.3 FKVO und Art.5 (2) Uabs.2 (dieselben a.F.) zu beachten. Erfolgen die Vorhaben zeitlich versetzt, so kommt es nicht zu einem Erwerbsvorgang zwischen denselben Unternehmensverbänden, denn die Kontrollerwerber am Zielobjekt weichen in diesen Fällen voneinander ab. Sofern jedoch der zeitlich versetzte Erwerb nicht auf einen Punkt gebracht würde, kann auch die zeitgleiche Vornahme nicht zwingend zu einer Vereinheitlichung führen. Ferner erscheint es auch geboten die *Begründung* gemeinsamer Kontrolle restriktiv auszulegen und eine gemeinsame Strategie zum gemeinsamen Einflusserwerb zu fordern.

---

976 KOCH, EWS 1990, S.67 „Er (der gemeinsame Kontrollerwerb) geht von der Ausnahme aus, dass das GU mit jeder seiner Mütter zusammengeschlossen ist, ohne dass die Muttergesellschaftern untereinander (!) zusammenschlossen sind. Die Begriff stellt nicht auf die `horizontale´ Beziehung zwischen den Müttern, sonder auf die `vertikale´ Beziehung jeder einzelnen Muttergesellschaft zu dem GU ab. Es liegen also jeweils mehrere Zusammenschlüsse nebeneinander vor.“, (S.65); vgl. auch die Ausführungen zum wirtschaftlich vergleichbaren Problem beim „Überkeuzerwerb“: Beispiel 2:98 (Alleiniger Kontrollerwerb, 4), S.364.

977 Wie abwegig die Annahme einer stetigen Anmeldepflicht ist, soll folgendes Beispiel verdeutlichen: Das Unternehmen GU baut „intelligente“ Raketen. GU wird von zwei Gesellschaftern beherrscht, dem Unternehmen MA und MB. MA ist ein Holdingunternehmen, welches von den Unternehmen MAM1 und MAM2, zwei Softwareunternehmen, kontrolliert wird. MB ist einem Rüstungsunternehmen, welches von MBM1, einem Triebwerkehersteller, und MBM2, ein Rüstungsunternehmen, gemeinsam beherscht werden kann. Zwischen MAM1 und MAM2 kommt es zum Zerwürfnis, sodass MAM1 letztendlich die Beteiligung an das Unternehmen MAM3 veräußert. Aufgrund des gemeinsamen Kontrollerwerbs an MA erlangt MAM3 mittelbar die gemeinsame Kontrolle an GU, sodass MBM1 und MBM2 ebenfalls eine Anmeldepflicht treffen müsste. Dies, obwohl sich allein in der Gesellschafterstruktur des „Softwarekonsortiums“ die Beteiligungsverhältnisse geändert haben.

Unter diesen Annahmen erscheint in Anlehnung an das *Beispiel 2:98 (Alleiniger Kontrollerwerb, 4)* eine vermittelnde Lösung, die zu einer verfahrensrechtlichen Vereinheitlichung führt und bereits für die Fälle des „Überkreuzerwerbs“ entwickelt wurde, vertretbar zu sein. Erwerben mehrere Unternehmen die gemeinsame Kontrolle an einem Unternehmen, so müssen sie das Vorhaben jedenfalls nur gemäß Art.4 (2) FKVO (derselbe a.F.) gemeinsam anmelden, wenn eine gemeinsame Strategie verfolgt wird. Im Hinblick auf die Schwellensystematik wäre in Anbetracht des geschilderten Beispiels wirtschaftlich getrennt zu prüfen, ob der Kontrollerwerb A/B oder D/B gemeinschaftsweite Bedeutung hat.[978] Wäre diese auch nur bei einer der Transaktionen der Fall, so besteht die Anmeldepflicht. Anderenfalls müssen sich die Unternehmen bei den Mitgliedstaaten „melden“.

Auch hier sieht man sich dem Argument ausgesetzt, dass Manipulationsspielräume bestehen, indem die Unternehmen getrennte Vorhaben gemeinsam oder gemeinsame Vorhaben getrennt anmelden. Es ist allerdings defacto so, dass eine gemeinsame Anmeldung, sofern die einzelnen Transaktionen einer wirtschaftlichen Gesamtstrategie unterliegen, nur Vorteile bringen kann. Mit der gemeinsamen Anmeldung werden Verfahrensautonomie und Rechtssicherheit bei der Freigabe des Gesamtvorhabens durch die einheitliche Kontrolle der EG-Kommission gefördert. Eine separate Anmeldung birgt die Gefahr, dass eine Transaktion untersagt würde,[979] während dies umgekehrt auch bei einer künstlichen Zusammenfassung gilt.[980] Dabei ist zu beachten, dass die Kontrollerwerber in den hier relevanten Fällen nicht die Vorhaben unter sich ausmachen, sondern mit dem Veräußerer eine dritte Partei existiert, auf die Verlass sein muss, wenn ein Vorhaben nicht durchgeführt werden kann; aus diesem Grunde verschließt sich auch hier der Manipulationsspielraum.

Diese Sichtweise muss auch im Hinblick auf die Neugründung eines Gemeinschaftsunternehmens übertragen werden. Allerdings ist zu beachten, dass im Falle der Überkreuzeinbringung von Ressourcen mehrerer Gründer,

---

978 Im Ergebnis entsprechend: POHLMANN, 4.Teil, A., V., 1., b), dd), (S.330 f.).

979 Beispiel: Die Unternehmen A und B möchten gemeinsam die Kontrolle an dem Unternehmen C erlangen. Sollten sie die Vorhaben künstlich aufteilen, so laufen sie Gefahr, dass ein Vorhaben nicht freigegeben würde, das freigegebene Vorhaben aber aufgrund rechtlich bindender Zusagen gegenüber dem Veräußerer zum Vollzug gebracht werden müsste.

980 Beispiel: Das Unternehmen A möchte eine 50%ige Beteiligung an dem Unternehmen B erlangen. Gleiches begehrt das Unternehmen C. Beide begehren die Einflussposition unabhängig vom Erwerbsakt des anderen. Eine Zusammenfassung der Vorhaben würde nicht erfolgen, weil A befürchten müsste, die Transaktion C/B würde untersagt und umgekehrt.

entsprechend dem *Beispiel 2:98 (Alleiniger Kontrollerwerb, 4)*, eine wirtschaftliche Synthese der einzelnen Einbringungsakte geboten ist; dies, weil die „einbringende“ Einheit – wie beim Swapgeschäft – sich aus der unternehmerischen Verfügungsmacht an den einzubringenden Ressourcen qualitativ zurückzieht.[981] Sollen mehrere Kontrollerwerbschritte an vorher für einen oder mehrere Gründer unabhängigen Ressourcen das Gemeinschaftsunternehmen zur Vollfunktion erwecken, so ist auch hier nach den Vorgaben der FKVO eine verfahrensrechtliche Zusammenfassung möglich.

Die zu einem gemeinsamen Kontrollerwerb führenden Transaktionen sind grundsätzlich als umsatzmäßig getrennte Vorgänge zu behandeln, wobei jedoch eine gemeinsame Anmeldung der einzelnen Schritte geboten ist, wenn eine der Transaktionen die gemeinschaftsweite Bedeutung ausfüllt und die einzelnen Transaktionen einer gemeinsamen Strategie unterliegen. Somit wird ausgeschlossen, dass der gemeinsame Kontrollerwerb zu einem Zusammenschluss führt, nur weil die künftigen Gesellschafter die Umsatzschwellen überschreiten.[982]

(b) Zusammenfassung mehrerer Vorgänge

Nach den Erwägungen zum *Beispiel 2:100 (Zusammenfassung der einzelnen Integrationsschritte, 1)* stellt sich zunächst die Frage, ob eine zeitlich versetzte Vornahme der einzelnen Kontrollerwerbsschritte der künftigen Gesellschafter zusammengefasst werden kann. Dies ist – wie bereits im vorangegangenen Absatz dargelegt – mangels Erfüllung von Art.5 (2) Uabs.2 FKVO (derselbe a.F.) nicht denkbar. Erwerben wie im *Beispiel 2:101 (Zusammenfassung der einzelnen Integrationsschritte, 2)* A und D jeweils die Kontrollmöglichkeit an einem Zielobjekt, so fehlt es an demselben Erwerber.

Weiter wäre das strukturell mit dem versetzten alleinigen Einflusserwerb vergleichbare Vorhaben des gemeinsamen Kontrollerwerbs zu prüfen.

Beispiel 2:102 (Zusammenfassung mehrerer Vorgänge, 1)
Die Unternehmen A (€ 400 Mio.) und B (€ 90 Mio.) erwerben die Kontrolle an dem Unternehmen C (€ 80 Mio.). Im Anschluss erwerben sie die gemeinsame Kontrolle an dem Unternehmen D (€ 50 Mio.). C war vorher eine 100%ige Tochtergesellschaft von D.
Anmerkung: Die Umsatzziffern beziehen sich auf die gemeinschaftsweit erzielten Erlöse.

---

981 Vgl. dazu die weitreführenden Ausführungen: Beispiel 2:104 (Zusammenfassung mehrerer Vorgänge, 3), (S.374).

982 Vgl. auch demgemäß: POHLMANN, 4.Teil, A., V., 1., b), dd), (S.330 f.).

Beispiel 2:100 (Zusammenfassung der einzelnen Integrationsschritte, 1)
Das Unternehmen A (€ 400 Mio.) erwirbt an dem Unternehmen B (€ 300 Mio.) die gemeinsame Kontrollmöglichkeit über eine 50%ige Beteiligung. Mitkontrollierender Gesellschafter mit ebenfalls einer 50%igen Beteiligung ist das Unternehmen C (€ 200 Mio.), welches vorher zu 100% an B beteilig war.

In diesem Fall liegt ein Kontrollerwerb von A an den Ressourcen von B vor. C nimmt dagegen allein die Veräußererposition hinsichtlich B ein.[972] Es handelt sich um einen wirtschaftlich und verfahrensrechtlich einheitlichen Vorgang, da nur ein Konzentrationsvorgang, nämlich zwischen A/B, erfolgt.[973] Beteiligte Unternehmen sind A mit € 400 Mio. und B mit € 500 Mio., wobei bei B von diesen nur € 300 Mio. gemäß Art.5 (2) Uabs.1 FKVO (derselbe a.F.) berücksichtigt werden könnten.

Gleiches gilt für den gemeinsamen Kontrollerwerb im Wege der Übernahme einer bestehenden Kontrollposition.

Beispiel 2:101 (Zusammenfassung der einzelnen Integrationsschritte, 2)
Entsprechend dem Beispiel 2:100 (Zusammenfassung der einzelnen Integrationsschritte, 1) mit der Maßgabe, dass C die verbleibende 50%ige Beteiligung an D veräußert.

Nach den bereits vorgenommenen Ermittlungen findet hier ein Zusammenschluss ausschließlich im Verhältnis D/B statt.[974] Da sich aus der Perspektive von A die Einflussnahmeposition auf unabhängige Ressourcen nicht verändert, kann grundsätzlich auf die Ausführungen zum vorangegangenen *Beispiel 2:100 (Zusammenfassung der einzelnen Integrationsschritte, 1)* verwiesen werden. Zu berücksichtigen ist allerdings, dass D und B beteiligte Unternehmen wären und das Verhältnis zwischen C/B nicht mehr die Anforderungen des Art.5 (4) lit.b FKVO (derselbe a.F.) erfüllt, weshalb auch Art.5 (2) Uabs.1 FKVO (derselbe a.F.) nicht mehr herangezogen werden müsste.

Offen ist lediglich, wie zu verfahren wäre, wenn A und D zeitgleich die gemeinsame Kontrolle an B erlangen. Die EG-Kommission sieht in diesem Fall A und B als jeweils beteiligte Unternehmen an.[975] Dieses Ergebnis widerspricht jedoch dem wirtschaftlichen Gehalt der Schwellenbedeutung, denn die Ressour-

---

972 Eine andere Ansicht vertritt insofern die EG-Kommission, als sie den Verbund bestehend aus B/C als beteiligte Umsatzeinheit voll in die Schwellenberechnung einbeziehen würde: EG-KOMMISSION, Mitteilung zum Begriff der beteiligten Unternehmen, ABl.EG 1998 C 66/17, Rn.23.

973 Vgl. bereits: (bb) Veräußernder gemeinsamer Kontrollerwerber, (S.288).

974 Dazu: (cc) „Unbeteiligter" gemeinsamer Kontrollerwerber, (S.292).

975 Vgl. EG-KOMMISSION, Mitteilung zum Begriff der beteiligten Unternehmen, ABl.EG 1998 C 66/17, 19, 20, Rn.23, 33, 34; so auch: STOCKENHUBER, Teil II, Kapitel 6 (Gemeinschaftsweite Bedeutung), II., (S.162).

cen von A und D werden nicht in eine neue Wirtschaftseinheit einfließen.[976] Zu beachten ist jedoch, dass Art.4 (2) FKVO (derselbe a.F.) in solchen Fällen die Anmeldung der gemeinsamen Kontrollerwerber fordert, sodass eine völlig separate Betrachtung in diesem Fall nicht angemessen wäre bzw. den Vorstellungen der Verordnung nicht entspräche; dabei ist zu beachten, dass die Anmeldepflicht nur bei der „*Begründung gemeinsamer Kontrolle*“ entsteht.

In diesem Kontext stellt sich die Frage, ob die Bedingung der gemeinsamen Anmeldepflicht im Sinne von Art.4 (2) FKVO (derselbe a.F.) stets gilt, wenn eine Veränderung der Einflusshierarchien an einem Zielobjekt erfolgt, so nämlich auch im *Beispiel 2:101 (Zusammenfassung der einzelnen Integrationsschritte, 2)*, oder ob es ferner darauf ankommt, dass gerade die gemeinsame Kontrolle, basierend auf einer Gesamtstrategie, von mehreren unabhängigen Partnern verfolgt wird.[977] Hierfür sind die Wechselwirkungen von Art.3 FKVO und Art.5 (2) Uabs.2 (dieselben a.F.) zu beachten. Erfolgen die Vorhaben zeitlich versetzt, so kommt es nicht zu einem Erwerbsvorgang zwischen denselben Unternehmensverbänden, denn die Kontrollerwerber am Zielobjekt weichen in diesen Fällen voneinander ab. Sofern jedoch der zeitlich versetzte Erwerb nicht auf einen Punkt gebracht würde, kann auch die zeitgleiche Vornahme nicht zwingend zu einer Vereinheitlichung führen. Ferner erscheint es auch geboten die *Begründung* gemeinsamer Kontrolle restriktiv auszulegen und eine gemeinsame Strategie zum gemeinsamen Einflusserwerb zu fordern.

---

976 KOCH, EWS 1990, S.67 „Er (der gemeinsame Kontrollerwerb) geht von der Ausnahme aus, dass das GU mit jeder seiner Mütter zusammengeschlossen ist, ohne dass die Muttergesellschaftern untereinander (!) zusammenschlossen sind. Die Begriff stellt nicht auf die `horizontale´ Beziehung zwischen den Müttern, sonder auf die `vertikale´ Beziehung jeder einzelnen Muttergesellschaft zu dem GU ab. Es liegen also jeweils mehrere Zusammenschlüsse nebeneinander vor.“, (S.65); vgl. auch die Ausführungen zum wirtschaftlich vergleichbaren Problem beim „Überkeuzerwerb“: Beispiel 2:98 (Alleiniger Kontrollerwerb, 4), S.364.

977 Wie abwegig die Annahme einer stetigen Anmeldepflicht ist, soll folgendes Beispiel verdeutlichen: Das Unternehmen GU baut „intelligente“ Raketen. GU wird von zwei Gesellschaftern beherrscht, dem Unternehmen MA und MB. MA ist ein Holdingunternehmen, welches von den Unternehmen MAM1 und MAM2, zwei Softwareunternehmen, kontrolliert wird. MB ist einem Rüstungsunternehmen, welches von MBM1, einem Triebwerkehersteller, und MBM2, ein Rüstungsunternehmen, gemeinsam beherscht werden kann. Zwischen MAM1 und MAM2 kommt es zum Zerwürfnis, sodass MAM1 letztendlich die Beteiligung an das Unternehmen MAM3 veräußert. Aufgrund des gemeinsamen Kontrollerwerbs an MA erlangt MAM3 mittelbar die gemeinsame Kontrolle an GU, sodass MBM1 und MBM2 ebenfalls eine Anmeldepflicht treffen müsste. Dies, obwohl sich allein in der Gesellschafterstruktur des „Softwarekonsortiums“ die Beteiligungsverhältnisse geändert haben.

Abbildung 2-36 (Zusammenfassung mehrerer Vorgänge, 1)

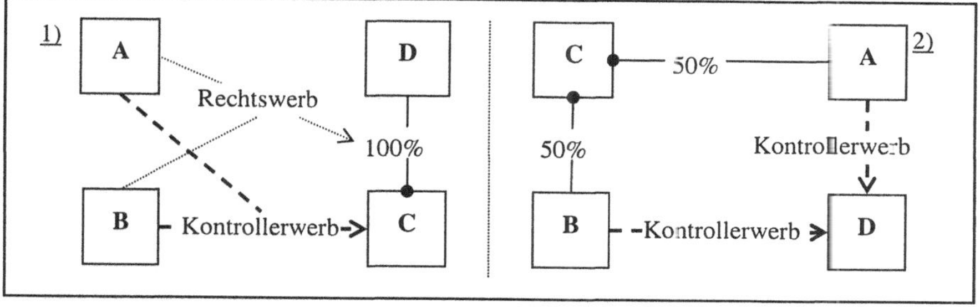

In diesem Sachverhalt können die einzelnen Zusammenschlüsse bei einer separaten Betrachtung keine gemeinschaftsweite Bedeutung erlangen, weil C und D jeweils zu umsatzschwach wären. Fraglich ist, ob eine Anwendung des Art.5 (2) Uabs.2 FKVO (derselbe a.F.) in Betracht kommt. Dies ist zu bejahen, weil es ein Zusammenschluss zwischen denselben Parteien darstellt. Man kann hier vertreten, dass es sich um einen gestückelten Erwerb von A und B an der Wirtschafteinheit C/D handelt. Die Gemeinschaftsdimension des Vorhabens A/C+D würde – anders als bei einer wirtschaftlich separaten Betrachtung – nicht an dem Kriterium des Art.1 (3) lit.b FKVO (derselbe a.F.) scheitern. Wäre gemeinschaftsweite Bedeutung gegeben, müsste zumindest A die Transaktion bei der EG-Kommission anmelden. Für B würde diese Verpflichtung nur bei der Verfolgung einer gemeinsamen Strategie gelten, wobei diese vermutet werden dürfte; anderenfalls wäre das Vorhaben B/D bei den nationalen Behörden noch kontrollpflichtig.

Fraglich ist, welche Voraussetzungen Art.5 (2) Uabs, 2 FKVO (derselbe a.F.) an die Zusammenfassung mehrerer gemeinsamer Kontrollerwerbsvorgänge stellt. Offen ist nämlich, ob eine Zusammenfassung auch dann in Betracht kommt, wenn die kontrollerwerbenden Gesellschafter keine gleiche Besetzung aufweisen.

Beispiel 2:103 (Zusammenfassung mehrerer Vorgänge, 2)
Entsprechend dem Beispiel 2:102 (Zusammenfassung mehrerer Vorgänge, 1) mit der Maßgabe, dass am zweiten Kontrollerwerbsvorgang:
Variante A)
A und B mittels eines anderen Stimmrechtsverhältnisses die gemeinsame Kontrolle an D erlangen
Variante B)
A und B gemeinsam mit dem Unternehmen E die gemeinsame Kontrolle an D erlangen.

Die Variante A weist keine Besonderheiten im Hinblick auf die Behandlung des Falles auf. Der Kontrollerwerb orientiert sich an den Einflusspositionen, wobei allein die strukturelle Unterscheidung zwischen dem alleinigen und dem gemeinsamen Kontrollerwerb zu beachten ist. Wie A und B die gemeinsame Einflussposition an den Zielobjekten C und D ableiten, ist dabei für die zusammenschlussrechtliche Würdigung unbeachtlich.[983]

Zweifelhaft ist dagegen die Behandlung der Variante B. Art.5 (2) Uabs.2 FKVO (derselbe a.F.) soll Umgehungskonstellationen durch eine Aufteilung des Zielobjektes in einer Gesamtstrategie verhindern. Durch den Kontrollerwerb von E an dem Zielobjekt D käme keine von A und B im Hinblick auf den Wirtschaftsverbund C+D verfolgte Strategie der Aufteilung zum Ausdruck, weil der unterteilte Einflusserwerb an C und D und eine separate Bewertung dadurch gerechtfertigt wird, dass E Mitkontrollerwerber an D sein soll. Eine sowohl wirtschaftliche als auch verfahrensrechtliche Zusammenfassung der beiden Vorhaben scheidet aus. Art.5 (2) Uabs.2 FKVO (derselbe a.F.) ist dahingehend *einschränkend* auszulegen, dass eine Anwendung nur in Betracht kommt, wenn exakt dieselbe Beteiligung an dem Kontrollerwerb mehrerer – zur gleichen Unternehmensgruppe gehörender – Zielobjekte gegeben ist.[984]

Bliebe letztendlich der Sonderfall der Ressourceneinbringung mehrerer Gründer in ein neu formiertes Gemeinschaftsunternehmen zu begutachten.

Beispiel 2:104 (Zusammenfassung mehrerer Vorgänge, 3)
Das Unternehmen A (€ 300 Mio.) und das Unternehmen B (€ 400 Mio.) gründen eine zu je 50% gehaltene juristische Person C. A überträgt einen Geschäftsbereich Av (€ 200 Mio.) sowie B einen Geschäftsbereich Bv (€ 100 Mio.) auf C.

Auch hier kommt Art.5 (2) Uabs.2 FKVO (derselbe a.F.) getreu den Ausführungen zum *Beispiel 2:98 (Alleiniger Kontrollerwerb, 4)* zur Anwendung, weshalb eine dementsprechend orientierte Behandlung des Falles erfolgen muss. Es handelt sich um zwei Kontrollerwerbsvorgänge A/Bv sowie B/Av, wobei eine wirtschaftliche Zusammenfassung geboten ist. Danach muss berücksichtigt werden, dass Av und Bv künftig den einbringenden Gesellschaftern partiell zurechenbar sind. Im Hinblick auf den Kontrollerwerb von A an Bv bedeutet dies, dass die Umsätze des selbst noch einzubringenden Geschäftsbereiches analog Art.5 (5) FKVO (derselbe a.F.) nur partiell berücksichtigt werden sollten.[985] Selbiges gilt für die Transaktion B/Av.

Bei dem gemeinsamen Kontrollerwerb von A mittels C an Bv würde A einen Gesamtumsatz von € 500 Mio. abzüglich € 200 Mio./2 (Av/2), also € 400 Mio. repräsentieren. Man könnte hierbei in Erwägung ziehen, dass die Umsätze des

---

[983] Andere Ansicht, da auch abstellend auf dieselben Stimmrechtsverhältnisse: EG-Kommission, (Akz. IV/M.522 Scandinavien Projekts) vom 28.11.94, Rn.21 „between the same parties, resulting in exactly the same division of voting rights inthe target companies between the parties“; Rudo, RIW 1997, S.644, (S.641).

[984] Vgl. auch: RUDO, RIW 1994, S.644, (S.641).

[985] Insbesondere hierzu auch: (III) Mischfälle, (S.391).

Zielobjekts nur partiell, das heißt analog Art.5 (5) FKVO (derselbe a.F.) zu berücksichtigen seien. Allerdings soll Art.5 (5) FKVO (derselbe a.F.) allein die umsatzmäßige Aufteilung der Wirtschaftkraft eines bereits „gemeinsam kontrollierten" Unternehmens bewirken, während bei der Umsatzberechnung es vielmehr darauf ankommt, welche Leistungsfähigkeit das Zielobjekt, an dem die Einflussposition erworben wird, in seiner Gesamtheit hat. Eine Analogie von Art.5 (5) FKVO (derselbe a.F.) ist damit in Bezug auf das Zielobjekt abzulehnen, auch wenn die künftig kontrollierte Einheit nicht allein dem Einfluss des Kontrollerwerbers unterstehen wird.

Beim Zusammenschluss B/Av müsste gleiche Berechnung gelten. B würde als beteiligtes Unternehmen einen Umsatz von € 350 Mio. aufweisen. Für die volle oder partielle Berücksichtigung von Av gilt selbiges.

Hätte eine der Transaktionen gemeinschaftsweite Bedeutung, würde erneut eine verfahrensrechtliche Gesamtbetrachtung ermöglicht sein; gemäß Art.4 (2) FKVO (derselbe a.F.) ist eine gemeinsame Anmeldung notwendig selbst wenn nicht alle Konzentrationsprozesse die Schwellen des Art.1 (2), (3) FKVO (derselbe a.F.) erfüllen, sobald es sich, was der Regelfall sein dürfte, um eine einheitliche Gesamtstrategie handelt.

Beim gemeinsamen Kontrollerwerb führt jeder Einflusserwerb oder eine Intensivierung desselben zu einem umsatzgemäß allein in Ansatz zu bringenden Zusammenschluss zwischen den Ressourcen des Kontrollerwerbers und des Zielobjektes.

(3) Fusion

Für die Fusion ist entsprechend der hier vertretenen Definition zu Art.3 (1) lit.a FKVO (derselbe a.F.) nur ein Anwendungsfall zu diskutieren.

Beispiel 2:105 (Fusion)
Das Unternehmen A (€ 600 Mio.) fusioniert mit dem Unternehmen B (€ 300 Mio.), wobei A sich auflöst und B die Ressourcen von A erhält. A ist vor der Transaktion zu 100% von dem Unternehmen C (€ 400 Mio.) abhängig. C wird an B eine 20%ige Beteiligung verbleiben. Zwei Monate später fusionieren B und C.

Art.5 (2) Uabs.2 FKVO (derselbe a.F.) kommt hier zur Anwendung, denn A und C gehörten vor dem ersten Erwerbsvorgang einem Umsatzverbund an. Die Transaktion erfolgt hier zwischen denselben Parteien A+C und B. A und C müssen deshalb in der wirtschaftlichen Gesamtheit betrachtet werden.

Art.5 (2) Uabs.2 FKVO (derselbe a.F.) ist auf Fusionssachverhalte anwendbar, wenn ein aus mehreren Wirtschaftseinheiten fusioniertes Gebilde mit weiteren Einheiten fusioniert, die mit einem der beiden „ersten" Fusionspartner in einer Wirtschaftseinheit standen.

(4) Mischfälle

Fraglich ist letztendlich, wie strukturelle Mischfälle zu behandeln sind. Insbesondere interessiert hierbei der zeitlich versetzte Erwerb von alleiniger und gemeinsamer Kontrolle.[986]

Beispiel 2:106 (Mischfälle, 1)
Das Unternehmen A (€ 400 Mio.) erwirbt die alleinige Kontrollmöglichkeit an dem Unternehmen B1 (€ 200 Mio.), einer 100%igen Tochtergesellschaft des Unternehmen B. Zehn Monate später erwirbt A eine 50% an dem Unternehmen B2 (€ 400 Mio.). B2 ist ebenfalls eine 100%ige Tochtergesellschaft von B und wird künftig von A und B gemeinsam kontrolliert werden.

Art.5 (2) Uabs.2 FKVO (derselbe a.F.) ist den Voraussetzungen nach anwendbar, weil die Transaktionen zwischen denselben Unternehmensverbänden erfolgen und damit eine wirtschaftliche Zusammenfassung möglich wäre. Bedenken begründen sich jedoch, weil so der alleinige mit dem gemeinsamen Kontrollerwerb zusammengefasst würde. Allerdings darf man bezüglich der Bewertung dieses Falles nicht übersehen, dass es auch für die Definition von Art 3 (1) FKVO vornehmlich darauf ankommt, dass ein Ressourcenträger die unternehmerische Verfügungsmacht auf vorher unabhängige Ressourcen erlangt.[987] Unbeachtlich für die Annahme des Konzentrationsvorgangs ist es dagegen, ob die maßgebliche Einflussposition allein oder gemeinsam mit Dritten erlangt wird. Aus diesem Grunde sollte eine umsatzmäßige Zusammenfassung der Ressourcen von B1 und B2 zulässig sein. Dies entspricht insoweit auch der Vorgabe des Uabs.2, der mehrere Erwerbsvorgänge voraussetzt, ohne hinsichtlich der strukturellen Art und Weise der Einflussnahmeposition zu unterscheiden. Es sollte darum nicht per se als unzulässig gelten, alleinigen sowie gemeinsamen Kontrollerwerb zusammenzufassen.

Anders ist der Fall dagegen zu behandeln, wenn der gemeinsame Kontrollerwerb mit einem Drittunternehmen, das heißt nicht mit dem Veräußerer erfolgt.

Beispiel 2:107 (Mischfälle, 2)
Entsprechend dem Beispiel 2:106 (Mischfälle, 1) mit der Maßgabe, dass A zusammen mit C die gemeinsame Kontrollposition an B2 erwirbt

---

986 Vgl. EG-KOMMISSION, Entscheidung (Akz. IV/M.409 – ABB/Renault Automation) vom 9.3.1994, Rn.3, 4; Entscheidung (Akz. IV/M.479 – MAN/Ingersoll Rand) vom 28.7.1994, Rn.3, 4; siehe ferner auch zum parallelen gemeinsamen Kontrollerwerb die Erwägungen in Fußnote 983 und Enscheidung; hierzu auch: RUDO, RIW 1997, S.644, (S.641).

987 POHLMANN, 4.Teil, A., II. „Artikel 3 Abs. 3 soll … den Übergang der Verfügungsmacht über unternehmerische Ressourcen erfassen.“, (S.303).

In diesem Sachverhalt ist die wirtschaftliche Zusammenfassung nicht mehr geboten, weil die einzelnen Erwerbsvorgänge nicht zwischen denselben Unternehmensgruppen erfolgen.[988] Angenommen die Kontrollerwerbskonstellationen von A/B1 und A/B2 würden, separat betrachtet, die gemeinschaftsweite Bedeutung nicht erfüllen, wirtschaftlich zusammengefasst wäre dies aber der Fall, so könnte der gemeinsame Kontrollerwerb von A und C an B2, bedingt durch die verfahrensrechtliche Vereinheitlichung, gemeinschaftsweite Bedeutung erfahren. Dies könnte paradoxer Weise selbst dann anzunehmen sein, wenn jede der Transaktionen, A/B2 sowie C/B2, für sich die Umsatzschwellen verfehlen würde.[989] Eine solche Verkettung der einzelnen Vorhaben ginge über die originäre Funktion von Art.5 (2) Uabs.2 FKVO (derselbe a.F.) hinaus. Ferner kann es auch nicht im Interesse der Rechtssicherheit als förderlich angesehen werden, wenn die gemeinschaftsweite Bedeutung des gemeinsamen Kontrollerwerbs von A und C an B2 von der Dimension eines Zusammenschlusses zwischen A mit einem anderen Zielobjekt, B1, abhängig wäre.

Anders wäre dieser Fall zu behandeln, wenn die gemeinsamen Kontrollerwerber ihr Vorhaben nicht verfahrensrechtlich miteinander verketten. Dann müssen sie ein im Verhältnis zueinander unabhängiges Legalisierungsverfahren betreiben. Hier kann Art.5 (2) Uabs.2 FKVO (derselbe a.F.) in Bezug auf mehrere Transaktionen eines jeden der gemeinsamen Kontrollerwerber Anwendung beanspruchen und diese wirtschaftlich zu einer Einheit verbinden.

In dem geschilderten Beispiel würd dies bedeuten, dass die Transaktion C/B2 separat bei der zuständigen Behörde kontrolliert wird. Im Falle der Freigabe könnte C den Kontrollerwerb an B2 vollziehen. Unabhängig davon müsste A die Kontrollerwerbsfälle an B1 und B2 als wirtschaftlich einen einheitlichen Vorgang legalisieren lassen; das rechtliche Schicksal wäre dann unabhängig von dem der Transaktion C/B2. Dass die Unternehmen diesen Weg wählen erscheint erneut nur denkbar, wenn der Kontrollerwerb von C an B2 sowie von A an B2 keiner von A und C anvisierten Gesamtstrategie unterliegt.

Bleibt letztendlich der Fall zu begutachten, bei dem die gemeinsame Kontrollerwerbsposition zu einer alleinigen ausgebaut wird.

---

988 Demgemäß: EG-KOMMISSION, Entscheidung (IV/M.522 – Scandinavien Projekt) vom 28.11.1994, Rn.1, 21; RUDO, RIW 1997, S.644, (S.641).

989 Beispiel: Unternehmen A erwirbt die alleinige Kontrolle an B und mit C die gemeinsame Kontrolle an D. Die Konzentrationsprozesse A/B, A/D sowie C/D haben keine gemeinschaftsweite Bedeutung. Bei einer Zusammenfassung von A/B und A/D hätten die Vorhaben gemeinschaftsweite Bedeutung. Dann könnte der gemeinsame Kontrollerwerb A/D und C/D gemeinschaftsweite Bedeutung erlangen, nur weil A – in Bezug auf C völlig unabhängig – auch die Kontrolle an B erlangt.

Beispiel 2:108 (Mischfälle, 3)
Das Unternehmen A (€ 300 Mio.) erwirbt von B (€ 200 Mio.) eine 50%ige Beteiligung an der vorher 100%igen Tochter von B, dem Unternehmen C (€ 300 Mio.), und wird dieses mit B gemeinsam kontrollieren. Nach einem Jahr erwirbt A die alleinige Kontrolle, weil es die weiteren 50% von B erwirbt.

Auch hier kommt es zu einer Anwendung von Art.5 (2) Uabs.2 FKVO (derselbe a.F.) Die wirtschaftliche Zusammenfassung des erst gemeinsamen und dann alleinigen Kontrollerwerbs an C hat für die Umsatzberechnung jedoch keine Auswirkungen, weil ohnehin in beiden Fällen die Umsätze von C voll berücksichtigt werden müssten. Die einzige Besonderheit bestünde darin, dass für die Bestimmung der Eckdaten diejenigen Verhältnisse von Bedeutung wären, die im Zeitpunkt des zweiten Erwerbs von C bestünden.

Eine Anwendung des Art.5 (2) Uabs.2 FKVO (derselbe a.F.) kommt entgegen der Ansicht der EG-Kommission auch auf Mischfälle zwischen alleinigem und gemeinsamem Kontrollerwerb desselben Einflusserwerbers sowie Veräußerers in Betracht.

(5) Fazit

Die Anwendung des Art.5 (2) Uabs.2 FKVO (derselbe a.F.) bewirkt die umsatzmäßige Zusammenfassung mehrerer Zusammenschlussvorgänge zwischen denselben Unternehmensgruppen. Dabei kann diese Wirkung nur in Bezug auf solche zeitversetzten Erwerbsvorgänge ausgehen, die bei einer zeitgleichen Vornahme dementsprechend zusammengefasst werden können. In dieser Hinsicht muss sich die Norm an den abstrakten Prinzipien, die für den Zusammenschlusstatbestand gelten, orientieren.

cc. Zusammenfassung zu Art.5 (2) FKVO (derselbe a.F.)

Art.5 (2) Uabs.1 FKVO (derselbe a.F.) findet Anwendung auf sämtliche Fälle, bei denen der Zusammenschluss nicht mit der Gesamtheit eines Umsatzverbundes erfolgt, sondern lediglich Teile einer Wirtschaftseinheit erworben werden. Dabei ist es unbeachtlich, ob die Umsatzeinheit durch ein Einzelunternehmen oder eine Unternehmensgruppe gebildet wird. Der Erwerb eines Teiles ist mithin auch dann gegeben, wenn Ressourcen einer Gruppe erworben werden.

Art.5 (2) Uabs.2 FKVO (derselbe a.F.) soll Uabs.1 komplettieren, indem er Umgehungskonstellationen ausschließt. Voraussetzung für die Anwendung ist, dass mehrere zusammenschlussrechtlich relevante Vorgänge exakt zwischen denselben Wirtschaftseinheiten, seien diese verkörpert durch ein Unternehmen oder eine Unternehmensgruppe, erfolgen. In der unmittelbaren Wirkung fingiert Art.5 (2) Uabs.2 FKVO (derselbe a.F.) lediglich die gleichzeitige Vornahme der einzelnen Zusammenschlüsse. Die mittelbaren Folgen müssen dann an den allgemeinen Grundsätzen zur wirtschaftlichen oder verfahrensrechtlichen Zusammenfassung von mehreren Konzentrationsprozessen orientiert werden.

b. Unbenannte Problemfälle bei der Umsatzkalkulation

Schon diesen Prüfungsabschnitt eröffnend wurde darauf hingewiesen, dass die sachgemäße Umsatzkalkulation in bestimmten Konstellationen vor Probleme gestellt sein kann, für die die FKVO keine Regelung parat hält. Diese gilt es nunmehr abschließend zu würdigen. Dabei soll über eine kurze Darstellung ein möglicher Lösungsansatz aufgezeigt werden.

aa. Eliminierung der Innenumsätze beim Teilerwerb

Mittels der Konkretisierung des Art.5 (2) Uabs.1 FKVO (derselbe a.F.) wurde erarbeitet, dass die Norm auch Anwendung beanspruchen kann, wenn Teile einer Unternehmensgruppe erworben werden, weil der Begriff der Unternehmensgruppe als Bezugspunkt eines Teiles ergänzend ind ie Vorschrift hineininterpretiert werden muss. Im Hinblick auf die Umsatzberechnung ist zweifelhaft, ob die grundlegend von Art.5 (1) FKVO (derselbe a.F.) statuierte Eliminierung der Innenumsatzerlöse auch dann zu stets sachgemäßen Ergbnissen führt, wenn ein Teilerwerb erfolgt. Die Problematik soll anhand eines einleitenden Beispiels illustriert werden.

Beispiel 2:109 (Eliminierung der Innenumsätze beim Teilerwerb, 1)
Das Unternehmen A (€ 400 Mio.) erwirbt die Kontrolle an dem Unternehmen B1 (€ 300 Mio.). B1 ist eine 100%ige Tochtergesellschaft der B Holding. B ist ferner zu 100% an dem Unternehmen B2 (€ 250 Mio.) beteiligt.
Variante A)
B2 ist ein Softwarehersteller. B1 ist dagegen eine bloße Verkaufsagentur. B2 liefert die hergestellten Produkte an B1 und erzielt allein damit - intern - die bezifferten Umsatzerlöse. B1 vermarktet und vertreibt die von B2 gelieferten Produkte an die Verbraucher. Inhaber sämtlicher Urheber- und Markenrechte ist B2.
Variante B)
Entsprechend der Variante A mit der Maßgabe, dass B2 die Verkaufsagentur ist und B1 der „eigentliche" Hersteller

In beiden Fällen wären A und B1 beteiligte Unternehmen. In der Variante A repräsentiert B1 Umsätze in Höhe von € 300 Mio. Zwar haben B1 und B2 insgesamt € 550 Mio. erwirtschaftet, jedoch können die € 250 Mio., die B2 aus Geschäften mit B1 generiert hat, bedingt durch die Regelung des Art.5 (1) FKVO (derselbe a.F.), welche die Eliminierung der verbundinternen Gesamtumsätze betrifft, nicht berücksichtigt werden.

In der Variante B würde B1 dagegen Umsätze in Höhe von € 250 Mio. repräsentieren können, die B2 extern erwirtschaftet hat. Allerdings muss Art.5 (2) Uabs.1 FKVO (derselbe a.F.) beachtet werden, weil nur B1 und damit ein Teil des Unternehmensverbundes veräußert wird. Danach sind folglich nur die Umsätze zu berücksichtigen, die B1 direkt erzielt hätte; diese wurden allein durch Geschäftsvorfälle mit B2 generiert und könnten gemäß Art.5 (1) FKVO (derselbe a.F.) nicht berücksichtigt werden. B1 wäre damit umsatzlos und ein – nach europäischem oder deutschem Recht legalisierungspflichtiger – Zusammenschluss käme nicht in Betracht.

Dieses Resultat kann offenkundig nicht überzeugen, zumal in der Variante A diejenige Einheit, die erworben werden soll, über keine eigenen unternehmerischen Ressourcen verfügt, während in der Variante B die Unternehmensgruppe B+B1+B2 sämtliche ihrer unternehmerischen Kapazitäten auf A überträgt.

Das Problem resultiert aus dem Umsatnd, dass – entsprechend dem Bilanzwesen – die FKVO bei der Umsatzkalkulation aus Regelungen entwickelt worden ist, die zur Bewertung vergangener Sachverhalte entwickelt wurden, jedoch aufgrund der möglichst realitätsnahen Erfassung künftige Aspekte mit einbezigen werden sollen.

Auflösen ließe sich die Variante A mit der Begründung, dass es schon an einem Zusammenschluss fehle. Da B1 eine bloße Verkaufagentur ist, könnte man davon ausgehen, dass kein Unternehmen bzw. jedenfalls keine Ressourcen, denen unternehmerische Leistungsfähigkeit zurechenbar wäre, erworben werden.[990]

Zweifelhaft ist dagegen die Variante B, weil B1 Träger unternehmerischer Ressourcen wäre. Dass diese zusammenschlussrechtlich in Ansatz gebracht werden müssen, erscheint unzweifelhaft. Fraglich ist jedoch, ob es zulässig ist, hier die € 300 Mio., die E intern erzielt, in Ansatz zu bringen. Als Begründung könnte man dazu anführen, dass die Eliminierung interner Umsätze *modifiziert* nur im Hinblick auf solche im Sinne von Art.5 (4) lit.b FKVO (derselbe a.F.) miteinander verbundenen Unternehmen zu erfolgen hat, die gemeinsam erworben werden. Eine solche Vorgehensweise entspräche jedoch nicht dem wirtschaftlichen Gehalt der Leistungsfähigkeit von B1. Verbundinterne Umsätze werden unbehelligt vom wettbewerblich kontrollierten Markteinfluss gebildet.[991] Entscheidend kann jedoch nicht sein, wie intern die Preisgestaltung erfolgt, sondern welche Wirtschaftkraft B1 bei einem Absatz der eigenen Leistungen am mehr oder weniger durch Wettbewerbsdruck gekennzeichneten Markt zukom-

---

990 Es muss ein Zugewinn an Verfügungsmacht über Produktionsmittel erfolgen: POHLMANN, 2.Teil B., II., (S.108).

991 Vgl. auch: WÖHE/DÖRING, Sechster Abschnitt, B., VIII., 8., a), (S.1049); allgemein: BAETGE/KIRSCH/THIELE, KonzernB, Kapitel VI (Die Vollkonsolidierung), Abschnitt 3, 31 (S.316-318, insbesondere S.317).

men würde.[992] Insofern müsste in diesem Fall der Umsatz berücksichtigt werden, der von B2 durch den Absatz der Produkte von B1 mit Dritten erzielt wird.[993] Dieses Ergebnis erscheint auch insoweit sachgerecht, als bei einem Kontrollerwerb von A an B sowie den Töchtern B1 und B2 nur der von B2 mit Dritten erzielte Umsatz, also € 250 Mio., berücksichtigt werden könnte.

Schwierig wird dagegen die Umsatzberechnung, wenn ein interner Weiterverarbeitungsprozess hinzutritt.

Beispiel 2:110 (Eliminierung der Innenumsätze beim Teilerwerb, 2)
Entsprechend dem Beispiel 2:109 (Eliminierung der Innenumsätze beim Teilerwerb, 1) Variante B mit der Maßgabe, dass B2 selbst noch weitere Programmelemente hinzufügt und diese dann für € 400 Mio. vertreibt

In diesem Beispiel wird die wirtschaftliche Leistungsfähigkeit von B1 durch die „Weiterverarbeitung" von B2 verzerrt. Würde man in diesem Fall auf die von B2 im Ergebnis erwirtschafteten Erlöse abstellen, so könnte dies nicht der tatsächlichen Leistungsfähigkeit von B1 ausreichend Rechnung tragen, weil im innerbetrieblichen Produktionsprozess nicht nur der Einsatz der Ressourcen von B1 zu den im Ergebnis gebildeten Umsätzen geführt hat. Um die Schwellenberechnung in diesen Fällen nicht zu komplizieren und ferner den Umstand zu berücksichtigen, dass es sich bei den Schwellendefinitionen nicht um ökonomisch fundierte Losgrößen handelt, sollte man hier auf die intern erzielten Umsätze des Zielobjektes, maximal begrenzt durch die extern erwirtschafteten, abstellen.

Die Eliminierung der verbundintern erwirtschafteten Gesamtumsätze muss in Teilerwerbsfällen auf der Veräußererseite entsprechend dem verbundinternen betrieblichen Leistungsprozess modifiziert werden.

bb. Eliminierung externer Umsätze zwischen Zielobjekt und Erwerber

Eine mit dem vorangegangenen Abschnitt vergleichbare Problemlage besteht in der Frage, ob es sachgemäß wäre, die Eliminierung externer Umsatzerlöse zwischen dem Zielobjekt und dem Erwerber zuzulassen.

---

992 Siehe auch: Groeben/Thiesing/Ehlermann (BRUHN), Band 2/II, Dritter Teil, Titel V, Kapitel 1, Abschnitt 1, nach Artikel 89, I. (Fusionskontrollverordnung), Artikel 5, II., 2., b), bb), Rn.23 „(Es solle) dem wahren wirtschaftlichen Gewicht der einzelnen Einheit Rechnung (getragen werden)", (S.2/1445); Güter und Leistungen müssen den Wertsprung zum Absatzmarkt schaffen, um als erfolgswirksame Erträge bilanziert werden zu können: BAETGE/KIRSCH/THIELE, KonzernB, Kapitel VI (Die Vollkonsolidierung), Abschnitt 3, 31, (S.317).

993 Vgl. auch zur Konzernbilanzierung: Ballwieser/Coenenberg/Wysocki (BUSSE VON COLBE), Konzernabschluss, VIII., 4. f., (S.1355)

Beispiel 2:111 (Eliminierung externer Umsätze zwischen Zielobjekt und Erwerber)
Das Unternehmen A (€ 400 Mio.) erwirbt die Kontrolle an dem Unternehmen B (€ 200 Mio.). B hat sämtliche Umsätze als Zulieferer von A erzielt. A plant mit der Übernahme von B die vertikale Integration zur Sicherung der eigenen Bezugsquellen.

In diesem Beispiel könnte man in Erwägung ziehen, die Umsätze von B unberücksichtigt zu lassen, weil sie de facto in der wirtschaftlichen Leistungskraft von A zum Ausdruck kommen. Hiergegen spricht die Tatsache, dass die FKVO eine solche Eliminierungspflicht für externe Umsätze nicht kennt. Letztendlich entscheidend ist aber, dass die Annahme, externe Umsätze zwischen den sich zusammenschließenden Ressourcen bzw. Ressourcenträgern seien zu eliminieren, die vertikale Integration in vor- oder nachgelagerte Marktstufen kontrollfrei stellen würde, wenn ein Hauptabnehmer sich mit seinem Lieferanten zusammenschließt.

Die Eliminierung externer Umsatzerlöse, die eine der am Zusammenschluss beteiligten Wirtschaftseinheiten mit Geschäften mit den zu erwerbenden Ressourcen erzielt hat, ist nicht zulässig.

cc. Berücksichtigungsfähigkeit umsatzbeeinflussender Effekte

Eine schon die EG-Kommission beschäftigende Schwierigkeit besteht in der Berücksichtigung von umsatzbeeinflussenden Effekten, die keine unmittelbaren Auswirkungen auf die strukturellen Grundlagen der Umsatzberechnung haben.[994]

Beispiel 2:112 (Berücksichtigungsfähigkeit umsatzbeeinflussender Effekte, 1)
Das Unternehmen A (€ 300 Mio.) erwirbt die Kontrolle an dem Unternehmen B (€ 400 Mio.).
Variante A)
Dabei wurden € 100 Mio. von A im abgeschlossenen Geschäftsjahr mittels einer Sparte erwirtschaftet, die bereits verkauft wurde.
Variante B)
Entsprechend der Variante A mit der Maßgabe, dass die besagte Sparte in eine Tochtergesellschaft C, die damit € 100 Mio. erwirtschaftet hat, integriert wurde und A nur € 200 Mio. selbst generiert hat; C wurde bereits verkauft

Die Umsatzsystematik berücksichtigt ihrer Anlage entsprechend nur die Gesamtumsätze im letzten Geschäftsjahr und bezieht diese ausschließlich auf das jeweilige Einzelunternehmen. Dies hätte bei der Umsatzberechnung die Konsequenz, dass der Spartenverkauf in der Variante A nicht berücksichtigt werden kann – das Unternehmen A hat ja im letzten Geschäftsjahr € 300 Mio. erzielt –,

---

994 EG-KOMMISSION, Entscheidung (Akz. IV/M.632 – Phône Poulenc Rorer/Fisons) vom 21.9.1995, Rn.10; Entscheidung (Akz. IV/M.278 – Dan Air/British Airways) vom 17.2.1993, Rn.6.

während der wirtschaftlich identische Sachverhalt der Variante B eine andere Behandlung finden würde, weil C im maßgeblichen Beurteilungszeitpunkt nicht mehr dem Verbund A+C angehören würde und damit eine Umsatzzurechnung ausgeschlossen wäre.

Ein mit dieser Problematik verwandtes Thema beschäftigt sich mit der Berücksichtigung von strukturellen Veränderungen, die im Zeitpunkt des maßgeblichen Beurteilungszeitpunktes bereits bekannt sind und mit mehr oder weniger hoher Wahrscheinlichkeit eintreten werden.

Beispiel 2:113 (Berücksichtigungsfähigkeit umsatzbeeinflussender Effekte, 2)
Entsprechend dem Beispiel 2:112 (Berücksichtigungsfähigkeit umsatzbeeinflussender Effekte, 1) mit der Maßgabe, dass A noch über eine 100%ige Beteiligung an dem Unternehmen C verfügt, jedoch Voraussetzung für die Übernahme von B wäre, dass C vorher an einen Dritten verkauft wird

In diesem Fall würde sich die Frage stellen, inwieweit solche Effekte, die nach dem maßgeblichen Burteilungszeitpunkt die Umsatzbemessungsgrundlagen modifizieren, noch Eingang in die Berechnung finden können. Es erscheint zweifelhaft, strikt im Zeitpunkt der Maßnahme nach Art.4 (1) FKVO (derselbe a.F.) die Grenze zu ziehen, selbst wenn gemäß dem vorgenannten Beispiel C niemals in der neuen Wirtschafteinheit aufgehen wird.

Eine weitere Problematik, die sich aus den geschilderten Fällen zusammensetzt, bestünde zudem in der Berücksichtigungsfähigkeit künftiger, nicht die Bemessungsgrundlage verändernder Ereignisse, die im Moment des maßgeblichen Beurteilungszeitpunktes bereits vorher gesehen werden können.

(I) Strukturelle Maßnahmen nach dem Beurteilungszeitpunkt

Die Ermittlungen zum maßgeblichen Beurteilungszeitpunkt haben ergeben, dass es für die Bestimmung der Berechnungsbasis der Vergleichswerte auf den Zeitpunkt der Maßnahme im Sinne von Art.4 (1) FKVO (derselbe a.F.), das bedeutet den Zeitpunkt des Vertragsschlusses, der Veröffentlichung eines Übernahmeangebotes oder den Zeitpunkt der Erlangung einer tatsächlichen Kontrollmöglichkeit, ankommt.[995] Die an diesem Stichtag bestehenden Unternehmensstrukturen sowie das hiervon ausgehend zu ermittelnde maßgebliche Geschäftsjahr bilden damit die Grundlage der Umsatzkalkulation. Ob nach diesem

[995] EG-KOMMISSION, Mitteilung zum Begriff der beteiligten Unternehmen ABl.EG 1998 C 66/17, Rn.17 „Die Kommission stützt sich auf die Beschaffenheit der beteiligten Unternehmen zum Zeitpunkt des die Pflicht zur Anmeldung auslösenden Ereignis.“

Termin erfolgende Strukturveränderungen oder ein Geschäftsjahreswechsel dagegen in Gänze unberücksichtigt bleiben müssen, erscheint zweifelhaft.[996]

Dabei muss zwischen der Bestimmung des letzten Geschäftsjahres und den die Wirtschafteinheit determinierenden Unternehmensstrukturen differenziert werden.

(1) Veränderung der Unternehmensstrukturen

Eine Veränderung der Unternehmensstrukturen kommt nur dann in Betracht, wenn Zu- oder Abgänge von Unternehmenseinheiten aus den am Zusammenschluss beteiligten Wirtschaftseinheiten erfolgen.

Beispiel 2:114 (Veränderungen der Unternehmensstrukturen, 1)
Das Unternehmen A (€ 50 Mio.) unterzeichnet mit dem Unternehmen B (€ 400 Mio.) einen Unternehmenskaufvertrag hinsichtlich des Unternehmens C (€ 50 Mio.) am 1. Mai 2004; C verfügt über eine 100%ige Tochter C1 (€ 300 Mio.) und A über eine 100%ige Tochtergesellschaft A1 (€ 400 Mio.).
Anmerkung: Die Umsatzziffern beziehen sich ausschließlich auf den gemeinschaftsweit erzielten Umsatz.

Dieser Sachverhalt hätte, allein abstellend auf die europaweiten Umsätze, gemessen an den Voraussetzungen des Art.1 (2) lit.b, (3) lit.d FKVO (derselbe a.F.) gemeinschaftsweite Bedeutung und wäre von der EG-Kommission zu kontrollieren. Fraglich wäre, ob auf diese Wertung nachträglich eintretende, umsatzbeeinflussende Veränderungen Auswirkungen haben können, was anhand der folgenden Fallmodifizierung diskutiert werden soll.

Beispiel 2:115 (Veränderung der Unternehmensstrukturen, 2)
Entsprechend dem Beispiel 2:114 (Veränderungen der Unternehmensstrukturen, 1) mit der Maßgabe, dass C am 2. Mai eine 100%ige Beteiligung an C2 auf B übertragen wird

Würde man den Veräußerungsakt von C2 auf B berücksichtigen, wäre C mit € 50 Mio. zu umsatzschwach, um die Schwellen zu erfüllen, und das Vorhaben hätte anders als im Zeitpunkt der Maßnahme nach Art.4 (1) FKVO (derselbe a.F.) keine gemeinschaftsweite Bedeutung. Hierfür ließe sich die Argumentation des Europäischen Gerichtes erster Instanz anführen, wonach eine analoge Anwendung des Art.5 (2) Uabs.1 FKVO (derselbe a.F.) in Betracht kommen könne, wenn eine „Teileinstellung“ von geschäftlichen Aktivitäten erfolge.[997] Aller-

---

[996] EG-KOMMISSION, Mitteilung zum Begriff der beteiligten Unternehmen, ABl.EG 1998 C 66/17, Rn.17 „Hat hingegen das zu übernehmende Unternehmen eine Einheit vor dem die Anmeldung auslösenden Ereignis erworben, so müssen die Umsätze berücksichtigt werden.“

[997] Allerdings sich auf die Teileinstellung von Geschäftsbreichen beziehend: EUROPÄISCHES GERICHT ERSTER INSTANZ, Urteil (Rs. T-3/93 – Air France./.EG-Kommission) vom 24.3.1994, Slg.1994, S.170, Rn.103, (S.121).

dings kann eine solche Vorgehensweise das Problem nicht umfassend lösen, weil sie jedenfalls erwerberseitig versagt und – nach dem dort zugrundegelegten Maßstab – zudem nicht für die Abgabe von Finanzanlagevermögen Geltung beanspruchen könnte.[998]

Beispiel 2:116 (Veränderung der Unternehmensstrukturen, 3)
Entsprechend dem Beispiel 2:114 (Veränderungen der Unternehmensstrukturen, 1) mit der Maßgabe, dass A seine 100%ige Beteiligung an A1 am 2. Mai an einen Dritten veräußert

In diesem Beispiel würde A die Schwellen von Art.1 (2) lit.b, (3) lit.d FKVO (derselbe a.F.) nach der Transaktion verfehlen. Eine analoge Anwendung des Art.5 (2) Uabs.1 FKVO (derselbe a.F.) auf die Erwerberseite wäre zwar abwegig, jedoch ließe sich die Existenz der Norm zumindest als Hinweis darauf werten, dass die Schwellendimension sich allein an den zusammenschlussbedingt in einer Wirtschaftseinheit aufgehenden unternehmerischen Ressourcen orientieren soll.[999]

Für eine Berücksichtigung solcher Strukturveränderungen spricht grundsätzlich auch das im Wortlaut zum Ausdruck kommende Ziel der FKVO, welches in der Messung der Dimension des Zusammenschlusses bestehen soll. Nach dem Ansatz der Schwellensystematik wird diese zwar auf der Grundlage der Verhältnisse am Datum der Maßnahme fingiert, jedoch erscheint es nicht der realitätsgemäßen Betrachtung zuträglich,[1000] wenn feststünde, dass sich diese noch verändern werden, zwingend auf Strukturen abzustellen, die im Zeitpunkt des Vollzuges veraltet wären.

Danach sollte man den Schluss ziehen, dass grundsätzlich solche Strukturveränderungen Berücksichtigung finden könnten. Bei einer dementsprechenden Auslegung kann es damit nicht vornehmlich auf die Frage des „Ob", sondern vielmehr des „Wann" ankommen. Insbesondere abzuleiten aus der Argumentation, die Gemeinschaftsdimension möglichst nahe an den Vollzug des Zusammenschlusses heranzubringen, muss jedenfalls einschränkend davon ausgegangen werden, dass eine relevante Veränderung von Unternehmensgruppen vor diesem Datum oder zeitgleich erfolgen muss.

---

998 EUROPÄISCHES GERICHT ERSTER INSTANZ, Urteil (Rs. T-3/93 – Air France./.EG-Kommission) vom 24.3.1994, Slg.1994, S.169, Rn.100, (S.121).

999 Demgemäß: Groeben/Schwarze (ADT), Band 2, Titel VI, Kapitel 1, Abschnitt 1, nach Artikel 85 (europäische Fusionkontrolle/Fusionskontrollverordnung), B., II., 3., b), aa), Rn.121, (S.831); MESTMÄCKER/SCHWEITZER, 6.Kapitel (Fusionskontrolle), § 23, IV., 2., Rn.41, (S.539).

1000 Groeben/Thiesing/Ehlermann (BRUHN), Band 2/II, Dritter Teil, Titel V, Kapitel 1, Abschnitt 1, nach Artikel 89, I. (Fusionskontrollverordnung), Artikel 5, I., 1., Rn.1, (S.2/1439).

Die Einbeziehung späterer Strukturveränderungen setzt eine Prognose voraus, weil sie mit der Anmeldung bei der EG-Kommission kenntlich zu machen wären. Mithin muss der auf Rechtssicherheit aufbauende Ansatz der Schwellensystematik Beachtung finden,[1001] woraus strenge Maßstäbe an potenzielle Veränderungen zu stellen sein werden. Ferner darf aus der Berücksichtigungsfähigkeit solcher Maßnahmen auch nicht der Willkür „Tür und Tor“ geöffnet werden.[1002]

(a) Anforderungen an die Rechtssicherheit

Vertritt man die Sichtweise, künftige Strukturveränderungen könnten in die Umsatzberechnung einbezogen werden, so darf dies nicht zu Lasten des die Umsatzsystematik prägenden Rechtssicherheitskonzeptes gehen.

Zieht man die Erwägung heran, das umsatzbeeinflussende Ereignis dürfe nicht erst nach dem Vollzug des Zusammenschlusses eintreten, so setzt dies voraus, dass die relevante Strukturveränderung zeitlich fixiert eintreten muss.[1003] Diese Anforderung schließt damit zunächst solche Veränderungen aus, deren Eintritt nicht bestimmbar ist oder zumindest nach dem Vollzug liegt. Ausscheiden müssen ferner alle Vorhaben, die von bestimmten Bedingungen, beispielsweise der behördlichen Genehmigung, der Zustimmung der Hauptversammlung usw., abhängig wären. Die Veräußerung oder der Erwerb von Unternehmen kann damit allenfalls dann Berücksichtigung finden, wenn lediglich der Vollzug, der terminlich perpetuiert sein müsste, noch aussteht.

Zudem erscheint es jedoch fraglich, ob selbst unter der Erfüllung der letzteren Bedingung eine Berücksichtigungsfähigkeit in Betracht kommen kann. So ließe sich einwenden, dass Vollzugstermine auch im Nachhinein noch verändert werden könnten. Zudem stellt sich das Problem, dass das Vollzugsdatum, an dem sich eine zu berücksichtigende Strukturveränderung zu orientieren hätte, selbst nicht feststehen kann; es muss ja erst das behördliche Verfahren durchlaufen werden. Aus diesem Aspekt lässt sich schließen, dass die zu berücksichtigende

---

1001 Bei der Ermittlung der Zuständigkeiten ist der Aspekt der Rechtssicherheit der fundamentale Grundsatz: WIRTSCHAFTS- UND SOZIALAUSSCHUSS, Stellungnahme 1995, ABl.EG 1996 C 19/21 „Für seine (sich auf das Umsatzkriterium zur Zuständigkeitsabgrenzung beziehend) Beibehaltung sprechen vor allem Rechtssicherheitserwägungen.“; insbesondere in Bezug auf die hier diskutierte Problematik: Groeben/Schwarze (ADT), Band 2, Titel VI, Kapitel 1, Abschnitt 1, nach Artikel 85 (europäische Fusionkontrolle/Fusionskontrollverordnung), B., II., 3., b), Rn.113, (S.830).

1002 Im ähnlichen Kontext: Groeben/Thiesing/Ehlermann (BRUHN), Band 2/II, Dritter Teil, Titel V, Kapitel 1, Abschnitt 1, nach Artikel 89, I. (Fusionskontrollverordnung), Artikel 5, II., 1., a), Rn.8 „(Es) kann nich im Belieben der anmeldenden Unternehmen stehen, in wessen Zuständigkeit der Zusammenschluss fällt“, (S.2/1441).

1003 Mittelbar erkennbar, weil allein auf solche Transaktionen abstellend, die bereits erfolgt sind: Groeben/Schwarze (ADT), Band 2, Titel VI, Kapitel 1, Abschnitt 1, nach Artikel 85 (europäische Fusionkontrolle/Fusionskontrollverordnung), B., II., 3., b), Rn.123, (S.833).

Strukturveränderung mit dem Vollzug des in Frage stehenden Zusammenschlusses untrennbar verbunden sein muss. Diese Voraussetzung kann jedoch nur dann angenommen werden, wenn die Strukturveränderung eine Vollzugsbedingung darstellt.[1004]

Schon aufgrund des Rechtssicherheitsbedürfnisses könnten nur solche Strukturveränderungen berücksichtigt werden, von denen die Umsetzung des zu dimensionierenden Zusammenschlusses abhängig ist; unerheblich wird damit der Einwand, das umsatzbeeinflussende Ereignis müsste vor dem Vollzug sicher terminierbar sein, weil der Vollzug ohne den Eintritt der fraglichen Strukturveränderung gar nicht eintreten könnte.

(b) Manipulationsresistenz

Ein weiteres Erfordernis muss sein, dass die Berücksichtigung etwaiger struktureller Effekte nur dann in Betracht kommen darf, wenn sie nicht in die Einbringungskompetenz der Unternehmen fällt.

Beispiel 2:117 (Manipulationsresistenz)
Das Unternehmen A (€ 50 Mio.) begehrt den Erwerb des Unternehmens B (€ 300 Mio.) und unterzeichnet am 28. September 2004 einen entsprechenden Vertrag. A ist zu 100% an dem Unternehmen C (€ 300 Mio.) beteiligt. Hinsichtlich des Erwerbs von B ist vereinbart, dass dieser unter der Bedingung steht, dass A die Kontrolle an C abgibt. Der Verkauf von C ist bereits „unter Dach und Fach" und der Übertragungsakt auf den Hamburger Investor E für den 3. Oktober 2004 angesetzt.
Anmerkung: Die Umsatzzahlen beziehen sich allein auf die gemeinschaftsweit erzielten Umsätze.

In diesem Beispiel würde der Veräußererungsakt hinsichtlich C ausreichend konkret sein, damit im Interesse der Rechtssicherheit eine Berücksichtigung in Frage käme. Unter Zugrundelegung der Verhältnisse am Maßnahmedatum würde das Vorhaben A/B die Schwellen von Art.1 (2) lit.b, (3) lit.d FKVO (derselbe a.F.) erfüllen können. Berücksichtigt man dagegen den Veräußerungsvorgang A/C, so würde dieses Kriterium nicht erfüllt werden.

Mit der Manipulationsresistenz ist gemeint, dass es nicht in der Kompetenz von A stehen dürfte, ob der Veräußererungsakt mit einbezogen werden soll. Hier exakt liegt das Problem, denn die FKVO selbst statuiert grundsätzlich keine Verpflichtung, den Vorgang A/C anzugeben. Eine Verpflichtung zur Mitteilung könnte sich deshalb nur aus den Regelungen der DVO (DVO a.F.) über die Anmeldung von Zusammenschlüssen oder dem entsprechenden Formblatt ergeben.

1004 Beispiel: Unternehmen A erwirbt von B die Kontrolle an dem Unternehmen C, welches selbst eine 100%ige Beteiligung an dem Unternehmen D innehat. Als Bedingung für den Kontrollerwerb an C wird vertraglich vereinbart, dass D vorher auf B übertragen werden muss.

Die DVO selbst gibt zum mitteilungspflichtigen Inhalt keine Auskunft, verweist aber gemäß Art.3 DVO (Art.2 a.F.) auf den Inhalt des Formblattes.

Ob die hier diskutierten, noch ausstehenden Strukturveränderungen angegeben werden müssen, ist aus dem Formblatt selbst auch nicht ersichtlich. Zwar wird in Abschnitt 3 (Abschnitt 2 a.F.) verlangt, dass die Einzelheiten eines etwaigen Vorhabens dargelegt werden, aber diese beziehen sich vornehmlich auf die konkret anmeldepflichtige Transaktion. Abschnitt 4 (Abschnitt 3 a.F.) verlangt ferner die Kenntlichmachung aller mit dem beteiligten Unternehmen verbundenen Unternehmen. Jedoch muss sich diese Darstellung auf den maßgeblichen Beurteilungszeitpunkt und die an diesem Datum bestehenden Strukturen beziehen. Eine Verpflichtung, auf mögliche Veränderungen einzugehen, kann somit auch aus dem Formblatt nicht abgeleitet werden.

Daraus könnte man folgern, dass Strukturveränderungen überhaupt keine Beachtung mehr finden können, weil es nicht in die Beliebigkeit der Vorhabenbetreiber gestellt sein darf, ob strukturverändernde Maßnahmen mit angezeigt werden oder nicht. Als Ausnahme zu dieser Tatsache lassen sich jedoch die Überkreuztransaktionen anführen. Hier muss aufgrund der fusionsrechtlichen Verzahnung der Vorhaben eine gemeinsame Anmeldung erfolgen.

Im Ergebnis kann deshalb eine Berücksichtigung nur in Betracht kommen, wenn es sich um Strukturveränderungen handelt, für die selbst eine Pflicht zur Anmeldung zusammen mit dem jeweils zu betrachtenden Zusammenschluss besteht.[1005]

(c) Fazit

Nach den vorangegangenen Untersuchungen können strukturverändernde Vorgänge bei der Dimensionierung nur dann Berücksichtigung finden, wenn sie mit dem Zusammenschluss, den es zu bewerten gilt, rechtlich und wirtschaftlich verflochten sind. Im Ergebnis trifft dies nach den vorangegangenen Ermittlungen allein auf Überkreuzkonstellationen[1006] zu, die gemeinsam angemeldet werden müssten, sofern einer der Vorgänge die gemeinschaftsweite Dimension aufweist.

1005 Siehe hierzu bereits: Beispiel 2:98 (Alleiniger Kontrollerwerb, 4), (S.364).

1006 Ähnlich: Groeben/Schwarze (ADT), Band 2, Titel VI, Kapitel 1, Abschnitt 1, nach Artikel 85 (europäische Fusionkontrolle/Fusionskontrollverordnung), B., II., 3., b), Rn.113 „Aus Gründen der Rechtssicherheit bleiben spätere Verkleinerungen bzw. Vergrößerungen grundsätzlich außer Betracht. Allerdings bleiben Beschaffenheitsänderungen der Unternehmen zu berücksichtigen, wenn sie zur Voraussetzung des Durchführung des Vorhabens erhoben wurden“, (S.830).

(2) Veränderung des Geschäftsjahres

Der Wechsel des Geschäftsjahres nach Erfüllung des Maßnahmetatbestandes im Sinne von Art.4 (1) FKVO (derselbe a.F.) kann grundsätzlich nicht mehr berücksichtigt werden, selbst wenn dieser während des Kontrollverfahrens erfolgt. Hierfür spricht schon der praktische Umstand, dass selten die Ergebnisse zeitnah einsehbar sein werden, weshalb die EG-Kommission es selbst schon praktiziert hat, sich auf Jahresabschlüsse des vorletzten Wirtschaftsjahres zu stützen.[1007] Dies sollte selbst dann gelten, wenn im Zeitpunkt einer Maßnahme – darauf kommt es an – bereits vorläufige Zahlen des alsbald endenden Geschäftsjahres vorliegen. Solche vorläufigen Geschäftsabschlüsse nehmen stets einen vorläufigen Charakter ein und können keinen durch ausreichende Sicherheit geprägten Rückschluss auf die endgültige Bilanzierung eröffnen. In Anbetracht der bereits gemachten Ausführungen im Hinblick auf die Rechtssicherheit und Manipulationsresistenz bei der Berücksichtigungsfähigkeit nachträglicher Strukturveränderungen kann eine Veränderung des Geschäftsjahres nicht berücksichtigt werden.

(3) Fazit

Umsatzbeeinflussende Effekte, die nach dem Maßnahmetatbestand im Sinne von Art.4 (1) FKVO (derselbe a.F.) erfolgen, können nur im Hinblick auf strukturverändernde Ereignisse berücksichtigt werden. Hierbei ist zu beachten, dass dies aufgrund der strengen Anforderungen an Rechtssicherheit und die Manipulationsresistenz nur gelten darf, wenn es sich um miteinander verflochtene Überkreuztransaktionen handelt.

(II) Effekte ohne direkte Auswirkung auf die Bemessungsgrundlagen

Ferner ist zu untersuchen, wie umsatzbeeinflussende Effekte berücksichtigt werden müssen, die keine Auswirkungen auf die Bemessungsgrundlage haben. Dabei muss der Fokus auf die Veräußerung von Unternehmensteilen liegen, denen selbst Wirtschaftkraft zugerechnet werden kann.

Betrachtet man das eingangs geschilderte *Beispiel 2:118 (Eliminierung externer Umsätze zwischen Zielobjekt und Erwerber)*[1008], Variante A, so könnte die Abgabe wirtschaftender Ressourcen nicht berücksichtigt werden, weil der Abgang keinen Ausdruck in der Zusammensetzung der Unternehmensgruppe findet. Der Umsatzverbund verliert keine Einheit, sondern nur Ressourcen einer solchen. Dennoch erscheint es sinnvoll, solche Veränderungen mit einzubeziehen, wie folgender Fall verdeutlichen soll.

[1007] EG-KOMMISSION, Entscheidung (Akz. Comp/M.2701 – Vattenfall/Bewag) vom 4.2.2002, Rn.1, 6, weitere Nachweise sind in Fußnote 1013 zu finden.

[1008] S.382.

Beispiel 2:119 (Effekte ohne direkte Auswirkung auf die Bemessungsgrundlagen)
Das Unternehmen A (€ 50 Mio.) ist zu 100% an dem Unternehmen B (€ 20 Mio.) beteiligt. Nach dem Ablauf des letzten Geschäftsjahres erwirbt B von dem Unternehmen C die Gesamtheit des Bilanzvermögens D (€ 600 Mio.). A erwirbt danach im selben Geschäftsjahr die Kontrolle an dem Unternehmen E (€ 400 Mio.).

Würde man den Zuerwerb durch B an D berücksichtigen, so müsste man – was in den Geschäftszahlen des letzten Jahres keinen Ausdruck gefunden hat – von einem Gesamtumsatz von € 670 Mio. ausgehen. Anderenfalls käme dem Verbund A+B nur ein Umsatz von € 70 Mio. zu; die Kriterien von Art.1 (2) lit.b, (3) lit.d FKVO (derselbe a.F.) würden ausfallen.

Anders dagegen, wenn, was wirtschaftlich im Ergebnis auf dasselbe hinauslaufen würde, B die Kontrolle an C samt den der C unterstehenden Ressourcen erworben hätte. Dann wäre C nämlich am maßgeblichen Beurteilungszeitpunkt als verbundenes Unternehmen zu berücksichtigen.

Die umsatzmäßige Diskrepanz dieser Sacherverhalte spricht dafür, auch den unmittelbaren Erwerb von Ressourcen einzubeziehen, selbst wenn diese keine Unternehmensqualität haben und damit nicht von der Verbundsystematik „erkannt“ werden können.[1009] Zu beachten ist, dass im vorgenannten Sachverhalt die Bemessung der Wirtschaftskraft nachträglicher Ressourcen keine großen Schwierigkeiten eröffnen würde; durch den Erwerb des gesamten Bilanzvermögens von C wird die sich im Jahresabschluss niederschlagende Gesamtwirtschaftskraft erworben, weshalb man sich bei der Umsatzbemessung an dem Jahresabschluss von C orientieren kann. Anders dagegen beim Erwerb von Unternehmensteilen, weil die im Jahresabschluss des Veräußerers verbuchten Erlöse nicht allein von den erworbenen Ressourcen herrühren. Im Interesse der Rechtssicherheit ist es dennoch nicht notwendig, den Erwerb von Unternehmensteilen stets unberücksichtigt zu lassen. In Anlehnung an den Teilerwerb beim Zusammenschluss sollte hier jedoch differenziert werden, dass nur Zu- oder Abgänge von unternehmerischen Kapazitäten berücksichtigt werden, wenn den betroffenen Ressourcen *eindeutig* ein Umsatz zurechenbar ist.[1010]

Umsatzbeeinflussende Zu- oder Abgänge von unternehmerischen Ressourcen, die grundsätzlich nicht die Bewertungsgrundlagen, das heißt die zu einem Verbund gehörenden Einheiten, selbst berühren, können bei der Umsatzberechnung berücksichtigt werden, solange diese vor dem maßgeblichen Beurteilungszeit-

---

1009 Im Ergebnis entsprechend: Groeben/Schwarze (ADT), Band 2, Titel VI, Kapitel 1, Abschnitt 1, nach Artikel 85 (europäische Fusionkontrolle/Fusionskontrollverordnung), B., II., 3., b), Rn.123 (S.833).

1010 Groeben/Schwarze (Adt) Band 2, Titel VI, Kapitel 1, Abschnitt 1, nach Artikel 85 EG (FKVO), B., II., 3., b), Rn.123 „Einer Fabrik oder einer Zweigstelle können eigene Geschäftszahlen zugerechnet werden“, (S.833).

punkt erfolgen. Dies gilt aber nur dann, wenn ihnen eindeutig ein bestimmter Umsatz zugerechnet werden kann.

(III) Mischfälle

Es stellt sich letztendlich die Frage, ob Zu- oder Abgänge von Ressourcen, die von der Konstruktion der Verbundsystematik her nicht erkennbar sind, auch dann berücksichtigt werden können, wenn sie nach dem maßgeblichen Beurteilungszeitpunkt eintreten. Das Ergebnis dieser Fragestellung lässt sich aus einer Gesamtschau der gewonnenen Erkenntnisse beantworten.

Grundsätzlich wurde eine solche Ressourcenverschiebung als berücksichtigungsfähig angesehen. Entsprechend den vorangegangenen Ermittlungen zur Berücksichtigungsfähigkeit struktureller Veränderungen nach dem maßgeblichen Beurteilungszeitpunkt kann dies jedoch nur dann gelten, wenn sie unmittelbar mit zu kontrollierenden Zusammenschluss konnektiert sind. Zu denken wäre hier einerseits an die Veräußerung oder Einstellung von Ressourcen aus dem Zielobjekt des Kontrollerwerbs[1011] oder an die besagten Überkreuztransaktionen.[1012]

dd. Berücksichtigung der Gesamtumsätze des vorletzten Geschäftsjahres

In der Praxis der EG-Kommission kam es vor, dass diese sich mangels Verfügbarkeit aktueller Jahresabschlüsse auf diejenigen des vorletzten Geschäftjahres – vor der Erfüllung einer Maßnahme im Sinne von Art.4 (1) FKVO (derselbe a.F.) – gestützt hat.[1013]

Bedeutung könnte diese Praxis dann erlangen, wenn sich die Dimension bei einer Zugrundelegung des letzten Geschäftsjahres im Gegensatz zum vorletzten verändert hätte. Insbesondere bestünde die Gefahr von Interventionen Dritter gegen das Vorhaben mit der Begründung, die EG-Kommission sei nach den Erlösen des letzten Geschäftsjahres nicht zuständig gewesen. Angesichts der ein-

---

1011 Beispiel: Unternehmen A begehrt den Erwerb der Kontrolle an dem Unternehmen B1. B1 ist eine 100%ige Tochter von B. Vor dem Erwerb soll B einen Geschäftsbereich von B1 übernehmen.

1012 Beispiel: Unternehmen A begehrt den Erwerb der Kontrolle an dem Unternehmen B1. B1 ist eine 100%ige Tochter von B. Im Tausch soll dafür A eine Sparte an B veräußern.

1013 EG-KOMMISSION, Entscheidung (Akz. Comp/M.3029 – Societe Generale/Aihl Europe) vom 10.2.2003, Rn.1, 5 „On 09.01.2003 ... notification of a prposed concentration... The ... turnover ... in the financial Year 2001“; Entscheidung (Akz. Comp/M.2701 – Vattenfall/Bewag) vom 4.2.2002, Rn.1, 6, Entscheidung (Akz. IV/M.184 – Grand Metropolitan/Cinzano) vom 7.2.1992, Rn.1, 6 „The proposed operation, notified on 6th January 1992 ... has an Community Dimension In 1990 ... the turnover“; siehe auch: DRAUZ/SCHROEDER, Band I, A., 5. (Die Umsatzberechnung), a), (S.16).

deutigen Aussage der FKVO erübrigt sich eine Diskussion über die rechtliche Haltbarkeit dieser Praxis.[1014]

IV) Zusammenfassung zur Umsatzmethodik

Mit der originär anhand der Umsatzschwellen zu ermittelnden gemeinschaftsweiten Bedeutung wurde ein Merkmal geschaffen, welches aufbauend auf den betriebswirtschaftlichen Erfolgsfaktor des Umsatzes versucht, die Ausbreitung der Tätigkeitsbereiche der an einem Zusammenschluss beteiligten Unternehmen zu messen.

Das Anliegen an Rechtssicherheit und Klarheit wird von den Schwellendefinitionen selbst widergespiegelt. Die Ausformulierung der Schwellendefinitionen ist eindeutig und lässt keine Zweifel zu. Sofern damit die Vergleichswerte bekannt sind, ist die Abgrenzung des Anwendungsbereichs zwischen Gemeinschafts- und mitgliedstaatlichem Recht grundsätzlich gelungen; Kompetenzkonflikte kann es aufgrund der scharfen Trennlinie nicht geben.

Das Problem der Umsatzmethodik besteht in der Berechnung der Vergleichswerte und damit im Hinblick auf den Aspekt, auf den es eigentlich ankommt. Schon die Infiltrierung der Erfolgsgröße des Umsatzes aus dem Bilanzwesen überträgt die dortigen Bewertungsspielräume ins Fusionsrecht. Aufgrund der Tatsache, dass die Bilanzierungsregelungen nicht weltweit auf einheitlichen Maßstäben beruhen, zwingt dies zur Entwicklung eines zusammenschlussrechtlichen Bilanzierungsmaßstabs, weshalb theoretisch für jeden Zusammenschluss ein transaktionsspezifischer Jahresabschluss für die beteiligten Wirtschafteinheiten aufgestellt werden müsste. Dieser Umstand verschärft sich im Hinblick auf die Ermittlung der Wirtschaftskraft von Unternehmensgruppen. Hier regelt die FKVO Eigenheiten, die dem Bedürfnis nach Rechtssicherheit und Klarheit

---

[1014] Zu beachten ist jedoch, dass auch die EG-Kommission selbst Bedenken an der Uneingreifbarkeit dieser Vorgehensweise kundtut, wenn sie darauf hinweist, dass sie bei größeren Abweichungen der Umsatzdaten zwischen dem vorletzten Geschäftsjahr, für das ein geprüfter Abschluss vorliegt, und dem letzten Geschäftsjahr, für das nur vorläufige Abschlüsse verfügbar sind, sich auf die vorläufigen Abschlüsse stützt. Vermutlich praktiziert sie derart, weil sie eine Verschiebung der Zuständigkeit nach den Daten des letzten sowie des vorletzten Geschäftsjahres selbst nicht als zulässig anerkennt: EG-KOMMISSION, Mitteilung über den Begriff der beteiligten Unternehmen, ABl.EG 1998 C 66/28 Rn.26; vgl. zudem Entscheidung (IV/M.705 – Deutsche Telekom/SAP-S) vom 29.3.1996, Rn.9 „Die SAP AG erzielte zwar 1994 ebenfalls 2/3 ihres gemeinschaftsweiten Umsatzes in Deutschland. Insoweit hat sich aber im letzten abgelaufenen Geschäftsjahr 1995, für das noch kein geprüfter Abschluß vorliegt, eine wesentliche Änderung ergeben, die die Kommission bei ihrer Beurteilung des Falles berücksichtigt.“; nur zustimmend, wenn sich das Schicksal der Anwendbarkeit nicht anders darstellt, was im Ergebnis einer Ablehnung entsprechen sollte: STOCKENHUBER, Teil II, Kapitel 6 (Gemeinschaftsweite Bedeutung), III., 1., a), (S.163).

Rechnung tragen sollen, weshalb gewissermaßen eine eigenständige Konsolidierungsphilosophie in der Verordnung herrscht.

Ferner ist zu beachten, dass abstellend auf den Umsatz des letzten Geschäftsjahres die FKVO die Wirtschaftskraft auf der Grundlage von Verhältnissen der Vergangenheit berechnet. Alle Ressourcen, die im abgeschlossenen Wirtschaftsjahr dem Träger und Umsatzerzieler zur Verfügung standen, generierten das Volumen. Die FKVO soll ihrer Anlage nach jedoch prüfen, welche Ressourcen in einem Zusammenschluss unter einen gemeinsamen Einflusspol gestellt werden und damit potenziell einen gemeinsamen Wettbewerbsdruck auf die Märkte erzeugen können. Dass der Schluss von vergangener Wirtschaftsleistung auf die an einem bestimmten Stichtag tatsächlich unter einem einheitlichen Einflusspol zusammengeführten Kapazitäten nur bedingt möglich ist, liegt auf der Hand.

Daraus folgt, dass die Heranziehung der Jahresabschlüsse, die nicht mit dem fusionsrechtlichen Bilanzstandard harmonieren müssen, nur eine lose Ausgangsbasis der Errechnung der Vergleichswerte bilden können und deshalb Vorsicht geboten wäre.

Zu beachten ist allerdings, dass sich diese Überlegungen nur dann in der praktischen Rechtsanwendung auswirken können, wenn ein Vorhaben im Grenzbereich der Schwellen liegt.

B. Verweisungsmethodik, Art.4 (5) FKVO (keine a.F.)

Die in Art.4 (5) FKVO (keine a.F.) mit der Novellierung der FKVO eingefügte weitere Definition der gemeinschaftsweiten Bedeutung, beruhend auf dem beschriebenen Verweisungsszenario,[1015] wirkt als Korrektiv zu der rein umsatzgemäßen Bestimmung des anwendbaren Rechtes nach Art.1 FKVO (derselbe a.F.).[1016] Sie erfährt damit einen *sekundär*en Charakter. Dieser wird einerseits durch die Tatsache unterstrichen, dass Art.1 FKVO (derselbe a.F.) die Definition nach Art.4 (5) FKVO (keine a.F.) als Ausnahmeregelung begreift,[1017] und andererseits dadurch, dass die Ermangelung der Gemeinschaftsrelevanz nach der Umsatzmethode Geltungsvoraussetzung von Art.4 (5) FKVO (keine a.F.) ist. Man könnte Art.4 (5) FKVO (keine a.F.) deshalb auch als subsidiär beschreiben.

Damit ein Zusammenschluss nach Art.4 (5) FKVO (keine a.F.) gemeinschaftsweite Bedeutung, erlangt muss ein entsprechendes Verfahren vor der Anmeldung einer Transaktion bei den nationalen Behörden erfolgen. Grundvor-

---

[1015] Dazu ausführlich: (3) Hypothese für Zusammenschlüsse nach Art.4 (5) FKVO, (S.53-59).

[1016] EG-KOMMISSION, FKVO-Enwurf03, ABl.EG C 20/06, Rn.18 „Durch gestraffte und vereinheitlichte Verweisungsverfahren … (kann) eine effiziente Feinabstimmung erreicht werden.“

[1017] Hierzu: (a) Verengung von Art.1 (1) FKVO (S.44).

aussetzung ist, dass mindestens drei Mitgliedstaaten nach dem eigenen Wettbewerbsrecht zur Kontrolle der Transaktion befugt wären. Dann erst können die Betreiber der Vorhaben einen Antrag auf Prüfung bei der EG-Kommission stellen, den diese an alle Mitgliedstaaten weiterleitet. Lehnt einer der zur Prüfung befugten Mitgliedstaaten die Kontrolle durch die EG-Kommission ab, so erwachsen keine Auswirkungen auf die Dimension des Vorhabens. Erfolgt dagegen innerhalb einer Frist von 15 Tagen keine Ablehnung, erlangt das Vorhaben gemeinschaftsweite Bedeutung.

Um das Merkmal der gemeinschaftsweiten Bedeutung im Zusammenhang mit der Norm des Art.4 (5) FKVO (keine a.F.) zu konkretisieren muss eine einzige Voraussetzung geklärt werden; nämlich, was damit gemeint sein muss, dass ein Mitgliedstaat nach seinem Wettbewerbsrecht das Vorhaben prüfen könnte.

I) Prüfungsbefugnis nach innerstaatlichem Wettbewerbsrecht

Für die Prüfungsbefugnis nach innerstaatlichem Wettbewerbsrecht kommt es grundsätzlich auf die Anwendungsvoraussetzungen desselben an; diese Frage kann jedoch aus inhaltlichen Gründen nicht im Einzelnen untersucht werden, als es sich auch nicht um eine Auslegungsfrage hinsichtlich der FKVO, sondern des nationalen Rechtes handelt.[1018]

Offen ist indes, ob die FKVO sich mit dieser Aussage tatsächlich auf das gesamte innerstaatliche Wettbewerbsrecht oder nur speziell auf das mitgliedstaatliche Zusammenschlusskontrollrecht beziehen soll, was Gegenstand der Ermittlungen sein muss. Zu Illustrationszwecken soll dabei die Frage orientiert am deutschten GWB diskutiert werden.

1) Wortlaut der Norm

Der Wortlaut der Norm spricht dafür, dass sich die Prüfungsbefugnis auf sämtliche Normen des innerstaatlichen Wettbewerbsrechtes beziehen soll. Es käme mithin nicht allein auf die Kontrollbefugnis nach innerstaatlichen Normen des Zusammenschlussrechtes an. Nach dem GWB würde dies bedeuten, dass es nicht allein auf die Normen der §§ 35 ff. GWB ankäme. Sofern ein Zusammenschluss, beispielsweise die Gründung eines Gemeinschaftsunternehmens, – im Ausnahmefall – tatbestandlich von § 1 GWB erfasst wäre,[1019] könnte dies demgemäß bedeuten, das Bundeskartellamt sei zur Prüfung desselben, bedingt durch die Untersagungskompetenz, befugt.

1018 Vgl. mit ähnlicher Erwägung zum 3+System: EG-KOMMISSION, FKVO-Entwurf03, ABl.EG 2003 C 20/06, Rn.15.

1019 Vgl. nur: BUNDESGERICHTSHOF, Beschluss (Akz. KVR 6/84 – Mischwerke) vom 1.10.1985, WuW/E (BGH) 2169, Leitsatz 1, Beschluss (KVR 7/80 – Transportbeton Sauerland) vom 22.6.1981, WuW/E (BGH) 1814.

Der Wortlaut spricht für die Prüfungsbefugnis nach sämtlichen Normen des innerstaatlichen Wettbewerbsrechtes, also auch solchen zur Verhaltenskontrolle.

2) *Historische Entwicklung*

Eine historische Entwicklung von Art.4 (5) FKVO (derselbe a.F.) kann insoweit nicht untersucht werden, weil die Vorschrift neu aufgenommen wurde.

3) *Teleologische Erwägungen*

Sinn und Zweck der Vorschrift sprechen ausdrücklich gegen eine Bezugnahme auf sämtliche Vorschriften des innerstaatlichen Wettbewerbsrechtes. So besagen die Erwägungsgründe,[1020] dass Zusammenschlüsse in den „*Zuständigkeitsbereich mehrerer nationaler Fusionskontrollregeln* (!) *fallen können*", weshalb das Verweisungssystem zwecks Vermeidung von Mehrfachanmeldungen erweitert und die Norm des Art.4 (5) FKVO (keine a.F.) aufgenommen wurde.

Die Motive beziehen die Norm damit eindeutig auf die Prüfungsbefugnis nach innerstaatlichem Zusammenschlusskontrollrecht.

4) *Systematische Interpretation*

Bedenken eröffnet dagegen der systematische Vergleich des Art.4 (5) Uabs.1 FKVO (keine a.F.) mit dem Uabs.5 sowie der Regelung des Art.21 (3) FKVO [derselbe (2) a.F.]. Identische Formulierungen sollen – insbesondere innerhalb derselben Rechtssätze – in der Regel auch einheitlich ausgelegt werden.[1021]

Nach Art.21 (3) FKVO [derselbe (2) a.F.] ist die Anwendung des innerstaatlichen „*Wettbewerbsrechtes*" auf Zusammenschlüsse von gemeinschaftsweiter Bedeutung ausgeschlossen. Diese Norm bezieht sich dabei auf sämtliche kartell- bzw. wettbewerbsrechtlichen Vorschriften eines Mitgliedstaates.[1022] Fortgeführt werden muss diese Auslegung selbst für Art.4 (5) Uabs.5 FKVO (keine a.F.), der im „Umdimensionierungsfalle" die Rechtsfolgen des Art.21 (3) FKVO [derselbe (2) a.F.] klarstellen soll.

1020 Erwägungsgrund 12 FKVO.

1021 BLECKMANN, Teil II, § 8, II., Rn.542, (S.203).

1022 Frankfurter Kommentar (RÖSLER), Band 6, Teil 3a (FKVO 4064/89 mit Ausnahme Artikel 4 und 7), Artikel 21, A. (Vorrang des Europäischen Rechts), Rn.1 „Artikel 21 Abs. 2 FKVO bestimmt, dass die Mitgliedstaaten ihr Wettbewerbsrecht nicht auf Zusammenschlüsse von gemeinschaftsweiter Bedeutung anwenden dürfen. Artikel 21 Abs. 2 entfaltet also eine Sperrwirkung für nationales Recht."; Wiedemann (WAGEMANN), 5.Kapitel (Fusionskontrolle), 1.Abschnitt, § 15, A., Rn.1 (S.467) „Die Mitgliedstaaten haben sich mit der Verabschiedung der FKVO ... verpflichtet, ihr nationale Wettbewerbsrecht auf diese Fälle (Artikel 21 Abs.2 FKVO) nicht mehr anzuwenden"; EBENROTH/LANGE, BB 1991, S.849, (S.845); ZEKOS, ECLR 2000, S.41, (S.37); zweifelnd: KOCH, EWS 1990, S.71, (S.65); vgl. auch: a Grundsatz, Art.21 (3) FKVO, (S.97) sowie Fußnoten 294, 297.

Hiergegen könnte man zwar einschränkend einwenden, dass Art.4 (5) Uabs.1 FKVO (keine a.F.) von der Eröffnung des „Umdimensionierungsverfahrens" vor der Anmeldung bei den entsprechenden Behörden der Mitgliedstaaten ausgeht. Bezogen auf das deutsche Wettbewerbsrecht ist eine vorherige Anmeldung kartellrechtlicher oder missbräuchlicher Maßnahmen nicht vorgesehen; sie sind schlichtweg verboten. Daraus könnte man ableiten, dass der systematischen Anlage von Art.4 (5) Uabs.1 FKVO (keine a.F.) gemäß sich die Norm ausschließlich auf präventive Kontrollverfahren nach nationalem Recht beziehen soll. Nach der Philosophie der FKVO betrifft dies nur die Zusammenschlusskontrolle.[1023] Allerdings ist zu beachten, dass die FKVO innerhalb der präventiven Kontrolle auch verhaltenspolitische Gesichtspunkte berücksichtigt [Art.2 (4), (5) FKVO (derselbe Abs.4 a.F.)], weshalb sich diese Argumentation relativiert.

Nach diesen Annahmen muss sich das Merkmal des – innerstaatlichen – Wettbewerbsrechts auf sämtliche Normen beziehen; in Deutschland damit auf sämtliche Vorschriften des GWB.

5) *Fazit*

Die systematische Ausgestaltung der FKVO steht im Widerspruch zu den Motiven bzw. Erwägungen. Grundsätzlich erscheint es im Interesse der einheitlichen Auslegung der FKVO-Vorschriften geboten, Art.4 (5) Uabs.1 FKVO (keine a.F.) dahingehend zu interpretieren, dass die Anwendung des gesamten innerstaatlichen Wettbewerbsrechtes Voraussetzung sein muss; im deutschen Recht müsste somit das gesamte GWB auf die Anwendbarkeit überprüft werden.

Gegen eine solche Auslegung sprechen jedoch nicht nur die unmittelbaren, zur Norm angestellten Erwägungen der Verordnungsverfasser, sondern vielmehr auch das Konzept der Rechtssicherheit. So würde es kaum überschaubar sein, wenn jeder Mitgliedstaat, dessen nationales Wettbewerbsrecht auf einen Zusammenschluss anwendbar sein könnte, ein Vetorecht hätte.[1024] Auch widerspricht es dem eigentlichen Sinn und Zweck der Vorschrift, mehrfache und kostspielige Legalisierungsverfahren auszuschließen, wenn die Norm auch die Anwendung des sonstigen innerstaatlichen Wettbewerbsrechtes betreffen sollte.[1025]

[1023] Siehe nur: Langen/Bunte (LÖFFLER), Band 1, EG-Kartellrecht, FKVO, Vorbemerkungen, F., Rn.18 (S.2387); zuletzt: HELLMANN, ZiP 2004, S.1390, (S.1387); mit einem entsprechenden Verständnis zur Neuregelung innerhalb der FKVO wohl: ROSENTHAL, EuZW 2004, S.327 „Die Kommission ist in Zukunft (nach dem 3+-System) auch für Zusammenschlüsse zuständig, die in mindestens drei Mitgliedstaaten anmeldefähig (!) sind.", (S.327).

[1024] Zur Problematik: EG-KOMMISSION, Vorschlag zur FKVO 2003, ABl.EG 2003 C 20/06, Rn.15; hinweisend auf die Unüberschaubarkeit und im Einzelfall schwierige Interpretation bei einem Bezug allein auf die Voraussetzung der Anwendbarkeit nach nationalen Zusammenschlusskontrollvorschriften: HIRSBRUNNER, EuZW 2002, S.459, (S.453).

[1025] EG-KOMMISSION, FKVO-Entwurf03, ABl.EG 2003 C 20/05, Rn.9, 13.

Im Ergebnis muss man insoweit Art.4 (5) Uabs.1 FKVO (keine a.F.) entsprechend seinem funktionalen Sinn und Zweck einschränkend interpretieren, sodass es allein auf die innerstaatlichen Vorschriften des Wettbewerbsrechtes zur Zusammenschlusskontrolle ankommen muss. Das Tatbestandsmerkmal des – innerstaatlichen – Wettbewerbsrechtes ist damit in Uabs.1 anders auszulegen als im Rahmen der sonstigen Verwendung der FKVO.

II) Zusammenfassung zur Verweisungsmethodik

Voraussetzung eines „Umdimensionierungsverfahrens" gemäß Art.4 (5) FKVO (keine a.F.) ist damit, dass der Konzentrationsvorgang in mindestens drei Mitgliedstaaten zur innerstaatlichen Fusionskontrolle angemeldet und von den jeweiligen Behörden geprüft werden muss.[1026] Ferner können auch nur diese Mitgliedstaaten ein Veto gegen die Umdimensionierung einlegen.

[1026] Wohl im Ergebnis auch: HELLMANN, EWS 2004, S.291 „Für alle Mitgliedstaaten, in denen der Zusammenschluss prüfungsfähig ist, muss eine selbständige Anlage mit allen Angaben und Informationen zu sämtlichen Anmeldevoraussetzungen nach dem nationalen Fusionskontrollrecht [! – sich auf das Formblatt (Anhang III) beziehend, welches in Abschnitt 6, Teilabschnitt 6.3, 6.3.2. hinsichtlich dieser Angaben auf die Prüfungsvoraussetzungen nach innerstaatlichen Wettbewerbsrecht verweist] eingereicht werden.", (S.289); ROSENTHAL, EuZW 2004, S.327 „Lehnt auch nur ein Mitgliedstaat die Verweisung ab, unterfällt der Zusammenschluss den nationalen Fusionskontrollen.", (S.327).

Drittes Kapitel: Harmonisierung von echten Kompetenzkonflikten

Reine Konzentrationsprozesse im Sinne von Art.3 (1) FKVO (derselbe a.F.), die tatbestandlich nicht von den Art.81, 82 EG erfasst werden, können hinsichtlich ihrer Kontrolle zu keinerlei echten Kompetenzkonflikten zwischen der EG-Kommission und dem Bundeskartellamt führen. Sowohl vor der Neufassung der FKVO als auch weiterhin grenzt hier das Merkmal der gemeinschaftsweiten Bedeutung die Rechtsanwendung und die daraus resultierenden Kompetenzbereiche voneinander nach dem Prinzip der Ausschließlichkeit ab.[1027]

Gleiches setzt sich in denkbaren Verweisungskonstellationen fort. Zwar wäre hier die parallele behördliche Kontrolle der EG-Kommission sowie des Bundeskartellamtes – im Falle der Teilverweisung – denkbar, jedoch kontrollieren dann die jeweiligen Behörden nicht gemeinsam denselben Sachverhalt, sondern – unabhängig voneinander – jeweils Teile eines Zusammenschlusses.[1028]

Kompetenzschwierigkeiten aufgrund einer Überschneidung der Befugnisnormen sind dagegen sowohl nach der alten als auch nach der neuen Rechtslage möglich, sobald Zusammenschlüsse aufgrund ihrer Wirkungen parallel im Anwendungsbereich der Art.81, 82 EG liegen. Faktisch kommt es dann zu einer exekutiven Doppelkontrolle und einer damit verbundenen Kollisionslage, wenn bei einem Konzentrationsvorgang einerseits seine Auswirkungen auf die Wettbewerbsstrukturen und andererseits die primärrechtliche Vereinbarkeit mit den Verbotstatbeständen der Art.81, 82 EG von verschiedenen Behörden geprüft werden.[1029] Ursache des Problems ist, dass die FKVO als niederrangiges Rechts nicht das Ausschließlichkeitsprinzip gegen den Willen und die Philosophie des Primärrechtes durchsetzen kann.[1030]

Aufbauend auf der Grundannahme, Kollisionen behördlicher Handlungen von EG-Kommission und Bundeskartellamt könnten allein dann auftreten, wenn ein Zusammenschluss auch gegen die materiell in den Art.81, 82 EG niedergelegten Verbotstatbestände verstößt, sind zwei potenzielle Konfliktfelder behördlichen Parallelverhaltens zu unterscheiden. Einerseits könnte die EG-Kommission ei-

---

1027 Vgl. hierzu: II) Rechtslage nach der VO139/2004, [S.107-108, insbesondere: 4) Bewertung, (S.108)9; sowie zur Rechtslage vor dem 1. Mai 2004: I) Rechtslage zur Zeit der VO4064/89, [S.105-107, insbesondere: 4) Bewertung, (S.106)].

1028 Siehe nur: 3) Verweisungsszenarien, (S.107); sowie zur Rechtslage nach der FKVO a.F.: 3) Verweisungsszenarien, (S.106).

1029 Ein von der EG-Kommission nach Art.81 EG untersagter Zusammenschluss kann nicht vollzogen werden, selbst wenn er vom Bundeskartellamt nach einem nationalen Kontrollverfahren gemäß den §§ 35 GWB ff. freigegeben worden ist.

1030 Hierzu eingehend: C. Problembeschreibung, (S.4, 9); sowie bb. Mitgliedstaatliche Vollzugsermächtigung, Art.84 EG, (S.71).

nen Zusammenschluss – nach der FKVO – prüfen, während das Bundeskartellamt die Art.81, 82 EG vollzieht. Andererseits ist es möglich, dass das Bundeskartellamt die Zusammenschlusskontrolle nach deutschem Recht durchführt und eine Vollzugsmaßnahme der EG-Kommission, gestützt auf die Art.81, 82 EG, parallel ergeht. Es gilt somit, getrennt diese beiden Kollisionslagen zwischen widersprüchlichen Entscheidungen der EG-Kommission und dem Bundeskartellamt zu untersuchen und die Harmonisierungsbedürftigkeitn etwaiger, aus den widersprechenden Entscheidungsinhalten sich ergebender Konflikte zu klären.

A. Kollision zwischen FKVO-Kontrolle und nationalem Vollzug des EG

Die Kollision zwischen einer Entscheidung der EG-Kommission nach der FKVO sowie dem Bundeskartellamt basierend auf dem Primärrecht ist in zweifacher Hinsicht möglich.[1031] Einerseits könnte die EG-Kommission ein Verfahren freigeben, während das Bundeskartellamt eine Untersagung, gegründet auf den Verstoß gegen primärrechtliche Normen, ausspricht; denkbare Kompetenzgrundlage ist vornehmlich Art.84 EG, wobei in Verweisungsfällen nach Art.22 FKVO (derselbe a.F.) auch eine Anwendung der KartVO – VONr.17 nach der alten Rechtslage – in Betracht käme. Andererseits könnte eine Untersagung der EG-Kommission mit einer Freistellung nach Art.81 (3) EG kollidieren. Als Kompetenzgrundlage des Bundeskartellamtes kommt dabei ausschließlich Art.84 EG in Betracht, weil die Freistellungsbefugnis von der KartVO nicht den nationalen Behörden, sondern allein der EG-Kommission zugewiesen wurde.

Als Besonderheit ist zu beachten, dass auf die geschilderten Fälle eine Anwendung der Zweischrankentheorie nicht möglich wäre,[1032] weil EG-Kommission und Bundeskartellamt in beiden Fällen EG-Recht vollziehen würden.

I) Primärrechtliche Untersagung mit zusammenschlussrechtlicher Freigabe

Im ersteren Fall würde eine Untersagung eines Zusammenschlusses mit der Freigabe durch die EG-Kommission kollidieren. Dabei muss man hier grundsätzlich davon ausgehen, dass sich die Untersagung gegenüber der Freigabe durchsetzt. Entscheidend für diese Annahme ist dabei nicht – vornehmlich – die Höherrangigkeit des Primärrechtes im Verhältnis zur FKVO, sondern vielmehr die unterschiedlichen, sich ergänzenden Aufgabenstellungen, Struktur- und Ver-

---

[1031] Siehe hierzu grundlegend die Ausführungen zum anwendbaren Recht bei Zusammenschlüssen mit gemeinschaftsweiter Bedeutung sowie in Verweisungsszenarien bei Zusammenschlüssen ohne gemeinschaftsweite Bedeutung: C. Synthese der Anwendungsbereiche, (S.105-108).

[1032] Zur Zweischrankentheorie siehe ausführlich und mit weiteren Nachweisen: Immenga/Mestmäcker (REHBINDER), EG-WbR, Band I, I.Abschnitt (Einleitung), F., II., Rn.3, (S.97).

haltenskontrolle,[1033] bei der Verfolgung ihrer grundlegenden gemeinsamen Zielsetzung.[1034] Zur Schaffung und Gewährleistung eines Systems zum Schutz unverfälschten Wettbewerbs im Gemeinsamen Markt soll die Zusammenschlusskontrolle die Marktstrukturen vor schädlichen Konzentrationsprozessen schützen.[1035] Das Primärrecht beinhaltet dagegen mit den Art.81, 82 EG reine Mechanismen zur Verhaltenskontrolle im Hinblick auf wettbewerbsfeindliche Handlungen von Unternehmen. Zwar lässt die FKVO teilweise die Durchführung der in Art.81 und 82 EG niedergelegten Grundsätze zu, jedoch ist in diesen Situationen die Anwendung des sonstigen Durchführungsrechtes nach den vorgenommenen Ermittlungen nicht möglich.

Man könnte aber in Erwägung ziehen, ob die Anwendung der primärrechtlichen Normen durch die nationale Kartellbehörde überhaupt möglich sein kann. Zwar kann die FKVO das Primärrecht nicht verdrängen, jedoch wird das nationale Wettbewerbsrecht vollständig in seiner Anwendung ausgeschlossen [Art.21 (3) FKVO (derselbe Abs.2 a.F.)]. Vertritt man den ursprünglich vom Kammergericht begründeten Standpunkt, Art. 84 EG bedürfe einer Umsetzung im nationalen Recht,[1036] könnte man in Betracht ziehen, eine widersprüchliche Kompetenzwahrnehmung des Bundeskartellamtes mit der Argumentation auszuschließen, die FKVO verdränge das nationale Recht vollständig, weshalb in diesen Sachverhalten die Überleitungsnorm fehle;[1037] dem Bundeskartellamt könnte

---

1033 Siehe nur: MESTMÄCKER, EuR 1988, S.353, (S.349); ELBEN, 2.Teil, § 14, C., 3., (S.171); ferner auch zur Frage einer möglichen Zusammenschlusskontrolle nach Artikel 81 EG den Unterschied zwischen Struktur- und Verhaltenskontrolle herausstellend: IMMENGA/FUCHS, NJW 1988, S.3056, (S.3052); KOCH, EWS 1990, S.71, (S.65); MONTAG/HEINEMANN, ZiP 1992, S.1367, (S.1367).

1034 Mit ähnlichen Erwägungen zum Verhältnis von Artikel 81 EG zu Artikel 82: EUROPÄISCHES GERICHT ERSTER INSTANZ, (Rs. 51/89 – Tetra) vom 10.7.1990, Slg.1990, S.356, Rn.21 „Die Anwendbarkeit von Artikel 85 (Artikel 81 EG) auf eine Vereinbarung (schließt) die Anwendung von Artikel 86 (Artikel 82 EG) nicht aus. ... es (steht) der Kommission ... frei, ein Verfahren nach Artikel 85 oder nach Artikel 86 (Artikel 81 oder 82 EG) durchzuführen.“, mit weiteren Nachweisen zur Rechtsprechung des Europäischen Gerichtshofes sowie S.356, Rn.22 „Die Artikel 85 und 86 (Artikel 81 und 82 EG) ergänzen einander insoweit, als sie ein gemeinsames allgemeines Ziel verfolgen, das in Artikel 3 Buchstabe f des Vertrages (Artikel 3 lit.g EG) formuliert ist ... Diese Artikel stellen im Vertragssystem aber dennoch zwei voneinander unabhängige Rechtsinstrumente für unterschiedliche Sachverhalte dar.“, (S.309).

1035 KOCH, EWS 1990, S.66 f., (S.65); MESTMÄCKER, EuR 1988, S.353, (S.349).

1036 KAMMERGERICHT, Beschluss (Kart. 11/88 – Landegebühr) vom 4.11.1988, WuW/E (OLG) 4291 ff.; siehe auch: BECHTHOLD, Zweiter Teil (Kartellbehörden), Erster Abschnitt, § 50, 1., Rn.3 mit weiteren Nachweisen, (S.493); Groeben/Thiesing/Ehlermann (SCHRÖTER), Band 2/II, Dritter Teil, Titel V, Kapitel 1, Abschnitt 1, Artikel 88, II., Rn.8, (S.2/1049).

1037 Bereits: 2) Anwendungsausschluss durch das Gemeinschaftsrecht [S.97-99, insbesondere: d. Fazit (S.99)].

gewissermaßen die nationale Befugnis zur Anwendung des Art.81 über 84 EG entfallen. Dieser Gedanke muss jedoch verworfen werden, weil die Ausschaltung der nationalen Überleitungsnormen primärrechtswidrig sein müsste. Nach der hier vertretenen Auffassung wird vom EG-Recht eine nationale Verpflichtung begründet, die erforderlichen Regelungen zu erlassen, damit die nationale Anwendung des Primärrechtes, sofern dieses es vorsieht, gewährleistet ist.[1038] Die Ausschaltung dieser Normen durch die FKVO würde dann im Konflikt mit der primärrechtlichen Verfahrensgarantie stehen, wobei sich dann letztere aufgrund der Höherrangigkeit durchsetzt.

II) Primärrechtliche Freistellung mit zusammenschlussrechtlicher Untersagung

Denkbar wäre auch, dass ein Zusammenschluss mit gemeinschaftsweiter Bedeutung untersagt wird, der von den nationalen Behörden, gestützt auf Art.81 (3) EG, ausdrücklich freigegeben wird.[1039] Auch hier muss sich aufgrund der unterschiedlichen Zielsetzung der strengere Rechtsakt durchsetzen können.[1040] Es verbietet das Ziel der Schaffung und Gewährleistung eines Systems unverfälschten Wettbewerbs, wenn Zusammenschlüsse, die den Wettbewerb auf einen bestimmen Markt erheblich behindern werden, dennoch vollzogen werden dürften, weil der Tatbestand einer parallelen Wettbewerbsbeschränkung im Sinne von Art.81 EG freistellungsfähig wäre. FKVO und Art.81 EG bilden zwei unterschiedliche Rechtsinstrumente, die innerhalb einer gemeinsamen Zielvorgabe unterschiedliche Sachverhalte erfassen.[1041]

1038 Groeben/Thiesing/Ehlermann (SCHRÖTER), Band 2/II, Dritter Teil, Titel V, Kapitel 1, Abschnitt 1, Artikel 88, II., Rn.8, (S.2/1049).

1039 Beispiel: Das Unternehmen A erwirbt die Kontrolle an dem Unternehmen B. B ist ein Konkurrenzunternehmen von einer 100%igen Tochtergesellschaft, A1. Da A1 und B jeweils 40% Marktanteil haben, wäre das Vorhaben von der EG-Kommission nach der FKVO zu untersagen. B ist ferner mittels einer 30%igen Beteiligung an dem Unternehmen C beteiligt. Dieses ist ein Konkurrenzunternehmen von A. Aufgrund der Übernahme von B sind wettbewerbsbeschränkende Effekte im Sinne von Art.81 EG zwischen A und C zu erwarten, die jedoch nach Art.81 (3) EG freigestellt werden könnten.

1040 Siehe hierzu bereits die Nachweise in den Fußnoten 1033 bis 1035.

1041 Europäisches Gericht erster Instanz in Fußnote 1034; sich auf die sachverhaltliche Trennung kartellrechtlicher und zusammenschlussrechtlicher Aspekte bei der Gründung von koordinierenden Gemeinschaftsunternehmen beziehend: Groeben/Schwarze (SCHRÖTER), Band 2, Titel VI, Kapitel 1, Abschnitt 1, Artikel 81, I., 3., Rn.25 „Die Kommission ist ... gezwungen, einheitliche wirtschaftliche Vorgänge in zwei Teile zu zerlegen“, (S.125); Niederleithinger EWS 1990 S.73 „Die Verordnung erweitert das Wettbewerbsrecht der Gemeinschaft auf einen neuen Anwendungsbereich.“, (S.73).

III) Fazit

Im Ergebnis muss sich – ungeachtet ob nach der alten oder der neuen Rechtslage – bei einem auf Art.84 EG oder im Ausnahmefall auf die KartVO gestützten Vollzug des Primärrechtes durch das Bundeskartellamt in Kollisionslagen mit einer zusammenschlussrechtlichen Entscheidung der EG-Kommission der strengere Rechtsakt durchsetzen. Nur so kann das allen Regelungen zugrundeliegende wettbewerbspolitische Ziel der Schaffung und Erhaltung eines Systems, welches den unverfälschten und freien Wettbewerbs gewährleistet, effektiv verfolgt werden kann.[1042]

B. Kollision zwischen GWB-Kontrolle und europäischem Vollzug des EG

Entsprechend den vorangegangenen Erwägungen ist auch denkbar, dass eine Entscheidung des Bundeskartellamtes bei einem Zusammenschluss ohne gemeinschaftsweite Bedeutung – oder bei einem solchen mit gemeinschaftsweiter Bedeutung, sofern dieser verwiesen wurde – durch den Vollzug des Primärrechtes seitens der EG-Kommission beeinträchtigt wird.[1043] Dabei muss erneut unterschieden werden zwischen der Freigabe nach deutschem Zusammenschlussrecht und der auf das Primärrecht gestützten Untersagung sowie einer Freistellung nach Art.81 (3) EG und der Untersagung nach den GWB-Vorschriften. Ferner ist hier die Kollisionslage dahingehend zu differenzieren, ob die EG-Kommission ihr exekutives Tätigwerden auf Art.85 EG oder die KartVO stützt; im letzteren Fall muss, angelehnt an die alte sowie die neue Rechtslage zwischen der primärrechtlichen Durchführung nach der VO1/2003 sowie der VONr.17 unterschieden werden.

Zu beachten ist dabei, dass anders als unter dem Gliederungspunkt „Kollision zwischen FKVO-Kontrolle und nationalem Vollzug des EG" hier die Grundsätze der parallelen Anwendung von EG- und nationalem Recht beachtet werden müssen.[1044]

1042 Demgemäß: KOCH, EWS 1990, S.71, (S.65).

1043 Siehe vorab die Ausführungen zum anwendbaren Recht bei Zusammenschlüssen ohne gemeinschaftsweite Bedeutung sowie in Verweisungsszenarien bei Zusammenschlüssen mit gemeinschaftsweiter Bedeutung: C. Synthese der Anwendungsbereiche, (S.105-108).

1044 Vgl. EUROPÄISCHER GERICHTSHOF, (Rs. 14/68 – Wilhelm./.Bundeskartellamt) vom 13.2.1969, S.13, Rn.3 f., (S.1); Langen/Bunte (JUNGBLUTH), Band I, EG-Kartellrecht, Artikel 83 (Durchführungsvorschriften), B., V., Rn.30 „Der Vertrag (geht) davon aus, dass Kartelle und missbräuchliche Verhaltensweisen ... sowohl den von den Verboten der Artikel 81 und 82 als auch von den einschlägigen Bestimmungen der Gesetze der Mitgliedstaaten erfasst werden und ... Gegenstand paralleler Verfahren sein können", (S.2211); MESTMÄCKER/SCHWEITZER, 2. Kapitel (Anwendungsbereich der europäischen Wettbewerbsregeln), § 5, IV., 2., a) Rn.20, (S.148); WESTERMANN, 1.Kapitel, A., I., 1., (S.16); NIEDERLEITHINGER, WuW 1990, S.721 f., (S.721).

I) Feststellung der Gemeinschaftswidrigkeit nach Art.85 EG

Begonnen werden soll mit den Fällen, in denen die Feststellung der Zuwiderhandlung nach Art.85 EG erfolgen kann. Dabei ist zu beachten, dass die EG-Kommission nicht die Freistellungsfähigkeit nach Art.81 (3) EG über Art.85 EG aussprechen darf,[1045] weshalb hier nur solche Sachverhalte in Betracht zu ziehen wären, bei denen ein durch das Bundeskartellamt freigegebener Zusammenschluss von der EG-Kommission gemäß Art.85 EG als primärrechtlich verboten festgestellt wird.

Eine Konfliktsituation in diesen Fällen anzunehmen, erscheint zweifelhaft, weil anders als das Bundeskartellamt, welches mit der Freigabe rechtsgestaltend tätig wird, die EG-Kommission nach Art.85 EG nur den Verstoß gegen das Primärrecht feststellen kann. Für Art.82 EG ist dies insoweit unbeachtlich, als diese Norm originär schon Wirkungen entfaltet.[1046] Zweifelhaft ist dies dagegen für Art.81 EG,[1047] wobei jedoch unbestritten ist, dass jedenfalls mit der behördlichen Konkretisierung, sei es auch durch eine Feststellung der EG-Kommission, der Tatbestand seine Wirkungen entsprechend Art.82 EG entfalten kann.[1048] Diese Verbote können von der Freigabeentscheidung des Bundeskartellamtes schon aufgrund der Niederrangigkeit des deutschen Rechtes und der darauf fußenden Verfügung nicht beeinträchtigt werden. Der Vollzug eines freigegebenen Zusammenschlusses, für den die Primärrechtswidrigkeit festgestellt wurde, verstößt gegen den EG mit allen Konsequenzen.

II) Vollzug der EG-Kommission gemäß der KartVO a.F.

Denkbar war ferner, dass die EG-Kommission einen Zusammenschluss ohne gemeinschaftsweite Bedeutung gestützt auf die VONr.17 *untersagt*, sofern diese anwendbar gewesen wäre. Zu widersprüchlichen Entscheidungen kam es dann, wenn das Bundeskartellamt parallel den Konzentrationsprozess *freigab*. Ein Konflikt hätte sich hier ferner ergeben können, wenn bei einer *Untersagung* durch das Bundeskartellamt die EG-Kommission das Vorhaben, sofern es tatbestandlich von Art.81 (1) EG erfasst wurde, nach Art.81 (3) EG, Art.9 (1) VONr.17 *freigestellt* hätte.

1045 Groeben/Schwarze (SCHRÖTER), Band 2, Titel VI, Kapitel 1, Abschnitt 1, Artikel 85, I., Rn.5 (S.794).

1046 Wiedemann (DE BRONETT), 6.Kapitel (Missbrauch marktbeherrschender Stellungen), § 22, A., III., Rn.4, (S.749 f.); ZEKOS, ECLR 2000, S.41, (S.37).

1047 Allgemein, aber wohl auch dagegen: STAUDENMAYER, WuW 1992, S.477 mit weiteren Nachweisen, (S.875); dagegen: WEITBRECHT, EuZW 1990, S.21, (S.18); dafür: Wiedemann (DE BRONETT), 6.Kapitel (Missbrauch marktbeherrschender Stellungen, § 22, A., III., Rn.4, (S.749).

1048 Immenga/Mestmäcker (IMMENGA), EG-WbR, Band I, VII.Abschnitt (Fusionskontrollverordnung), F., II., 3., a), Rn. 17, (S.1086).

Für die erste Fallvariante kann auf die Ausführungen zur bloßen Feststellung der Primärrechtswidrigkeit nach Art.85 EG verwiesen werden. Wenn die bloße Feststellung des Verstoßes bereits die *Primärrechtswidrig*keit erzeugt hätte, so durfte die Untersagungsverfügung nicht hinter der Erlaubnis durch das Bundeskartellamt zurücktreten, weil sonst die unmittelbare Wirkung des Primärrechtes durch den Vollzug nationalen Rechtes in Frage gestellt würde.

Fraglich ist dagegen, wie zu verfahren gewesen wäre, wenn ein vom Bundeskartellamt untersagter Zusammenschluss von der EG-Kommission nach Art.81 (3) EG in Verbindung mit Art.9 (1) VONr. 17 freigegeben worden wäre. Nach den allgemeinen Grundsätzen der Zweischrankentheorie, sollte sich die strengere Entscheidung durchsetzen. Dies konnte aber nur Geltung beanspruchen, *solange* das nationale Recht bzw. dessen Vollzug die einheitliche Anwendung des EG-Rechtes *nicht* beeinträchtigt hätte. Herrschende Ansicht war es zur alten Rechtlage dagegen, dass bei einer Freigabe eines Zusammenschlusses nach Art.81 (3) EG das nationale Recht nicht die Rechtswidrigkeit der Maßnahme bewirken durfte,[1049] weshalb die Freistellung nach Art.81 (3) EG sich gegenüber der Untersagung durch das Bundeskartellamt durchsetzen musste, selbst wenn sie auf zusammenschlussrechtlichen Vorschriften der mitgliedstaatlichen Rechtsordnungen beruhte.[1050]

III) Vollzug der EG-Kommission gemäß der KartVO

Seit der Reform der KartVO ist das *Verhältnis* zwischen dem europäischen und dem mitgliedstaatlichen Wettbewerbsrecht grundlegend *überholt* worden. Aus Art.3 (3) KartVO ergibt sich ausdrücklich, dass die Anwendung der Verbotstatbestände des EG-Primärrechtes und der nationalen Vorschriften über die Zusammenschlusskontrolle unabhängig voneinander sind. Eine strengere Entscheidung setzt sich damit im Ergebnis durch, was eine Veränderung gegenüber der alten Rechtslage insoweit bewirken muss, dass künftig sich auch eine zusammenschlussrechtliche Untersagung des Bundekartellamtes gegenüber dem Freistellungstatbestand durchsetzen muss.

[1049] Immenga/Mestmäcker (REHBINDER), EG-WbR, Band I, I.Abschnitt (Einleitung), F., V., 1. Rn.18, (S.103); NIEDERLEITHINGER, WuW 1990, S.721, (S.721).

[1050] Immenga/Mestmäcker (REHBINDER), EG-WbR, Band I, I.Abschnitt (Einleitung), F., VII., 6., Rn.67 (S.121) mit weiteren Nachweisen.

IV) Fazit

Auch hier gilt der Grundsatz der Maßgeblichkeit des strengeren Rechtsaktes. Die Verbotstatbestände des Art.81, 82 EG setzen sich grundsätzlich gegenüber Freigabeentscheidungen nach nationeler Fusionskontrolle durch. Sofern nach altem Recht ein Zusammenschluss gemäß Art.81 (3) EG freigestellt wurde, konnte eine Untersagung durch das Bundeskartellamt, gestützt auf das deutsche Konzentrationskontrollrecht, diese Wirkung nicht verhindern. Ander dagegen nach der Neuregelung des Anwendungsverhältnisses durch die VO1/2003, wonach nunmehr das nationale Zusammenschlussrecht im Hinblick auf die primärrechtlichen Verbotstatbestände autonom vollzogen werden kann, sodass eine nationale Untersagung eine etwaige Freistellung nach Art.81 (3) EG „entlegalisieren" würde.

C. Zusammenfassung

Kommt es bei Zusammenschlüssen im Sinn von Art.3 FKVO (derselbe a.F.) aufgrund der Tatsache, dass dieser auch tatbestandlich von den Art.81, 82 EG erfasst wird, zu parallelen Verfahren der EG-Kommission und des Bundeskartellamtes, so setzt sich der strengere Rechtsakt durch.

Im Hinblick auf die parallele Anwendung der FKVO sowie den Vollzug der primärrechtlichen Verbotstatbestände ergibt sich dies aus dem Grunde, dass Art.81, 82 EG und die FKVO unterschiedliche Rechtsinstrumente zur Verfolgung der durch Art.3 lit.g EG definierten Zielvorgabe darstellen. Diese besteht darin ein System zu errichten und zu sichern, welches den Wettbewerb vor Verfälschungen schützt. Die besagten Rechtsinstrumente der EG zur Verwirklungung dieses Ziels betreffen unterschiedliche Sachverhalte. Zu beachten ist zwar, dass die FKVO teilweise die in Art.81, 82 EG niedergelegten Grundsätze parallel mit der eigentlichen Kernaufgabe verfolgt, jedoch kann es in diesen Fälle nicht zu einem Vollzug des Primärrechtes, außerhalb der FKVO kommen, weil diese selbst dann als einzige Durchführungsverordnung fungiert.

Bei einem parallelen Vollzug von EG-Primärrecht neben dem deutschen Zusammenschlussrecht muss sich grundsätzlich der strengere Rechtsakt durchsetzen. Eine Ausnahme galt vor dem 1. Mai 2004, weil dort bei einer auf Art.81 (3) EG in Verbindung mit Art.9 (1) VONr.17 gestützten Freigabe eine Untersagung durch das Bundeskartellamt nach dem nationalen Zusammenschlussrecht zurücktreten musste. Seit der Reform der KartVO wird jedoch explizit die Unabhängigkeit des nationalen Zusammenschlusskontrollverfahrens hinsichtlich Vornahme und Ausgang im Verhältnis zu den Art.81, 82 EG und etwaigen behördlichen Maßnahmen bestimmt.

Viertes Kapitel: Ergebniszusammenfassung und Stellungnahme des Verfassers

Die Analyse der Kompetenzabgrenzung zwischen der EG-Kommission und dem Bundeskartellamt bei der Kontrolle von Zusammenschlusstatbeständen im Sinne von Art.3 FKVO (derselbe a.F.) hat folgende Ergebnisse hervorgebracht:

A. Anwendungssystematik der wettbewerbsrechtlichen Normen

1) Die Rechtsabgrenzung zwischen dem europäischen Zusammenschlussrecht und dem mitgliedstaatlichen Kartell- bzw. Wettbewerbsrecht basiert auf dem Prinzip der Ausschließlichkeit.

2) Das alleinige Merkmal zur Abgrenzung der unter (1.) bezeichneten Rechtsmaterien bei Zusammenschlüssen im Sinne von Art.3 FKVO (derselbe a.F.) wird von der FKVO in der gemeinschaftsweiten Bedeutung manifestiert.

3) Ungeachtet des Wortlautes von Art.21 (1) Uabs.1 (Art.22 (1) Uabs.1 a.F.) gilt die FKVO nicht für alle Zusammenschlüsse im Sinne von Art.3 FKVO (derselbe a.F.), sondern nur für solche, die gemeinschaftsweite Bedeutung haben.

4) Inhaltlich wurde dies nach der FKVO a.F. allein mittels der in Art.1 FKVO a.F. definierten Schwellenwerte, abstellend auf den Gesamtumsatz der beteiligten Unternehmen, ausgefüllt.

5) Seit der Reform der FKVO wurde mit Art.4 (5) FKVO ein neuer Verweisungstatbestand eingeführt; dabei handelt es sich um eine weitere Definition des Merkmals der gemeinschaftsweiten Bedeutung, was bedeutet, dass bei der Erfüllung der Verweisungsvoraussetzungen nicht ein Zusammenschluss ohne gemeinschaftsweite Bedeutung von der EG-Kommission nach der FKVO geprüft werden kann, sondern der Zusammenschluss gemeinschaftweite Bedeutung erlangt und damit einem solchen entspricht, der diese gemäß Art.1 FKVO (derselbe a.F.) erlangt hat.

6) Art. 4 (5) FKVO ist eine weitere, nicht auf der Umsatzsystematik aufgebaute Definitionsnorm für die gemeinschaftsweite Bedeutung.

7) Parallele Kompetenzwahrnehmungen von EG-Kommission und Bundeskartellamt sind dann denkbar, wenn ein Zusammenschlusssachverhalt parallel den Tatbestand von Art.81 oder Art.82 EG erfüllt; zu differenzieren ist hier zwischen Zusammenschlüssen mit oder ohne gemeinschaftsweite Bedeutung sowie im Verweisungsfalle.

8) Bei Zusammenschlüssen mit gemeinschaftsweiter Bedeutung kann es neben dem FKVO-Kontrollverfahren der EG-Kommission zu einer parallen Anwendung des Art.81 EG über Art.84 EG durch das Bundeskartellamt kommen; dies gilt nur, soweit es sich dabei nicht um koordinierende Effekte eines Gemeinschaftsunternehmens handelt; Art.85 EG ist auch anwendbar.

9) Bei Zusammenschlüssen ohne gemeinschaftsweite Bedeutung, die vom Bundeskartellamt nach dem deutschen Recht geprüft werden, muss hinsichtlich der alten (VONr.17, VO4064/89) und der neuen Rechtslage (VO1/2003, VO139/2004) unterschieden werden.

10) Nach der alten Rechtslage konnte die VONr.17 nur auf Gemeinschaftsunternehmen mit koordinierendem Charakter Anwendung beanspruchen; Art.22 (1) FKVO a.F. schloss ansonsten die Anwendung des sekundären Rechtes auch für Zusammenschlüsse ohne gemeinschaftsweite Bedeutung aus. In allen anderen Fällen hätte die EG-Kommission die Anwendung des Primärrechtes auf die bloße Feststellung der tatbestandlichkeit nach Art.85 EG beschränken müssen.

11) Nach der neuen Rechtslage ist die VO1/2003 durchweg auf Zusammenschlüsse ohne gemeinschaftsweite Bedeutung anwendbar und taugliche Vollzugsgrundlage für die EG-Kommission in Bezug auf die in den Art.81, 82 EG niedergelegten Grundsätze; der Anwendungsausschluss von Art.21 (1) FKVO bezieht sich seit der Reform nur auf Zusammenschlüsse mit gemeinschaftsweiter Bedeutung.

12) Im Verweisungsfall an die mitgliedstaatlichen Behörden kann es zu einem Aufleben von Art.84 EG kommen. Werden Teile eines Zusammenschlusses der nationalen Prüfung zugewiesen, die tatbestandlich von den Art.81, 82 EG erfasst werden, und würden ohne die Verweisung die primärrechtlich bedenklichen Aspekte mittels der FKVO als Durchführungsrecht im Sinne von Art.83 EG kontrolliert werden können, so kommt es zu einem Aufleben der Notermächtigungsgrundlagen – anderenfalls (7.) gelten die Art.84, 85 EG ohnehin parallel.

13) Im Verweisungsfall an die EG-Kommission konnte nach der alten Rechtslage die Anwendung von Art.82 EG über die Art.84, 85 EG dann ausgeschlossen sein, wenn der missbräuchliche Gehalt der Transaktion durch die Verweisung von den Kontrollmechanismen der FKVO a.F. erfasst wurde; die FKVO a.F. konnte dann als Durchführungsverordnung angesehen werden.

14) Im Verweisungsfall an die EG-Kommission nach der neuen Rechtslage – sofern es sich nicht um einen „Umdimensionierungsfall" nach Art.4 (5)

FKVO handelt – fällt die Anwendung der VO1/2003 mit der Verweisung weg; Art.22 (4) FKVO verweist auf eine entsprechende Anwendung des Art.21 FKVO in Verweisungsfällen. Dies gilt entsprechend Art.21 (1) Uabs.2 FKVO nur dann nicht, wenn es sich bei dem verwiesenen Zusammenschluss um ein Gemeinschaftsunternehmen mit koodinierenden Effekten handelt [Art.21 (1) Uabs.2 FKVO]. Sofern die Anwendung der VO1/2003 mit der Verweisung wegfällt, müssen die Art.84, 85 EG dann wieder Anwendung finden, wenn primärrechtswidrige Facetten des Zusammenschlusses nicht schon mittels FKVO geprüft werden können.

B. Konkretisierung des Merkmals „gemeinschaftsweite Bedeutung"

1) Das Merkmal der gemeinschaftsweiten Bedeutung wurde nach der FKVO a.F. allein durch die Umsatzmethodik, Art.1, 5 FKVO a.F., ausgefüllt. Seit der Reform ist neben der insoweit gleichgebliebenden Systematik mit Art.4 (5) FKVO eine weitere Definitionsnorm eingefügt worden. Aus diesem Grunde ist nunmehr zwischen der primären Umsatz- und der sekundären Verweisungsmethodik zu differenzieren.

2) Die Umsatzsystematik knüpft mit dem Gesamtumsatz der beteiligten Unternehmen an abstrakte Vorgaben des Bilanzwesens, das heißt an den unternehmerischen Erfolgsfaktor des Umsatzes, an.

3) Entwickelt wurde die Defintion orientiert an den RechnungslegungsRiL der EG. Die Definition des Umsatzbegriffs wurde aus der JahresabschlussRiL übernommen. Dennoch weist die FKVO (a.F.) einen eigenständigen fusionsrechtlichen Bilanzstandard auf. Bilanztechnische Aspekte der Umsatzberechnung sind angelehnt an die IAS (künftig IFRS) auszulegen, die vornehmlich auf der anglo-amerikanischen Rechnungslegungstradition beruhen; dabei ist zu beachten, dass das die kontinentaleuropäische Tradition prägende Vorsichtsprinzip keinen fundamentalen Grundsatz des FKVO-Umsatzmerkmals bildet.

4) Bei der Errechnung des Gesamtumsatzes von Unternehmensgruppen kommt es als maßgeblichen Realisierungszeitraum – entsprechend der KonsolidierungsRiL – auf das Geschäftsjahr der Verbundspitze und nicht das individuell geregelte Wirtschaftsjahr der einzelnen Gruppenglieder an.

5) Die Ermittlung der Konsolidierungsgruppe innerhalb der FKVO folgt teilweise anderen Grundsätzen als das Bilanzrecht und insbesondere der KonsolidierungsRiL.

6) Die Notwendigkeit der Erzielung der Gesamtumsätze mit Waren oder Dienstleistungen ist lediglich als beispielhafte Nennung zu bewerten; alle

Erlöse, die innerhalb der gewöhnlichen Geschäftstätigkeit erzielt werden, sind in die Gesamtumsatzberechnung mit einzubeziehen.

7) Geografisch muss der Umsatz dem Ort zugerechnet werden, an dem der Verbraucher sich für eine Bedürfnisbefriedigung festlegt. Aufgrund der Tatsache, dass diese subjektive Handlung des Verbrauchers nicht nachweisbar ist, muss auf den Ort des Vertragsschlusses abgestellt werden. Bei Vertragsschlüssen via Fernkommunikation kommt es auf den Standort des Verbrauchers an.

8) Die Definition der mit dem beteiligten Unternehmen voll verbundenen Unternehmen ergibt sich aus Art.5 (4) FKVO (derselbe a.F.); dabei kommt es nicht auf die tatsächliche Beherrschungsmöglichkeit, sondern allein auf die formell von Abs.4 lit.b definierten Verbundmöglichkeiten an.

9) Die Annahme, dass Unternehmen in einem Verbund miteinander stehen, ist generell ausgeschlossen, wenn eine materielle Beherrschungsmöglichkeit besteht, die nicht die Voraussetzungen von Art.5 (4) lit.b FKVO (derselbe a.F.) erfüllt. Allerdings ist dann eine auf das materielle Kontrollniveau abgesenkte, zusammschlusstatbestandskonforme Auslegung der Verbunddefinitionen geboten, wenn die erwerbenden oder zu erwerbenden Einheiten in einer direkten Kontrollerwerbslinie stehen.

10) Die Annahme einer Mehrmütterschaft nach Art.5 (4) FKVO (derselbe a.F.) ist, anders als im GWB, ausgeschlossen. Es besteht hierzu aber auch keine Notwendigkeit, weil in Fällen, in denen die herrschenden Gesellschafter eines Gemeinschaftsunternehmens, sofern sie selbst noch außerhalb des Gemeinschaftsunternehmens unternehmerische Interessen verfolgen, die mittelbar kontrollerwerbenden Gesellschafter als beteiligte Unternehmen fungieren müssen. Die Umsätze des unmittelbar kontrollerwerbenden Unternehmens sind partiell nach Art.5 (5) FKVO (derselbe a.F.) zuzurechnen.

11) Art.5 (5) FKVO (derselbe a.F.) erfasst auch Gemeinschaftsunternehmen, die zwischen mehreren – nicht einem Unternehmensverbund angehörenden – verbundenen Unternehmen bestehen. Es kommt nicht darauf an, dass die in Art.5 (4) lit.b FKVO (derselbe a.F.) bezeichneten Einflussmöglichkeiten unmittelbar den beteiligten Unternehmen unterstehen.

12) Unternehmen, in denen die beteiligten Unternehmen nur unter Berücksichtigung von Dritten die in Art.5 (4) lit.b FKVO (derselbe a.F.) bezeichneten Rechte und Einflussmöglichkeiten haben, können nicht umsatzmäßig berücksichtigt werden; eine analoge Anwendung von Art.5 (5) FKVO (derselbe a.F.) ist nicht zulässig.

13) Die Bestimmung des beteiligten Unternehmens im Sinne von Art.5 (1), (4) lit.a FKVO (derselbe a.F.) muss zwischen dem alleinigen sowie dem gemeinsamen Kontrollerwerb und der Fusion unterscheiden.

14) Bei Fusionen sind die Fusionspartner beteiligte Unternehmen; eine Ausnahme gilt dann, wenn mehrere Fusionspartner vor dem Zusammenschluss einem Unternehmensverbund im Sinne von Art.5 (4) FKVO (derselbe a.F.) angehörten; hier muss die Spitze des Verbundes als beteiligtes Unternehmen fungieren.

15) Beim alleinigen Kontrollerwerb ist erwerberseitig beteiligtes Unternehmen die oberste, noch einflusserwerbende Hierarchie eines Unternehmensverbundes im Sinne von Art.5 (4) FKVO (derselbe a.F.). Veräußererseitig muss dagegen differenziert werden, ob ein oder mehrere Unternehmen(-steile) aus einem Umsatzverbund erworben werden. Wird nur ein Teil eines Unternehmens erworben, ist das veräußernde Unternehmen beteiligt. Wird ein Unternehmen erworben, so ist das veräußerte Unternehmen beteiligt. Werden mehrere Unternehmen oder Teile erworben, so ist beteiligtes Unternehmen die Spitze des Umsatzverbundes, aus dem mehrere Zielobjekte erworben werden.

16) Beim gemeinsamen Kontrollerwerb sind erwerberseits nur diejenigen Unternehmen beteiligt, die Einflussmöglichkeiten erwerben oder intensivieren. Unternehmen, die ihre Einflussmöglichkeiten am Zielobjekt gleichbleibend behalten oder abbauen, selbst wenn sie diese nicht völlig aufgeben, sind nicht beteiligt. Beteiligt sind dagegen die Zielobjekte, an denen der (gemeinsame) Einfluss erworben oder intensiviert wird. Zu beachten ist, dass bei der Umsatzberechnung auch nur derjenige Umsatzanteil berücksichtigt werden darf, der auf die Zielobjekte selbst entfällt.

17) Bei der Einbringung von Ressourcen in ein Gemeinschaftsunternehmen sind beteiligte Unternehmen die Gesellschafter. Der einbringende Gesellschafter repräsentiert dabei nur die Wirtschaftskraft, die den eingebrachten Ressourcen zurechenbar ist.

18) Personen im Sinne von Art.3 (1) lit.b FKVO (derselbe a.F.) können entsprechend dem Unternehmen behandelt werden; sie können als beteiligte oder verbundene Unternehmen fungieren. Eine Person im Sinne von Art.3 (1) lit.b FKVO (derselbe a.F.) kann nur dann beteiligtes Unternehmen sein, wenn sie entweder der alleinig denkbare Anknüpfungspunkt, der die Beziehung zum Konzentrationsvorgang herstellt, ist oder wenn sie alleine mehrere voneinander unabhängige Unternehmen zu einer Unternehmensgruppe verbindet.

19) Hinsichtlich des maßgeblichen Beurteilungszeitpunktes für die Bestimmung der in einen Zusammenschlussvorgang involvierten Unternehmensstrukturen sowie die Lokalisierung des letzten Geschäftsjahres kommt es auf das Datum der Maßnahme nach Art.4 (1) FKVO (derselbe a.F.) an.

20) Umsatzbeeinflussende Effekte, die nach dem maßgeblichen Beurteilungszeitpunkt eintreten können, sofern sie sich auf die Struktur der Unternehmensverbände oder die Ressourcenzusammensetzung auswirken, können nur berücksichtigt werden, wenn sie eine Bedingung des Zusammenschlusses darstellen und bei einer Anmeldung deutlich gemacht werden müssen. Eine nachträgliche Veränderung des letzten Geschäftsjahres kann nicht in Ansatz gebracht werden.

21) Art.5 (2) Uabs.1 findet dem Wortlaut entsprechend nur Anwendung auf den Erwerb von nicht unternehmensfähigen Teilen eines Unternehmens; ergänzend muss die Unternehmensgruppe als Bezugspunkt des Teiles in die Norm hinein interpretiert werden. Diese bemisst sich dann an den Vorgaben der Verbundsystematik unter Berücksichtigung einer etwaigen zusammenschlusstatbestandskonformen Auslegung derselben.

22) Art.5 (2) UAbs.2 FKVO (derselbe a.F.) bezieht sich entgegen dem Wortlaut auf dieselben Unternehmensgruppen im Sinne der Verbundsystematik. Dabei kommt es darauf an, dass alle erwerbenden und veräußernden Parteien identisch sind. Die Norm findet keine Anwendung auf Transaktionen, bei denen andere Parteien hinzutreten oder wegfallen. Es ist allerdings unbeachtlich, ob dieselben Unternehmensgruppen auch in derselben Funktion – Erwerber oder Veräußerer – an der Transaktion beteiligt sind.

23) Art.5 (2) Uabs.2 FKVO (derselbe a.F.) findet Anwendung auf Überkreuztransaktionen, Swapgeschäfte. In der Folge muss eine wirtschaftliche und verfahrensrechtliche Verkettung der Vorhaben erfolgen. Hat nur eine der Transaktionen gemeinschaftsweite Bedeutung, sind sie gemeinsam bei der EG-Kommission anzumelden.

24) Bei der Gründung eines Gemeinschaftsunternehmens sind die jeweiligen Kontrollerwerbsvorgänge eines jeden Gründers wirtschaftlich getrennt zu betrachten; für die gemeinschaftsweite Bedeutung kommt es grundsätzlich darauf an, ob ein Gründer zusammen mit dem Zielobjekt die Schwellen erfüllt. Gemeinschaftsweite Bedeutung kann nicht erwachsen, wenn ausschließlich die Gründer zusammen die Schwellen erfüllen.

25) Entgegen dem Wortlaut von Art.4 (5) FKVO müssen drei Behörden nach dem innerstaatlichen Zusammenschlussrecht zur Kontrolle zuständig sein.

Das Merkmal des innerstaatlichen Wettbewerbsrechtes ist damit anderweitig auszulegen als in anderen Vorschriften der FKVO; ansonsten bezieht sich das Kriterium auf das gesamte innerstaatliche Wettbewerbsrecht – also auch Normen zur Verhaltenskontrolle.

C. Harmonisierung echter Konfliktsituationen

1) Bei der parallelen Anwendung des europäischen oder nationalen Fusionsrechtes sowie der primärrechtlichen Normen der Art.81, 82 EG setzt sich seit der Reform stets der strengere Rechtsakt durch.

2) Nach der alten Rechtslage konnte eine Freigabe nach Art.81 (3) EG sich gegenüber einer zusammenschlussrechtlichen Untersagung durch das Bundeskartellamt durchsetzen.

D. Stellungnahme des Verfassers

Über das „one-stop-shop"-Prinzip und das Merkmal der gemeinschaftsweiten Bedeutung als Abgrenzungsfaktor zwischen dem europäischen und dem mitgliedstaatlichen Zusammenschlussrecht ist bereits viel diskutiert worden.

In Bezug auf die Einflüsse des Primärrechtes – die sicherlich als marginal bezeichnet werden können – ist auch angesichts der restriktiven bis nicht vorhandenen Anwendungspraxis der Behörden nur festzustellen, dass die FKVO (a.F.) diese zwar nicht verhindern kann, sie jedoch den Kontrollalltag und die Rechtssicherheit nicht empfindlich stören. Gefahr, wenn man es als eine solche bezeichnen möchte, droht hier noch im Einzelfall, wenn ein Konkurrent ein unliebsames Vorhaben blockieren möchte. Begrüßenswert ist in diesem Kontext die Reform der KartVO, die das Verhältnis von nationaler Fusionskontrolle und den primärrechtlichen Verbotstatbeständen geordnet hat, sowie die Tatsache, dass die FKVO seit der Reform die Anwendung der VO1/2003 bei Zusammenschlüssen ohne gemeinschaftsweite Bedeutung nicht mehr verhindert.

Die vertikale Abgrenzung nach dem Prinzip der Ausschließlichkeit ist dagegen, rechtssystematisch betrachtet, vollwirksam und gelungen. Zweifel könnte man jedoch hegen, ob das Merkmal der gemeinschaftsweiten Bedeutung, welches explizit durch Rechtssicherheit gekennzeichnet sein sollte, wirklich diese Hoffnungen erfüllt.

Zunächst stellt sich die Einführung des Art.4 (5) FKVO als Verwässerung dar. Verweisen möchte ich hierbei auf die bereits zum 3+-System geäußerten Bedenken, dass die Ermittlung der Anwendung innerstaatlichen Zusammenschlussrechtes mangels Einheitlichkeit der Voraussetzungen einen großen Arbeitsaufwand voraussetzt.

Ob jedoch zumindest die Umsatzmethode Rechtssicherheit ausstrahlt, ist zu bezweifeln. Dies schon aus dem Grunde, dass hier inhaltliche Komponenten des

Bilanzwesens transferiert oder nachgebildet wurden. Kein Jahresabschluss gleicht dem anderen, was sich nicht nur durch die unterschiedlichen Rechnungslegungssysteme bedingt. Der in dieser Hinsicht stattfindende Harmonisierungsprozess der EG in die Richtung der IAS (IFRS) kommt zwar auch dem Fusionsrecht zugute, jedoch kann er nicht über die Tatsache hinweghelfen, dass die FKVO teilweise ihren eigenen Gesetzen folgt. Insbesondere in Bezug auf konsolidierte Abschlüsse wird eine Übernahme der Daten selten möglich sein, sodass bei der Ermittlung der Gemeinschaftsdimension stets ein fusionsspezifischer Abschluss aufgestellt werden müsste.

Für Unternehmenstransaktionen, die fern der Schwellenwerte, sei es positiv oder negativ, liegen, ist das Merkmal der gemeinschaftsweiten Bedeutung, errechnet an den erzielten Umsätzen, ein Sicherheitsfaktor. Probleme ergeben sich dagegen im Grenzbereich. An diesem Punkt ließe sich – wie im Verfahren E.ON/RUHRGAS gesehen – vorzüglich eine Intervention gegen die Legalisierung von unliebsamen Vorhaben betreiben. Mangels Alternativen und gefördert durch die Tatsache, dass solche Vorgehensweisen der Konkurrenz Seltenheitswert haben, wird man nicht behaupten können, man müsse ernsthaft über eine Veränderung des geltenden Systems nachdenken – die Rechtssicherheit bedingt sich vornehmlich nicht durch den formaljuristischen Aufbau, sondern durch die tatsächlich verlässliche Anwendung im Rechtsverkehr.

Entschieden muss letztendlich der Praxis der EG-Kommission entgegen getreten werden, die Normung der FKVO durch Analogien insbesondere im Hinblick auf die Abgrenzung von Unternehmensgruppen zu verlassen. Hierbei handelt es sich um Regelungen, die einerseits verbandsabgrenzende Funktionen erfüllen und andererseits auch für die Bußgeldbemessung bzw. die Ermittlung des Maximalrahmens von Bedeutung sein können. Mehr Anforderungen, die die strikte Geltung der vom Gesetzgeber vorgegebenen Grenzen bedingen, kann es zumindest im zusammenschlussrechtlichen Kontext kaum geben. Eine restriktive Auslegung ist geboten, zumal die Schwellenwerte nicht Ausdruck ökonomisch fundierter Grundlagen in Bezug auf die Auswirkung einer Transaktion auf die Marktverhältnisse in der Gemeinschaft oder den Mitgliedstaaten, sondern das Ergebnis eine Machtpokers sind.

Peter Lang · Europäischer Verlag der Wissenschaften

Kyrill Farbmann

Die Reform der Fusionskontrollverordnung als ein Beispiel der Europäischen Normsetzungspolitik

Frankfurt am Main, Berlin, Bern, Bruxelles, New York, Oxford, Wien, 2005.
LXI, 277 S., zahlr. Abb.
Europäische Hochschulschriften: Reihe 2, Rechtswissenschaft. Bd. 4186
ISBN 3-631-53908-8 · br. € 56.50*

Am 1.5.2004 ist die neue Fusionskontrollverordnung (VO 139/2004) neben einer Reihe weiterer legislativer und nichtlegislativer Maßnahmen der Europäischen Gemeinschaft in Kraft getreten. Diese Arbeit beleuchtet die wesentlichen Änderungen der europäischen Zusammenschlusskontrolle, insbesondere den SIEC-Test, die Berücksichtigung der Effizienz-Argumente, die Zuständigkeitsverteilung, die Verfahrensänderungen sowie die Ermittlungs- und Sanktionsbefugnisse der Kommission. Die Arbeit wird vervollständigt durch eine Untersuchung in den letzten Jahren erschienener Leitlinien und Mitteilungen, die Auseinandersetzung mit den institutionellen Änderungen, mit dem erweiterten Prüfungsmaßstab des EuGH sowie mit der Beschleunigung des Verfahrens vor den europäischen Gerichten.

Aus dem Inhalt: Kartellrecht · Fusionskontrolle · VO 139/04 · VO 4064/89 · Fusionskontrollverordnung · Wettbewerbspolitik

Frankfurt am Main · Berlin · Bern · Bruxelles · New York · Oxford · Wien
Auslieferung: Verlag Peter Lang AG
Moosstr. 1, CH-2542 Pieterlen
Telefax 00 41 (0) 32 / 376 17 27

*inklusive der in Deutschland gültigen Mehrwertsteuer
Preisänderungen vorbehalten

Homepage http://www.peterlang.de

FSC
www.fsc.org
MIX
Papier | Fördert
gute Waldnutzung
FSC® C083411

Kolibri 360 GmbH
Ferdinand-Jühlke-Straße 7
99095 Erfurt, Deutschland
produktsicherheit@kolibri360.de

Druck:
CPI Druckdienstleistungen GmbH
im Auftrag der
Kolibri 360 GmbH
Ferdinand-Jühlke-Str. 7
99095 Erfurt